# 浯溪历代人物志

祁阳市关心下一代工作委员会 ◎ 组编

周三好　高求志 ◎ 主编

湖南大学出版社 · 长沙

**图书在版编目（CIP）数据**

浯溪历代人物志 / 周三好，高求志主编. -- 长沙：
湖南大学出版社，2025. 2. -- ISBN 978-7-5667-3875-2

Ⅰ. K820.864.4

中国国家版本馆CIP数据核字第2024H3A701号

# 浯溪历代人物志
WUXI LIDAI RENWU ZHI

组　　编：祁阳市关心下一代工作委员会

主　　编：周三好　高求志

责任编辑：梁芝英

装帧设计：▥闻江文化

印　　装：长沙超峰印刷有限公司

开　　本：880 mm × 1240 mm　1/16

印　　张：36.75

字　　数：1 137千字

版　　次：2025年2月第1版

印　　次：2025年2月第1次印刷

书　　号：ISBN 978-7-5667-3875-2

定　　价：258.00元

出 版 人：李文邦

出版发行：湖南大学出版社

社　　址：湖南·长沙·岳麓山

邮　　编：410082

电　　话：0731—88822559（营销部）
　　　　　　0731—88649149（编辑部）
　　　　　　0731—88821006（出版部）

传　　真：0731—88822264（总编室）

网　　址：http://press.hnu.edu.cn

# 编辑委员会

# 编者简介

    周三好，男，1957 年 1 月出生，湖南祁阳市龚家坪镇人，中共党员，大专学历。1988 年 9 月至 1991 年 6 月就读湖南师范大学物理系电影电视专业班。1992 年 1 月调入浯溪文物管理处，从事文物和摩崖石刻保护工作，历任办公室主任、纪检书记等职。2017 年 1 月退休，被单位续聘承担浯溪文化研究工作。先后参与编著《浯溪摩崖石刻》《元结诗文注译》等书。

    高求志，男，1974 年 1 月生，湖南省祁阳市下马渡镇人。笔名：龙文鸳侣。毕业于苏州大学。2002 年起供职于上海。自幼雅好吟咏，师事辽海于文政先生。诗耽典丽，脉重延唐。2013 年，著有诗集《石燕诗魂》。先后参编《浯溪水亦香——当代诗人咏浯溪》《浯溪摩崖石刻》，及整理出版先岳父伍锡学先生《龙山草》《石鲈草》两部诗集。

# 凡　例

　　一、本书汇集自浯溪诞生之后一千二百六十余年，凡为浯溪题过名、刻过碑、题过咏、作过文、评论过、留下过事迹的相关人物，尽目力所及，求其全备。

　　二、本书按照朝代、时代区分为七个部分：唐朝、宋朝、元朝、明朝、清朝、民国、现代。如朝代更迭之际的人物，尽可能以其作品或主要事迹的时间，列入当时的朝代。比如，王夫之被列入清代，因为其浯溪诗文时间在入清之后。

　　三、本书题名、碑刻资料，以《浯溪摩崖石刻》所收石刻为准，参以桂多荪先生《浯溪志》、杨仕衡先生《湖湘碑刻》。如原书文字辨别有误，则予以校正之。

　　四、本书诗文资料，以乾隆《浯溪新志》、清王士禛《浯溪考》，并各《祁阳县志》、各《永州府志》为基础，力争收齐，力求提供一个比较准确的文本。

　　五、本书资料来自古人诗文集、地方志，及各种丛部古籍、子部古籍。散见颇广，一时梳爬，实难罄尽，如有遗漏，嗣后续有所得，另行补辑。浯溪自唐宋以来，即名胜之所，古人行旅所经，多有诗文题咏，非唯浯溪相关诗文，祁阳相关诗文亦一并辑录收入，以为后人研究提供相对完整的资料。诗文之后，或进行必要的注解或按语，以"龙文注"或"龙文按"标识之。

　　六、本书人物的介绍资料，多数来自地方志，甚至家谱资料。一般录入其传记原文，根据文意进行断句，字句不擅作径改。其介绍或录有多段来源资料，大部分资料均附有其来源古籍的名称及相应的卷号，一般不细化到页码。资料无考者，多为文献不足征，一般以"待考"属之。要必言出有据，无征不信。

　　七、本书编次，优先以所收人物的作品、事迹的先后为序。作品或事迹的时间，一般都进行过比较细致的考证。如无法考明其作品事迹的时间者，则以其生平先后为序，再次如无法考明其生平先后者，则以其所生活的某时代为先后区分，比如乾隆朝、嘉庆朝等。

　　八、凡所收人物悉称本名或通用名。帝王则用庙号、封号加本名，例如清高宗弘历、宋高宗赵构。

　　九、释道、闺秀之属，分别次于同时作者之间，不立专卷。无名氏者，仍以作品事迹先后为准。

　　十、对于书中出现的作者籍贯地名，由于古今地名差异，或行政归属更动，未全部括注，以免贻误读者。对于古人纪年，也未全部以西元年份进行括注。读者诸君可自行查检。

　　十一、或有诗文因版本区别较大而两录以存。比如清代蒋永修《重修元颜祠记》，其内容有《浯溪新志》版、作者诗文集《蒋慎斋遇集》版，由于两者文字文本差别甚大，故两录之。

　　十二、本书编定之后，以凡例、目录为卷首，书后附以主要引用书目及后记。

# 目 录

## 唐 朝

# 宋　朝

# 元　朝

# 明　朝

# 清　朝

· 浯溪历代人物志 ·

# 民　国

# 现　代

# 唐朝

# 元 结

## 🌿 人物介绍

元结（719—772），字次山，号漫叟、聱叟、浪士、漫郎猗玗子，唐朝学者，原籍河南洛阳（今河南省洛阳市），后迁汝州鲁山（今河南省鲁山县），天宝六载（747）应举落第后，归隐商余山，天宝十二载（753）进士及第。在安禄山反时，曾率族人避难于猗玗洞（今湖北省大冶市境内），因号猗玗子。乾元二年（759）任山南东道节度使史翔幕参谋，招募义兵，抗击史思明叛军，保全十五城。代宗时任道州刺史，调容州，敕授容州刺史中丞充本管经略守捉使，政绩颇丰。大历七年（772）入朝，后卒于长安。原有著作多部，均佚，现存集子常见的有明郭勋刻本《唐元次山文集》、明陈继儒鉴定本《唐元次山文集》、淮南黄氏刊本《元次山集》，今人有孙望校点《元次山集》。代表作品有《大唐中兴颂》《丏论》《处规》《出规》等。

元结、颜真卿塑像

## 🏯 浯溪相关作品和事迹

### 大唐中兴颂（有序）

尚书水部员外郎兼殿中侍御史、荆南节度判官元结撰

金紫光禄大夫、前行抚州刺史、上柱国、鲁郡开国公颜真卿书

天宝十四年，安禄山陷洛阳。明年，陷长安，天子幸蜀，太子即位于灵武。明年，皇帝移军凤翔，其年，复两京，上皇还京师。于戏！前代帝王有盛德大业者，必见于歌颂。若今歌颂大业，刻之金石，非老于文学，其谁宜为？颂曰：

噫嘻前朝！孽臣奸骄，为惛为妖。边将骋兵，毒乱国经，群生失宁。

《大唐中兴颂》拓片

大驾南巡，百寮窜身，奉贼称臣。天将昌唐，繄睨我皇，匹马北方。独立一呼，千麾万旟，戎卒前驱。我师其东，储皇抚戎，荡攘群凶。复复指期，曾不逾时，有国无之。事有至难，宗庙再安，二圣重欢。地辟天开，蠲除祅灾，瑞庆大来。凶徒逆俦，涵濡天休，死生堪羞。功劳位尊，忠烈名存，泽流子孙。盛德之兴，山高日升，万福是膺。能令大君，声容沄沄，不在斯文。湘江东西，中直浯溪，石崖天齐。可磨可镌，刊此颂焉，何千万年。

上元二年秋八月撰 大历六年夏六月刻。

### 浯溪铭（有序）

道州刺史、河南 元结字次山撰

浯溪在湘水之南，北汇于湘。爱其胜异，遂家溪畔。溪，世无名称者也，为自爱之，故命曰浯溪，铭于溪口。铭曰：

湘水一曲，渊洄傍山。山开石门，溪流潺潺。山开如何？巉巉双石。临渊断崖，隔溪绝壁。山实殊怪，石又尤异。吾欲求退，将老兹地。溪古荒芜，芜没盖久。命曰浯溪，旌吾独有。人谁游之？铭在溪口。

龙文按：此文以现存拓片和《八琼室金石补正》卷六十一相校而定

## 唐庼铭（有序）

河南元结字次山撰，陈郡袁滋书

浯溪之口，有异石焉，高六十余尺，周回四十余步。西面在江中，东望峿台，北面临大渊，南枕浯溪，唐庼当乎石上，异木夹户，疏竹傍檐。瀛洲言无，谓此可信。若在庼上，目所厌者远山清川，耳所厌者水声松吹，霜朝厌者寒日，方暑厌者清风。于戏！厌，不厌也；厌，犹爱也。命曰唐庼，旌独有也。铭曰：

功名之伍，贵得茅土。林野之客，所耽水石。年将五十，始有唐庼。惬心自适，与世忘情。庼傍石上，篆刻此铭。

有唐大历三年岁次戊申闰□月九日□云刻。

## 峿台铭（有序）

河南元结字次山撰

浯溪东北廿余丈，得怪石焉。周行三四百步，从未申至丑寅，崖壁斗绝，左属回鲜。前有磴道，高八九十尺；下当洄潭，其势�碍，半出水底，苍苍然泛泛，若在波上。石巅胜异之处，悉为亭堂。小峰嵌窦，宜间松竹，掩映轩户，毕皆幽奇。于戏！古人有畜愤闷与病于时俗者，力不能筑高台以瞻眺，则必山颠海畔，伸颈歌吟，以自畅达。今取兹石，将为峿台，盖非愁怨，乃所好也。铭曰：

湘渊清深，峿台峭峻。登临长望，无远不尽。谁厌朝市？羁牵局促。借君此台，壹纵心目。阳崖砻琢，如瑾如珉。作铭刻之，彰示后人。

有唐大历二年岁次丁未六月十五日刻。

## 欸乃曲五首（有序）

大历丁未中，漫叟以军事诣都使还州，逢春水，舟行不进，作欸乃五曲。舟子唱之，盖欲取适于道路耳。词曰：

偶存名迹在人间，顺俗与时未安闲。来谒大官兼问政，扁舟却入九疑山。

湘江二月春水平，满月和风宜夜行。唱桡欲过平阳戍，守吏相呼问姓名。

千里枫林烟雨深，无朝无暮有猿吟。停桡静听曲中意，好是云山韶濩音。

零陵郡北湘水东，浯溪形胜满湘中。溪口石颠堪自逸，谁能相伴作渔翁。

下泷船似入深渊，上泷船似欲升天。泷南始到九疑郡，应绝高人乘兴船。

（《元次山集》卷三，元结撰孙望校，中华书局 1960 年 3 月初版）

## 右堂铭（有序）

元结字次山撰

右堂在中堂之西□□□□□□南隅□□□□□□□□□□□□□□□□□□□□□□□□□□□□□□□□□□□□□□□□□□□□□□□□□□□□□□□□□□□□□□□□□□□□□□□□□□□□□□□□□□□□□□□□□□□□□□□□□□□□□□□□□□□□□□□□餕餕□□□□□□□□□□□是□者□□□□□勒□□□□□□□□□□□□

大历六年岁次辛亥闰三月□高□明书

## 东崖铭（并序）

峿台西面，餕筊高迥，在唐亭为东崖，下可行坐八九人。其为形胜，与石门、石屏，亦犹宫羽之相资也。

铭曰：

峿台苍苍，西崖云端。亭午崖下，清阴更寒。可容枕席，何事不安。

寒泉铭（并序）

湘江西峰直平阳江口，有寒泉出于石穴。峰上有老木寿藤，垂阴泉上。近泉堪畷维大舟，惜其蒙蔽，不可得见，蹰躅行循。其水本无名称也，为其当暑大寒，故命曰寒泉。铭曰：

于戏寒泉，瀛瀛江湄。堪救渴喝，人不之知。时当大暑，江流若汤。寒泉一掬，能清心肠。谁谓仁惠，不在兹水。舟楫尚存，为利未已。

（《元次山集》卷十，元结撰孙望校，中华书局 1960 年 3 月初版）

《中堂铭》（已佚）。

# 颜真卿

## 🌿 人物介绍

颜真卿（709—784），字清臣，小名羡门子，别号应方，琅琊临沂（今山东省临沂市）人，出生于京兆万年（今陕西省西安市）。唐朝名臣、书法家，为秘书监颜师古五世从孙，司徒颜杲卿从弟。

颜真卿出身琅琊颜氏，于唐玄宗开元二十二年（734）登进士第，历任监察御史，殿中侍御史。后因得罪权臣杨国忠，被贬为平原太守，世称"颜平原"。安史之乱时，颜真卿率义军对抗叛军，一度收复河北，后至凤翔，被授为宪部尚书。唐代宗时官至吏部尚书、太子太师，封鲁郡公，人称"颜鲁公"。兴元元年（784），在晓谕叛将李希烈时，凛然拒贼，终被缢杀。颜真卿遇害后，嗣曹王李皋及三军将士皆为之痛哭。贞元元年（785）追赠司徒，谥号"文忠"。

颜真卿书法精妙，擅长行、楷，初学褚遂良，后师从张旭，得其笔法。颜真卿正楷端庄雄伟，行书气势遒劲，创"颜体"楷书，对后世影响很大，与赵孟頫、柳公权、欧阳询并称为"楷书四大家"，又与柳公权并称"颜柳"，被称为"颜筋柳骨"。颜真卿还善诗文，有《韵海镜源》《礼乐集》《吴兴集》《庐陵集》《临川集》，均佚，宋人辑有《颜鲁公集》。

## 🏯 浯溪相关作品和事迹

颜真卿书写的《大唐中兴颂》为其晚年书法代表作。

# 季　康

## 🌿 人物介绍

季康，生卒年不详，与元结为同时代人，旧《祁阳县志》载为"文学季康"。文学，官名，唐时各州均有此官，"掌以五经，教授诸生"。有研究认为，季康是元结在道州主管文教的幕僚。

## 🏯 浯溪相关作品和事迹

《浯溪铭》是元结为浯溪写的第一铭，《浯溪铭》碑是浯溪的第一碑，为季康所书，为浯溪碑林的开山之作和奠基之作，在浯溪碑林的发展史上有着特殊的地位与影响。《浯溪铭》碑位于浯溪西峰之下，碑面没有经过打磨，凸凹不平；刻的字大小不一，笔画如玉筋，所以叫"玉筋篆"。清钱邦芑在《搜访浯溪古迹记》中对此作了专门记载："溪铭石面凸凹，字亦大小、长短、横斜不一。"

后人对此碑评价甚高。宋黄庭在《题浯溪崖壁》中评价此碑"笔画沉稳，优于《峿台铭》也"，又在《答浯溪长老新公书》中赞此碑"笔意甚佳"。

季康，《浯溪新志》作李庚，载：李庚，字子虔，襄邑恭王神符之后；湖南观察使兼御史中丞；永州《浯溪铭》《峿台铭》并李庚篆书。

《浯溪铭》拓片

为元结书写《浯溪铭（有序）》《峿台铭（有序）》。

# 瞿令问

## 🌿 人物介绍

瞿令问，一作瞿令闻，生平无考，或以为望出博陵（今河北省蠡县），唐代宗时人，历道州江华县令，为元结道州刺史下属。令问工书，尤工杂体篆及八分。与元结友善，时元结为道州刺史，作文辄与瞿书之。元结曾作峿台（在湖南祁阳，767年刻石，未署书者）、浯溪、寒亭三铭，前二铭皆为瞿篆书。元结《阳华岩铭》即有"县大夫瞿令问，艺兼篆籀"。另，瞿篆书的《窊尊铭》（766年刻石于道州），清瞿中溶认为其结体遒劲，在袁滋之上。其《古泉山馆金石文编》曰："所用古文，皆有依据，无一字杜撰，以次见公篆学之精深，实于唐宋诸儒中卓然可称者。"朱关田《中国书法史·隋唐五代卷》亦称"有唐一代悬针之篆，当推瞿氏为第一"。

## ⛩ 浯溪相关作品和事迹

为元结篆《峿台铭》《右堂铭》。

《峿台铭》拓片

# 李阳冰

## 🌿 人物介绍

李阳冰，生卒年不详，约生于唐玄宗开元年间，字少温，谯郡治（今安徽省亳州市）人，出自赵郡李氏南祖，唐代书法家。为李白族叔，为李白作《草堂集序》。

李阳冰初为缙云令、当涂令，后官至国子监丞、集贤院学士，世称少监。兄弟五人皆富文词、工篆书。李阳冰善词章，工书法，尤精小篆，初师李斯《峄山碑》，以瘦劲取胜，自诩"斯翁之后，直至小生，曹喜、蔡邕不足也"。李阳冰书写的篆书，"劲利豪爽，风行而集，识者谓之苍颉后身"，甚至被后人称为"李斯之后的千古一人"。

## 🏛 浯溪相关作品和事迹

篆元结《中堂铭》。

李阳冰篆元结《浯溪铭》，见莫友芝《巢经巢观李少温篆书元次山浯溪铭拓本用皇甫持正题浯溪石韵》（1847）诗注，如下：

少温此书，就江岸石宽曲刻之，下距中兴摩崖十丈许，半没泥沙，半封苔藓。嘉庆以前皆谓已逸，故金石家悉未著录。道光戊子（1828），子尹（郑珍）在程春海侍郎视学湖南时幕中，经此游观，始搜剔出之，手为群蜗所毒肿，两月余乃愈。

# 方 子

## 🌿 人物介绍

方子，元结的朋友，生平待考。

## 🏛 浯溪相关作品和事迹

为元结制作宽尊。

浯溪宽尊拓片，今存上海图书馆。从现存方志资料及拓片左右题跋来看，浯溪宽尊是方姓朋友为元结制作的，制作时间应该是元结离开浯溪之前。因此，浯溪宽尊并非"道州宽尊"，即"浯溪宽尊铭"绝非"道州宽尊铭"。

图五 ①上海图书馆藏《浯溪宽尊》拓片

浯溪宽尊拓片

根据浯溪宽尊拓片可以推知宽尊的大致形状，应该是一种周边方形，内中圆形的臼形石器。从它被盗走可知，它是平放在地上的，并非在天然大石头上制作，因此可以被移。也可以说，"酒妖盗宝"的传说是虚构的，应该是浯溪宽尊被盗走后，寺僧们为了搪塞而编造应付的理由。

宽尊被盗的时间，从题跋中可知为明朝。

宽尊拓片内容：浯溪宽尊，方子为元子作。

拓片右半题跋为：元次山宽尊，明时楚中老僧携至吾邑兴善寺，作捣药臼。近归曹鸿叔□。大兴翁先生审定为唐刻。其赠余《天宝断碑研》诗末句云："犹胜浯溪石臼香，坡翁诗比抔尊羡。"注中详及之，诗载复初斋集。道光辛卯八月为□□禅兄书。嘉兴张廷济。

拓片左半题跋为：浯溪宽尊，乡（向）藏曹氏，烽火狼藉，今不知存与不也。是拓乃六月释达受故物，庚申劫后，余从骨董（古董）家购归。同治戊辰，客吴门，举赠笙鱼老兄，因识数言于左。蒋节。

以下是光绪《嘉兴县志》中关于浯溪宽尊的相关记载：

浯溪宽尊：嘉兴县新丰乡十二都兴善寺涵清房，昔有老僧声公，行医楚中携归，是石庋壁根者数十年。沈稚春茂才德旐见而赏之，招余往观。僧遂知重。嘉庆十三年四月，曹鸿叔上舍申锡作募钱疏叙，遂以赠曹。十四年三月，大兴翁学士覃溪先生为余赋《天宝七载断碑研》诗："尚胜浯溪药臼香，坡公诗比抔尊羡。"

自注：元道州宽尊石，嘉兴僧持归作捣药臼。叔未亦拓其文见贻，故末章及之云云。案嘉禾地少古刻，此系漫郎遗迹，故当与河南新郑县天宝七载修子产庙碑残石、江南句容县颜鲁公书茅山李元静碑残石并作嘉禾宝刻，后有识者纂修志乘，其庶无见遗乎？道光四年甲申二月十三日

（光绪《嘉兴县志》卷三十五金石下）

# 王邕

## 人物介绍

王邕，唐太原人，玄宗天宝十载（751）登进士第，代宗大历初（766）任永州刺史，曾作诗赠草书僧怀素。官至金部郎中。善诗赋，与元结、戴叔伦等有过从。

## 浯溪相关作品和事迹

### 后浯溪铭

岿然峿台，枕于祁阳。迥然楚方，临于潇湘。孤标一峰，不止百尺。嵯峨巨石，峻洁堪砺。英才别业，雅有儒风。河南元公，高卧其中。位为独坐，人不知贵。兴惬兹地，心闲胜事。松花对偃，蘖叶交垂。凿巇作逶，因泉涨池。乃构竹亭，乃葺茅宇。群书当户，灵药映圃。嘉宾驻舟，爱子能文。弄琴对云，酒熟兰熏。何必蹯溪，方可学钓。何必衡峤，方可长啸。我牧此郡，契于幽寻。刻铭山岑，敢告烟林。

（《全唐文》卷三百五十六）

# 裴虬

## 人物介绍

裴虬，字深源，行二，河东闻喜（今山西省闻喜县）人，天宝末，任永嘉尉，大历初迁著作郎，兼侍御史，大历四年（769）迁道州刺史。其兄鸥筑怡亭，永泰元年（765）至武昌，为之作铭。杜甫之友。

## 浯溪相关作品和事迹

浯溪原有裴虬题字，今已剥蚀漫漶。

据宋蒋之奇"因过浯溪，观唐贤题名。有河东裴虬，字深源，大历四年为著作郎、兼侍御史、道州刺史"可知，宋时裴虬题名尚存。

清蒋超伯有诗："浯溪谁更访裴虬。"

# 袁滋

## 人物介绍

袁滋（749—818），字德深，蔡州郎山（今河南省）人。弱岁强学，因外兄道州刺史元结有重名，往来依焉。以处士荐授试校书郎，贞元末年（805）拜中书侍郎、平章事，嗣为剑南西川节度使，赠太子少保。袁滋工篆籀，雅有古法。元和八年（813），许孟容撰尚书省新修记，滋篆额；虢州刺史王颜撰《轩辕黄帝铸鼎原碑铭并序》，亦滋籀书。见《旧唐书》本传、《金石录》、《广川书跋》。

## 浯溪相关作品和事迹

为元结篆书《唐顾铭》，时间为"有唐大历三年岁次戊申闰□月九日"。

《唐庼铭》拓片

# 邱存节

## 人物介绍

邱存节，唐贞元年间人，生平待考。

## 浯溪相关作品和事迹

在《峿台铭》碑之左有题名。

# 成　万

## 人物介绍

成万，唐贞元年间人，生平待考。

## 浯溪相关作品和事迹

在《峿台铭》碑之左有题名。

# 邱　伉

## 人物介绍

邱伉，唐贞元年间人，生平待考。

## 浯溪相关作品和事迹

在《峿台铭》碑之左有题名。

# 王　袞

## 人物介绍

王袞，唐贞元年间人，生平待考。

## ⬢ 浯溪相关作品和事迹

在《峿台铭》碑之左有题名。

# 权克□

## ⬢ 人物介绍

权克□，唐贞元年间人，生平待考。

## ⬢ 浯溪相关作品和事迹

在《峿台铭》碑之左有题名。

# 尹 海

## ⬢ 人物介绍

尹海，唐贞元年间略阳（今陕西省略阳县）人，生平待考。

## ⬢ 浯溪相关作品和事迹

在《峿台铭》碑之左有题名。

# 杜 杰

## ⬢ 人物介绍

杜杰，唐贞元年间人，生平待考。

## ⬢ 浯溪相关作品和事迹

在《峿台铭》碑之左有题名。

# 杜 例

## ⬢ 人物介绍

杜例，唐贞元年间人，生平待考。

## ⬢ 浯溪相关作品和事迹

在《峿台铭》碑之左有题名。

# 皇甫湜

## ⬢ 人物介绍

皇甫湜（777—835），字持正，睦州新安（今浙江省淳安县）人，唐朝大臣，宰相王涯外甥，引发"牛李党争"的人物之一。

唐宪宗元和元年（806），皇甫湜考中进士，历陆浑县尉（今河南省嵩县）、工部郎中、东都判官等职，元和三年（808），皇甫湜参加由皇帝亲自主持的贤良方正直言极谏科考试，与牛僧孺、李宗闵直陈时政得失，无所避忌，被出为陆浑县尉。元和十二年（817），皇甫湜被山南东道节度使李愬召为幕僚，赴襄阳任职，次年五月罢镇。至元和十五年（820），皇甫湜困顿于江陵府公安县，其间，韩愈被贬潮州，柳宗元贬死任所。师友的坎坷遭遇，使皇甫湜一度彷徨、苦闷，感到悲哀和愤慨。唐穆宗长庆元年（821），湜被斥逐到吉州（今江西省吉安市）。唐敬宗宝历二年（826），应山南东道节度使李逢吉之召，为幕僚，至襄阳视事。直至唐文宗大和二年（828）十月罢镇，回到洛阳，其间常与白居易往来相访。大和六年（832）至七年（833），湜任工部郎中，大和八年（834）因酒后失言，数忤同列，求分司东都，至洛阳。有《皇甫先生文集》传世，今传有《皇甫持正文集》6卷，文30多篇。

### 🏯 浯溪相关作品和事迹

#### 题浯溪石

次山有文章，可愧只在碎。然长于指叙，约洁多余态。心语适相应，出句多分外。于诸作者间，拔戟成一队。中行虽富剧，粹美若可盖。子昂感遇佳，未若君雅裁。退之全而神，上于千年对。李杜才海翻，高下非可概。文于一气间，为物莫与大。先王路不荒，岂不仰吾辈。石屏立衙衙，溪口啼素濑。我思何人知，徙倚如有赖。

侍御史内供奉皇甫湜，唐元和五岁次庚寅四月□日。

《题浯溪石》拓片

# 柳宗元

### 🌿 人物介绍

柳宗元（773—819），唐河东郡（今山西省运城市）人，字子厚，世称柳河东。德宗贞元九年（793）擢进士第，贞元十四年（798）登博学鸿词科，授集贤殿正字，调蓝田尉，拜监察御史里行。与王叔文友善，及叔文主政，擢礼部员外郎，参与革新政治。叔文败，宗元贬永州司马。宪宗元和十年（815）徙柳州刺史，人称柳柳州。与韩愈并称"韩柳"，共倡古文运动，其文峭拔矫健。宗元工诗，风格清峭，有《柳河东集》。见《中国历代人名大辞典》。

### 🏯 浯溪相关作品和事迹

柳宗元《游黄溪记》中提及浯溪：环永之治百里，北至于浯溪，西至于湘之源，南至于泷泉，东至于东屯，其间名山水而村者，以百数，黄溪最善。

# 元友让

### 🌿 人物介绍

元友让（767—?），号浯溪山客，汝州鲁山（今河南省鲁山县）人，郡望河南（今河南省洛阳市），元结季子，宪宗元和中任宝鼎尉，元和十三年（818）摄道州长史，路出永州祁阳浯溪，以资请祁阳令豆卢氏修复其父旧居。敬宗宝历元年（825）闲居浯溪。事迹见韦词《修浯溪记》、《金石萃编》卷一〇八。《全唐诗》存诗1首。

## 浯溪相关作品和事迹

### 复浯溪旧居

昔到才三岁，今来鬓已苍。剥苔看篆字，薙草觅书堂。引客登台上，呼童扫树旁。石渠疏壅水，门径剧丛篁。田地潜更主，林园尽废荒。悲凉问耆耊，疆界指垂杨。

浯溪山客元友让。

# 韦 词

## 人物介绍

韦词，字践之，宪宗时为道州司马。元和十三年（818）移佐江州，舟过浯溪，适元结子友让托祁阳长豆卢归修复亭宇，词为文以记之。今石刻犹存摩崖之左。

## 浯溪相关作品和事迹

撰《修浯溪记》。

### 修浯溪记

元公再临道州，有妪伏治乱之恩，封部歌吟，旁浃于永。故去此五十年而里俗犹知敬慕，凡琴堂水斋、珍植嘉卉，虽欹倾荒翳，终樵采不及焉，仁声之感物也如此。

今年春，公季子友让以逊敏知治术，为观察使袁公所厚，用前宝鼎尉假道州长史。路出亭下，维舟感泣。以简书程责之不遑也，乃罄彻资俸，托所部祁阳长豆卢某修复之。

后假归，喜获私尚。会余亦以恩例，自道州司马移佐江州，帆风楫流，相遇于浯溪，寒暄毕，宝鼎悚然曰："兹亭创治之始，既铭于崖侧矣。至于水石之势，赋咏所及，则家集存焉。然自空阒，时余四纪，士林经过，篇翰相属。今坊堋移旧，手笔亡矣。将编于左方，用存此亭故事。既适相会，盍为志焉？"余嘉其损约贫寓而能以章复旧志为急，思有以白之，故不得用质俚辞命。

元和十三年十二月六日，江州员外司马韦词记。

余自朗州刺史以奉法不谨，谪佐于道。去年五月四日维舟于此，负罪奔迫，不及题记，故于简余书之。

宝历元年五月廿三日，浯溪山容元友让建，襄阳罗洧书，陇西安政兴镌。

# 罗 洧

## 人物介绍

罗洧，襄阳（今湖北省襄阳市）人，生平待考。

## 浯溪相关作品和事迹

书写元友让《复浯溪旧居》和书词《修浯溪记》。

# 李 谅

## 🌿 人物介绍

李谅，册封虔王，陇西狄道（今甘肃省临洮县）人，唐朝宗室大臣，唐德宗李适第四子。大历十四年（779），册封虔王，授开府仪同三司。贞元二年（786），领蔡州节度大使、申光蔡观察等使，以大将吴少诚为留后。贞元十年（794），领朔方灵盐节度大使、灵州大都督，以朔方行军司马李栾为灵府左司马、知府事、朔方留后。贞元十一年（795）九月，横海大将程怀信逐其节帅程怀直；十月，以李谅领横海节度大使、沧景观察等使，以都知兵马使程怀信为留后，王不出阁。贞元十六年（800），徐帅张建封卒，徐军乱，又以李谅领徐州节度大使、徐泗濠观察处置等使，以张建封之子张愔为留后。

## 🏯 浯溪相关作品和事迹

唐大和四年（830），李谅《湘中纪行》诗刻于浯溪。

### 湘中纪行

湘江永州路，水碧山崒兀。古木暗鱼潭，阴云起龙窟。峻屏夹澄澈，怪石生溪渤。巨舰时遭回，轻舠已超忽。疾如奔羽翼，清可鉴毛髪（发）。寂寞棹渔舟，逶迤逗商筏。我行十月杪，猿啸中夜发。枫叶寒始丹，菊花冬未歇。凝流绿可染，积翠浮堪撷。峭茜每惊新，幽奇信夸绝。稠峰叠玉嶂，浅浪翻残雪。石燕雨中飞，霜鸿云外别。溯洄已劳苦，览玩还愉悦。鹤岭访胎仙，唐亭仰文哲。川间有渔钓，山上多薇蕨。无以佐雍熙，何如养疲拙。安人苟有积，抚己行将耋。此路好乘桴，吾其谢羁绁。

《湘中纪行》拓片

大和四年十月廿五日，桂管都防御观察处置等使，桂州刺史兼御史大夫李谅过此偶题，并领男颖同登览。

（《全唐诗》）

# 王 轩

## 🌿 人物介绍

王轩，生卒年、籍贯皆不详，字公远，文宗大和时登进士第，曾为幕府从事。轩颇有才思，少即能诗，尤善题咏。尝游苧萝山，题诗西施石，为人称颂。事迹散见《云溪友议》卷上、《太平广记》卷四六一、《诗话总龟》卷四六、《唐诗纪事》卷五〇。《全唐诗》存诗3首。

## 🏯 浯溪相关作品和事迹

在浯溪题名。

# 李 严

## 🌿 人物介绍

李严，生平待考。

## 🏛 浯溪相关作品和事迹

在浯溪题名。

# 王 辂

## 🌿 人物介绍

王辂，生平待考。

## 🏛 浯溪相关作品和事迹

在浯溪题名。

# 卢 钧

房鲁、王轩、卢钧、马植、李行修题名碑拓片

## 🌿 人物介绍

卢钧（778—864），字子和，祖籍范阳（今北京市），后徙居京兆蓝田（今陕西省蓝田县）人，唐朝晚期大臣。卢钧出身范阳卢氏大房，为唐宪宗元和四年（809）进士。唐文宗时任左补阙，以争辩宰相宋申锡之狱而闻名。此后历仕文宗、武宗、宣宗三朝，连拜镇国军使、岭南节度使、山南东道节度使、昭义节度使、宣武节度使、河东节度使等职，政绩颇著，史称其"践历中外，事功益茂"。大中九年（855）入朝为尚书左仆射，唐懿宗时以太保致仕。咸通五年（864）卢钧去世，年87，获赠太傅，谥号"元"。

## 🏛 浯溪相关作品和事迹

卢钧于开成五年（840）赴阙题名及同游再题名：
户部侍郎卢钧，开成五年十二月十一日赴阙过此。
卢钧子和，开成五年十二月十一日□□同游。

# 黎 埴

## 🌿 人物介绍

黎埴，唐丁居晦撰《重修承旨学士壁记》载："黎埴，大和九年十月十二日，自右补阙充。开成二年二月十日加司勋员外郎；三年正月十日加制诰，其年十二月十八日，赐绯，其月二十一日，加兵部郎中；四年十一月六日，迁中书舍人；五年二月一日，赐紫，三月十六日，拜御史中丞，出院。"（《翰苑群书》上）

## 🏛 浯溪相关作品和事迹

大中元年（847）七月在浯溪题名。

# 卢 倚

### 🌿 人物介绍

卢倚，生平待考。

### 🏛 浯溪相关作品和事迹

撰《浯溪铭》，夏中书。

# 夏 中

### 🌿 人物介绍

夏中，生平待考。

### 🏛 浯溪相关作品和事迹

书卢倚《浯溪铭》。

# 穆栖梧

### 🌿 人物介绍

穆栖梧，道光《临川县志》卷十九上秩官载穆栖梧为唐抚州刺史，会昌中任。

### 🏛 浯溪相关作品和事迹

在浯溪题名。

# 房 鲁

### 🌿 人物介绍

房鲁，生平待考。

### 🏛 浯溪相关作品和事迹

在浯溪题名。

# 杨汉公

### 🌿 人物介绍

杨汉公，生平待考。

### 🏛 浯溪相关作品和事迹

在浯溪题名。

# 卢　贞

## 🌿 人物介绍

卢贞，字子蒙，会昌五年为河南尹。白乐天九老会，贞年未七十，亦预焉。又有内供奉卢贞，见唐诗纪事。是唐有两卢贞，此题名者恐是九老会中也。见《古泉山馆金石文编》。

## ◇ 浯溪相关作品和事迹

在浯溪题名。

# 韦　瓘

## 🌿 人物介绍

韦瓘（787—852），字茂弘，京兆万年（今陕西省西安市）人，唐朝大臣，东都留守韦夏卿之侄，赠司空韦正卿第三子。韦瓘襟灵疏达，物理通明，于元和四年（809），进士及第，考中博学鸿词科，授校书郎、协律郎，迁大理评事、集贤校理；拜左拾遗，转右补阙、史馆修撰、殿中侍御史，出任淮南节度观察判官，迁颍州刺史。大和元年（827）拜刑兵员外郎、集贤直学士，三年（830）迁左司郎中、检校司勋郎中，四年（831）拜中书舍人、知制诰。卷入牛李党争，左贬端溪县尉，迁虔寿二州司马；迁太子少詹事、分司东都；迁蕲州刺史，推公励己，酌事便民；迁御史中丞、楚州刺史、淮南道营田副使；迁桂管观察使；入为太仆卿，授太子宾客，拜秘书监。唐宣宗大中六年（852）去世，享年66岁，追赠工部尚书，祔葬于万年县神禾原祖茔。

## ⛩ 浯溪相关作品和事迹

唐大中二年（848）为浯溪题名。

太仆卿分司东都韦瓘，大中三年十二月七日过此。余大和中以中书舍人谪宦康州，逮今十六年。去冬罢楚州刺史，□次泗上，旅泊□□。今年三月，有桂林之命，□□□□绕八千馀□而□末□□桂阳才经数月□□无□又蒙除替，行次灵川，闻改此官，分司优闲，诚为忝幸。官途蹇薄，分亦可知，因吟作官不了却归来，还是杜陵一男子。余洛川弊庐在崇让里，有竹千竿，有池一亩。罢郡之日，携猿一只、越鸟一双、叠石数片，将归洛中，方与猿鸟为伍，得丧之际，岂足介怀？

韦瓘题名碑拓片

# 李行修

## 🌿 人物介绍

李行修，宪宗元和四年（809）进士。王仲舒以女归之。穆宗长庆初（821）为殿中侍御史；长庆四年（824）

为刑部员外郎，迁左司员外郎。宣宗大中初（847）累迁广州刺史、岭南节度使；大中三年（849），罢归，卒于道。

## 梧溪相关作品和事迹

在梧溪题名。

# 马　植

## 人物介绍

马植，字存之，扶风郡茂陵县（今陕西省兴平市）人，出身扶风马氏。唐宪宗元和十四年（819）进士擢第，又登制策科，初任寿州团练副使，得秘书省校书郎，三次迁官至饶州刺史。唐文宗开成二年（837），迁安南都护、御史中丞、安南招讨使。因治边有方，唐文宗加马植检校左散骑常侍、中散大夫，转黔中观察使。唐武宗会昌时期，马植入朝担任大理卿，虽既善文学又善吏治，但因久在边庭，与宰相李德裕关系不密切，未能得到重用。会昌六年（846）三月二十一日，马植加授金紫光禄大夫、刑部侍郎，兼任诸道盐铁转运使。不久，以户部侍郎兼转运使。唐宣宗大中二年（848），马植升迁中书侍郎、同中书门下平章事，兼礼部尚书。

大中五年（851）三月，白敏中罢相。因与神策军中尉马元贽私交甚密，马元贽将皇帝所赐"通天犀带"转送马植，皇帝发现后，借此罢相，马植出为天平军节度使。随后，唐宣宗下令逮捕拷问马植亲随，审问出其与马元贽的私交实情，马植被贬为常州刺史，改以太子宾客分司东都。数年后，复马植为许州刺史、检校刑部尚书，忠武军节度观察使等。唐宣宗大中十三年（859），马植迁任汴州刺史、宣武军节度观察使等，后来卒于任上。

## 梧溪相关作品和事迹

梧溪题名：黔州刺史马植，赴任黔中。后户部九日过此。

# 李商隐

## 人物介绍

李商隐（813—858），字义山，号玉谿生，怀州河内人。唐代著名诗人。工诗文，文采瑰丽，喜用典故，句意多隐晦迷离。其《咏史》《吊古》诗，怀古伤今，言语有味，《锦瑟》《无题》诗，隐晦迷离，更是名篇。著有《李义山诗集》《樊南文集》。

## 梧溪相关作品和事迹

### 容州经略使元结文集后序

次山有文编，有诗集，有元子三书，皆自为之序。次山见誉于弱夫苏氏，始有名。见取于公浚、杨公，始得进士第。见憎于第五琦、元载，故其将兵不得授，作官不至达，母老不得尽其养，母丧不得终其哀，间二十年。其文危苦激切，悲忧酸伤于性命之际。自占心经已下若干篇，是外曾孙辽东李惲辞，收得之，聚为元文后编。次山之作，其绵远长大，以自然为祖，元气为根，变化移易之。太虚无状，大费无色。寒暑攸出，鬼神有职。南斗北斗，东龙西虎。方向物色，欤何从生。哑钟复鸣，黄雄变雄。山相朝捧，水信潮汐。若大压然，不觉其兴。若大醉然，不觉其醒。其疾怒急击，快利劲果。出行万里，不见其敌。高歌

醘颜，入饮于朝。断章摘句，如娠始生。狼子豺孙，竞于跳走。剪馀斩残，程露血脉。其详缓柔润，压抑
趄儒。如以一国，买人一笑。如以万世，换人一朝。重屋深宫，但见其脊。牵缚长河，不知其载。死而更生，
夜而更明。衣裳钟石，雅在宫藏。其正听严毅，不滓不浊。如坐正人，照彼佞者。子从其翁，妇从其姑。
竖麾为门，悬木为牙。张盖乘车，屹不敢入。将刑断死，帝不得赦。其碎细分擘，切截纤颗。如坠地碎，
若大咽馀。锯取朽蠹，栎蟫出毒。刺眼楚齿，不见可视。顾颠踣错杂，汗潴伤损。如在危处，如出梦中。
其揔旨会源，条纲正目。若国大治，若年大熟。君君尧舜，人人羲皇。上之视下，不知有尊。下之望上，
不知有篡。辨头凿齿，扶服臣仆。融风彩露，飘零委落。鼇老者在，童龀者蕃。邪人佞夫，指之触之。薰
薰熙熙，不识其故。吁！不得尽其极也。而论者徒曰次山不师孔氏为非，呜呼！孔氏于道德仁义外有何物？
百千万年，圣贤相随于涂中耳！次山之书曰：三皇用真而耻圣，五帝用圣而耻明，三王用明而耻察。嗟嗟此书，
可以无书。孔氏固圣矣，次山安在其必师之邪。

（《樊南文集》卷七，唐李商隐撰，清朝冯浩注，上海古籍出版社 1988 年 12 月初版）

# 蔡 京

## 🌿 人物介绍

　　蔡京，唐朝官员、文学家，初为僧，令狐楚镇滑台，劝之学，后以进士举上第，官御史，谪澧州刺史，
迁抚州。代表作有《咏子规》《假节邕交道由浯溪》等。

## 🏯 浯溪相关作品和事迹

### 假节邕交道由浯溪

停桡横水中，举目孤烟外。借问浯溪人，谁家有山卖。

（《浯溪新志》卷七）

# 胡 璠

## 🌿 人物介绍

　　胡璠，生平待考。

## 🏯 浯溪相关作品和事迹

　　在浯溪题名。

# 郑 谷

## 🌿 人物介绍

　　郑谷（约 851—910），字守愚，曾经写过鹧鸪诗，广为流传，因此被人称为"郑鹧鸪"。唐末著名诗人。
郑谷 7 岁能诗，"自骑竹之年则有赋咏"。父史，开成中（公元 838 年左右）为永州刺史，与当时著名诗人、
诗论家司空图同院，图"见而奇之"，拊其背曰："当为一代风骚主"。谷及冠，应进士举，凡十六年不第。
僖宗广明元年（880）黄巢入长安，谷奔西蜀；光启三年（887）登进士第；昭宗景福二年（893）授京兆鄠县尉，
迁右拾遗补阙；乾宁四年（897）为都官郎中，诗家因称郑都官；天复三年（903）左右，归隐宜春仰山书屋。

卒于北岩别墅，死后安葬在宜春城北 7 里的江北岭。北宋时期，袁州太守祖无择曾主持修缮其墓，如今已无迹可寻。今江西省宜春市区东风大街南段，民国时期曾名鹧鸪路，以纪念郑谷。

## 涴溪相关作品和事迹

### 涴溪

湛湛清江叠叠山，白云白鸟在其间。渔翁醉睡又醒睡，谁道皇天最惜闲？

（《全唐诗》卷二十五，郑谷）

# 范 摅

## 人物介绍

范摅，唐末苏州吴（今江苏省苏州市）人，客居越地，自号五云溪人。懿宗、僖宗时在世。所撰《云溪友议》多记中、晚唐诗人事。

## 涴溪相关作品和事迹

### 买山谶

邕州蔡大夫京者，故令狐相公楚镇滑台之日，因道场见僧中，令京挈于瓶钵，彭阳公曰："此童眉目疏秀，进退不慑，惜其单幼，可以劝学乎？"师从之，乃得陪相国子弟。（青州尚书绪、丞相绚、纶也。）后以进士举上第，乃彭阳令狐公之举也。寻又学究登科，而作尉畿服，既为御史，覆狱淮南。李相公绅忧悸，而已颇得绣衣之称。（吴汝南诣阙申冤，蔡君先榜之曰："是主上忧国之时，乃臣下无私之日。"）谪居澧州，为厉员外玄所辱。稍迁抚州刺史，常称宇内无人，对僧徒则非大品之谈，遇道流则五千言之义，接儒士自比端木之贤于仲尼。次论周易，则评九圣之谬，来者纵得相许，有始而无卒焉。（谓丁遇秀才等。）郡有汝水，为放生池，不与渔罟之事。忽一人乘小舟钓于此，蔡君张眦，遣吏捕之，钓者乃为诗曰："抛却长竿卷却丝，手携蓑笠献新诗。临川太守清如镜，不是渔人下钓时。"京览诗，乃召之，已去，竟不言其姓字。或有识者曰：野人张顶也。（顶字不惑，本姓王氏，隐而不言。）蔡牧益自骄矜，作诗以责商山四老曰："秦末家家思逐鹿，商山四皓独忘机。如何鬓发霜相似，更出深山定是非。"及假节邕交，道经湘口，零陵郑太守史与京同年，远以酒乐相迟，座有琼枝者，郑君之所爱而席之最姝，蔡强夺之行，郑莫之竞也。邕交所为，多如此类。德义者见鄙，终其不佺也。行泊中兴颂所，俚勉不前。（地名，在涴溪也。）题篇久之，似有怅怅之意。才到邕南，制御失律，伏法湘川，权厝于此。二子延近号诉苍天，未终丧而俱逝。论者以妄责四皓而欲买山于涴溪之间，不徒言哉！诗曰：停桡积水中，举目孤烟外。借问涴溪人，谁家有山卖？

（《云溪友议》卷中，唐范摅撰）

宋
朝

# 王 伸

## 🌿 人物介绍

王伸，蜀人，家长安（今陕西省西安市），熙宁中为岐山宰，绍圣中知永州，其居第园圃号隐堂，见《东坡集》及石刻。太祖建隆中任殿中侍御史（《续资治通鉴长编》卷一）。乾德中以左补阙知永州。见《诗话总龟》前集卷十六引《零陵总记》。

## 🏯 浯溪相关作品和事迹

### 留题浯溪

湘川佳致有浯溪，元结雄文向此题。

想得后人难以继，高名长与白云齐。

浯溪，在永州北百余里，流入湘江。溪水石奇绝，唐上元中容管经略使元结罢任居焉，以所著《中兴颂》刻之崖石，颜真卿书。结复为浯台、石堂、西峰、四厌亭铭，皆刻于石崖上。皇朝乾德中，左补阙王伸知永州，维舟于此，留诗云：湘川佳致有浯溪，元结雄文向此题。想得后人难以继，高名长与白云齐。

（《诗话总龟》前集卷十六）

### 题浯溪图

湘川嘉致在浯溪，元结雄文向此题。想得后人无以继，高名长与白云齐。

（《宋诗纪事补遗》卷二十二，归安陆心源伯刚父辑）

### 丙子四月过浯溪登古右堂漫成

渡桥寻曲径，攀磴上唐亭。台迥留樽绿，廊虚列岫青。

扫苔余古篆，拂槛勒新铭。明府风流甚，迟回酒未醒。

（《浯溪新志》卷九）

# 洪 湛

## 🌿 人物介绍

洪湛，字惟清，升州上元（今江苏省南京市）人，幼好学，五岁能为诗，未冠，录所著十卷为《髫年集》。雍熙二年（985）解褐，累官比部员外郎，知郴、舒二州；试舍人院，直史馆。咸平六年（1003）卒，年四十一。

## 🏯 浯溪相关作品和事迹

### 送新知永州陈秘丞瞻赴任

零陵古郡枕湘川，太守南归得意年。茶味欲过衡岳寺，橘香先上洞庭船。

锦衣照耀维桑地，石燕翻飞欲雨天。若到浯溪须舣棹，次山遗颂想依然。

（《宋诗纪事补遗》卷三、《零志补零》卷中诗）

# 周缮

## ❀ 人物介绍

周缮，饶州鄱阳人，又称惟简子，太祖开宝九年（976）致仕，以荫为京兆府鄠县主簿，后举进士。真宗大中祥符中（1012左右）知贺州（《舆地纪胜》卷五十六），官至都官员外郎。事见《宋史》卷四七八《周惟简传》。

## 🏯 浯溪相关作品和事迹

### 磨崖碑

#### 其一

贤才思述作，崖石尚磨砻。元子词华丽，颜公笔迹雄。

#### 其二

笔迹因难泯，词华讵可磨。二贤名不朽，千古著山阿。

（《舆地纪胜》卷五十六《荆湖南路·永州》、《宋诗纪事补遗》卷六）

# 卢察

## ❀ 人物介绍

卢察（985—1039），字隐之，河内（今河南省沁阳市）人，卢多逊第三子。景德二年（1005）举进士，授复州司士参军，累调乾德、襄阳二县主簿，夔州奉节令，改泉州观察推官，迁大理寺丞。登朝为太子中舍、殿中丞、国子博士，入尚书省为水部、司门员外郎。历知河南密、江陵公安、彭州永昌三县，天圣九年（1031）知蒙州，后为白波发运判官，终通判河南府。宝元二年（1039）八月卒，年五十五。著文集三十卷、《晦书》一卷、《灵感》三卷、《孙子注》三卷。详见尹洙《河南先生文集》卷十六《卢察墓志铭》。

## 🏯 浯溪相关作品和事迹

### 留题浯溪

死后声名人始贵，真卿笔札次山文。
二贤若使生同世，□□□悲不放君。

### 再题浯溪

逆孽涵天乱大伦，忠邪淆杂竟何分。
岂知二圣巍巍力，止在浯溪一首文。

《留题浯溪》拓片

# 释子璿

## ❀ 人物介绍

释子璿（？—1038），北宋僧人。秀州嘉兴人。初从洪敏学《楞严经》。后从慧觉之教，励志扶持华严宗，移住长水，因称"长水子璿"。徒众近千，为宋代华严宗代表人物之一。著有《楞严经疏》（即《长水疏》），为华严宗重要著述。

## 涴溪相关作品和事迹

绘有《涴溪图》，宋赵蕃为之题诗。参见宋赵蕃《题子璿涴溪图》。

# 陈　统

## 人物介绍

陈统，仁宗景祐五年（1038）为湖南提点刑狱，祠部郎中。事见清嘉庆《湖南通志》卷二〇九。《全宋诗》录诗 2 首。

《读元颜二公中兴颂碑》《经涴溪元次山旧隐》拓片

## 涴溪相关作品和事迹

### 读元颜二公中兴颂碑

中兴一颂立峥嵘，三百年来藓不生。湘水无穷流善价，峿山长在耸高名。

文传幼妇词源赡，翰寓崩云笔力精。按部舣舟因访古，拂尘珍赏眼偏明。

### 经涴溪元次山旧隐

次山曾此隐，溪壑水清漪。

废宅群山合，高名千古垂。

修篁森钓渚，乐石耸丰碑。

惟有乔林色，苍苍似昔时。

景祐五年十二月二十四日，提点湖南公事尚书刑部朗中陈统。

进士郑纮书，内殿崇班□□祗候同提刑柴贻正同赏，进士周贡刻。

# 柴贻正

## 人物介绍

柴贻正，宋广西提点刑狱。见雍正《广西通志》卷五十一秩官。

## 涴溪相关作品和事迹

柴贻正名附于陈统诗碑。

# 王仁寿

## 人物介绍

王仁寿，生平待考。

## 涴溪相关作品和事迹

涴溪王仁寿题名，篆书，皇祐三年（1051），湖南祁阳。见《寰宇访碑录》卷六。

# 狄 青

## 人物介绍

狄青（1008—1057），宋汾州西河（今山西省汾阳市）人，字汉臣，行伍出身，善骑射。仁宗宝元初（1038）以延州指使出战西夏，临敌披发戴铜面具出入阵中，所向披靡。尹洙荐于韩琦、范仲淹，仲淹授以《左氏春秋》，由是折节读书，精通秦汉以来兵法。皇祐四年（1052）擢枢密副使，时侬智高起事，青受命宣抚荆湖路、经制广南贼盗事，以奇兵夜度昆仑关破之，功迁枢密使。后遭谗，出判陈州。卒谥武襄。青为人勇武有略，与士卒同甘共苦，喜推功将佐。

## 浯溪相关作品和事迹

狄青题名，在浯溪磨崖右。

皇祐壬辰孟冬，侬寇复邕管，宣徽南院使、彰化军节度使狄青奉诏致讨。明年季春朔，凯旋过此。□□石州军事推官掌机宜武纬、大理寺详断官太子右赞善大夫掌机宜冯炳从行。

狄青题名碑

# 齐 术

## 人物介绍

齐术，仁宗庆历六年（1046）进士，湖南祁阳令。

## 浯溪相关作品和事迹

### 句

零陵太守吟情逸，惟过浯溪未有诗。

《舆地纪胜》载："祁阳令齐术送永州守柳公拱辰归阙，送至白水，夜梦一儒衣冠者曰：'我元结也，今柳公游浯溪，无诗而去，子盍求之。'觉而心异之，遂献书于公云云。"

（《宋诗纪事补遗》卷三十九，归安陆心源伯刚父辑）

# 柳拱辰

## 人物介绍

柳拱辰，字昭昭，武陵（今湖南省常德市）人，仁宗天圣八年（1030）进士，通判鄂、岳州，至和二年（1055）以尚书职方员外郎知永州。事见清同治《武陵县志》卷三五。

## 浯溪相关作品和事迹

浯溪题名：皇祐六年甲午岁正月廿一日，尚书职方员外郎知永州柳拱辰同尚书驾部郎中分司周世南、祁阳县令齐术游此。

柳拱辰等题名碑拓片

# 周世南

## 🌿 人物介绍

周世南，祁阳人，大中祥符元年（1008）戊申四甲进士，累官尚书驾部郎中，以持议忤王钦若致仕。驾部有气节，为士论所服。初，以虞部员外郎知郴州，有政声。县志载其少游国学，聘董氏女，未婚，女丧明，董氏请离婚。有诗一首，刻浯溪石壁剥落不全，仅得四语，亟录之，以存其人。

## 🏯 浯溪相关作品和事迹

题名在东崖。

皇祐六年甲午岁正月廿一日，尚书职方员外郎知永州柳拱辰同尚书驾部郎中分司周世南、祁阳县令齐术游此。

### 浯溪

壁立石青苍，邻溪复枕江。刊名传不朽，纵笔记无双。

（《沅湘耆旧集前编》卷十八）

龙文按：清陆遵祥《金石补正》卷九十刻为：壁立石青苍，邻溪复枕江。刊铭传不朽，纵笔记无双。怪树森圆幄，□□寄□幢。奇踪□异景，□□□□□。后云：右周世南诗，正书，十行，在石门西石上。后二行已漫漶。末句为人磨去改刻，仅存末二行。《浯溪新志》未载。

# 孙 适

## 🌿 人物介绍

孙适，安徽黟县人，宋仁宗皇祐六年（1054）任永州推官。

## 🏯 浯溪相关作品和事迹

### 浯溪三绝堂记

永州祁阳县南，浯溪之北，有奇石焉，元次山颂唐中兴，颜鲁公书，世名"三绝"。次山去道州，即家溪上，作亭二峰，垂三百年。碑缺亭圮，吏于县者莫能兴。皇祐五年，平乐齐君术始来为令，期月称治。行视其亭，悯然惜之，乃作堂以覆其文，又复东西峰亭堂。二公之迹，江山之观，洗然复新。觞宾寀以落之，而属予为记。

夫鲁公之方，元公之介，文翰之劲发于心，至者莫不慕焉，传而习之，周于天下，岂贵其人而珍其粕哉？然不心其中而徒迹其外，吾未见其得也。齐君所以振饰夸耀，风劝来者，其志不亦美哉！东崖之岭，次山尝铭右堂；颂之左，皇甫湜诗文漫灭不明，浚而新之；旁有徐彦君题石，水发其光，洞鉴百里，因并列之，以示观者。皇祐六年三月□日记。

（《浯溪新志》卷十二）

# 俞洵直

## 人物介绍

俞洵直，字君仪，新仪真司民。文中云侍亲按永，则其亲当是官荆南者，而通志职官仁宗朝并无俞姓，其人莫可考矣。

## 浯溪相关作品和事迹

浯溪题名，在峿台：新仪真司民俞洵直君仪，侍亲按永，先还，舣舟登此。嘉祐丁酉五月晦题。

俞洵直题名碑拓片

# 米君平

## 人物介绍

米君平，生平待考。

## 浯溪相关作品和事迹

浯溪题名，在峿台左。
米君平会卢臧、吴克谨食，嘉祐二年六月九日臧题。

# 余 靖

## 人物介绍

余靖（1000—1064），本名余希古，字安道，号武溪，韶州曲江（今广东省韶关市）人，北宋政治家，"庆历四谏官"之一。

天圣二年（1024）考中进士，历任集贤校理、右正言，出使契丹，任知制诰、史馆修撰，出任桂州知府、集贤院学士、广西体量安抚使，以尚书左丞知广州，跟随名将狄青打败侬智高。

宋英宗继位，余靖拜工部尚书，病逝于江宁（今江苏省南京市），享年65岁，追赠刑部尚书，谥号为襄，著有《武溪集》二十卷。

余靖一生为国家竭智尽忠，建策匡时，抚民治吏，三使契丹，两平蛮寇，光辉业绩彪炳青史，动人风采流芳百世。与余靖同朝为官的蔡襄赞其"好竭谋猷居帝右，直须风采动朝端"，宋仁宗御笔亲题"风采第一，广南定乱，经略无双"。

## 浯溪相关作品和事迹

余靖题名，在浯溪磨崖石：嘉祐庚子，再授命充广西体量安抚使，备御蛮寇。明年春，已事而旋。尚书吏部侍郎集贤院学士余靖题。

余靖题名碑拓片

# 文　同

## 🌿 人物介绍

文同（1018—1079），字与可，号笑笑先生，人称石室先生，梓州永泰（今四川省盐亭县）人。仁宗皇祐元年（1049）进士，初仕邛州军事判官；至和二年（1055）调静难军节度判官；嘉祐四年（1059）召试馆职。六年（1061）出通判邛州；英宗治平二年（1065）改汉州，三年（1066）迁知普州；神宗熙宁三年（1070）召知太常礼院，因议新法不合，四年（1071）出知陵州，历知兴元府、洋州；元丰元年（1078）改知湖州，二年（1079）赴任途中卒于陈州，年62。文同除诗外墨竹亦知名，画家称文同为湖州竹派。后人编有《丹渊集》四十卷，拾遗二卷，附范百禄所撰墓志及家诚之所撰年谱。《宋史》卷四四三有传。

## 🏯 浯溪相关作品和事迹

### 漫郎亭

凿城为洞深且长，沿壕开径间复荒。有亭如许入蒙密，谁比次山称漫郎。

（《丹渊集》卷十七，宋文同撰，文渊阁《四库全书》第1096册）

### 句

南征曾读浯溪颂，西诉今观郙阁铭。

# 杨　冀

## 🌿 人物介绍

杨冀，字叔贤，眉州青神人，与陈希亮相继为进士（《宋史》卷四二六《张逸传》）。尝为荆州幕，后改知郁林（《湘山野录》卷上）。仁宗嘉祐五年（1060）至八年（1063）为都官员外郎（《永乐大典》卷八六四七引《衡州府图经志》），曾知衡州。

## 🏯 浯溪相关作品和事迹

杨冀诗，在浯溪崖上。诗所在之处，另有石刻重叠。

尚书职方员外郎知衡州杨冀。

长安失驭颂声沈（天宝十年□□□□□□），作者谁能刻翠岑。

大业尽归文老笔（次山□□□□□□□□），中兴还死叛臣心。

天边奎璧垂芒冷，溪上龙蛇倒影深。

当日形容播金石，洋洋千载有遗音。

皇宋嘉祐七年九月十一日。

杨冀诗碑拓片

# 沈　绅

## 🌿 人物介绍

沈绅，字公仪，会稽（今浙江省绍兴市）人，仁宗景祐五年（1038）进士（《会稽续志》卷六），英宗治平四年（1067）以尚书屯田员外郎为荆湖南路转运判官（清嘉庆《湖南通志》卷二〇九），神宗元丰中（1082年左右）知庐州（《续会稽掇英集》卷三）。《全宋诗》录诗4首。

## 悟溪相关作品和事迹

悟溪题名。湖南转运判官屯田郎中沈绅，治平四年孟春丙子，访悟溪元子次山故居，读《中兴颂》、《峿台》《中堂》《右堂》三铭。璠、琬侍行。

沈绅等题名碑拓片

# 王世延

## 人物介绍

王世延，字曼卿，皇祐二年（1050）曾以西京左藏库副使身份出使金国。

## 悟溪相关作品和事迹

王世延等题名，在悟溪崖上：王世延曼卿、李修损之、侯绚□素、张绩公纪、巩固固道、丘昉晦之同游。熙宁戊申十二月衡霖□□题。

# 毛 抗

## 人物介绍

毛抗，字国华，号彦泽，浙江省江山县人，嘉祐五年（1060）五月以大理寺丞任。见同治《乐平县志》卷六职官文职。

毛抗，字节之，一字国华，衢州江山人。皇祐元年（1049）进士。皇祐五年（1053）以大理寺丞知乐平，熙宁七年（1074年）为本路运使。均有恺悌之德，惠政洽闻，吏民再立石颂遗爱焉。见《饶州府志》，谨案《浙江通志》抗终祠部郎，失载官江西事。

（《江西通志》卷一百三十二宦绩录·饶州府）

## 悟溪相关作品和事迹

### 读唐中兴颂

湖南运判尚书都官员外郎毛抗

周雅久不复，楚骚方独鸣。滛哇弄气态，污我潇湘清。二公好奇古，大笔写时经。磨崖勒唐颂，字字琼瑶英。烟云借体势，水石生光精。悟溪僻南地，自尔闻正声。诗传播夷夏，孰贵燕然铭？弦歌入商鲁，永与人神听。江流或可竭，此文如日星。

熙宁己酉（1069）秋七月零陵令权祁阳县事夏杲上石。

《读唐中兴颂》拓片

# 欧阳修

## 人物介绍

欧阳修（1007—1072），字永叔，号醉翁，晚又号六一居士，卢陵（今江西省吉安市）人。仁宗天圣八年（1030）进士，初仕西京留守推官。景祐元年（1034）召试学士院，充馆阁校勘；三年（1036）因范仲淹事切责谏官高若讷，降为峡州夷陵令；四年（1037）移乾德令。宝元二年（1039）迁武成军判官。康定元年（1040）复馆阁校勘。庆历三年（1043）知谏院，擢同修起居注，知制诰；四年（1044）为河北都转运使；五年（1045）庆历新政失败，因力为新政主持者范仲淹、韩琦、杜衍等申辩，贬知滁州，徙扬州、颍州。至和元年（1054），权知开封府；五年，拜枢密副使。六年进参知政事。英宗治平四年（1067）罢为观文殿学士，转刑部尚书知亳州。神宗熙宁元年（1068）徙知青州，因反对青苗法，再徙蔡州；四年（1071）以太子少师致仕；五年（1072）病逝于颍州汝阴，年66岁。谥文忠。有《欧阳文忠公集》，撰《新唐书》《新五代史》等。《宋史》卷三一九有传，宋胡柯编有《庐陵欧阳文忠公年谱》。

## 🏛 浯溪相关作品和事迹

### 唐元结窊尊铭（永泰二年）元第一百三十八

右窊尊铭，元结撰，瞿令问书。次山喜名之士也，其所有为，惟恐不异于人，所以自传于后世者，亦惟恐不奇而无以动人之耳目也。视其辞翰可以知矣。古之君子诚耻于无闻，然不如是之汲汲也。

### 唐元结峿台铭（大历二年）元第二百七十六

右斯人之作，非好古者不知为可爱也。然来者安知无同好也邪。

### 跋唐中兴颂（大历六年）元第四十八

右《大唐中兴颂》，元结撰，颜真卿书。书字尤奇伟，而文辞古雅。世多模以黄绢为图幛。碑在永州，磨崖石而刻之。摹打既多，石亦残缺。今世人所传字画完好，多是传摹补足，并非真者。此本得自故西京留台御史李建中家，盖四十年前崖石真本也，尤为难得尔。

（《行素草堂金石丛书》之《集古录跋尾》卷七，宋庐陵欧阳修永叔著，吴县朱记荣校刊）

### 平阳县尉林术可试秘校知永州祁阳县事制

敕具官某：南方之吏，不能为吾以恩信抚兹溪蛮，而使毒吾民于攻劫。尔尝被甲操矢而逐之，则蛮之害民也深，民之疮痍者众，所宜自见焉。今录汝之劳，命汝以县。勉勤其政，以抚吾人。可。

（《欧阳文忠公集》第八十一卷外制集第三，明永乐间内府朱丝栏精写本）

# 宋昭邈

## 🌿 人物介绍

宋昭邈，字遵道，生平待考。

## 🏛 浯溪相关作品和事迹

宋昭邈遵道、李公度唐辅、张处厚德甫、徐骥及之、巩固固道、周渐彦升同游浯溪。熙宁二年十月十二日。

# 练潜夫

## 🌿 人物介绍

练潜夫，失名，建安（今福建省建瓯市）人（《八琼室金石补正》卷一〇六），神宗熙宁间为祁阳令，曾作《笑岘亭记》（《舆地纪胜》卷五十六）。《全宋诗》录诗二首。

## 🏯 浯溪相关作品和事迹

《大唐中兴颂》在祁阳浯溪石崖上，元结文，颜真卿书，大历六年刻，俗谓之磨崖碑。又按练潜夫熙宁间作《笑岘亭记》曰："次山文字遒劲，鲁公笔画浑厚，皆有以惊动人耳目，故《中兴颂》宝之中州士大夫家，而浯溪之名因大著称。"

（《舆地纪胜》卷五十六《荆湖南路·永州》）

# 杨 杰

## 🌿 人物介绍

杨杰，字英甫，生平待考。

## 🏯 浯溪相关作品和事迹

柳应辰题名，在石门西。

都官员外郎柳应辰明明、大理寺丞杨杰英甫、摄福州司户吴栻顾道，熙宁六年十月二日同游。

# 吴 栻

## 🌿 人物介绍

吴栻，字顾道，生平待考。

## 🏯 浯溪相关作品和事迹

柳应辰题名，在石门西。

都官员外郎柳应辰明明、大理寺丞杨杰英甫、摄福州司户吴栻顾道，熙宁六年十月二日同游。

# 蔡 琼

## 🌿 人物介绍

蔡琼，宋神宗熙宁间任祁阳县令。（《康熙祁阳县志》卷三职官志）

## 🏯 浯溪相关作品和事迹

北宋熙宁间建笑岘亭于古右堂故址。《祁阳县志》：笑岘亭即次山右堂故址。宋熙宁间邑令蔡琼，美元公结、颜公真卿忠君爱国发为文词，非若杜预但为身后名也，名所建亭曰笑岘。

# 许 昂

## 🌿 人物介绍

许昂，字世颙，《画史会要》载其"梅花清楚不俗"，见《得月簃丛书》之《墨梅人名录》，会稽童翼驹编。

许昂于浯溪所作小诗碑拓片

## 浯溪相关作品和事迹

许昂诗碑，在小峿台后石门右壁。

### 浯溪观柳都官心记碑阴棋数

舟次浯溪，伏观明明都官磨崖心记，碑阴棋数，皆古人之所未有。辄成小诗，留刻于石，高阳许昂：

轻舟舣湘浦，旅思晚来清。闻说贰车到，更携游客行。

磨崖勒心记，挥笔记棋枰。千古零陵传，定书公姓名。

# 关杞

## 人物介绍

关杞，字蔚宗，景仁弟，庐州使君也。平生好事，多蓄书画，游官交广，则蔚宗益嗜古，博雅士也。考蔚宗于熙宁六年官广西提举常平，见临桂龙隐岩题名，在此题名之前一年。又澹山有七年正月十九日题名，署称前提举广西常平、太常丞，则与此刻同年月，盖是时杞由广西提举常平，内迁太常丞还朝，道经此所题耳。又《宋史南蛮传》云：元丰三年，知邵州关杞，请于徽、诚州，融岭择要地，筑城寨，以绝边患。诏湖南安抚使谢景温、转运使朱初平、判官赵扬商度以闻。景温等以为宜如杞言，则蔚宗又尝官荆南而有政绩者，俱宜表而出之。（《古泉山馆金石文编》）

## 浯溪相关作品和事迹

关杞题名在摩崖区："会稽蔚宗登此。熙宁甲寅正月。"

# 王石山

## 人物介绍

王石山，祁阳人，生平无考。

## 浯溪相关作品和事迹

王家二男寄名碑，在摩崖区夬字碑下。

王家二男寄名石山保，甲寅年生，贵昌命长。

# 米芾

## 人物介绍

米芾（1051—1107），初名黻，后改芾，字元章，自署姓名米或为芊，襄阳人，时人号海岳外史，又号鬻熊后人、火正后人，北宋书法家、画家、书画理论家，与蔡襄、苏轼、黄庭坚合称"宋四家"。熙宁八年（1075）十月经浯溪。

翁方纲撰《米海岳年谱》载："熙宁八年乙卯，浯溪石题云：'米黻南官五年，求便养，得长沙掾，熙宁八年十月望，经浯溪。'"

## 浯溪相关作品和事迹

### 经浯溪

胡羯自干纪，唐纲竟不维。可怜德业浅，有愧此碑词。

《经浯溪》拓片

# 柳应辰

## 人物介绍

柳应辰，武陵人，尚书都官员外郎，通判永州。熙宁六年癸丑十月，携家游浯溪，有怪夜见，书夬字符于其手而去。明日见于石壁，因刻以镇之。

（《浯溪新志》卷五）

## 浯溪相关作品和事迹

柳应辰题名：都官员外郎柳应辰明明、大理寺丞杨杰英甫、摄福州司户吴栻顾道，熙宁六年十月二日同游。

柳应辰夬符：押字起于心，心之所记，人不能知。大宋熙宁七年甲寅岁，刻于浯溪之石。尚书都官员外郎武陵柳应辰明明。

《心记》：浯溪石在大江边，心记闲将此处镌。向后有人来屈指，四千六百甲寅年。

柳应辰题名：应辰皇祐五年，坐依蛮寇昭，谪居随州。舟次浯溪，尝刻岁月。后二十一年，通判本郡，遍寻旧记，漫不可见，亦不记所题之处。比任满，泊舟江下，经五日，始见于石门之东。字刻平浅，隐约能辨，亟令家僮依旧画镌深之。熙宁丙辰十一月十五日记。

夬符镇妖原石

柳应辰题名碑拓片

# 陶　辅

## 人物介绍

陶辅，字佐臣，宋熙宁年间人，子陶遵。见光绪《湖南通志》卷十七金石。

## 浯溪相关作品和事迹

陶辅佐臣、子遵、梁立仪定国、子格之同游。黄竦、子庄，期而未至。元丰四年辛酉囗月壬戌日题。

陶辅题名碑拓片

# 陈　宏

## 人物介绍

陈宏，字公远，颍州人。

## 浯溪相关作品和事迹

陈宏题名，在摩崖区夬字碑之下：浯溪。予自上元储运江上，至是凡十过此。时元祐丁卯（1087）孟夏中休，颍水陈宏公远记。

# 潘大临

## 🌿 人物介绍

潘大临,字邠老,一字君孚,潘鲠之子,黄州人,工诗,贫甚,游于苏黄之门。临川谢无逸以书问有新作否,答书云:"昨日闲卧,闻搅林风雨声,欣然起题壁曰:满城风雨近重阳。忽催租人至,遂败意。止此一句,奉寄。"

(《浯溪新志》卷五)

## 🏛 浯溪相关作品和事迹

### 题磨崖碑

晓泛浯溪春水船,系帆啼鸟青崖边。次山作颂今几年?当时治乱春风前。明皇聪明真晚谬,乾坤付与歌奴手。骨肉何伤九庙焚,蜀山骑骡不回首。天下宁知再有唐,皇帝紫袍迎上皇。神器仓忙吾敢惜!儿不终孝听五郎。父子几何不豺虎,君臣宁能责胡卤,南内凄凉谁得知,人间称家作端午。生平不识颜真卿,去年不答高将军。老来读碑泪横臆,公诗与碑当并行。不赏边功宁有许?不杀奉常犹未语。雨淋日炙字未讹,千秋万岁所鉴多。

(《浯溪新志》卷七)

# 邢恕

## 🌿 人物介绍

邢恕,字和叔,郑州原武(今河南省原阳县)人,早年举进士。神宗熙宁二年(1069)为崇文院校书,忤王安石,出知延陵县;十年(1077)复为校书(《续资治通鉴长编》卷二一一)。元祐四年(1089),蔡确败,贬永州监仓(《宋会要辑稿》职官六七之二);元祐九年(1094)归舟泊浯溪留题。

## 🏛 浯溪相关作品和事迹

### 浯溪

归舟一夜泊浯溪,晓雨丝丝不作泥。指点苍崖访遗刻,更磨苔藓为留题。
元祐九年正月原武邢恕和叔。

《浯溪》拓片

# 钱昆

## 🌿 人物介绍

钱昆,绍兴人,生平无考,与邹浩曾有交往。邹浩有《次韵钱昆雪中》诗。

## 🏛 浯溪相关作品和事迹

钱昆题名碑在小峿台北:会稽钱昆,绍圣二年八月十一日过永州府祁阳县,观颜鲁公所书元次山《大唐中兴颂》磨崖碑,同明府陈行通、中宫寺新禅师登㟛亭、峿台,游浯溪。遂泛舟清湘,自衡、潭北归都下，识之。

# 秦 观

## 🌿 人物介绍

　　秦观（1049—1100），字少游，一字太虚，扬州高邮人。少豪隽慷慨，溢于文词。举进士不中。强志盛气，好大而见奇。见苏轼于徐为，赋黄楼，轼以为有屈宋风。又介其诗于王安石，安石亦谓清新似鲍谢。登第，调定海主簿、蔡州教授。元祐初，轼以贤良方正荐于朝，除太学博士，兼国史院编修官。绍兴初，坐党籍出通判杭州，以御史刘拯论其增损实录，贬监处州酒税。使者承风望指，候伺过失，无所得，以谒告写佛书为罪，削秩徙郴州，继编管横州。又徙雷州。徽宗立，复宣德郎，放还至滕州。出游华光亭，为客道梦中长短句。索水欲饮，水至笑视之而卒。先自作挽词，其语哀甚，读者悲伤之，年五十三。有文集四十卷。观长于议论，文丽而思深。及死，轼闻之，叹曰："少游不幸死道路，哀哉。世岂复有斯人乎？"

（《浯溪新志》）

## 🏯 浯溪相关作品和事迹

### 漫郎

　　元公机鉴天所高，中兴诸彦非其曹。自呼漫郎示率真，日与聋叟为嬉遨。是时胡星殒未久，关辅扰扰犹弓刀。百里不闻易五殺，三士空传杀二桃。心知不得载行事，俛首刻意追风骚。字皆华星章对月，漏泄元气烦挥毫。猗玗春深茂花竹，九疑日暮吟哀猱。红颜白骨付清醨，一官于我真鸿毛。乃知达人妙如水，浊清显晦惟所遭。无时有禄亦可隐，何必龛岩远遁逃。

（《淮海集》卷三、《浯溪志》卷七）

# 孙钦臣

## 🌿 人物介绍

　　孙钦臣，字仲恭，长沙人。据《宋诗纪事补遗》，钦臣元符二年（1099）澹山岩有题名。

## 🏯 浯溪相关作品和事迹

　　浯溪有题名："长沙孙钦臣仲恭，元祐丙寅八月十九日登此。"

# 卢 约

## 🌿 人物介绍

　　卢约，字潜礼，上饶人。案卢约淡岩题名，自署其贯曰永丰。

## 🏯 浯溪相关作品和事迹

　　浯溪题名，在磨崖壁间："元符二年七月甲子，上饶卢约潜礼、长沙孙钦臣仲恭、莆阳吴耕深夫同游浯溪，

孙钦臣题名碑拓片

纵观东西峰、诸亭台，遂还邑。"

卢约等题名碑拓片

# 李清照

## 🌿 人物介绍

李清照（1084—1155），号易安居士，齐州章丘人，宋代婉约派代表词人。

李清照出生于书香门第，早期生活优裕，其父李格非藏书甚富，她从小便在良好的家庭环境中打下文学基础，出嫁后与丈夫赵明诚共同致力于书画金石的搜集整理。金兵入据中原时，李清照流寓南方，境遇孤苦。绍兴二十五年（1155）去世。

## 🏯 浯溪相关作品和事迹

### 《浯溪中兴颂》诗和张文潜

#### 其一

五十年功如电扫，华清花柳咸阳草。五坊供奉斗鸡儿，酒肉堆中不知老。胡兵忽自天上来，逆胡亦是奸雄才。勤政楼前走胡马，珠翠踏尽香尘埃。何为出战辄披靡？传置荔枝多马死。尧功舜德本如天，安用区区纪文字。著碑铭德真陋哉，乃令神鬼磨山崖。子仪光弼不自猜，天心悔祸人心开。夏为鉴当深戒，简策汗青今具在。君不见当时张说最多机，虽生已被姚崇卖。

#### 其二

君不见惊人兴废传天宝，中兴碑上今生草。不知负国有奸雄，但说成功尊国老。谁令妃子天上来，虢秦韩国皆天才。花桑羯鼓玉方响，春风不敢生尘埃。姓名谁复知安史，健儿猛将安眠死。去天尺五抱瓮峰，峰头凿出开元字。时移势去真可哀，奸人心丑深如崖。西蜀万里尚能反，南内一闭何时开？可怜孝德如天大，反使将军称好在。呜呼！奴辈乃不能道辅国用事张后尊，乃能念春荠长安作斤卖。

（《李清照集》中华书局 1962 年初版）

# 黄庭坚

## 🌿 人物介绍

黄庭坚（1045—1105），宋洪州分宁人，字鲁直，号涪翁、山谷道人。英宗治平四年（1067）进士，调叶县尉。神宗熙宁初（1068）教授北京国子监，才能为文彦博所重；知太和县，以平易为治。哲宗立，累进秘书丞兼国史编修官。绍圣初（1094）出知宣州、鄂州；章惇、蔡卞劾其所修《神宗实录》多诬，贬涪州别驾，黔州等安置。徽宗即位，起知太平州，复谪宜州。工诗词文章，受知于苏轼，与张耒、晁补之、秦观并称"苏门四学士"。黄庭坚论诗推崇杜甫，讲究修辞造句，强调"无一字无来处"，开创江西诗派。擅长行、草书，楷法亦自成一家。有《豫章黄先生文集》等。

## 🏯 浯溪相关作品和事迹

### 书磨崖碑后

春风吹船著浯溪，扶藜上读中兴碑。平生半世看墨本，摩挲石刻鬓成丝。明皇不作苞桑计，颠倒四海由禄儿。九庙不守乘舆西，万官已作鸟择栖。抚军监国太子事，何乃趣取大物为。事有至难天幸耳，上皇

·浯溪历代人物志·

局蹐还京师。内间张后色可否，外间李父颐指挥。南内凄凉几苟活，高将军去事尤危。臣结春秋二三策，臣甫杜鹃再拜诗。安知忠臣痛至骨，世上但赏琼琚辞。同来野僧六七辈，亦有文士相追随。断崖苍藓对立久，涷雨为洗前朝悲。

### 浯溪图

成子写浯溪，下笔便造极。空濛得真趣，肤寸已千尺。只今中宫寺，在昔漫郎宅。更作老夫船，樯竿插苍石。

### 浯溪崖壁记

余与陶介石绕浯溪，寻元次山遗迹，如《中兴颂》《峿堂铭》《右堂铭》，皆众所共知也。与介石裴回其下，想见其人，实深千载尚友之心，最后于庼亭东崖披剪榛秽，得次山铭刻数百字，皆江华令瞿令问玉箸篆，笔画深稳，优于峿台铭也。故书遗长老新公，俾刻之崖壁，以遗后人。山谷老人书。

《书磨崖碑后》拓片

# 成　权

### 🌿 人物介绍

成权，字立道，祁阳人。宋代太医，其他待考。

### 🏛 浯溪相关作品和事迹

北宋崇宁三年（1104），陪同黄庭坚游浯溪。崇宁四年（1105），建飞香阁于浯溪，求邹浩易阁名。详细参见黄庭坚《书磨崖碑后》、邹浩《题成立道飞香阁》。

# 成　逸

### 🌿 人物介绍

成逸，字少文，太医成权之从子也。工诗书。崇宁间，与黄庭坚、邹浩诸贤违，尝为山谷作《浯溪图》，承旨王安中题之。称其下笔造极，并为作《浯溪画隐》诗云。

（民国《祁阳县志》卷七上·高逸列传）

### 🏛 浯溪相关作品和事迹

北宋崇宁三年（1104），黄庭坚游浯溪，邑人成逸曾为作《浯溪图》。山谷和南宋王安中、折彦质均有题诗，载在溪志。参见宋黄庭坚《题浯溪图》、王安中《祁阳成逸画浯溪图相示为作长句》、折彦质《跋浯溪造极图》。

# 王安中

## 人物介绍

王安中（1076—1134），宋中山曲阳（今河北省曲阳县）人，字履道，号初寮，哲宗元符三年（1100）进士。徽宗政和中（1115年左右），自秘书少监除中书舍人，擢御史中丞；以疏劾蔡京，迁翰林学士承旨。宣和元年（1119）拜尚书右丞；三年（1121）迁左丞；五年（1123）授燕山府路宣抚使，知燕山府。辽降将郭药师同知府事，骄横跋扈，安中不能制，曲意奉之。召还，为大名府尹。钦宗靖康初（1126）为言者所劾，累贬象州安置。善属文，尤工四六。有《初寮集》。

## 浯溪相关作品和事迹

### 祁阳成逸画浯溪图相示为作长句

少文阅世老不出，自画云山满墙壁。澄怀观道追所历，坐觉琴声隐金石。我亦七年湖外客，梦中犹泛湘江碧。浯溪之图喜新得，身卧岭南心岭北。忆尝留语溪边僧，异时人读唐中兴。说与此乃秦典刑，三句入韵之罘铭。今欲复作谁可令，似有元结无真卿。烽烟惨淡万古情，不如且寻画隐成。

（《声画集》卷三，宋孙绍远辑，文渊阁《四库全书》第1349册）

# 邹　浩

## 人物介绍

邹浩（1060—1111），字志完，自号道乡，常州晋陵（今江苏省常州市）人，神宗元丰五年（1082）进士，调扬州、颍昌府教授。哲宗元祐中为太常博士，出为襄州教授。元符元年（1098）召对，除右正言，因忤章惇，并论罢立刘后，除名勒停，羁管新州。徽宗即位，添监袁州酒税，寻复右正言，迁左司谏，改起居舍人，进中书舍人，历吏部、兵部侍郎。崇宁元年（1102），因忤蔡京，以宝文阁待制出知江宁府，改杭、越二州，重理罢立后事，责衡州别驾，永州安置。后半年，除名勒停，窜昭州；四年（1105）移汉阳军；五年（1106）归常州。大观间（1107—1110）复直龙图阁。政和元年（1111）卒，年52。有《道乡集》四十卷。《宋史》卷三四五、《东都事略》卷一〇〇、《咸淳毗陵志》卷十七有传。

## 浯溪相关作品和事迹

邹浩题名，在在小峿台北。

晋陵邹浩，子炳、栩，零陵张绶、蒋潍，祁阳成权、佺逸，道人文照、伯新、义明同游。崇宁四年正月五日。

### 题义明定慧庵

结草依山名定慧，于此冥心第一义。炉香深炷席帘垂，老僧不见庵外事。

### 题成立道飞香阁

与其佺逸少隐，会予于浯溪，求易阁名，以其翚飞红莲中，名之曰飞香阁，而作是诗。

碧池千亩红莲花，敕书楼下醇儒家。跻民仁寿逢主圣，欣与万邦无叹嗟。六经变化天地阔，何处不可为生涯。只今耆域在庭户，信手掇取皆灵芽。气运回环助调燮，各正性命逾尘沙。是渠病愈我亦愈，红莲影里薰风斜。阴功乘香飞北极，上帝首肯群仙夸。赠之丹桂一千尺，攀条直上凌苍霞。

### 戏浯溪长老伯新

永州怀素精草书，毫端万象纷卷舒。浑身是眼看不破，一笔至今藏物初。浯溪得之不自用，却要他人书作图。蓦然打个筋斗去，觅纸觅绢一物无。急将床上被来拆，手忙脚乱纵横铺。五云和尚巧言语，扫尽六幅裁须臾。叠了又开开又叠，喜欢胜获衣内珠。二三子笑几绝倒，左右僮仆咸惊呼。宁比酸寒杜陵老，海图拆应家人须。脱巾漉酒解龟当，表里空旷真丈夫。吾行天下何啻半，常恨眼前无此徒。那知兴发乃方外，与彼嗜好同根株。小中现大大可睹，跳出规矩渠非愚。他时风雪夜参半，灰炉冰冷灯影孤。坐披破絮似鱼网，数挽不掩皱肌肤。只应侍者隔壁私自语，我师为谁说法声呜呜。

### 寄祁阳义明

散轩萧散万缘空，寂寂炉烟驻晓风。宾主不知谁合散，江山何许自西东。有时黄卷倚窀外，无数碧云生句中。好是心如大圆镜，光能照我路岐通。

### 勉萧尉秀实别刻磨崖

秀实欲于《中兴颂》侧磨崖别刻，以待打碑之人，庶几旧字可完，传于永久。

忠义能令金石开，至今凛凛动昭回。彼苍欲作无穷计，此事欣逢不世才。净扫烟霞留健笔，巧分鸾凤过峿台。亦宜爱日成君志，侧席知名即诏来。

### 妙高亭

四望山长老文照即山顶造一亭，求名，以妙高名之，而示长句。

四望山头老比丘，笑他思大浪经由。巧将三十三天好，都向青云青处收。金翅远投云际歇，银河低绕砌边流。高高更有堪行路，骑取沩山水牯牛。

（《道乡先生邹忠会文集》卷五）

# 高 卫

## 人物介绍

高卫，历阳（今安徽省和县）人，镈子、衡兄。哲宗元祐元年（1086），父子同游碧落洞并题诗（清道光《广东通志》卷二〇八）。徽宗大观三年（1109）为添差发运使；政和六年（1116）除直秘阁；宣和六年（1124）以朝请大夫、直秘阁为参详官。钦宗靖康元年（1126），以徽猷阁待制知平阳府。高宗建炎元年（1127）落职降两官；三年（1129）复徽猷阁待制，知洪州；四年（1130）知鄂州，兼本路安抚使。绍兴元年（1131）知抚州；二年（1132）落职，与宫观。事见《宋会要辑稿》职官之一五、四二之三四、七〇之四，方域八之二五、《建炎以来系年要录》卷七、二十四、二十六、三十三、三十七等。

## 浯溪相关作品和事迹

高卫题名，在邹浩题名后："高卫措置荆湖茶事。崇宁四年十二月二十八日游。"

高卫、邹浩等题名拓片

# 李之仪

## 🌿 人物介绍

李之仪（1048—1127），宋沧州无棣人，字端叔，号姑溪居士。之纯从弟。神宗元丰年间进士。师事范纯仁。后从苏轼于定州幕府。历枢密院编修官、通判原州。徽宗初，提举河东常平。坐草纯仁遗表及行状，编管太平州，徙唐州，官终朝请大夫。卒年八十余。能文，尤工尺牍，苏轼谓入刀笔三昧。有《姑溪居士集》等。

## 🏛 浯溪相关作品和事迹

### 跋山谷读中兴颂诗

元结云：天子幸蜀，太子即位于灵武，上皇还京师。杜甫《杜鹃》诗云：杜鹃暮春至，哀哀叫其间。我见常再拜，重是古帝魂。又云：生子百鸟巢，百鸟不敢嗔。仍为喂其子，礼若奉至尊。又云：君看禽兽情，犹解事杜鹃。书天子幸蜀者，犹天王狩河阳也。书太子即位者，犹不当即位也。书上皇还京师者，不应尊而尊之，非其志也。还犹来归，而京师者，上皇之故物也。哀哀叫其间者，哀其播迁而终不反正也。见而再拜者，痛其失所也。非其巢而辄生子与喂之者，谓能知恩而识序也。卒云：犹解事之云者，嫉之甚也。语言出于二人而忿世嫉邪，互相表发，出于一律，盖甫而后，未足与议先后也。圣人之言，以法万世，故能吟咏性情，以讽其上，而春秋不没其实，以示一字褒贬者，正在于此。

（《姑溪居士文集》卷三十九，赵郡李之仪端叔撰，旧钞两宋名贤小集本）

### 跋麻姑坛记

作字大至方丈，小至粟粒，其位置精神，不差毫发，然后为尽。如以此字与《中兴颂》参校，当知余言为信。

（《姑溪居士文集》卷四十一，赵郡李之仪端叔撰，旧钞两宋名贤小集本）

# 钱 龢

## 🌿 人物介绍

钱龢，字昌甫，宋临安（今浙江省杭州市）人，以孝义知名，居钱塘门外九里松，建杰阁，藏书甚富，苏轼榜曰"钱氏书藏"。仕至直秘阁，知荆南府。熙宁年间以光禄寺丞出知龙泉县。朝廷初更新法，编次保伍，人情骇异，龢苦心抚谕，民始安集。为政务简易，必便闾阎。及去，老幼思之，立去思堂，丞相吴充作记。见《咸淳志》《处州府志》及民国《杭州府志》卷一百三十二。

## 🏛 浯溪相关作品和事迹

### 浯溪

唐室中兴颂德碑，元颜文字孰宜为。天齐崖石磨镌久，万世功名不可隳。

会稽钱龢昌甫，大观戊子□月廿二日，雨过□□□同祁阳宰戴孚中道纯、中宫寺伯新禅老游，男寿昌侍。儒林郎知县事（约缺八字）戴孚中立石。

《浯溪》拓片

# 徐　照

## 🌿 人物介绍

徐照（？—1211），字道晖，一字灵晖，自号山民，永嘉（今浙江省温州市）人，工诗，与同郡徐玑（灵渊）、翁卷（灵舒）、赵师秀（灵秀）并称"永嘉四灵"。生平未仕，以诗游士大夫间，行迹遍及今湖南、江西、江苏、四川等地。宁宗嘉定四年（1211）三月卒。有《山民集》（《瀛奎律髓》卷二〇），已佚，另有《四灵诗集·徐照集》《芳兰轩集》传世。其墓志铭见叶适《水心集》卷十七。

## ◇ 浯溪相关作品和事迹

### 题浯溪

知是漫郎宅，舟中闻寺钟。小溪通正港，高石叠群峰。绿木成春荫，荒台见古踪。唐碑三十本，独免野苔封。

（《芳兰轩诗集》卷上）

### 石屏歌为潘隐父作

浯溪片石天来长，颜家字画元文章。淡岩明秀甲天下，万古石鼓留岐阳。大工踏天割云骨，尽出湘沅山水窟。六尺四面起棱角，颜色衺弘血涂抹。何年老手擘巨灵，赤云白日联青星。湘娥罢瑟老鱼舞，瘦鹤叫下芦花汀。潘侯得之如升仙，可惜只卖四万钱。梅山山翁觑天巧，笑涡旋颊流诗涎。君不见元祐年间狄引进，雪林千里春水润。大苏黄九来赋诗，百杯醉倒金钗阵。潘侯石屏真绝奇，更多酒肉如渑池。苏黄已矣不复来，政须我辈来吟之。又不见当年玉川子，拾得玉碑极欢喜。半路忽遭穷相驴，十步九蹶扶不起。至坚易折古所伤，愿人好置高人堂，谢客岩头生夜光。

（《芳兰轩诗集》卷中）

# 张士□

## 🌿 人物介绍

张士□，生平待考。

## 🏛 浯溪相关作品和事迹

宛平张士□罢守零陵，道过浯溪。率邑令戴孚中儒林同游。大观庚寅仲夏二十三日题。

# 李伯鱼

## 🌿 人物介绍

李伯鱼，生平待考。

## 🏛 浯溪相关作品和事迹

李伯鱼题名，在小峿台北："白云居士李伯鱼自清湘北归，携家游浯溪。大观庚辰孟秋十八日题。"

# 刘德甫

## 🏛 人物介绍

刘德甫，自题颖昌人，生平待考。

## 🏛 浯溪相关作品和事迹

刘德甫题名，在磨崖壁间："颖昌刘德甫，挈家游浯溪，观磨崖之碑。时大观四年十二月十有三日。男□题。"

# 释德止

## 🏛 人物介绍

释德止（1080—1135），北宋末南宋初江西江州圆通寺僧，字青谷，俗姓徐，信州（今江西省上饶市）人，世居历阳（今安徽省和县）。仕宦世家，少习儒业，登进士第，授平州教授，旋弃官而出家。未数载，名振京师。宋徽宗宣和三年（1121）御赐"真际禅师"称号，诏住江州圆通寺。曾师事著名画家李公麟，所作山水、松石、人物，皆清绝臻妙。能诗善文，诗风古朴雄健，作品多失传。示寂后，塔于司空山。

## 🏛 浯溪相关作品和事迹

### 题《浯溪图》

夷涂勿抛控，抛控马多失。挹水勿极量，极量器多溢。安史起天宝，转战竟奔北。词臣献颂诗，要垂万世则。一字堪白首，大书仍深刻。谁作浯溪图，千里在只赤（咫尺）。飞湍如有声，旁汇浸层碧。巉绝半岩间，仿佛见鸟迹。不觉加手磨，真恐苔藓没。国姓前后异，天运古今一。向来文武才，坐筹或操笔。种种皆可称，俯仰重叹息。愿君宝此图，置之丹粉壁。昔人如可作，想象壮胸臆。

（道光《永州府志》卷二上名胜志·祁阳；《宋诗纪事》卷九十三）

故宫博物院藏德止《题〈浯溪图〉诗》

# 夏　倪

## 🏛 人物介绍

夏倪，字均父，德安人，宣和中自府曹左官祁阳监酒。入江西宗派图，与饶德操、张彦实友善。有《远游堂集》。见《江西诗徵》卷十三介绍。另按《宋元诗会》作蕲州人，盖英公（夏倪）谪黄州时遂家于蕲也。

## 浯溪相关作品和事迹

### 减字木兰花登峿台

夏均父，宣和庚子二年（1120）迁祁阳酒官，过浯（峿）台，爱其山水奇秀，谓非中州所有，有作《减字木兰花》，词云：

江涵晓日，荡漾波光摇桨入。笑指浯溪，漫叟雄文锁翠微。

休嗟不偶，归到中州何处有。独立风烟，湘水浯（峿）台总接天。

（《御选历代诗馀》卷一百十六 词话·宋三）

宣和庚子倪均父题浯溪词序：山水奇秀，殆非中州所有。

（《舆地纪胜》卷五十六《荆湖南路·永州》）

# 释惠洪

## 人物介绍

释惠洪，宋僧，筠州人，俗姓喻，一说姓彭，号觉范，后改名德洪。入清凉寺为僧，以医识张商英，又往来郭天信之门。徽宗政和元年（1111）因张、郭得罪而受累，配朱崖。后释归。喜游公卿间，戒律不严。工诗，善画梅竹。有《石门文字禅》《冷斋夜话》《林间录》《僧宝传》《临济宗旨》等。

## 浯溪相关作品和事迹

### 同景庄游浯溪读中兴碑

上皇御天功最盛，生民温饱卧安枕。醉凭艳姬一笑适，薄夫议之无乃甚。长安遮天胡骑尘，潼关战血深没人。哥舒臣贼不足惜，要殇国忠如脍鳞。苍黄去国食不暇，马嵬赐死谢天下。反身罪己成汤心，奈何犹有讥之者。取非其子又遽匆，灵武君臣无怍容。何须呜咽让衮服，自控归鞍八尺龙。谁磨石壁湘江上，揩拭云烟溅惊浪。龙蛇飞动忠义词，颜元色庄俨相向。与君来游秋满眼，闲行古寺西风晚。道人兴废了不知，但见游人来读碑。

（《石门文字禅》卷一，宋江西筠溪石门寺沙门释德洪觉范著，见文渊阁《四库全书》第1116册）

### 予顷还自海外夏均父以襄阳别业见要使居之后六年均父谪祁阳酒官余自长沙往谢之夜语感而作

一昨游京华，坏袄变尘土。思归念云山，夜梦亦成趣。故人骤登庸，时时宿西府。如鸟得所栖，倦适忘飞去。从中奇祸作，失声惊破釜。三年王海南，放意吐佳句。归来骇丛林，冠巾呵佛祖。突兀刺世眼，所至遭背数。夫子独凛然，高谊照寰宇。哀怜欲收拾，奋髯排众怒。岂惟子义世，独有孔文举。此恩无陈鲜，岁月有今古。喝来湘楚游，坐阅六寒暑。今年中秋夕，水宿青苹渚。谁持一纸书，剥啄叩蓬户。呼灯得靓识，失床喜而舞。开书有新诗，喜事遽如许。丽如春湖晓，月映蔷薇露。笔力回春工，仿佛失风度。湘江三百里，款段沿江路。岳色满征鞍，疾驱那敢顾。朝来真见之，了非梦时遇。堂堂千人英，要是干国具。龙蛇吁莫测，涔蹄聊塞寓。道固有晦显，会看跨云雨。天下张荆州，四海陈合浦。当时寂寞滨，皆获陪杖履。今又从公游，楚山更佳处。诗成倚峿台，天风吹笑语。

（《石门文字禅》卷五，宋江西筠溪石门寺沙门释德洪觉范著，见文渊阁《四库全书》第1116册）

### 次韵曾伯容哭夏均父

青松傲霜雪，事误亦迍遭。或脱斧斤厄，则遭藤蔓缠。北渠材砢磳，笸壑色芳鲜。不作千楹栋，终为万斛船。那知过华屋，长恸摇空鞭。增击疑仙去，超摇弃我先。但余殷枕泪，无复对床眠。忆昨游溢浦，曾同上紫烟。

春光随杖履，笑响落云泉。尚想登临处，仍哦唱和篇。暗惊生死隔，默数十三年。台宪登群彦，秋风吹一鹗。诛奸志未舍，谋国疏空传。醉驭毛车度，雅推日毂旋。岁时嗟易得，力命古难全。报施徒云尔，功名信偶然。清忠光竹帛，英气敛山川。哭子如临敌，当勾失短铤。

（《石门文字禅》卷九，宋江西筠溪石门寺沙门释德洪觉范著，见文渊阁《四库全书》第 1116 册）

### 次韵李端叔见寄

一官游戏且同尘，梦寐江湖亦可人。轩冕久知身是寄，鱼虾才说口生津。解嘲镜里萧疏发，时吐毫端浩荡春。自古浯溪好风月，买山终欲与君邻。

（《石门文字禅》卷十一，宋江西筠溪石门寺沙门释德洪觉范著，见文渊阁《四库全书》第 1116 册）

### 招夏均父

北山深转青松壑，万迭烟霏空翠堆。元亮果堪中路俟，子猷那敢棹舟回。鸟工魂梦寻公去，蝉蜕尘埃出郭来。他日荆林谈笑处，行人应指两翁台。

（《石门文字禅》卷十二，宋江西筠溪石门寺沙门释德洪觉范著，见文渊阁《四库全书》第 1116 册）

### 次韵游浯溪

浯溪山水今无恙，浪士曾未烂熳游。大字中兴余断碣，小舟空此醉垂钩。词源不减无双誉，人品当时第一流。地坐摩挲增叹息，高标想见尚横秋。

（《石门文字禅》卷十二，宋江西筠溪石门寺沙门释德洪觉范著，见文渊阁《四库全书》第 1116 册）

### 代夏均甫宴人致语一首（并序）

窃以带分楚水，流万古之云涛；壁立峿台，上千寻之烟雨。号称雄文，妙墨栖宿之地；是亦词人，迁居感叹之墟。野迥天多，尘清雾敛。方群木落尽之景，望四山之苍然；送万里独归之鞍，庆一尊之偶尔。恭维某人硕大而德贵，魁磊而材高，以忠义自结主知，故姓名长简睿想。立于缙绅之上，可谓万人之英；论于君臣之间，亦曰千载之遇。念故都之下吏，实恩馆之陈人。有一掬之归心，余满簪之华发。嗟孙宝曾为主簿，容朋宣独至后堂。受知不减古人，报德尚惭今士。敢陈末札，少驻行旌。玉人成匝座之花轮，琼液荐满湘之春色。相逢一笑，不醉何归。

九龄风度照峿台，宴寝香凝画戟开。归国已倾天下耳，驻轩宜举故人杯。青天白日心常在，附骥攀鳞志未摧。累足待公成相业，更随风驭看蓬莱。

（《石门文字禅》卷十三，宋江西筠溪石门寺沙门释德洪觉范著，见文渊阁《四库全书》第 1116 册）

### 远游堂记

宣和元年（1119）秋八月，朝奉郎夏公自天府谪官祁阳。明年（1120 年）三月，至自三岘，馆于灵泉寺。寺临大江，江流湍急，断岸千尺，万峰环之，如趋如揖，如翔如集。公构堂其西，尽收其形胜。靖深以宜茂林修竹，虚明以隔嚣声尘氛，而名之远游。重九后二日，余从公登焉，对立凝睇，晴岚夕晖浮动乎绿疏青琐之上，促榻对语，笑响散落乎千岩万壑之间，于是隐几栩然忘言。盖其倚功名于忧患之外，玩云川以自娱。心饱新得，百想俱灭，然知国知兵，百未一施，而沉冥小邑，如对彭泽之狄梁公，通泉之郭代公，乃名所居之堂为远游。何哉？嗟乎！世之识真者寡，所从来旧矣。袁天纲识武后于襁褓，惊曰："贵武氏者此儿也。"使天纲果识真，当曰亡武氏可也；贺知章果识真，当曰游仙可也。夫一尘翳目，天地四方易位，袁、贺方眩梦幻，以其祸为贵，以游为谪，要不足怪也。公今去国之远，而能酬酢风月，安乐泉石，酒后耳热，侍儿扶掖而歌，则忘其身之为逆旅，谓之谪，可乎？公尝首肯余论，嘱余为之记。公讳倪，字均甫，其先江南人。嘉祐为名臣之后，凛凛有祖风者也。

（《石门文字禅》卷二十二，宋江西筠溪石门寺沙门释德洪觉范著，见文渊阁《四库全书》第1116册）

# 张　耒

## 🌿 人物介绍

张耒（1054—1114），字文潜，号柯山，亳州谯县（今安徽省亳州市）人，人称宛丘先生、张右史。北宋大臣、文学家。

宋神宗熙宁六年（1073）考中进士，历任临淮主簿、著作郎、史馆检讨。哲宗绍圣初年（1094）以直龙阁学士知润州。宋徽宗初（1100）召为太常少卿，成为苏门四学士（秦观、黄庭坚、张耒、晁补之）之一，是辞世最晚，受唐音影响最深的作家。列为元祐党人，数遭贬谪，晚居陈州。政和四年（1114）去世，享年61岁。

张耒诗学白居易、张籍，平易舒坦，不尚雕琢，但常失之粗疏草率。其词流传很少，语言香浓婉约，风格与柳永、秦观相近。词代表作有《少年游·含羞倚醉不成歌》《风流子·木叶亭皋下》等，著有《柯山集》《宛邱集》《柯山诗馀》。

## ◇ 浯溪相关作品和事迹

诗碑今存，为明张弘至模刻。

### 读中兴颂碑

《读中兴颂碑》拓片

玉环妖血无人扫，渔阳马厌长安草。潼关战骨高于山，万里君王蜀中老。金戈铁马从西来，郭公凛凛英雄才。举旗为风偃为雨，洒扫九庙无尘埃。元功高名谁与纪，风雅不继骚人死。水部胸中星斗文，太师笔下龙蛇字。天遣二子传将来，高山十丈磨苍崖。谁持此碑入我室？使我一见昏眸开。百年兴废增叹慨，当时数子今安在？君不见荒凉浯水弃不收，时有游人打碑卖。

# 吴少逸

## 🌿 人物介绍

吴少逸，生平待考。

## 🏛 浯溪相关作品和事迹

吴少逸题名，在摩崖壁间：闽郡吴少逸赴永纠任，挈家游此。宣和壬寅十月二十五日书。

# 黄仲堪

## 🎋 人物介绍

黄仲堪，字觉民，洪州分宁（今江西省修水县）人，庭坚从弟，庭坚称其温恭好学，曾任衡山尉，靖康初（1126）为永州长史。见《豫章集》卷二十《觉民对问》，《山谷别集》卷十三《与李承之书》，《八琼室金石补正》卷九一、一〇〇。

## 🏯 浯溪相关作品和事迹

靖康元年（1126），双井黄仲堪觉民自零陵行县游此。子镒携家侍行。见《八琼室金石补正》卷九十一、《全宋文》卷二八六三。

《全宋文》同卷另录《九龙岩题名》：双井黄仲堪觉民自零陵行县经此，值太平进老同游。岩主照师蒸香烹茶，使人洒然有仙意。孙适侍行。靖康元年孟冬戊午日题。见《八琼室金石补正》卷一〇〇。

# 折彦质

## 🎋 人物介绍

折彦质（？—1160），字仲古，号葆真居士，祖籍云中（今山西省大同市），徙河西府谷（今陕西省府谷县）（《姑居士后集》卷二十附《折公墓志铭》），钦宗靖康初（1126）为河东制置使，坐丧师责海州团练副使，永州安置（《宋会要辑稿》职官六九之二九）。高宗绍兴二年（1132）起为湖南安抚使兼知潭州；四年（1134）擢枢密都承旨；六年（1136）签书枢密院事兼权参知政事，与赵鼎同罢；七年（1137）起知福州；九年（1139）落职。秦桧死后起知广州，移洪州。绍兴三十年（1160）（《宋会要辑稿》选举三二之二四作三十一年）卒于潭州。《两宋名贤小集》存《葆真居士集》一卷。

## 🏯 浯溪相关作品和事迹

### 跋浯溪造极图

浯溪未到已登临，笔力能穷造化心。我是零陵新逐客，披图一一可追寻。

（《声画集》卷三，宋孙绍远辑，文渊阁《四库全书》第1349册）

# 黄彦平

## 🎋 人物介绍

黄彦平，字季岑，号次山，丰城人，政和八年（1118）进士，建炎朝仕至吏部郎中，提点湖南刑狱。靖康初年（1126）坐与李纲善，贬官。南渡后，数上札子论事。有《三余集》。按《宋史·艺文志》，作黄季岑，有《玉余集》；焦竑《国史经籍志》作黄次山，有《三余集》；《宋诗纪事》则云黄次山字季岑，今据《丰城志》校正。

## 🏮 浯溪相关作品和事迹

归途次韵

其一

隔年重到浯溪路，旌旆行疏鬓雪添。

幸有江山供吊屈，愧无耆旧咏来廉。

其二

春风乔木浯溪寺，指点溪流问故家。

庭下已无书带草，步头犹有水仙花。

（《三余集》卷二，宋黄彦平撰，文渊阁《四库全书》第 1132 册；《江西诗徵》卷十三，南城曾燠编辑）

# 贾时举

## 🏮 人物介绍

贾时举，生平待考。

## 🏮 浯溪相关作品和事迹

贾时举题名，在磨崖壁间：贾时举、李仲威、王开叔同游浯溪。建炎己酉二月十七日。

# 陈与义

## 🏮 人物介绍

陈与义（1090—1138），字去非，号简斋，洛阳（今河南省洛阳市）人。徽宗政和三年（1113）登上舍甲科，授开德府教授。宣和四年（1122）擢太学博士、著作佐郎（《容斋四笔》卷十四）；谪监陈留酒税。南渡后，避乱于襄汉湖湘。高宗建炎四年（1130）召为兵部员外郎。绍兴元年（1131）迁中书舍人，兼掌内制，拜吏部侍郎，改礼部；四年（1134）出知湖州；五年（1135）召为给事中（宋《嘉泰吴兴志》卷十四），以病告，提举江州太平观，复为中书舍人；六年（1136）拜翰林学士、知制诰；七年（1137）为参知政事；八年（1138）以资政殿学士知湖州，因病，提举临安府洞霄宫，卒，年四十九（《紫微集》卷三十五《陈公资政墓志铭》）。有《简斋集》三十卷、《无住词》一卷传世。《宋史》卷四四五有传。

## ◇浯溪相关作品和事迹

漫郎

漫郎功业太悠然，挂笏看山了十年。黑白半头明镜里，丹青千树恶风前。星霜屡费惊人句，天地元须使鬼钱。踏破九州无一事，只今分付结跏禅。

（《增广笺注简斋诗集》卷十一，竹坡胡稚仲孺笺，《四部丛刊初编》）

同范直愚单履游浯溪

潇湘之流碧复碧，上有铁立千寻壁。河朔功就人与能，湖南碑成江动色。文章得意易为好，书杂矛剑天假力。四百年来如创见，雷公雨师知此石。小儒五载忧国泪，杖藜今日溪水侧。欲搜奇句谢两公，风作浪涌空心恻。

（《增广笺注简斋诗集》卷二十七，竹坡胡稚仲孺笺，《四部丛刊初编》）

# 潘正夫

## 人物介绍

潘正夫，宋代驸马，尚秦国康懿长公主，拜驸马都尉，官至少傅，封和国公，历事四朝，薨于绍兴二十二年（1152），赠太傅。

秦国康懿长公主，帝第三女也。始封康懿，进嘉国、庆国，政和二年（1112）改韩国公主，出降潘正夫，改淑慎帝姬。靖康末（1127），与贤德懿行大长公主俱以先朝女留于汴。建炎初（1127），复公主号，改封吴国。觐上于越，以玉管笔、小玉山、奇画为献，上温辞却之。避地至婺州。

绍兴四年（1134）入见，其子尧卿等五人各进官一等。主奏言："祖宗以来，驸马都尉石保吉、魏咸信、柴宗庆皆除使相。今正夫历事四朝，在汴京曾建议迎陛下，至杭州又言禁卫未集，预宜防变，乞除开府。"上不许。绍兴八年（1138）再入见，留宫中三日。时极暑，上每正衣冠对之饮食，又为正夫求恩数，上曰："官爵岂可私与人，况今日多事，未暇及此。"时赵鼎当国，方论群臣绍述之奸，颇抑正夫。鼎去位，正夫始得开府之命。给事中刘一正言其非旧制，恐援例者多，乃诏："哲宗惟正夫为近亲，余人毋得援。"显仁太后归，主同秦、鲁国大长公主迎于道。绍兴十九年（1149）又入朝。子长卿、粹卿、端卿皆自团练使升观察使，从所请也。

潘正夫等题名碑拓片

## 浯溪相关作品和事迹

潘正夫、吴国长公主题名，在浯溪石门之后、峿台西石上：吴国长公主之荆湖，驸马都尉潘正夫侍亲同来，渡湘江，宿浯溪寺，观唐中兴碑。亲属被旨从行者舅赵子珊、子佩、兄节夫、弟尧夫。男长卿、粹卿、端卿、温卿侍。

# 蔡　说

## 人物介绍

蔡说，岳阳（今山西省洪洞县）人。高宗绍兴二年（1132）知祁阳县（《金石补正》卷九十一，《全宋诗》）另据《全宋文》卷一三六七，王安石《蔡说殿中丞制》"敕某，宗祀之成，庆覃疏逖，尔久于常选，丁此殊恩。甄序有荣，往其祗服！可"则知，其为殿中丞。

蔡说诗碑拓片

## 浯溪相关作品和事迹

蔡说诗，在磨崖左。

岳阳蔡说备员邑令，见磨崖碑而思鲁公之忠节。当时河北二十四郡，独公能以死讨贼，则刻石纪功之志见于是时。因乱道五十六字，以叙其钦慕之意。

生非耀□欲争雄，发见英华□自中。谁秉湘东千古笔，已思河北一时躬。忠肝义胆平□□，铁画银钩大纪功。尊主□□臣子事，睎颜志节亦颜同。

绍兴壬子三月旦日题。

# 孙 觌

## 人物介绍

孙觌，宋常州晋陵（今江苏省常州市）人，字仲益，号鸿庆居士，徽宗大观三年（1109）进士。官翰林学士，为钦宗草《降金表》，后被李纲斥罢。黄潜善等引为试中书舍人，历户部尚书，知温州、平江、临安等职，所至扰民，盗用军钱，除名，象州羁管。依汪伯彦、黄潜善，诋李纲，阿谀万俟卨，毁谤岳飞，为世人不齿。工诗文，有《鸿庆居士集》。

## 浯溪相关作品和事迹

### 读中兴颂碑

水部天宝中兴碑，浯溪摩崖天与齐。龙亡虎逝今已矣，太宗社稷犹巍巍。泗滨九鼎不复出，陈仓石鼓今已非。岿然独立湘水上，往往或有神司之。我亦系舟石壁下，老眼惊顾眩欲迷。星图错落树挂斗，云物黯淡天投霓。遗忠寂寂阅千载，山颓木坏知何如。踟蹰对立三太息，风雨夜啸猩鼯悲。

### 皇妃岭

濯濯漱壑泉，岩岩依天石。扶藜上秋空，一缕挂绝壁。

胡为乘此险，登临风雨夕。千金戒垂堂，尊驭且莫咍。

（《鸿庆居士集》卷三，宋孙觌撰，文渊阁《四库全书》第 1135 册）

# 薛公度

## 人物介绍

薛公度，河东人。官提盐。

## 浯溪相关作品和事迹

无相庵碑刻，在磨崖右。此碑刻中间篆书"无相庵"三字，两旁楷书小字各一行："河东薛公度施于浯溪寺，以奉无相大士。绍兴二年二月望日。"

# 胡 寅

## 人物介绍

胡寅（1098—1156），宋建宁崇安（今福建省武夷山市）人，字明仲，学者称致堂先生，胡安国侄，徽宗宣和三年（1121）进士。钦宗靖康初（1126）召为校书郎，受学于祭酒杨时，高宗建炎中因张浚荐，擢起居郎。上书陈抗金大计，反对苟安议和，言词切直。绍兴中为中书舍人，力阻遣使入金，出知严州、永州。官至礼部侍郎兼直学士院。秦桧当国，深忌之，以讥讪朝政落职，安置新州。桧死复官。卒谥文忠。有《论语详说》《读史管见》《斐然集》。

<h2 align="center">题浯溪（癸丑 1133）</h2>

戎马胡为践神京，翠华东狩朝太清。扶桑大明涌少海，虎符百万屯云兴。皇威意无穷发北，老传坐筹自巾帼。谋臣猛将俄解体，吹入胡笳一萧瑟。塞南莽莽多穹庐，塞雁年年不系书。回首朔云清泪满，伤心玉坐碧苔虚。中兴圣主宣光类，群材合沓风云会。会稽甲楯今几时，于铄王师尚时晦。最喜郏侯开肃宗，不谓晨昏急近功。竟使大唐宏业坠，丰碑有愧昭无穷。徙倚碑前三太息，江水东流岂终极。颂声谐激不为难，君王早访平戎策。

（《斐然集》卷一）

<h2 align="center">题浯溪小景（癸丑 1133）</h2>

卜宅元郎岂偶然，江山千古共流传。乾坤巨石知多少，待看中兴第二篇。

龙文校：末句第六字，上图藏清钞本作"二"，国家图书馆藏清钞本作"三"。"三"字平仄不符，疑抄写之误。

（《斐然集》卷三）

<h2 align="center">永州谯门上梁文（庚申 1140）</h2>

抛梁北，两江下合浯溪色。溪边有石尚齐天，大业载歌还此刻。

（《斐然集》卷三十）

<h2 align="center">谪居新昌过黄罴岭（庚午 1150）</h2>

昔年曾作守，旌骑拥山头。省己无遗爱，投荒历旧游。

妻儿相翼卫，风雨漫淹留。力学如何验，仁人乃不忧。

（《斐然集》卷五）

<h2 align="center">祁阳县学记（1142）</h2>

祁阳令吕君坚中，修书遣县学讲书周度来言：县东有先圣庙，与浮屠氏为邻，浮屠氏怀侵奄之计已久，几废而他徙者屡矣。赖二三学子力争而护存之。

坚中承乏邑事，惟念教化之本，方欲增葺黉舍，招徕后进，会有诏旨州县学尽复置，即谕士劝民，称力效助，甫再阅月，告成一新，且叙二三子之意，谓予尝守是邦，而记零陵、东安之学矣，斯邑也，奚可以无述？予不得辞，则为之言曰：

建学校者，必祀先圣，示道业之有所宗也。天下同知宗孔氏，然自孟子而后，旷千馀载，居仁由义、德业备成，卓然而为斯人之先觉者，不越数君子而已，是诚宜师而学，士大夫鲜克师焉。或且悻悻然曰：孰为数君子？吾知师孔氏而已。予窃恶其说托是而济非也。今有人生乎遐方下域，而欲至乎王者之国都，必得知王都之所在者，引而导之，庶乎其可至焉。弗逮中人之资，岂特下域之比也。孔氏之堂室，岂特王都之远也。乃从未尝知者，导吾而前，其不迷津而冥途，入丛棘而陷大泽也几希。故欲学孔氏，必求深乎孔氏之术，居仁由义、德盛叶大者，志而潜之，讲而明之，精而深之，然后孔氏之堂室迩而弗远，造而弗差也。昔者仲尼无位以行其道，则网纪典籍，垂范来世，虽然，于易则系之而已，于书则序之而已，于诗则删之而已，于礼乐则正之而已，未尝作也。年七十致大夫而老，道必不行矣，乃始笔削鲁史之文作为大典，曰吾志在春秋。是则易、诗、书、礼、乐，前圣之所同，而春秋仲尼之所独也。使仲尼君天下而南向，为公师而北面，所以经斯世、燮大化、致隆平而颂清庙，六五帝而四三王者，不出乎春秋之志矣。

和靖先生侍讲尹公，受道于河南夫子，圣上尊其德，乐其义，擢从布衣，置之经帏，俾发明论孟以启告，其进与退皆可法也。吕君抠衣服勤尹公左右，实有年数。今以其行学，试之政事，则凡圣贤传付师弟子授受，当为二三子精言而深启之，使护存庙宇、增葺黉舍，不为虚文美观，而弦歌之声，学道爱人之效有光于武城，异日英材秀民，无待而兴，虽中人懦夫犹能敦廉耻、励风操，可谓士，则其文也刻诸金石而无愧矣。

（《斐然集》卷二十一）

注：吕坚中，字景实，本中兄弟行也。其官祁阳令，胡致堂为作学宫记，称其服勤和靖左右有年，今试之政事。先生与冯忠恕、祁宽同记和靖语。（《宋元学案》卷二十七）

# 杜绾

## 🌿 人物介绍

杜绾，字季阳，号云林居士。山阴人。宰相衍之孙，唐工部甫之裔也。

## 🏛 浯溪相关作品和事迹

### 永州石

永州署依山厅事之东隅，顷岁太守黄叔豹因其地稍露山谷，除治积壤十余尺，得真山一座，凡八九峰。（别本八十九峰）岩洞相通，翠润可喜，有唐人刻字遍于诸峰之侧，甚奇古。有一石横尺余，联缀石上，全若水禽。因引泉出水，潴满岩窦，其石正浮水面，亦有唐人刻字，目为灚鹕石。又群（别本作郡）山之后，下广二顷余，率皆怪石，罗布田野闲，或为民居蔽隐。元次山创万石亭于山之颠。

（《云林石谱》卷上，宋山阴杜绾季阳撰，《丛书集成初编》第1507册）

### 零陵石燕

永州零陵出石燕，昔传遇雨则飞。顷岁余涉高岩，石上如燕形者颇多，因以笔识之。石为烈日所暴，偶骤雨过，凡所识者，一一堕地，盖寒热相激迸落，不能飞尔。土人家有石版，其上多磊魄如燕形者。

（《云林石谱》卷中，宋山阴杜绾季阳撰，《丛书集成初编》第1507册）

### 石镜

永州祁阳县浯溪山崖之侧，有立石一片，广数尺，色深青润，光可照物十数步，土人谓之石镜。杭州临安山中一石，光明如镜，颇同。

（《云林石谱》卷中，宋山阴杜绾季阳撰，《丛书集成初编》第1507册）

# 吕本中

## 🌿 人物介绍

吕本中（1084—1145），宋寿州人，郡望东莱，字居仁，人称东莱先生。吕好问子。高宗绍兴六年赐进士出身。历官起居舍人、中书舍人兼侍讲、权直学士院。曾上书陈恢复大计。秦桧为相，私有引用，本中封还除目。又与赵鼎深相知，忤桧，被劾罢。工诗，得黄庭坚、陈师道句法。卒谥文清。有《童蒙训》《江西诗社宗派图》《紫微诗话》《师友渊源录》《东莱先生诗集》等。

## 🏛 浯溪相关作品和事迹

### 浯溪

五月行人汗如雨，意绪昏昏杂尘土。浯溪一见中兴碑，便有清风濯烦暑。中兴之业诚艰难，敢作汉武周宣看。纷然大历上元间，文恬武嬉主则孱。但知追咎一禄山，袖手不作如旁观。天亦未使庸夫干，故生李郭在人间。一时节士张许颜，其谁不知唐已安。道州落笔风雨寒，鲁公大书镇百蛮。诃叱水怪摧神奸，有臣若此世所叹。而不能使君心还，我来转岭逾千盘。对此凛然清肺肝。想见群小遭讥弹。尔曹何心犹诞谩，至今怒发常冲冠。

（文渊阁本《东莱诗集》卷十三、《南宋文范》卷九）

# 李若虚

## ❧ 人物介绍

李若虚（《舆地纪胜》卷五六作益虚），广平曲周（今属河北）人。若水兄。高宗绍兴三年（1133）守司农寺丞（《建炎以来系年要录》卷七〇）。五年（1135），充襄阳府路置司参度官（同上书卷八十九）。六年（1136），擢荆湖北路转运判官（同上书卷一〇六）。八年（1138），为军器监丞（同上书卷一二四）。十一年，知宣州，为岳飞幕客（同上书卷一四〇）。十二年（1142），因议时政罢职，徽州羁管（同上书卷一四四、一四五）。事见清光绪《湖南通志》卷二七六。

## ❧ 浯溪相关作品和事迹

### 过浯溪观中兴磨崖因成一绝

元颜文字照浯溪，神物于今长护持。崖边尚有堪磨处，留刻中兴第二碑。

绍兴五年五月二十四日，广平李若虚过浯溪，观中兴磨崖，因成一绝。

《过浯溪观中兴磨崖因成一绝》拓片

# 宋高宗赵构

## ❧ 人物介绍

宋高宗赵构（1107—1187），字德基，徽宗第九子。初封蜀国公，广平郡王。宣和三年（1121）进封康王。钦宗靖康元年（1126）使金，得还。二年（1127），金兵俘徽、钦二帝北去，乃即帝位于南京（今河南省商丘市）。后建行都于临安，史称南宋。在位三十六年，建元建炎、绍兴。绍兴三十二年（1162）传位于孝宗赵慎，称光尧寿圣宪天体道性仁诚德经武纬文绍业兴统明谟盛烈太上皇帝。淳熙十四年卒，年八十一，葬思陵。谥曰圣神武文宪孝皇帝，庙号高宗。光宗绍熙二年（1191），加谥受命中兴全功至德圣神武文昭仁宪孝皇帝。著有《翰墨志》一卷，今存。事见《宋史》卷二十四至三十二《高宗本纪》。

## 浯溪相关作品和事迹

往读中兴之颂，无忘平日之言。竹马欢迎，相望数舍。（并胡安国知永州制）

（《舆地纪胜》卷五十六《荆湖南路·永州》）

### 胡安国复徽猷阁待制知永州制（宋高宗）绍兴五年二月十三日丁亥

朕惟士君子读圣人之书，学先王之道，岂独善其身而已哉！治人治己，成己成物，易地则皆然。世俗之儒，名师孔、孟，实蹈杨、墨，可与论中庸者鲜矣。安国学优而仕，行顾于言，通经为儒者之宗，识事职治道之体。顷从时望，召置琐闱。方喜便于咨询，顾何嫌于对驳，奉身而去，亦既累年。予方思共理之良，尔安得独善于己？零陵虽小，有社有民，竹马欢迎，相望数舍。往读中兴之颂，无忘平日之言。亟怀印章，祗我明命。

（《建炎以来系年要录》卷八十五，《中兴两朝圣政》卷一十七《全宋文》卷 4486 卷）

# 王　铚

## 人物介绍

王铚，字性之，自号汝阴老民，汝阴（今安徽省阜阳市）人。尝从欧阳修学。高宗建炎四年（1130），权枢密院编修官（《建炎以来系年要录》卷三十五），纂集太宗以来兵制。绍兴四年（1134）书成，赐名《枢庭备检》。后罢为右承事郎，主管台州崇道观，续上《七朝国史》等。九年，为湖南安抚司参议官。著有《默记》一卷、《杂纂续》一卷、《侍儿小名录》一卷、《国老谈苑》二卷、《王公四六话》二卷、《雪溪集》八卷（今存五卷）等。《宋史翼》卷二十七有传。

（《全宋诗》）

## 浯溪相关作品和事迹

### 蔡天启作中兴碑诗且邀同赋

一日屠戮三庶人，天理已尽杀气昏。青宫惴惴二十载，免祸自求黄屋尊。忠臣开除两京路，未知日月双悬处。归来祈哀语可怜，今日贵作天子父。潇湘江边镵穿碑，烟云相连愁九疑。湖南万古长嗟地，剩与屈贾添余悲。雄文漫郎来作吏，正色颜公谒西内。两贤愤托金石坚，莫求此碑求此意。休闯九阍诉帝傍，莫化杜鹃啼故乡。磨崖难摧幽恨长，水流不尽山苍苍。

（《全宋诗》）

# 朱　槔

## 人物介绍

朱槔，字逢年，韦斋弟也。有诗曰《玉澜堂集》，梁溪尤袤为序，极称之。

（《唐宋诗会》卷三十六）

## 浯溪相关作品和事迹

### 用东坡武昌寒溪韵三篇同杨良翰（选二）

#### 其一

漫郎古邑埋蒿莱，五柳合抱何人栽。浯溪未作天宝颂，爽气已压南昌梅。苏公邓公先后到，一时玉立高崔嵬。扁舟载酒渡江水，千山软翠昏楼台。洼尊抔饮追太古，云荒石老无纷埃。归来玉署念赤壁，侧身西望银涛堆。英辞杰句相震发，尚记野鸟窥空罍。只今却教未百载，虫篆想见留岩隈。中原膻腥杂夷夏，淮北城垒生莓苔。公乎天与济世具，曷不手引枭鸾开。空遗笔力配元祐，顿觉纸上千军摧。禁中颇牧知在即，号令前日颁风雷。丹青元向大羽出，貂蝉要自兜鍪来。数公文字虽胜绝，莫使变作离骚哀。

其二

东坡谪官未放回，桃花不系玄都栽。机牙爱触造物手，五见江雨肥江梅。扁舟一笑凌浩渺，瘦筇结伴登崔嵬。洼尊故事逢浪叟，鸟篆真迹追浯台。（次山有浯台铭，见六一集。）漂流长有北阙梦，邂逅果踏东华埃。玉堂夜直对同舍，金烛照座花成堆。帝觞雨露浇舌本，忽忆樊口倾山罍。联诗共刻醉眠处，至今宝气蟠岩隈。关西夫子独好事，披垣行即吟苍苔。斯文突过元祐上，已觉万丈光芒开。临风吊客感赤壁，公瑾孟德俱彫摧。英雄割据亦儿戏，安用匕箸惊蚊雷。东坡羽化不复返，浪叟何日成归来？鹦鹉洲前旧时路，寒波荒苇令人哀。

（《玉澜集》不分卷，新安朱梿逢年撰，清康熙庚寅刻本）

# 李 光

## 🌿 人物介绍

李光（1078—1159），宋越州上虞人，字泰发，号转物居士。徽宗崇宁五年（1106）进士。高宗时知宣州，缮城池，聚兵粮，建义社，守境有方。后为吏部尚书。绍兴中，宋金和议成，秦桧借其名押榜以息异议，拜参知政事。及见桧撤淮南守备，夺诸将兵权，即极言金人不可信，和议不可恃，斥桧怀奸误国，为桧所恶。贬建宁军节度副使，藤州安置。后移琼州、昌化军。桧死，得复官秩。卒谥庄简。有《庄简集》。

（《中国历代人名大辞典》）

## 🏯 浯溪相关作品和事迹

### 伊洛节上人寓浯溪中宫寺作溪月亭诸人咸赋诗辄留鄙句（1124）

结亭临大江，浯溪出其侧。道人傍溪月，月照溪逾碧。当知月在天，分身千百亿。此月有亏盈，我心本澄寂。合眼听溪声，开眼见溪色。声色两不留，我心何处觅。梦觉月在窗，还如旧知识。

龙文按：由此首诗题可知，浯溪尚有溪月亭之胜，节上人所创，可补入浯溪志书。

（《庄简集》卷一，宋李光撰，文渊阁《四库全书》第1128册）

### 度黄陂岭（1141）

肩舆渺渺历崎岖，自笑谋身老更迂。献策但知忧社稷，投荒那敢顾妻孥。南行已度黄陂岭，北去何愁青草湖。冒雨穿云信奇绝，兹游真岂是良图。

（《庄简集》卷四，宋李光撰，文渊阁《四库全书》第1128册）

### 予得罪南迁朝廷枢密院准备差遣张君送伴凡八十日予嘉其勤于其行也作诗送之其二（1141）

瘦筇羸马一貂裘，江浙湖湘得纵游。万里远劳君伴送，来年应笑我淹留。默祈衡岳云开岭，夜入浯溪月满舟。北阙旧交如问讯，为言白尽老人头。

龙文按：夜入浯溪月满舟，此句足堪传世。

（《庄简集》卷五，宋李光撰，文渊阁《四库全书》第1128册）

浯溪（1124）

结屋浯溪最上头，冰轮滟滟水悠悠。夜深燕坐观心境，月到中天江自流。

（《庄简集》卷六，宋李光撰，文渊阁《四库全书》第1128册）

# 游　何

## 🌿 人物介绍

游何，字萧卿，淄州（今山东省淄博市）人。绍兴十五年寓永州。

## 🏠 浯溪相关作品和事迹

浯溪题名（1145）

淄州游何萧卿以绍兴乙丑再游浯溪，令尹赵不赜瀛卿率邑官会于僧寺，锦屏□□连□蒲版穆沂季渊亦相继至。薄晚浮湘而下，舟中俯仰睇观，江流镜清，崖石壁立，安得尽兴乎？

（道光《永州府志》卷十八下，同治六年重校刻本；《全宋文》卷四三七七）

《浯溪题名》拓片

# 胡　仔

## 🌿 人物介绍

胡仔（1110—1170），字元任，绩溪（今属安徽）人，舜陟次子。以父荫补官。高宗绍兴六年（1136），为广西经略安抚司书写机宜文字，就差广西提刑司干办公事。居岭外七年。丁忧，投闲二十载，卜居苕溪，自号苕溪渔隐。三十二年（1162），起差福建转运司干办公事，任满归苕溪。除知常州晋陵县，未赴任，孝宗乾道六年卒。有《苕溪渔隐丛话》百卷行世。事见清胡培翚《胡少师年谱》，清道光《徽州府志》卷十一有传。

## 🏠 浯溪相关作品和事迹

苕溪渔隐曰：元次山浯溪铭云，浯溪在湘水南，北汇于湘，爱其胜异，遂家溪畔。溪，世无名称者也。为自爱之故，曰浯溪。名略曰：吾欲求退，将老兹地。溪古地荒，芜没盖久。命曰浯溪，旌吾独有。以至峿亭、峿台意皆然矣。六一居士云：次山喜名之士也，其所有为，惟恐不异于人，所以自传于后世者，亦惟恐不奇而无以动人耳目也。视其辞翰，可以知矣。古之君子，诚耻于无闻，然不如是人之汲汲也。余曩岁屡游浯溪，在中宫寺之前，才一小涧耳。石崖不甚高，何至与天相齐？中兴颂云：湘江东西，中直浯溪，石崖天齐。盖自侈大其事耳。

（《海山仙馆丛书》之《苕溪渔隐丛话后集》卷十六）

山谷云：千里枫林烟雨深，无朝无暮有猿吟。停桡静听曲中意，好是云山韶濩音。零陵郡北湘水东，浯溪形胜满湘中。溪口石颠堪自逸，谁人相伴作鱼翁。右元次山欸乃曲。欸，音媪，乃，音霭。湘中节歌声。子厚鱼父词有欸乃一声山水绿之句，误书欸欠少年多承误，妄用之，可笑。苕溪鱼隐曰：余游浯溪，读磨崖中兴颂，于碑侧有山谷所书欸乃曲，因以百金买碑本以归。今录入丛话。又元次山集，欸乃曲注云：欸乃音霭，桌船之声。洪驹父诗话谓欸音霭，乃音袄。遂反其音，是不曾看元次山集及山谷此碑，而妄为之音耳。

（《海山仙馆丛书》之《苕溪渔隐丛话前集》卷十九）

# 高斯得

## 🌿 人物介绍

高斯得，本名斯信（《鹤山大全集》卷五八《高不妄字说》），字不妄，邛州蒲江（今属四川）人。理宗绍定二年（1229）进士，授利州路观察推官。端平末佐李心传修四朝史。因冬雷封事忤史嵩之，出通判绍兴府，逾年添差通判台州。淳祐初召为太常博士，迁秘书郎。以言事出知严州。迁浙东、湖南提点刑狱。召为礼部郎中，逾年，出为福建路计度转运副使。度宗即位，以秘书监召，擢起居舍人，兼国史院编修官、实录院检讨官兼侍讲。出知建宁府。度宗卒，陈宜中入相，以权兵部尚书召，累迁签书枢密院事兼参知政事。因处置贾似道事为留梦炎所构，罢。有《耻堂文集》等，已佚。清四库馆臣据《永乐大典》辑为《耻堂存稿》八卷。《宋史》卷四〇九有传。

## 🏯 浯溪相关作品和事迹

### 题浯溪寺

春陵太守真好奇，结茅肥遁湘江湄。三吾出意作新字，脱略苍籀遗冰斯。溪山于我本何有，占断不许傍人窥。人生天地远行客，恋身外物庸非痴。漫郎仙去五百载，名字永与兹山垂。要知忠义不磨处，虽不自与人与之。至今过者望卷石，森然魄动中兴碑。此公何用专壑鄙，世上宁有争墩儿。我来访古刜蓬藋，怅然不识亭台基。扫出蝉噪发斯义，元子可作然吾诗。

（《耻堂存稿》卷七）

### 跋邹道乡甘泉铭

此铭之作，邹公井渫不食之时也。其曰"水不可以终止，王明并受其福"之谓也。孰知其卒不食以取行恻，亦可悲矣夫。虽然，是铭岁月予窃有疑焉。案《国史》，崇宁元年闰六月，蔡京为公伪疏，责公衡州别驾、永州安置，二年正月除名勒停，昭州居住；四年九月移汉阳军。则四年正月公安得在永乎？张宣公兄弟不以为疑而识名其末，其又何也？唐君更考详之。

（《耻堂存稿》卷五、《全宋文》卷七九四八）

# 李 洪

## 🌿 人物介绍

李洪（1129—？），字可大，一字子大，扬州（今江苏省扬州市）人，正民子。乾道初，监管行在左藏西库。历知藤、温州。庆元五年，提举浙东，除本路提刑。著有《芸庵类稿》《李氏花萼集》。

（《全宋文》卷五三八四）

## 🏯 浯溪相关作品和事迹

### 和柯山先生读中兴碑

曲江罢相迹如扫，满朝嫔婉无谏草。动地渔阳鼙鼓惊，旧将半死哥舒老。蜀道乘骡万里来，不识平原济世才。仓皇灵武送玉册，岂顾九庙蒙尘埃。天开地辟扶皇纪，李郭功成安史死。一日三朝有深意，臣结胸中老文字。麻鞋诗老脱贼来，北征自足配磨崖。我思潇湘不易到，谁持墨本心眼开。鉴古评诗增感慨，无逸图亡山水在。君不见阿忠少日历艰贫，汤饼曾持半臂卖。

（《芸庵类稿》卷一，李洪撰，文渊阁《四库全书》第1159册）

### 石碣传之石志

子志负学行重质，魁然长者，悼父方正遣，卒不肯求仕。天后时，李北海邕号词林伟人，与游，尝谱其系至八百。素厚张燕公说，晚为姚元崇贿玩所卖，终身恨之。颜鲁公真卿、元道州结，文翰表世，尝共游浯溪，颂中兴，咤曰：名字托石生，信磨不磷、涅不淄矣！其见重如此。

（《芸庵类稿》卷六，李洪撰，文渊阁《四库全书》第1159册）

# 王庭珪

## 🌿 人物介绍

王庭珪（1080—1172），宋吉州安福人，字民瞻，号卢溪，徽宗政和八年进士。为茶陵丞，有能政。高宗绍兴中，胡铨上疏乞斩秦桧等，谪新州，庭珪独以诗送行。绍兴十九年，坐讪谤编管辰州。桧死，许自便。孝宗即位，除国子监主簿。乾道中，除直敷文阁。博学兼通，工诗，尤精于《易》。著有《卢溪集》《易解》《沧海遗珠》等。

## 🏛 浯溪相关作品和事迹

### 送刘义夫宰祁阳

浯溪寒翠拖碧玉，石崖硉矹凌苍霞。次山奇文走霹雳，颜老健笔蟠蛟蛇。凛如诮杞叱希烈，至今杰立天之涯。公于其间宰民社，切勿但取文辞夸。当用忠壮出奇节，县妖破胆莫敢哗。官舟连樯泊溪口，符移星火如撒沙。旧闻俗苦吏嚣恶，端能病政使不嘉。先声入境若元气，顾见槎枒皆萌芽。溪中古月溪上石，照公清德无纤瑕。溪流不尽石不老，佳名万古磨不窊。

（《卢溪文集》卷六，宋王庭珪撰，文渊阁《四库全书》第1134册）

# 汪 藻

## 🌿 人物介绍

汪藻（1079—1154），北宋末、南宋初文学家。字彦章，号浮溪，又号龙溪，饶州德兴（今属江西）人。汪谷之子。先世籍贯婺源，后移居饶州德兴（今属江西）。早年曾向徐俯、韩驹学诗，入太学，喜读《春秋左氏传》及《西汉书》。崇宁二年（1103）进士，任婺州（今浙江省金华市）观察推官、宣州（今属安徽）教授、著作佐郎、宣州（今属安徽）通判等职。《全宋词》录其词4首。

汪藻早年曾向徐俯学诗，中年以后又拜韩驹为师，然而，他的诗却不沾江西诗派习气而近似苏轼。诗作多触及时事，寄兴深远。如《己酉乱后寄常州使君侄四首》中："百年淮海地，回首复成非""诸将争阴拱，苍生忍倒悬""只今衰泪眼，那得向君开"，郁愤至深，似得力于杜甫。《桃源行》一首，于王维、韩愈、刘禹锡、王安石同题之后，别开生面。"那知平地有青春，只属寻常避世人"，足见其立意新颖。写景诗如《春日》，也曾传诵一时。

汪藻擅长写四六文，南渡初诏令制诰均由他撰写。行文洞达激发，多为时人传诵，被比作陆贽。《皇太后告天下手书》《建炎三年十一月三日德音》是其代表作。孙觌序其集时推重他为大手笔，说他"闳丽精深，杰然视天下"。宋高宗把自用的白团扇赏赐给他，并亲书赠以"紫诰仍兼绾，黄麻似六经"十字。

## 浯溪相关作品和事迹

太学上舍题名碑，在浯溪镜石下。

### 崇宁三年太学上舍题名序

若稽古神考，以聪明渊懿之资，慨然恢复成周之治，以乐育人材为先务，故于熙宁纪元，肇新三舍之法垂三十年于兹矣。于铄皇帝，圣学日跻，独冠百王之上，拳拳业业，唯继述是念，即国之郊，崇建壁廱。又颁教法于天下，郡县所在，学馆一新，纷袍肄业，云集响应。崇宁三年十一月四日。

躬幸太学，取论最之士，十有六人官之。堂下诸生，恩赐有羡焉。礼行俄顷之间，风动四海之外，儒生之荣，古未有也。臣等亲逢圣旦，得预兹选，其为幸会，何可胜言。辄镂版刊石，记其姓名，以德上之赐，且为子孙世世之光华，岂不休哉。郑南、程振、赵滋、刘嗣明、吴撲、赵熙、崔宝、张绰、方开、李会、戴顾、叶祖义、江致平、林徽之、乔孝纯、胡尚文。（以上正书）

神宗皇帝以经术造士，始于熙宁之初。当时欲遂颁三舍，天下未暇也。徽宗益新月书季考之法，崇宁三年首命太学上舍生赐第者十六人，盖经术之兴至是□三朝矣。而得人此其选也。由是，政和翰林学士刘公实在选中。后五十年，公之子襄通守此州，愿刻之石，以纪其盛，于是乎书。绍兴廿年三月，左大中大夫、提举江州太平兴国宫、永州居住，臣汪藻书。

《崇宁三年太学上舍题名序》拓片

# 王之望

## 人物介绍

王之望（1103—1170），字瞻叔，襄阳谷城（今属湖北）人。高宗绍兴八年（1138）进士，调处州教授。入为太学录，迁博士。十八年，出知荆门军（《建炎以来系年要录》卷一五八）。提举荆湖南常平茶盐公事，改潼川府路转运判官。三十年，总领四川财赋军马钱粮。三十二年，为川陕宣谕使（同上书卷一九八、二〇〇）。孝宗即位，除户部侍郎。隆兴初，提举江州太平兴国宫。未几，权江淮都督府参赞军事，俄兼直学士院。二年（1164）拜参知政事，兼同知枢密院事，居天台。乾道元年（1165）起知福州、福建路安抚使。移知温州，寻复罢。六年冬卒。谥敏肃（《宋会要辑稿》）。有《汉滨集》六十卷（明焦竑《国史经籍志》），已佚。清四库馆臣据《永乐大典》辑为十六卷。《宋史》卷三七二有传。

# 浯溪相关作品和事迹

## 读磨崖碑

蜀日既衰洛日藏，前星灵武腾光芒。元功百战两京复，万里阿瞒归故乡。干戈纷纷遍四海，浯碑已立湘江傍。太史艰难喜初定，作此大字龙鸾翔。纸摹缣拓四百载，家家传宝踰琳琅。唐文中世未变古，燕许偶俪为班扬。次山之文可也简，此颂未追周鲁商。禄山滔天等穷浇，《春秋》之法诛无将。骈兵二字斥边将，此语真足惩奸强。末篇三章颇辞费，笔力未能复铿锵。磨崖碑勒亦何有？反复自赞乃尔详。向来各人过许与，举世附和无雌黄。淮西仆碑无墨客，惜哉不得逢钟王。

（《浯溪新志》卷七）

# 许　永

## 人物介绍

许永，鄱阳人，绍兴二十一年知永州。过浯溪谒元颜两公祠，见其倾圮，乃捐赀属邑令刘獬重为修茸。后獬罢去，李和刚继任，踵成之。有文记其事。（《浯溪新志》卷六）

又名许尹，字觉民。饶州乐平县人。政和二年登进士第。历知兴化、永、处、柳、邛五州。累迁司农少卿，仕至敷文阁待制、知宣州。（《宋代登科总录》第四册）

又名许尹，字觉民，中政和二年，官司农少卿。（正德《饶州府志》卷二学校附科贡进士乐平）

## 浯溪相关作品和事迹

### 颜元祠堂记

大抵江山之胜，必托诸伟人，然后名显而人乐之。盖江山虽人所乐，而所乐非江山也。祁阳浯溪，湖外江山之胜者也，有颜元遗迹在焉。士大夫过之，未有不游、游而未尝不得所乐者以此。绍兴二十一年，予守永州，夏四月过祁阳，乃始尽得所谓浯溪之胜者。远眺晴碧，迩聆清濑，游倏往来，文禽上下，殆非人间世也。道旁之碑，矻然中立，雄文妙笔，焜耀心目，徘徊而不能去者久之。已而复谒二祠，上雨旁风，庙貌倾委，惧将压焉。乃属县宰刘獬易而新之。未几，獬罢去，复以宰李和刚董其事。事既告休，以书抵予曰：愿有述也。谨按唐天宝安史之乱，河北诸州皆陷，鲁公以平原乌合之众独撄其锋，事虽不成，其志有足嘉者。晚节不幸为奸臣所挤，宁殒贼手，不肯为不义屈。天下之人闻其风者皆曰吾鲁公也，而不敢名。元次山与公同时，以讨贼功累迁水部员外郎，代宗朝为道州刺史，疏徭赈乏，道人怀之，至为立祠颂德。后世称次山者亦曰元道州而不忍名。呜呼！是二公者，皆千载人也。使当时所植之草木尚在，犹宜钦慕之，况文章字画之工乎？自晋宋以来，以书名世者多矣，而鲁公书尤为世所爱重，盖忠义之气感人之深者也。次山之文无虑数万言，而《中兴颂》独传天下，亦鲁公字画有助焉耳。由是言之，字画必资忠义而后显，而文章必托字画而后传，其势然也。昔曾南丰为鲁公祠堂记，取其名节而怪其溺于神仙之说，谓不能概于圣人。以予考之，自古忠臣义士，死必为神仙，若比干、屈原、伍子胥之徒，皆为列仙，见于传记，次山虽传记无闻，而旧说以鲁公为仙，以是知怀义秉忠之士，虽死而实未尝死，无可疑者。故并书其说以告游观者，使知此然后可以尽浯溪之胜，不然，未足以乐乎此也。绍兴二十二年十月日记。

（《浯溪新志》卷十二，知祁阳县事成都宋溶辑；《全宋文》卷四五九四；同治《永州府志》卷六；嘉庆《湖南通志》卷一八六）

# 刘莞

## 🌿 人物介绍

刘莞，河间人。宋绍兴间祁阳县令。

## 🏛 浯溪相关作品和事迹

刘莞题名，在东崖。

河间刘莞自绍兴戊辰得官兹邑，迄丁丑岁，三来于此，竟未能去。十载之间，奔驰往返，江山如故，每一登览，重增感慨云。季夏七日。

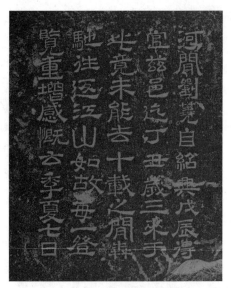

刘莞题名碑拓片

# 李元老

## 🌿 人物介绍

李元老，按通志职官，载孝宗朝李元老知邵州，当即其人。

## 🏛 浯溪相关作品和事迹

李元老题名，在磨崖石壁。

河内李元老被命假守清湘，挈家来游。绍兴戊寅仲冬十六日书。男耆明、耆厚、耆勋，婿郑种侍行。

李元老题名碑拓片

# 张栻

## 🌿 人物介绍

张栻（1133—1180），宋汉州绵竹人，徙居衡阳，字敬夫，一作钦夫，又字乐斋，号南轩，张浚子。师胡宏，以古圣贤自期。以荫补承务郎，参赞父浚幕府，人称其能，间以军事入奏，孝宗与定君臣之契。累官吏部侍郎，兼侍讲，屡言事，力主修德立政，用贤养民，选将练兵以进战退守。出知袁州，家居累年，复知静江府，经略安抚广南西路，诸蛮感悦。知江陵府兼湖北路安抚使，礼遇诸将，得其欢心。后以右文殿修撰提举武夷山冲佑观。卒谥宣。为人表里洞然，为学重义利之辩，与朱熹同为道学大师。有《南轩易说》《论语解》《孟子说》《南轩集》等。

## 🏛 浯溪相关作品和事迹

### 舟过浯溪有感题石

黄河太行未得见，孽狐方射昭阳箭。大驾东巡走北征，提师吾父趋行殿。犬戎凭陵亦何甚，灭之可卜遭天谴。天锡君王自智勇，吾亲典职尝鏖战。想见鲸尸蔽浙江，捷随春色弛邮传。扫荡妖氛尽廓清，两河复我奇州县。中兴青壁陋唐臣，燃然新勒书黄绢。孤帆行尽湘水春，偃伏山樊此奚恋。归棹终期下建康，金门有待真英彦。

（《浯溪新志》卷七）

### 书妙应庵壁

窗前新竹净娟娟，借我风凉一榻眠。试问庄周说鹏鹏，何如洙泗举鱼鸢？

龙文按：妙应，浯溪住山。

（《南轩先生诗集》卷六）

# 杨万里

## 🌿 人物介绍

杨万里（1127—1206），宋吉州吉水（今江西省吉水县）人，字廷秀，号诚斋。高宗绍兴二十四年（1154）进士，调零陵丞。孝宗初知奉新县，以荐为国子监博士，历太常博士、广东提点刑狱，进太子侍读。淳熙十四年（1187）以反对吕颐浩配享庙祀，出知筠州。光宗立，召为秘书监，出为江东转运副使。宁宗嗣位，乞致仕，后屡召不起。性刚直，不附韩侂胄，立主恢复之计。工诗，自成诚斋体，与尤袤、范成大、陆游号称南宋四大家。有《诚斋集》。

## 🏛 浯溪相关作品和事迹

### 浯溪磨崖怀古

湘江曾闻有浯溪，片帆今挂湘东西。上摩石崖与天齐，江头落日云凄凄。山昏雨暗哀猿啸，步入烟萝转深峭。元颜千古迹不朽，星斗蛟龙两奇妙。中兴当时颂大唐，大唐家国天为昌。妖环忽见诚非祥，土花失色悲寿王。明皇父子紊大纲，从此晏朝耽色荒。天下黎庶暗罹殃，击损梧桐按霓裳。谁知鼙鼓动渔阳，肃宗灵武何仓皇！回来张后年初芳，前杨后李真匪良。养以天下理所常，胡为南内成凄凉。三千宫女为谁妆，空遗两鬓愁秋霜。千载父子堪悲伤，修身齐家肇明皇！后来历历事愈彰，源流有自咎谁当。岂惟当日留锦囊，至今人说马嵬坡下尘土香！

### 和萧判官东夫韵寄之

湘江晓月照离裾，目送车尘至欲晡。归路新诗今千首，几时乘兴更三吾。眼边俗物只添睡，别后故人何似臞。尚策爬沙追历块，未甘直作水中凫。

（《诚斋集》卷一江湖集，宋庐陵杨万里廷秀撰，《四部丛刊初编》影宋钞本）

### 幽居三咏（淳熙二年冬）

#### 其一　钓雪舟

青鞋黄帽绿蓑衣，钓雪舟中雪政飞。归自严州无一物，扁舟载得钓台归。

#### 其二　云卧庵

十年两袖软红尘，归濯沧浪且幅巾。不是白云留我住，我留云住卧闲身。

#### 其三　诚斋

浯溪见了紫岩回，独笑春风尽放怀。谩向世人谈昨梦，便来唤我作诚斋。

（《诚斋集》卷七江湖集，宋庐陵杨万里廷秀撰，《四部丛刊初编》影宋钞本）

### 浯溪赋（绍兴三十年秋）

予自二妃祠之下，故人亭之旁，招招渔舟，薄游三湘。风与水兮俱顺，未一瞬而百里。欻两岸之际天，俨离立而不倚。其一怪怪奇奇，萧然若仙客之鉴清漪也；其一謇謇谔谔，毅然若忠臣之蹈鼎镬也。怪而问焉，乃浯溪也。盖庌亭峙其南，峿台峉其北。上则危石对立而欲落，下则清潭无底而正黑。飞鸟过之，不敢立迹。

予初勇于好奇，乃疾趋而登之。挽寒藤而垂足，照衰容而下窥。忽焉心动，毛发森竖。乃迹故步，还至水浒。剥苔读碑，慷慨吊古。倦而坐于钓矶之上，喟然叹曰：惟彼中唐，国已膏肓。匹马北方，仅获不亡。观其一过不父，日杀三庶，其人纪有不斁矣夫？曲江为篚中之羽，雄狐为明堂之柱，其邦经有不蠹矣夫？水、蝗税民之亩，融、坚椎民之髓，其天人之心有不去矣夫？虽微禄儿，唐独不陨厥绪哉？观马嵬之威垂涣，七萃之士欲离。殪尤物以脱焉，仅平达于巴西。吁！不危哉？

嗟乎！齐则失矣，而楚亦未为得也。灵武之履九五，何其呕也！宜忠臣之痛心，寄《春秋》之二三策也。虽然，天下之事，不易于处而不难于议也。使夫谢奉策于高邑，将禀命于西帝。违人欲以图功，犯众怒以求济。天下之士，果肯欣然为明皇而致死哉？盖天厌不可以复祈，人溃不可以复支。何哥舒之百万，不如李、郭千百之师？推而论之，事可知矣！且士大夫之捐躯以从吾君之子者，亦欲附龙凤而攀日月，践台斗而盟带砺也。一复葸以耄荒，则夫一呼万旟者，又安知其不掉臂也耶？古语有之："投机之会，间不容稷。"当是之时，退则七庙之忽诸，进则百世之扬觯。嗟肃宗处此，其实难为之，九思而未得其计也。

已而舟人告行，秋日已晏。太息登舟，水驶于箭。回瞻两岸，江苍茫而不见。

（《诚斋集》卷四十三赋，宋庐陵杨万里廷秀撰，《四部丛刊初编》影宋钞本）

### 跋浯溪晓月、钱塘晚潮一轴

予以岁癸未官满浯溪，去年自杭都补外，每怀两地山水之胜，辄作恶数日。所谓"东西南北皆欲往，千江隔兮万山阻"者欤？今日独坐钓雪舟中，风雪方霁，故人曾禹任邀我，乃并至两地，此殆梦中事也。

（《诚斋集》卷九十八杂著题跋，宋庐陵杨万里廷秀撰，《四部丛刊初编》影宋钞本）

# 董嗣杲

## 🌿 人物介绍

董嗣杲，字明德，号静传，杭州人。理宗景定中榷茶九江富池。度宗咸淳末知武康县。宋亡，入山为道士，改名思学，字无益。著有《庐山集》《英溪集》《西湖百咏》和《百花诗集》。

## 🏛 浯溪相关作品和事迹

### 天池寺夜与主僧觉翁圆上共坐谈浯溪山水之胜信笔因赠长句

空云驾我登天池，江山秋渺无津涯。涉溪暮栈借杖藜，光景体认归裁诗。峥嵘寺门窝风低，塔铃喧风际天吹。方丈轩槛供毗尼，老僧喜气扬须眉。浮屠名纪主簿题，偶拈橡笔书年时。秋棱初劲树叶飞，蜀锦糁斜斜阳枝。文殊阁上爇香迟，天灯荧煌放者谁。暗中拾取怀袖携，一灯一叶光陆离。千古此奇不可知，独此阑干纳此奇。月落泉响松籁迷，畏寒趺坐身如痴。觉禅论健能祛疑，伤今悼古涕交颐。自矜夙抱山水资，曾为浯溪强住持。浯溪溪上波渺渺，波涛冲撞天宝碑。寺门废圮日就衰，急拾断碣分龟支。二水分景犹纷披，浮踪又向庐山羁。残骸未散挈钵栖，所至殊忍吊迹遗。浯溪谁究稔祸妃，有唐立见宗社危。陵庙弃掷奔峨嵋，最苦杜陵嗟流移。元郎颂公雅可神，大书纪勒中兴辞。读之愤悱生悽悲，平生未采湘江蓠。闻此幽妍空心期，觉翁泥古多发挥。逆知流辈莫我追，回思太史过浯溪。曾有野僧相追随，侻如觉翁能投机。太史肯以庸目之，夜寒灯花糁台歆。无酒可涤吟肠饥。推窗下望夕烽微，东西天地犹旌旗。

### 赠天池寺觉翁圆上人

单起浯溪寺，禅栖主簿峰。收诗入顽石，礼塔趁昏钟。好古心何癖，观空语更慵。觉翁才觉处，明月出孤松。

（《庐山集》卷三，宋董嗣杲撰，文渊阁《四库全书》底本）

# 陈从古

## 🌿 人物介绍

陈从古（1122—1182），字希颜，一作晞颜，号敦复先生（《诚斋集》卷四十四《压波堂赋》），镇江金坛（今属江苏）人。维子。高宗绍兴二十一年（1151）进士。调富阳尉，改邵州教授，监行在左藏东库。擢司农寺主簿，坐法罢。起知蕲州。孝宗乾道七年（1171）为湖南提点刑狱，八年，除本路转运判官。九年，知襄阳府。淳熙元年（1174），以贪墨不才罢（《宋会要辑稿》职官七二之一〇）。九年卒，年六十一。有诗集，已佚；有《洮湖集》。事见《周文忠集》卷三十四《陈公从古墓志铭》。

## 🏵 浯溪相关作品和事迹

有诗题浯溪，重题浯溪，并有题名在峿台北。

### 题浯溪

浯溪一股寒流碧，耸起双峰如削壁。两公文墨照溪津，到今草木增颜色。想当忠愤欲吐时，尽挽江山供笔力。我来吊古不胜情，岂但登临爱泉石。渔阳旧事忍再论，仅赖令公安反侧。书生百感夜不眠，喜读新诗转凄恻。

南徐阵从古希颜，绍兴辛巳秋过浯溪，诵简斋诗，因用其韵。

### 重过浯溪

小憩唐亭上，悠然倚一枝。云埋漫郎宅，水落鲁公碑。兴废悲前古，登临记昔时。重来头已白，忍看旧题诗。

### 又

君行看即到湘湄，首访三吾旧日题。景物岂随兴废换，春风依旧满浯溪。

昔年持节走三湘，曾上唐亭吊漫郎。石壁旧诗今在否？烦君重为剔苔荒。

（《洪武永州府志》卷八）

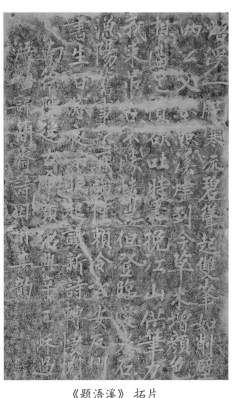

《题浯溪》拓片

# 李 逸

## 🌿 人物介绍

李逸，自称盘谷李逸，必是唐李愿后裔。其云贰郡雁峰者，逸时通判衡州也。清湘县，在今广西之全州，系马氏置，为全州治。明洪武中始省入全州，宋时全州曾属荆湖南路，故李逸有被檄如清湘事。《浯溪新志》，脱如清湘事竟五字，哉误作迹。辛巳为绍兴卅一年，李逸判衡州。职官志漏载。

（《八琼室金石补正》卷九十一）

## 🏵 浯溪相关作品和事迹

李逸题名，在磨崖石壁。

绍兴辛巳，盘谷李逸德举，贰郡雁峰，以中秋被檄如清湘，事竟既还。九月二日，来游溪上，观磨崖碑，伟哉。男絜侍行。

# 姜 虎

### 👤 人物介绍

姜虎，字巨仲，安徽当涂人。生平待考。

### 🏛 浯溪相关作品和事迹

当涂姜虎巨仲，偕男焱、孙长文、振文题。

李逸题名碑拓片

# 卢何深

### 👤 人物介绍

卢何深，生平待考。

### ◇浯溪相关作品和事迹

题名在峿台北崖区陈从古诗刻之下方。

丁丑岁上元后六日，卢何深偕京兆史文胜观此。

# 秋隐里叟

### 👤 人物介绍

秋隐里叟，生平无考。

### 🏛 浯溪相关作品和事迹

秋隐里叟读浯溪中兴颂诗，正书，隆兴元年。在祁阳县。

（《寰宇访碑录》）

**读中兴碑**

辞本春秋作，聱翁策固长。谩嗟褒贬迹，孰继老汾阳。

隆兴改元，秋隐里叟题。

（《八琼室金石补正》卷九十一）

# 刘 芮

### 👤 人物介绍

刘芮（1108—1178），字子驹，山东东平人，初为永州司理参军，与知州争狱事，弃官。绍兴二十八年（1158），为大理司直，官终湖南提点刑狱。淳熙五年卒，享年71岁。

## 浯溪相关作品和事迹

浯溪题名，在峿台西。

河间刘芮，以常平茶盐职事行部，祁阳令侍其光祖、监南岳庙赵公衡、寓士吴大光送别浯溪。读中兴颂，阅古今题字，煮泉酌茶而行。隆兴甲申六月戊寅题。

刘芮等题名碑拓片

# 葛立方

## 人物介绍

葛立方（？—1164），字常之，江阴人。谥文康胜仲之子，谥文定邲之父也。天资高迈，博览诸子百家。言诗文信笔抒写不加持择。与弟立象、妹婿章道祖同登绍兴戊午（1138）进士，累官吏部侍郎，因迕时相罢去，自号归愚居士。筑堂三楹，扁曰余庆，优游以终老焉。有《归愚集》。

（《两宋名贤小集》卷八十二小传）

## 浯溪相关作品和事迹

### 元次山

元次山结屋浯溪之上，有三吾焉。因水而吾之，则曰浯溪；因屋而吾之，则曰唐亭；因石而吾之，则曰峿台，盖取我所独有之义。故自为铭曰：命之曰吾，旌吾独有。噫，次山何其不达之甚耶？且身非我有，是天地之委形；生非我有，是天地之委和；性命非我有，是天地之委顺；孙子非我有，是天地之委蜕。而次山乃区区然认山川丛薄之微，惑其灵台，认为我有，抑可哀也已！庄子曰：独往独来，是谓独有；独有之人，是谓至贵。次山悦知此乎？司马温公有园名独乐，尝为记云：叟之所乐者寂寞固陋，皆众所鄙笑，虽推以予人，人所不取，安得强之乎？必也有人肯同此乐，则再拜而献之，岂能专哉？故东坡为赋诗云：虽云与众乐，中有独乐者。才全德不形，所贵知我寡。惟温公独有之道蕴于胸中，故东坡独乐之章形于笔下，与次山所见殆霄壤矣。

（《韵语阳秋》卷十三）

# 朱元顺

## 人物介绍

朱元顺，宋代隐士，自号清岩、元顺、道深，临桂人。隐居桂林清秀山下，与桂帅张孝祥有交，刻石浯溪、桂林水月洞等处。

## 浯溪相关作品和事迹

绘有《浯溪图》，张孝祥为之题诗。参见张孝祥《题朱元顺浯溪图》。

# 张孝祥

## 人物介绍

张孝祥（1132—1170），宋和州乌江人，字安国，号于湖居士。张祁子。高宗绍兴二十四年进士第一。上疏请昭雪岳飞，为秦桧所忌。历礼部员外郎、起居舍人、权中书舍人。除知抚州，莅事精确，人所不及。

知平江府，剖决繁事，庭无滞讼。为广西经略安抚使、知静江府，治有声绩。后徙荆湖北路安抚使、知荆南府，筑寸金堤，州息水患；置万盈仓，以储漕粮。以疾致仕。善诗文，尤工词，风格宏伟豪放。有《于湖集》《于湖词》。

## 浯溪相关作品和事迹

### 读中兴碑

绣绷儿啼思塞酥，重床燎香薰藦芜。阿环锦袜无寻处，一夜惊眠摇帐柱。朔方天子神为谋，三郎归来长庆楼。楼前拜舞作奇祟，中兴之功不赎罪。日光玉洁十丈碑，蛟龙蟠拿与天齐。北望神皋双泪落，只今何人老文学？

（《于湖集》卷二，宋张孝祥撰，《四库全书》）

### 题朱元顺浯溪图

去年过浯溪，王事有期程。夜半度湘水，但见天上星。平生中兴碑，梦入紫翠屏。已办北归时，十日穷攀登。今朝复何朝，忽此短轴横。历历眼中见，湘山无数青。白云著山腰，楼阁秋气明。便欲扶短策，下濯沧浪缨。主人山水仙，妙处心自评。元颜骨已冷，千载交蕅倾。赏音寄幅纸，益见忠孝情。题诗疥公画，托我不朽名。

（《于湖集》卷三，宋张孝祥撰，《四库全书》）

### 暑甚得雨与张文伯同登禅智寺

老火陵稚金，聚作三日热。舟行湘江上，蒸煮到鱼鳖。黑云起东北，一震山石裂。不知雨来处，但见风卷叶。银河倚天泻，高浪舞飞雪。只听打蓬声，已觉凉意惬。岸傍古佛屋，楼殿颇嵽嵲。不辞中泥去，一看雨脚阔。吾宗紫岩客，穷苦志不慑。自我来浯溪，奔走已旬浃。我懒久废学，愧子来挈挈。相携得伟观，为子炽然说。愿子领话头，吾今指标月。

（《于湖集》卷四，宋张孝祥撰，《四库全书》）

### 过湘中得诗僧万致一于书无所不读非苟得诗名于僧中者余欲与俱还吴中而万家浯溪将结草庵其上送余至湘阴复归作四十字以别

别去太匆匆，回舡梦泽东。拟寻行脚路，忽遇打头风。梵网威仪在，天花结习空。它年三百首，吾为子流通。

（《于湖集》卷九，宋张孝祥撰，《四库全书》）

### 龟潭

浯溪见渠文字古，龟潭有此竹石幽。王孙卖药城市去，江雨过时余独游。

（《于湖集》卷十一，宋张孝祥撰，《四库全书》）

### 水龙吟·过浯溪

平生只说浯溪。斜阳唤我归船系。月华未吐，波光不动，新凉如水。长啸一声，山鸣谷应，栖禽惊起。问元颜去后，水流花谢，当年事、凭谁记？

须信两翁不死。驾飞车、时游兹地。漫郎宅里，中兴碑下，应留屐齿。酌我清尊，洗公孤愤，来同一醉。待相将把袂，清都归路，骑鹤去、三千岁。

（《于湖集》卷三十一，宋张孝祥撰，《四库全书》）

# 释显万

## 🌿 人物介绍

释显万，字致一，浯溪诗僧。尝参吕本中。有《浯溪集》（《宋诗纪事》卷九十二），已佚。今存诗十四首。

（《全宋诗》）

## 🏛 浯溪相关作品和事迹

《浯溪集》二十一卷，僧显万撰，洪景卢作序。前二卷为赋，馀皆诗也。（《直斋书录解题》卷二十）

龙文按：洪景卢，即洪迈。

据张孝祥《于湖集》卷九，其过湘中得诗僧万致一，当时显万结草庵家于浯溪之上。送张孝祥，并同游衡岳，张孝祥赋诗《和万老》《再和》，直至湘阴，题诗作别。参见其诗《过湘中得诗僧万致一于书无所不读非苟得诗名于僧中者余欲与俱还吴中而万家浯溪将结草庵其上送余至湘阴复归作四十字以别》《和万老》《再和》。

# 王 阮

## 🌿 人物介绍

王阮，字南卿，江州人。永州府教授，有传。其父彦传，靖康时勤王有功。阮好学尚气节，尝及朱子、张宣公之门。隆兴元年进士对策请都建康。任都昌簿，移永州教授。廉正方介，学有源本。绍熙中，知濠州，守备严固。后避韩侂胄，隐于庐山。

（道光《永州府志》卷十三良吏传·郡佐教职）

《义丰文集》一卷，宋王阮撰。《四库全书》提要首有淳祐癸卯吴愈序，盛推其文。今文佚而诗存。阮尝从朱子讲学，然不竟其业。其诗亦不为濂洛体。岳珂桯史知其所师法者在张孝祥，惟孝祥规模苏轼，阮则兼效黄庭坚，故刘克庄谓其佳处逼韩驹、曾几。

（道光《永州府志》卷九下艺文志·集）

## 🏛 浯溪相关作品和事迹

### 读浯溪碑一首（并序）

浯溪之颂，士大夫高之，与风雅并行三百年矣。参政王公之望始谓文简词费，而紫微舍人范公成大更疑其体与三颂戾，论者哗然。以余考之，二公评文尔，未正结之失也。谨按，春秋为尊者讳，讳之为言，忠于所事云尔。鲁娶同姓，孔子讳之，以明臣子之谊。今灵武之事，唐所宜隐也。而动辄讪焉。始，两京平，册告宗庙，称嗣皇帝，颜真卿曰上皇在蜀，可乎？其文放生池碑也。中言问安侍膳，不改家人之礼，以愧肃宗，结其同志者也。相与大书特书，亦异于夫子矣。且夫天宝之乱，明皇既弃厥位，父老遮道请留太子，幸人心未厌唐尔。使二子而执史笔，尤当婉而成章，为尊者讳。今乃出位倡言，必曰至德改元，不以正，则有伯夷故事，不食其粟可也。委质为臣，退有后言，难以欺识者矣。

鲁恶吴同姓，唐嫌肃抚军。仲尼讳不语，元结谤于文。子固当承父，臣其可讪君。空令忠义士，叹息异吾闻。

（《义丰文集》，宋王阮南卿撰）

# 陆　游

## 🌿 人物介绍

陆游（1125—1210），宋越州山阴人，字务观，号放翁。少有文名。高宗绍兴二十四年应礼部试，名列前茅。因论恢复，遭秦桧黜落。孝宗即位，任枢密院编修官，赐进士出身。乾道六年（1170），起为夔州通判。后入四川宣抚使幕，复任四川制置使司参议官。淳熙七年，提举江西常平茶盐公事，以发粟赈灾，被劾罢。十六年，任礼部郎中，劾罢，闲居十余年。宁宗嘉泰二年，召修孝宗、光宗实录。以宝谟阁待制致仕。工诗、词、散文，亦长于史学。其诗多沉郁顿挫，感激豪宕之作，与尤袤、杨万里、范成大并称为南宋四大家。有《剑南诗稿》《渭南文集》《南唐书》《老学庵笔记》等。

## 🏠 浯溪相关作品和事迹

### 忆昔

忆昔梁州夜枕戈，东归如此壮心何。蹉跎已失邯郸步，悲壮空传敕勒歌。

今日扁舟钓烟水，当时重铠渡冰河。自怜一觉寒窗梦，尚想浯溪石可磨。

（《剑南诗稿》卷六十八）

### 跋皇甫先生文集

右一诗，在浯溪中兴颂傍石间。持正集中无诗，诗见于世者此一篇耳，然自是杰作。近时有《容斋随笔》亦载此诗，乃曰：风格殊无可采，人之所见，恐不应如此，或是传写误尔。庆元六年五月十七日。龟堂书。

（《渭南文集》卷二十八，宋陆游撰，汲古阁本）

### 再跋皇甫先生文集后

司空表圣论诗，有曰：愚尝览韩吏部诗，其驱驾气势，掀雷决电，撑抉于天地之垠，物状其变，不得鼓舞其狥其呼吸也。其次，皇甫祠部文集外，所作亦为遒逸，非无意于深密，盖或未遑尔。据此则持正自有诗集孤行，故文集中无诗，非不作也。正如张文昌集无一篇文，李习之集无一篇诗，皆是诗文各为集耳。表圣直以持正诗配退之，可谓知之，然犹云未遑深密，非笃论也。予读之，盖累叹云。开禧丁卯四月二十一日。某再书。

（《渭南文集》卷三十，宋陆游撰，汲古阁本）

# 王　炎

## 🌿 人物介绍

王炎，字晦叔，新安婺源人。所居武水之曲，双溪合流，因以为号。登乾道进士，始令临湘。受学于南轩先生。庆元四年（1198）为实录检讨官，出守湖州。年八十余卒。有《双溪集》。

## 🏠 浯溪相关作品和事迹

### 过浯溪读中兴碑

日光玉洁元子辞，银钩铁画颜公书。百金不惮买墨本，摩挲石刻今见之。猗那清庙久不作，其末变为王黍离。春秋一经事多贬，鲁颂四篇文无讥。渔阳鼙鼓入潼华，公卿徒步从六飞。朔方天子扶九庙，京师父老迎千麾。紫袍再拜谒道左，上皇万里旋銮舆。牝咮鸣晨有悍妇，孽狐嗥夜有老奴。扶桑杲杲未翳蚀，但歌大业吾何疵。首章义正语未婉，前辈不辨来者疑。正须细读史克颂，未用苦说涪翁诗。许张劲节震金石，李郭壮武如虎貔。断崖苍石有时泐，诸公万古声烈垂。天怜倦客有所恨，雨湿江寒催解维。神州北望三叹息，翰墨是非何议为。

（《双溪类稿》卷四，宋王炎撰，文渊阁《四库全书》第1155册；《双溪集》卷六，宋王炎撰，清康熙五十七年王氏校刊本）

### 湘中杂咏十绝（其四）

有怀冉水柳司马，更忆浯溪元道州。仕宦两公俱落莫，斯文千古共传流。

（《双溪类稿》卷五，宋王炎撰，文渊阁《四库全书》第1155册、《双溪集》卷六，宋王炎撰，清康熙五十七年王氏校刊本）

### 酬俞子清侍郎惠画韵

笔端元有画中诗，写出三浯一段奇。追忆旧游如昨日，舣舟细看中兴碑。

（《双溪类稿》卷八）

### 将使有诗许移厨双溪次其韵

舣舟柳岸载清尊，招我花边一赏春。莫笑看花人已老，白头曾是少年人。
石上窪尊可置杯，石边更可著浯台。旁人不识溪山趣，将谓寻春特地来。
暮春天气渐清和，枝上红稀地上多。惟有松筠四时好，风枝雨叶绿婆娑。

（《双溪类稿》卷九）

# 史尚忠

## 🌿 人物介绍

史尚忠，号心庵居士。生平待考。

## ⛩ 浯溪相关作品和事迹

史尚忠诗，在东崖区。

### 浯溪

□□一忙□□阳，五里□船□□□。元文妙笔满天下，□□□□苔藓荒。四十四载□天子，奸妃妖孽昏纲常。□□□□□□罗，□更赐第□仁坊。渔阳一日□尘起，骑骡□刘拘□忙。天意尚幸犹昌唐，□□□兵□□方。□□五万国威振，再造帝室汾阳王。血腥□□□□□，□□衣鞴时皆□。□攘之子阴天□，耳□□□□庸常。□□□时惕自畏，摇撼□就劝进□。云龙□□□□，□国□符传嗣皇。徙居西内尤凄凉，□□霖伶□断肠。绍南□道宗□□，柱□徒下□德□。□知□□□碧□，□霄黄壤难比量。谁为此书颜鲁国，谁为此颂元漫郎。摩挲石刻五百载，风摧雨打烟苍苍。春秋书法褒贬具，无穷日月争辉光。

乾道辛卯四月，心庵居士史尚忠过浯溪碑下，怀古留题。弟尚思、男元鲁、元发、侄元礼、元德从行。尚义书。

# 王彦清

## 🌿 人物介绍

王彦清，生平待考。

## 🏛 浯溪相关作品和事迹

王彦清题名，在镜石下。

乾道辛卯中秋后十日，王彦清同骨肉泛舟来饯弟千乘之官象台，徘徊磨崖峰碑下，终日而别。侄桧、男庆老侍行。千乘书。

# 李处端

## 🌿 人物介绍

李处端，字能白，邯郸人。淳熙十二年，授江都令。时县廨残于兵燹，案牍栖列无所，吏抱持归于家，朝昏赴庭，遇雨则立汀淖中，且六十年。处端为鼎新之，三月落成，公私称便。

（乾隆《江都县志》卷十四名宦）

## 🏛 浯溪相关作品和事迹

李处端题名，在磨崖壁右。李处端能伯，以乾道壬辰
□□□□后（下缺）

李处端题名碑拓片

# 范成大

## 🌿 人物介绍

范成大（1126—1193），字致能，一字幼元，早年自号此山居士，晚号石湖居士。平江府吴县（今江苏省苏州市）人。南宋名臣、文学家、诗人。宋高宗绍兴二十四年（1154），范成大登进士第，累官礼部员外郎兼崇政殿说书。乾道三年（1167），知处州。乾道六年（1170）出使金国，不辱使命，还朝后除中书舍人。乾道七年（1171），出知静江府。淳熙二年（1175），受任敷文阁待制、四川制置使。淳熙五年（1178），拜参知政事，仅两月，被劾罢。晚年退居石湖，加资政殿大学士。绍熙四年（1193）卒，年六十八，追赠五官，后加赠少师、崇国公，谥号文穆，后世遂称其为"范文穆"。

范成大素有文名，尤工于诗。他从江西派入手，后学习中、晚唐诗，继承白居易、王建、张籍等诗人新乐府的现实主义精神，终于自成一家。风格平易浅显、清新妩媚。诗题材广泛，以反映农村社会生活内容的作品成就最高。与杨万里、陆游、尤袤合称南宋"中兴四大诗人"。其作品在南宋末年即产生了显著的影响，到清初影响更大，有"家剑南而户石湖"的说法。著有《范石湖集》《揽辔录》《吴船录》《吴郡志》《桂海虞衡志》等。

### 黄罴岭

薄游每违己，兹行遂登危。峻阪荡胸立，恍若对镜窥。传呼半空响，濛濛上烟霏。木末见前驱，可望不可追。跻攀百千盘，有顷身及之。白云巨揽撷，但觉沾人衣。高木傲烧痕，葱茏茁新黄。春禽断不到，惟有蜀魄啼。谓非人所寰，居然见锄犁。山农如木客，上下翩以飞。宁知有康庄，生死安崄巇。室屋了无处，恐尚橧巢栖。安得拔汝出，王路方清夷。

### 衡永之间山路艰涩薄晚吏卒哄云渐近祁阳路已平夷皆有津津之色

朝登赤土岭，暮入黄泥谷。春江弄花月，归梦恍在目。觉来行路难，杜宇叫高木。凹中泥没踝，凸处石啮足。坐舆我尚病，想见肩舆仆。衡阳复祁阳，可暂不可宿。晚来出前冈，路坦亭堠促。将士走相贺，喜色如膏沐。人生本无闷，逆境要先熟。不从忧患来，安识平为福。夷涂不常遇，历险始知足。

### 游浯溪诗

《游浯溪诗》拓片

浯溪一峰插天齐，上有李唐中兴碑。肃宗勋业愈显赫，次山文字真崛奇。我昔为州坐两载，吏鞿缚束马就羁。咫尺名山不可到，抱恨常若有所遗。兹游得遂偿素愿，况有文字古一夔。周遭崖壑寻胜迹，摩挲石刻亦多时。野僧岂解知人意，满卮笑岘酒一杯。

### 书浯溪中兴碑后（有序）

乾道癸巳春三月，余自西掖出守桂林。九日渡湘江游浯溪，摩挲中兴石刻，洎唐元和至今游客所题。窃谓四诗各有定体，颂者，美盛德之形容，以其成功告于神明者也，商、周、鲁之遗篇可以概见。今元子乃以鲁史笔法，婉辞含讥，盖之而章，后来词人复发明呈露之。则夫磨崖之碑，乃一罪案，何颂之有？窃以为未安。题五十六字，刻之石傍，与来者共商略之。此诗即出，必有相诟病者。谓不合题破次山碑，此亦习俗固陋，不能越拘挛之见耳。余义正词直，不暇恤也。

三颂遗音和者稀，丰容宁有刺讥辞？绝怜元子春秋法，都寓唐家清庙诗。歌咏当谐琴搏拊，策书自管璧瑕疵。纷纷健笔刚题破，从此磨崖不是碑。

（《石湖居士诗集》卷十三）

### 浯溪道中

江流去不定，山石来无穷。步步有胜处，水清石玲珑。安得扁舟系绝壁，卧听渔童吹短笛。弄水看山到月明，过尽行人不相识。

（《石湖居士诗集》卷十五）

### 日记（乾道癸巳 1173 二月）

十六日、十七日，行衡、永间。路中皆小丘阜，道径粗恶，非坚墝即乱石，坳处又泥淖，虽好晴旬余犹未干。跬步防踬，吏卒呻吟相闻。大抵湘中率不治道，又逆旅浆家皆不设圊溷，行客苦之。自吴至桂三千里，除水行外，余舟车所通皆夷坦，无太山，惟此有黄罴岭，极高峻回复，半日方度。与括之冯公、歙之五岭相若。宿大营。

十八日，宿永州祁阳县。始有夷途，役夫至相贺。新出一种板，襞迭数重，每重青白异色；因加人工，为山水云气之屏，市贾甚多。

十九日，发祁阳里。渡浯溪。浯溪者，近山石涧也。喷薄有声，流出江中。上有浯溪桥，临江石崖数壁，才高寻丈。《中兴颂》在最大一壁，碑之上，余石无几，所谓石崖天齐者，说者谓或是天然整齐之义。碑傍岩石，皆唐以来名士题名，无间隙。外有小丘曰峿台，小亭曰唐亭，与溪而三，是为三吾。皆元子之撰也。别有一台，祠次山与颜鲁公。桥上僧舍，即漫郎宅。黄鲁直书其榜，曰浯溪禅寺，又书法堂，字皆崎侧，不用工。又有陶定书中宫寺榜，寺既不葺，诸榜皆委弃壁下。窃计次山卜隐时，偶见江滨有此丛石，流泉带之，遂定居。景物不出数亩，湘流至崖下，尤沈碧，助成胜致焉。打碑卖者一民家，自言为次山后，擅其利。过浯溪，皆荒山，冈坂复重。宿东青驿。始余读《中兴颂》，又闻诸搢绅先生之论，以为元子之文有《春秋》法。谓如天子幸蜀，太子即位于灵武，书法甚严。又如古者盛德大业，必见于歌颂；若今歌颂大业，非老于文学，其谁宜为，则不及盛德。又如二圣重欢之语，皆微词见意。夫元子之文，固不为无微意矣。而后来各人贪作议论，复从旁发明呈露之。鲁直诗至谓：抚军监国太子事，何乃趣取大物为。又云：臣结春秋二三策，臣甫杜鹃再拜诗。安知忠臣痛至骨，后世但赏琼琚词。鲁直既倡此论，继作者靡然从之，不复问歌颂中兴，但以诋骂肃宗为谈柄。至张安国极矣。曰：楼前下马作奇祟，中兴之功不当罪。岂有臣子方颂中兴，而傍人遽暴其君之罪，于体安乎！夫颂者，美盛德之形容，以成功告于神明者也。别无他意，非若风雅之有变也。商、周、鲁三诗，可以概见。今元子乃以笔削之法，寓之声诗，婉词含讥，盖之而章，使真有意邪？固已非是。诸公噪其傍又如此，则中兴之碑，乃一罪案，何颂之有！观鲁直二三策与痛至骨之语，则诚谓元子有讥焉。余以为：是非善恶，自有史册；歌颂之体，不当含讥。譬如上寿父母之前，捧觞善颂而已。若父母有阙遗，非奉觞时可及。磨崖颂大业，岂非奉觞时邪！元子既不能无误，而诸人又从傍诋诃之不恕，何异执兵以诉人之父母于其子孙为寿之时者乎？乌得为事体之正！余不佞，题五十六字于溪上。如欲正君臣父子之大纲，与夫颂诗形容之本旨，亦不暇为元子及诸词人地也。诗既出，零陵人大以为妄，谓余不合点破渠乡曲古迹。有闽人施一灵者，通判州事，助之噪；独教授王阮南卿是余言，则并指南卿以为党云。

（《骖鸾录》，宋范成大撰，《全宋笔记》第五编 07 册）

# 吴 儆

## 🌿 人物介绍

吴儆（1125—1183），初名偁，字益恭，休宁人（今属安徽）。绍兴二十七年（1157）进士。曾任明州鄞县，知泰州，历官奉议郎。以亲老请祠，主管台州崇道观，转朝散郎致仕。卒谥文肃。儆与朱熹、张栻、吕祖谦等友善。其诗文意境巉削，近于陈师道。程珌称其诗峭直而纡余，严洁而平澹，质而不俚，华而非雕。学者尊称竹洲先生。著有《竹洲集》。

## 🏯 浯溪相关作品和事迹

### 祁阳石屏铭

楚之南，粤之北，惟祁之阳懿厥质。江山千里何咫尺，天之苍苍其正色。

（《竹洲集》卷十五，宋吴儆撰，文渊阁《四库全书》第 1142 册）

# 洪 迈

## 🌿 人物介绍

洪迈（1123—1202），宋饶州鄱阳人，字景卢，号容斋，洪皓季子，高宗绍兴十五年（1145）中博学宏词科。

累迁中书舍人、直学士院、同修国史。出使金国还，知赣州，徙知婺州。孝宗淳熙十三年（1186），为翰林学士，上《四朝国史》。宁宗时，以端明殿学士致仕。卒谥文敏。迈学识博洽，论述弘富，尤熟于宋代掌故。有《容斋五笔》《夷坚志》《野处类稿》《史记法语》等。

## 浯溪相关作品和事迹

### 浯溪留题

永州浯溪，唐人留题颇多。其一云：太仆卿分司东都韦瓘，大中二年过此。余太和中以中书舍人谪宦康州，逮今十六年。去冬，罢楚州刺史，今年二月有桂林之命。才经数月又蒙除替。行次灵川，闻改此官。分司悠闲，诚为忝幸。按《新唐书》："瓘累仕中书舍人，与李德裕善。李宗闵恶之，德裕罢相，贬为明州长史，终桂管观察使"。以题名证之，乃自中书谪康州，又不终于桂史之误，此瓘所称十六年前，正当大和七年，是时德裕方在相位。八年十二月始罢。然则瓘之去国，果不知坐何事也。

### 皇甫湜诗

皇甫湜、李翱虽为韩门弟子，而皆不能诗。浯溪石间有湜一诗，为元结而作。其词云：次山有文章，可愧之在碎。然长于指叙，约洁多余态。心语适相应，出句多分外。于诸作者间，拔戟成一队。中行虽富剧，粹美君可盖。子昂感遇佳，未若君雅裁。退之全而神，上与千年对。李杜才海翻，高下非可概。文于一气间，为物莫与大。先王路不荒，岂不仰吾辈。石屏立衙衙，溪口扬素濑。我思何人知，徙倚如有待。味此诗，乃论唐人文章耳，风格殊无可采也。

（《容斋随笔》卷八）

### 柳应辰押字

予顷因见鄂州南楼土中磨崖碑，其一刻柳字，下一字不可识。后访得其人，名应辰，而云是唐末五代时湖北人也。既载之四笔，今始究其实。柳之名是已。盖以国朝宝元元年吕溱榜登甲科。今浯溪石上有大押字，题云：押字起于心，心之所记，人不能知。大宋熙宁七年甲寅岁刻。尚书都官员外郎武陵柳应辰。时为永州通判，仍有诗云：浯溪石在大江边，心记闲将此地镌。自有后人来屈指，四千六百甲寅年。有阆中陈思者跋云：右柳都官欲以怪取石名，所至留押字盈丈，莫知其何为。押字，古人书名之草者，施于文记闲，以自别识耳。今应辰镌刻广博如许，已怪矣。好事者从而为之所，谓能祛逐不祥，真大可笑。予得此帖，乃恨前疑之非。石傍又有蒋世基述梦记云：至和三年八月，知永州职方员外郎柳拱辰受代归阙，祁阳县令齐术送行至白水，梦一儒衣冠者曰我元结也，今柳公游浯溪，无诗而去，子盍求之。觉而心异之，遂献一诗，柳依韵而和其语，不工。拱辰以天圣八年王拱辰榜登科，殆应辰兄也。辄并记之。

（《容斋五笔》卷十，《古今图书集成》理学汇编字学典第五十六卷押字部杂录之二）

# 程　洵

## 人物介绍

程洵（1135—1196），字钦国，后更字允夫，号克庵，婺源（今属江西）人。朱熹内弟，从熹学，家有道问学斋，熹为之易名为尊德性斋。累举进士不第，后以特恩授信州文学，历衡阳主簿、吉州录事参军。宁宗庆元二年卒于官，年六十二。著作不见著录，明嘉靖九年（1530）裔从孙程资得敝稿于其伯父孟河家，并由其友梅鹗补脱订讹，刊为《尊德性斋小集》三卷。事见本集卷首程资序及补遗程瞳《程克庵传》。程洵诗，以清鲍氏《知不足斋丛书·尊德性斋小集》为底本，编为一卷。

（《全宋诗》）

## 🏛 浯溪相关作品和事迹

### 送陈求仁还永嘉兼寄刘孝移

往年予□（梅云□疑作馆）祁山丞，坐上屡闻君姓名。那知流落天一角，一笑共挹湘江清。地绵赋急员羞具，黄龚遐轨空驰溯。催科抚字两勤劳，古道羡君今独步。耒阳之水化理濡，耒阳之人何于于。疏梧细柳白日净，唯有声气与君俱。君今快展摩天翮，会看赤手扶羲御。烟波渺渺正愁予，万里潇湘未归去。河阳当日桃花红，主人好客樽不空。相逢倘问衡阳簿，为说年来憔悴容。

### 游浯溪用张宛邱韵

六合尘昏谁汛扫，秦王功业成横草。后裔居安不虑危，欲向温柔乡里老。渔阳金鼓动地来，羯胡本非刘石才。若为二十四郡守，如振稿（槁）叶弹浮埃。皇天悔祸见星纪，太白八月胡当死。英英李郭为时生，济世何须识丁字。祅灾已去瑞庆来，何人大笔书丹崖。南楚犹自颂声作，中天想见氛祲开。遗文三复堪悲慨，兴废浑如目前在。咄哉误国高将军，犹叹两京作斤卖。

### 过愚溪登愚亭拜柳子厚像

我从耒阳来，已拜杜陵墓。今行湘水湄，复识愚溪路。兹游岂无益，登览屡吊古。明日理扁舟，又向浯溪去。

### 祈（祁）山九日

客思到秋如乱麻，每逢佳节倍思家。黄花只作去年好，绿鬓自嫌今岁华。千里有情犹共月，一樽无事且倾霞。闲来甘露堂前坐，老柳条条噪暮鸦。

### 三月九日祁阳舟中闻鹃忆去年此日到衡阳有感

急桨轻舟下碧澜，归心切切陇头鹃。

人生石火光中住，又向湖南过一年。

（《克庵先生尊德性斋小集》卷一，宋程洵撰，《御览知不足斋丛书》）

# 赵 蕃

## 🌿 人物介绍

赵蕃（1143—1229），字昌父，一字伯昌，号章泉。先世郑州人，曾祖旸官信州，因家玉山。以恩补官，终直秘阁。始受学于刘清之，年五十从朱子游，学者称章泉先生。有乾道、淳熙、章泉诸集。与韩淲（号涧泉）是很要好的朋友，二人齐名，号称"上饶二泉"，同为江西诗派的殿军人物。

## 🏛 浯溪相关作品和事迹

### 题子璕浯溪图

璕之戏墨万之诗，不到浯溪坐可知。凛凛元颜千载意，若为付与水云期。

（《淳熙稿》卷十七，宋赵蕃撰，文渊阁《四库全书》第 1155 册）

### 自桃川至辰州绝句四十有二（其十二）

明月山前明月池，两崖壁立类墨治。浯溪未识应相似，好刻中兴第二碑。

（《章泉稿》卷四，宋赵蕃撰，文渊阁《四库全书》第 1155 册；《江西诗征》卷二十二）

# 陈傅良

## 人物介绍

陈傅良（1137—1203），温州瑞安人，字君举，号止斋。以文擅当世，师事郑伯熊、薛季宣，与张栻、吕祖谦友善。孝宗乾道八年进士。累官通判福州累官至吏部员外郎。论对极言以爱惜民力为本。光宗绍熙四年以起居舍人兼权中书舍人。宁宗即位，召为中书舍人兼侍读，直学士院，同实录院修撰。终宝谟阁待制。卒谥文节。为学自三代、秦汉以下靡不研究。有《诗解诂》《周礼说》《春秋后传》《建隆编》《止斋集》等。

（《中国历代人名大辞典》）

## 浯溪相关作品和事迹

### 行湘喜雨简刘公度周明叔

将行客有戒，正热人不禁。出门一昔雨，解缆十日阴。湘山益以碧，湘水益以深。天光接云梦，野暝蒙衡郴。蝇无盘中迹，蝉有木末音。顾乃废枕簟，爰方索衣衾。我起问夹岸，往岁孰与今。衡茅或数间，丛竹皆十寻。蒲莲间华实，鸥鹭时浮沈。老稚各有得，渔樵不相侵。早插禾欲孕，新炊粟如金。为之失倦游，于以成孤斟。永怀泛湘人，屈贾多愁吟。往者亦此境，今者亦此心。空名但千载，佳思谁一襟。时哉不可失，浯溪更骎骎。

（《止斋先生文集》卷三古诗，宋陈傅良撰）

# 曾　丰

## 人物介绍

曾丰（1142—？），宋乐安人，字幼度。孝宗乾道五年（1169）进士。以文章名。累官知德庆府。晚年无意仕进，筑室称樽斋，以诗酒自娱。有《缘督集》。

## 浯溪相关作品和事迹

### 浯溪（有序）

元次山颂刻于崖，至本朝熙宁，数百年无异论。一经黄鲁直出意著语，来者往往更相黜陟。绍熙改元四月二十有四日，庐陵曾丰至止。按经据义，会二公意而一之，所以全前修、解后纷也。

千古一碑得人爱，来书碑后几前辈。相颉颃甚曾不饶，自混融之了无碍。太平天子狃开元，驯致马嵬悔何逮。桑阴未徙宗庙安，储皇功岂不云倍。君父恩重臣子轻，功至弥天皆分内。灵武犹言权济经，京师何忍小间大。南内起居不遑安，西宫晨夕无聊赖。不没其实豫章公，言者无罪闻足戒。元结但持归美心，为尊者讳谁独怪。归美为颂刺为雅，四诗义各有攸在。一出春秋雅颂中，两忘人我是非外。朅来独招莫逆魂，樽中有酒聊一酹。谁能更解未艾纷，石上有壁聊一疥。

（《缘督集》卷四，宋曾丰撰，《四库全书》）

# 费少南

## 人物介绍

费少南，临邛人，绍熙元年为隆庆府知府。勤于政事，明察善断，合境晏然。

（《雍正剑州志》卷十四名宦）

## 浯溪相关作品和事迹

### 跋中兴颂磨崖碑后

　　昔黄太史庭坚读元次山《中兴碑》，有二三策之句，盖本传所载时议三篇，大率愤激，不独颂中兴为焜耀之美也。然元道州所作而颜鲁公书之，二公英气凛凛，发挥词翰，真亘古奇作。有志之士步趋古人，非索之辞气笔画间，将无以景往行而嗣芳躅。旧刻磨缺失真，别驾吴君盰摄州，脩学校，崇名节，以作士气。慨念中兴之烈，而惜旧碣之芜漫，重刻坚珉，俾传无斁，志可见也。少南来领郡事，嘉君之志，因为书月日于后。绍熙二年（1191）二月既望，朝散郎、权知隆庆军府兼管内劝农事、借紫少南谨跋。

（《蜀藻幽胜录》卷四；《全宋文》卷六五二一）

# 钱　宏

## 人物介绍

　　钱宏，字文子，号白石，乐清人。绍熙壬子两优释褐，官至宗正少卿。

## 浯溪相关作品和事迹

### 寇尊绝句

　　招邀风月须坡叟，管领江山属漫郎。更筑危亭依巨石，愿从二子老沧浪。

（《温州文献丛书》之《东瓯诗存》卷四）

# 薛子法

## 人物介绍

　　薛子法，宋河东人。生平待考。

## 浯溪相关作品和事迹

　　河东薛子法、祁山李亨时、江南夏少原、东鲁褚彦渊、长乐陈亨，涉江览古，过浯溪寺。绍熙壬子仲春中浣。

# 杨长孺

## 人物介绍

　　杨长孺，原名寿仁，字伯子，号东山，吉州吉水（今属江西）人。万里子。光宗绍熙元年（1190）以荫补永州零陵簿。宁宗嘉定间知湖州，寻改赣州（明嘉靖《赣州府志》卷八）。九年（1216），迁广东经略安抚使兼知广州（清道光《广东通志》卷十六）。十三年，改福建安抚使兼知福州（清道光《福建通志》卷九十一）。理宗端平中以忤权贵致仕。卒年八十。有《东山集》，已佚。事见《诚斋集》卷二十八《大儿长孺赴零陵簿示以杂言》注，清光绪《吉水县志》卷三十四有传。《全宋诗》录诗十九首。

## 浯溪相关作品和事迹

　　地老天荒元子宅，烟霏雾结鲁公碑。

（《舆地纪胜》卷五十六《荆湖南路·永州》）

# 杨冠卿

## 人物介绍

　　杨冠卿（1138—？），字梦锡，江陵人。举进士，尝知广州。以事罢职，侨寓临安。冠卿才华清隽，四六尤流丽浑雅。著有《客亭类稿》。

（《全宋文》）

## 浯溪相关作品和事迹

### 以浯溪磨崖颂为友人寿

　　明皇蛊孽妖，颠倒由禄儿。真人奋灵武，群公任安危。笑谈收两京，銮辂还京师。庙社喜重安，钟虡曾不移。词臣有元结，歌颂镌浯溪。余生千载后，每恨不同时。半世看墨本，长哦山谷诗。鸣剑驰伊吾，有客嗟未施。十年客卫府，斗粟不疗饥。君今联上阁，婉画赞筹帷。睿简隆三宫，复始可指期。持以为君寿，勋名书鼎彝。明年奉汉觞，重修前殿仪。摩挲古崖石，更记中兴碑。

（《客亭类稿》卷十二，宋杨冠卿撰，文渊阁《四库全书》第 1165 册）

# 赵汝说

## 人物介绍

　　赵汝说，字蹈中。少俶傥，有轶才。龙泉叶适过其家，汝说年少衣短，后衣不得避，适劝之曰：名家子，安可不学？汝说自是折节读书，与兄汝谈齐名天下，称为二赵。以祖遗恩补承务郎，从臣荐宗室之贤者，监行在右藏西库。韩侂胄谋逐赵汝愚、汝说兄弟，昌言非是，且上书讼汝愚冤，胄斥为朋党，坐废十年。登嘉定元年进士第，历迁大理司农丞、与史弥远不合，请外改湖南提举常平，易江西。□提点刑狱。瑞州大姓辛氏贪纵，诬人杀婢，汝说以反坐法，窜辛氏，籍其家。辛氏告急于中官，徙汝说湖南。既至，则表直臣龚夬墓。浏阳有豪民罗氏夺民田，汝说复绳以法。迁知温州，卒。

（康熙《杭州府志》卷三十人物）

## 浯溪相关作品和事迹

### 题磨崖碑

　　苍崖插浯溪，清涨湿元颂。费墨合屋高，千年此安用。鲸翻天宝末，云瀚朔方众。还都迎上皇，呜咽抱馀痛。两宫重宴乐，万国尽朝贡。当时纪成功，小雅见微讽。颜公发劲画，金玉相错综。我于碑刻间，众羽得孤凤。艰危人物难，忠烈鬼神重。摹取挂野堂，英风凛生栋。

# 赵彦橚

## 人物介绍

　　赵彦橚（1148—1218），字文长，严州建德（今浙江省建德市）人。宋宗室。孝宗乾道五年（1169）进士（《宋史》本传作二年），调乐清尉，迁福建路运干。宁宗庆元初知晋陵县。召监登闻检院。以不附韩侂胄，嘉泰三年（1203）出知汀州。历广西提刑，湖广总领。嘉定十年（1217）知平江府。次年，卒于官，年七十一。事见《水心文集》卷二十三《知平江府赵公墓志铭》，《宋史》卷二四七有传。

赵彦櫹题名碑拓片

### 🏛 浯溪相关作品和事迹

赵彦櫹题名，在浯溪磨崖碑右，颇有晋人风骨。

开封赵彦櫹被命执节广右，道由浯溪，拭目中兴磨崖碑颂，遐想元颜二公风烈，徘徊久之，三叹而退。时嘉泰甲子季秋二十日。客晋陵冯祖德同游，男炬夫、焯夫侍。住山妙应上石。

# 许及之

## 🌿 人物介绍

许及之（？—1209），字深甫，温州永嘉人。孝宗隆兴元年（1163）进士。淳熙七年（1180）知袁州分宜县。以荐除诸军审计，迁宗正簿。十五年，为拾遗。光宗受禅，除军器监、迁太常少卿，以言者罢。绍熙元年（1190）除淮南东路运判兼提刑，以事贬知庐州。召除大理少卿。宁宗即位，除吏部尚书兼给事中。以谄事韩侂胄，嘉泰二年（1202）拜参知政事，进知枢密院兼参政。韩败，降两官，泉州居住。嘉定二年卒。有文集三十卷及《涉斋课稿》九卷，已佚。《宋史》卷三九四有传。

（《全宋诗》卷二四四三）

## 🏛 浯溪相关作品和事迹

### 次韵转庵读中兴碑

千秋金镜唐元龟，苞桑镜见龟灼知。女主为祸已云惨，天宝之乱尤危疑。九龄早悟绸缪诗，其奈歌奴基梦丝。外人何得与家事，旋闻潜纳河洲雎。席夸禄儿李裴和，助桀为虐几乘危。趣之使乱果为谁，张巡庙哭只涕垂。高将军固非远虑，掉头肯和金刀籇。四镇休罪高仙芝，张埌早措平章辞。望贤宫中例忍饥，金刀胡饼方效奇。事有至难已言之，贼心包藏久窃窥。春秋知我盍罪我，监国引嫌孰维持。颜笔劲节霜筠似，元文秋月华星如。

（《涉斋集》卷四，宋许及之撰，文渊阁《四库全书》第1154册）

### 题浯溪图

山川自昔因人胜，岂爱浯溪爱漫郎。不得中兴摅老笔，两章秋月漫争光。

（《涉斋集》卷十六，宋许及之撰，文渊阁《四库全书》第1154册）

# 赵不惥

## 🌿 人物介绍

赵不惥（1121—1187），字仁仲，涿郡（今河北省涿州市）人，宋太祖六世孙，祖父为南康郡王。绍兴二十七年（1157），成进士，曾通判永州，知开州，除夔州路转运判官，移成都路转运判官，进昭庆军承宣使等，政声彰著。

## 浯溪相关作品和事迹

### 大宋中兴颂（并序）

　　仰惟光尧寿圣，宪天体道，太上皇帝以圣神文武之资，受天眷命，光启中兴。迨功成三纪，思欲颐神冲粹，与天并其长久，乃睿谋默运，断自宸衷，亲以洪图，授之主器。今皇上恳辞切至，渊听莫回，钦奉慈谋，嗣承庆祚。圣继圣，明继明，尽道以事亲，厉精以为治。凡施仁发政，皆得于问安视膳之馀，巍巍乎！揖逊之风，孝治之美，自唐虞以来，未有盛于今日。虽宠休茂烈，国史载之，与典谟并行，然歌颂德业，著于金石，为千万世不朽之传，亦臣子归美报上之义，讵敢以固陋辞！臣谨拜手稽首而献颂曰：

　　惟天昭昭，佑我圣朝，是生光尧。溥博如天，渊泉如渊，帝德罔愆。
　　炎精中微，民心曷归？惟帝是依。应龙之翔，于彼睢阳，赤伏呈祥。
　　天命诞膺，绍开中兴，大明昭升。群盗讫平，六合尘清，复振天声。
　　不战屈人，四夷来宾，一视同仁。天德好生，善胜不争，措刑寝兵。
　　惟民是忧，和好乃修，抚之以柔。龟鼎既安，岿然石磐，万国重欢。
　　日奉慈宁，尽孝尽伦，四海仪刑。宗庙荐修，蒇事郊丘，以承天休。
　　帝耤躬耕，百谷用成，以供粢盛。会桻观时，首善京师，王化之基。
　　多士云从，于论鼓钟，于乐辟雍。尚齿尊贤，宾礼高年，为天下先。
　　升彼孔堂，褒赞煌煌，云汉为章。细书六经，刻之坚珉，粲然日星。
　　性美中虚，玩好则无，惟诗与书。用损持盈，散利薄征，有孚惠心。
　　恻怛至诚，庶狱哀矜，疑罪惟轻。谠言如澜，容之以宽，帝王所难。
　　夬决庭扬，去佞投荒，断之以刚。外御既除，邦风晏如，功成不居。
　　乃命临轩，以昭元元，明听朕言。予临兆民，三纪垂精，未能颐神。
　　我谋克臧，逊于元良，以养寿康。惟时储闱，天挺英姿，圣孝仁慈。
　　其从东宫，正位九重，嗣我无穷。神器巍巍，付托得宜，朕心庶几。
　　储皇恳辞，俯伏丹墀，天听不移。申命群臣，拱如北辰，以朝缙绅。
　　勉绍洪图，大赉寰区，欢声载途。端冕凝旒，躬率公侯，问寝龙楼。
　　恭上鸿名，辉光益新，至矣尊亲。养志承颜，贡珍百蛮，以待匪颁。
　　奉亲之馀，乃及乘舆，俭德同符。明圣相因，法度是遵，其道尽循。
　　总揽权纲，治具毕张，宵旰靡遑。若时登庸，稷契夔龙，同寅协恭。
　　临道乘轺，询于荛荛，观采风谣。晋耀名卿，赐对延英，藩宣列城。
　　亲阅貔貅，修我戈矛，克壮皇猷。法令必行，先甲先庚，信若权衡。
　　综核劝惩，廉善廉能，庶绩其凝。自昔圣明，尚克时忱，莫如方今。
　　亲授规模，揖逊都俞，惟唐兴虞。三代以还，青史班班，求之实艰。
　　惟我上皇，圣谟洋洋，于尧有光。惟我大君，玄德升闻，协于放勋。
　　臣子之忠，告厥成功，颂声形容。不于其文，惟实之云，归美是勤。
　　夔门之山，斗星争寒，可磨可刊。以镵于碑，与天为期，万世仰之。

（洪武《永州府志》卷八）

### 读中兴碑

　　幸蜀匆匆乱未休，龙飞灵武赖神谋。扶危忠烈今谁在，作逆昏妖死亦羞。鲁国笔端昭日月，次山书法得春秋。苍崖凛凛蟠英气，静对寒江万古流。

（洪武《永州府志》卷八）

# 赵善诒

## 🌿 人物介绍

赵善诒，字安之，太宗七世孙（《宋史·宗室世系表》一九）。宁宗庆元四年（1198）知连州（清乾隆《福州府志》卷三十三）。嘉定间封永州侯（《宋会要辑稿》方域九之二二）。《全宋诗》录诗二首。

## 🏯 浯溪相关作品和事迹

### 浯溪

两载真成漫浪游，丰碑重拂倍含羞。空怜民力疲刍粟，滥厕时贤动冕旒。
病骨讵堪胜重寄，归舟喜不负清流。家山屈指朝朝望，□老休劳念□□。

（《八琼室金石补正》卷九十一）

浯溪诗，赵善诒撰，正书，嘉定四年，祁阳。
臣等谨按，赵善诒浯溪诗，字迹残缺，无拓本。

（《钦定续通志》卷一六八）

# 岳　珂

## 🌿 人物介绍

岳珂（1183—1234），宋相州汤阴人，居嘉兴，字肃之，号亦斋，又号倦翁。岳霖子。宁宗朝权发遣嘉兴军府，兼管内劝农事。仕至户部侍郎、淮东总领制置使。因恨秦桧陷害其祖岳飞，作《金陀粹编》及《吁天辩诬集》《天定录》以辩诬。有《九经三传沿革例》《宝真斋法书赞》《愧郯录》《桯史》《玉楮集》。

## 🏯 浯溪相关作品和事迹

### 馆娃浯溪

灵岩、中宫为苏、永胜概，吊古者多诗之。近世王义丰、杨诚斋为之赋，植意卓绝，脱去雕篆畦畛。余得之王英伯，录藏焉。

义丰赋馆娃曰：泛浮玉之北堂，得馆娃之遗基。从先王而游焉，揖夫差而吊之。或曰是可唾也，奚以吊为哉。夫沈湎以丧国，固人君之失道。然而有钟鼓者胡可以弗考，闻管钥者民喜而相告。苟厥妃之当爱，惟恐王之不好矣。是则女乐亦可少乎？必曰：夏有妹喜，商有妲己，周有褒姒，而吴以西子。苟求其故，未必专于此也。齐有六嬖，威公以兴。正而不谲，圣人称焉。非夫九合一正之业，得仲父以当其任，则其一已之内，少有以自适者。举不足以害成耶？关大夫进，夏德岂昏？微子得政，商岂秽闻？苏公家父并用，则烽火岂得妄举？子胥不见戮，则吴之离宫别馆至于今可存。抑夫差之资异，在列国亦翘楚，一战而越沮，再会而诸侯惧。使仅得一中佐，置双翼于猛虎。惟自剖其骨鲠，而放意于一女。敌乘其间，无以外御。杯酒之失何足以问，独为此邦惜杀士之举也。此士不遭杀，夫差不可愚。苎罗之姝，适足以为我娱。胡得而窃吾之符？荣栖可居，适足华吾庐，胡足以瘝吾之都？惟忠良之既诛，始猖狂而自如。台兮姑苏，舟兮太湖。食兮鲙鲈，曲兮栖乌。宿兮嫔嫱，修明兮夷光。二八兮分明，捧心兮专房。径兮采香，屧兮响廊。笑倚兮玉床，奈乐兮东方。稻蟹种兮不遗，争盟兮黄池。无人兮箴规，有仇兮相窥。至德之庙，遂为禾黍。悉陂池与台榭，倏一变而梵宇。入笙歌于海云，令声钟而转鼓。俨麋鹿之容与，瞰僧仪而观睹。骇越垒以在望，奚五戎之阅武。

松引韵以呜咽，柳颦眉而凝伫。山黯黯兮失色，水汹汹兮暴怒。追此谬于千里，本差之于毫厘。譬之养生，捐其良医。逮疾作于中夜，懵药石之不知。志士仁人所为太息于斯焉。盖尝反复于此，窃谓种蠡亦可咄也。句践方明，举国以听。十年生聚，十年教训。以此众战，何伐不定。何至假负薪之女为，是可耻之胜哉！始其土城，海淫自君。终焉五湖，合欢其臣。青溪之典不正，金谷之义不立。潋潋扁舟，遂其全璧。使之脱鼎中之鱼而群沙头之鹭，返耶溪之莲而吐洞庭之橘。窃谓越之君臣，何其陋于此役也。越则陋矣，吴亦太庸。士目既抉，夫谁纳忠。可罪人之亡已，其自反而责躬乎。公既然雍，相与敛容。起视四山之中，觉萧萧兮悲风。

诚斋赋浯溪曰：予自二妃祠之下，故人亭之旁。招招渔舟，薄游三湘。风与水兮俱顺，未一瞬而百里，欻两岸之际天，俨离立而不倚。其一怪怪奇奇，萧然若仙客之鉴清漪也。其一謇謇谔谔，毅然若忠臣之蹈鼎镬也。怪而问焉，乃浯溪也。盖峿亭在南，峿台在北。上则危石对立而欲落，下则清潭无底而正黑。飞鸟过之不敢立迹。余初勇于好奇，乃疾趋而登之。挽寒藤而垂足，照衰容而下窥。余忽心动，毛发森竖。乃迹故步，还至水浒。削苔读碑，慷慨吊古。倦而坐于钓矶之上，喟然叹曰：惟彼中唐，国已膏肓。匹马北方，仅或不亡。观其一过，尚父日杀三庶，其人纪有不斁矣夫？曲江为笼中之羽，雄狐为明堂之柱，其邦经有不蠹矣夫？水蝗税民之亩，融竖椎民之髓，其天人之心，有不去矣夫？虽微禄儿，唐独不坠厥绪哉？观马嵬之威垂涣，七萃之士欲离，殪尤物以脱焉，仅卒达于巴西。吁！不危哉？嗟乎！楚则失矣，而齐亦未为得也。灵武之履九五，何其亟也！宜忠臣之痛心，寄春秋之二三策也。虽然天下之事，不易于处而不难于议也。使夫谢奉策于高邑，将禀命于西帝。违人欲以图功，犯众怒以求济。天下之士果肯欣然为明皇而致死哉？盖天厌不可以复祈，人溃不可以复支。何哥舒之百万，不如李、郭千百之师？推而论之，事可知矣。且士大夫之捐躯以从吾君之子者，亦欲附龙凤而攀日月，践台斗而盟带砺也。一复莅以毫荒，则夫千麾万旐一叫如响者，又安知其不掉臂也耶？古语有之，投机之会，间不容穟。当是之时，退则七庙之忽诸，进则百世之扬觯。嗟肃宗处此，其实难为之。九思而未得其计也。已而舟人告行，秋日已晏。太息登舟，水驶于箭。回瞻两峰，江苍茫而不见。

义丰赋中称先生，盖时从范石湖成大游。诚斋则以环辙湘衡，过颜元碑下耳。二地出处本不沦，笔力到处便觉夫差肃宗无所逃罪。独恨管子趋霸之说，不可以训，如为唐谋则忠。今两刹中皆无此刻，而醒梦复语往往满壁间云。

（《桯史》卷三，宋相台岳珂著）

# 管　湛

### 🌿 人物介绍

管湛，字定夫，宋龙泉人，侨居临川。三迁至大理少卿，政绩显赫。著作有《定斋类稿》甲、乙集。广西临桂隐山栖霞洞、白龙洞中隐山刘仙岩均有其题名。嘉定辛未七月，称宪台。壬申初伏，称计使。癸酉九月，称经略安抚，是由刑司转漕司而帅桂。

### 🏛 浯溪相关作品和事迹

管湛题名，在石门小石西北。

管湛守桂召还，乙亥五月十日，摩挲石刻而去。

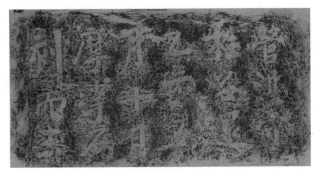

管湛题名碑拓片

# 刘用行

## 人物介绍

刘用行（1168—1249），字圣与，晋江（今福建省泉州市）人。宁宗嘉定元年（1208）进士。历扬子尉、知零陵、巴陵县，通判道州，知桂阳军、安庆府。理宗端平元年（1234），知潮州。淳祐九年，知赣州，卒于官，年八十二。有《北山漫游集》，已佚。事见《后村先生大全集》卷十五《刘赣州》。今录诗二首。

## 浯溪相关作品和事迹

刘用行诗，在磨崖左崖上赵崇宪题名后。

### 游浯溪

禄儿岂解倾唐祚，独使斯文寿两翁。蜀道至今遗旧话，湘流澈底照孤忠。摧风溜雨中兴字，转地回天尅复功。人说苍崖磨向尽，不知磨尽几英雄。

嘉定乙亥腊月清源刘用行圣与题。

《游浯溪》拓片

# 赵崇宪

## 人物介绍

赵崇宪（1160—1219），字履常，河南开封祥符籍，崇德洲钱（今浙江省桐乡市）人。赵汝愚长子。淳熙十一年（1184）进士。曾任朝议大夫，华文阁直学士，广西经略安抚。治《礼记》，著有《赵丞相行实》1卷、《附录》2卷。

## 浯溪相关作品和事迹

题名碑在峿台北崖：赵崇宪、洪友成同游。嘉定乙亥四月廿四日。

# 赵崇尹

## 人物介绍

赵崇尹，宋嘉定间湖南兴宁县知县。其余生平待考。

## 浯溪相关作品和事迹

浯溪题名。

弟崇尹，同侄必益、必矩、乡人曹全，以舟行，越三日继至。

赵崇宪等题名碑拓片

# 戴复古

## 人物介绍

戴复古，字式之，号石屏，敏之子。父没，时复古方在襁褓，比长，或告以父遗言，乃笃志古学。从林景思、徐渊子游。又登三山陆放翁之门，讲明诗法。后又走东吴、浙西、襄汉、北淮、南粤，凡乔岳巨浸，灵洞珍苑，空迥奇特之观，荒怪古僻之踪，靡不登历，凡二十余年，然后归，而诗乃大进。真西山称其句法不减孟浩然，繇是遂名天下。有《石屏集》行于世。

（《万历黄岩县志》卷六）

## 🏯 浯溪相关作品和事迹

### 栗斋巩仲至以元结文集为韵（1214）

寻常被酒时，归到即投枕。为爱次山文，今夜醉忘寝。伟哉浯溪碑，千载气凛凛。舂陵贼退篇，少陵犹敛衽。文章自一家，其意则古甚。太羹遗五味，纯素薄文锦。聱牙不同俗，斯文异所禀。君君望尧舜，人人欲仓廪。古道不可行，时对宬樽饮。

（《石屏诗集》卷一，《四部丛刊续编》景明弘治刻本）

### 湘中

一棹无情度碧湘，行行不脱水云乡。

旗亭少饮村醽薄，田舍新炊晚稻香。

箫鼓远来朝岳去，包笼争出趁墟忙。

途人有愧黄居士，十载看经不下堂。

（《石屏诗集》卷六，《四部丛刊续编》景明弘治刻本；乾隆《祁阳县志》卷八）

### 行香子·永州为魏深甫寿（1236）

万石崔嵬，二水涟漪。此江山，天下之奇。太平气象，百姓熙熙。有文章公，经纶手，把州麾。

满斟寿酒，笑撚梅枝。管年年，长见花时。佳人休唱，浅近歌词。读浯溪颂、愚谷记、澹岩诗。

（《石屏诗集》卷八，《四部丛刊续编》景明弘治刻本）

# 易祓

## 🌿 人物介绍

易祓（1156—1240），字彦章（一作彦祥、彦伟），号山斋居士，宁乡（今属湖南）人。孝宗淳熙十一年（1184）上舍释褐，为昭庆军节度掌书记。宁宗庆元六年（1200），累迁著作郎兼实录院检讨官。嘉泰四年（1204），擢国子司业（《南宋馆阁续录》卷九）。开禧元年（1205），权中书舍人兼直学士院，迁左司谏兼侍讲。二年，除礼部尚书，寻提举江州太平兴国宫。三年，谪融州，移全州。嘉定十三年（1220），复原官。理宗嘉熙四年卒，年八十五。事见清同治《宁乡县志》卷九《礼部尚书易祓墓志》。有《周易总义》《周官总义》《禹贡疆理记》《易学举隅》《山斋集》等传世。

## 🏯 浯溪相关作品和事迹

1.易祓诗，在磨崖右凹下。

### 浯溪中兴颂（有跋）

湘江东西直浯溪，上有十丈中兴碑。谁凿丰碑镇山曲，西边美人美如玉。想当歌颂大业时，胸蟠星斗光陆离。蚕须蚕尾更清劲，凛凛襟怀冰雪莹。水部之文鲁公书，两翁寥寥千载余。后来更有黄太史，健笔题诗起翁死。一派溪流彻底清，溪边镜石坚而明。我思古人不可见，水石犹作琼瑰声。揭来名山访遗迹，烟雨凄迷山路湿。野叟蒙头看打碑，君其问诸水边石。

长沙易祓，还自清湘，道出浯溪，□舟崖下，怀古兴思，辄缀数语，以识我山邱□愿。长沙贺廷彦、始安欧阳诚同□，男□侍行。嘉定九年七月旦书。

2.易祓和许玠诗

### 读唐中兴颂

唐家基业重于山，宁许胡雏据九关。当日人心旌□堵，异时世变却循环。壤分旌钺谁能制，政出貂珰不复还。千古高崖锁苍藓，空留遗迹蹈元颜。

尝谓禄山骋兵不足以祸唐，而唐祚中微，正在禄山既平之后。覆车不戒，祸变相仍，可胜叹哉。因次襄邑许玠介之韵。嘉定丙子七月三日。

《浯溪中兴颂》拓片

# 林伯成

## 🌿 人物介绍

林伯成，字知万，长乐（今属福建）人。孝宗淳熙十四年（1187）武举进士。宁宗庆元中为阁门舍人（《宋会要辑稿》选举二一之七）。嘉泰四年（1204）充贺金国正旦副使（《建炎以来朝野杂记》乙集卷十八）。历知高邮军，真州（《淳熙三山志》卷三十），桂阳军（明嘉靖《衡州府志》卷一）。

## 🏛 浯溪相关作品和事迹

林伯成诗，在峿台北崖。

《浯溪》拓片

### 浯溪

读时方喜能戡乱，责备犹疑过颂功。归美从来臣子事，谁歌宋德乃心同。

嘉定丙子孟秋旦，长乐林伯成知万携子元鼎、元泰，同张器之□叔、郡贡士唐□□卿、子晖□□来游，赋此以识岁月。

# 许 玠

## 🌿 人物介绍

许玠，字介之，襄邑（今河南省睢县）人，寓居衡阳常宁。许翰曾侄孙（《周文忠公集》卷五十五《书匹纸赠许玠介之》），魏了翁门人（《宋元学案》卷八十）。理宗端平三年（1236）以荐补官，为衡州户掾（明嘉靖《衡州府志》卷六）。有《东溪诗稿》，已佚。

## 浯溪相关作品和事迹

据易祓和许玠诗的跋语可知，浯溪也有许玠的诗刻，与易祓次诗碑俱湮灭，惜哉！

# 林　访

## 人物介绍

林访，宋宁宗嘉定九年（1216）为永州法曹参军（清康熙《永州府志》卷七）。撰有《阴德堂铭》，自署三山林访。则知其为福州人。据《淳熙三山志》，嘉泰三年车驾幸太学，该恩陆仲遂、吴达之、林访、林溥、林时中、陈元修、林景庄、王榕两优释褐。则知其为嘉泰三年推恩进士。

## 浯溪相关作品和事迹

林访诗在磨崖右。

《浯溪》拓片

### 浯溪

访嘉定丁丑仲夏，秩满零陵郡决曹，理棹东归，过□溪，观《中兴颂》，周览古今碑刻，辄叹□□之勋业元颜之文笔，历年虽久久□□□□，黄太史以来，□□□者非止（此后二行全泐）

□□林□□□

灵武储皇识事端，解将权术济艰难。当时若徇区区节，宗社何由获再安。

文士相轻自古然，堪嗟嘲咏费雕镌。元颜文笔非馀子，未可毛疵议昔贤。

子庆孺、侄起子、二孙显、永侍。

# 方信孺

## 人物介绍

方信孺（1177—1223），字孚若，号好庵，自号柴帽山人，莆田（今属福建）人。以父荫补番禺尉。秩满改萧山丞，兼淮东随军转运属官。宁宗开禧三年（1207），以荐假朝奉郎充枢密院参谋官使金议和。使还，忤韩侂胄，斥临江军居住。嘉定元年（1208），通判肇庆府。三年，知韶州。五年，知道州。六年，提点广西刑狱。迁提点淮东刑狱兼知真州。十二年，以建议规复山东，罢。十五年十二月二十六日卒，年四十六。著作大多已佚，今存《南海百咏》一卷，《两宋名贤小集》中收有《观我轩集》一卷。事见《后村先生大全集》卷一六六《宝谟寺丞诗境方公行状》，《南海百咏》附清吴兰修书后，《宋史》卷三九五有传。

方信孺题名碑拓片

## 浯溪相关作品和事迹

方信孺题名，卧刻于石门右北小石上。

莆田方信孺，绍熙癸丑、开禧乙丑嘉定丁丑，凡三访浯溪。

# 留 筹

## 🌿 人物介绍

留筹，字端父，泉州晋江（今福建省泉州市）人。留正次子。宁宗嘉泰四年（1204）通判漳州（清康熙《漳州府志》卷九）。知邵州。嘉定九年（1216）使金贺生辰。出提点湖南刑狱。十二年，移知广州（清道光《广东通志》卷十六）。十三年，提点江西刑狱。十五年，自广东经略罢领宫观。事见清道光《福建通志》卷一七六《留正传》附。《全宋诗》录诗六首。

## 🏯 浯溪相关作品和事迹

留筹二诗碑，在磨崖左崖。

### 游浯溪

天生一代老文词，留得高名日月垂。山口犹馀元氏族，溪痕几□鲁公碑。未论再造中兴业，却羡三吾高卧时。崖石虽磨千古在，度香桥下水空悲。清源留筹嘉定丁丑腊前行部来游。住持传法僧法祖谨刻崖石。

### 再题浯溪

#### 其一

为爱浯溪风景幽，重临钓石系归舟。不妨细读丰碑下，墨本空看几白头。

#### 其二

自笑尘埃赋咏忙，佳山招我莫徜徉。何当了却痴儿事，来伴高人枕碧湘。筹舟还浯溪，再留二绝。住持传法僧法祖谨刻崖石。

《游浯溪》拓片

# 白玉蟾

## 🌿 人物介绍

白玉蟾，号琼琯，本姓葛，名长庚。大父有兴，福州闽清县人，董教琼州而生。玉蟾于琼冒白姓。天资聪敏，遇泥丸真人陈翠虚携入罗浮，遍游名山。善学书，有龙凤翔舞之势，封紫清明道真人。

## 🏯 浯溪相关作品和事迹

### 浯溪吊古

芙蓉睡足西风冷，渔阳卷入来无影。不思夜火然骊山，甘欲《庭花》唱宫井。马嵬山下杜鹃声，罗袜空凄花草馨。谁谓《霓裳》非有情？倚腔犹韵《雨霖铃》。彝人先母而后父，此语误君君不悟。天下何思复何虑？华清月送猪龙去。已矣哉！知不知，悲莫悲于南内悲，危莫危似西狩危？伊人事定有所制，但得抱女成欷歔。元都水，颜太师，截禄山骨为之字，沥禄山血为之辞。未千年事几如此，风雨剥蚀苍苔碑。禹王乘云去亦久，客舟空舣浯溪湄。

（《浯溪新志》卷七）

# 王枅

## 🎋 人物介绍

王枅，字仲方。安徽无为人，约生于1165年，嘉定十一年（1218）通判永州，嘉定十七年（1224）朝奉郎，知溶州军州事。

## 🏯 浯溪相关作品和事迹

王枅题名，在石屏北。

濡须王枅通官零陵，沿檄虑囚，归京经此，留连一夕而去。时嘉定戊寅十二月望。

另见光绪《零陵县志》卷十四载王枅题名：通守王枅仲方携家来游，嘉定己卯三月二十六日。

# 赵蔚

## 🎋 人物介绍

赵蔚，据《粤西金石略》卷十一有张自明诗碑，记嘉定七年夏五，江西张自明与定武赵蔚来游（临桂）。故可知其为定武人。定武为辽国地名。赵蔚资料暂无考。

## 🏯 浯溪相关作品和事迹

赵蔚、吕一鹗同游浯溪。嘉定戊寅重九。

# 林岊

## 🎋 人物介绍

林岊，字仲山，古田（今福建省古田县）人。光宗绍熙元年（1190）特奏名。宁宗嘉定间知全州，在郡九年。十三年（1220），召为侍右郎中兼翰林权直（《宋会要辑稿》礼四三之一一）。清四库馆臣据《永乐大典》辑有《毛诗讲义》十二卷。清乾隆《福建通志》卷四十三有传。

（《全宋诗》）

## 🏯 浯溪相关作品和事迹

### 柳山书堂记（节录）

舟泊浯溪，三更登元水部堂亭，时孟冬望后六日。月半璧，羡三二分许，瑞光出于林表，坐客停杯，浩影散于波心，归舟列炬。同游仅二十人许。下水上天，月行其间，水月之光，溟漾太虚，水澄之光，妆严色界。虽未到洞庭君山，而有洞庭君山之气象；虽未抵蜀江嘉陵，而有蜀江嘉陵之景趣；广陵八月之涛，黄河千年之清，碧海神山之岛，飘飘焉可以意遇也。

（《粤西文载》卷三十一，清汪森编，文渊阁《四库全书》）

# 许纶

## 🌿 人物介绍

许纶，字行之。宋嘉定时江西豫章（今江西赣州）人。

## 🏛 浯溪相关作品和事迹

许纶等题名，在石门东南。

豫章许纶行之、嘉定庚辰长至日拉金陵李植直夫、广陵王瀛彦行、清江张天锡应祥、钱塘夏谚华之、巴陵郑导□叔、古桂顷父文子□卿叔舟于磨崖之下，步自峿台，至于中堂，登镜溪□□□□□□□□□。

# 钟兴嗣

## 🌿 人物介绍

钟兴嗣，章贡（今江西省赣州市）人（《八琼室金石补正》卷九十二）。宁宗嘉定间为荆湖北路安抚使（《宋史》卷四○八《王霆传》）。

## 🏛 浯溪相关作品和事迹

诗碑在峿台北崖区。

### 读唐宋二中兴颂碑

兴嗣暂寓浯溪，得观古今碑刻，往往议论互相矛盾，其端皆由黄太史诗而起。曾不知黄太史特以春秋之法责备肃宗，初不议次山之失，且云臣结春秋二三策臣甫杜鹃再拜诗安知忠臣痛至骨世上但赏琼琚词，则是不讥元子之颂明矣。吁！至美不赎恶，大醇不掩疵，其唐宗之谓欤？曾未若我宋南渡，二帝圣德粹然，无瑕可指。千万世而下，又孰得容喙耶？予推明山谷不责元子之意，因降叹光尧孝宗圣明相继之盛云。时嘉定庚辰秋孟朔旦，章贡钟兴嗣序。

羯奴祸唐室，宗社已倾危。翠华幸西蜀，大物孰主持。
储君起灵武，事亦从权宜。人望既有属，奸孽就诛夷。
次山忧国切，闻此喜可知。归美颂君父，隐恶义当为。
涪翁仗正论，凛然寓刺规。指摘心中过，并及宫闱微。
兹用春秋法，肃宗其何词。曾无一半语，追咎元子非。
后来好事辈，往往互诋讥。或立党同意，或费解嘲诗。
识者具眼力，理解夫奚疑。盍观我宋朝，崖上中兴碑。
光尧再造绩，炳若日星垂。功成体天道，退处志莫移。
神器亲付授，嗣皇犹恳辞。数四不获命，黾勉祗受之。
饬躬备敬养，朝夕益孳孳。君不见帝典书之盛，端由揖逊基。
二圣尽慈孝，尧舜并驱驰。俯视于李唐，德业有醇疵。
惟徐赳复愿，天每靳其机。孙支继述责，未有易今时。

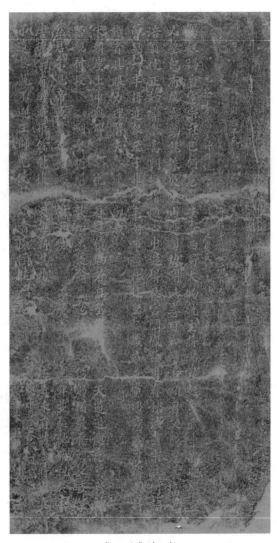

《浯溪》拓片

出兵吊遗黎，孰不迎王师。免使读颂者，怀愤徒伤悲。

# 曾　焕

## 🌿 人物介绍

曾焕，字文卿，一字少卿，吉水（今属江西）人。光宗绍熙元年（1190）进士。宁宗嘉定七年（1214）除秘书郎。八年，为著作佐郎。九年，出为广西运判。十三年，迁转运使。十七年，除秘书少监。事见《南宋馆阁续录》卷七、八。《全宋诗》录诗二首。

## 🏯 浯溪相关作品和事迹

诗碑在摩崖区。题依《宋诗纪事补遗》卷五十九

### 将漕广西召还过浯溪

元颂颜书山谷诗，还镌我宋中兴碑。

殷勤三读重回首，万□□□江渺漪。

庐陵曾焕将漕广西，召还过此。嘉定庚辰四月二十三日。

《将漕广西召还过浯溪》拓片

# 徐自明

## 🌿 人物介绍

徐自明（？—1220后），字诚甫，号慥堂，永嘉人。南宋淳熙五年（1178）进士，任富阳县主簿。嘉定三年（1210），监都进奏院。同年八月，国子监发解，任点检试卷官。五年六月，任国子监博士。次年，升太常博士，当年放罢。八年，复任常州通判，转朝请郎。十年十二月，任永州知州，至十三年止。辞官不久即下世。陆增祥《八琼室金石补正》卷九十二中《浯溪题刻》收录自明永州任内刻石诗。自明遗著有《礼记说》《浮光图志》《零陵志》和《宋宰辅编年录》等。《宋宰辅编年录》二十卷，起北宋建隆元年（960），讫南宋嘉定八年（1215），书前有吏部尚书、端明殿学士平阳陈昉序，宝祐四年（1256）由其子徐居谊刊于福州知县任上，为研究宋史的重要资料，堪称传世之作。

## 🏯 浯溪相关作品和事迹

徐自明题诗，在磨崖石壁。

### 游浯溪

□□□□□□奇，金石相辉万古垂。论定固知名贵正，时危更识礼从宜。溪山不老刊长在，天地重开继者谁。多少舣舟咸有纪，况予毕成可无诗。

嘉定庚辰中秋后四日，郡守永嘉徐自明书。

按：桂多荪《浯溪志》首句作：磨崖三绝世间奇。

《游浯溪》拓片

# 董鸿道

## 人物介绍

董鸿道，字叔宏，临川（今江西省抚州市）人，居谊子。乾道中知永福县。见道光《福建通志》卷九十一。（《全宋文》卷六九四五）

## 浯溪相关作品和事迹

### 浯溪

临川董鸿道叔宏，省亲零陵，偕友人丘靖夫东归。夜泊浯溪，叔云弟挐舟来饯。时嘉定庚辰腊月五日。

舣舟和月上唐亭，风露凄寒酒易醒。谁为漫郎写幽思，度香桥下水泠泠。

二十年前八桂回，摩挲苍藓读碑来。如今再自浯溪过，折得梅花伴酒杯。

# 臧辛伯

## 人物介绍

臧辛伯，吴兴归安（今浙江省湖州市）人。孝宗淳熙十六年（1189）进士（雍正《浙江通志》卷一二六）。宁宗时通判永州（光绪《湖南通志》卷一一二）。《全宋诗》录诗二首。

## 浯溪相关作品和事迹

### 浯溪

四山凝碧一江横，读尽唐碑万感生。
却想老仙明月夜，度香桥上听溪声。
吴兴臧辛伯。

《浯溪》拓片

# 张潞

## 人物介绍

张潞（？—1234），字东之，永新（今属江西）人。宁宗嘉定十四年（1221）为桂林郡丞，后知昭州。理宗端平元年卒。其诗师范成大、杨万里，出入众体，有集，已佚。事见《后村居士集》卷二十四《张昭州集序》。

## 浯溪相关作品和事迹

### 嘉定辛巳之官游浯溪读碑感慨为赋七言

高棱巨擘立穹苍，中直浯溪带样长。黄屋朝临蜀万里，翠珉暮刻楚三湘。两朝功罪乾坤定，二子文书日月光。太息斯盟谁复主，代兴今者得黄张。

《嘉定辛巳之官游浯溪读碑感慨为赋七言》拓片

嘉定辛巳四月丙戌，桂林郡丞庐陵张潞，之官经游，读碑感慨，为赋七言。

（《宋诗纪事补遗》卷六十五，归安陆心源伯刚父辑）

# 刘克庄

## 人物介绍

刘克庄（1187—1269），宋兴化军莆田人，初名灼，字潜夫，号后村居士。刘夙孙。宁宗嘉定二年以荫补将仕郎，为真州录事参军、潮州通判。以作《落梅》诗获罪，不仕二十余年。理宗端平初起历宗正簿、枢密院编修官、江东提刑等。淳祐六年赐同进士出身，除秘书少监兼中书舍人。以劾权相史嵩之，贬知漳州。景定初迁工部尚书兼侍讲，以焕章阁学士致仕。反对南宋朝廷苟安妥协。尝受学于真德秀，诗学晚唐，为江湖派诗重要代表。词风雄放沉厚，多感慨时事。有《后村先生大全集》。嘉定十五年（1222），胡槻出任广西经略使，刘克庄充任其幕僚，过祁阳。

## 浯溪相关作品和事迹

### 衡永道中二首

#### 其一

一舍常分作两程，雪鞭雨袖少逢晴。
平生不识终南径，来傍湘南墲子行。

#### 其二

过了衡阳雁北回，乡书迢递托谁哉。
岳山石鼓皆辞去，唯有湘江作伴来。

### 黄罴岭

黄茅迷远近，不见一人行。信步未知险，回头方可惊。
路由高顶过，云在半腰生。落日无栖止，飘飘自问程。

### 祁阳县

入境少人烟，寒山碧际天。小留因买石，久立待呼船。
笛起渔汀上，鸥飞野郭前。若无州帖至，令尹即神仙。

（《后村居士集》卷五，宋集珍本丛刊第 79 册）

### 祁阳道中

昨过知岑寂，重来况雪天。人居鸡栅里，路在鸟巢边。
草市开还闭，茅山断复连。潇江清似镜，悔不问归船。

### 浯溪（二首）

#### 其一

上置书堂下钓矶，漫郎陈迹尚依稀。无端一首黄诗在，长与江山起是非。

### 其二

形容唐事片言中，元子文犹有古风。莫管看碑人指点，写碑人是太师公。

（《后村居士集》卷六，宋集珍本丛刊第 79 册）

# 邹应龙

## 🌿 人物介绍

邹应龙（1171—1244），原名应隆，字景初，号南谷，泰宁（今属福建）人。宁宗庆元二年（1196）进士。累官知南安军。开禧元年（1205），迁起居舍人，出知赣州，迁江西提刑。嘉定元年（1208），除太子詹事兼中书舍人。二年，出知泉州，历知建宁府、池州、静江府、潭州。理宗宝庆元年（1225），除工部尚书，寻再知赣州。嘉熙元年（1237），知枢密院事、权参知政事。淳祐四年卒。《宋史》卷四一九、明嘉靖《邵武府志》卷十三有传。

## 🏯 浯溪相关作品和事迹

### 念奴娇·浯溪

插烟苍玉，镜清潭，直下嶙峋千尺。如此江山，天付予，元老当年故宅。今昔登临，悲歌感慨，俯仰皆陈迹。湘流无尽，断崖依旧横碧。

犹有千古文章，铿鍧炳耀，不与名磨灭。扞得干戈，能砥柱，方见孤忠伟绩。傥来轩冕，不直拳石。□□□□□。举杯相属，坐中还有此客。

（弘治《永州府志》卷七）

# 曾 辅

## 🌿 人物介绍

曾辅，生平待考。

## 🏯 浯溪相关作品和事迹

### 漫郎宅

峿台停溪云，峿亭枕溪石。水石竞奇丽，中有漫郎宅。

（嘉靖《湖广图经志书》卷十三永州府诗类·祁阳）

# 赵崇模

## 🌿 人物介绍

赵崇模，字履规，丞相汝愚诸子也。水月洞勒有德政碑。先是其兄崇宪知静江府，有美声，宋史贤之，略不及崇模，大抵贤者之后克肖，固自多也。

（《桂故》卷五）

赵崇模，宋饶州馀干人。赵汝愚子，赵崇度弟。宁宗嘉定间，刘光祖帅荆襄，辟为机幕。时亦辟赵师劢之弟，师劢曾请斩汝愚，崇模义不与其子弟相处，草笺辞谢，光祖遽勒回师劢弟而留崇模。理宗宝庆二年，迁广西经略使。绍定初，进直敷文阁、兼知静江府。有政绩。五年，由朝奉大夫改知婺州。

（《全宋诗》）

## 🏯 浯溪相关作品和事迹

赵崇模题名，在峿台北崖。

后十二年宝庆丙戌九月二十五日，崇模被命守桂，实继先兄吏部前躅，道由浯溪，敬瞻题墨，为之泫然。男必珂侍，万涣之、陈定孙、万时偕行。

# 赵必愿

## 🌿 人物介绍

赵必愿（?—1249），南宋余干（今属江西）人，字立夫。嘉定七年（1214）进士，以祖荫补承务郎。开禧元年（1205）铨监平江府粮料院，调常熟丞，知崇安县，历湖广总领所干办，知全、常、处、泉、台等州。端平元年（1234）知婺州，召为宗正少卿兼国史院编修、实录院检讨，以事罢。淳祐五年（1245）知福州兼福建安抚使。卒赠银青光禄大夫。

## 🏯 浯溪相关作品和事迹

赵必愿题名，在峿台北崖区。

赵必愿假守清湘，道出浯溪，拜二公之祠，敬观先君吏部遗刻，整整一纪。岁月易流，不胜感慨。竹洲洪大成同行。宝庆丁亥四月三日。

赵必愿等题名碑拓片

# 赵崇夏

## 🌿 人物介绍

赵崇夏，永安州立山县令，宗室，嘉定十六年任。

（嘉庆《平乐府志》卷十五）

赵崇夏，嘉定间知立山县，敦风教，举废坠，以夫子庙将圮，请于台府而一新之，士骎骎习俎豆焉。祀名宦祠。

（嘉庆《平乐府志》卷二十宦绩）

## 🏯 浯溪相关作品和事迹

宝庆丁亥十一月二十一日，弟崇夏以邑令之镡津，避兄经略亲挈家还乡，□经浯溪，裴回半日，得□□□□□必□必柄必爽必□□□□□□道隆郭从朴。

赵崇夏等题名碑拓片

# 无上宫主

### 人物介绍

无上宫主，生平待考。

### 浯溪相关作品和事迹

宴罢高歌海上山，月瓢承露浴金丹。夜凉鹤透秋云碧，万里西风一剑寒。

蒋晖跋：永州之祁而北六十里乌符山者，晖先世别业于其下。比岁捐私帑建玉虚上真之宫，三年有成。绍定己丑中秋后十日庚申，有称宫先生者，青巾黄服，神彩飘爽，过门谓晖曰：佳山水也。遂相携登殿。复云：可取针石，当为鉴之。乃归呼茶，挈针石及茶槛出，先生已不见，但见壁上题诗，墨迹酣畅，末署无上宫主。宫字无上，吕姓也。传为吕纯阳复见。

# 李伯坚

### 人物介绍

李伯坚，生平待考。

### 浯溪相关作品和事迹

李伯坚题名，在磨崖狄青题名之右。

绍定辛卯七月既望，东浙李伯坚蒙恩东归，郡邑官士饯于唐亭者，张之才、裴朱、王制、潘立功、周浃、唐桂、□□卿、□三学、赵师棴、王执中、唐鸿、唐大德、唐夔、何浩然、唐模、宋淇、赵孟湜、宋中兴、王尧。男宏远侍行。

# 卫　樵

### 人物介绍

卫樵，字山甫，昆山（今属江苏）人，泾次子，曾第进士。理宗绍定五年（1232）知永州（清光绪《零陵县志》卷十四）。官终知信州。事见《淳祐玉峰志》卷中。今录诗三首。

### 浯溪相关作品和事迹

#### 寄题中兴颂下

鼎沸渔阳塞马鸣，中兴鸿业幸天成。且为当世邦家计，宁问他时父子情。李郭功名无可憾，元颜文字有何评。若能铭刻燕然石，方许雌黄此颂声。

《寄题中兴颂下》拓片

# 娄续祖

## 人物介绍

娄续祖，嘉兴人，绍定六年为永州郡丞。

## 浯溪相关作品和事迹

### 经浯溪作

□□□□□浯溪，来读元家颂德碑。遗□□□灵武事，□司徒□□□□，□□□复开元□，□□□□□□。□□无罣闻宜戒，□□□□□□诗。

（《宋诗纪事补遗》卷六十八，归安陆心源伯刚父辑）

# 徐大忠

## 人物介绍

徐大忠，西安（今浙江省衢州市）人。孝宗乾道二年（1166）进士（明弘治《衢州府志》卷十）。乾道四年，主管官告院（《宋会要辑稿》选举二十之二十）。淳熙二年（1175），知衢州（《永乐大典》卷八六四七引《衢州图经志》）。

徐大忠题名碑拓片

## 浯溪相关作品和事迹

徐大忠题名，在磨崖右崖下。

□山徐大忠以职事来游，丙申四月。

# 赵 楷

## 人物介绍

赵楷，字端父，湖南南岳人。生平待考。

## 浯溪相关作品和事迹

赵楷诗，在韦瓘题名后。

### 舟泊浯溪读中兴颂

西风吹岸著浯溪，玉洁摩空十丈碑。不是开元久培植，可能灵武善扶持？斯文未泯今千载，盛德之兴彼一时。崖下漫郎应在否，不堪流涕手题诗。

端平丙申秋七月朔题。湘中万宗大、宗父、僧德中同游。

# 杨恢

## ❧ 人物介绍

杨恢，知均州。建立比干祠，以劝忠励俗。金人犯均州，甚慈。恢率吏民尽力固守，卒全其城。

（《康熙均州志》卷二宦绩）

江南西路经略安抚使，杨恢，嘉熙间以试兵部侍郎任。

（《江西通志》卷四十六，钦定《四库全书》）。

## 🏛 浯溪相关作品和事迹

宛平查氏《绝妙好词笺》引《浯溪集》眉山杨恢游浯溪词云：

碧崖倒影，浸一片，寒江如练。正岸岸梅花，村村修竹，唤醒春风笔砚。溯水舟轻轻如叶，只消得、溪风一箭。看水部雄文，太师健笔，月寒波卷。

游倦。片云孤鹤，江湖都遍。慨金屋藏妖，绣屏包祸，欲与三郎痛辨。回首前朝，断魂残照，几度山花崖藓。无限都付衮尊，漠漠水天远。

查氏谓此词甚佳，惜不著词名。余细审之，盖二郎神调也。挥麈余话所载徐伸干臣自制转调二郎神一阕，句法平仄与之正同，特末二句各少一字，或传写佚脱耳。（无限都付衮尊六字，颇觉不辞，疑限字下脱一感字，远字上脱一平字也。）恢别有二郎神，用徐干臣韵一词，即见绝妙好词本卷。

（《随山馆全集》之《旅谭》卷五，山阴汪琭玉泉撰）

# 周中行

## ❧ 人物介绍

周中行，生平待考。

## 🏛 浯溪相关作品和事迹

面傃潇湘。（周中行撰《元结祠堂记》：背负九疑云云）（《方舆胜览》）

浯溪水石为湘中之冠。（周中行撰《元次山祠堂记》）

# 曾宏正

## ❧ 人物介绍

曾宏正，宋朝临江军新淦（今江西省新干县）人，宋朝词人，曾三聘之子，历官大理寺丞，湖南提刑。理宗淳祐三年（1243），为广南西路转运使。卒年不详。

## 🏛 浯溪相关作品和事迹

曾宏正题浯溪诗，在浯溪崖石。

留题浯溪

开元初政尽精明，岁晚色荒司牝晨。胡雏若虎自遗患，马嵬罗袜污战尘。幸哉有子系民志，宗社将倾犹未坠。当时监国若退避，大物必归安与史。较轻量重法受恶，父子至情休责备。西内凄凉叶落时，尚使公侯有馀悲。铺辞欲写忠愤诗，磨崖作颂而作规。
我来解嘲千载后，谁与九京共评之。

　　题此诗于数百载众杰作之后，可笑不自量。然
从前似未有为肃宗解嘲者，则亦不得以鄙陋辞也。
淳祐二年壬寅季秋十二日临江曾宏正识。

《留题浯溪》拓片

# 陈　容

## 🌿 人物介绍

　　陈容，字公储，号所翁，福建长乐人，南宋端平二年（1235）进士，曾做过福建莆田太守。南宋著名画家。诗文豪壮，尤善画龙。

## 🏛 浯溪相关作品和事迹

### 题浯溪中兴颂

#### 其一

银旗金甲渡巴西，灵武城楼已万儿。一札祗闻元帅命，五笺合待使臣归。
未闻请表更追表，且看黄衣换紫衣。天性非由人伪灭，何缘尚父结张妃。

#### 其二

六等胜如诛独柳，二张纵活亦何颜。太师死后犹书法，水部刑章托颂间。
最忆海青投乐器，绝怜甄济隐青山。中兴碑下奸臣惧，天道何尝不好还。

（《全宋诗》卷三二九五）

# 乐炎发

## 🌿 人物介绍

　　乐炎发，庐陵人，淳祐六年（1246）庚午太学上舍释褐（嘉靖《江西通志》卷二十六）。另，题名中王应雷，永丰人。绍定元年（1228）戊子吉州解试举人。

## 🏛 浯溪相关作品和事迹

　　浯溪题名，在柳明明心记右，刘锡题名下。
　　淳午冬，濂溪乐炎发同阿章王应雷来。

# 杨　瑾

## 🌿 人物介绍

　　杨瑾，字廷润。父晞正，笃厚君子，刻意教瑾及瑾弟瑶。瑾举宝庆二年进士。案会稽续志，瑾弟瑶嘉熙二年进士。初试馀干尉，移监华亭税，从嘉兴守赵与□主抄撩田围，诡匿毕露，遂摄华亭，罢其县民积逋及胥吏白纳钱，酒税无艺之征。吏民请于朝，愿以为令。从之。于是修经界，立义役，迁庙学，前令所不能办者，瑾处之沛然有馀。迁判平江，有父老棹小舟引二旗俟瑾郊外，涕泣为饯曰：农人不会题

诗句，但称一味好官人。事闻，名益重。终大理卿、直宝谟阁。学问操履，文章政事，当世以第一流推之。（嘉靖志）

（光绪《余姚县志》卷二十三列传）

杨瑾题名碑拓片

### 🏛 浯溪相关作品和事迹

杨瑾题名，在磨崖右石上。

淳祐戊申□月上浣，□□杨瑾被命守藤，道由浯溪，偕婿永嘉倪梦鞠曾游。

# 吴子良

### 🌿 人物介绍

吴子良，字明辅，号荆溪，临海（今属浙江）人。理宗宝庆二年（1226）进士。淳祐二年（1242）除淮东提举，四年除秘书丞（《南宋馆阁续录》卷七）。五年为两浙转运判官（《咸淳临安志》卷五〇）。八年以江南两路转运判官兼权隆兴府。官至太府少卿。宝祐四年（1256）因忤史嵩之罢。有《荆溪集》，已佚，今存《荆溪林下偶谈》四卷。《宋元学案》卷五十五、民国《临海县志》卷二十二有传。

### 🏛 浯溪相关作品和事迹

#### 读中兴颂诗

读中兴颂诗，前后非一，惟黄鲁直、潘大临皆可为世主规鉴。若张文潜之作，虽无之可也。陈去非篇末云：小儒五载忧国泪，杖黎今日溪水侧。欲搜奇句谢两公，风作浪涌空心恻。盖当建炎乱离奔走之际，犹庶几少陵不忘君之意耳。张安国篇末亦云：北望神皋双泪落，只今何人老文学。语亦顿挫含蓄，然首句云：锦绷儿啼思塞酥，虽曰纪事，其淫亵亦甚矣。首以淫亵犯分之语，似非臣子所宜言，至于末句乃若爱君忧国者，则吾未敢信也。

（《荆溪林下偶谈》卷二，宋吴子良撰，文渊阁《四库全书》第 1481 册）

# 朱天锡

### 🌿 人物介绍

朱天锡，生平待考。

### 🏛 浯溪相关作品和事迹

朱天锡题名，在磨崖。

戊申孟秋，远迓石壁侍郎、石鼓承节郎。朱天锡偕来。

# 曹一龙

### 🌿 人物介绍

曹一龙，四明（今浙江省宁波市）人。宋理宗淳祐九年（1249）知郴州（明万历《郴州志》卷二）。

（《全宋诗》卷三三〇九）

宋郴州桂阳郡知州军事，曹一龙，（淳祐）九年由朝奉郎任。

（嘉庆《直隶郴州总志》卷二十五职官上·郴州）

## 🏛 浯溪相关作品和事迹

曹一龙诗，在峿台右路旁。

### 浯溪

行乐乘阴好，谁能困墨朱。重阳邀数客，尽日款三吾。烟惨江山古，风清竹木癯。漫郎如可作，分酒酹茱萸。峕淳祐丙午四明曹一龙书。住山慧圆上石。

# 林　革

## 🌿 人物介绍

林革，自署西皋林革，淳祐己酉（1249），自滏入桂，舣舟溪畔，有感而作，汲渡香桥下流泉书写。

## 🏛 浯溪相关作品和事迹

林革词碑，在峿台右路旁。

### 满江红

十载扁舟，几来往，三吾溪上。天宝事，一回看著，一回惆怅。笔画模糊犹雅健，文章褒贬添悲壮。枉教人，字字费沉吟，评轻重。

西北望，情无量。东南气，真长王。想忠臣应读，宋中兴颂。主圣自然皆乐土，时平正好储良将。笑此身、老大尚奔驰，知何用。

# 丰　迈

## 🌿 人物介绍

丰迈，生平待考。

## 🏛 浯溪相关作品和事迹

□祐己酉秋，□□□□稽丰迈，处□□□石双节舣舟□□，□读中兴碑，盘□□□。偕行同里沈□□□父、陈策次贾、四明□怀虚澄、□□□□端父。□□孙、子硕孙侍。

# 李曾伯

## 🌿 人物介绍

李曾伯，字长孺，覃怀人。后居嘉兴。历官通判濠州，迁军器监主簿，添差通判鄂州，兼治沿江制置副使，主管机宜文字，迁度支郎官，授左司郎官、淮西总领。寻迁右司太府少卿，兼左司郎官，兼敕令所删修官，迁太府卿、淮东制置使，兼淮西诏军事便宜行之。疏奏答天心、重地势、协人谋三事，又条上诸要务，加华文阁待制，又加宝文阁直学士，进权兵部尚书。淳祐六年正月朔日食，应诏上言。又请修复泗州城，加焕章阁学士。言者相继论罢，九年以旧职知静江府，广西经略安抚使，兼广西转运使。陈守边之宜五事，进徽猷阁学士。荆湖安抚制置使，知江陵府，兼湖广总领，兼京湖屯田使，进龙图阁学士。

（《宋史》本传）

李曾伯等题名碑拓片

## 🏯 浯溪相关作品和事迹

李曾伯题名，在浯溪崖右。

河内李曾伯自桂易荆来观，宾客临川罗亨祖、清湘赵答夫、管安昌、清江李攀龙、弟曾仕、子杓、侄□偕来。淳祐庚戌夏五十有四日。

# 凌攀龙

## 🌿 人物介绍

凌攀龙，生平待考。

## 🏯 浯溪相关作品和事迹

凌攀龙题名，在磨崖左。

寿沙凌攀龙因省兄宰浯溪，以淳祐庚戌仲冬六日，携子斯义，同蓝田子、九江柯燧钥鍊、历阳丁必达来游。时三吾主人慧圆。

凌攀龙题名碑拓片

# 赵　戣

## 🌿 人物介绍

赵戣，字成德，号吟啸，休宁（今属安徽）人。屡试不第，隐居池园，以诗文自娱。为刘克庄、方岳等推重。有《吟啸集》，已佚。事见明弘治《徽州府志》卷九。

## 🏯 浯溪相关作品和事迹

### 阅浯溪集用山谷韵

花间小阁临清溪，绿窗坐阅三吾碑。（谓浯溪、峿台、唐亭也。）恍如登高俯绝壑，倚杖松阴挽兔丝。幽寻胜赏客思奇，一声欸乃谁家儿。（三吾碑后有欸乃歌）浯溪映带湘东西，碧山曾看漫郎栖。银钩玉箸苔藓古，神剜天画非人为。忆昔储皇披舆图，白衣山人称帝师。汾营老将智勇俱，阴霾四塞天戈挥。至今老石励庸懦，野水亦解扶颠危。（峿台碑云：石二十余丈泛泛若在水上）后来吊古者为谁，涪翁清响车攻诗。当时寡和孤白雪，我故欲尾春风辞。恨不插羽西南飞，山前更著小艇随。夜阑忽梦访遗址，月色惨淡猿声悲。（刘后村云：赵君歌行中，悲愤慨慷、苦硬老辣者乃似卢仝、刘叉。）

（《新安文献志》卷五十二，明程敏政撰，文渊阁《四库全书》第1375—1376册）

# 老文焴

## 人物介绍

老文焴，宋庐陵人，生平无考，与李苪同时。

## 浯溪相关作品和事迹

### 题磨崖碑

肃宗匹马兴灵武，万民扶作中兴主。御衣一点易柘黄，夹道嵩呼人鼓舞。蜀云黯淡无青天，众星曾看新月吐。君臣大义若亏缺，子克家吉斡父盅。惜哉南内凄凉事，万世不逃清议斧。有臣元结忠贯日，颂中微寓箴规语。磨崖峭立浯溪边，碑间有泪和珉镌。春秋褒贬一字法，乱臣贼子凛凛然。更添山谷一重案，后之作者愈难前。吁嗟忠臣无显报，漫郎故宅埋寒烟。惟余子孙伴崖石，绿水清山千万年。

（弘治《永州府志》卷七祁阳县纪述）

# 张知复

## 人物介绍

张知复，蜀（今四川）人。曾通判临江军

（明隆庆《临江府志》卷五）。

理宗淳祐十一年（1251）通判道州

（《八琼室金石补正》卷九十三）。

## 浯溪相关作品和事迹

张知复诗，在峿台右。

### 读浯碑漫成一绝

开元天子乐升平，肯向华清戒履冰。

纵有浯溪溪上石，元郎何意颂中兴。

淳亥嘉平六日，住山慧圆上石。

# 凌登龙

## 人物介绍

凌登龙，通志人物有传，字显夫，善化人。嘉定间再举进士，提刑赵汝说延直岳麓书院，累举授迪功郎，调蓝山簿，转零陵丞，授祁阳令。以疾辞。广西帅姚希得辟为柳州推官，迁永州佥判，封通直郎，晋承议郎。卒于景定元年，年七十一。

（《八琼室金石补正》卷九十三）

## 浯溪相关作品和事迹

凌登龙浯溪题名，在曲屏区。

《读浯碑漫成一绝》拓片

星沙凌登龙、庐山柯经、新安程士宁、春陵周邵虎，邑事余闲，联步纵观。维时春和景明，江山如画，一樽相对，人境俱胜，真览古之奇趣也。淳祐辛亥清明日。

# 谢采伯

## 🌿 人物介绍

谢采伯，字元若，台州临海人。宰相深甫之子。理宗后谢氏之伯叔行也。嘉泰进士，历知广德军、湖州，累迁大理寺正。著有《密斋笔记》五卷、续记一卷。（《续文献通考》卷一七七）

## 🏛 浯溪相关作品和事迹

### 三句一韵

范云为齐竟陵王府主簿，王守会稽，登秦望山。云以为山上秦始皇石刻文三句一韵，人多作二句，读之则不叶韵。云尚读《史记》，诵之如流。《中兴颂》亦三句一韵，同。

（《密斋笔记》卷三，宋谢采伯撰，赤城遗书汇刊本）

# 杨恢

## 🌿 人物介绍

杨恢，字伯华，号松涧，永丰（今属江西）人。理宗淳祐四年（1244）进士。历知临江军、广东提刑。景定三年（1262）为湖南提刑。事见明嘉靖《永丰县志》卷四、嘉靖《临江府志》卷四、清雍正《江西通志》卷五十一。存诗五首。

前人未见。宋史有杨恢传，初为孟珙幕僚，后登第，以战功升三官，得心疾，曾任潭州节度推官。

## 🏛 浯溪相关作品和事迹

1.浯溪题名，在摩崖巅峿台之左。

宝祐丁巳，南至后三日，眉山杨恢泊舟崖下，读唐碑。

2.杨恢再题残刻，在余靖题名右。

宝祐六（下缺），杨恢归舟。

杨恢题名拓片

# 王壶

## 🌿 人物介绍

王壶，道州（今湖南省道县）人。理宗宝祐五年（1257）曾游浯溪。事见《八琼室金石补正》卷九十三。

## 浯溪相关作品和事迹

王壶诗，在磨崖石壁小峿台下。

### 游浯溪

浯溪精舍偶来游，正值凄凉八月秋。

入院伽蓝先稽首，题诗神鬼暗添愁。

几章镌石珠玑灿，一带临江泉石幽。

读罢中兴碑去后，逢人便举伴茶瓯。

舂陵西山王壶漫记曾游。时宝祐丁巳仲秋上浣书。

《游浯溪》拓片

# 丁叔岩

## 人物介绍

丁叔岩，理宗宝祐五年（1257）与庄崇节同游
浯溪。事见《八琼室金石补正》卷九十三。

## 浯溪相关作品和事迹

### 游浯溪

相去祁阳五里余，撼山为谷断为鸡。河南刺史
老文学，石上真卿健笔题。风月满堂无地著，云
烟半壁与天齐。英雄说著唐朝事，泪溅长安蜀道西。

《游浯溪》拓片

# 庄崇节

## 人物介绍

庄崇节，长沙人。理宗宝祐五年（1257）曾游浯溪，事见《八琼室金石补正》卷九十三。

## 浯溪相关作品和事迹

庄崇节诗，在磨崖壁间。

### 游浯溪

长沙庄崇节同丁叔岩游浯溪，各成四韵，而崇节并疥诸壁。时宝祐丁巳良月也。

元翁作颂鲁公书，峭壁云烟万古垂。三绝堂前月浸碧，两峰亭下草生悲。英风义概有存者，流水高山
谁会之。便使中原归赵璧，磨崖再勒中兴碑。

# 穆演祖

## 人物介绍

衡阳令穆演祖，字公有，四川天彭人。初为衡阳尉。元将兀良哈自云南大理入广南道，其先锋破永州，
衡守令闻之，皆走。时演祖戍石湾，闻难，驰入城，收散亡以守。俄而兀良哈兵大至，进驻青草湾，欲绝

湘夹攻。演祖提兵江东岸杨林庙，相拒七昼夜，募死士，沉所聚舟。兀良哈遁去，城赖以完。制使李芾荐事。仕至湖北金宪。

（康熙《衡州府志》卷十秩官衡阳县）

### 浯溪相关作品和事迹

穆演祖题名，在杨冀诗刻之右上角。

（上缺）午秋九峰穆演祖来观。

穆演祖题名碑拓片

（《善本书室藏书志》卷三十一）

# 吴 潜

### 人物介绍

吴潜字毅夫，宁国人。嘉定十年进士第一，官至参知政事右丞相，兼枢密使，进左丞相、许国公。后谪化州团练使，安置循州。卒，宋史有传。原集久佚，梅鼎祚收罗遗剩，编为此帙。著有《履斋遗稿》四卷。

### 浯溪相关作品和事迹

#### 满江红·豫章滕王阁

万里西风，吹我上、滕王高阁。正槛外、楚山云涨，楚江涛作。何处征帆木末去，有时野鸟沙边落。近帘钩，暮雨掩空来，今犹昨。

秋渐紧，添离索；天正远，伤飘泊。叹十年心事，悠悠莫莫。岁月无多人易老，乾坤能大愁难著。向黄昏，断送客魂销，城头角。

（《履斋遗稿》卷二诗余，宋吴潜撰）

# 吴文震

### 人物介绍

吴文震，字弦发，番禺（今广东省广州市）人。理宗绍定五年（1232）进士，调郁林州司户。历南恩州司法，通判新州、钦州。景定三年（1262）由全州通判权知道州。清雍正《广东通志》卷四十四有传。《全宋诗》录诗三首。

### 浯溪相关作品和事迹

吴文震诗，在中兴颂之上。

#### 题浯溪

景定初元汛房氛，掀天功业掩前闻。扶唐社稷郭中令，造汉乾坤贾冠军。好激浯溪湔旧案，重磨崖石纪元勋。仆今已办湘山刻，未逊聱翁星斗文。

《题浯溪》拓片

景定壬戌孟夏朔，清湘郡丞南海吴文震沿橄长沙校文，舣舟崖下，读唐、宋二颂，喜今日中兴，未几西复泸川，东复涟水，南交修贡，北狄请和，此一统之机也。已勒颂于湘石，因赋之。

# 赵与㒜

## 🌿 人物介绍

赵与㒜，天台（今属浙江）人。曾知富阳县（《咸淳临安志》卷五十一）。理宗景定三年（1262）为湖南提刑检法官（清光绪《湖南通志》卷二七七《金石》）。《全宋诗》录诗三首。

## 🏯 浯溪相关作品和事迹

俞埮、赵与㒜诗，在浯溪崖上。

### 幸侍轺车敬赘韵严

男儿有志竟成事，好把功名竹帛垂。今日舆图当混一，谁能重拭□□碑。

细把中兴唐颂看，玉环遗恨记当年。自从拥马回灵武，整顿乾坤岂偶然。

《幸侍轺车敬赘韵严》拓片

### 即事口古

生平梦不到浯溪，此日欣从使者来。天放一晴舒眼界，大江横上入樽罍。

与㒜幸侍轺车敬赘韵，严与㒜顿首百拜。

# 蒋孝忠

## 🌿 人物介绍

蒋孝忠，东阳（今属浙江）人。理宗景定三年（1262）全州官满，归舟游浯溪（《八琼室金石补正》卷九十三）。《全宋诗》录诗二首。

## 🏯 浯溪相关作品和事迹

蒋孝忠诗，在中兴颂之上。

### 题浯溪（二首）

#### 其一

好山好水占浯溪，中直磨崖一片碑。试问天齐齐几许，从他元子剩夸毗。

#### 其二

我宋中原二百州，版图渐入掌中收。只今更办河清颂，勒向燕然最上头。

景定壬戌长至日，东阳蒋孝忠，戍满湘源，舟

《题浯溪》（二首）拓片

行浯水，领客登临，谩题二诗，以识岁月。许子善、李公恕、许浩然偕行。子佛、老、侄孙光大、伯大侍。

跋

景定壬戌孟夏朔，清湘郡丞南海吴文震沿檄长沙校文，舣舟崖下，读唐、宋二颂，喜今日中兴，未几西复泸川，东复涟水，南交修贡，北狄请和，此一统之机也。已勒颂于湘石，因赋之。

# 俞掞

## 人物介绍

俞掞，字伯华，号松涧，永丰（今属江西）人。理宗淳祐四年（1244）进士。历知临江军、广东提刑。景定三年（1262）为湖南提刑。事见明嘉靖《永丰县志》卷四、嘉靖《临江府志》卷四、清雍正《江西通志》卷五十一。《全宋诗》录诗五首。

## 浯溪相关作品和事迹

俞掞、赵与憮唱和诗，在浯溪崖上。

浯溪

大唐有颂到浯溪，翠藓苍崖古画垂。西望函关今万里，淡烟斜日几荒碑。

宋朝一统旧山川，南北中分已百年。壮士不须夸此颂，健提椽笔上燕然。

景定壬戌仲春，广信俞掞以宪节行部过此，因赋两绝。检法天台赵与憮偕行。

俞掞、赵与憮唱和诗碑拓片

# 文有年

## 人物介绍

文有年（1208—?），字子传，眉州彭山（今属四川）人。理宗宝祐四年（1256）进士，时年四十九。景定三年（1262）通判永州。事见《宋宝祐四年登科录》。

## 浯溪相关作品和事迹

文有年诗在摩崖壁上。

题元子故宅

漫郎百事皆漫尔，独有溪山认作吾。念无一物镇泉石，生怕偃蹇羞吾徒。灵武中兴功掩德，天地大

《题元子故宅》拓片

义须人扶。宁将善颂寓谲谏，百世闻之立懦夫。太师劲气形于笔，二美能兼自古无。后来衮衮下注脚，识者涪翁次石湖。松煤狼籍楮山赭，空谷雷响工传摹。徘徊熟玩长太息，世道日与湘流俱。

宋景定壬戌三月上七日，眉山文有年。

# 戴 烨

## 🌿 人物介绍

戴烨，字明夫，岳阳君山人。景定四年曾游浯溪。又据《石屏诗集》卷十，戴烨，字明远，号南隐。宋迪功郎。

## 🏯 浯溪相关作品和事迹

戴烨诗，在磨崖右。

断崖古字是唐碑，无限名贤赞颂诗。莫把中兴诧前代，会须重见太平时。

景定癸亥仲冬旦，君山戴烨明夫偕何翼凤祥父同游，口占以纪岁月云。

戴烨诗碑拓片

# 王鸿孙

## 🌿 人物介绍

王鸿孙，东莱人。生平待考。

## 🏯 浯溪相关作品和事迹

王鸿孙等题名，在磨崖左。

景定癸亥中秋日，邑令东莱王鸿孙、佐官富水何端方、末江曾应元，敬循旧典，延至父老，酌以金罍，勉之种麦。因得闲步，遍观溪山。约而不至者宜春施浩也。住山宗绍上石。

# 刘 锡

## 🌿 人物介绍

刘锡，字自昭，永嘉（今浙江省温州市）人。理宗淳祐七年（1247）进士。宝祐间以奉议郎辟充沿海制置大使主管机宜文字。开庆元年（1259）添差通判镇江府。景定元年（1260）为国子监簿（《宋史》卷四十五《理宗本纪》）。事见《宋元四明六志》卷八。今录诗二首。

## 🏯 浯溪相关作品和事迹

刘锡诗，行书，七行，在磨崖石壁，柳明明心记大押字之左肩。

### 浯溪

景定五年冬十有一月壬辰，永嘉刘锡自濂溪来偶题。子愚思侍。时大雨雪，偕行吴宗玉、刘元禧。

兴废由来只靠天，三郎往事亦堪怜。湘江直下浯溪上，翕霍于今五百年。

《浯溪》拓片

# 赵希鹄

## ✿ 人物介绍

赵希鹄，宋宗室，燕王房八世孙，师偃子，太祖九世孙。家于袁州。理宗时人。著有《洞天清录》，所论皆为鉴别古器之事，援引考证，类皆确凿，为鉴赏家之指南。

## 🏔 浯溪相关作品和事迹

永州祁阳县，石虽成纹，然景丛杂不清远，又多刻画而成，以手摸之，有凸凹可验。间有自然者，不甚佳。

（《海山仙馆丛书》之开封赵希鹄著《洞天清禄集》研屏辨）

余溯潇湘，历衡、潭、永、全、道五郡，并无古刻。惟道州有汉绥蛮校尉熊君之碑。若浯溪中兴颂，乃唐中世所立。迩亦已石乏，工人每因旧迹加洗刻，以为衣食业，故愈失真。

（《海山仙馆丛书》之开封赵希鹄著《洞天清禄集》古今石刻辨）

# 杨履顺

## ✿ 人物介绍

杨履顺，杨巨源之孙，时守永州。文天祥有《回永州杨守履顺书》。

知州军事，杨履顺，度宗咸淳间任。

（道光《永州府志》卷十一上职官表）

## 🏔 浯溪相关作品和事迹

杨履顺题名，在磨崖左壁。

咸淳戊辰中秋，京兆杨履顺，偕零陵周士模、宝峰胡兴祖、剑州黄晋孙来游。侄昔孙、子如孙侍。

杨履顺等题名碑拓片

# 廖应瑞

## ✿ 人物介绍

廖应瑞，字祥国，临江人。少从胡观道、丁守廉受戴氏礼，寒暑不释卷，崇孝敬，敦信义，训敕弟子必本乎学。（《宋元学案补遗别录》）

咸淳三年丁卯（1267）解试举人，廖应瑞，槐江人。（《同治新喻县志》卷八举人）

廖应瑞，临江（今江西省樟树市）人。度宗咸淳六年（1270）暮春曾游浯溪。事见《湖南通志》卷二七七。（《全宋诗》）

## 🏔 浯溪相关作品和事迹

### 浯溪

苍崖古刹夹清泉，中有元郎几百年。

《浯溪》拓片

·浯溪历代人物志·

策杖摩挲看不足，壮怀惆怅大江边。

庚午暮春，廖应瑞识。

# 江　琼

## 🌿 人物介绍

江琼，字彦藻，天台（今属浙江）人。度宗咸淳六年（1270）知祁阳县（《八琼室金石补正》卷九十三）。

## 🏯 浯溪相关作品和事迹

江琼诗，在磨崖左壁。

### 题浯溪次张文潜韵

凄凉浯水迹如扫，漫郎宅荒崖畔草。雨淋日炙山骨癯，磨得人间岁月老。粤从天地开辟来，经济何代无奇才。若得高名烂青史，只恨白骨埋黄埃。孽臣边将乱国纪，郭公千载凛不死。纪在中兴第一功，三绝宁论文与字。吁嗟古往而今来，插天何处无石崖。两京未复百战罢，铜驼荆棘谁能开。世事浮云可悲慨，文学老生亦何在。君不见零落寒溪几世孙，自打元家古碑卖。

咸淳六年立秋日，天台江琼彦藻因摄令祁阳，书而镌之崖石。

《题浯溪次张文潜韵》拓片

# 李　莆

## 🌿 人物介绍

李莆，字叔章，其先广平人，曾祖椿徙衡州，少聪警。以荫补南安司户，辟祁阳尉，摄县祁阳大治，历官湖南安抚司。元兵入潭，慷慨登陴与诸将分地而守，亲冒矢石率将士殊死战，及城陷。召帐下沈忠，醉其家人而刃之，莆亦延颈受刃，忠亦杀其妻子而自杀。事闻，赠端明殿大学士。谥忠节。（《浯溪新志》卷五）

## 🏯 浯溪相关作品和事迹

### 浯溪读中兴颂

羯鼓梨园迹已荒，斯文犹在日星光。我来细拂青苔石，不忆三郎忆漫郎。

（吴坤修刊《半亩园藏书》之《乾坤正气集》卷四，长洲顾沅辑）

# 严应卯

## 🌿 人物介绍

严应卯，生平待考。

严应卯题名，在柳明明心记大押字左。

咸淳庚午，鹤□□□定□□□晋阳□长□梧溪寄单中宫，观胜概者数日。阆中严应卯赴南宫偕行，九月一日题。

# 李祐孙

## 人物介绍

李祐孙，衡州（今湖南省衡阳市）人。理宗宝祐三年（1255），叔父芾为湖南安抚司幕官，曾侍行。事见《宋史》卷四五〇《李芾传》、《八琼室金石补正》卷九十三。

## 梧溪相关作品和事迹

李祐孙诗，在磨崖左壁。

### 题梧溪（二首）

#### 其一

明皇何以致颠危，林甫国忠成祸基。

妃子良心犹不误，此机惟有九龄知。

#### 其二

梧溪崖石与天齐，两刻中兴大业碑。

北向几多垂白叟，百年不见汉官仪。

广平李祐孙，乙卯冬，侍叔父赴零陵郡。次年元旦，舟泊梧溪，尝和馆人韵。后十五年咸淳己巳，复于元旦寓宿焉。感慨之馀，追忆前和，因书于独有堂，遗主僧宗绍以志吾曾。时偕行者相台戴希禹。梧溪潇湘之胜，舟车之会，凡登临重感慨泉石云乎哉。因旧规而日葺以存古。绍兄其勉之。偶有余纸，并述溪声。

《题梧溪（二首）》拓片

# 黄及翁

## 人物介绍

黄及翁，自署临江人，字濂泉。

## 梧溪相关作品和事迹

黄及翁诗刻，在柳应辰押字题记之下。

### 梧溪（借韵）

漫郎文体鲁公书，凿端云根作古碑。万古李唐兴替在，到今人爱看梧溪。

《梧溪》拓片

临江后学濂泉黄及翁，偕怡轩主人王志新入二水，叙舟浯溪。辛未仲夏题。

# 文子璋

## 🎋 人物介绍

文子璋，字如斋，蜀东（今属四川）人。理宗景定五年（1264）游澹山岩、浯溪。事见《金石萃编》卷一三五、《八琼室金石补正》卷九十三。

## 🏯 浯溪相关作品和事迹

1. 文子璋诗，在柳明明大押字之左。

### 浯溪

漫郎直笔老文学，太师□字尤卓荦。天然二妙刻苍崖，墨本传来重和璞。三年流客居潇湘，甚欲一来观此碑。尽被前贤刚说破，手磨苔刻难为辞。为子从来止于孝，古以敝跳匹天下。□□神武妖氛清，南内凄凉泪血洒。一时大业中兴唐，万世□□□虎狼。从今罪案休拈起，祇挹□□与元郎。

岁景定甲子仲冬壬寅，蜀东文子璋，自濂溪来游。男起传、道传侍。

2. 文子璋题名，在《中兴颂》左侧。

东蜀文子璋时望，甲子冬曾游，辛未夏摄守重来，眉山刘天奇少颖偕行。右正书，四行，刻景定王鸿孙题名之上，字劣。（金石审）

《浯溪》拓片

# 唐　复

## 🎋 人物介绍

唐复，生平待考。

## 🏯 浯溪相关作品和事迹

咸淳辛未重阳，桂人唐复赴武安书记，泊舟浯溪。甥文益、婿蒋康琴、唐震之同游。二子宁生、庚生，从子真玉、次元侍。

# 胡　融

## 🎋 人物介绍

胡融，字子化，一字小瀹，号四朝老农。宋隐士。浙江宁海人，著《历代家求》《赤城土风志》。

## 🏯 浯溪相关作品和事迹

### 送周次和赴永州

漫郎文气泪金石，采采多传鲁公迹。羡君束带溪上行，石上摩挲千载刻。鲁公英烈名秋霜，字字剑槊寒吐铓。居官以公作程准，举家食粥贫何妨。天台去永凡几里，九嶷巉岩涉湘水。祝融峰头无雁飞，休寄子卿书一纸。海东秋月如玉盘，风吹到永须臾间。我骑蟾蜍游碧落，与子一笑应无难。

（《浯溪新志》卷八艺文）

龙文按：周仲卿，字次和，宁海人。庆元五年举人。终提辖左藏库。《零陵县志》载有题名，署曰推官摧教授天台周仲卿次龢。

# 赵孟琉

## 人物介绍

赵孟琉，居道州，为楚国公七世孙，朝散郎令璹之五世孙，乃燕王德昭之后。见宋史宗室世系表。

## ◇浯溪相关作品和事迹

赵孟琉题名，在浯溪磨崖下。

春陵赵孟琉与进士赵一夔同来，访次山之旧居，揖浯溪之佳致，举尊相属，游目骋怀。是日之所以乐其乐者，胜乎屡游之乐，因共识之。咸淳昭阳作噩（癸酉）端午。

# 赵一夔

## 人物介绍

赵一夔，元贞初经进。著有《修短龟鉴》《野鸣集》。

## 浯溪相关作品和事迹

咸淳癸酉（1273）端午，与赵孟琉同游浯溪，题名石上。

# 陈逮玺

## 人物介绍

陈逮玺，祁阳人，生平待考。

## 浯溪相关作品和事迹

### 浯溪吊古

万古磨崖一面碑，何须秉笔赖钧璃。应知龙物潜云雾，俄有鹓雏振羽仪。
颜守当知宜奋列，元臣到此亦当为。浯溪本是祁阳境，输与骚人彼一时。
邑人国子生陈逮玺题。

# 李仁刚

## 人物介绍

李仁刚，开封人，生平待考。

## 浯溪相关作品和事迹

著有《浯溪古今石刻集录》一卷。（《宋史》卷二〇九艺文八）

# 侍其光祖

## 人物介绍

侍其光祖，湖南省志作綦光祖，殊误。

## 浯溪相关作品和事迹

著有《浯溪诗刻后集再集》一卷。（《宋史》卷二〇九艺文八）

# 廖敏得

## 人物介绍

廖敏得，生平待考。

## 浯溪相关作品和事迹

著有《浯溪石刻续集》一卷。（《宋史》卷二〇九艺文八）

元朝

# 商　挺

## 🌿 人物介绍

商挺（1209—1288），元曹州济阴人，字孟卿，号左山。世祖在潜邸，召对称旨，字而不名。佐杨惟中宣抚关中，进贤良，黜贪暴，务农薄税，民安之。从世祖征伐，屡献大计，有功。至元初拜参知政事，累官枢密副使、安西王相。卒谥文定。挺善隶书，有诗千余篇。

（《中国历代人名大辞典》）

## 🏯 浯溪相关作品和事迹

商左山云：颜平原中兴颂，盖变玉箸大篆为真楷耳。

（《秋涧集》卷九十五）

# 郝　经

## 🌿 人物介绍

郝经，字伯常，泽之陵川人。祖天挺，遗山元好问尝受学焉。经少遭兵乱，徙家顺天。贾元帅辅、张蔡公柔，先后辟为子师。有书万卷，恣其搜览。遗山尝谓之曰："子状类乃祖，才气非常，勉之。"遂与论作诗作文之法。世祖以太弟开藩。征经入见。荆鄂用兵，经上书言宋未可取，不如修德布泽，相时而动。宪宗设江、淮、荆、湖南北等处宣抚司，命经为副。宪宗晏驾。会宋贾似道请和，世祖自鄂州引兵还，即位。以经为翰林侍读学士，佩金虎符，充国信使，赍书入宋通好。似道方以鄂围之解为己功，恐经之至而泄其情也，拘之真州。至元十一年，伯颜南伐，乃礼而归之。至燕京病卒，年五十三。累赠昭文馆大学士司徒冀国公，谥文忠。伯常之出使也，以为南北生灵，庶几有息肩之日。既而被留于宋者十六年，镵锢急迫，益肆力于文章。著《春秋外传》《易外传》《太极演原》《续后汉书》及《陵川文集》若干卷。

## 🏯 浯溪相关作品和事迹

### 书磨崖碑后

书至于颜鲁公，鲁公之书又至于《中兴颂》，故为书家规矩准绳之大匠。河朔尝见三数本，皆完好，而森森如剑戟，有不可犯之色。今得此本，颇为残缺，既装褙，则反得古中韵胜。乃知崖角刓弊，本真全露。有李白所谓"秋水出芙蓉，天然去雕饰"者，尤可激赏也，乃为赋诗云。

汝南昔曾谒公祠，霜日皓冽森英姿。乃今江馆坐牢落，夺目忽睹中兴碑。神明焕若还旧观，义烈凛凛生见之。滞气激起天宇豁，快意发冢挥金锤。生平每为二贤惜，以技掩节公义之。不阿桓温止殷浩，遗世脱屣终游嬉。平原突兀呆卿死，李唐中业公能持。政令二贤书不工，只字片楮犹当奇。矧于超出二王笔，冠冕百代书家师。坡仙论书至公止，此本于公又奇至。正笔篆玉藏李斯，出笔存锋兼汉隶。古硬陵轹瘗鹤铭，韵胜韬抉兰亭记。离堆雄峻仅能亚，画赞沉深还桲比。书法至此为绝尘，顿觉诸家异端异。恢宏正大极遒紧，驰骛刚方穷壮丽。万古千秋讨贼心，二十四城忠义气。惜哉岁久颇残缺，苔蚀潮春寝磨灭。去国几年似者希，沧海遗珠亦奇绝。酒酣对酌虎贲郎，况乃摩挲是明月。断画崭崭屹断金，倔强常山笔端舌。中间剥泐尚含胡，惨淡中丞面馀巑。载看激烈壮士肝，意若时危将泣血。置书勿论拊膺叹，更有何人似公节。忠贞端不负巡远，文字尤令重元结。只今谁识段文昌，世上焉知李希烈。终南太华皆可磨，后人竟其堕嵯峨。惟馀浯溪青天一片石，照耀邃古驰江河。谁能与世见此不朽业，荡攘邪秽蠲袄疴。再立元气撼浇讹，踵武至德肩元和，九原起公吾其歌。

（《陵川集》卷十二，元郝经撰，文渊阁《四库全书》第 1192 册）

# 王 恽

### 🌿 人物介绍

王恽（1227—1304），元卫州汲县人，字仲谋。世祖中统元年为左丞姚枢征，为详议官。至京师，上书论时政，擢中书省详定官。累迁为中书省左右司都事。在任治钱谷，擢材能，议典礼，考制度，为同僚所服。至元五年，建御史台，首拜监察御史。后出为河南、河北、山东、福建等地提刑按察副使。至元二十九年见世祖于柳林宫，上万言书，极陈时政，授翰林学士。成宗即位，加通议大夫，知制诰，参与修国史，奉旨纂修《世祖实录》。恽师从元好问，好学善为文，也能诗词。有《秋涧先生大全集》。

（《中国历代人名大辞典》）

## 祁阳道中

莺啼花落已无春，四月田家更可人。雨后老农催种早，风前红袖采桑频。

行人不为送春忙，一雨千林草木香。马上绿阴三百里，直看春种到祁阳。

一春劝课历郊墟，路入祁阳气转愉。夹道锦鞯州太守，隔林红袖赵罗敷。

## 木兰花慢·谷雨日

王君德昂约牡丹之会，某以事夺北来，祁阳道中偶得此词，以寄。

问城东春色，正谷雨，牡丹期。想前日芳苞，近来绛艳，红烂灯枝。刘郎为花情重，约柳边、娃馆醉吴姬。罗袜凌波微步，玉盘承露低垂。

春风百匝绣罗围。看惯彩云飞。甚著意追欢，留连光景，回首差池。半春坐长亭畔，漫一杯，藉草对斜晖。归纵酴醾雪在，不堪姚魏离披。

## 喜迁莺·祁阳官舍早春闻莺

五更残梦。听绿窗莺语，罗衾香拥。百啭多情，娇啼无泪，枕上一声时送。真成翠娥双笋，当户玉琴初弄。欲谁共，趁风和求友，乔林烟葱。

春动。花气重。暗度垂杨，暖入酴醾洞。倦客芳踪，佳人幽思，愁满彩笺金凤。自怜比来心事，两翅果谁搏控。听指纵，望高城落日，黄尘飞鞚。

## 感皇恩·题沙河南埝镇壁留别元舜举

浓绿涨千林，征鞍东去。十日祁阳为君住。几回清溜，飞尽海棠红雨。人生当适意，何良苦。

簿领间堂，风沙长路，赢得佳人怨迟暮。沙头滔尽，犹惜玉鞭轻举。一声声，不断歌金缕。

（《秋涧集》卷七十五乐府，元王恽撰，文渊阁《四库全书》第 1201 册）

## 与叔谦太常论书（选三）

### 其一

近年书学果谁优，说道寥休有悟头。意态偶从驱字得，千金骏马倚山丘。

其二

一段残枪路偶逢，开垆便作镆铘工。君看王赵凌云体，来自浯溪惨淡中。

其三

次山歌颂汉文章，书到磨崖日并光。具眼鹿庵曾有语，笔间元气总三苍。

（《秋涧集》卷二十八，元王恽撰，文渊阁《四库全书》第1200册）

### 跋中兴颂

欧阳公称：浯溪颂帖岁久剥裂，字多讹缺，独李西台家藏最为完好。予尝得而见之。宦学四方，来藏鲁公书甚多，兹独阙然。及调官平阳，会郜君和之故家墨刻八轴，盖浯溪临本也。命儿子孺临摹，虽精气转索，庶几典刑具尔。尝闻公平生书五百馀石，其风骨气韵率洞洞有神，如忠臣正色立朝，群奸魄褫。又如元气赋物，流形都异，因其人而为变耳。始秦越人探丸起死，不主故常，在邯郸则为带下，过洛阳则称老人。西入秦又以婴儿医名也。故评兹帖者，谓闳伟发扬，状巨唐中兴勋德之盛，岂虚言哉？闲闲公偶以银钩铁画目之，恐未尽善也。至元十二年乙亥岁夏四月六日，卧病中书于谢帅第之北轩。

（《秋涧集》卷七十一，元王恽撰，文渊阁《四库全书》第1201册）

### 书中兴颂后

唐中兴颂石刻，字径数最大，立法最密。就鲁公平生所书合而论之，此为最善。其法度，变大篆为真楷耳，所谓：只见性情不见文字。至元十三年春正月，江左平图书，珍异悉达京师，孟秀州德卿以是本见赠，把玩不释手者累月。从弟韩从益求予临写，因勉为刻鹄耳。

### 题中兴颂后

中兴碑本行于世者有三，其字颇小而加瘦者，蔡之所临也。其拓印完好、若无剥啮者永之再勒也。予尝谓鲁公此笔，用忠义为本，然后以大篆变而为楷体，故后之学者终莫能及。院主书赵穆博古通篆隶，今复研思于是，是将求笔意而通其变尔。吾知夫识斗间气者，而得龙泉于丰城之狱必矣，赵生其勉旃。

（《秋涧集》卷七十三，元王恽撰，文渊阁《四库全书》第1201册）

雪庵李禅师，与余观柳诚悬书何进滔碑，李云：柳书法度最备。予曰：然。然诚悬书令人易厌，不若鲁公笔法愈观而意无穷也。柳窘于法度，取媚一时，中枯而无物。颜意无穷，盖以忠义之气中贯之故也。雪庵为首肯。刘太保尝云：中兴颂雄伟，如之驱一字若千金，骏马倚丘山而立。

（《秋涧集》卷九十六《玉堂嘉话》卷四，元王恽撰，文渊阁《四库全书》第1201册）

# 姚㮣

### 🌿 人物介绍

姚㮣，陕郡人。元至元中，官岭北湖南道肃政廉访使，按部过浯溪。又嘱零陵尉曾圭建浯溪书院。

### 🏔 浯溪相关作品和事迹

浯溪诗

转壑飞流落碧虚，叙蓬初得野僧居。辞严鲁史获麟笔，义抗马迁

《浯溪诗》拓片

· 浯溪历代人物志 ·

金匮书。万世纲常垂宇宙，千年龙物护储胥。悬崖镜石明于水，几与游人照佩琚。

至元丙子夏六月，予分宪谳刑郴、道诸郡，历九疑、下泷江，游淡岩寺，读浯溪碑，兹亦平生瑰伟奇观也。适会班文卿，繇武冈至永，弭节湘浒，遂同观摩崖。文卿掾张德新、许彦叔、马益速、县尉曾圭。陕郡姚燧书。

### 浯溪即景

渔罾就倚崩崖晒，山茗从收落叶煎。独对二贤成往迹，渡香桥上听潺湲。

澄江下绕中宫寺，石磴斜穿聋叟家。映水葳蕤红蕊乱，悬崖一树石楠华。

右《浯溪即景》二绝句。至元丁丑仲冬廿又八日，陕郡姚绂同书吏卜答达忠、陈仲信，由永州□司还。适祁阳县尹王荣忠、教谕张沄珍、僧智新，同零陵尉曾圭迓绂江浒，遂刊溪石。

（《全元诗》第 37 册 374 页）

# 孟　祺

## 🌿 人物介绍

孟祺（1231—1281），元宿州符离人，字德卿。从父迁居东平，严实辟掌书记。为廉希宪等所器重，以荐擢国史院编修官，迁应奉翰林文字。一时典册，多出其手。从伯颜攻宋，时军书填塞，祺酬应剖决，略无凝滞。宋亡，授嘉兴路总管。至元十八年，擢浙东海右道提刑按察使，以疾不赴。卒谥文襄。

（《中国历代人名大辞典》）

## ⛩ 浯溪相关作品和事迹

将其《浯溪中兴颂》石刻拓本赠予王恽。

# 刘　因

## 🌿 人物介绍

刘因（1249—1293），元保定容城人，字梦吉，初名骃，字梦骥，号静修。学宗程朱，而兼采陆九渊之说。家居教授，随材器教之，皆有成就。世祖至元十九年，以学行荐于朝，为承德郎、右赞善大夫。不久，以母疾辞归。有《静修文集》。

## ⛩ 浯溪相关作品和事迹

### 送刘校书回

祁阳尧故国，淳朴馀山川。每见祁阳人，心如对尧年。而况贤宗盟，久矣相周旋。今年护我归，青山照华巅。处我既以礼，赠君可无言。言动戒在戏，当诵东铭篇。

（《静修文集》卷六，元容城刘因撰）

# 戴表元

## 🌿 人物介绍

戴表元（1244—1310），宋元间庆元奉化人，字帅初，一字曾伯，号剡源。七岁学古诗文，多奇语。宋咸淳七年进士，授建康府教授。元初，授徒卖文为生。成宗大德中，年已六十余，以荐起为信州教授，调婺州，以疾辞。为文清深雅洁，东南文章大家皆归之。著有《剡源文集》。《元史》有传。

#### 长汀和渔歌序（节录）

昔元次山有浯溪诗，刘禹锡有湖南竹枝歌，近世名贤宦迹所历，惠爱不可忘者皆谣其篇章。长汀之歌，其为吾州琬琰之镇、笙钟之编乎？至大改元之季春既望叙。

（《剡源戴先生文集》卷九，四明戴表元帅初撰，上海图书馆藏明万历九年刻本）

#### 看花曲

种花郎君爱花好，看花儿女笑花老。墙东花开闹喧喧，马蹄蹴醉墙西草。游人贱草只看花，明日重来还可嗟。但见萋迷青覆地，千红万紫成泥沙。君不闻明妃当年辞汉宫，黄云塞下白杨风。一朝边亭静烽火，诏书自议麒麟功。又不闻马嵬山前玉环血，岁岁春风吹不灭。词人正赏浯溪碑，千秋妖恨无人说。红颜误人何足怜，花开花谢春风前。犹胜凄凉后庭树，离歌未断江南暮。

（《剡源戴先生文集》卷二十八，四明戴表元帅初撰，上海图书馆藏明万历九年刻本）

#### 题元次山集

唐左金吾卫将军元结《次山集》十卷，最后用永州本雠校，少讹舛。永本于诸本，删去《浪翁》《观化》《恶圆》《恶曲》《出规》《处规》《订司》《乐氏》等十四篇，以为无所考证而阙之。余读其所删，与次山他文有微不类者，有甚类者，不知永本何去之亟也。按次山诗文外别有元子共三编，见于李商隐叙猗玗子浪说之类，所不算此十四篇，当自元子诸书剿入，永本偶未详耳。然元子诸书出于盛年，辞多庞诡，远不如此编之粹。商隐叙载当时士大夫语，亦以次山不师孔氏为疑。然则次山文成学就，殆其晚年静退，刻苦之所得哉。古之人身死而后言立，次山之骨朽且久矣，其言至今立于世也。言之未即善者，人能为次山讳之。今之人，生则惰于修，未死而求立其言。贵者以位，富者以力，穷而哗者以党，岂不暂传求能，使数十百年无有也。若次山之能久，岂以其谈谈哉？唐文之杰，推退之；诗之挚，称子美。他人评次山，犹有同异。而此二子推让独厚，故其为人，亦不尽待后世而定。校《次山集》竟，为略书本末，使同志者共有考焉。

（《剡源文集》卷乙，四明戴表元帅初撰，上海图书馆藏明万历九年刻本）

# 陈　孚

## 🌿 人物介绍

陈孚，元台州临海人，字刚中，号勿斋。幼颖悟。世祖时以布衣上《大一统赋》，署为上蔡书院山长，调翰林国史院编修，摄礼部郎中，随梁曾使安南，还授翰林待制。遭廷臣嫉忌，出为建德路总管府治中。历迁衢州、台州两路，所至多善政。卒谥文惠。年六十四。天才过人，性任侠不羁，诗文不事雕。有《观光稿》《交州稿》《玉堂稿》。

## 🏛 浯溪相关作品和事迹

#### 浯溪题元次山颂后

羯鼓梨园迹已荒，斯文犹在日星光。我来细拂青苔石，不忆三郎忆漫郎。

（《陈刚中诗集》卷二交州稿，文渊阁《四库全书》第 1202 册）

# 李燕豪

## 🌿 人物介绍

李燕豪，生平待考。

## 🏛 浯溪相关作品和事迹

李燕豪题名，在东崖。

至元三十年十一月二十八日，征交趾过浯溪。李燕豪书。

# 萧泰登

## 🌿 人物介绍

萧泰登，字则平。泰和人。海北广东道按察司提刑佥事。獠贼逼城，众惶惧失措，即上马督捕，将吏惊驰，獠遂遁云。时安南久失藩臣礼，奉诏往谕，疑惧半。泰登喻以来意，归所盗地二百里，奉表贡。进广西道廉访使，陈便宜二十五事。进南台监察御史，复言十事。分按江浙，卒于驿。

（《嘉靖江西通志》卷二十九，林策棐修周广纂，明嘉靖刻本）

## 🏛 浯溪相关作品和事迹

### 题浯溪诗（1294）

灵武归来大难纾，忠臣孝子义何如。浯溪石刻人争重，只为平原太守书。

（《谰言长语》卷上，明曹安撰，万历间绣水沈氏尚白斋刻宝颜堂秘笈本）

# 李溥光

## 🌿 人物介绍

李溥光，字玄晖，大同人。自幼为头陀，号雪庵和尚。深究宗旨，好吟咏，善真行草书，尤工大字，与赵文敏公孟頫名声相埒，一时宫殿城楼匾额，皆出两人之手。亦善画，山水学关仝，墨竹学文湖州。大德二年，文宗降旨来南，阐扬教事，椎轮葛岭。后诏畜发，授昭文殿大学士、玄悟大师，有雪庵长语大字书法行于世。雪庵尝题息斋李衎《墨竹》云：息斋画竹，虽曰规模与可，盖其胸中自有悟处，故能振迅天真，落笔臻妙。简斋赋《墨梅》有云：「意足不求颜色似，前身相马九方皋。」余于此公《墨竹》亦云：观此知雪庵之诗，胸中亦自有悟处，故能落笔超妙乃尔也。《元诗选》录《雪庵集》一卷，《元诗选》本。

## 🏛 浯溪相关作品和事迹

雪庵李禅师，与余观柳诚悬书何进滔碑，李云：柳书法度最备。予曰：然。然诚悬书，令人易厌。不若鲁公笔法愈观而意无穷也。柳窘于法度，取俗一时。中枯而无物，颜竟无穷。盖山忠义之气贯中之故也。雪庵为首肯。刘太保尝云：中兴颂雄伟，如之驱一字若千金，骏马倚丘山而立。

（《秋涧集》卷九十六）

# 杜 明

## 🌿 人物介绍

杜明，字里不详。元大德三年任南台御史，大德四年因按临湖广，舟经浯溪，题诗刊刻崖壁。生平见《至正金陵新志》卷六。

## 🏛 浯溪相关作品和事迹

杜明诗刻，在摩崖区。

《题镜石》拓片

### 题镜石

一石犹能不染尘，照开万象本如真。宪官不究戕民弊，著甚冠袍寄我身。

大德庚子冬至后一日，江南诸道行御史台监察御史杜明，偕御史兀都蛮敦、武察吏刘正、刘衍，因按临湖广，舟经浯溪，书此以纪岁月。祁阳县典史李廷杨立石。

# 杜 康

## 🌿 人物介绍

杜康，元大德时人。生平无考。

## 🏛 浯溪相关作品和事迹

元杜康浯溪题名，未见。正书，大德九年。在祁阳县。

(道光《永州府志》卷十八金石略)

# 史 杠

## 🌿 人物介绍

史杠，字柔明，号橘斋，大兴永清人（今河北省永清县）。太尉中书左丞史天泽第四子。至元十年任秘书少监。迁提刑按察使。至元二十九年，官湖广左丞。

(《全元文》卷六一一)

## 🏛 浯溪相关作品和事迹

史杠题名，在摩崖区。

大德九年乙巳岁正月既望，真定史杠观。从公游者，省掾许政、王毅及佥史耿、从事高信，客谢端识。

史杠题名碑拓片

# 任士林

## ❀ 人物介绍

　　任士林（1253—1309），字叔实。其先绵竹人，徙居奉化。（梓材案，赵松雪志先生墓云：少师希夷之后，八世祖来居奉化，又再世而居琦山，琦山属鄞，故谢山云鄞人。）讲道会稽，授徒钱塘。至大初，以荐授安定书院山长。著有《中易》《松乡集》。（参宁波府志）

（《宋元学案》）

## 🏛 浯溪相关作品和事迹

题镜石

灵静本无点，磨砻不记春。
青天孤月在，白发几人新。

（《任松乡先生文集》卷九）

# 刘将孙

## ❀ 人物介绍

　　刘将孙，元庐陵人，字尚友，号养吾，刘辰翁子，少质鲁，长而颖悟过人，曾为延平教官，临汀书院山长。吴澄谓其文浩瀚演迤，自成一家。有《养吾斋集》。

## ◇ 浯溪相关作品和事迹

广石行（原注石在建昌道上）

　　巨灵斜劈山半壁，一半飞空去无迹。至今朽骨不生皮，撑拄棱棱骸赤立。倾崖东西首相击，线路井窥天一匹。画开东峡临清旷，特耸屏围蔽风日。斜奔覆压如重檐，横展平铺几百尺。旁蹲侧踞森鬼怪，丑卧奇奔随散掷。猿猱攀缘定难上，燕雀垒孔时容入。净无寸草点空碧，惟有溜痕留旧湿。可怜通周不遭遇，斗大浯溪二三笔。祇今荒寒谁愿省，莓苔不没狂题迹。当年中兴邈灵武，湘水何所山水窟。海楼云气倘成龙，此地东西正行驿。大书深刻待名手，过车下马留争席。惜哉山灵不努力，五灵萧瑟三神泣。茫茫六合一巨石，谁向天涯海滨觅。

（《养吾斋集》卷四，元刘将孙撰，文渊阁《四库全书》第1199册）

题绢本浯溪碑

　　绢本唐中兴颂，所见廿馀本此为第一。或谓欧公时，已谓刓缺，多填补，何能完整如此。是殆不然。欧公特谓时人多以黄绢摸打，字画不能一一如所藏。西台本又自重其本，不同后来者也。颜字最见重唐末五代时，崖石致刓，其拓本多矣，岂可谓一世仅一西台本哉。予犹及见北集贤所得商左山枢密京兆人家半帙纸本，精新美好，如初脱石，固知欧公特自叙其所藏者耳。纸本犹有绝品，况于绢哉。

（《养吾斋集》卷二十六，元刘将孙撰，文渊阁《四库全书》第1199册）

# 聂古柏

## 🌿 人物介绍

聂古柏，官吏部侍郎。武宗至大四年尝与礼部尚书乃马歹等奉使安南。工诗，有《侍郎集》。顾嗣立《元诗选》存其出使纪行诗十八首。

## 🏛 浯溪相关作品和事迹

### 题浯溪磨崖碑

骊山驰道尘软红，朝元杰阁凌虚空。羽衣未了铁衣动，峨眉剑阁劳六龙。六龙西幸何当还，蔓草荒烟锁玉环。荆州长史不复作，两河坐见洛阳安。嗣皇初御明光殿，紫袍迎谒咸阳县。可怜不戒牝鸡晨，南宫咫尺如天远。山林呵护浯溪石，星斗文章镵铁笔。盛德大业总成空，岸草汀花雨中泣。

（《浯溪新志》卷七）

# 郭友直

## 🌿 人物介绍

郭友直，湖北黄梅人，元至正举人。

## 🏛 浯溪相关作品和事迹

在浯溪题名。

延祐元年仲春五日，湖南巡□金郭友直，同宪掾牛斗麟、王杰、王浩、赵谦，按治衡永，道过浯溪，读中兴颂碑，徘徊三叹，感慨曷已。青社郭友直书。

郭友直题名碑拓片

# 程钜夫

## 🌿 人物介绍

程钜夫，名文海，避武宗讳以字行。其先自徽州迁京山，世祖时拜侍御史，奉诏求贤于江南。荐赵孟頫等二十馀人。官至翰林学士、承旨，谥文献。有《雪楼集》。

## 🏛 浯溪相关作品和事迹

### 十一日浯畲登舟十绝

天开图画作步障，连日山行已大奇。换得渔舟更奇绝，大年小景少游诗。
崎岖复岭到江津，倒卧舟中静阅人。山上行人昨日我，我思昨日始伤神。
濑头流水绿如油，急取春芽试一瓯。扬子江心堪伯仲，茶经从此合重修。
颇厌山蹊百险艰，轻舠暂借一隅安。滩头力尽不得上，行路人间是处难。
江清照见石粼粼，貌得游鱼态度真。说与长年轻荡桨，放他深处着潜鳞。
上头石壁下惊湍，一似龙蟠一虎耽。幽独莫教方士见，山灵怕唤小仙嵓。
重阳落在万山中，物色黄花杳不逢。天恐诗人要题目，江边木末出芙蓉。

山容仿佛似盱江，亦有人家占夕阳。陆走舟行方未了，晨餐何日奉高堂。

桑田沧海两茫茫，一道清流自久长。定有幽人在空谷，说仙说佛说文章。

说仙说佛说文章，自是山林不耐闻。试数圣贤名世者，话头那有许多般。

（《雪楼集》卷二十七）

## 五言一首

断岸刀裁出，清湍磬折流。山尖微见树，石罅劣容舟。群鹭惊人起，双凫尽意浮。哦诗忘行色，征骑又江头。

（《雪楼集》卷二十七，元程钜夫撰，四库全书本）

# 张养浩

## ❀ 人物介绍

张养浩（1270—1329），字希孟，济南人。自幼以才行名，荐为东平学正。游京师，献书于平章不忽木，大奇之。累辟御史台丞相掾，选授堂邑县尹，擢监察御史。疏时政万馀言，为当国者所忌，除翰林待制，寻罢之。恐祸及，乃变姓名遁去。尚书省罢，召为右司都事，迁翰林直学士，改秘书少监。延祐设科，以礼部侍郎知贡举，累拜礼部尚书。英宗即位，命参议中书省事。以父老弃官归。召为吏部尚书，不拜。泰定间，屡召不起。天历二年，关中旱，饥民相食，特拜陕西行台中丞，慨然就道。祷华山岳祠，泣拜不能起，天忽阴翳，一雨二日。到官四月，倾囊橐以赈饥民。日不胜给，每抚膺痛哭，遂得疾不起。赠行中书省平章政事，追封滨国公，谥文忠。别号云庄，有《云庄类稿》行世。

## ⛩ 浯溪相关作品和事迹

### 书大唐中兴颂后

维君南面非自娱，将使率土皆宁居。一人纵欲万夫病，不惟亡国兼亡躯。三郎初年亦英锐，讲武风动骊山墟。姚崇力用破群议，嘉猷善政不一书。台衡继以宋广平，贞心烈日秋霜俱。自从政柄归偎月，鸮为鸾凤麟为猪。幽陵乘隙弄王室，爱之如子矧肯诛。养成跋扈悔无济，六蜚失驭蒙尘。忠王但可尽子职，因危被衮徒嗟吁。幸然天未斡神鼎，盗手夺出骊龙珠。唐家累世惧女祸，一车才覆又一车。奈何目击昧殷鉴，乾阳甘为群阴躯。乃知君德贵刚健，不尔何以令八区？于戏后来其鉴诸，于戏后来其鉴诸！

（《归田类稿》卷十七，张养浩撰）

# 陈 泰

## ❀ 人物介绍

陈泰，字志同，长沙茶陵人。延祐初，与欧阳玄同举于乡，以《天马赋》得荐。考官评曰："气骨苍古，音节悠然。天门洞开，天马可以自见矣！"官龙泉簿，以吟咏自怡。别号所安，有《所安遗集》一卷。其曾孙明乡贡进士朴所编。后华亭教谕章刻之以行世。成化中，内江令铨重刻，而蠹损过半，所存者歌行为多。亦清婉有致也。

（《元诗选》）

### 送耒阳刘百川时为余领省檄而归就赴永庠教

君辞蓬莱归几时，我住空山那得知。城南斗酒醉风雨，春透两颊冰融髭。长卿凌云我何有，万里功名新入手。著身天地即英雄，忠孝千年堪不朽。君方欲识颜平原，我亦想像元次山。浯溪石刻照肝胆，劲气长在沧浪间。驿亭梅花蘸溪水，明朝紫薇两当止。梅边更说杜陵诗，青眼高歌望吾子！

（《所安遗集》一卷，元陈泰撰）

# 郑友直

## ![icon] 人物介绍

郑友直，字儒之，时为湖南□□佥。生平无考。

## ![icon] 浯溪相关作品和事迹

元郑友直浯溪题名。

延祐八年仲春五日，湖南□□佥郑友直同宪掾牛斗麟、王杰、王浩、赵谦，按治衡永，道过浯溪，读中兴颂碑，徘徊三日，感慨曷已。青社郑友直记。

（道光《永州府志》卷十八金石略）

# 吴师道

## ![icon] 人物介绍

吴师道，字正传，兰溪人。至治元年进士，仕至国子博士，致仕后授礼部郎中。

## ![icon] 浯溪相关作品和事迹

### 汪氏浯村诗跋（1321）

浯水出琅邪灵门县，元次山《中兴颂》：湘江东西，中直浯溪，盖磨崖处也。浯水罕见称，而浯溪特著，则以次山故尔。尝见次山名零陵七泉，皆于字旁加水，浯溪之浯亦此类。至峿台之加山，塘亭之加土，可见其皆以意为之也。新安汪氏改其所居吴村为吾，又加水为浯，其慕次山者歟？今读其所自为记，谓与世聱牙，乐于隐遁，叟信乎其慕次山也。次山邈矣！叟不徒慕乎其外，而慕乎其中。异时浯村之名亦将大著于世，岂独浯溪也哉？

（《礼部集》卷十八，元吴师道撰，文渊阁《四库全书》第1212册）

# 马祖常

## ![icon] 人物介绍

马祖常（1279—1338），字伯庸，元代色目人，回族著名诗人。延祐二年，会试第一，廷试第二，授应奉翰林文字，拜监察御史。历任翰林直学士、礼部尚书、参议中书省事、江南行台中丞、御史中丞、枢密副使等职。苏天爵撰有《元故资德大夫御史中丞赠摅忠宣宪协正功臣魏郡马文贞公墓志铭》。

### 浯溪

两头纤纤千亩栀，半白半黑大纛旗。膈膈膊膊解角麋，磊磊落落磨崖碑。

# 傅若金

## ☙ 人物介绍

傅若金（1303—1342），元临江新喻人，初字汝砺，后改字与砺。少孤贫，刻励于学。工诗文。年甫三十，游京师，虞集、揭傒斯见其诗，皆大称赏之；公卿大夫，皆知其名。后以广州路教授卒。有《傅与砺诗文集》。苏天爵撰有《故广州路儒学教授傅君墓志铭》。

## ☗ 浯溪相关作品和事迹

### 镜石

方石开玄鉴，寒辉裁古铜。映天浑欲迥，含物坐疑空。
雁影无时没，江光尽日通。往来多自照，妍丑莫相蒙。

### 熊罴岭

百折疲登岭，群峰互接联。风烟含古木，云日射寒泉。
路出飞猱上，江流去鸟前。据鞍临绝顶，注目尽遥天。

### 浯溪

舣棹依江岸，寻桥过寺门。竹深题字满，苔古刻文昏。
石色兼云冷，溪声杂雨喧。峿亭正何处，为觅漫郎孙。

（《傅与砺诗集》卷四十五言律诗）

# 苏天爵

## ☙ 人物介绍

苏天爵，字伯修，真定人。释褐，授大都路蓟州判官，改翰林国史院典籍。至正七年，拜浙江行省参知政事。九年，为两浙都转运使。为文长于序事，诗尤得古法，学者因其所居称为滋溪先生。著有《滋溪文稿》三十卷、《国朝文类》等。

## ☗ 浯溪相关作品和事迹

### 浯溪书院记

至元三年春，金岭北湖南道肃政廉访司事陕郡姚侯绂，按部祁阳之境，舟过浯溪，览前贤之遗迹，作而叹曰：昔唐天宝之季，忠烈之士奋济时艰，遂复两京，号称中兴。水部员外郎元公结作为雅颂，铺张宏休，抚州刺史颜公真卿大书其词，刻诸崖石，殆今四百馀年。过者观其雄词伟画，犹足耸动。维二公风节文采可使一方之人独无所慨见乎？零陵县尉曾君进而言曰：圭家衡山，世业儒术，每读载籍，见昔人言行卓卓者，心慕好之。况二公流风馀思在此山隅，当作祠宇以奉事之，并筑学宫，招来多士，庶几遐方有闻风而兴起者矣。姚侯曰：善！于是，曾君命其子尧臣独捐家赀，度材庀工，不一岁告成。中为大殿，以奉先圣。东西两庑属焉。又于殿之左为祠，以祀元公。右为祠，以祀颜公。后为明伦堂，前为三门，周以崇垣，规制宏伟。下枕崖石，前临浯水，表其额曰：浯溪书院。请于行省，设官以司其教。曾君又割私田三百亩，以廪学者。是年，姚侯移宪广西。明年，又拜南台都司。往来浯溪之上，瞻拜学官，裴回而不忍去。嘉曾君父子之用心，走书维扬，请纪其事于石。天爵少尝读中兴颂，有曰：大驾南巡，百寮窜身，奉贼称臣。又曰：功劳位尊，忠烈名存，泽流子孙。甚矣！人臣不可不知节义之为重。夫食人之禄而忘其君，曾犬彘之弗若乎！当天宝全盛之时，中外公卿将吏，可谓众矣。一旦遭值变故，死社稷封疆者仅十余人，不授伪官者二人而已，何忠臣义士之难致欤？然以唐室之大，文皇养士之久，岂果无其人欤？夫颜公以区区平原，倡义起兵讨贼，俾河朔诸郡复为唐有，而贼不敢急攻潼关，唐卒赖以中兴者，惟公倡义于其先也。及在朝，著数进谠言，李辅国迁上皇居西南，首率百官问起居，元载请奏事者先白宰相，又极论其拥蔽，屡忤大奸而不少悔，卒为所挤以死。初，安史之兆乱也，元公受教于其父，曰：而曹逢世多故，勉树名节。视所上肃宗时议三策，及说来瑱之言，孝而仁者可与言忠，信而勇者可以全义，则岂偷生自私者哉？其为道州刺史，州经寇掠，民生萧然，公奏免民所负租税，及租庸使和市杂物十三万缗。流亡来归者万馀。夫二公言论治行若此，像而祝之，孰不曰宜？呜呼！天之生材足周一世之用，方无事时，人材或不克显，及临大节、决大事，则忠义材能之士始表见焉。然则有天下者孰不以贤材为务乎？夫学校者所以长育人材，而风纪之司又所以敦劝其教者也。往年湖湘之南，猺人数出为寇，甚则攻城邑，杀吏民，朝廷屡怀柔之，卒以无事。当是时，有若二公者临莅于上，彼将听命请罪之不暇，又岂敢猖獗而为患乎？矧其地山竣拔而水清秀，其人之生孰非忠义出乎其性者哉？今国家承平既久，德泽涵濡，虽荒服郡县亦皆有学。而部使者按临所经，又即山林胜地，访求先贤遗迹，以广为学之所，则其风厉治化，乐育贤材，不亦重且大欤？传曰：志士仁人，无求生以害仁，有杀身以成仁。盖天下之事，岂怀禄观望之徒所可与谋，必振世豪杰而后能有为也。士之来游于斯学者，诵圣人之言，思二公之烈，尚能有所与起矣夫。至元五年己卯冬十有一月甲子，具官苏天爵谨记。

（《滋溪文稿》卷二记）

# 高　绚

## 🌸 人物介绍

高绚，字元履，洛阳人。永州府察掾。

## 🏯 浯溪相关作品和事迹

浯溪

潇湘江上驿船过，登眺其如感慨何。梵宇峥嵘矗云汉，元家零落寄烟萝。

唐文剥蚀苍苔合，石镜昏蒙岁月多。欲记远游留拙句，天齐崖壁愧镌磨。

至元后丁丑冬至日，予二人陪御史南巡岭海，道经浯溪，舣舟登眺，各成一律，书以识一时之胜观云。

（《八琼室元金石偶存》）

# 王　雍

## 🎋 人物介绍

王雍，字元耆，河东人，永州府察掾。

## 🏛 浯溪相关作品和事迹

### 浯溪

昔年聱叟宅，此日梵王宫。

基址浯溪上，山河石镜中。

雄文称水部，健笔记颜公。

长啸云林外，烟飞万壑风。

至元后丁丑冬至日，予二人陪御史南巡岭海，道经浯溪，舣舟登眺，各成一律，书以识一时之胜观云。

（《八琼室元金石偶存》）

# 燕莫白

## 🎋 人物介绍

燕莫白，生平待考。

## 🏛 浯溪相关作品和事迹

题名碑存，在曲屏区。

御史等题名九行，漫漶已甚。首行见江南□道行御史□监察御史燕十一字，末题至元后丁丑冬仲□日 1337 邑令（后渖）云云。第三行有洛阳高绚名，盖即前诗引所称之御史也。访碑录所载之燕莫白诗，疑即此人。然此刻燕字似是地名，未可遽定。湖南省府志未载。

（《八琼室元金石偶存》）

题中兴颂诗，燕莫白撰，正书，后至元三年。湖南祁阳。

（《寰宇访碑录》卷十二）

# 何崇礼

## 🎋 人物介绍

何崇礼，济南（今属山东）人。后至元五年路经浯溪，题诗刊刻崖壁。

## 🏛 浯溪相关作品和事迹

### 浯溪诗

行尽三吾数里程，风光冉冉入诗评。山围佛寺禅关静，霜彻浯溪眼界清。

石镜照开天地影，崖碑磨尽古今情。倚筇未足登临兴，目断重峦隔帝京。

时至元五年冬十一月初七日，济南何崇礼题。（《光绪湖南通志》卷二八六）

（《全元诗》第 47 册）

《浯溪诗》拓片

# 王荣忠

## 🌿 人物介绍

王荣忠，元世祖至元，祁阳县尹，沾化人（道光《永州府志》卷十一中职官表祁阳）。元至元己卯，廉访使颍川王某重修笑岘亭，知县王荣忠作记。

## 🏛 浯溪相关作品和事迹

### 重建浯溪笑岘亭记

笑岘亭者，次山元水部右堂之故基也。自次山后，其堂遂圮。至宋熙宁间，邑侯莆田蔡君琼作亭于其上，更名曰笑岘。盖深慕次山爱君忧国，不以进退生死累其心，乃撰立大唐中兴颂，鲁国公颜真卿为之书。雄文健笔，焕耀今古，发明君臣父子之义，千载不磨。非若元凯之流，咨嗟叱诧。惟怪其身没而名丧，徒有岘山万潭二碑而卒无补于世，此其为可笑者。历唐至今，嗣而建之者鲜矣，故亭宇荡然一空，所遗者残碑断础，荒榛宿莽而已。然而物之开塞否泰以其时，当其时也，必有好事者出而为之兴起，岂有久塞而不开，久否而不泰者乎？至元己卯孟春，金岭北湖南道肃政廉访使颍川王公，按临是邑，登浯溪俯仰，嗟磨崖之碑碣尚存，而前代之亭堂尽废，抚今怀昔，重为怛然。因前金宪姚公既以首倡创建书院，以继前修，而亭台亦名贤之遗迹，殆不可缺，故复兴之。于是，委群材，会众工，亲临相度，指挥布置，运思特巧，务在于成。不日而危亭矹然，顾其梁柱雄固，耐岁月可以凌风雨，居衽席可以穷山川。而松篁花木之幽荫，风雨烟霞之吞吐，征帆过棹之往来，游人行客之隐见，与夫山禽野兽崖猿林鹤之飞鸣，皆在于履舄之下。昔之景物复见于今，视千载犹一日，抑物之所当兴耳。元颜有知，必鼓舞于九原，山灵与有光矣。特以传千万年不朽之作，岂但为一时之快欤？于以见作斯文之心，继述名贤之志，仁民爱物之念，使人歌咏太平，为先朝之伟迹者也。荣忠忝守是邑，亦得与于此，以是序其大略。后之登斯亭者，庶知公之盛意云尔。至元己卯三月记。

（《浯溪新志》卷十二）

# 汪泽民

## 🌿 人物介绍

汪泽民（1273—1355），元宁国宣城人，字叔志，号堪老真逸。仁宗延祐五年进士。授岳州路同知，历南安、信州、平江三路总管府推官，治狱明敏。调兖州知州，除国子司业，与修辽金宋三史，书成，迁集贤直学士，寻以礼部尚书致仕。与张师愚合编有《宛陵群英集》。卒谥文节。

## 🏛 浯溪相关作品和事迹

### 石镜

石镜照奸恶，火焚光不磨。
丈夫心地险，莫向此中过。

（《嘉庆宁国府志》卷二十四艺文志）

# 杨维祯

## 🌿 人物介绍

杨维祯（1296—1370），字廉夫，号铁崖、东维子。元代诸暨（今属浙江）人。元泰定帝也孙铁木儿泰定四年（1327）进士。官至建德路总管府推官。元朝灭亡后隐居浙江，不再为仕，浪迹江南山水，尝盘桓浯溪，作《磨崖赋》及《留别浯溪诸友》诗。

## 🏯 浯溪相关作品和事迹

### 磨崖赋

招琦玕之聱叟兮，访故迹于祁阳。瞻穹崖之杰立兮，摩万仞之青苍。俨鬼灵其呵护兮，曰颂中兴于大唐。观其森钩错画兮，蛟龙盘拿。严词密义兮，日光玉华张许。既仆兮，韩李未葩。去雅未远兮，声价倍加。当天宝之末路兮，豢绷儿于虎穴。弄渔阳之剽兵兮，积潼关之战骨。塞青骡以西狩兮，疲马嵬之苟活钊。既犯于怒锋兮，环又何尤乎污蔑？嗟灵武之收兵兮，何履位之仓皇祚。危殆于赘旒兮，机不间于毫芒。苟执温靖之小节兮，不匹马而北方，则千麾而万旗兮，肯复致忠于耄荒。咨李郭之谋猷兮，徇巡远之大节。成王翼其小心兮，尚书奋其英烈。羌来复之不时兮，伟四三之俊杰。拥夹道之黄发兮，复见唐之日月。瑞黄河之清流兮，凯京师之汗血。迎上皇以来归兮，呼长庆之欢声。欻南内其不祥兮，起膝下之天兵使权臣。其鼠变兮，何李父之贷刑。嗟豺虎于厥家兮，又何律君臣于殿庭？此残碑之堕泪兮，与冻雨而交零，至考颂以论体兮，垢磨石之小玭。用鲁史之笔法兮，寄清庙之歌诗。挈大唐之罪案兮，异琼琚之赏辞。宜后来之墨客，纷石刻之是非也。乱曰：已矣乎！国不贵于无难兮，难贵图于未形，五王持兵兮，唐室再兴嗟。牝鸡之复豢兮，撼蟠李其几。倾幸六圣之遗祚兮，复銮舆于南京。穹崖齐天兮，侔德五丁臣。结作颂兮，佐唐光明。呜呼，休哉！配迹风雅兮，制作如经绘，日月之重光兮，垂天人之休声。希吉甫以作颂兮，又何羡乎臣结之铭。

（康熙《永州府志》卷十八）

### 留别浯溪诸友

浯溪长揖向兰溪，偶及高秋欲半时。明月不分天远近，故人相望浙东西。青山木落千樯立，沧海潮来万马驰。倚棹歌阑归思作，今宵风雨倍凄凄。

（《浯溪新志》卷七）

# 宋渤

## 🌿 人物介绍

宋渤，字齐彦，号柳庵，潞州长子人。历官集贤学士。至正间官湖南按部，过浯溪，有七言古诗。

## 🏯 浯溪相关作品和事迹

### 雨过浯溪

三年承乏湘外官，再岁舟楫潇湘滩。东州始正贪吏黩，西溪复诉群盗蟠。淡岩奇绝永州最，居且两月不遂观。舟经浯溪适津渡，幸可弭楫登巉岏。元郎宅废寺僧少，唐颂字剥石溜漫。境清事胜颂久留，日暮雨甚江流湍。鸥鹢鸣号不畏人，磔磔响振青林端。昔贤夸称吟赏地，此日草窃常哺餐。湘中剽劫连越俗，尔来比屋为伤残。于戏安得二千石，前以龚遂后刘宽，时其饮食衣其寒。

# 李 湘

## 🌿 人物介绍

李湘，字仲美，□□人，知乐平州，所居有自得斋，一时题咏甚众。

## 🏯 浯溪相关作品和事迹

### 题陈氏所藏颜鲁公平贼帖

平原太守为中兴，天宝年间苦战征。一纸遗书昭世代，千年高义表旌旄。阴山虎啸神兵合，大泽龙跳鬼母惊。一自两京回玉辇，浯溪含笑写升平。

（秀野草堂本《元诗选癸集》癸之丁）

# 胡天游（元朝）

## 🌿 人物介绍

胡天游，名乘龙，以字行，号松竹主人，又号傲轩。撰《傲轩吟稿》一卷。岳州平江人。当元季之乱，隐居不仕。邑人艾科为作传，称使天假其年，遇明太祖，必为刘基、宋濂。则殁于顺帝末年也。其集兵燹之馀，仅存十一。传称其七岁能诗，已具作者风力，名藉藉一世，视伯生、子昂不输一筹。今观所作，大都悲壮激烈，而颇病粗豪，未足抗虞集，亦未足以敌赵孟頫。传所称者殊过，然长歌慷慨之中，能发乎情，止乎礼，身处末季，惓惓然想见太平犹有诗人忠厚之遗，其在元季，要亦不失为作者也。

（《四库提要》）

## 🏯 浯溪相关作品和事迹

### 赠道州赍诏太守

大明宫前金作鸡，口衔丹书封紫泥。使星煌煌出天北，天路幽险来逶迟。轺车远驻浯溪浒，水畏蛟鼍陆豺虎。杨君忠义不辞劳，匹马南来布天语。上苍久不闻雷霆，老夫倚杖双泪零。圣恩恻怛有如此，嗟尔草木宁无情。石牛山头槌画鼓，短衣独速鹦鹆舞。大瓢酌酒劳杨君，气如长虹贯玄武。杨君杀贼勇有馀，十年谈笑持旌麾。腹中落落果何物，兵甲之外皆诗书。雄鸡一鸣天欲曙，上马匆匆不回顾。他时薇省问苍生，为说来苏莫迟暮。

### 送李德仁任祁阳和平巡检

锦褾窄袖青蒙茸，千金骏马飞如龙。零陵候使催上马，别酒一笑千觞空。流星白羽新月弓，气如秋旻吐晴虹。挂弓插箭出门去，白面已作嗔人红。傍人借问将军谁，乃祖向来猿臂公。此行为问向何许，永州之野浯溪东。浯溪有砦围千峰，将军雄飞镇其中。从来文事有武备，欲与利器加磨砻。往岁弦歌动邻邑，三年化雨沾顽童。东安父老旧相识，但怪章甫成军容。曾闻零陵古佳县，山川清旷无边烽。寨前花开春酒熟，细柳夹道清濛濛。胡床夜琴山月午，晓骑突出蛮烟浓。鸣弦忽作饿鸥叫，马头迸落双飞鸿。健儿提酒酌大斗，短角细吹梅花筒。封疆无虞王事少，此乐孰与将军同。君不见壶头六月火云热，大将鞬橐亲从戎。将军官闲贵忧国，猺谷正赖怀柔功。方今天子重边徼，选擢勇锐无卑崇。男儿努力树明德，谈笑自可求殊封。长风吹吹送枯蓬，行尘目断心无穷。他年得意马蹄疾，锦衣归拜明光宫。

（《傲轩吟稿》一卷，元胡天游撰，《四库全书》珍本初集第 355 册）

# 王 冕（元朝）

## 🌿 人物介绍

王冕（1287—1359），诗人、画家。字元章，号煮石山农，诸暨（今浙江省诸暨市）人，出身贫寒，幼年替人放牛，靠自学而成诗人。性孤傲，鄙视权贵，应试不中之后漫游吴楚、大都等地，晚年移住会稽九里山。诗画皆负盛名，尤善画梅。作诗不拘常法，语言质朴自然，寄意深远。著有《竹斋集》。

## 🏯 浯溪相关作品和事迹

### 游浯溪

浯溪之山高嵯峨，浯溪之水澄清波。中有磨崖碑十丈，何年凿破苍天阿？忆昔禄山骋兵日，毒乱国经无纪极；明皇大驾忽西巡，百僚窜身俱叛逆。岂知天意欲兴唐，抚军靖难来储皇。独立一呼麾万骑，荡攘群凶如斩芒。再造乾坤恢社稷，况有英雄齐戮力。郭公决策夺神机，光弼宣威喧霹雳。复迎秦蜀上皇还，紫袍已御咸阳关，两朝庆会始欢乐，四海讴歌方解颜。次山乃作《中兴颂》，铁石文字褒贬重。颜公大书为挥之，纵横笔势蛟螭动。唐去至今几百年，丰碑屹立湘江边；雨淋日炙徒为尔，铁画银钩还自然。野叟蒙头朝打碑，临风一见心偏爱。珍收不惜锦囊资，留与人间作规戒。

（《浯溪新志》卷七）

# 明朝

# 魏　观

## 🌿 人物介绍

　　魏观，初名巳孙，字杞山，蒲圻人。洪武初，就征，授平江州学正。迁国子助教，历两浙都转运使，入为起居注，进太常卿、翰林侍读学士，迁国子祭酒。两知苏州府事。坐法死。有《蒲山牧唱》。

　　诗话明初循吏政教兼行，称苏守魏公。其修府学则宋景濂记之。举乡饮酒礼，则王常宗述之。乞言、养老、宾馔有仪，三代以后不多见也。其五言古诗，切念民瘼，缠绵悱恻，不减元道州。近体亦清脱可诵，当日高皇帝游观上苑，召与危素、宋濂、詹同、吴琳同宴奉天门东紫阁，谓曰：前日送卿还，今日与卿饮，何其乐事也。命各赋诗纪之，亦称殊渥矣。乃缘诬善之人一言坐以惨法，甚矣，君恩之不可恃也。

（《明诗综》卷三小传）

## 🏛 浯溪相关作品和事迹

浯溪留题二首

其一

　　邂逅磨崖舣棹看，踯苔攀竹重槃桓。玄宗幸蜀音犹迹，灵武兴唐义未安。

　　千载石镌垂琰琬，几回溪涨入渺漫。后来题品多浮藻，不为君亲激肺肝。

其二

　　石壁摩挲喜复惊，后先两颂古今情。元辞不减颜书正，唐撰无如宋继清。

　　数点落花春树老，一声啼鸟暮云生。故人后夜相思处，枕上溪声送月明。

（《全明诗》第一册《蒲山牧唱》不分卷）

# 刘三吾

## 🌿 人物介绍

　　刘三吾（1313—？），元明间湖广茶陵人，名如孙，以字行，自号坦翁。元末为静江路儒学副提举。洪武十八年，召为左赞善，迁翰林学士。刊定各种礼制及三场取士法，主持纂修《省躬录》《礼制集要》《寰宇通志》等书，又删定《孟子节文》，太祖所撰书亦多使为序。三十年坐会试所取皆南方人，以老免死戍边。建文初召还，久之卒。有《坦斋文集》《书传会选》。

## 🏛 浯溪相关作品和事迹

**再用韵为舜元湘中纪行五首**（其二，洪武元年 1368）

　　宽条大布正新年，妙契东皇化育权。雄楚客怀伤杜宇，凤城春事忆秋千。莺花无奈淋漓雨，鸥鹭都迷远近川。欲看次山崖石颂，想因榛莽不能前。

（《刘坦斋先生文集》，明刘三吾撰，清抄本）

# 鲍　颖

## 🌿 人物介绍

　　鲍颖，字尚裴，歙人。明初，以荐授博士厅典签，迁翰林院编修，擢修撰，出为耀州同知，坐罪死。

### 书师山先生所题黄山谷崖石后

苍崖百尺与云齐，征士重来为品题。姓字一时通汉史，文章千载并浯溪。春深莫遣莓苔没，日暖应添紫翠迷。犹忆匡庐当日事，短檠山雨五更鸡。

（《师山先生遗文附录》）

# 盛文郁

## 🌿 人物介绍

盛文郁，字东民，钱塘籍。先世河南归德人，元进士。事母以孝称。洪武二年，任县事。时离乱初定，民气未复，又前令元行所欲举者方草创，未及期而亡，文郁躬至田间，督民垦荒疏水，往复不息。始建大堂听政，自植柏树，又兴学宫，与诸生讲学，沐浴经史，以储一代人材。时复吟咏山水，萧然自怡。民食其德至今，憩柏下者犹不忘盛公手泽云。著有《东民集》。卒于官，祀名宦。今所称名宦世家，皆郁之苗裔也。

（道光《武宁县志》卷二十一名宦）

## 🏛 浯溪相关作品和事迹

### 龙潭石六首（其六）

巉岩巨块压江头，霜落空亭几度秋。仿佛浯溪扶杖处，揽衣惆怅起新愁。

（道光《武宁县志》卷四十二艺文）

# 蓝 智

## 🌿 人物介绍

蓝智，字明之，一作性之，元明间福建崇安人。蓝仁弟。元末与兄往武夷师从杜本，绝意科举，一心为诗。明洪武十年以荐授广西按察司佥事，以清廉仁惠著称。其诗清新婉约，与兄齐名。有《蓝涧集》。

## 🏛 浯溪相关作品和事迹

### 磨崖碑

浯溪溪上磨崖碑，尚书之笔刺史辞。蛟龙颂洞雷雨垂，虎豹惨澹风云驰。词严义正意则微，银钩铁画世莫窥。是时妖孽侵唐基，帝星白日西南移。灵武仓卒事亦危，一二老臣共扶持。秋风万里天王旗，乾坤汛扫重恬熙。九重宫阙回春姿，二圣观乐孝且慈。丰功伟烈何巍巍，周宣汉武宜同时。臣结再拜陈诵诗，勒铭不用鼎与彝。磨高镌坚崖石隳，大书更藉鲁公为。凛然抗贼志未衰，快剑长戟纷离披。碧石漠漠青苔滋，字纵磨灭犹可推。乃知古人用意奇，直与天地同等期。山空江晚舟楫迟，萧萧落叶寒蝉悲。

（《二蓝集》之《蓝涧集》卷二，明崇安蓝智性之撰，侯官郭柏苍蒹秋校刊）

### 石镜

明韫浯溪上，高悬洞府阴。润疑磨碧玉，坚想铸黄金。日月流光彩，山川自照临。龙精腾变化，虎穴露嵚崟。朗鉴天文丽，虚涵地脉深。须眉窥老狖，毛羽认栖禽。玉女曾遥对，湘君费远寻。菱开朝炯炯，风去夜沉沉。

苔藓那能蚀，尘埃莫漫侵。千秋如献录，万里烛丹心。

（《二蓝集》之《蓝涧集》卷六，明崇安蓝智性之撰，侯官郭柏苍蒹秋校刊）

# 杨　基

## 🌿 人物介绍

杨基，字孟载，其先蜀人，居于吴，为饶介客吴平安，置临濠，复徙河南。既而放归，起知荥阳县，谪钟离，用荐为江西行省幕官。坐罪落职，居句曲山中。久之，起奉使湖南、广右。召还授兵部员外郎，出为陕西按察副使，进按察使。寻被谗夺职，供役卒于工所。有《眉庵集》。

## 🏯 浯溪相关作品和事迹

### 沥涧滩

一滩复一滩，十步九盘错。崖崩乱石碍，转使水势恶。谺谽鳄张牙，屼崒蛟斗角。百舸牵莫前，一驶即退却。余舟何猛锐，独与万险搏。篙迎旋涡支，缆入欹树缚。齐心忘亲雠，叶力济勇弱。方危信宜惧，过此亦足乐。寸崚能摧车，何必尽剑阁。向使一不谐，群命未敢托。超然望西巇，众绿生远壑。丹砂明赤箭，中有不死药。服食信可凭，愿借麻姑鹤。

### 晓发祁阳别刘启贤

群山抱洪流，尽日行曲折。坡回出平旷，始觉人意悦。晨桴辞阴岚，夕饮得皓月。微茫县郭小，树屋递显灭。深柳积远烟，孤华灿余雪。入篱闻书声，径就野老谒。跫然喜客至，细语共茗啜。诸生诚朴野，未解习礼节。几壁如涂鸦，指鼻黑尽涅。皆是农家子，释耒甘受业。勿谓此辈愚，畎亩有俊杰。出门复登舟，暮雨正凄切。前途问尚远，高榕乱啼鸠。临流发新咏，聊以散蔚结。会合自有时，何劳念离别。

（《眉庵集》卷一）

### 祁阳行

黄鹤楼前汉阳雪，岳阳楼前洞庭月。自谓人间无此清，到处相逢向人说。祁阳江头春更佳，仿佛似是神仙家。黄莺乱啼万竿竹，绿水萦绕千株花。千红万碧深相映，鸡犬无声茅屋静。野老回头唤不应，匆匆况是通名姓。水流花落岸东西，只隔疏帘路已迷。天下于今皆乐土，何须更觅武陵溪。

### 皂角滩

烟萝瑶毯树蒙松，夏绿更换春花红。千山万山无所听，鹧鸪杜宇啼春风。穿崖斓斑高百尺，快剑无痕镵翠碧。宝气朝凝五色霞，丹光夜烛三分日。我从章江出彭蠡，巴陵长沙洞庭尾。看遍衡庐两岸山，行尽潇湘一江水。轻舠短楫辞零陵，似与乱石争功能。牛刀惯熟中肯綮，郢斧神捷回锋棱。男儿性命固可惜，底事矜夸向群石。鸥边短草一枝筇，牛背斜阳数声笛。

### 湘中四咏

#### 其一

黑翎红嘴花间鸟，映花一点珊瑚小。当时如意击东风，万语千言啼未了。雕玉笼开出绣楹，海棠庭院雨初晴。美人按拍教鹦鹉，学得霓裳四五声。

### 其二

棠梨花开满山白，白鹇飞来春一色。黄鹂紫燕大匆忙，不道花间有闲客。

却嫌香露污春衣，立向湘江映夕晖。鸥鹭相逢莫相妒，一双还拂楚烟归。

### 其三

湘江两岸无苑宇，湘竹阴阴覆江渚。春来未听一声莺，只有鹧鸪啼暮雨。

怜渠亦是他乡客，苦向人啼行不得。纵教行得也消魂，那得行人不头白。

### 其四

暖风晴日融春昼，闲看花阴鸡吐绶。绮縠都将綵羽妆，红丝不待金针绣。

叠叠胭脂缕缕金，龙纹盘错凤纹深。凭谁剪作鸳鸯带，雅称佳人翡翠衿。

（《眉庵集》卷三）

### 舟中闻杜鹃

落月祁阳路，声声叫子规。万山春尽夜，孤枕梦回时。

客自伤漂泊，人谁念别离。无多眼中泪，听汝不胜悲。

### 入永州

石气阴才雾，岚霏暖欲霞。憩床腥畏虎，饮涧毒防蛇。

红叶秋崖树，青萝晚洞花。江山盘屈外，遥认两三家。

（《眉庵集》卷七）

### 祁阳道中见海棠

桂阳江口望祁阳，叠叠烟云入渺茫。高树绿阴千嶂湿，野棠疏雨一篱香。

纵无春在犹回首，况有鹃啼合断肠。惆怅东湖堤上柳，暖风轻絮正悠扬。

（《眉庵集》卷九）

### 祁阳道中（五首）

#### 其一

疏烟小雨湿流光，愁得杨花不暇狂。半饷春晴便飘荡，缀人帘幕上人床。

#### 其二

愁红怨白满江滨，一树盈盈恰破春。正是情多开自晚，雨中知有断肠人。

#### 其三

曲垣低槛是谁家，门户深深闭落花。千百黄鹂万竿竹，梦魂应不到天涯。

#### 其四

一簇荼蘼湘水东，轻轻脂粉趁微风。低嚲浅笑皆倾国，不在胭脂著意红。

#### 其五

红深翠密不成蹊，修竹玲珑巧更低。黄鸟未知花又落，野棠风里一双啼。

（《眉庵集》卷十一）

### 菩萨蛮·花边夜宿

潇湘门外春江水，小红楼子临江起。楼下是谁家，一株含笑花。兰舟休远去，只就花边住。花影上牙墙，梦魂今夜香。

<h3 style="text-align:center">小重山·祁阳道中闻蛙</h3>

累累湘云带晚霞，东风吹絮落晴沙。梦魂今夜绕天涯。春暮也，芳草乱鸣蛙。

独自莫咨嗟。青烟飞飚处，有人家。且分新火试新茶。深竹里，无数木香花。

（《眉庵集》卷十二）

# 童 冀

## 🌿 人物介绍

童冀（1377，洪武十年），明浙江金华人，字中州。洪武时征入书馆。与宋濂、姚广孝等相唱和。出为全州教官，官至北平教授。以罪死。有《尚絅斋集》。

## 🏯 浯溪相关作品和事迹

### 读磨崖碑

昔年髫稚颇好奇，先达示我磨崖碑。是时未识六书故，岂知中有千古悲。蹉陀尘世逾半百，镜中白发看成丝。竭来薄宦向南纪，叶舟夜泊清湘湄。道傍巨石屹千尺，舟人指此为浯溪。呼儿篝火径登岸，草树蒙密无旁蹊。回舟终夜四五起，仰视清汉听晨鸡。迟明攀援陟巉嶒，石磴仄足难阶梯。平生两目久昏眊，大字盈尺无由窥。粤从少小偶诵亿，口占梦想心追惟。乃知天宝全盛日，宴安鸩毒钟蕡危。华清十月车马集，渔阳一夕烟尘飞。马嵬仓皇六军发，灵武逼侧千官随。俯从人望计良是，不禀君命礼则非。三纲蚤失开国日，万事宁论叔世时。翠华东还果天意，白首西内非人为。阉竖竟一窃国柄，牝鸡几再鸣宫闱。向非奸党自鱼肉，祸患正恐无时衰。中兴功名属李郭，致治政绩惭皋夔。藩镇侵寻事倔强，朝廷姑息惟羁縻。唐家由此讫不振，百年祸乱基于斯。迩来涉世六百载，当时旧物无一遗。高崖峭壁亦消渤，大字深刻生瘢胝。古今几人此游历，赋咏往往兴叹咨。豫章歌诗明大义，庐陵作赋推事机。人情天理两曲尽，嗟我欲诗难措辞。江风东来饱帆腹，舟人告我行路迟。摄衣登舟亟就枕，回首百里浮烟霏。古来变故亦何限，贻厥事业须良规。周宣一去不可作，三复常武车攻诗。

（《尚絅斋集》卷三，《四库全书》第 1229 册）

# 刘 炳

## 🌿 人物介绍

刘炳，字彦昺，以字行，鄱阳人。明初献书言事，授中书典签。出为大都督府掌记，除东阿知县，引疾归。有《春雨轩集》十卷。

## 🏯 浯溪相关作品和事迹

### 题磨崖碑后

锦囊粉黛销尘土，香冷春迷山下鬼。梨园弟子散如烟，六幺谁按霓裳谱。梧桐萧萧秋雨愁，君王归来多白头。宫墙瓦落芙蓉苑，辇路尘蒙华萼楼。牝鸡司晨古之训，九龄先识非阿佞。渔阳鼙鼓蔽黄埃，临洮战血生青磷。二十四郡何无人，但恨不识颜杲卿。国忠既诛林甫死，勤王义旆趋咸京。唐室安危诚再造，汾阳令公国元老。万邦归正泰阶平，九庙无虞灵寝扫。大笔特书昭日星，龙蛇剥落莓苔青。呜呼浯水泻遗恨，父老至今双泪零。

（《刘彦昺集》卷五、《浯溪新志》卷九）

# 朱 同

## 🌿 人物介绍

朱同，字大同，安徽歙县人。以外家陈姓，号朱陈村民，又号紫阳山樵，志景仰也。公文才武略，图绘丹青，无所不精，其文两汉、书逼晋人、诗俪盛唐，时称为三绝。洪武中，以异材见举，备员东宫。懿文太子崇重特甚，晋礼部侍郎。其遇亦隆矣。寻以被诬得罪，太子救之不及，然非其罪。著《覆瓿集》行世。

（据《礼侍朱公覆瓿稿跋》）

## 🏯 浯溪相关作品和事迹

### 题浯溪清隐图赠吴甥

山下半篙春水，溪头几树疏烟。为问故人闲处，听松应是高眠。

（《覆瓿集》卷三，紫阳山樵朱同撰）

# 李昌祺

## 🌿 人物介绍

李昌祺，名祯，以字行。庐陵人，永乐甲申进士，选庶吉士，擢礼部郎中，出为广西左布政，改河南。有《容膝轩草》《运甓漫稿》。

## 🏯 浯溪相关作品和事迹

### 经浯溪读元结大唐中兴颂

平生念浯溪，镌镵有遗迹。扬舲溯湘水，登临暂来即。穿崖倚层云，奇险自天辟。漫叟词既严，颜公笔无敌。鬼神屡呵护，风雨长洗涤。忠概俨尚存，冰衔犹可识。端容敛襟读，感慨重心戚。谁画灵武谋，大物取何亟。唏嗟中兴业，谅重君子惜。逡巡解舟去，回顾三叹息。

（《运甓漫稿》卷一五言古体，明李昌祺撰，文渊阁《四库全书》第1242册）

### 题山水小景

良工写幽景，运思颇不凡。高崖挂悬瀑，迥野生轻岚。林昏日欲坠，天暝云初覃。远岸少去舫，长途乏来骖。摩挲老眼著意看，仿佛还似湖湘南。忆曾之官屡经此，孤舟晚泊浯溪潭。叶凋老树曲偃蹇，泉触乱石森巉岩。众禽归飞宿且食，雄鸣雌应相喃喃。平沙巨迹虎新过，浅濑纤鳞鸥竞衔。荒村无人但猿鸟，古峤有树皆枫楠。空青冥蒙翳岛屿，湿翠杳霭沾衣衫。谁藏一匣在绝壁，云是诸葛兵书函。雨催风撼只如故，欲堕未堕何由探。山川奇胜怪仍险，况我爱玩性所耽。低回但恨弗学画，辜负佳境心徒惭。每逢好事辄为说，恍若亲睹非虚谈。于今衰老返耕钓，鬊鬟两鬓霜毵毵。观图忽起旧游想，浩然清兴莫可缄。题诗卷轴坐叹息，中宵梦逐沧江帆。

（《运甓漫稿》卷二十七言古体，明李昌祺撰，文渊阁《四库全书》第1242册）

### 泊祁阳县

峭壁悬崖百转滩，奔流砥石响潺湲。驿征遥指天边树，诗境频看雨后山。香稻垂花当夏熟，芰荷折柄近秋残。自怜不及澄潭水，静照孤云野鹤还。

（《运甓漫稿》卷五七言律诗，明李昌祺撰，文渊阁《四库全书》第1242册）

# 张　适

## 🌿 人物介绍

张适（1330—1394），字子宜，长洲人。洪武初以秀才举，擢工部郎中，病免。复以明经荐授广西布政理问，调云南鱼课大使，考满改宣课大使。有《甘白先生集》十二卷。（田按：子宜与高季迪为素交，不入"北郭十子"之烈。晚官滇南，沐景颙《沧海遗珠集》亦不录焉。盖名在显晦之间者也。诗有《乐圃》《江馆》《南湖》《江行》《滇池》等集。与文集合为十二卷。《明史艺文志》仅称子宜有《乐圃集》六卷，《四库提要》存目有《甘白集》六卷，盖均未见其全也。余所得为翁覃溪、顾千里旧藏本，诗文皆具。《乐圃集》多摹拟末化，《江馆》、《南湖》以后，特为俊爽。集中有《画竹赠王生》《写竹枝寿周南老》等诗，盖尝与陆天游、倪元镇诸人游，故兼擅盘礴之长。此亦纪明初画家者所当知也。）（《明诗纪事·甲签·卷二十》）

## 🏯 浯溪相关作品和事迹

### 过浯溪

浯溪岩下日初曛，系缆行歌拂石云。千载题名曾过客，两朝颂德中兴文。山连吴楚青无尽，水接湘漓杳渐分。忽遽登临情莫极，不劳慨古思纷纷。

（《甘白先生张子宜诗集》卷五江行集，明张适撰，《四库全书存目丛书》集 25 册）

# 陈　琏

## 🌿 人物介绍

陈琏（1370—1454），字廷器，号琴轩。东莞人。明太祖洪武二十三年（1390）举人，选授广西桂林府学教授。惠帝建文三年（1401），秩满迁国子监助教。成祖永乐元年（1403）廷臣荐琏有治才，召试列优等，擢知许州。三年，改知滁州。七年，擢扬州知府，仍掌滁州事。复擢四川按察使。宣宗宣德元年（1426）召还，改任南京通政使，掌国子监事。英宗正统元年（1436），调升南京礼部左侍郎。六年，致仕。历仕五朝，卒年八十五。琏官滁州时，均徭役，时征敛，禁奸戢暴，滁人感其德，并欧阳修、王禹偁而祀之，称三贤祠。有《琴轩集》三十卷、《归田稿》若干卷等。事见明罗亨信所撰行状，明黄佐《广州人物传》卷一四有传。

## 🏯 浯溪相关作品和事迹

### 过浯溪读磨崖碑

禄儿搆难陷两京，乘舆西幸九庙惊。河东二十四列郡，曾无一人如杲卿。汾阳淮南信英杰，义旗指挥僭伪平。东宫即位在灵武，乾坤再造海宇清。二圣重欢意方洽，两宫流言吁忍听。元子文章严且简，太师笔势纵复横。我时泊舟断崖下，寻读石刻半灭明。摩挲不尽千古意，东风吹雨天冥冥。

（《全粤诗》卷七四）

# 蓝景茂

## 🌿 人物介绍

蓝景茂，明初人。嘉靖《湖广图经志书》置于解缙之前。生平待考。

## 🏛 浯溪相关作品和事迹

### 镜石

昏蔽仍烦溪水淋，幽光始发碧流沉。行人只照山河影，不见颜元万古心。

（嘉靖《湖广图经志书》卷十三）

# 解　缙

## 🌿 人物介绍

解缙（1369—1415），字大绅，一字缙绅，号春雨、喜易，江西吉安府吉水（今江西省吉水县）人，明代大臣，文学家。洪武二十一年（1388）中进士，官至内阁首辅、右春坊大学士，参与机要事务。解缙因为才学高而好直言被忌惮，屡遭贬黜，最终以"无人臣礼"下狱，永乐十三年（1415）冬被埋入雪堆冻死，卒年四十七，成化元年（1465）赠朝议大夫，谥文毅。著有《解学士文集》。永乐四年（1406）赴安南任，过浯溪。

## 🏛 浯溪相关作品和事迹

### 浯溪

水洗浯溪镜石台，鱼舟花草映红开。不如元结中兴颂，照见千年事去来。

（《解学士文集》卷三明嘉靖四十一年刻本）

《解学士文集》题作《浯溪》，下注"丙戌"（1406）。集中有《赴广西别甥彭云路》、《永新城东》、《过茶陵》、《过耒阳》二首、《过衡山》、《浯溪》、《兵书峡》、《湘山寺》二首、《湘南忆子》、《过全州》四首、《灵川发舟》、《马王阁》、《临桂宣圣书院》二首、《桂林午日》、《赠桂林苏桥驿夏驿丞》、《桂林大墟》、《兴安渠》、《阳朔》二首、《三合驿》、《上北刘》四首、《钦州》、《化州》、《思明州太子泉》三首、《龙州》四首、《市桥赠友》、《市桥会郭千户作》二首、《交趾和友人》，这些七绝可见解缙赴安南经过浯溪。

# 黄　福

## 🌿 人物介绍

黄福（1363—1440），字如锡，号后乐翁，昌邑人。洪武甲子举人，官至南京户部尚书，兼掌兵部参赞，留都机务。事迹具见明史本传。是集为其子琮所编，冠以奉使安南水程，殊乖体例。余多手札、公牍，皆不入格。盖福本以政绩传也。

（《四库提要》黄忠宣公集八卷）

## 🏛 浯溪相关作品和事迹

### 奉使安南水程日记

永乐四年（1406），有事于安南，舟车所抵，耳目所得，具笔于后。

（七月）十九日，早至归阳驿，驿隶永州府祁阳县。申至三吾驿，驿亦隶祁阳县。此驿问至方激驿有九十里。夜行如前。

二十日卯，至方激驿，驿隶永州府零陵县。是日申时，至湘口驿，驿亦隶零陵县，去永州府城十里许，驿之东南一水通道州，驿之西北一水通广西，二水至驿合流而北。是夜，泊舟于驿前。

二十一日，早行，未末至石期驿，驿隶永州府东安县。湖广地方界分于此，南至柳浦驿，以往隶广西。

（《黄忠宣公文集》卷一，《四库全书存目丛书》集部第二十七册）

# 王　偁

## 🌿 人物介绍

王偁，字孟扬，永福人。元潮州总管翰之子。翰于明初抗节死，偁生甫六岁，其母教之读书，以弱冠领乡荐。乞归养母。成祖即位，征至京师授国史院检讨。充永乐大典副总裁。坐解缙党下狱死。

（《四库提要》）

## 🏯 浯溪相关作品和事迹

### 游浯溪录呈陈司马及同登诸公

客舟晓探奇，兴落浯水上。寨萝豁远目，所至穷异状。是时天宇晴，物象自清旷。烟开楚山断，千里弥一望。遐延极览眺，近历饱搜访。层崖划中开，峭壁摩万丈。颜公英烈姿，元叟士林仗。文辞金石奏，字画蛟龙状。伊余抗尘容，所志在清赏。孤云寄微踪，独鹤引空杖。岂无千载怀？亦有高山仰。同游二三侣，相与情颇畅。芳兰荐山庖，林瀑洒行帐。醉挥紫霞觞，乱落白云唱。归舟漫容与，潭月吐云嶂。幽兴任时违，心远觉神王。但云谐斯游，何以答清贶？

（《闽中十子王检讨诗集》卷二，翰林检讨永泰王偁孟扬撰；《虚舟集》卷三，文渊阁《四库全书》第 1237 册）

# 李　衡

## 🌿 人物介绍

李衡，字秉钧。自少天性和柔，然慷慨有立志。永乐二年，选授翰林庶吉士，读书内秘，学问益深。除户部四川司员外郎，以廉介勤慎为尚书夏原吉所任。寻升湖广布政司参政，抚和边酋，翕然归化。原吉荐为侍郎，方荐时衡为人所奏，征诣都察院。衡既至，只赴狱七日，原吉复奏出之。寻拜兵部右侍郎。数日卒于官。衡为人老成端重，而有剸繁治剧之才，学问疏畅，古诗和平缛丽。有《澹轩诗集》藏于家。子存，由监生任江西星子县学训导，升诸王府教授。致仕卒，无儋石之储，时皆惜之。

（康熙《太平府志》卷二十七人物）

## 🏯 浯溪相关作品和事迹

李衡等题名碑，在摩崖区。

大明永乐二十年冬十二月有二十七日，湖广布政使司右参政太平李衡、湖广按察司副使姑苏俞士悦、金事汾西周鑑，公余同至浯溪观览，因喜而记之耳。

李衡等题名碑拓片

# 俞士悦

## 人物介绍

俞士悦，字仕朝。永乐乙未进士。擢御史，升湖广按察副使。纲纪振肃，贪浊悉自引去。民居不戒于火，延及皂署，僚属皆奔避，士悦具衣冠，向火再拜，风徐返，火灭。岁旱。有司用道家法焚蛇磔燕，而旱弥甚。亟命屏去，乃斋沐露祷，得雨连三日。秩满，升浙江参政。初至，佯若不解事者，群吏易之。越三日，发奸摘伏如神，豪猾破胆。正统壬戌，倭寇犯境，士悦城浯、澉二浦以备，至今赖之。寻升河南右布政使。甫三日，升大理寺卿。己巳之变，升右都御史，留守京师，协都督卫颖率师六万守德胜、安定二门，士悦昼夜筹画，甲胄未尝去体。事平，升刑部尚书，进太子太保。天顺改元，谪戍辽东。成化初，赦还，复其官。卒年八十。士悦仪表魁岸，面色如铁，声如洪钟，不类南产。平生刚方侃侃，见者畏服。（姑苏志）（民国《吴县志》卷六十七列传）

## 浯溪相关作品和事迹

与李衡等浯溪题名，在摩崖区。

# 周 镒

## 人物介绍

周镒，头化人。由贡生廷试高等，授江西袁州府推官。行取礼部主事，除湖广提学道佥事。升山东布政司参政致仕。刚介执法，清慎律身，历数十载始终一节。致仕归，别见孝义。（光绪《汾西县志》卷五人物名宦）

## 浯溪相关作品和事迹

与李衡等浯溪题名，在摩崖区。

# 瞿 佑

## 人物介绍

瞿佑（1341—1427），名一作"祐"。明浙江钱塘人，字宗吉。学博才赡，年十四能即席和杨维桢诗，俊语叠出，被誉为"瞿家千里驹"。洪武中以荐历仁和、临安、宜阳训导，升周府右长吏。永乐中以诗祸下诏狱，谪戍保安十年。洪熙元年释归，复原职，内阁办事。有《剪灯新话》《存斋诗集》《乐府遗音》《余清词》《归田诗话》等。

## 浯溪相关作品和事迹

### 浯溪中兴碑

元次山作《大唐中兴颂》，抑扬其词以示意，磨崖显刻于浯溪上。后来黄鲁直、张文潜，皆作大篇以发扬之，谓肃宗擅立，功不赎罪。继其作者皆一律。识者谓此碑乃唐一罪案尔，非颂也。惟石湖范至能八句云："三颂遗音和者稀，形容宁有刺讥辞。绝怜元子春秋法，却寓唐家清庙诗。歌咏当谐琴搏拊，策书自管璧瑕疵。纷纷健笔刚题破，从此磨崖不是碑。"然诚斋杨万里《浯溪赋》中间云："天下之事，不易于处，而不难于议也。使乎谢奉策于高邑，禀重巽于西帝，违人欲而图功，犯众怒而求济，则夫千麾万旌者，果肯为明皇而致死耶？"其论甚恕。

（《归田诗话》卷上，钱塘瞿佑宗吉著）

### 中兴颂诗误

磨崖中兴碑，黄、张二大篇，为世传诵，然各有误。山谷云：南内凄凉谁得知。按：李辅国迁上皇居西内，非南内也。文潜云：玉环妖血无人扫。按：贵妃于佛堂前缢死，非溅血也。南渡后，于湖张安国一篇，世少知者。诗云："锦绷儿啼四塞酥，重床燎香驱群胡。黄裙锦袜无寻处，一夜惊眠摇帐柱。朔方天子神为谋，三郎归来长庆楼。楼前拜舞作奇祟，中兴之功不赎罪。日光玉洁十丈碑，蛟龙蟠挐与天齐。北望神京双泪落，太息何人老文学。"可继黄、张之后。

（《归田诗话》卷中，钱塘瞿佑宗吉著）

# 陈　浩

## 🌿 人物介绍

陈浩，字仲智，云间（今上海市松江区）人，明正统壬戌（1442）科刘俨榜进士，永乐乙未科陈文璧之子。历官工部主事、临江知府。（据崇祯《松江府志》卷三十四选举）陈浩时任永州府巡检。

## ⛩ 浯溪相关作品和事迹

### 浯溪胜迹

清溪拖练出层山，万丈萦回杳霭间。笑岘巉岩岚影动，磨崖剥落藓痕斑。
日明怪石开金镜，云敛嵍台拥翠鬟。闻道仙翁遗迹在，何时杖履一跻攀。

### 祁山积翠

叠嶂岩峣薄九霄，白云散尽绿鬟遥。芙蓉并峙开金朵，鸾鹭双飞舞翠翘。
霁色迥连三岛胜，烟光近接九疑饶。支颐独坐相看久，爽气潇然思欲飘。

### 雷洞灵湫

一镜中涵万象虚，清清不受俗尘污。山灵旧阏千年胜，羽客犹存八卦图。
出地有声惊凤蛰，为霖无际慰来苏。居民眼见神龙起，高驾祥云应玉符。

### 龟潭夕照

滉漾灵湫浸碧空，最宜吟眺夕阳中。霞光净濯冰壶锦，雨气低垂宝鉴虹。
漠漠溟烟浮碧草，依依寒色映丹枫。须臾倒影谁能续，点点渔灯隔岸红。

（弘治《永州府志》卷七）

# 应　钦

## 🌿 人物介绍

应钦，字志钦，应鹗之子，景泰元年（1450）庚午科举人（此年开科）。辛未柯潜榜进士，任监察御史。屡疏政务，皆切于时。升江西按察佥事。理屯田，清戎籍，百废俱举。终广东按察副使。所著有

《四留遗稿》。（《万历黄岩县志》卷五）

###  浯溪相关作品和事迹

应钦诗碑，在磨崖上。

#### 和韵题磨碑后

前代丰碑何处开，浯溪溪上见危台。真卿健笔徒深勒，元结雄词欲掩苔。谩说今来犹古往，从知古往即今来。古今兴废只如此，底事彷徨公莫哀。

成化八年腊月二十四日，湖广等处提刑按察司副使黄岩应钦书。

《和韵题磨碑后》拓片

# 杨 正

### 🌸 人物介绍

杨正，正统年任祁阳训导。

（康熙《祁阳县志》卷三）

### 🏛 浯溪相关作品和事迹

#### 题磨碑后

乘暇移舟泊岸隈，师生三五上峿台。溪亭碑断横芳草，野寺庭荒满绿苔。镜石照人人自显，山光悦鸟鸟飞来。吁嗟胜迹风霜古，三复中兴颂转哀。

金陵杨正祁阳儒学训导。

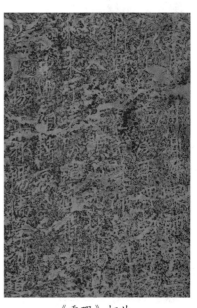

《乘暇》拓片

# 邱致中

### 🌸 人物介绍

邱致中，祁阳知县，南昌人。（康熙《祁阳县志》卷三官师表）

### 🏛 浯溪相关作品和事迹

邱致中等题名，在峿台北崖。

□□□□正统壬戌中秋，□□□□□□□良□□、祁阳知县南昌邱致中、典史余干赵伟、儒学训导庐陵罗深、金陵杨正同游此。三吾驿丞昆明李厚书丹。

# 赵 伟

### 🌸 人物介绍

赵伟，明江西余干人。任祁阳县典使。生平待考。

邱致中等题名碑拓片

## 🏯 浯溪相关作品和事迹

与邱致中等浯溪题名，在峿台北崖。

# 李　厚

## 🌿 人物介绍

李厚，明昆明人，祁阳三吾驿丞。生平待考。

## 🏯 浯溪相关作品和事迹

与邱致中等浯溪题名，在峿台北崖。

# 黄　俊

## 🌿 人物介绍

黄俊，祁阳人，正统年间创设江东水府祠，裔孙黄裕重修，邓球有记。曾重修浯溪渡香桥，撰有《重修渡香桥记》。

## 🏯 浯溪相关作品和事迹

撰《重修渡香桥记》，碑文俱失。

# 熊　概

## 🌿 人物介绍

熊概，字符节，号芝山，杭桥人。父直，字敬方。其父达夫仕元，为福建路录事，卒官。贫不能归，直始一岁，随母适古田令吉水胡时中，遂冒其姓，为吉水学生。锐意六经，尤肆力关洛之学，时称敬方先生。所著有《春秋提纲》《西涧集》《金陵稿》。永乐中应天乡举第三，未仕卒。初，概亦冒姓胡，永乐九年登进士，授御史，擢广西按察使。峒溪蛮大出掠，布政使请靖江王兵遏之，概不可，曰：吾等居方面，寇至无捍御，顾烦王耶？且寇必不至，戒严而已。已而果然。久之，调广东。洪熙元年，以原官与布政使周乾、参政叶春巡视南畿、浙江，时左通政岳福代赵居任治水江南，兼督农务，庸懦不事事。概还，言有司多不得人，土豪肆恶，而福不任职。宣宗召福还，擢概大理卿，与春同往巡抚南畿，浙江设巡抚自此始。浙西豪持郡邑短长为不法，海盐民平康暴横甚，御史捕之，遁去，会赦还，益聚党八百余人。概捕诛之。捕豪恶数十辈，械至京，论如法。于是，奸宄帖息。诸卫所粮运不继，军乏食，概以便宜发诸府赎罪米四万二千余石赡军，闻于朝，帝悦，谕户部勿以专擅罪概。概用法严，奸民惮之。腾谤书于朝。宣德二年，行在都御史劾与春所至作威福，纵兵扰民。帝弗问，阴使御史廉之，无所得，由是益任概。明年七月，赐玺书奖励，概亦自信，诸当兴革者皆列以闻。时屡遣部官至江南造纸、市铜铁，概言水涝民饥，乞罢之。五年，还朝，始复姓。旋迁右都御史，治南院事、行在都御史，赠父如其官。顾佐疾，驿召概代领其职，兼署刑部。九年十月，录囚，自朝至日晏未暇食，忽风眩，卒。赐祭，给舟归其丧。所著有《芝山集》《公余草》若干卷。

（道光《丰城县志》卷十一仕绩）

# 浯溪相关作品和事迹

## 谒磨崖碑

翠竹黄芦两岸秋，磨崖碑下暂维舟。一时人物俱消尽，千古江山独此留。

刺史文章垂宇宙，平原翰墨重琳璆。欲询往事今何在，惟有潇湘彻夜流。

（弘治《永州府志》卷七、《皇明西江诗选》卷四，明韩阳辑，丛书集成续编集 149 册）

# 李　实

## 人物介绍

李实（1413—1485），字孟诚，合州人。正统七年（1442）进士。为人恣肆无拘检，有口辨。景泰初，为礼科给事中。也先令完者脱欢议和，实请行。擢礼部右侍郎以往，少卿罗绮为副。至则见上皇，颇得也先要领，还言也先请和无他意。及杨善往，上皇果还。是年十月进右都御史，巡抚湖广。五年召还，掌院事。初，实使谒上皇，请还京引咎自责，失上皇意。后以居乡暴横，斥为民。（《明史》列传卷一七一《杨善传》附《李实传》）

## 浯溪相关作品和事迹

### 题磨崖碑

唐室乾坤一解纽，北燕悍卒齐唾手。马嵬坡下瘗香魂，大驾从兹奔蜀走。长安父老攀辕哭，恳请储王图兴复。孤臣匹马入灵武，义士忠臣尽黻黼。再造鸿图海宇清，万物不失九庙宁。一旦遣使傋法驾，迎复上皇还帝京。君臣父子重欢会，嗣王受禅临天位。荡涤妖气雪雠耻，伟绩丰功良可贵。元公作颂鲁公书，二公仗义俱得之。蔼然盛事重当时，勒就千年不朽碑。后来骚人墨客忤其意，原始要终成妄议。不惟有负中兴功，况乃不协镌碑志。浯之山，层层叠叠难跻攀，元公词翰何斑斑。浯之溪，潺潺湲湲流不息，鲁公声华何奕奕。

（同治《祁阳县志》卷五浯溪下）

# 方　勉

## 人物介绍

方勉（1393—1470），字懋德。歙潜川人。自少颖敏嗜学，年十二三，作诗文如老成人语。治春秋，登永乐乙未陈循榜进士，选翰林庶吉士，迁四川道监察御史，出按江浙理狱，全活多人。劾奏都指挥张矗滨、海以宁。正统四年，升湖广按察司佥事，奉敕诣五开，整饬边务。又奉敕会同守将张善抚捕八蛮，宣布威德。景泰元年，升湖广布政司右参议，食正四品俸，专督粮储。陈言二十二事，皆便于民，悉准行。所至公暇，多有题咏。进阶朝议大夫，致仕。又奉诏进阶亚中大夫。卒年七十八。所著有《怡庵集》。

（弘治《徽州府志》卷七）

## 浯溪相关作品和事迹

### 湘浯图

湘中景物最清奇，邂逅披图慰远思。云惨苍梧虞舜庙，崖高浯水次山碑。

苔花蚀刻人争宝，竹泪成斑世共悲。千里江山归咫尺，风光触目总堪诗。

（《新安文献志》卷五十五）

# 叶 盛

## 🌿 人物介绍

叶盛（1420—1474），明苏州府昆山人，字与中。正统十年进士。授兵科给事中。土木之变后，率同列请先正逃将之罪。也先犯北京，数上章奏，陈战守之计，升都给事中。擢右参政，督饷宣府。天顺二年以右佥都御史巡抚两广。宪宗立，入都，迁左佥都御史，巡抚宣府。旋任礼部右侍郎。搜河套之议起，盛知时无良将，力言不可。转吏部左侍郎。卒谥文庄。有《叶文庄奏议》《水东日记》《泾东稿》。

## 🏛 浯溪相关作品和事迹

### 跋摩崖碑后

予往年使湖广，停驿舟碑下者半日，碑中数字有新凿痕，盖昧者以为刻浅而欲其深也。当时以碑高大，非架木不可拓，不复从人索墨本。后一年，使得此本于祁阳宁同年良，则又为昧者钩涂，竟幅务求黑白分明。噫！石刻既遭椎凿，纸本又遭妆涂，鲁公之书，于是乎有不幸矣！

（《叶文庄公全集》卷八水东稿，昆山叶盛与中撰，叶氏赐书楼康熙刻本乾隆四年印本）

### 漫泉亭记（节录）

漫叟，公之所自称也。呜呼！元公天下士，当时用不极，而惟道州之政最有闻于天下。后世推之者无间言，曰元道州，至不欲名字之。然则人有土地、人民之寄，可不知所取法于公者乎？公之文仅存片石，阅历数千百载，屡仆而屡植。盖石可泐而文不可蚀，字几尽而名不可泯。非公之贤，其孰能至是乎？古之人，语言文字多矣，如公之春陵、贼退等篇，磨崖颂，当时和者有杜甫氏，书者有太史鲁国公。天下后世家传人诵，至今不衰。而公忠君爱国之心，犹莫切于道州厅壁记。其言显显，有若当今日然者，谓人不以类，文不因人而传，可乎？其词曰：

漫之泉兮在南州，南州之人兮乐且无尤。

有亭翼翼兮泉之窈，酌泉清兮颒亭幽。

羌至止兮夷犹，我思古人兮有贤漫叟。

泉有铭兮石有伍，昔我求之兮寒烟坏础。

泉甘如饴兮亦洁如乳，为云上升兮雨于下土。

贤哉漫叟兮其谁可语，我思古人兮惟颜与杜。

吁嗟尔泉兮，曷究泽乎天下。

（《叶文庄公全集》卷十九菉竹堂稿，昆山叶盛与中撰，叶氏赐书楼康熙刻本乾隆四年印本）

### 送宁元善参政赴浙江序

元善宁氏，祁阳人。与予同举进士，初授官行人，累使外，见民间疾苦，辄有建白，多见于遵行。正统末使东广，时黄贼乱未已，元善还，言岭海用兵之宜，甚备。又尝使武冈，适苗寇流劫，曰：用我牯牛叉法，贼可擒也。兵部下其章于督军、都御史，用之果效。至今湖湘边卫用以阅习，屡试而屡效。元善后升刑部员外郎，再升郎中，皆能其官。今年秋，超升浙江布政司左参政。将之任，浙江之仕者请余言，赠之。夫元善出高科，居显官，所至不忝任使，而又能出奇策以平寇盗，非所谓有文武才具者耶？以其人有文武才具，而处之布政司布政，世称钱谷有司，毋亦枉其材而左其用乎？噫！我知之矣。今天下北南盗区多未平，上贻君相之忧，至或屡勤王师，夫岂徒曰典兵用武者之尤，苟且因循、抚驭失宜，而又诛求横逆，以重困之，则虽礼义之良，或不免于怨咨，山溪之愚，顽犷之蛮，又可知已。善观物者，不于其终而必迹其初，善为治者，不于其末而必原其本。与其禁防之，孰若化导之；与其狃薙之，孰若保养之，此其难易缓急先后之序，必有能识之者。故为今日之计，不患寇盗之不灭，惟患生民之未安，不患生民之不安，惟患守令之不得其人。布政司固承流宣化，又当为守令之师帅，其于生民之关系何如？矧浙江为十三方岳之首，寔祖宗畿甸近地，四方万国之根本在焉。浙江安，斯天下安，理固然也。以今而观之，湖山千里之间，熙熙焉，陶陶焉，水行陆走，无不各得其所，太平之基固在于是。然而培植乎其既然，而或销弭乎其所未然，当必有其道矣。朝廷用人之深意，与夫元善之所当究心者有不在是欤？经曰：文武吉甫，万邦为宪。传曰：子欲善而民善矣。元善其尚念之哉？慎毋诿曰：今之人，古之人，不相及也。亦毋庸自解曰：吾参佐而已。

（《叶文庄公全集》卷二十四泾东小稿，昆山叶盛与中撰，叶氏赐书楼康熙刻本乾隆四年印本）

# 彭　琇

## 🌿 人物介绍

彭琇，道光《永州府志》之《祁阳名胜志》中注曰：明邑人彭琇。故知此彭琇为祁阳人。生洪武辛未，卒天顺戊寅六月，年六十八。

## 🏯 浯溪相关作品和事迹

### 读磨崖颂

高高磨崖碑，上刻中兴颂。文章星斗灿，铁画龙鸾动。唐倾幸再安，储闱出天纵。
紫袍迎上皇，六合光华重。可怜青蝇谗，阳谷成冰冻。欲涸浯溪流。难洗忠臣痛。

### 白鹤云屏

白鹤岭头云气生，白鹤岭下溪流清。地灵孕秀产奇石，千状万形皆天成。
砚旁何必琢玛瑙，枕畔绝胜围水晶。何当提携献闾阖，六曲上刻贤臣名。

### 湘水环清

浩浩湘江流，湛湛楚天碧。夜见月中月，昼见月中石。光浮似跃金，静影类沉璧。
舟无风涛惊，潭有鱼龙息。浊泾不足论，黑水焉可匹。缅怀击楫人，临江空叹惜。

### 燕冈阴雨

燕冈祁山西，去廓百里许。其中产石燕，无异乌衣侣。天晴不出飞，飞飞在阴雨。
雨止还为石，杳然莫知处。不巢向屋梁，谁能作其主。物灵有如此，可与知者语。

（道光《永州府志》卷二）

# 吕　囧

## 🌿 人物介绍

吕囧（1418—1484），字希颜，号复庵，直隶苏州府常熟县人，明朝政治人物。应天乡试第三名，正统四年（1439）己未科进士，授行人司行人，擢监察御史，迁湖广副使，官至云南布政使，致仕去世。曾祖父吕茂之。祖父吕明德。父亲吕宗敬。为文有奇气，著有《复庵集》。

## 浯溪相关作品和事迹

吕困诗碑，在摩崖区。

《读元次山中兴颂》拓片

### 读元次山中兴颂（并序）

大明景泰辛未春三月，予巡边务至永郡，适遇金宪徽郡程公志学，遂同载而下。是月八日，舟抵浯溪，相与登岸，共读元次山中兴碑。因留题刻石，以记岁月云。

共读中兴颂德碑，千年仿佛见当时。凶邪秽行存亡恨，忠义芳名竹帛垂。灿烂文光冲斗汉，纵横笔势走蛟螭。行人莫比寻常看，一段春秋斧衮辞。

赐进士湖广按察司副使、前监察御史姑苏吕困希颜识。

# 唐　元

## 人物介绍

唐元，祁阳人。生平待考。

## 浯溪相关作品和事迹

唐元等人有"谨守慎独"题名碑，在摩崖区。

谨守慎独阴阳生唐元、朱卿。阴阳生彭昊、谢宪、刘志聪。医生张顺、李东茂、朱庭爱。甲戌年季春季月吉日石。

"谨守慎独"题名拓片

# 彭　昊

## 人物介绍

彭昊，祁阳阴阳生。

## 浯溪相关作品和事迹

彭昊等人有《谨守慎独》题名碑，在摩崖区。

# 曹　泰

## 人物介绍

曹泰，字时和，华亭人，居皇甫林。景泰五年进士。性淳悫，以讼事有连罢，不叙。英宗复辟，有白其冤者，名偶同景帝年号，又景帝时所举士也，遂不果用。居数月，朝会得匿名书，下部考验，憾泰者诬焉。上闻曰：必此人也，恨我废斥耳！诏逮问，缇骑疾驰入郡，时松江知府某与泰同年，素高其谊，竭资赂焉。已同使者抵泰门，请先入，泣而语之故，曰：子亡如何？吾为任罪。曰：君命也何所逃？槛车诣司，隶考掠备至，不胜楚毒，遂诬服，系狱。至冬朝谳，有击登闻鼓而号者，曰：投书人在也！日者小人有母，今亡矣，吾为吾母而负吾君。今又以负他人，吾何面目立于天地间耶？请就法。讯之，则故中书某耳。泰乃得释，而支体已废。归富林里，以词翰自娱，时人语曰：富林二曹。二曹者，泰与其弟时中也，一时人豪。所著有《九峰集》。

（嘉庆《松江府志》卷五十一古今人传三）

## 🏯 浯溪相关作品和事迹

### 浯溪十景诗

在祁阳县南五里，流入湘江。唐元结自道州归，爱其山水，因家焉。以溪为浯溪，山为峿台，作室为痦亭，制字从山、从水、从广，三者之名，我所命也，亦我所据而有也。

#### 浯溪漱玉

溪水源分岩壑幽，远从双井傍山流。渐来润漱蓝田玉，转去深涵湘浦秋。
岸草汀花春烂漫，酒船渔艇晚夷犹。有人曾钓垂璜去，辅相如今宠未休。

#### 镜石涵辉

墨石深涵玉镜光，铜花不上细苔苍。倒吞日月双轮满，远照山川万里长。
雨洗烟磨尘迹尽，鸟窥猿骇古崖荒。周王旧物疑相似，却有山灵为护藏。

#### 痦亭六厌

心怜六事浑非厌，景物天然聚一亭。松叶自和流水响，远川相对乱山青。
霜朝寒照回春暖，暑日清风拂酒醒。我欲为渠增一厌，抱琴来与坐青冥。

#### 磨崖三绝

崖石温温玉不如，可应埋没藓苔余。微词特数中兴颂，伟笔兼镌大雅书。
三绝人间成美事，万年诗里播嘉誉。乾坤形胜凭谁占，诸葛今存旧草庐。

#### 峿台晴旭

高台南倚湘江上，东去扶桑见日升。自有蓬山宜晓望，岂无谢屐可春登。
熙熙晴景含苍壁，淡淡天风落紫藤。傲睨乾坤胸次阔，有人长啸白云层。

#### 宬尊夜月

崖上宬尊天影碧，可能有酒醉嫦娥。桃花气晕春容薄，桂子香清夜色多。
闲许庾公成独坐，狂怜李白自高歌。山泉如醴常教满，借问游人兴若何。

#### 书院秋声

小院沉沉似水清，此中惟有读书声。春雷禹浪龙先化，秋月庭梧凤亦惊。
前辈功名登宰辅，后生心志在蜚英。世家天与开昌运，长夜文星照地明。

#### 香桥野色

爱兹野色画难描，只隔浯溪溪上桥。流水桃花春浩渺，茂林修竹路迢遥。
青帘山店家家酒，落日夷歌处处樵。见说词人富题咏，山川今已贮诗瓢。

#### 漫郎宅籁

浯溪清绝胜猗玗，故著先生此地居。世变人还称聱叟，草荒谁复理遗墟。

匆匆修竹含灵籁，习习长风响佩琚。今古清声在人耳，不胜景仰动长吁。

### 笑岘亭岚

浯台南头笑岘亭，霭霭映山岚气清。轩窗日上始开豁，岩洞春深常杳冥。

风吹不散疑作雨，啼鸟虽闻如隔屏。此景悠然异人世，来游未许酒常醒。

（《松风馀韵》卷二十一，胥浦姚弘绪听岩编次）

# 刘　敬

## 🌿 人物介绍

刘敬，字克礼，湖南祁阳人。天顺三年（1459）己卯科举人，任澄江府（今云南省澄江市）推官。

## 🏯 浯溪相关作品和事迹

### 游浯溪

浯溪此日纵游观，登上磨涯不惮难。刺史严词垂斧衮，真卿健笔走蛟鸾。

野花佳木随舒长，流水浮云任往还。况有古今文墨客，诗题勒石遍冈峦。

邑人刘敬乡贡进士。

《游浯溪》拓片

# 李　铭

## 🌿 人物介绍

李铭，南昌人，明典史，天顺元年任。（康熙《祁阳县志》卷三官师表）

## 🏯 浯溪相关作品和事迹

与朱铣等于浯溪题名。

# 沈　庆

## 🌿 人物介绍

沈庆，字仲会，馀杭人。学博才赡，尤精兵法。宣德元年举人，官翰林院五经博士。大学士陈循荐宜大用，升湖广按察司佥事。时靖川、五开等处苗贼生发，把截道路，庆相地设官，凿山浚河，自偏道镇直抵黄平，迁道千馀里，据壕立兵，以地利制贼。贼李珍、蒙能大肆猖獗，庆亲率兵突阵歼厥渠魁，禽其党二百馀人。升本司副使，巡边整饬兵备。成化初，复领汉土官兵十万馀众，进攻腊屋、桃林、武冈、南洞等处，一鼓擒获贼，境悉平。进阶亚中大夫。请老归。

（馀杭县志）（民国《杭州府志》卷一二八武功）

## 🏯 浯溪相关作品和事迹

沈庆诗碑，在摩崖区。

### 题磨崖碑

予以翰林出佥湖臬，因按部得来祁阳，十有三载。第因公务倥偬，弗克一往浯溪，览昔词苑所谓磨崖碑刻，迹其胜异。今春喜征蛮之便，舟泊崖次，得目偿所愿。且虑久而模糊，漫不可读，亟命工摹刻，以垂永久，因赋歌诗以寄兴云。

粤昔东阁阅图书，磨崖刻石谁能逾？遒劲颜笔迈羲献，购求墨本逾金珠。次山之颂抗燕许，风雅体制扬海隅。唐季孽兴固自取，臣子爱君忠义俱。婉辞讽谏极深刻，天意有待恢神谟。元勋将相克戮力，令有忠愤思捐躯。□□□□虎龙撼，拔山倒海歼强胡。腥膻汛扫妖氛息，瑞应大来万物苏。重欢二圣复宗社，举见万国来朝趋。表忠录烈逆俦殄，巍巍功业震寰区。乱臣贼子鉴兹失，宪章百世宁逃诛。于戏！前车覆首后车鉴，岂独异世为无虞！更相戒饬保家国，宴安鸩毒良非诬。风雨剥蚀苔藓侵，石刻岁久几模糊。重镌于焉作远图，不知莅兹其何如？

《题磨崖碑》拓片

提兵靖边徼，维棹度浯溪。讵意老来眼，得看中兴碑。崖古石逾莹，世久刻益奇。元颂焕星斗，颜书是蛟螭。铺张羡雄伟，恢复想当时。宜乎百世下，过客喟声唏。猗彼老将死，眷此大腹儿。血流胡鬼哭，碑镌颂声驰。二圣得重欢，九庙俱清夷。事有不偶尔，天其实相之。扰扰臣贼徒，族灭污名贻。臣结与真卿，忠形书与辞。南山石可烂，此刻终不隳。悠悠后来者，宁无动遐思？

大明天顺六年，岁在壬午春三月初吉，中宪大夫湖广等处提刑按察司副使奉敕征蛮，前翰林院五经博士东溪沈庆识。

# 朱　铣

## 人物介绍

朱铣，生平待考。

## 浯溪相关作品和事迹

朱铣等题名碑，在摩崖区。

湖广布政使司理问所理问考亭朱铣、祁阳县知县广昌李翰、典史南昌李铭、教谕筠阳闵汉，大明天顺六年春三月吉旦同游于此。

# 闵　汉

## 人物介绍

闵汉，祁阳教谕，自署筠阳人，生平待考。

*《游浯溪》拓片*

🏛 **浯溪相关作品和事迹**

与朱铣等于浯溪题名。

# 胡　英

🎋 **人物介绍**

胡英，字邦彦，湖南祁阳人，天顺六年（1462）举人。

🏛 **浯溪相关作品和事迹**

### 游浯溪

磨崖屹立浯溪上，此日登攀望眼开。元颂颜书昭宇宙，古题今咏满浯台。宓樽映月添吟兴，镜石涵晖绝点埃。日暮罢看伤往事，不堪樵笛一声哀！

邑人胡英乡贡进士。

# 李　翰

🎋 **人物介绍**

李翰，江西人，由举人为令，强项不阿。时粤西有戈德隆者过祁，依父总镇势，暴横妄勒民财。翰因验治之，为德隆殴杀，其子亦死之。事闻，德隆伏辜。百姓思翰，为立祠城隍庙祀之。嘉靖间，洪水毁废。

（康熙《祁阳县志》卷八人物志宦绩）

🏛 **浯溪相关作品和事迹**

与朱铣等于浯溪题名。

# 张弘信

🎋 **人物介绍**

张弘信，天顺壬午（1462）乡试，南川人。（《嘉靖四川总志》卷九重庆府）

🏛 **浯溪相关作品和事迹**

### 浯溪吊古

三吾胜迹几千载，六籍馀闲试一之。漱玉溪流环碧巘，涵辉镜石映清漪。亭前抚景情何厌，崖上镌文世绝奇。台树晴暌县（悬）码碯，宓尊夜月贮玻璃。晓趋书院秋声朗，晚度香桥野色随。废宅籁鸣闻远迩，虚亭岚气霭高卑。渔舟荡漾烟波里，牧笛凄凉水草湄。落日钩辀缘底恨，空林杜宇为谁悲。明皇重色轻唐祚，阉宦专权肇祸基。姚宋未亡犹可恃，韩张既罢决难为。戏异禠褓由妃子，愚弄朝廷自禄儿。无那冰山专壅蔽，岂堪偃月擅诛夷。渔阳鼙鼓俄然至，陕右兵戈遂莫支。西幸翠华甘冒险，东留葆羽仗安危。匡扶社稷推裴冕，整顿乾坤属子仪。二圣重欢来瑞庆，八方同轨乐雍熙。颂谐金石元聱叟，笔走龙蛇颜太师。物象纷纭多变幻，坤精崒崉独存碑。好寻山谷追随处，尚想文潜叹嘅时。硕辅名臣曾有咏，骚人墨客屡题诗。嗟予生长虽为晚，况此登临未较迟。溪古地荒贤哲远，几番回首重兴思。

（康熙《祁阳县志》卷十）

# 高　棅

## 🌿 人物介绍

　　高棅（1350—1423），明福建长乐人，后更名廷礼，字彦恢，号漫士。永乐初，以布衣召入翰林，为待诏，升典籍。博学能文，尤长于诗，为闽中十才子之一。又工书画，时称三绝。书得汉隶笔法，画源于米芾父子。有《唐诗品汇》等。

## 🏯 浯溪相关作品和事迹

送吴还涓之浯溪令

　　黄鸟东风出帝京，白门树色带离情。若为日下双凫去，况是天涯万里行。湘浦云深官路绕，浯溪花暗吏人迎。好将雨露沾遐壤，应听弦歌似武城。

（《高漫士诗集》卷八，晋安高棅廷礼撰，吴郡姚宗甲明抄本）

# 罗　深

## 🌿 人物介绍

　　罗深，明江西庐陵人。正统八年任祁阳儒学训导。

## 🏯 浯溪相关作品和事迹

　　与邱致中等于浯溪题名。

# 王　宾

## 🌿 人物介绍

　　王宾，字用之，别号静庵，永平乡横塘人。以春秋魁天顺己卯乡荐。登成化丙戌进士。授山西道监察御史，巡按湖湘，有謇谔声。升广东韶州府知府。尝筑河西堤以捍水，筑仁化城以防寇，民甚便之。以疾归休。卒于家。生平好吟咏，延师课子，子言、子谟继登科第，为淳美称焉。（嘉靖《淳安县志》卷十一人物志）

## 🏯 浯溪相关作品和事迹

　　王宾等题名碑，在摩崖区。

　　大明成化八年岁次壬辰夏六月十三日，巡按湖广监察御史淳安王宾、鄞邑屠滽，湖广按察司副使沔池戴珙，分巡湖南道佥事阳曲张锐，同游喜记。

王宾题名碑拓片

# 王　襄

## 人物介绍

王襄，审刑大理寺副，自署浙江越东人。成化八年（1472）过浯溪。生平待考。

## 浯溪相关作品和事迹

王襄诗碑，在摩崖区。

### 和韵书磨崖刻后

大唐靖虏功成日，颂勒浯溪百尺台。盛事传时饶岁月，镌文残处锁莓苔。岩头尚有杯樽在，崖下宁无墨客来？书院碑亭遗旧址，逮今消废亦堪哀。

成化八年腊月二十四日，审刑大理寺副越东王襄。

# 胡　粹

## 人物介绍

胡粹，浙江临海人。生平待考。

## 浯溪相关作品和事迹

### 浯溪漱玉

磨崖山前一溪水，溪以浯名次山始。西屏武昌高入云，北汇湘江能百里。波涛喷激石齿顽，跳珠漱玉声潺潺。秋室无云月炁白，万马夜向西风还。浯溪往事慨追忆，浯溪水流长不息。

### 镜石涵辉

何年神工凿天骨，琢此石镜阴崖间。寒光莹彻水可发，不暇姹女磨坚顽。溪光平铺净如练，竹树荒烟际平远。风帆出没沙鸟飞，万象都涵镜中见。愿言移置磨崖侧，长照胡雏寸心赤。

### 宄尊夜月

天生怪石成宄尊，烟雨荡涤苍苔痕。昔人漫郎酒为隐，往往酌客陶吟魂。夜深凉月堕清影，琥珀香浮鉴光冷。微风滟滟动寒瑶，醉倒春香呼不醒。月华在天尊不虚，风流何往当何如。

### 书院秋声

大雅不作将焉从，嵩阳岳麓悲秋蓬。唐亭之南古书屋，至今弦诵声㵗㵗。圣明声教浃夷夏，礼乐文章日更化。由来致治敦教原，衮衮英才出陶冶。西风飒飒吹庭柯，秋声更挟书声多。

### 香桥野色

长桥卧波如玉虹，满堤花卉吹香风。策蹇何人度桥去，萧萧倒影行青空。淡烟霏霏薄高树，茅屋人家竹深处。断云斜度半溪风，白鸟双飞日将暮。天然野趣吟有声，画图满眼开丹青。

（弘治《永州府志》卷七）

# 宁 良

## 🌿 人物介绍

宁良，字符善。父嗣宗，应洪武庚午（1390）辟荐，历上林长官司，抚绥有恩，边境怀之。良生而爽恺，博雅能诗，登英庙初甲第，擢行人。积有岁年，以才猷迁刑曹。时天顺复辟，曹石恃功骄横，颇陷善类。良仁恕明敏，多所建白，曰："主上意在省刑，我等头颅可断，官守不可移，誓不受权贵指使。"细心挽救，所保全不少。大司寇深知良，以是久于西署。秩满，升浙省大参。良以吴越名区，官其土者，视听半在潮声蜃气间，期了公事。曰："我思两浙人才渊薮，政当使潮海之文，拔起于涛山浪屋、雷击霆砰之外，以观其吞天浴日之势也。"因试《观风》于别院，果于诸生中得谢于乔，于童子中得王海日，并拔第一，浙士大服。转广东廉使，振扬风纪。寻迁，历浙江左右藩，均节赋役，汰其浮羡，役以均平。谢、王相继大魁天下，知人之鉴归焉。于乔先鸣乙未，海日读书龙泓。良聘海日溯湘，为子竑讲学于祁之梅庄。海日辛丑（1421）及第，竑亦用《戴记》起明经，廷试天下第一，海日之教也。祁士习《曲台》自竑始。

方伯幼读书甘泉，与僧大方称莫逆。簦笠入杭访宁公，归，向人语："略记其《观风》，《孟子》题'华周杞梁之妻'三句，谢于乔破云：'二妇悲所失之天，一方动良心之感。'王海日破云：'悲所失之天，化所居之地。'"祁人至今能道之。大方亦能诗，尝作《兰□》《崖石》，并臻妙品。□言微中，如坡公之有《辨寥》。

《浯溪吊古》拓片

（康熙《祁阳县志》卷九人物志）

## ⛩ 浯溪相关作品和事迹

有《浯溪吊古》碑留存。

### 祁山积翠（见弘治永州府志）

芙蓉玉削碧于蓝，相去青天仅尺三。雨过烟花添翠黛，日斜树色霭春岚。
九疑未许偏堆髻，五老那堪并拥簪。况复一方民仰止，春风花县倚南山。

### 乌符仙咏

黄服仙人此旧游，紫霞绝唱至今留。剑光错落天台晓，鹤驾蹁跹阆苑秋。
残刻有碑荒自合，古坛无主水空流。不知近代来游者，曾见纯阳来到不。

### 燕冈阴雨

石燕冈头云暗时，几番冲雨出乌衣。双双仿佛沿林舞，对对依稀遍野飞。
自信生成由地脉，谁知隐见合天机。还疑此物成虚幻，凭仗何人辨是非。

### 唐亭六厌

轩窗面面透晴光，万仞山高一水长。聒耳风泉鸣佩玦，洗心松籁奏笙簧。
寒侵晓日三冬暖，暑爱清风一味凉。乐胜诗人浑不厌，等闲收拾付吟乡。

### 峿台晴旭

赤乌振羽出寅宾，照耀山河景物新。俯仰从来天地阔，登临却见斗牛亲。
秋高五老峰排闼，春尽三湘水满津。回首洞庭苍霭外，忧君为国是谁人。

### 香桥野色

两岸峰峦物象新，个中佳趣点妆匀。艳舒锦绣千层丽，浓染烟云一片春。

修竹弹阴分作翠，细莎添绿助成茵。我来纵步桥南北，便欲投闲掷佩绅。

### 白鹤云屏

白鹤山高汉表横，云根结秀自天生。匡庐九叠宜相属，巫峡诸峰画不成。

日映有文欺玛瑙，冰涵无玷亚瑶琼。由来异物钟奇气，知是兹山地有灵。

### 漫郎宅籁

漫郎遗宅翳荒原，万籁如何入夜喧。乱撼深秋惊落叶，暗随疏雨泣哀猿。

含悲如诉中兴颂，带憾疑招不返魂。天地寥寥无处觅，空山雨霁月黄昏。

（《三阳宁氏邵阳九修家乘》卷一〇九艺文编，民国三十七年崇礼堂刊本）

### 石钟山

有石有石势峥嵘，嶙峋高倚江流泓。嗣真掘地得市铎，何如此物天生成。小姑北望烟霞里，五老峰头云正起。长鲸吐浪狂风生，大振金声满寰宇。北音清越南函胡，浑如天乐鸣仙都。一声铿锵鱼龙骇，一声噌吰鸣鹊呼。东坡当日得真趣，铁笔磨崖写新句。扁舟荡月去复还，直抵源穷声尽处。我因使节步纵横，亦上巅崖听清声。扣之小兮则小振，扣之大兮则大鸣。小鸣大鸣因所触，洪涛澎湃激山麓。安得丰山气相求，徽音自应秋霜肃。

（《石钟山集》卷六，明王恕辑，明武林龙洲外史沈诏删辑，明刻本《四库全书存目丛书补编》第75册）

### 录祁阳一修家谱（自序）

古有宗法，职在小史。惟于宗藩世室，而维持之。厥后宗法废，汉兴，士大夫之家，欲以纪前人之功勋，别氏族之贵贱，有事谱牒，隋唐选举，以及婚姻，必由此考。是以图谱有局有官，其制详且明也。五季以来，宗法大坏，宋修唐史，著宰相世系表，百家、士大夫家皆自为谱。元修宋史，惟赵宗室。我朝修元史，而宗室不可详矣。夫世道之降如是，史之不详如是，况家谱乎？予家世自卫之裔，散处海内，大宗失其真传，谱牒罹于兵燹，每观欧苏谱法，未尝不动于中。及读春秋战国列传，又不得不为之兴感。自念先曾祖讳卿，仕元，袭元帅，守衡阳。元社既屋，世官亦失。隐居衡阳玉兰村者，讳伦，良之祖伯，大宗也。迁祁阳马江埠者，讳荣，良之祖父，别世而为小宗也。良宦游四方，凡遇同姓，未尝不以先世为问。曩过陕之清水县一舍许，忽一官拱立道旁迎候，曰：儒学教谕河南荥阳宁铎专俟。叩其故，则曰昨梦同宗显宦过我，待旦，公之报札至焉，故敢远迎。予意岂非祖宗之灵，俾明世系乎？询其上世，亦莫知也。于是重为慨叹，益以谱牒为事。历考古之经传，仿欧苏谱例，遂以图谱为一卷，自河南迁衡阳至祁阳为二卷，吾家世多义儿，别之为三卷，凡吾氏见于经传子史者，其学行智勇有足尚者，录之为四卷。有宗谱、族谱、外谱、义谱之分，特以随宜取义，复以所授诰敕及先世墓志、铭表、茔图，以次附于后，曰文献录。

呜呼！谱者，家之史也，尚乎纪实，信以传信，直以使子孙有知，不以夸矜为耀。岂敢效崇韬拜汾阳之墓，正伦鉴城南之河，取诮于世耶？又闻欧公有云：作谱在子孙之贵显者，使贫晦有所仰。则良忝由进士，历事三朝，苟以世祚略而忽之，则后人益无所据。是以略其阙，而详其所知，以成是牒。惟我子孙，皆当推自我祖之心为心，振振绳绳，大光斯谱，实予所望。其有发挥戒勉之言，尚有俟于大人君子也。

赐进士第、浙江布政使司左布政使、前行人司行人，二十八代嗣孙良谨述。

（《三阳宁氏邵阳九修家乘》，民国三十七年崇礼堂刊本）

# 唐道忠

## 🌿 人物介绍

唐道忠，成化时祁阳道会官。

## 🏯 浯溪相关作品和事迹

唐道忠等题名碑，在摩崖区。

祁阳县僧会官法祐、道会官唐道忠，成化九年秋七月同游记。

唐道忠等题名碑拓片

# 法　祐

## 🌿 人物介绍

法祐，成化时祁阳僧会官，甘泉寺住持。

## 🏯 浯溪相关作品和事迹

与唐道忠等于浯溪题名。

# 刘　玘

## 🌿 人物介绍

刘玘，山阳县人，景泰癸酉（1453）举人，九江通判。（光绪《淮安府志》卷二十二贡举）

## 🏯 浯溪相关作品和事迹

刘玘等题名碑，在摩崖区。

永州府通判山阳刘玘、祁阳县知县濠梁吴谦、儒学教谕丹阳王冕、训导三荣熊威，成化九年秋柒月，同游喜记。

刘玘等题名碑拓片

# 吴　谦

## 🌿 人物介绍

吴谦，英宗朝，祁阳知县，绛县人，修学。（康熙《祁阳县志》卷三官师表）

## 🏯 浯溪相关作品和事迹

与刘玘等于浯溪题名。

# 王　冕（明朝）

## 🌿 人物介绍

王冕，明教谕，正统年间任。（民国《祁阳知县》卷六历代官师表）

**浯溪相关作品和事迹**

与刘玘等于浯溪题名。

# 熊 威

**人物介绍**

熊威，明训导，天顺元年任。（康熙《祁阳县志》卷三官师表）

**浯溪相关作品和事迹**

与刘玘等于浯溪题名。

# 王 瑄

**人物介绍**

王瑄，四川宜宾人。生平待考。

**浯溪相关作品和事迹**

王瑄题名碑

成化九年岁次癸巳小雪前三日，祁阳县典史宜宾王瑄游此。

### 游浯溪

扫破碧苔花，磨崖意最嘉。文高冲斗宿，字若走龙蛇。
永作箴规戒，频惊岁月赊。颜元留胜迹，万古警奸邪！
宜宾王瑄祁阳典史。

# 程 温

**人物介绍**

程温，字德和。气度渊澄，文思综赡，履方抱直，淄涅无所□。释褐宪庙时二甲进士，政府见以为议论通明，可用才也。初试南吏部主事，官既清华，留都复多优□。公虽凤具弘量，推志延揽，而神气坚明，外绝荣竞，内寡私欲，以读书为事。孝庙时，晋封司长，鹤署职详事冗，务核实才，情面无所徇。尝考察京职，去留公恕，清议韪之。就升南通政司参议，才望为一时所重。金议擢太仆少卿，会逆瑾用事，焦芳秉铨，旧辅刘健、谢迁并罢，公毅然曰："君子退，小人进，非所以保太平之业也！"草疏《思应诏直言》，未上，忽内批致仕，公遂拂衣归里。常曰："子弟虽俊不读书，为崔昂所叹。后之人但使能保数十卷书，为清白子孙足矣！"尤爱史学，购书颇备，尽以送学，广通邑闻见。惜陵谷累迁，但留其目而已。

（康熙《祁阳县志》卷八人物志）

**浯溪相关作品和事迹**

### 重建浯溪书院记

书院之名，昉自唐宋间，天下不数区而湖湘居三：曰石鼓、曰岳麓、曰城南是矣。然多在山水清淑之奥，而四方有志静修之士，多于是焉归，诚出于国之学，遂之序，党之庠，家之塾之外，而说者不以好奇喜异目之而亦趣之者，正以诸学养士，各有司存，而士之寻师远游者，有藉于此也。

吾祁之浯溪书院，肇自至元中，苏天爵记之已详。至是凡二百年，岁圮月堕，鞠为瓦砾之场，蔓草之墟而已。佛者正襡每过而叹曰："物之成毁，相为倚伏，顾在人倡导何如耳。"遂号于乡之大夫士、乡之长老髦俊："是院在胜国时，有殿庭以居圣贤，有堂斋以妥先哲，讲肆有所，巍然焕然，为溪山出色。迄于今，士知向学，民知务本，职此之由也。当国家极盛大备，而使是院荒废若此，至文献无传，不亦大可哀乎！"众皆曰："唯。"于是富者献材，巧者献工，窭者献力，不数月而落成。其制：中为堂四楹，以奉孔子、四配；前为门庑四楹，以严内外；左右厢各四楹，盖有待而未敢必也。院成，西蜀喻侯子乾以名进士来知县事，乃迁元颜二公神主于左厢，推本意也。于戏！好募喜功，浮屠之家法，所谓祖裸雪霜，判割屠脍以邀世者比比，求出于其教之外者，殆不容发。至如正襡之端好尚、重风教，亦古今创见耳。昔胡明仲谓："佛者未尝为儒谋，而儒之陋者为佛谋。"将非过论也夫！其徒普灏寓书来征记之，遂书以告来者，非为其谋也。《诗》云："民之秉彝，好是懿德。"予于是院之成，益信诗人为知道云。

### 浯溪读中兴碑

我家屋后十丈石，当年刻作中兴碑。

火燔角触不损灭，自有鬼神严护持。

中兴事业不足尚，太师书法蟠蛟螭。

已知忠义真踪迹，定与天地同终期。

词希风雅漫郎颂，意学春秋山谷诗。

嚣嚣更劳几机杼，穷幽发伏争呈奇。

我生爱书来不厌，懒听谁家谭是非。

（康熙《永州府志》卷二十三）

# 唐　广

## ❦ 人物介绍

列朝诗集：唐广，字惟勤，庠之弟也。尝为本郡安吉县医官，自号半隐。面如红玉，目光闪闪，如画中人。善谑好饮。手钞奇书异传，不惜示人。吴兴邱大佑有诗名，纤丽似温李，惟勤一变为中唐，冲淡类韦柳。张渊子静，其所造就也。成化辛丑岁卒。朱存理作《唐半隐小传》。

（同治《安吉县志》卷十八杂记）

## 🏛 浯溪相关作品和事迹

### 浯溪胜迹

长溪浩渺连潇湘，悬崖峭壁摩青苍。疏派犹存禹功迹，中兴尚纪唐文章。

唐亭孤高纳清气，镜石皎洁澄寒光。溪山悠悠自今古，何处杖藜寻漫郎。

### 湘水涵清

祁阳一带江流东，溶漾千顷玻璃风。渔翁晓汲碧天上，楚女晚妆明镜中。

白山泛光映赤岸，翠竹写影连青枫。溯流有客吊虞舜，九疑如黛当吟蓬。

### 白鹤云屏

白鹤岭头云气生，白鹤岭下溪流清。地灵孕秀产奇石，千形万状皆天成。
砚傍何必琢玛瑙，枕畔绝胜围水晶。何当提携献间阖，六曲上刻贤臣名。

### 浯溪漱玉

浯溪溪上山崔嵬，溪源近出山之隈。清泉泠泠有音韵，白石齿齿无尘埃。
师襄击磬风外渡，湘妃鸣佩云中来。净洗筝琶一双耳，松根细听幽怀开。

### 庴亭六厌

庴亭戴石高凌空，江山如画当亭中。霜朝温暾半严日，暑昼飒爽千林风。
苍松鼓涛势澎湃，清泉漱玉声玲珑。八窗洞开六厌足，景物何处能相同。

### 笑岘亭岚

高亭突兀临紫霄，岚气绕亭常不消。浓随冉冉远烟起，淡逐拂拂微风飘。
半空低罩绿水面，一抹横锁青山腰。眼明鸥鹭忽飞傍，笑看雪光凝翠绡。

（弘治《永州府志》卷七）

# 杨　廉

## 🌿 人物介绍

　　杨廉（1452—1525），明江西丰城人，字方震，号畏轩。成化二十三年进士。授庶吉士，弘治三年授南京户科给事中。五年以灾异上疏言六事，请召用言事迁谪官，治两浙、三吴水患，停额外织造。正德间为顺天府尹，出为南京礼部侍郎。世宗时迁礼部尚书。与罗钦顺善，为居敬穷理之学，文必据六经，博通礼乐、钱谷、星历、算数，学者称月湖先生。卒谥文恪。有《月湖集》《大学衍义节略》《皇明名臣言行录》等。

## 🏯 浯溪相关作品和事迹

### 浯溪感怀

　　齐云巨石瞰江流，招我登临最上头。一代文章留胜迹，两朝风雨付沧洲。纷持健笔争诗价，细数何人为国忧。千古颜元刚气在，萧萧落叶满山秋。

（《浯溪新志》卷八艺文）

### 镜石

此石曾将献凤池，赐还仍对次山碑。
分明照见唐家事，不向旁人说是非。

（弘治《永州府志》卷七）

# 朱　英

## 🌿 人物介绍

　　朱英，字时杰，海族弟。登正统乙丑进士，授御史，历广东右参政，福建陕西左右布政使，升甘肃巡抚。

陈安边二十八事。晋两广总督。专意安辑，民得休息，流人复业者十五万家。出镇十年，召回京任都察院左都御史，加太子少保。卒赠太子太保，谥恭简，有专祠，并祀乡贤。明史有传。（同治《桂阳县志》卷十四人物·乡贤）

《浯溪偶成》拓片

## 🏯 浯溪相关作品和事迹

朱英诗碑，在摩崖区。

### 浯溪偶成

鲁公健笔元公颂，勒向浯溪自不磨。崖下照人原有石，恐经春藓为摩挲。

成化丙申三月之吉，奉敕总督两广军务、兼理巡抚、都察院右副都御史澹庵朱英识。

# 韦 窟

## 🌿 人物介绍

韦窟，明成化、弘治时太监。生平待考。

## 🏯 浯溪相关作品和事迹

韦窟题名碑，在摩崖区。

成化乙未冬，予奉命有事于湖湘。丙申夏四月，路由永州而至祁阳。偶见浯溪胜境，停舟造观，山川雄丽，草木奇秀。有唐颜真卿所书、元结所撰中兴颂及历代名公巨卿诗记，莫不锵然可诵，勒石以垂不朽。予徘徊瞻眺久之，旅怀洒然，如登蓬莱、瀛洲之为快也。特书以记之。

成化丙申夏四月上旬，中官少监韦窟识。

# 徐 怀

## 🌿 人物介绍

徐怀，字明德，登天顺四年进士。历刑部主事员外郎，迁江西右布政使，转左，入为都察院右副都御史。奉敕整饬蓟州、山海等处边备，并巡抚顺天地方，升南京刑部右侍郎。弘治六年卒于官。遣官祭葬，荫子璋入监，后授无极知县。怀为人耿介，冰蘗自持，居官勤慎，所至洗冤泽民，人咸德之。历任三十余年，无锱铢之积，清白之操，无愧古人。崇祀乡贤。嘉靖间，提学副使孔天彻为之立祠，命其孙镖奉祀事。

（康熙《建德县志》卷八人物志）

## 🏯 浯溪相关作品和事迹

徐怀诗碑，在摩崖区。

《游浯溪》拓片

### 游浯溪

鲁公书法因人重，元叟词章藉此传。

景物变迁知几度，磨崖碑刻自依然。

成化十三年秋八月八日，湖广按察副使严陵徐怀题。

# 杨 瓒

## 人物介绍

杨瓒，字宗器。天顺丁丑进士，授吏部考功司主事。时冢宰王翱性刚，属寮多曲意取容，瓒独持正，翱甚重之。进本司员外郎中。乃作岁寒亭以寓晚节。尝语人曰：杨震以却金名世，吾窃憾焉。夫举茂才而得怀金之人，其智或有未尽也。却金而存四知之畏，其廉或有未诚也。迁湖广参政，改河南。以不能徇时归。瓒历居要地，田不增亩，敝庐遇风雨则略葺之，可谓贵而能贫者矣。孙皆嘉靖戊戌进士，四川佥事，治行有声。（乾隆《兴化府莆田县志》卷二十人物）

## 浯溪相关作品和事迹

杨瓒诗碑，在摩崖区。

《过浯溪读磨崖碑》拓片

### 过浯溪读磨崖碑

土精独奇怪，壁立浯溪浔。我自祁阳来，舍舟试登临。水光漾林影，鱼鸟相浮沉。摩空树交翠，当夏生秋阴。三复碑上文，感慨因以深。兴衰固天意，乃见忠邪心。文工字亦工，石老苔不侵。前贤弗再作，溪山同古今。

成化丁酉孟夏，湖广布政使司左参政莆田杨瓒题。

# 康 海

## 人物介绍

康海（1475—1541），明陕西武功人，字德涵，号对山、浒西山人、沜东渔父。弘治十五年进士第一。授翰林修撰。与李梦阳等提倡文学复古，为前七子之一。尤工散曲，与王九思并称大家。正德间，因救李梦阳，往见太监刘瑾，梦阳因此得免。瑾败，竟坐其党落职。有《对山集》《沜东乐府》《中山狼》。

（《中国历代人名大辞典》）

## 浯溪相关作品和事迹

### 送周愚斋（己亥 1479）

华山闻子至，中道忽相违。绣岭君西去，交河予北归。才华雄楚甸，光采照秦畿。倘有浯溪访，何妨夜典衣。

（《对山集》卷十四，康海撰）

# 马 成

## 人物介绍

马成，明祁阳知县，四川人，以明经官此土。清慎和易，民恋之如慈母。满九年，应迁秩去，百姓赴阙乞留。宪宗时，准复仕三年，前后十二年，治绩至今诵之。乡民中有至老不见官府者，一日偶至县庭，长揖不跪，左右叱之。成叹曰："使吾民皆如此，胥与葛天氏游矣！"礼而遣之。（康熙《祁阳县志》卷八名宦）

## 🔹 浯溪相关作品和事迹

马成诗碑，在摩崖区。

《浯溪》碑拓片

### 浯溪

浯溪高勒中兴颂，伟绩天长四海驰。义胆忠肝坚士节，银钩铁画启人师。雨淋日炙几千载，鬼护神诃重两仪。驻马停舟廊庙客，山川光贲此丰碑。

知祁阳长宁马成书。

# 黄　中

## 🌿 人物介绍

黄中，明天顺间贡生，任楚雄府经历。（《乾隆祁阳县志》卷五）

## 🔹 浯溪相关作品和事迹

黄中、卢绥、卢纶诗碑，在摩崖区。

### 游浯溪诗

登临此日访浯溪，三复中兴颂德碑。忆昔大唐成往事，至今崖石与天齐。

佐楚雄府事邑人黄中题。

# 卢　绥

## 🌿 人物介绍

卢绥，祁阳人，阴阳训术。

## 🔹 浯溪相关作品和事迹

卢绥诗碑，在摩崖区。

### 游浯溪诗

泛泛江湖重复游，溪亭台榭甚清幽。游人颂遍当年事，分与空崖题上头。

邑人卢绥，阴阳训术。

# 卢　纶

## 🌿 人物介绍

卢纶，祁阳人，迪功郎。生平待考。

## 🔹 浯溪相关作品和事迹

卢纶诗碑，在摩崖区。

### 游浯溪诗

耿耿忠良孰与齐？磨崖镌刻在浯溪。春秋健笔垂龟鉴，邦国中兴息鼓鼙。

旷世令人增慨赏，于今老我重攀蹅。休言潦倒无才思，也学邯郸谩品题。

迪功郎邑人卢纶识，成化甲辰六月。

龙文按：蹅，疑误，应作跻，押韵。

《游浯溪诗》拓片

# 丁养浩

## 🎋 人物介绍

丁养浩（1451—1528），明浙江仁和人，字师孟。成化二十三年进士。选行人，擢御史，官至云南布政使。有《西轩效唐集录》。

## 🏛 浯溪相关作品和事迹

### 竹泉卷为浯溪赋

竹泉仙人色如玉，竹泉之居清且幽。泉响娟娟落深夜，风声渐渐吹高楼。

折屐蹑云屋东畔，疏帘卷雪天际头。醉倚阑干奏长笛，几回思入蓬瀛洲。

（《西轩效唐集录》卷七，明丁养浩撰，内阁文库红叶山文库本明嘉靖八年序刊）

# 夏　时

## 🎋 人物介绍

夏时，成化时永州通判。丰城人。但《永州府志》成化项失录。生平待考。

## 🏛 浯溪相关作品和事迹

### 回首东风恨未穷

吾因公务由永州府而至祁阳，慕浯溪之胜，公余遂同教谕张问明、□徐□□□览，遂成一律，以写愚怀耳。

山水清奇今古同，故家乔木却凋空。中兴死节几多士？当代何人第一功？烈烈碑文朝露浣，萋萋荒草暮烟笼。停骖竟日长吁叹，回首东风恨未穷。

成化甲辰秋八月十日，判永州府事丰城夏时识。

# 薛　纲

## 🎋 人物介绍

薛纲，字之纲。以进士拜御史，巡按陕西，其所建明皆边防大计。寻督学南畿，擢湖广副使，督学如初。

历广东按察使、云南布政使，皆善其职。乞归，卒于家。纲简直夷坦，不矫激而能持正。为文醇雅，著有《三湘集》《榕（旧志作崧）阴蛙吹》等。祭祀乡贤。

（嘉庆《山阴县志》卷十四乡贤）

## 浯溪相关作品和事迹

薛纲诗碑，在摩崖区。

《浯溪石》拓片

### 浯溪石

浯溪石，次山文，太师健笔驱风云。

古今且得赏三绝，事有至难休易论。

成化二十一年闰四月二十三日，湖广按察副使山阴薛纲识。

# 汤　霖

## 人物介绍

汤霖，生平待考。

## 浯溪相关作品和事迹

### 浯溪怀古

文皇创业何煌煌，开元继体资忠良。清平词奏黄金阙，渔阳烈祸生萧墙。淋铃雨作妖氛洗，灵武收兵由太子。皇舆宸极一重新，上皇旋轸深宫里。漫郎当年刺道州，曾甘贬谪宽诛求。艰危莫致徙薪策，辛苦独抱天崩忧。忽闻天使传再造，北望长安忻舞蹈。扬眉吐气颂中兴，仿佛周诗轶殷诰。浯溪崖石如镜悬，磨砻急把新词镌。奇哉更得鲁公笔，一时盛事千年传。想当运笔风雨急，剑戟纵横神鬼泣。常山旧恨犹关心，书罢青衫泪痕湿。国家兴废今几更，几人忠爱如先生。鲁公若为此邦计，何不一写春陵行。

（《浯溪新志》卷八）

# 吴玄应

## 人物介绍

吴玄应，曼亭公，讳玄应，字顺德。初袭章姓，后复吴姓。成化乙未进士，浙江省乐清人。授南礼科给事个。历官湖广少参、陕西大参、至广东右布政使。号雁荡山樵，故以名集。

## 浯溪相关作品和事迹

### 过浯溪

长林丰草翠成堆，水转山盘路几回。杜宇叫将春事去，鹧鸪啼傍雨声来。

人间天宝多余孽，石上琼琚半绿苔。正是孤亭寥落处，一尊谁共晚凉开。

### 游双清亭酬曾扬二老

行厨竹里洗尊罍，积雨新晴快一来。二水巧当亭下合，孤城高对坐中开。卷帘风下疏林叶，移席云生乱石堆。随处可诗兼可酌，晚凉何惜重追陪。

（《雁荡山樵诗集》卷九，东瓯曼亭吴玄应顺德撰，嘉靖丙辰乐清吴氏家刊本）

注：双清亭，疑即合清亭，据康熙《祁阳县志》卷二，在潇湘祠右。二水合流，山川奇秀。

# 姚昺

## 🏵 人物介绍

姚昺，（1443—? ），字懋明，江南省江宁府江宁县人。成化十一年（1475）登乙未科进士第76名（谢迁榜）。历礼部、工部主事、郎中。弘治五年（1492）升任湖广永州知府。弘治七年主持纂修《永州府志》十卷，这是一部卷目详明、记事简要的志书，保存至今，非常完整。他在官存心仁恕，为政公平，有守有为，吏畏民服。弘治七年，巡抚湖广都堂韩文会同巡按监察御史田沦及布政二司，奏行旌异。

## 🏵 浯溪相关作品和事迹

### 题磨崖碑

磨崖之石高齐天，中兴一颂石上镌。有唐到今千百载，何不剥落犹坚完？此碑久矣称三绝，必有山灵为护全。忆昔羯奴干纪时，正值天宝十四年。明星当时宠妃子，六宫粉黛谁能先？安知尤物善贾祸，两京兼没皆由然。天子蒙尘西幸蜀，伤心万户生寒烟。幸有皇储在灵武，改元嗣位从其权。躬率戎师扫妖孽，汾阳之辈为周旋。不独两京仍克复，上皇大驾亦还焉。功德煌煌宜赞美，次山作颂为彰宣。鲁公书法盘龙凤，戮力王室尤多贤。一碑屹立临江浒，往来缙绅多停舣。我来守永道经此，览胜直上崖之巅。临风搔首发长叹，岁月易迈何其遄。英雄贤哲今寂寞，独留碑文万古传。

### 游浯溪

永郡溪山此独奇，石崖镌满古今诗。
颜元词翰人珍重，为重为人也重碑。

### 过浯溪寻漫郎宅

漫郎宅舍久空虚，夜月钟声出寺疏。
寻访后昆消息杳，于今只有老僧居。

### 题镜石

石镜清莹俨若池，石傍犹刻有唐碑。如何只照溪山影，不照当年宠幸非？

### 浯溪书院

冬冬鼙鼓犯边烽，独有颜公敢敌锋。沙漠障中驱翼虎，风云会里际真龙。
义兵克复两京地，忠胆非要万户封。此日登临重怀古，斜阳隐隐下高松。

（弘治《永州府志》卷七）

# 桑悦

## 🏵 人物介绍

桑悦（1447—1503），明苏州府常熟人，字民怿，号思玄居士。成化元年举人。会试得副榜。除泰和训导，迁柳州通判，丁忧，遂不再出。好为大言，以孟子自况，谓文章举天下惟悦，次则祝允明。有《桑子庸言》

《思玄集》。

（《中国历代人名大辞典》）

## 浯溪相关作品和事迹

### 游浯溪记

予至衡山，即以家口浮湘而上。自以肩舆山行，登回雁峰，上下熊罴岭，以发千古之奇。既至祁阳，邑之诸士子来访，告予曰，浯溪山灵候先生久矣，不可不一往。

久阴，忽天开日晴。予易古衣冠，与诸士子步至溪浒，以舟乱流而渡。溪有巨石插渊，高六十余丈，嶾崒可爱。次山定居之。心南崖壁立，中通大道。崖嵌镜石，阔二尺许，长减四之一，以水渍之，莹如墨玉，近景毕照。磨崖碑勒于崖之西北，字画完好。欧阳永叔与王辉云，碑打残缺，其完好者永之再勒，今则不知其几勒矣。颜元之名，则不刊也。崖北勒宋中兴颂，赵不愚撰，赵公硕书，名不甚传。石勒古今名人诗，录可成数帙，不能悉记。予匆匆游览毕，众翼予上峿台，凌绝顶，观宎尊。尊可容酒数斗，亦人为凿成。循山而东，为颜元书院，西建唐亭，浯溪环绕其下。僧寺面溪，地颇开旷，或云即次山之故宅。

予游览既倦，坐僧寺中堂，诸士子设殽核，酒数行，予揖诸士子而告之曰，浯溪素无名，以次山名之而显，且自古名贤所过之地，则专其地之名，如贾长沙、柳柳州之类。离乱不能争，劫数莫能坏。一代生贤，不能数人，而多弗究其用。名山大川，必有主宰之者夫。乃阴扤之，使其流落奔走，因藉其言以传名于后世，是山川之神默窃世用之柄而不自知也。推而至于以万世为土者，谓非天欲用之以代言，设教于无极者乎。有为之朝，神不灵；有道之世，天在下。是以贤无不用，而世底雍熙也。时无与乎己，学不由乎人。诸士子其勉之哉。修德以建功，明道以立言，使浯溪为濂、洛，以引洙、泗之流，亦吾儒分内事也。其可不加之意耶。

同游者，乡进士曾萧升和、庠友邓溥文瀚、李纪大伦、阳时熙永和、刘廷珊朝贵、程輮廷斡、王溥汝霖、蒋㫘首阳，理宜牵联书其名字以诏无穷，亦以使后之来人指其名、稽其所成，以寓景仰，庶兹游为不负也，盍相与勉之。弘治六年（1493）十月八日。

（《思玄集》卷六，《四库存目书丛刊》集部 39 册）

### 读磨崖碑

明皇御宇丰亨辰，养得逆雏三百斤。粗疏何以招宠渥，耳听牝鸡心夺神。鼙鼓声喧翻地轴，自脱兵戈出奔蜀。勉留鹤驾驻灵武，徇众涂柅作黄屋。长源筹策令公才，诸将席卷胡尘开。迎回太上寄南内，国事后宫能剪裁。外夷内色阴同老，父子昏迷不知晓。可怜水部颂中兴，笔底妖氛难直扫。太师字法世绝伦，点画特垂忠义筋。穷碑合刻置清庙，逃劫何如野水滨。东流赴海终不复，千古兴亡如转烛。穷荒绝域魑魅居，词翰天留镇岩谷。

（《思玄集》卷十一，四库存目书丛刊集部 39 册）

# 李梦阳

## 人物介绍

李梦阳（1473—1529），明陕西庆阳人，徙居开封，字献吉，自号空同子。生于成化八年十二月中。弘治六年进士，授户部主事。武宗时，为尚书韩文草奏疏，弹劾宦官刘瑾等，下狱免归。瑾诛，起为江西提学副使，倚恃气节，陵轹台长，夺职。家居二十年而卒。尝谓汉后无文，唐后无诗，以复古为己任。与何景明、徐祯卿、边贡、朱应登、顾璘、陈沂、郑善夫、康海、王九思号十才子。又与何景明、徐祯卿、边贡、康海、王九思、王廷相号七才子，是为前七子。梦阳己作，诗宗杜甫，颇狂放可喜，文则诘屈警牙，殊少精彩，时人则视为宗匠。有《空同子集》《弘德集》。

## 🛕 浯溪相关作品和事迹

### 送王呈贡赴县

二月扁舟过浙西，楚云何日度浯溪。滇南小郭青山绕，花发流莺一样啼。

（《弘正四杰诗集》之《李空同诗集》卷三十一，北郡李梦阳献吉撰）

# 成　玮

## 🌿 人物介绍

成玮，天顺三年己卯科举人，字楚英。成都府通判。（嘉庆《祁阳县志》卷十九选举·举人）

## 🛕 浯溪相关作品和事迹

成玮诗碑，在磨崖。

### 浯溪

《浯溪》拓片

洛阳尘起马频嘶，玉辇金车尽向西。臣结春秋二三策，游人诗赋百千题。真卿笔法书多楷，唐室中兴事不迷。世故已同流水去，磨崖仍与楚天齐。

成玮，天顺己卯乡贡，通判成都，致仕，太平乡人。

# 李承箕

## 🌿 人物介绍

李承箕，字世卿，嘉鱼人。幼有大志，不喜为举子业。好为古诗文，入大崖山读书，非礼不动。赴成化庚子乡试，考官桑悦首选其卷，监临者不从，悦上书政府论荐。丙午领乡举，丁未一试礼闱而归。闻岭南陈献章讲学，徒步往师之，不复仕进。乃筑钓台于黄公山，与兄承芳日夕奉母，怡愉一堂，虽贫约不计及。母丧，寝苦枕块，不离丧次。为人寡言笑，终日端坐，人莫窥其所存。为诗文下笔立就，若不经意。工草书，人争传之。所著有《大崖集》。

（《本朝分省人物考》卷七十六）

## 🛕 浯溪相关作品和事迹

### 答喻祁阳子乾惠鲁公石刻并九疑茶

面隔来去，几枉书问，箕山林放诞，明公何取于斯？顾其提挈大务，综理细密，卜其政矣。颜碑已拜嘉，更求浓墨一本。永州茶品不著于经，惠者甚佳。世之名者未必实，实者未必名，皆此类也。白沙先生示书，兹有此行，径由郴岭取截也。有爽灵西飞，悠然高阁名香之间耳。小诗闲令，吏人隔墙歌之，而明公和焉，亦曹参之遗意乎？

（《大崖李先生诗文集》卷二十书简，嘉鱼李承箕世卿撰）

# 喻　时

## 🌿 人物介绍

喻时，字子乾，内江人。正德六年进士，自监察御史出知松江。倭警狎至，时厉兵饬备，督粮马倅，追逋赋甚峻，又欲撤沿城民屋，合郡骚动，时移文请之，得免夏税。修葺郡志，延顾少詹清为总裁，而聘文学高企、吴稷、岳鐽、蒋惠等编订，于水利役法尤详焉。

（《嘉庆松江府志》卷四十一名宦传）

## 🏯 浯溪相关作品和事迹

赠颜真卿中兴颂拓片给李承箕。

# 康显迪

## 🌿 人物介绍

康显迪，祁阳人，生平待考。

## 🏯 浯溪相关作品和事迹

康显迪浯溪题名，在东崖区。

甹砌山门路记

伏以天下名山，素仰浯溪第一；湖南胜概，独推□□无双。辟开昔日门墙，□□前朝向止。乃强乃理，爰始爰谋。面水背山，诸佛显灵而出色；架□□浴，十王崇库以增光。藉群公结个善缘，赖众力开条方便。通于南北，界乎东西。告厥成功，须立穹碑而记颂；纪其芳姓，能教后世以仰□。创（创）泰山之安，巩盘石之固，维其嘉矣，不亦美乎。谨□。皇明弘治十二年己未□□□元望日，劝首康显迪立。

（捐款人姓名从略。）

广西全州石工廖杰立刊，当代住持僧正禬募缘。

# 谭寿海

## 🌿 人物介绍

谭寿海（1385—1457），号深源，泷水（今广东罗定）人。永乐乙未联捷，授河南御史。上疏愿改教职，除桂林府学教授。白云在望，解组回归。敦孝友，淑生徒，丘园高蹈，一切干请谢绝，雅尚清恬，庶几激顽起懦。《粤东通志纂要记》云：恬澹自守，不染流俗，称笃行君子。祀乡贤。明怀宗间，兵宪张公讳国经，阅志重之，额其祠曰：清风高节，赠其联曰：尽孝尽忠，百粤声名高日月；祀家祀国，千秋竹帛炳乾坤。

（《康熙罗定州志》卷六人物）

## 🏯 浯溪相关作品和事迹

石镜

一拳水石傍山隈，好似菱花一样开。万古地天为玉匣，千寻山岳作瑶台。清光不受缁尘涅，古意任教苍藓陪。不用世间勤拂拭，倬然云汉自昭回。

（《康熙罗定州志》卷八艺文）

# 王 华

## 🌿 人物介绍

　　王华（1446—1522），伦次子。行春二。字德辉，号实庵，别号海日。生明正统十一年丙寅九月二十九日，姚邑庠生。成化庚子举人，辛丑进士第二，殿试状元及第。授翰林院修撰，经筵讲官。迁右春坊右谕德，经筵日讲官，翰林学士，礼部右侍郎。历南京吏部尚书致仕。迁居赋呈光相坊，卒嘉靖元年壬午二月十二日，年七十七。葬山阴天柱峰之南麓。大学士杨一清志其墓。以子守仁恩封光禄大夫、兵部尚书、新建伯，崇祀乡贤。有《龙山集》《坦南草堂稿》《礼经大义》，共四十六卷。配郑氏，有贤行。葬山阴徐山。累赠一品夫人。子一，守仁。继赵氏，累封一品夫人。子一，守文。女一，适南京工部都水司郎中徐爱。副杨氏，公在翰苑，先继娶杨氏，因母命，杨氏让封于赵。得子阯恩封太恭人。子二，守俭、守章。赵杨二夫人与公合葬小天柱峰南原南池百家峉。

（乾隆四十四年《姚江王氏宗谱》卷四）

## 🏯 浯溪相关作品和事迹

### 吊颜鲁公

　　一从天宝牝司晨，回首渔阳暗房尘。河北可怜无义士，平原谁识有忠臣。归来朝野勋名重，出使边陲节概新，字勒磨崖千古在，至今犹愧貌蓝人。

（弘治《永州府志》卷七）

### 瑞梦堂记

　　成化甲午岁，当大比，于是松江张公时敏为吾浙提学，首以华与谢公于乔荐于主司。其年，谢公发解第一，华见黜归。读书龙泉山中，方伯祁阳窦公良以昼币聘，为其子竑讲学。乃自浙抵祁阳，居于梅庄书屋。明年乙未，谢公状元及第，窦公以书来贺，曰：先生与谢君齐名于时，今谢君及第，此亦汇征之兆也。华阅书谓竑曰：尊翁此言，慰吾客中落莫之怀耳。岂真谓予能然？置书于箧中，初亦不动念也。是夜，予就寝，忽梦归吾邑，如童稚然。逐众迎春郊门外，众异白色土牛，一覆以赭盖旌藁，幡节鼓吹，前导方伯昌黎杜公，肩舆随于后。自东门入，至予家乃止。既寤，未详所梦。质明，是为端阳前一日。竑侍予晨铺，因语之梦，竑俯不应久之。屈指轮回者，再作而言曰：是状元之兆也。家君之贺非诬矣。予曰：何居？竑曰：牛一元，大武也。春岁之首而试期也。状元亦谓春元也。色白，其神为辛牛之神，土也中之岁，其以辛丑乎？予曰：鼓吹前导者何？曰：是所谓伞盖仪从，送归第者也。予曰：奚为而杜公从之？曰：以伞盖从者，实京兆尹。是岁也，京兆其杜公乎？予闻而笑曰：噫，有是哉。子之言殆隍中之鹿也。竑遂请为记，予曰：征而为之，其既晚乎。竑乃私识于礼经之卷末，以复予曰：愿先生毋忘今日之言。予曰诺。岁丁酉，予复黜于有司，奔走江湖。梦之真妄不复记忆。庚子，乃领乡闱。明年辛丑，试春官得隽，入奉临轩之对。果明进士第一，传胪毕，承制送予归长安私第，果杜公也。一时湖湘章缝之士遂盛传是梦，竑乃易匾梅庄书屋为瑞梦堂，而数书请约为记。予惟昼之所思，夜之所梦，高宗之梦传说，君得良弼也。孔子之梦周公，思行其道也。世科目之士虽以状元及第为荣，而予之心思则未尝及此。然此梦征于六年之后，若合符节，一毫不爽，岂所谓祯祥之兆先见耶？予自及第迄今，具员侍从几二十年，曾未能如傅如周，对扬天子之休命，顾徒夸诩于一梦之荣，以为瑞而记之，亦且陋矣。第以塞竑之请，且以见夫人之穷通迟速，固有一定之数，而不以趋避为也。竑占是梦，人亦称其颖悟云。

（嘉庆《祁阳县志》卷二十三艺文）

### 德庄曾公墓表

余，浙人也。维藩臬两浙，实楚祁宁公良。余方执经帱士，谬属鉴赏。寻宁公归，携余至祁之梅庄。余始获与士夫游，而廷璧曾君，暨令嗣叔和，尤为莫逆。

一日，宁公谓余曰：“子知廷璧公之世族乎？系出宋中大夫巩肇之后。元太定进士，讳明远，知广西全州，厌乱兵，徙居祁邑。其子曰乾、曰复。暨孙以忠，忠生福祥。祥生子五，曰温、良、恭、俭、让。恭，别号德庄，即廷璧公之父翁也。翁端方正直，驯行孝谨，藐轩冕而唾金赀。曩溽暑浴于江，倏值雨作，众浴先奔，翁归稍后。忽践沙岸白金一囊，莫知谁遗，拾而登丘，舟候至漏初。果一年少泣来，状若投溺。翁问何为？曰：‘吾商也，浴此而失囊金，何命还乡？’翁曰：‘果尔，吾候子久矣。’遂出囊金还之。彼获金而喜者，忘求姓名，辄吁天而祝曰：‘还我金者，愿彼子孙世世荣贵。’此曾君积德之厚耶！是年庠彦佥举乡饮，杜门潜迹，征至再四弗就，邑侯王公觐始以事闻当署，旌以冠带，详著邑志。”余聆宁公之言而叹曰：“行可以风世，不必邹鲁。节可以自见，不必彝齐。阴德足以裕后，奚啻王贺哉？翁诚可嘉也。”

越明年，余以乡比归，辛丑入对大廷，及第，备员经筵。厥孙叔和，亦偕计来京，属余以表翁之墓。情不容辞，曰：“翁之行谊，素知矣；但寡闻。奉命不克，姑以曾君生平之会晤，与宁君畴昔之称述，为公左券以示景行于不朽，非溢美也。”

距生洪武癸酉七月初四日，卒成化戊戌十一月初七，享寿八十又六。是年归葬县治东冷水井，丁癸立坟。娶张氏，永州卫总旗女也。子二：长璿，次琪，中景泰丙子，历任知州，咸有政声。女一，适举人蒋亮。孙男四：长鼎；次鼐，即叔和公也，以儒士中成化庚子，独对丹墀，行端有恃；次鼏；次彝，俱冠带，兰桂济济，皆天所以眷还金之德乎！因悉记焉。成化辛丑菊月中浣之吉。

（康熙《祁阳县志》卷九艺文）

# 陶成秀

## 🌿 人物介绍

陶成秀，祁阳县人。明弘治甲子年（1504）夏月吉日与孙敬之同游浯溪，并联句。生卒年月不详。

## 🌿 浯溪相关作品和事迹

陶成秀、孙敬之联句诗碑，在曲屏区。

### 游浯溪联句

览遍江湖景，（敬之）浯溪胜景幽。真卿文永在，（成秀）聱叟迹长留。

镜石涵辉润，（敬之）磨崖聚讼悠。留题看不尽，（成秀）林外夕阳秋。

游浯溪联句拓片

# 孙敬之

## 🌿 人物介绍

孙敬之，吉水人。明弘治甲子年（1504）夏月吉日与祁阳陶成秀同游浯溪，并联句。

### 🏛 浯溪相关作品和事迹

陶成秀、孙敬之联句诗碑，在曲屏区。

#### 游浯溪联句

览遍江湖景，（敬之）浯溪胜概幽。真卿文永在，（成秀）謦謦迹长留。
镜石涵辉润，（敬之）磨崖聚讼悠。留题看不尽，（成秀）林外夕阳秋。

弘治甲子夏月吉日，邑人陶成秀、吉水孙敬之游浯溪联句。

# 王 臣 （明朝）

### 🌿 人物介绍

属官题名侍讲，王臣世赏，江西庐陵人，成化己丑庶吉士，终广西参政。（《岭南遗书八卷》）

### 🏛 浯溪相关作品和事迹

#### 过浯溪读中兴碑（四首）

##### 其一

浯溪山石中兴碑，乾坤□此三□奇。还□磨崖□□诗，大书深刻□翁词。

##### 其二

溪上春云泼墨朱，寺下春江鸭头绿。石崖因著鲁公书，水怪潜形山鬼哭。

##### 其三

漫郎文章颂中兴，似为唐家写□□。春秋大义□□□，□□忠□□意□。

##### 其四

鲁公书法屋□□，佩玉棠□□□□。潭水倒影星斗□，□□细作蛟龙吟。

#### 咏浯溪

浯溪怪怪又奇奇，秀甲潇湘陋九疑。最爱浯溪照水石，萧然仙客鉴清漪。

弘治甲子春仲，大中大夫、广西布政司左参政、前御林都尉官，庐陵王臣世赏题。

《过浯溪读中兴碑》四首拓片

# 蓝 郁

## 🌿 人物介绍

　　蓝郁，字国馨，其先广东茂名人。父春为盐主簿，遂家焉。郁登进士，初知祁阳，以才堪治，剧改人崇安。去祁日，有浯溪惜别图，歌咏者甚众。在崇安，操履清白，爱民好士，其为政以厚风俗、祛民患为急，民有讼者，往往以义动之，不俟刑罚，自无不服。继调浙江嘉善，有惠政，嘉善为建生祠，名瑞梦亭。以考最升大理寺评事，治狱多所平反，民尸祝之。致仕归。居乡平易，尤为众推服。值邑大荒，郁捐白金三千七百馀两，为民纳逋赋，家遂落。邑人感其德，请祀乡贤。有凌胜、高隆、夏诰、陈滋，皆有德于乡，与郁同，成宏间邑多饥馑，胜出粟八百石助赈，授七品散官。民苦马债难办，代纳白金二百两，太仆少卿山阳顾达为文志其墓。隆性醇厚，事寡母以孝称，弘治中尝捐资买城东田数十亩，瘗道殣千馀。诰官鸿胪寺序班，嘉靖己未春，大疫，诰具棺槨收瘗暴尸甚多。滋修桥建庙，不惜巨赀。值隆庆己巳大水，输粟赈荒，存活甚众。弟芥亦轻财重义，有司以尚义旌其门。又隆庆间有蒋国柱，岁荒赈饥，兴化李春芳赠扁曰一乡善士。

（光绪《盐城县志》卷十人物）

## 🏛 浯溪相关作品和事迹

　　1. 蓝郁诗碑，在峿台北崖区。

漫郎文字鲁公碑

漫郎文字鲁公碑，添得江山分外奇。

万古人心忠义共，可应名胜重浯溪。

蓝郁等题名碑拓片

赐进士第知祁阳县事盐城蓝郁题。

　　2. 蓝郁等题名碑。

皇明弘治甲子夏四月二十七日，知祁阳事盐城蓝郁，同恭城陶龄、缙云陶弘来游。生员张机书。

# 张 吉

## 🌿 人物介绍

　　张吉（1451—1518），明江西余干人，字克修，号翼斋，别号古城。成化十七年进士。授工部主事，官至贵州布政使。精研诸经及宋儒著作。尝曰"不读五经，遇事便觉窒碍"。有《陆学订疑》《古城集》。

（《中国历代人名大辞典》）

## 🏛 浯溪相关作品和事迹

### 重经浯溪

　　我舟再楫三吾道，李家陈迹悲如扫。两翁辞翰犹依然，十丈铁崖悬至宝。土花渍蚀茫穗半，犹照清湘舞寒藻。西风古树泫露高，似泣中兴多潦草。徒令过客张群议，角立俄然费探讨。有执储皇黻抚军，亟尸天位乃无君。有言彼为社稷计，不立危亡当即至。氂荒久失率土心，那更作人怀敌忾。我求二说恐未然，义虽有据道终偏。无君岂可君天下，坐视危亡亦背天。当时诸臣在灵武，只合合谋操两疏。一祈禅诏降金天，一请嗣皇膺历数。艰难百计萃厥躬，舐犊老牛宜内顾。但少须臾俟报章，正名讨贼宁忧莫。邺侯归国惜太晚，鸿渐诸人谁晓悟。遂令河北数十州，欲睹天日终无路。山水三吾素有灵，高歌夜半请深聆。

（《古城集》卷五，明张吉撰，文渊阁《四库全书》第1257册）

浯溪

唐亭不见枕浯溪，仅见峿台溪水西。一啸度香桥外去，山禽仍近古碑啼。

**乌符观读吕仙诗刻忽报蓝祁阳改知嘉善喜赋二绝为别**

执茗仙宫认旧题。冥冥山雨鹧鸪啼。路人开口尤真宰，卷送阳和到浙西。

嘉禾风景异浯皋，百货都平米价高。闰月林庐多好梦，家家馈饐欲流膏。

祁　阳

形影相随自不孤，观颐敢道口难糊。度香桥外寒芒动，遥望文星落半途。

（《古城集》卷六，明张吉撰，文渊阁《四库全书》第 1257 册）

# 成百川

### 🌿 人物介绍

成百川，明祁阳人。小学。

### 🏛 浯溪相关作品和事迹

与端序等于浯溪题名，在摩崖区。

成百川等题名碑拓片

# 端　序

### 🌿 人物介绍

端序，生平待考。

### 🏛 浯溪相关作品和事迹

端序等题名碑，在摩崖区。

征进广西，星沙武德将军端序，同总旗尚虎、陈沧于弘治乙丑秋七月念一日同游浯溪记。小学邑人成百川书。

# 尚　虎

### 🌿 人物介绍

尚虎，生平待考。

### 🏛 浯溪相关作品和事迹

与端序等于浯溪题名，在摩崖区。

# 陈　沧

### 🌿 人物介绍

陈沧，生平待考。

·浯溪历代人物志·

## 梧溪相关作品和事迹

与端序等于梧溪题名，在摩崖区。

# 张弘至

## 人物介绍

张弘至，字时行，明松江府华亭人。弘治九年进士，授兵科给事中。十二年陈初政渐不克终八事。又请速正失机边将典刑，减省亲王就国时供给。正德元年（1506），以户科右给事中奉使安南，过梧溪，留诗刻磨崖上，并补刻张耒《读中兴碑》。还后迁都给事中。著有《万里行》一书，纪其奉使安南之事。

## 梧溪相关作品和事迹

张弘至诗碑，在摩崖区。

### 宿梧溪（二首）

**其一**

为爱三吾七日留，苍崖溪口自维舟。隔江雨意开生画，到枕风声类早秋。披草读碑论胜事，拂云镵石纪同游。千年遗迹无穷感，尽付湘江日夜流。

**其二**

重舣梧溪信宿招，次山风致一时豪。何须台榭旌吾有，暂借江山寄兴高。云拥杖藜临绝壁，雨催诗句度香桥。使槎不尽相留意，独倚天南望斗标。

丙寅十月宿梧溪。东吴张弘至时行赋。

龙文注：《万里行》中诗题作《丙寅十月宿梧溪》。

《宿梧溪》二首拓片

# 陈凤梧

## 人物介绍

陈凤梧，字文鸣，后街人。十岁能诗，弘治间登第。选庶吉士，授刑部主事。出为提学副使，累升副都御史，迁右都御史。历官三十馀年，章疏凡六十馀上。始应孝皇诏，言五事。世宗继统，言八事。皆关系君德，切于时政。至奏免御史大比、会考著为令甲，正太监节俭、礼仪，大扶士风。家居扫室静坐，日惟著书。旦夕衣冠，终日不见惰容。乡中后进奉为师法。卒赠工部尚书。所著有《四书六经集解》《修辞集》《奏疏稿》。

（同治《泰和县志》卷十七列传明正传）

## 梧溪相关作品和事迹

陈凤梧诗碑，在摩崖区。

### 江山不尽古今游

歌颂形容胜概幽，江山不尽古今游。漫郎风致依稀在，徒倚高台俯碧流。

正德改元丙寅十一月十九日，予邀通政程德和同游梧溪，因次同年张司谏韵，镵之石上，以记岁月云尔。

卢陵陈凤梧谨志。

# 沈 周

## 🌱 人物介绍

　　沈周，（1427—1509），字启南，号石田、白石翁、玉田生、有竹居主人，明代绘画大师，吴门画派的创始人，明四家之一，长洲（今江苏省苏州市）人。生于明宣德二年，卒于明正德四年，享年八十二岁（虚八十三岁）。不应科举，专事诗文、书画，是明代中期文人画"吴派"的开创者，与文征明、唐寅、仇英并称"明四家"。传世作品有《庐山高图》《秋林话旧图》《沧州趣图》。著有《石田集》《客座新闻》等。

《江山不尽古今游》拓片

## 🏯 浯溪相关作品和事迹

### 题中兴颂石刻后

　　有册有册一尺畸，启阅重是磨崖碑。平原太守气骨壮，杀贼馀力存毛锥。千年白石耀深刻，风雨不剥神扶持。铜柱莫拔魑魅走，铁网欲破珊瑚撜。快睹书法十数过，训读其语增噫嘻。君王爱色不爱国，金钱买祸由洗儿。长安洛阳要自陷，法宫蜀栈谁安危。嗣君虽然访旧物，以得补失终磷缁。此碑颂德实揭过，有家有国留箴规。暗窗日拓不辍手，来禽青李生蛛丝。

（《石田先生集》卷三，《浯溪新志》卷八）

# 蔡 昭

## 🌱 人物介绍

　　蔡昭，明朝太监。正德年间为两广镇监。

## 🏯 浯溪相关作品和事迹

　　太监蔡昭题名碑，在摩崖区。
　　钦差镇守广西司、设监太监蔡昭于正德二年三月吉日到此。

# 易舒诰

## 🌱 人物介绍

　　易舒诰，字钦之，号西泉，攸人。弘治乙丑进士，改庶吉士，授检讨。正德初，以忤逆瑾不见容，改南户部主事。瑾诛，复入翰林。以亲老乞归养，家居十四年，杜门不出。所著有《浯池集》三十卷。

## 🏯 浯溪相关作品和事迹

### 憩浯池怀丁少参约游不果

　　海内丁参伯，平生冰雪心。此来逢酷暑，高兴阻幽寻。林步松风度，窗眠竹气侵。潘安秋有赋，杖履意还深。

## 和前韵答唐贰守

五载长沙郡，清湘照素心。偶从今日见，宜向古人寻。忧国容颜瘦，耽书岁月侵。单车频按辔，雨露自沾深。

## 浯池漫兴

四山围合树交加，一径穿云曲似蛇。占得风烟三亩地，买将春雨一溪花。

园多鲜果朝常送，市近香醪夜可赊。料得他年归老计，定于此处足生涯。

（《沅湘耆旧集》卷十四，新化邓显鹤湘皋编辑）

# 鲁铎

## 🎋 人物介绍

鲁铎（1461—1527），字振之，景陵人。举弘治壬戌进士第一，入翰林。甲子，授编修，预修孝宗实录。武宗即位，诏谕安南，赐公一品服，充正使。至则宣朝廷威德，其君臣约束如礼，燕庭中，盛陈珠贝异物，公不少顾。留二日，即行。其臣昇赆追送，固却之。明年，交人入谢，宣扬于朝。丁卯，晋国子司业。疏乞终养，未至家，丁艰。时邑有犬而角，公曰：兵象也，顷之盗果起。大肆剽掠，其戎首戒曰：鲁公，仁人也，慎无犯其家。于是，里人率褓负依公，多所保全。辛未，复原职。乙亥，晋南祭酒，九月改北雍。是年，乡邑大水，荡没田庐，有司以闻事，下户部。公力请大臣往赈，存活数十万人。未几，疏乞养病，再上，得旨家居。建书院，藏图史，课子弟。尝植橘而瘁，公曰：此橘再苏，吾必永年。已而果然，因号苏橘山人。嘉靖元年，首诏起公，乞休，不许。久乃得请。司冠林俊疏言：经师易得，人师难得。铎学足以订顽立懦，道足以镇雅黜浮，宜如孝宗用。谢铎旧例，命吏部以礼部侍郎起之。一时抚按暨台谏交荐公，以老病固辞不出。卒，年六十七。赐祭葬，谥文恪。

（康熙《安陆府志》卷十八）

## 🏛 浯溪相关作品和事迹

### 浯溪（丁卯 1507）

在祁阳上流五里，碑既重刻，且复剥落矣。前人题咏镌刻崖石遍满，虽窦中上下皆然。碑傍有镜石，谓昔可鉴，其镜内今不甚明。崖上有峿台、唐亭，亭前石四裂，直透崖下，见水瞰之惊神。中有汗尊，深圆如卣，八隶字曰：方子为元子作汗尊。皆次山经略此土时物，亭则后人重立者。崖旁今有颜元二公祠、像，复有大寺僧主其祠香火。崖高数丈，本一方奇观，况复有二公文翰照耀千古，则虽五岳之尊，不当以高下论也。

水足春江欲向西，风船不觉过浯溪。羸骖冲雨晚还去，大刻与天真欲齐。镜石暗来犹晃耀，汗尊奇甚更攀跻。新诗拟托群公后，壁满岩交何处题。

（《鲁文恪公集》卷五《使交稿》，竟陵鲁铎振之撰，《四库全书存目丛书》集部第 54 册）

正德元年（1506），奉命出使安南。

# 潘希曾

## 🎋 人物介绍

潘侍郎希曾，字仲鲁，金华人。弘治壬戌进士，授兵科给事中。抗疏忤逆瑾，遣让湖贵，计处边储，复命下狱，拜杖，除名为民。瑾诛，复官，历升工部侍郎，治河有功，改兵部，赠尚书。

（钱牧斋《列朝诗集小传》丙集）

## 🏯 浯溪相关作品和事迹

过熊罴岭

衡阳又过熊罴岭，冀北谁传鸿雁书。廊庙关心趋走地，年华回首别离初。梅横野市春寒浅，竹映沙村夕照虚。十里浯溪天渐暝，磨崖碑畔暂踟蹰。

（《竹涧先生文集》卷一，明潘希曾撰，明嘉靖二十年黄省曾刻本，《明别集丛刊》第一辑 098 册。另《四库全书》第 1266 册有《竹涧集八卷竹涧奏议四卷附录一卷》卷一）

# 周 垚

## 🌿 人物介绍

周垚，例贡，字承勋，审理正。父元学，赠审理正。（万历《重修昆山县志》卷四选举）

昆山周尧在桂林有正德六年《会仙岩记》《周垚刻像并诗》。

## 🏯 浯溪相关作品和事迹

周垚题名，在东崖。

靖江王府审理正昆山周垚，因闻祁阳有明镜石之异，便道访焉．得览颜氏石刻，不胜景仰，乃命工刻于崖间，以识岁月云。时正德己巳六月初一日也。

# 阮 韬

## 🌿 人物介绍

阮韬，生平待考。

## 🏯 浯溪相关作品和事迹

阮韬题名碑，在摩崖区。

浙江布政司承差阮韬过访故记。

# 曹来旬

## 🌿 人物介绍

曹来旬，字伯良。郑州进士，历监察御史，独持风裁。正德六年，以武昌知府改永州，政事精明，丰采凛然。励公廉，兴学校，廨舍祠宇，无不修饬。以忤当道罢去。所作诗文，至今士皆传诵之。（道光《永州府志》卷十三良吏传）刻有《陋巷志》，正德二年刻本。

## 🏯 浯溪相关作品和事迹

### 读中兴碑

万里分符来守土，两年浯溪未一睹。乘时送客偶维舟，山明水秀真无愈。摩挲老眼辩残镌，上下旁求勤仰俯。元子词章雅颂音，颜公笔翰蛟龙舞。一行朗诵一回思，漫将唐事从头数。聿自锦襁褓禄儿，六宫养成双翼虎。心轻中国势滔天，渔阳动地鸣鼙鼓。上皇幸蜀弃长安，太子即位于灵武。金戈一挥复两京，开辟勋烈昭寰宇。至今人咎宠玉环，岂知兆端相林甫。九龄不罢正气闻，羯奴敢羡塞酥乳。只将再造劳仪仪，不念后患言可取。三纲扫荡四海穷，中兴之功何能补。悠悠此恨世难知，空使英雄泪如雨！

大明正德八年五月望日，河南郑州曹来旬识。

《读中兴碑》拓片

# 顾　璘

## 🌿 人物介绍

顾璘（1476—1545），明苏州府吴县人，寓居上元。字华玉，号东桥居士。弘治九年进士。授广平知县。正德间为开封知府，忤太监廖堂，逮下锦衣狱，谪知全州。后累迁至南京刑部尚书，罢归。少负才名，与同里陈沂、王韦号金陵三俊，后又添朱应登并称四大家。诗以风调胜。晚岁家居，治息园，筑幸舍，延接胜流，江左名士推为领袖。有《息园》《浮湘》《山中集》《凭几集》《息园存稿诗》《息园存稿文》《国宝新编》《近言》等。

## 🏯 浯溪相关作品和事迹

### 浯溪（1513）

系舟浯溪下，策杖登崇台。钦崟石壁古，手拨苍云开。娲皇彩烟灭，遗此青瑶瑰。元公自奇崛，首发雕镂灾。灵光落台斗，照耀衡湘隈。白日映寒野，旷望江流回。山僧指陈迹，故宅久已灰。宬尊依然好，饮者安在哉？感叹惜形役，长歌下崔嵬。

（《浮湘稿》卷一，文渊阁《四库全书》第 1263 册。

### 宿排山道院二首（1537）

苦厌尘缨缚，欢投道院清。不逢黄石异，惟见紫芝荣。涧水增茶品，山光冷宦情。寒宵得洗耳，金磬杂经声。动静不可执，山深生暗喧。霜寒警怨鹤，风远啸哀猿。供饭夸云子，为官号漆园。儒家衡斗政，莫与道人言。

### 排山晓发

五更吹角起征夫，百里传餐戒晚厨。乌府自惭成忝窃，熊轓那敢惜驰驱。尘埃长远云生榻，瘴疠全消雪满须。惠爱倘闻千里洽，江湖从遣一身孤。

### 熊罴岭望雪

熊罴岭头望雪花，千林万壑玉交加。若为扫尽浮云色，夜拥狐裘看月华。

### 祁阳道中雪

南雪常传到地消，湘东今见踏琼瑶。水铺练带平争白，树簇银花静不摇。野色倍添梅萼宠，土膏先动草心骄。天涯莫自伤迟暮，早报丰穰慰寂寥。

潇湘之景清且妍，雪中行吟更可怜。乱峰插地万圭出，高鸟背云孤鹤骞。连林古木各生意，一望江天弥素烟。惜哉相如未始见，作赋漫为梁园传。

### 祁阳怀故通参程德和

特达千人俊，醇良万石君。遗书留学阁，宿草满荒云。后辈推耆旧，南曹奉德熏。颇伤身后事，不愧墓前文。

### 夜至祁阳以录囚行

篝火荧荧夹道明，夜江寒浸百家城。天王不弃南荒远，直布阳和及死生。

### 汗尊

元公古天民，汗尊表其德。堂堂刺史身，甘隐漫郎宅。

### 题笑岘亭

浯山窃笑岘山碑，也自磨崖向水涯。陵谷变迁皆瞬息，不缘金石有名垂。

### 元颜书院用钱给事韵

元颜惊代杰，精爽结灵云。运屈英雄力，山垂琬琰文。皇图天自远，世变雪徒纷。倚杖看碑客，凄然仰德芬。

### 漫郎宅用邢侍御韵

炯炯春陵作，丹心白日明。几人能体国，遗爱在专城。使节临湘楚，心香仰法程。看公流浪迹，宠辱底须惊。

（《凭几集》卷二，文渊阁《四库全书》第1263册。丁酉1537再起为都察院右副都御史，巡抚湖广。据《甫田集》卷三十二《故资善大夫南京刑部尚书顾公墓志铭》）

# 苍崖道人

## 🌿 人物介绍

苍崖道人，生平待考。

## ⛩ 浯溪相关作品和事迹

苍崖道人诗碑，在东崖。

### 暮春偶游浯溪

江上溪回溪上山，兀然亭子翠微间。香风宛转花交树，清响高低水过湾。万古戴题平琬琰，一碑称绝合元颜。斯文邂逅堪和煦，指点烟飞次第攀。

东风知我负追游，吹上溪亭暂写忧。万絮江头和雨坠，一花岩背为诗留。芳尊小槛春迎酒，烟草斜阳客系舟。馀兴未降怀远道，不胜沙鸟意悠悠。

正德甲戌岁既三月之吉苍崖道人识。

# 韩　雍

## ✿ 人物介绍

韩雍（1422—1478），明苏州府长洲人，字永熙。正统七年进士，授御史。巡按江西，黜贪墨吏数十人。景泰时擢广东副使，巡抚江西。劾奏宁王朱奠培不法状，后被宁王诬劾，夺官。后再起为大理少卿，迁兵部右侍郎。宪宗立，以牵累贬官。会大藤峡瑶、侗等族民众起事，乃改以左佥都御史，参赞军务，督兵镇压。迁左副都御史，提督两广军务。有才略，治军严，而谤议亦易起。为中官所倾轧，乃致仕去。有《襄毅文集》。

## ⛩ 浯溪相关作品和事迹

明正德九年韩雍录兰村居士《吕仙寿屏》。

### 祁阳道中次韵二首答薛司徒

#### 其一

赫日辉辉耀太空，楼船避暑暂掀篷。山连荆楚云无限，江合潇湘水未穷。
兵法不逾刑赏外，边尘须静笑谈中。汉家平定论功次，独有萧何功最丰。

#### 其二

远统王师为剪凶，广人何虑报边烽。已看诸将筹多算，更喜同寅肯协恭。
宝剑有芒曾指日，辎车得路似追锋。三苗从此应怀化，定见梯航九译同。

（《襄毅文集》卷六，明韩雍撰，文渊阁《四库全书》第1245册）

### 送宁方伯之浙江

方伯初以浙藩参政升宪使广东，甫逾年，风纪大振。而浙人怀惠不能置，朝廷徇民愿，遂擢今官，将来未可量。故作诗以华其行，兼致意云。

岭南廉察见才全，坐席初温秩又迁。两浙黎民怀惠泽，九重锡命再旬宣。英声已喜蜚天下，大拜还期近日边。海内于今尚多事，莫教勋业愧前贤。

（《襄毅文集》卷七，明韩雍撰，文渊阁《四库全书》第1245册）

### 题东巡倡和诗卷

予驻节羊城，按察使祁阳宁君，出其参政浙江时偕同事分巡官倡和诗卷，与予观，意盖欲予有所鉴别，而难于言。予遍阅之，诗若干首，皆缙绅士夫更倡迭和之辞，亦云富矣，复何言哉。独追念景泰中，予巡抚江西，今家宰崔公为左布政使，适宁君为大行人，赍诏书至。既还，崔追送数舍，循例以白金数锭为赠。宁一无所受，至其他开诏处亦然。时予与崔已深器重之，而期以远大必矣。今甫二十载，君累官中外，其操益谨，已进至外台之长。夫行人官八品而按察使三品，士夫舆论方期君进极品未已。则凡士之出仕，可自庳其职而不自重，又可不图坚晚节而图倖进不已哉。予故乐书之，以为仕者劝。

（《襄毅文集》卷十二，明韩雍撰，文渊阁《四库全书》第1245册）

# 计宗道

## 🌿 人物介绍

计宗道，字惟仲，马平人。其先有名仲政者，洪武间县令张霖荐其才略足制诸蛮，以诸生官巡检。溪峒反者多所擒灭，诸蛮皆畏之。至宗道，遂以文章起，未冠乡试第一，成弘治进士，知常熟。公正敏达，上官意见或异，必争执得当乃已。尝议常熟应蠲减者，郡守以为不可，宗道曰：令诚非才，安敢违农时，而忽万人之命？竟缓征，民赖以苏。后转延平同知，入为户部郎，出守衡州卒。初，常熟桑悦自长沙改判柳州，宗道相与往来质疑。桑罢归，贫亡子。宗道迎养于廨。及没。亲视敛葬之。穿山笃于情谊若此。

（乾隆《广西通志》卷七十八明乡贤）

## 🏛 浯溪相关作品和事迹

计宗道诗碑，在摩崖区。

### 冒雨游浯溪有作

浯溪烟雨几时休，起我幽怀千古愁。元结心肠镌石上，肃宗勋业付江流。大书岂尽中兴事，些丑终贻后世羞。独坐溪头成浩叹，野花闲草不胜秋。

正德十年，尚书户部郎中柳州计宗道书。

《冒雨游浯溪有作》拓片

# 陈　斗

## 🌿 人物介绍

陈斗（1488—1569），字民仰。祁阳人。万历中贡生，为广东幕僚。工诗文，修有《订补浯溪志》二卷。

（《浯溪新志》卷六录传）

## 🏛 浯溪相关作品和事迹

陈斗诗碑，在峿台北崖区。

### 重游浯溪

几度登临思往事，堪嗟天宝事乖哉！锦乡鼙鼓来燕蓟，玉辇蛾眉堕马嵬。夜雨潼关新鬼哭，秋风长庆旧君哀。独留一片磨崖颂，唐室纲常赖挽回。

皇明正德丙戌仲春朔，邑人陈斗书。

### 重游浯溪

浯溪之水清且涟，磨崖之石高齐天。钟声泠泠出崖腹，唐亭兀兀倚山肩。歌颂褒贬春秋严，太师笔法银铁坚。漫郎古宅埋荒烟，重来吊古心恻然。野花闲草满目前，惟闻打碑声相连。噫吁嘻！今古存亡一叹息，打碑民苦谁为怜。

（《浯溪新志》卷八）

《重游浯溪》拓片

# 曹珪

## 🌿 人物介绍

曹珪，字廷献，黄冈人。正德辛未（1511）进士，授桐庐知县，以才调海宁。召拜御史，按广西。平猺獞有功，按陕西。时武宗遣中官迎指挥韶风妻过陕，珪遮留，疏论之，竟得已。历官有馀俸，不置私产，悉与异母弟共之。著有《南坡奏议》。

（康熙《湖广通志》卷四十八乡贤志·黄州府）

## ✿ 浯溪相关作品和事迹

### 浯溪吊古

名公读书处，隐者卧龙冈。路绕随盘谷，桥平渡野芳。崖头半间屋，江上几浮航。石面镜流火，臼心药作香。苔侵刺史宅，云掩太师堂。萧草半腰上，松萝百丈长。参军亭望远，方伯墓残荒。古树依悬壁，秋蝉度夕阳。山花如有待，野马若无缰。携酒客呼渡，鸣钟僧下床。少留诸病改，一醉百忧忘。日暮下山去，主僧笑我忙。

（《楚风补》卷二十，长沙廖元度大隐甫汇辑，《四库禁毁书丛刊》第122册）

# 徐咸

## 🌿 人物介绍

徐咸（1479—1566），字子正，海盐人。正德辛未（1511）进士，除知沔阳州。入为兵部主事，历官襄阳知府。有《东滨稿》。嘉靖丙寅夏六月卒，年八十八。今存《东滨先生诗集》三卷（宦游稿、归田稿及续集各一卷）。

## ◇ 浯溪相关作品和事迹

徐咸题名，在浯溪东崖。

正德己卯六月五日，尚书兵部员外郎，海盐徐咸，偕濂溪十三代孙、翰林院五经博士，春陵周绣麟游此。

徐咸等题名碑拓片

# 周绣麟

## 🌿 人物介绍

周绣麟，字圣兆，号酸斋。庠生。道州人。周敦颐十三世孙，承袭父亲周冕翰林院五经博士，葬于先茔左。刻印《濂溪遗芳集》，修建相关建筑，以及参与月岩石刻，对周敦颐思想的传播作出了重要的贡献。

## ✿ 浯溪相关作品和事迹

浯溪题名，在东崖。

# 黄焯

## 🌿 人物介绍

黄焯，字子昭，自号龙津子。登正德甲戌进士。由南礼部精膳司主事，历迁湖广永州府知府。永人惰于耕桑，焯劝之。亲没，辄破产，饭僧，无以葬，则委之野。焯禁而治之。前有司用兵九溪蛮，费悉出自民。郡有盐引钱，焯令贮库，以供兵饷，而民赋渐纾，遂为成式。郡治有舜冢，置祀田，设守者二人。建濂溪先生祠，辟东山书院，聚文学弟子教之，郡人益知学。擢湖广布政司左参政。会使入觐，焯摄事三月，百度惟贞，以疾遄归。库羡毫无所取，楚人目为廉参政。居家孝奉二亲，朝夕承志，膺敕封之荣，戏莱衣之舞，乡人目为纯孝子。亲没，祭葬如礼，日从事翰墨，闭户少出，非公事不入城市，与乡人居，恂恂如也。所著有《遵美堂政录》《修来篇》《中庸论语读法》《贻光堂集》，藏于家。已祀府乡贤。（康熙《南平县志》卷十四名贤）辑有《朝阳岩集》。

## 浯溪相关作品和事迹

1. 黄焯诗。

### 题浯溪

三年簪笏此微官，几度浯溪下碧滩。初经草莽葺颓宇，怪石再见连山盘。中兴志士果何事？欲因灵武向贞观。惜哉世道不可作，空令词翰光嶙峋。读碑休堕当年泪，登临灏气看弥漫。坐召徙倚足欲遍，峰头一带飞流湍。汗尊酌酒歌复阕，镜石影落山云端。况值晴和物色好，满前紫翠供盘餐。

2. 浯溪诗文集（二卷，两淮马裕家藏本）

明黄焯编。自号龙津子。始末未详。是书成于嘉靖戊子，辑元结以下至明代诸人题咏碑铭，前列浯溪小志，纪其山水之胜。

（《钦定〈四库全书〉总目》卷一九二）

3. 龙津（黄焯）榜书"雩风沂浴"。

4. 峿台南横刻"三吾胜览"四字，各大二尺三寸，明郡守延平黄焯题。

5. 仰高亭，明嘉靖中郡守延平黄焯建，在浯溪书院门内。（《浯溪新志》）

三吾胜览

# 丁致祥

## 人物介绍

丁致祥，字原德，别号近斋。武进人。生而凝重，寡言笑，比长，通经，以古文辞名于乡。乡之巨族争延致以师子弟，严饬规范，多所成立。正德戊辰进士第，授户部主事，监居庸德平军储，出纳有方。暇与州学诸生讲究经义，诸生憬然改听。当正德时，天下多事，国用匮乏，部使四出，致祥往闽广，清盐权之匿于奸者数十万。及疏利弊五事于朝，多见采纳。大司徒属十有三分理邦计，而陕西署主百官俸给，易生訾谤。乃其为郎，持衡若一人称平焉。岁漕自江达淮，至京多滞，部推督之，先兴复仪真旧闸，专堰利者以浮议沮之，不顾仍集诸名人碑文，附以己见，为录刻之图，永岁可省费万计，而运遂通。擢湖广布政司参议，分守上下湖广。荆南道有武弁某犯罪，希关节以免，竟置之法。江右有客于楚者，保长与仇诬以盗，狱成，廉其请，白之。湖南岁侵，躬自巡省，多方赈贷，所全活者甚众。武冈州民业见侵没于藩府，官校岁久莫能决，从容讽王以利害，即斥令割还之民。凡五年，询民瘼，爬搔厘革，若切于身，必去之而后已。擢陕西按察司副使，抚民汉中。属界川陕之交，流民逋聚易乱，祥平易率物，释系囚，按赃，吏威怀并行，部以无事。夏秋霪雨灾甚，民居荡析，檄郡县尽括帑藏，诸羡馀赈之，焦劳万状，民得以苏。于是，抚按台交荐之，犹在楚也。迁河南右参政。已酉入觐，事竣，以引年致仕归。

（《国朝分省人物考》卷二十八南直隶常州府）

·浯溪历代人物志·

## 浯溪相关作品和事迹

丁致祥诗碑，在东崖区。

### 谒颜元祠

#### 其一

《谒颜元祠》拓片

国乱识忠义，时危见胆肝。颂镌贞石壁，庙肃古衣冠。
佛刹占名胜，溪山信壮观。追游漫题品，雅调和应难。

#### 其二

苍崖遗旧刻，巉巉此溪浔。一代中兴业，孤臣万里心。
体隆高北斗，墨妙重南金。象设同祠庙，高风绝古今。

正德辛巳冬十月廿有五日，夫椒山人丁致祥书。

# 尹　襄

## 人物介绍

尹襄（1484—1526），明吉安府永新人，字舜弼，号巽峰。正德六年进士。由庶吉士历官司经局洗马。有《巽峰稿》。

（《中国历代人名大辞典》）

## 浯溪相关作品和事迹

### 浯溪观磨崖碑（嘉靖元年 1522 致祭南岳、炎帝陵、舜帝陵）

丹崖百尺倚苍穹，健笔雄词有两公。击节旧曾看墨本，乘槎今喜过湘东。
唐家事业江流尽，元氏亭台野草空。独赖兹文垂不朽，水光山色映长虹。

元次山家此，有浯台、唐亭、石室诸名。

### 白沙渡

白沙溪流碧玉寒，白沙渡口人声谨。沙村风物殊堪念，独无人来赋考槃。

（《巽峰稿》卷五，明尹襄撰，国家图书馆藏嘉靖刻本）

# 周　用

## 人物介绍

周用，字行之，号白川。吴江人。弘治壬戌进士，拜行人司行人。孝宗朝为吏部尚书，赠太子太傅，谥恭肃。

## 浯溪相关作品和事迹

### 观磨崖碑

谁传墨本来浯溪，举火夜读摩青藜。鲁公书法晋以后，元子文字京之西。中兴事业唐可颂，自古石崖天与齐。几时高阁观虎卧，千仞危巢怜鹘栖。

（《浯溪新志》卷八艺文）

# 朱袞

## 🌿 人物介绍

朱袞（1471—？）字子文，号石北。永卫人。少颖悟绝人，领弘治戊午（1498）乡荐，登弘治壬戌（1502）进士。任翰林庶吉士，以阐明正学为己任，尤以诗文著名，大学士李东阳器之。迁南京御史，升云南左参政。居官刚介，风猷凛然，奸宄敛迹。所著有《白房集》《续郡十三志》。崇祀乡贤。

（康熙《永州府志》卷十六人物零陵名贤）

## 🏯 浯溪相关作品和事迹

### 游浯溪

碧山学士今长官，放舟时弄浯溪滩。磨崖之后云不扫，奇文再见蛟龙盘。郊原恰好絮花柳，吟筇却比先生观。重华谁道去已久，南山依旧高嶙峋。青春年年谢真宰，乾坤此意长漫漫。春深矶涨二十四，短篷梦里浑高湍。闲来顾影镜石下，沧洲未厌垂玄端。抔饮已多尊在石，江鱼况也资晨餐。胜事于人亦难有，落花流水春将残。至人胸中备造化，侧身一笑天地宽。老我扁舟笑元子，濯缨空说沧浪寒。

（《白房杂兴》卷一，明朱袞撰，国家图书馆藏）

### 祁阳道中

南服甘棠久罢栽，衡云今为使星开。一时五马歌先路，尽道行春太守来。
白昼山中五色迷，惊闻五马过浯溪。何哉消息先茅屋，忠信从来动九夷。

### 有怀子雨后过浯溪见示次韵二首

浯溪之胜专南楚，漫叟风流不复临。一笑青春更怀古，濯缨正是古人心。
星槎夜犯浯溪界，老我柴门梦未醒。何似月明偕鼓枻，朱弦江上访湘灵。

（《白房杂兴》卷三，明朱袞撰，国家图书馆藏）

# 许宗鲁

## 🌿 人物介绍

许宗鲁（1490—1559），明陕西咸宁人，字东侯，号少华。正德十二年进士。改庶吉士，历官监察御史、右佥都御史，巡抚保定、辽东。开府雄边，多所建置。致仕归，构草堂，积图书，置酒赋诗，作词曲为乐。书法尤善。有《少华集》等。

## 🏯 浯溪相关作品和事迹

### 游浯溪观中兴颂作

夏泛湘水溢，晨览浯溪渍。疏岩抗秀丽，杂卉流芳芬。径折下入谷，磴盘高蹑云。众木荫繁影，丛筱扇微薰。台眺极虚豁，槛俯辞埃氛。披荒辨遗址，拨翳求所闻。鲁公留令迹，漫叟焕遗文。经营祖斯籀，纪述宗典坟。慨此连城璧，炳此昭代勋。照耀星日辉，呵护神鬼勤。石鼓载颂周，铜盘始铭殷。遐轨顾有类，至宝垂无垠。

（《少华山人前集》卷三宦游稿，西京许宗鲁著，明别集丛刊第二辑 035 册）

<h3 style="text-align:center">宿排山观</h3>

野憩清都馆，山林远市喧。白云檐际宿，丹火夜深燔。

海上时归鹤，岩间忽啸猿。焚香供燕坐，吾已契忘言。

<h3 style="text-align:center">过熊飞岭</h3>

楚山高不尽，熊岭更知名。路转羊肠结，人从鸟道行。

搴帷青汉近，拂马白云生。岂昧垂堂戒，求才答圣明。

（《少华山人前集》卷七宦游稿，西京许宗鲁著，明别集丛刊第二辑 035 册）

# 潘　节

## 🌿 人物介绍

潘节，字与亨，高要人。弘治乙卯举于乡，孝友方正，未尝私谒郡庭。历融县、桂林教官助教。南雍祭酒鲁铎称为古君子。考最，授永州同知，为政宽仁明断，上下敬爱。会属邑东安峒兵乱，节往抚辑之，以劳卒。子庭荣，宣平教谕，庭南乡试第二，为邓州知州。却岁例二千馀金，卓有父风。

（雍正《广东通志》卷四十六人物志）

## 🏯 浯溪相关作品和事迹

1. 书会试题名

时余掌祁之县事，适会试期，举人永州王诰、张佩、唐庚、朱缙、陈东、蒋若愚、蒋廷兰，道州赵鼎、朱选、何汝贤、朱圭、周庠、何贲，东安蒋烈、石尚宝，北上道经，偕邑群士夫同游，因钱于此。

致仕：长史曾薷、通判王溥、经历李真、主簿陈琇、张应璧、教谕文让，举人：成弘弼、漆廷资、萧栋、文宗颜、张拱北；

监生：周凤鸣、周佐、卢珣、李长春、卢环、陈宝、伍志华、李昕、蒋昺、申九霄、萧桂、谢表、程杰、萧柯、程炜、陈栋、陈仪、陈斗、张应轸、钱中选；

生员：卢益龄、陈廷器、周汝侃、唐朝用、邓凤翔、彭万里、曾希说、周国贤、卢瑗、卢世臣。

大明嘉靖四年冬永州通判高要潘节识。（在峿台南）

潘节会试题名碑拓片

2. 榜书"小峿台"，大明嘉靖五年丙戌十一月同知永州府事高要潘节书。

# 刘　魁

## 🌿 人物介绍

刘魁，明江西泰和人，字焕吾，号晴川。正德二年登乡荐。王守仁弟子。嘉靖中历钧州知府、潮州府同知，入为工部员外郎。曾疏陈安攘十事。二十一年，谏世宗建雷殿事，受杖入狱，创甚几死，犹与杨爵、周怡讲学不辍。经四年得释，未几复被逮。又三年始释，寻卒。有《省愆稿》五卷。《广理学备考》辑其《刘晴川集》一卷。

### 🏮 浯溪相关作品和事迹

#### 浯溪

磨崖百丈高，壁立千余载。灵武事堪疑，中兴颂尚在。
过者辄登临，我来增感慨。莫遣打碑人，重为此邦害。

大明嘉靖乙酉秋，庐陵晴川刘魁。

《浯溪》拓片

# 滕谧

### 🏮 人物介绍

滕谧，字危言。幼孤，事母以孝闻。弱冠成进士，
出王□□公门。官户部主事。督饷古北口，以廉称，改镇守湖广副使。致仕。

（《乾隆掖县志》卷四）

### 🏮 浯溪相关作品和事迹

岓台南稍右横刻"浯溪"二字，各大一尺五寸，明副使滕谧书，通判潘节刻。
曲屏区有明滕谧书"岓台"榜书。
石屏区有明滕谧书"小岓台"榜书。

岓台碑拓片

# 邓显麒

### 🏮 人物介绍

邓显麒，字文瑞，号梦虹，下坊人。幼随父九思任泉州，受学于蔡虚斋清之门。登正德九年甲戌唐皋榜进士第，授行人司副。武宗再议南巡，率同官余廷瓒等抗疏伏阙力谏，予廷杖。时上阅疏怒甚，诘属草者，以显麒对，命再杖之。谪国子学正。己卯，分校北闱，拔杨维聪，明年廷试第一，士服其知人。擢浙江道御史。上疏请讲明圣贤有用之学，以图嘉靖中兴之治。又疏言戚畹陈万言、治第拨官军及差官往蔚州买木俱宜停免，皆从之。丙戌，奉命巡按湖广。剧盗彭思昶等为乱，显麒与巡抚黄衷讨平之。事闻，赐金币有差。任满卒，祀乡贤。（同治《奉新县志》卷八人物·进士）著《梦虹奏议》二卷。

### 🏮 浯溪相关作品和事迹

邓显麒记碑原在石门，活碑，碑失。

#### 望中兴亭记

望中兴亭者，邓子梦虹授意于汪子，委其事于黄子之所构也。亭之初，双石巉峙，如门如关。徒步视之，若阖若辟，阙然若有待于人者，因为亭以覆之。亭之势，前瞰大渊，后枕岓山，左绕香溪，右凭磨崖。亭成而登焉，则见夫怪石异木，献奇竞秀，瑞日祥云，可捧可攀，真三吾之胜概也。亭以望中兴名者，岂不以亭前十馀武有唐颜鲁公书石上刻元次山中兴颂，岿然在望乎？曰：是则然矣，抑有出于望外者。盖望于古，忽于今，望于目，忽于心。望于传闻，忽于身亲经历者，犹夫无望也。夫唐以安史之变，酿成天宝十馀年之乱，当时人心望中兴于灵武，匹马一呼，宗庙再安，过厌人望焉，是为唐之中兴。我国家以瑾、宁、彬、豪之变，酿成正德十馀年之乱，天下人心望中兴于今上，登极一诏，老羸感泣，果厌人望焉，是为我朝之中兴。因唐之中兴而感我朝之中兴，遂移其远望于唐者，而近望于今日，是则予之所望而亭之所由名也。诸君或未之思乎？众曰：然。请类次其语以为之记。予曰：吁！观鲁公之书，字画遒劲，忠义天成，则漫山诸书概不足观矣。读次山之颂，文学老成，争光日月，则纷纷述作皆不足数矣。而况瓦缶之鸣可续韶濩之馀响乎？虽然，予又有说焉。唐以中兴大业托诸颜元之手，尚能光被山泽，流播今古。若今圣天子孳孳圣学，锐意太平，异时内圣外王之效追美唐虞三代之隆，必有陋晚唐、惭德于风下者。他日岂无玉堂燕许之笔，肆为压倒元白之作，大书深刻于天齐之崖者乎？是端有望焉，而不能已于言也，遂书此以俟。邓子名显麒，汪子名溙，黄子名焯，一为巡湖御史，一为按察佥事，一为永郡知府。盖皆有事于祁阳，而属意于亭者，因并书之。嘉靖六年岁舍丁亥季秋月。

（《浯溪新志》卷十二）

# 李世贤

## 🌿 人物介绍

李世贤，深溪人，别号不欺子。弘治举人，初宰江陵，既而任宜都，皆著绩。晚通判永州，乞归，台司惜其才，谕留至再，不可，始听之。论曰：世贤以不欺自号，果于乞退，随皆终于牧令，然人之贤否，岂以官位论哉？

（光绪《南昌县志》卷三十一人物）

## 🏯 浯溪相关作品和事迹

### 浯溪题名

浯溪胜游多显官，官航时碇溪边滩。紫青缭翠山四回，石岸中峙高盘盘。元子作颂颜作字，名碑素仰从今观。龙蛇飞动星斗烂，阅诵何惮踦嶙峋。逆俦歼荡天既旦，大唐岂复宵漫漫。中兴事泐此溪石，文光万古涵清湍。秋毫可鉴远可照，又有镜石留山端。骚人墨客时此会，垂晡不返应忘餐。盈编珠玉诗咏罢，一枰风月棋敲残。公馀我亦暂此憩，襟怀顿觉如天宽。继游愿言不论时，炎寒皆可祝重欢。

（《浯溪新志》卷八艺文、康熙《祁阳县志》卷十）

# 许　岳

## 🌿 人物介绍

许岳，字一盘，馀姚人，明代嘉靖八年任永州管粮通判，嘉靖十年游浯溪，题诗刻石。

## 🏯 浯溪相关作品和事迹

### 浯溪

水石清奇更此无，四吾端可尚三吾。
金声玉勒从今古，一局仙棋酒一壶。

《浯溪》拓片

嘉靖十年永判馀姚一盘许岳识。

**读中兴碑**

昔怀浯溪不得见，今向浯溪游几遍，崖端古刻云气生，石罅惊流雨花溅。元公已逝不再来，长歌痛饮眠苍苔，为笑诗人好题品，无端悲喜如童孩。当时事势非灵武，唐室山河宁旧土，摩挲石碑三叹息，多少今人不如古。

龙文注：《康熙祁阳县志》卷十题作《浯溪三绝亭》。

（《浯溪新志》卷八艺文二）

# 傅 伦

## 🌿 人物介绍

　　傅伦，湖南靖州人，太监。号素轩，又号葵轩，大致生活于景泰天顺至嘉靖中期。石刻中常自署太监素轩傅伦、湖南太监、葵轩等。

## 🏛 浯溪相关作品和事迹

　　傅伦诗碑，在峿台北崖。

**登眺层台诵石碑**

登眺层台诵石碑，唐人风味满崖诗。
平生慷慨追前古，胜地留题岁月时。

嘉靖壬辰岁季夏，都知监太监湖南傅伦识。

《登眺层台诵石碑》拓片

# 涂 伸

## 🌿 人物介绍

　　涂伸，明照磨，北隅人，例仕。嘉靖时任府照磨。（同治《余干县志》卷十仕秩）

## 🏛 浯溪相关作品和事迹

　　涂伸诗碑，在峿台北崖。

**瞻仰浯溪是胜游**

瞻仰浯溪是胜游，公馀漫约棹轻舟。
两三亭圮依荒寺，千百吟豪映碧流。
共诧元颜遗石刻，都宽杨李买君仇。
感深不觉添狂兴，愿借青蛇舞一瓯。

嘉靖癸巳孟冬月，余干涂伸书。

《瞻仰浯溪是胜游》拓片

# 俞安期

## 🌿 人物介绍

　　俞安期，字羡长，吴江人。徙阳羡，老于金陵。巨目、曷鼻、魁颜、长身，状貌如河北伧父。与之谈，盱衡抵掌，意气勃如也。少客于龙君扬，受国士之遇。君扬被谴，入楚慰之。遣戍永安，又入豫章送之。与楚人丁元甫为意气之交，元甫殁，厚遇其子，海内归义焉。尝为长律百五十韵投王世贞，世贞为之倾倒。先是，邑中王叔承以布衣游公卿间，名籍甚。安期后起，名遂相亚。叔承虽好山水，然守母遗训，未尝远游。安期一出十年，周览五岳，所至觞酌流行，丝竹并奏，酒酣坐啸，听者皆叹其有鸾龙之音。又多技能，好相人宅冢，沾沾自喜。有《翏翏集》数十卷。子南史，字无殊，亦工诗。和雅冲澹，类其为人。（松陵文献，参诗传）

（道光《苏州府志》卷九十九人物文苑）

## 🏛 浯溪相关作品和事迹

### 渡浯溪读元次山中兴颂

浯溪山水倍清华，溪上闻营漫士家。曾颂中兴高勒字，苍崖千尺吐苔花。

［《翏翏集》卷三十八，东吴俞安期美长撰，明万历丁亥（1587）刻本］

注：甲午（1534）六月自岭西还入楚中。

# 毛伯温

## 🎋 人物介绍

毛伯温（1482—1545），明江西吉水人，字汝厉，号东塘。正德三年进士。授绍兴府推官。嘉靖中累官刑部尚书，改兵部，总督宣大山西军务。安南内乱，朝议用兵，伯温奉命南征，年余不发一矢，终于和平解决。加太子太保。在兵部多所兴革，为近侍所怨。后以轻輶兵深入内地，削籍，后追谥襄懋。有《毛襄懋集》《东塘集》。

（《中国历代人名大辞典》）

## 🏛 浯溪相关作品和事迹

### 浯溪观磨崖碑

江上风波空浩渺，江边石壁自嶙峋。真卿字画传天地，元结文章动鬼神。
唐室中兴谁悔乱，浯溪久废寺分邻。尘踪海内伤临眺，回首桃花自渌津。

（《东塘集》卷七，吉水毛伯温著，嘉靖十九年王仪刻本，《四库全书存目丛书》集第 63 册）

# 钱　薇

## 🎋 人物介绍

钱薇，字懋垣，海盐人也。嘉靖壬辰进士。其先本姓何氏，洪武间，祖贵四编成贵州，遗仲子。初，任行人。出使楚藩，正拜坐礼却宴赐金给事礼科，初，劾内阁费夏，再论李温。再司礼，奉敕两广查饷，精明边方赖安。还，论郭翊国及宫僚非人，曰：我今得死所矣。付金买棺，幸免归。杜门著书，受徒讲学。海戍苦于飞挽，陈议当道，蠲之倭寇，阵亡积尸千余，舍田葬之。有屯田、盐法、河套、市舶诸议。卒后追赠太常少卿。

（《本朝分省人物》卷四十五）

## 🏯 浯溪相关作品和事迹

### 题三浯水

得到浯溪流，遥瞻牛耳岭。彩云常覆护，清泚自涵映。地灵颇钟异，冬温夏复冷。

沧海一潮汐，此水三旋轸。消盈从何始，终古竟不紊。旅人藉甘饮，居民得耕荫。

慈阳粤名区，浯溪据其胜。胡不移中土，竟尔滞西境。瑶树相森罗，香泉复滂喷。

吾为发幽潜，芳声足后凭。

（《海石先生文集》卷一五言古诗，海盐钱薇懋垣撰）

### 冒雪观浯溪磨崖归而赋之得二首

#### 其一

忆昔中兴运，磨崖向楚郧。临溪开碧落，绝壁擅人文。

斑剥风霜古，清泠霰雪纷。平生乐披览，寒冱亦堪欣。

#### 其二

素染欲凝白，空山万木寒。星文犹炳朗，景仰且盘桓。

尘迹堪遗慨，高珉尚不刊。归途发长啸，宁惜更游观。

（《海石先生文集》卷三五言律诗，海盐钱薇懋垣撰）

### 和阳川游浯溪作

归舻江上去匆匆，忽送轻飙思转融。尔有瑶吟纪游历，我悭豪兴共追从。

雄篇已荷存知己，秀色犹看映远空。独抱幽忧方欲疗，吟边已觉气多冲。

（《海石先生文集》卷六十七言律诗，海盐钱薇懋垣撰）

### 祁阳公署和吕东汇壁间韵（二首）

#### 其一

仗剑凌空过楚门，挥毫喜见旧龙文。

冲风踏雪黄昏后，秉烛悠然独忆君。

#### 其二

自昔联镳谒帝阍，岂堪挫锐卧江村。

偶因乘传来三楚，读罢纱笼若对论。

（《海石先生文集》卷七十七言绝句，海盐钱薇懋垣撰）

# 邢　址

## 🌿 人物介绍

邢址，明太平府当涂人，字汝立，号阳川。邢珣子。嘉靖十一年进士，历御史，迁保定知府，终山东盐运使，以清操闻。

（《中国历代人名大辞典》）

## 🏯 浯溪相关作品和事迹

邢址榜书，在东崖区。

浯溪。明柱史邢址书。

榜书"浯溪"拓片

# 吕希周

## 🌿 人物介绍

吕希周，明浙江崇德人，字师旦。嘉靖五年进士。官至通政司。嘉靖末居乡，以子弟僮奴不法，被巡按庞尚鹏参奏，黜为民。有《东汇诗集》。

（《中国历代人名大辞典》）

## 🏛 浯溪相关作品和事迹

### 浯溪望舜冢

东下浯溪望九疑，水光山色动遐思。兽仪凤舞还今日，玄德重华彼一时。

万里苍云梧子老，三湘白月暮江迟。悬知极浦萧萧竹，风雨如闻泣二姬。

（《东汇诗集》卷一，《四库全书存目丛书》集部第 88 册）

# 陈 铠

## 🌿 人物介绍

陈铠，号会稽山人，监生，浙江绍兴人，正德七年任阳朔知县。

## 🏛 浯溪相关作品和事迹

陈铠题名，在东崖。

嘉靖壬寅四月，会稽山人陈铠，督储至祁阳，吊元子浯溪之上，慨然兴怀。

# 唐 珤

## 🌿 人物介绍

唐珤，号有怀。武进进士，嘉靖中守永州，仁厚简约。时奉迎梓宫，有王米王木等役，公捐俸贷库金以偿，民赖不扰。作兴士类，以德化民，劝谕为善。有"孝弟躬行须著力，整齐门户要辛勤"之句。士民思慕，久而不忘。入祀名宦。子顺之，见寓贤传。（道光《永州府志》卷十三良吏传）

## 🏛 浯溪相关作品和事迹

### 谒元鲁二公祠

次山词藻平原笔，千古忠诚日监临。小雨乍晴晴更雨，也应慰我仰高（仰高，亭名）心。

磨崖深刻中兴颂，义胆忠肝天寔临。宋到南来终不返，词臣同是刻碑心。

雨余初试登山屐，俗眼今来为一醒。作赋未能还愧我，殷勤何以答山灵？

江湖远寄思廊庙，举世如公几独醒。万古穹碑终不泐，也应呵护有山灵。

《谒元鲁二公祠》拓片

嘉靖壬寅立夏日，守永州武进唐瑶谨书。

# 陈　东

## 🌿 人物介绍

陈东，号南塘，永州零陵人。性耽吟咏，博览群书，问字者履满户外，嘉靖壬午，领乡荐，授四川井研令，改浙江龙泉，以德化民，政成告归，诗赋自娱。

## ⛩ 浯溪相关作品和事迹

陈东诗碑，在峿台北崖。

《游浯溪次宋陈从古韵》拓片

### 游浯溪次宋陈从古韵

沉潭插石壁，古木悬虬枝。拂苔憩崖畔，细读中兴碑。

微辞寄书法，斧钺森当时。后贤百代下，宝此商周诗。

　　　　　嘉靖癸卯秋七月望，零陵南塘子陈东书。

# 袁　袠

## 🌿 人物介绍

袁袠（1502—1547），明苏州府吴县人，字永之，号胥台山人。袁褧弟。嘉靖五年进士。选庶吉士。张璁恶之，谓其人不宜在禁近，出为刑部主事，改兵部。坐官衙失火，谪戍湖州千户所。赦归，官至广西按察金事。有《皇明献实》《吴中先贤传》《世纬》《胥台集》。

## ⛩ 浯溪相关作品和事迹

### 浯溪

湘水浮天绿，浯溪见底清。褐来窥石镜，散步爱泉声。宅废野花发，亭空山鸟鸣。中兴碑可读，犹忆漫郎名。

（《衡藩重刻胥台先生集》卷六十五言律诗，明吴郡胥台山人袁帙永之甫著）

### 游浯溪记（嘉靖二十二年癸卯 1543）

四月八日夜，至祁阳。九日，登浯溪。溪面湘，过香桥，溪水绕出山左，声峥然不绝。读大唐中兴碑，及元宋人诗刻题名。碑旁有镜石，高尺五寸，阔二尺五寸，厚三寸馀，嵌置崖石间，上有宋人诗跋。石色黔黑如漆，光莹如镜，可鉴人须眉，隔江草树、田垄，一一皆见。予意石甚小且奇，恐好事者窃而去。山僧云：昔有窃去者，石遂昏，黯然无光，一无所见，乃复归于此，则更明澈如初。此殆造物者之效奇，不可以恒理推也。谒鲁公、次山书院，登笑岘亭。亭据危崖，崖面江，特奇峭，略如严陵钓台。崖石有窊尊，次山所凿也。复登峿亭，亭亦在危崖上，稍卑于笑岘，而荒破如之。漫郎宅已鞠为茂草矣。归舟赋诗纪胜，并寄唐公。

　　　　　　　　　　　　　　　（《古今游名山记》卷九，何镗辑）

·浯溪历代人物志·

# 彭　澄

## 🌿 人物介绍

彭澄，字一清，万载人。嘉靖二十二年任湖广永州府推官、大仆寺丞、工部营缮司员外郎、都水司郎中。莅徐、邳，治南河，复漕河故道。转福建延平府知府。时海寇犯顺，公浚城隍，饬武备，延赖以安。祀名宦。著有《恕庵遗稿》。

（康熙《袁州府志》卷九）

## 🏛 浯溪相关作品和事迹

彭澄诗碑，在石屏区。

### 初春游浯溪漫兴二首

#### 其一

胜日登临漫自奇，浯溪风雨欲催诗。鲁公笔扫嵋崖薜，元氏词流湘水涯。镜石乾坤留藻鉴，崇尊今古见醇漓。我来不但寻唐迹，节义文章慕此碑。

#### 其二

杰石凌空碧，断崖磨古青。渡香薰绿野，遗像谒英灵。忠义碑犹在，奸雄气久零。太平今万载，不用勒山铭。

嘉靖癸卯，龙溪彭澄书。

《初春游浯溪漫兴二首》拓片

# 黄九皋

## 🌿 人物介绍

黄九皋，知州，萧山人，嘉靖十七年戊戌茅瓒榜进士，工部主事，终鲁府长史。嘉靖二十五年以冬官谪任。

（《嘉庆道州志》卷四职官）

## 🏛 浯溪相关作品和事迹

### 祁阳浯溪磨崖碑（嘉靖二十五年 1546）

唐道州刺史元次山结作大唐中兴颂，颜鲁公真卿所书，刻磨崖石上，古称祁阳三绝。宋黄山谷先生又有诗以发颂意。旁有镜石光莹，用浯溪水淋之可以照里许。昔人载京赂权贵，淋池水即昏，携归即明，亦水石之清相投也。两度维舟其下，为赋此诗。

颜公书法元公文，涪翁词翰腾风云。磨崖穹碑历千载，岂无日炙野火焚。要之忠言切唐事，此颂古今咸快闻。浯溪三绝称赏久，游观保护殊缤纷。杨家权幸倾天宝，胡马腥秽长安草。妖环奚赎万骨枯，翠华幸蜀殊潦倒。蜀云惨淡落日斜，陇月新出光芒皞。从权抚军慰民望，何必正位始清扫。上皇蜀归长庆楼，张后林甫惟身谋。养以天下古无比，南内恒叹尧幽囚。日光玉洁颂旨婉，龙蟠虎跃笔力遒。天齐石下浯亭上，碑间有泪投湘流。春秋褒贬一字义，正名讨贼无回避。山中小臣痛至骨，对立岂止详文字。镜石水清漆色光，祁山云敛青螺翠。拄杖来寻漫叟宅，惟有僧住溪边寺。

（《黄竹山人集》卷六，萧邑竹山黄九皋撰，日本内阁文库藏明嘉靖三十五年序刊）

# 王国祯

## 人物介绍

王国祯，山阴人。嘉靖十六年丁酉科举人，（《浙江通志》卷
一百三十八）。

## 浯溪相关作品和事迹

王国祯诗碑，在峿台北崖。

《游浯溪》拓片

### 游浯溪

湘江江上古祠前，佳胜风流属二贤。青嶂丹崖悬碧落，危亭高阁照清川。
欲探奇秘偏乘兴，不厌追寻更上船。拟续中兴继三绝，独惭未有笔如椽。

兵科右给事中、山阴王国祯奉敕广右，过此漫书。时嘉靖丁未十月晦也。

# 蔡汝楠

## 人物介绍

蔡汝楠（1516—1565），明代文学家。字子木，号白石，浙江德清人。明朝嘉靖年间进士，十七岁即好为诗，
有重名，中年专攻经学，知衡州时，常至石鼓书院为诸生讲经传道。后升四川按察副使，参政江西。与邹守益、
罗洪先游，学益进。仕至南京工部侍郎。有《自知堂集》。

## 浯溪相关作品和事迹

### 宿祁阳馆

乌亭虚敞枕湘崖，湘竹晴阴上绿阶。九夏暑云愁地湿，一宵凉月可人怀。潭空近听崩湍壮，树密遥看
叠岭排。独坐漫嫌无鲁酒，清心方比太常斋。

（《自知堂集》卷五十七言律诗，德清蔡汝楠子木撰）

### 度熊飞岭

衡南那复见来鸿，岭路高盘赤石丛。百里连冈山县小，人家都在夕岚中。

### 夏日三吾道中

扁舟南触火云浮，棹入潇湘思独幽。始悟江山清绝处，骚人一到即疑秋。

### 浮湘至方潋

溪清好似鸣哀玉，山翠常疑结冻云。望极湘浔芳草遍，非关摇落思纷纷。

### 自归阳入衡州境采述风谣十首

#### 其一

轻舟行县下湘流，岸狭渔樵一径游。试并风帆询境内，石壕强吏部民愁。

#### 其二

风俗由来记剽轻，深山游徼太纵横。报雠手刃膏荒草，窜入邻疆匿姓名。

### 其三

楚民喘息近方延，漫说湖湘屡有年。士马征南飞挽急，啬夫重索水衡钱。

### 其四

宰县终谙百里情，远人徒识郡侯名。奈看负弩迎新令，又避炎荒计去程。

### 其五

时态江流岁共驰，黄童即以吏为师。古来三老能弭讼，今日民风欲咎谁？

### 其六

四壁萧条负税民，楚歌蛮舞赛江滨。遐方难借投巫令，不事桑田听鬼神。

### 其七

渔舠亦自供王税，樵户谁堪应县徭。汉吏诛求如太尽，武陵那得乐渔樵？

### 其八

府中莫误鄘州民，风尚虽偷质性淳。父老常谈获贤守，政成春雉不惊人。

### 其九

人言大姓强梁甚，县令曾无拔薤名。若道四知金不入，风行溪峒尽输情。

### 其十

三春桑野蚕成茧，六月江田稻已秋。湖北湖南俱不恶，若为民物未承休。

### 夜经浯溪

夜帆湘船向岳津，数声欸乃百重云。漫郎不见遗墟在，溪水岚风梦里闻。

（《自知堂集》卷七十七言绝句，德清蔡汝楠子木撰）

# 佘勉学

## 🌿 人物介绍

　　佘勉学（生卒年不详），字行甫，号东台，明代马平县人，家居地为今柳东乡社湾村。明正德八年（1513），佘勉学以试《毛诗》中举，嘉靖二年（1523）以三甲第232名成进士。次年出任钱塘知县。生性甘于清苦，门无私馈，颇得士民敬爱，而"黠吏猾民"也因此不敢作奸犯科。嘉靖七年三月，升任南京陕西道监察御史。任上遇事敢言，不畏权奸。嘉靖十年十二月，佘勉学等人上疏弹劾吏部尚书汪　选拔官吏时违法，被下镇抚司狱。得释后，于嘉靖十三年左迁广东连州判官。后擢任四川嘉定州知州。嘉靖二十二年任松江府同知。后升任徽州府知府。任上遇天大旱，佘勉学发仓赈济，民众多赖以存活。当地风俗，多有讼诉，他常谕之以理，因而"囹圄几空"。丁内艰守制满后，补常州知府，晋天津兵备道。严嵩之子严世蕃嗾使言官以俺答攻近都城为由而弹劾佘勉学。事白之后，佘勉学于嘉靖三十一年任贵州按察副使。任上平反冤狱，颇多政绩。转官福建布政司左参政。晋按察使。后因与时忌相触忤而致政归乡。佘勉学的诗文有《柳州北郭碑记》《云岩》及为抗倭名将韦虎臣墓所作碑记等。享有"柳州八贤"之称。

## 🏛 浯溪相关作品和事迹

### 浯溪

清秋乘舸泊三吾，水碧沙明兴不孤。怅望浯溪隔湘水，何时勒石颂平胡？（时报北虏寇边。）

漫郎废宅浯溪畔，春去秋来草色迷。独有中兴遗颂在，至今烈日照穹碑。

*嘉靖辛亥仲秋八月东台佘勉学。*

# 易三接

## 人物介绍

易三接，字康侯，号暇斋。零陵人。著有《零陵山水志》《暇斋咏古诗》《永州野史略》《忠鬼录》诸书。康侯性刚介，磊落自喜。当道求一面不可得，亦丹崖翁之亚也。（《沅湘耆旧集》卷三十九）

## 浯溪相关作品和事迹

### 宬尊二首

#### 其一

漫郎一醉后，谁复能饮是。枵然天地内，其形当何似。

#### 其二

凿开石上窍，以注村中酒。使君能作歌，一歌还一口。

# 杨　慎

## 人物介绍

杨慎（1488—1559），明四川新都人，字用修，号升庵。杨廷和子。正德六年进士。授翰林修撰。嘉靖初，充经筵讲官，召为翰林学士。大礼议起，上疏力谏，并与王元正等率群僚伏哭，遭廷杖，死而复苏，遣戍云南永昌卫。卒于戍所。慎投荒三十余年，博览群书。明世记诵之博，著述之富，推为第一。但援据博而不免有误，又不免窜改古人，假托旧籍，英雄欺人，亦时有之。所撰诗、词、散曲等甚多，其诗沉酣六朝，揽采晚唐，创为渊博靡丽之词，造诣深厚，独立于当时风气之外。但因僻处云南，故不能如李梦阳、何景明为文坛领袖。另撰各种杂著一百余种。有《升庵全集》。

## 浯溪相关作品和事迹

### 元次山好奇

文章好奇，自是一病。好奇之过，反不奇矣。元次山集凡十一卷，《大唐中兴颂》一篇，足名世矣。诗如《欸乃》一绝，已入选。

（《太史升庵文集》五十六卷，新都杨慎著）

# 周于德

## 人物介绍

周于德，正之子。由郡庠，年十七袭大河指挥。敦诗礼，饶韬略。中武进士。历福建都司。闻父讣即促奔七日抵家，人称其孝。升靖州参将，精勤明肃，有八政歌颂。转漕运，进右军都督，总兵江淮等处。有功，钦赏升南京前军。嘉靖乙卯，倭犯浙，统兵护粮运，却寇全漕，升广西镇守。值猺獞久乱，抚剿多功，地方感之，祀崇报祠。复任南京左府。致仕，遇恩例赠荣禄大夫。年七十七。著有兰墩诗稿。子尺袭职。中武进士。运粮有功。代完前官指挥许新旧欠漕粮千馀石。历四川督司七年，廉明服众，本府曹司理请主鹰扬训练会，训课武生。年七十七。子天禄中武举，历川广参将。

（天启《淮安府志》卷十七人物列将传）

《浯溪》拓片

## 浯溪相关作品和事迹

1. 周于德题名，在东崖。碑失。

嘉靖乙寅冬闰淮阴周于德使广右。携九子尺、史、吏、文、足、久、艾、羡，全家登此书。《浯溪新志》

2. 周于德诗碑，在峿台北崖。

### 浯溪

南征冬尽浯溪路，自笑浮名适自误。扰扰风尘岁月忙，飞飞雨雪关山度。漫翁诗史鲁公书，万仞磨崖玉不如。唐室君臣留断案，江干草木藉吹嘘。

嘉靖三十四年乙卯，奉敕镇守广西、征蛮副将军、前军都督淮阴周于德。

# 阎士麒

## 人物介绍

阎士麒，云南府人，仕至知州。据光绪《昆明县志》卷五选举，嘉靖壬子科举人，仕终府同知。据康熙《祁阳县志》卷三明教谕，阎士麒，嘉靖三十五年（1556）任祁阳教谕。嘉靖三十七年戊午（1558）阎士麒题写榜书"圣寿万年"四大字，字大2.25米，10里外可见，气势磅礴，不愧名笔。

## 浯溪相关作品和事迹

阎士麒诗碑，在曲屏区。"圣寿万年"榜书，在峿台北崖。

《圣寿万年》榜书

### 读中兴碑

滇阎士麒

鼙鼓高喧虏气狷，金铃声解作郎当。李猫岂合逃诛戮，安羯终偿乱典常。攘荡北方功可羡，凄凉南内事堪伤。崖碑自是真公案，殷鉴分明近在唐。

# 高 岐

## 人物介绍

高岐，举人，历官太仆寺丞。父昂令桃源，转武汉判，不赴。后岐适选其任，疏请将己俸禄移于云南布政司支银，太和崇盈仓支米，以养亲。诏许之。家居清节自守，孝友弥敦。里人称之。（乾隆《大理府志》卷十九乡贤）

### 登浯溪寺

秋日倦行役,航苇湘之涯。忽指浯溪寺,登来观益奇。巉岩依层阁,藤木锁荒祠。江水深不流,寒映几残碑。独有磨崖刻,唐颂千古垂。次山不可见,文彩照江湄。鲁公笔法神,忠烈堪伤悲。文因字得传,石缘文更宜。想象江月升,万壑天风吹。爱此迟去辙,此意白云知。

龙文注:康熙县志作《题镜石》,《浯溪新志》作《登浯溪》。据碑文及内容改。

(《浯溪新志》卷八)

# 刘养仕

## 人物介绍

刘养仕,字学夫。嘉靖戊子举人,守颍州,有救荒善政。擢永州府,以循良称。寿八十一卒。(光绪《内江县志》卷六人文)

龙文注:刘养仕,康熙《永州府志》道光《永州府志》均误作"刘养壮"。

## 浯溪相关作品和事迹

刘养仕碑记,在峿台北崖。

### 浯溪记

浯溪居祁上流,去城数里许。望之苍然耸拔而秀蠹者,浯溪也。溪纡回盘曲,水流淙淙有声,漩浚清漪,泻于两峰之间、下与潇湘会。石径逼仄,斜达于圩岸。其屹然嵌岑而壁立者,浯之岩刻也。嘉靖丙辰,余领永州牧。是岁仲冬,舟过其下;丁巳孟秋,再过;戊午初夏,三过焉。至则敛牙樯、攀萝磴,沿岈石之差池,剪秽草之荒翳,俯仰徘徊于溪山之侧,愀然动感慨之思。客有过而问焉者,曰:"清风明月之奇,沙鸥锦鳞之乐,竹树烟花之绮丽,皆足以怡心悦目,子于浯溪何独留意耶?"余曰:"次山元子之颂,鲁公颜子之书,二先生翰墨名家,读其文,尚论其世,婉若见其人也。虽然,理义,人心之所系;山川,天下之所好也。夫以次山讨贼,光复中原之雏,言词慷慨,忠义激烈;鲁公并力以讨安史之乱,笔法精到,凤舞鸾翔。故山川胜处,非人不显。浯溪之秀,以二

《浯溪记》拓片

先生之词翰，名传湘楚间，九嶷、淡岩、月洞诸山，并濂溪先生之旧寓。浯溪也，虽若降志，浯溪托二先生以遗芳，至柳州，有余荣矣。山谷黄先生一世人杰，载携僧友陶豫诸君辈，游览岩下，啸歌唱咏，磨崖作诗，亦可以想见其风采矣。后先良会，谓之异数，非耶？自嘉靖纪元，去唐天宝十四年，距二先生五百年余，其间骚人墨客登眺而游览者，不知其几，倏而来，倏而去，未有不慨然仰思，释然喜慰者矣。诗曰：'高山仰止，景行行止。'斯言也岂欺余哉！余放舟湘流，往来祠下俯仰兴思，肃然景慕，要亦嘉善之心，不能自已也。呜呼！古之视今，犹今之观后，庶几来世游览于兹，闻余言而兴起者，不有如今日矣乎？"客答曰："请书之以告来者。"余曰："唯！唯！"遂援笔纪之于岩石。时嘉靖戊午仲夏上浣，中顺大夫、湖广永州府知府、前户部福建清吏司郎中、川西蜀山刘养仕书。

### 失题

□□□□□，□□□□□。□□□□□，吟盛□□□。
□□□□川西蜀山刘养仕书。

# 董传策

## 🌿 人物介绍

董传策，明松江府华亭人，字原汉，号幼海。嘉靖二十九年进士。授刑部主事，疏劾严嵩罪恶，被下狱拷问，谪戍南宁。隆庆时复故官，万历元年官至礼部右侍郎，被劾受贿免归。后被家奴所杀。有《奏疏辑略》《奇游漫记》《采薇集》《幽贞集》《邕歈集》。

## 🏛 浯溪相关作品和事迹

### 游浯溪记

浯溪，古奇境也。孤标一峰，迥然临潇湘而枕祁阳之上。唐元次山卜筑其中，属灵武中兴，光复两京，功最大。元因撰颂，颜鲁公为书，镌石，乃后人高鲁公风节，且古漫郎文，而浯溪之奇益表著。余辈以（嘉靖戊午1558）八月七日泊祁阳，刘令祉偕阎、李、陈三博士过访，遽折简邀游浯溪，余得与惟修（吴时来）纵览观焉。

既登崖，阅颂文，摩其字画，巨石嵯峨，与文字俱绝，世称三绝者也。旁有片石篏壁间，玄莹可鉴，了了辨山川色。询之，厥名镜石。相传往代传诣行在，光晦，发还山，乃复莹如旧云。左逾渡香桥，步出漫郎宅遗迹，前临一台，耸然层起。刘令设樽醪置席焉，上有瓬尊古制，因就而酌酒。既酌，相与坐谈唐事，追思鲁公守平原时，已甚伟特，后竟不屈贼而死，真奇男子也。假令唐无国难，如鲁公辈，终不老死翰墨间耳。然曾南丰为作祠记，顾犹徒取其坚贞撼顿之节，百折不回，而怪其学问文章间杂于神仙浮图之说，不皆合于理。余以为南丰之语痴矣。夫仙佛家所称引白日飞升，历万劫而不坏者，岂尽庄语哉？直寓指云尔。彼所谓传道，必得世间忠孝之士者有以也，如鲁公舍生取义，要于此中得力。即其幻形虽死，而英声义烈，至于今犹耿耿不磨，盖真勘破其教，非杂之也。于时令及三博士，聆余斯语，犹未醒然会意，独惟修起曰："鲁公之神，凭兄而语也，以是知鲁公不死矣。"语毕而赋诗，贻主人以别。夜将就寝，月射船窗，复与惟修起，登溪上。李生为具酌，余三人围而坐。因各谈其乡之人物丑好，用寓思齐内省指云，亦仰止鲁公余兴也。是为《游浯溪记》。

（《奇游漫纪》卷之二记文楚南结缆，明时迁客董传策原汉撰）

记中人物附注：

1.刘令祉：刘祉，祁阳令，修武人，岁贡，嘉靖三十四年任。

贡生，明，刘祉，祁阳知县。

（民国《修武县志》卷六民政选举）

2.阎、李、陈三博士：阎即阎士麒，云南府人，嘉靖壬子举人，嘉靖三十五年任祁阳教谕。李即李长春，邓州人。陈即陈忠诚，怀集人。均祁阳训导。以上均据康熙《祁阳县志》卷三。

梧溪"圣寿万年"碑：圣寿万年。明嘉靖卅七年戊午，阎士麒书。知县刘祉，训导陈忠诚、李长春，典史赵宠同刊石。

云南府举人，嘉靖壬子科，阎士麒，仕至同知。

（康熙三十年《云南府志》卷之十选举）

3.惟修：即吴时来。

### 磨崖阅唐中兴颂

唐家马嵬腥妖血，渔阳鼓鼙震帝阙。明皇西幸灵武兴，李郭功成胡运灭。社稷还收反掌间，一时恢复真奇绝。元郎有颂老文章，鲁公大书岩石裂。至今苍壁生辉光，殷鉴遥存远褒姐。山灵呵护鬼神惊，漫郎遗宅秋烟平。铁笔萧萧凛生气，直臣长仰颜真卿。

（《采薇集》利册）

### 题梧溪镜石

片石悬似镜，湛然中虚明。江波净于练，万象涵其精。谁为铸天鉴？山灵护光莹。愿假照六合，群妖都屏营。

（《幽贞集》下册）

### 观梧溪镜石偶题两首，人传往代传诣行在，光晦，发还山

墨石清涵明镜霞，琪坛秋日散天花。共怜碧海灵光现，谁道枫宸色相遮。龙蠖暂须收宝气，琼瑶终不减英华。韬精似有超玄悟，犹向明时洞百邪。

选胜梧溪一扣关，石光飞动碧云寰。烟霞倒影天边树，冰鉴虚浮象外山。苍壁自怜清世宝，紫霓犹映藓衣斑。宁知皎皎难为污，佛日依然有旧颜。

（《邑歈稿》卷一）

# 吴时来

## 🌿 人物介绍

吴时来（1527—1590），明浙江仙居人，字惟修，号悟斋。嘉靖三十二年进士。授松江推官，摄府事。倭寇犯境，时来纳难民入城，善待客兵官长，使其部下守法。擢刑科给事中。劾罢严嵩私人兵部尚书许论等。三十七年，奉出使琉球之命，将行，劾嵩父子招权不法，被诬陷下狱。戍横州。隆庆初，复故官。万历间，官至左都御史。晚年不能自节，委蛇执政间，连被弹劾，乞休卒。有《悟斋稿》《江防考》。

（《中国历代人名大辞典》）

## 🏔 梧溪相关作品和事迹

### 石镜

神工陶玉液，绣璧嵌金章。湘水晶玄鉴，疑山对晓妆。

雁来栖海月，龙起妒珠光。妍媸嫌太絜，不敢擅朝廊。

（《横槎集》卷三五言律，仙居吴时来惟修甫撰）

### 浯溪夜游

秋水停舟眺望舒，三吾怀古叹遗墟。崖文尚记中兴诵（颂），笔势犹传鲁国书。五夜残星垂野阔，一尊明月入林虚。千秋亦是风流客，故国云山恨有余。

### 湘口驿

连朝湘口野踟蹰，坐荫高松意自如。两舍鸡声来水外，半帘云影出山余。野童细泻和根菜，驿吏遥供径尺鱼。尧舜宽仁臣在宥，不须投赋吊三闾。

### 月夜放舟

秋宵似昼四山幽，为爱清光醉放舟。雁影星河天共转，砧声城郭夜初收。心同水月观空净，身在波澜阅世浮。多少潇湘游子泪，于今洗濯作安流。

### 渡湘

孤槎碧汉两悠悠，何事离人赋远游。夜净云开四野色，秋高月拥大江流。湘妃要渺涔阳浦，楚客夷犹杜若洲。往事几多成汗漫，秋风袅袅独予愁。

（《横槎集》卷四七言律，仙居吴时来惟修甫撰，《吴悟斋先生摘稿》卷四）

### 宎尊

杯饮今何世，宎尊石甚都。夜来深浅酌，秋月坐冰壶。

按：《吴悟斋先生摘稿》卷六，杯饮作杯酒。（《横槎集》卷五绝句，仙居吴时来惟修甫撰）

# 邓汝相

## 🌺 人物介绍

邓汝相，字南溪，南丰人。五上公车，而后捧檄来祁，以其不得志于南宫者。期大有为于吏治，莅政公明，持身清谨，育黎造士，务臻实效。精审徭役而差科均平，薄缓征敛而国赋充足。祗意雩祷，虽亢旱而甘澍随沛；嘉兴奖拔，期炳蔚而文魁辈出。值江水涨涝，城垣、公馆、学宫、祠宇淹塌过半，公竭力营构，诸废具举。又且俯通下情，博询幽隐，以此弊革利兴，法清讼简。湖湘言吏治者，首屈指公，陈家宰荐称为发轫之师也。寻迁宾州州守。

（康熙《祁阳县志》卷八人物宦绩）

## 🏯 浯溪相关作品和事迹

### 游浯溪和蒋龙池韵

漫郎有遗宅，花发为谁芬。虚阁流云气，荒碑带苏（疑为薛）纹。涧泉仍学篆，庭草自成茵。吊古多幽兴，高歌倒绿尊。

### 和邹颍泉

花木标灵境，风烟尽日闲。异香浮涧底，飞片落人间。石壁涵霞彩，宎尊驻酒颜。胜游殊不厌，放艇采星还。
昔贤留胜迹，而我得重来。正气千年在，文光万仞开。感时因览镜，眺远一登台。满举宎尊饮，从教踏月回。
野亭新构罢，双美照方来。气与孤云迥，心教巨石开。度桥寻古刹，倚剑陟高台。往事成陈迹，能无取醉回。

（《重刻南溪先生集》卷二，南丰南溪邓汝相撰，明万历末年南丰邓氏重刊本）

# 邹守益

## 🌱 人物介绍

　　邹守益（1491—1562），字谦之，号东廓。江西安福县北乡澂源（今江西省安福县连村乡新背老屋里村）人。著名理学家、教育家。邹守益一生尤其重视教育，崇尚简易明白、朴实无华、直指本心。他认为，教育是人后天赖以长进的最根本的途径。守益教人，把王守仁的"致良知"学说作为道德教育的根本，并对"致良知"作了充分的发挥。邹守益著作有《东廓文集》《诗集》《学豚遗集》等。今有《东廓邹先生遗稿》传世。北乡澂源邹氏，是江南极负盛名名门望族，四代人中有七名进士，一名解元，五名举人，一名贡元。其中明正德年间的邹守益最为名重。

## 🏯 浯溪相关作品和事迹

### 寄题三吾逸士三首

#### 其一

闲拄祁山竹，踏破浯溪练。浩歌次山碑，千载如见面。

#### 其二

沿溪陟峿台，长啸云千仞。世态总浮云，变化日一瞬。

#### 其三

掬水洗石镜，镜水照毛发。鼾卧唐（唐）亭阴，洗心待明月。

（《邹东廓先生诗集》卷五，邹守益撰，明万历刻本）

# 释楚峰

## 🌱 人物介绍

　　释楚峰，字□□，绪庵高弟也。初居照山，旋继法云山，复绍席义山。四方云集，经其钳锤，成证妙谛。

## 🏯 浯溪相关作品和事迹

### 游浯溪题镜台

镜台磨洗自天开，怪石嶙峋出水隈。今古游人题不尽，元颜过去约谁来。

（《沅湘耆旧集》一九三卷）

# 邹　善

## 🌱 人物介绍

　　邹善（1521—？），号颖泉，文庄公第三子。嘉靖乙卯，丙辰进士。初授刑部主事，恤刑湖广，矜释甚多。与两院意异，或危之，善曰：吾奉命恤刑耳，何迎合？卒如所请。督学山东，试毕率诸生讲明圣学，所拔士后皆为名贤。晋广东右辖，征罗旁有功。以病假归。后叙功，奉钦赏银币，即以构草庐，居族之贫者，题曰公赐草庐。晋太常卿，致仕。里居辟任仁精舍，每月与同志聚讲，虽年八十不少倦。子德涵、德溥，皆世其家学。另有传。

（康熙《安福县志》卷四人物宦绩）

## 浯溪相关作品和事迹

邹善诗碑，在峿台北崖。

《浯溪》拓片

### 浯溪

□□□□□，□水共□□。□□烟霞□，
□□□然间。□□□绝壁，石镜□□山。暝色
□□□，延缘殊未还。

嘉靖壬戌夏，□张正节相、邓公邑令汝相游浯溪。同郡邹善继甫□。

# 吴文奎

## 人物介绍

明徽州府歙县人，字茂文。工诗，尝受业于吴国伦，所作文多效其体。有《苏堂集》。

## 浯溪相关作品和事迹

### 同程吴诸公浯溪泛舟

九夏沧溪行乐饶，波澄沙净荡轻舠。浓阴匝岸述帷帟，浅濑分流杂鼓箫。举袂山光时袅袅，干云水调故飘飘。徘徊永日神飞越，欲纵长风碍惰骄。

（《苏堂集》卷六，新都吴文奎茂文甫撰，国家图书馆藏万历三十二年刻本）

# 郑　桂

## 人物介绍

郑桂，仁和人，知印，知事，嘉靖四十三年任。

（《康熙漳州府志》卷九秩官）

## 浯溪相关作品和事迹

郑桂诗碑，在曲屏区。
五年为客寓三吾，每过溪桥兴趣殊。惟有痴情同米老，磨崖碑畔拜相呼。
武林郑桂。

# 杨　治

## 人物介绍

杨治，字七泉，四川广汉人。明举人，嘉靖四十四年任永州府推官，官至云南镇南州知州。

## 浯溪相关作品和事迹

杨治诗碑，在石屏区。

镜石

　　钟得方舆秀，商颜宝鉴临。江花摇铁壁，霞彩拂乌金。自有光明藏，全无爱憎心。虚灵原匪石，磨炼触高深。

　　隆庆丁卯广汉七泉杨治。

《镜石》拓片

# 闪应霄

### 🎋 人物介绍

　　捕盗通判，闪应霄，永昌人，二年任。是年裁捕盗通判，即选管粮通判。同年补任管粮通判。（道光《永州府志》卷十一府僚）

### 🏯 浯溪相关作品和事迹

　　闪应霄诗刻，在石屏区。

#### 初游浯溪

　　崖悬江流出天造，石错却讶盘虬螭。宓尊唤人饮玄酒，唐亭催客吟骚词。镜石耀精照眉发，颂书传盛风懦愚。览胜探奇读碑罢，高山水长兴我思。

　　滇沧南闪应霄。

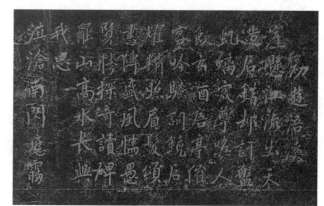
《初游浯溪》拓片

# 华阜春

### 🎋 人物介绍

　　华阜春，字伯生。以贡判崇庆州，晋知桐柏县。有惠政，抚字之暇，与诸生谕文，娓娓不倦。归，年逾八十卒。（乾隆《清泉县志》卷十六人物志·政治）

### 🏯 浯溪相关作品和事迹

　　华阜春诗刻，在石屏区。

#### 镜石次杨七泉韵

　　晓色春屏映，春妆宝镜临。阴崖常抱月，炼石为钻金。看取匣中物，弥清尘外心。洋洋照今古，不觉洞闱深。

　　隆庆己巳岁仲冬月朏日，衡阳七峰韩荆村华阜春书。

　　龙文注：杨七泉，即四川广汉杨治。

《镜石次杨七泉韵》拓片

# 刘 同

## 🌿 人物介绍

刘同，明代安福文人，慕衡岳潇湘之胜，寓于祁。教授卢氏家塾，三吾举人卢彦，门生举人卢奇、卢豪友善之。

## 🏛 浯溪相关作品和事迹

刘同诗碑，在曲屏区。

《游浯溪》拓片

### 游浯溪

九日浯溪赏，缘登踏翠苍。江澄开镜面，崖咏动文光。

漱玉泉穿石，隔桥花渡香。宪尊亲汲处，松影落黄觞。

右旗山先生，安福人。倜傥有蕴藉，慕衡岳潇湘之胜，寓于祁，因延家塾，弟奇怀玉、豪内泉幼从之。先生性耽山水，每览胜辄有诗。越数年，乃郎前喜、□临、中瑞，阔达雅静，复来祁，偕诸弟与之游浯溪，见壁中时，多旗山公笔，与二弟拊忆久之。余曰：旗山高士也，宜镌五言以垂不朽，庶志胜者览焉。

时隆庆辛未（1571）冬吉三吾举人鹿泉卢彦书，门生举人卢奇、卢豪立石。

# 卢 彦

## 🌿 人物介绍

卢彦，祁阳白水人。嘉靖三十七年中湖广乡试举人，官至漳平知县。

## 🏛 浯溪相关作品和事迹

为其师刘同诗刻碑浯溪。

# 卢 奇

## 🌿 人物介绍

卢奇，字廷才。器识朗拔，弘济敏悟。登甲子贤书。丁丑试南宫，冯具区一见服其德量，相友善。会场试后，得外艰报，驰还守制，中途始闻捷音。庚辰廷试成进士，授高安令。历官枢曹，出守金华。所在能声籍甚，高安、金华且称循良，留去后思，迁两淮运使，寻解组归。居官馀禄，以分亲党。公性至孝，养志无忤。会父妾产弟，廉母欲弗举，奇跪请别育，许之。多方拊摩，以至成立。为延师授经，弟遂饩于庠，嗣浸昌大。公初聘清江张氏，及笄而瞽，女父请改盟，奇弗许，竟娶焉。邑咸称"孝友先生"，守宪冯时可为建忠孝祠。

（康熙《祁阳县志》卷八人物）

## 🏛 浯溪相关作品和事迹

为其师刘同诗刻碑浯溪。

# 丁懋儒

## 人物介绍

丁懋儒,登嘉靖四十四年进士。官知府。能诗文,著有浯溪三颂、巽曲山房集、家世诗。(《嘉庆东昌府志》卷二十八列传三)

## 浯溪相关作品和事迹

丁懋儒诗、颂,均在峿台北崖区。

### 与邓郡伯来溪、李大尹诚斋游浯溪

冬日淡苍野,浯溪空白云,相将理舟楫,直渡大江渍。亭僻景尤异,台高石不群。幽贞每自得,宦辙来何勤。题壁多奇字,除苔见古文。忠心馀耿耿,雅什竞纷纷。偶此湖海会,因怀漫郎君。阳回怜秀霭,夕照对氲氲。仙迹宛然在,宬尊仔细分。归轩傍灯火,逸兴散芳芬。

### 大明中兴颂(有序)

曰若稽古,帝王之兴,皆不繇楚。我世宗肃皇帝,始以兴国入继大统。盛德大业,超越前代。先是,帝星见于楚分,逆藩生心,历数所归,逆侉尽殄。四十六年,至顺极治。逮皇考穆宗,右文守成,号称圣主。今上皇帝以天纵之资,知兼天下,嘉靖殷邦,庆流罔极。顾发祥之区,不有纂述,曷以昭示来世?儒不敢佞,拟颂磨崖。彼唐宋所称,视此万万不及也。颂曰:

于皇献祖,圣德凤闻。宥密基命,龙潜楚渍。
桓桓武宗,巡幸云从。悍夫竖孽,中外汹汹。
皇天鉴降,圣祖神灵。世宗正位,海内以宁。
乃定郊庙,尊上考妣。惟精惟一,于昭受祉。
威加漠北,款纳交趾。露零河清,瑞不胜纪。
享国久长,赖及万方。穆考渊默,道治韦章。
肆我皇上,如日升东。至性英悟,孝奉两宫,
逊志于学,讲筵是隆。师臣惟帝,德懋功崇。
元辅良臣,实生帝乡。靖共于位,后先相望。
帝星所临,奕叶流光。丕迈有周,文武成康。
受命自兴,万祀流芳。

《大明中兴颂》拓片

万历三年,岁在乙亥春王正月上旬,湖广永州府知府、前进士、侍读经筵官、兵科右给事中丁懋儒撰并书。

同知邵城,通判纪光训、郎尚纲,推官崔惟植。祁阳县知县许公望、典史张应文刻石。

**龙文补注:**邵城,永州府同知,鄞县进士,隆庆十六年任。纪光训,永州府管粮通判,丹徒人,隆庆六年任。郎尚纲,永州府管粮通判,山东人举人,万历二年任。崔惟植,推官,太平人,隆庆五年任。(道光《永州府志》卷十一上职官表府察)

明知县,许公望,揭阳人,举人,神宗万历二年任。明典史,张应文,华亭人,隆庆五年任。(康熙《祁阳县志》卷三官师表)

# 朱玉□

### 🎋 人物介绍

朱玉□，生平待考。

### 🏛 浯溪相关作品和事迹

朱玉□诗，在北崖区。

#### 石镜

闻道浯溪碑称奇，为□□处□□□。□人为□□□□，□□□自□□□。□□□漫郎□为，□□□□□□□。

万历乙亥春……东……朱玉□书。

# 王　素

### 🎋 人物介绍

王素，生平待考。

### 🏛 浯溪相关作品和事迹

#### 浯溪读中兴碑

磨崖□此□一□，林木萧森慨不禁。古刹松声清露下，老僧贝叶白云深。宓尊痛饮留仙迹，石镜□香□水心。清□□□□极，明朗□□□几沉。

嘉靖乙亥秋□□□□□王素。

# 郭　棐

### 🎋 人物介绍

郭棐，明广东南海人，字笃周。幼从湛若水学，与闻心性之旨。嘉靖四十一年进士，授礼部主事。穆宗即位，次日传封七夫人御札将出。棐谏净，事乃罢。后终官光禄寺正卿。有《粤大记》《岭海名胜记》《四川通志》等。

### 🏛 浯溪相关作品和事迹

#### 磨崖赋

浯溪以元子磨崖文而重，崖文以颜鲁公书而益重。物之相须而不朽于天地间者，良不偶哉！后之吟卿赋客，类喋喋焉。杨廉夫作赋亦云："至考颂以论体兮，垢磨石之小疵。絷大唐之罪案兮，异琼琚之赏词。致后来之墨客兮，纷石刻之是非。"嗟夫！阿荤煽祸于渔阳，上皇间关于巴蜀。谁一戎衣而大物如故，谁全宗社而区宇以宁。功出非常，谈何容易。虽太阿之柄见窃椒房，西内之迁贻讥舆论，然未可以瑕而掩瑜也。昔周宣中兴，常武、江汉诸篇，列于风雅。晚年不籍千亩，败绩羌戎，史臣识之。乃吉甫之颂，祭公之谏，并垂金石。矧颜元二子唯知颂德扬功，讵能逆睹其后也？则崖文奚容喙訾哉！窃因篮舆之暇，广廉夫意而赋之。

　　猗嵝崖之矗矗兮，干层霄而嶙岐。撑砥柱于两间兮，摩青苍于万仞。俯石鼓而拉岣嵝兮，应星缠而分翼轸。郊东南之半壁，伟衡湘之巨镇。谁从磨其峻嶒兮，当李唐之中兴。有忠说之老臣兮，振雅颂之元声。发金薤于聱叟兮，烂银钩于颜卿。翔虎豹而腾蛟螭兮，与诸崖并峙而峥嵘。嗟六叶之仙李兮，悼三郎之耄荒。嬖玉兰于绷儿兮，动鼙鼓于渔阳。纷潼关之虐焰兮，痛马嵬之郎当。舞骏跃以悲愤兮，青骡驾而傍徨。群生勖勤以弗宁兮，百僚首鼠而奔窜。咸称臣以纤绅兮，俦置身而巡远。唯不识面之平原兮，连棣萼而忠謇。亦有偬圩之漫郎兮，歌楚骚而愤惋。天不厌于皇唐兮，起匹马于朔方。据灵武以一呼兮，扫横霄之攙枪。冕、泌运筹以制胜兮，仪、弼仗义而于襄。爰授玺以践阼兮，又谁咎其仓皇。羌三月之徂征兮，炜两京之恢复。美钟簴之不移兮，欣庙社之未屋。诞旋乾以转坤兮，乃濡沐而膺福。追甲乙以齐轨兮，媲宣光而同躅。奠唐鼎于再安兮，迎上皇于庆宫。乃旌烈而酬勋兮，亦布惠而躅庸。臣结作颂兮，敬铺张乎骏功。臣真濡毫兮，载掞扬乎丹衷。揭日月于重光兮，信肃皇之为勋也。章盛德而标丰功兮，兑纯臣之义也。虽未祀之瑕颣兮，庸何伤乎前美也。彼江汉常武之风兮，固不以耄倦而弛也。繄兹文与兹石兮，迥同峙乎天地也。

　　乱曰：君臣父子，艰危共兮。羯鼓喧豗，社稷动兮。太上播迁，遐迩恐兮。肃皇勖勤，再垂拱兮。廓清妖氛，嗣帝统兮。迎养庆宫，心曷恫兮。丰功大烈，今古重兮。元文颜书，忠义供兮。铿鍧陆离，配雅颂兮。乔崖穹碑，万世式诵兮。

（《明文海》卷十三，黄宗羲编，文渊阁《四库全书》第1453册）

# 管大勋

## 🌿 人物介绍

　　管大勋，字世臣，号慕云。以进士授庶吉士，迁给事中。在省慷慨敢直言，适宦官滕祥辈奏请复故太监黄锦侄浦都督衔，授其族人保等锦衣官使，守锦墓家人黄斌等与充御马监勇士，以示存恤，上许之。公同御史陈联芳等交章言浦前以不职罢，不当复叙而保等。欲借口守墓冒官职。斌等以厮卒希充勇士，名縻廪禄，皆不宜听。事遂寝。有师宗纪者以黄冠厕名太常寺卿，盗库金钱千计，多犯法。公复与邹应龙交发其奸，得论如律。直声震朝野，竟积以亢直忤时，出知临江府，擢为四川提学副使。复降知延平府，再以副使督湖广学政，迁福建布政使，加光禄寺卿，致仕。公少笃于问学，尝取蒙引、存疑、浅说折衷之，著《四书三说》，学者宗之。为诗长于五言，力追颜谢。闽中曹能始先生为刻其集。

（《甬上耆旧诗》卷十七）

## 🏔 浯溪相关作品和事迹

### 眺浯溪寻元次山宅

　　肃矜下湘渚，巉石当其崖。清川带烟霞，碧岑远尘埃。回冈秀林木，触处崇亭台。昔闻漫郎氏，卜筑溪山隈。风月满户牖，吟弄集朋侪。钓石隐幡蹊，梧琴调徂徕。斯人不可作，高标遗九垓。岩岩十丈碑，千古无苍苔。我行滞江皋，郁抱候以开。徘徊且登眺，白云入我怀。寄语赏心客，明年还复来。

（《休休斋集》卷二，古鄞世臣甫管大勋撰，万历六年刻本）

### 读磨崖碑

　　浯溪之山云母石，青崖插天悬峭壁。中有镌镂结构奇，雷霆呵护神仙划。天宝以来几千载，螭盘凤舞依然在。元公作颂鲁公书，当时国事真堪慨。翠华幸蜀宗社迁，长安宫阙迷烽烟。储皇匹马起恢复，仓卒灵武谁宣传。吁嗟往事难具论，于铄文翰微义存。两公忠胆贯星日，穹碑古篆垂乾坤。宇内磨崖今徐几，周原秦漱半堙圯。三吾山水最幽奇，维石璘璘云气紫。上国韶华有消歇，人间至宝常不灭。湘南犹识漫郎居，关西谁溯马嵬血。

### 读大营岳武穆题

元帅提兵荡南徼，功成万里遵危峤。独悲二帝远蒙尘，仰天誓血白日照。靖康之役国之耻，几回怒发冲冠起。大营市前水不流，义胆忠肝笔端里。当年只说定天山，铁马铜驼讵召还。杀身何论莫须有，至今石尽生斓斑。我来吊古心凄凄，万壑千崖夹大堤。将军战马经行处，鬼哭山号乌乱啼。

（《休休斋集》卷三，古鄞世臣甫管大勋撰，万历六年刻本）

### 宿排山

倦入青山晚，其如溽暑何。石床苍藓色，竹径碧云窝。驿路怜琴剑，风尘羡薜萝。所嗟远行役，思向客中多。

### 秋夜祁阳公署（二首）

山城闻击柝，萧散步庭阴。浩宇澄光满，深秋凉气侵。有怀应不寐，无侣自成吟。怅望云中雁，凭谁寄我心。

客居观物候，寂寞对寒晖。月露低庭树，星河动棘闱。疏灯浮影照，华发壮心违。薄宦成何事，终宵独掩扉。

《读磨崖碑》拓片

### 镜石

一片云中玉，生来铁障屏。经年含雨润，空谷吐星精。讵为纤尘掩，谁将巧力成。妍媸吾自鉴，止水与同盟。

### 晚渡祁阳

湖南千里道，咫尺是峿台。溪向三湘去，山从八桂来。

风帆排浪渡，云阁倚天开。客意随流水，鱼龙不敢猜。

（《休休斋集》卷四，古鄞世臣甫管大勋撰，万历六年刻本）

### 与邓涞溪太守

昔范成大云：桂州山水甲天下，顾其地去三吾不六七百里而近，乃高贤达士久虚玄览，殊为旷怀之缺。昨者幸烦玉趾枉顾，始克周历而冥搜之，岂岩窦山灵遇合固有时邪？独恨遐方冗吏，扰扰簿书，未克光陪，而署中简澹，情礼俱略为愧尔。承命撰书院碑记，原非作者，笔研久荒，词旨弥下，真谓芜秽，有玷琰珉。若明公盛心开创颠末据实直书，无一毫溢美于门下，幸尊裁鄙正，爰付邮筒，用成期约。

（《光禄集》卷六，四明管大勋世臣甫撰，明刻孤本秘籍丛刊第 18 册）

# 邓 球

### 🌿 人物介绍

邓球（1525—1595），字应鸣。沉酣典籍，淹粹弘远，岐嶷隽异，它无嗜好。年十四，督学试《雍齿先侯论》，甚有法律，声名籍甚。先伍慎斋乡隽。及伍捷南宫，益感愤下帷，几忘寝食寒暑，遂相继登第。历宜兴、弋阳令，迁户部主政，转正、副郎。以凝峭忤时，出麾铜仁。不数月，解绶归。投闲水石，纂集经、史，等物造闻。

所著有《明代泳化类编》百三十六卷、《续编》十七卷，又著《理学宗旨》《闲适剧谈》及《县志》等书行世。自号"寄漫子"。当事争购其书，纸为之贵。不百年，遭世戎燹，荡为灰烬，惜哉！子云台，登神庙初贤书。公享年七十馀，视其子试政邯郸，人称"济美"。野史易生曰："乡人，一都御史，父事江陵时，掌选事，公与之不叶，以此拂衣，则公之为人可知矣。《泳化编》则可传之书也。人称来溪先生。"

（康熙《祁阳县志》卷八人物志）

## 🏯 浯溪相关作品和事迹

### 访张台山于三吾舟中

君迈非群玉，君情辱结金。三吾承梦觉，百里载殷勤。因荷先施者，还驰愿见心。留餐倾凤诺，徙倚重分阴。知己如斯度，故人籍以深。王侯可傲节，贤达莫逆襟。风雨今何事，蒹葭昔已沉。鹧言休刺急，村落更宜寻。荒径无长物，闲斋只素琴。浮生能了劫，得手不须针。室洒尘缘尽，潭寒月影侵。知君怀格调，觅酒相为斟。（医之也。）

### 答台山

为爱东君绿野秋，茅斋僻署接西畴。闲将易画环中会，懒著诗笺删后求。莫道渔樵无好句，须知禽鸟自鸣幽。偶于物外融通后，笑傍湘江点客舟。（时台山以舟维三吾，故嘲。）

（《闲适剧谈》卷五，三吾寄漫子邓球撰）

# 王大可

## 🌿 人物介绍

王大可，字符简，銮子。吴江人。锦衣卫籍。明嘉靖四年辛卯举人。三十二年癸丑进士。历官台州知府。

## 🏯 浯溪相关作品和事迹

浯溪，在永州北百余里，流入湘江。溪水石奇绝。唐上元中，总管经略使元结罢任居焉，以所著中兴颂刻之崖石，颜真卿书。结复为峿台、右堂、西峰、四厌亭铭，皆刻于石崖上。

（《国宪家猷》卷三十五，东吴王大可元简甫集著）

湖广永州浯溪之崖，有黑石焉，较他石为少，细视之暗然，以溪水涤之，则浯溪之景俱现于中，若镜昭然。好事者舁辇于家，与顽砺者等也。复舁之旧处，光则又如旧矣。

（《国宪家猷》卷五十，东吴王大可元简甫集著）

# 姚舜牧

## 🌿 人物介绍

姚舜牧（1543—1627），字虞佐，乌程人。万历癸酉（1573）举人，广昌知县。有《承庵诗集》。承庵以厚德闻邻里，事难悉书。研究六经，各有疑问。诗不专工，然颇自喜。

（《竹垞诗话》卷下）

## 🏯 浯溪相关作品和事迹

### 论肃宗之立

范华阳谓肃宗叛父，胡致堂谓裴冕诸人急于荣贵，是则然矣。然此时只合如此做，但一面且从权以收远近之心，一面急禀命以明父子之谊，庶为得之。若不能，需五六月，即改天宝十五载为至德元载，则得罪于万世所不可解者耳。

（《来恩堂草》卷九，承庵姚舜牧撰，明刻本）

### 读杜陵同元使君春陵行

诗多遣意兴，不独在忧思。然当民疾苦，曷忍漫视之。仁哉元使君，守官匪适时。伤彼赋敛急，弗恤诏令违。贼退示官吏，矜抚此孑遗。杜陵见二作，挥洒几百辞。呻吟寄淡墨，增轴简所知。当时此二公，岂直可言诗。国风应采续，后世宜师资。安人天子命，符节我所持。动以戕民生，可称良有司？

### 过祁阳（戊子 1588）

中峙祁阳邑最雄，朝来四望万山空。

辎车已过熊罴岭，钟韵犹来白鹤风。（邑有四望、白鹤诸山。）

（《乐陶吟草》卷一，承庵姚舜牧撰，明天启刻本）

# 王锡爵

## 🎋 人物介绍

王锡爵（1534—1610），明苏州府太仓人，字符驭，号荆石。嘉靖四十一年会试第一。授编修。累迁至国子监祭酒。万历初掌翰林院，张居正夺情，将廷杖吴中行、赵用贤等。锡爵谏之，不纳。进礼部右侍郎，以张居正恨之，还里不出。居正死后，拜礼部尚书，兼文渊阁大学士。首请禁诡谀、抑奔竞、戒虚浮、节侈靡、辟横议、简工作。时申时行为首辅，锡爵与之同郡、同科，甚相得，但性刚负气，常忤朝论。二十一年，为首辅，以拟三王并封旨，为言官所攻。八疏求罢而去。有《王文肃集》及《王文肃疏草》。

## 🏛 浯溪相关作品和事迹

### 寻元次山宅

肃铃下湘渚，巉石当其崖。清川带烟霞，碧岑远尘埃。回冈秀林木，触处崇亭台。昔闻漫郎氏，卜筑溪山隈。风月满户牖，吟弄集朋侪。钓石隐磻溪，梧琴调徂徕。斯人不可作，高标遗九垓。嵩嵩十丈碑，千古无苍苔。我行滞江皋，郁抱终以开。徘徊且登眺，白云入我怀。寄语赏心客，明年还复来。

（《浯溪新志》卷八）

# 冯时可

## 🎋 人物介绍

冯时可，三甲二百五名，贯应天府，军籍，松江府华亭县人。国子生。治诗经。字敏卿。行八，年二十三，九月二十九日生。曾祖海。祖逵。（赠南京监察御史）父恩。（大理寺丞进阶朝列大夫）嫡母金氏。（封孺人）生母马氏。严侍下。兄行可（贡士）、达可、学可、再可、辅可、继可（俱监生）。敳可、衍可。弟曾可（监生）。娶徐氏。

应天府乡试第三十名。会试第五十八名。

（《隆庆五年进士登科录》，天一阁藏）

🏛 **浯溪相关作品和事迹**

### 西迁记（万历辛卯 1591 三月）

二十九日出安西门，五十里次路口馆。又四十里宿排山馆。祁阳令李迟来谒。四月一日，晓发，遇大雷雨。青泥没马骭，登涉甚困。行五十里，雨稍缓。宿大营铺，岳武穆屯师征曹成处。离北十里，有雷符观殿洞宾祖师遗迹。二日，密雨。行十五里，过熊黑岭。上下十里，山径百折。十五里至枫林铺，有梁，长五百尺。近城五里，石林立如擎掌。入祁阳署，方伯陈公荐来，已招予饮其家，促膝相对，更余始散。三日，发祁阳。沿江岸行，天色乍晴，云势欲馈，山势欲出，互相吞吐，与江烟相掩映，殊会人心。行可五里，望见隔江石崖，壁立漶漶上。问之，浯台也。绝流而渡，先经一石壁，元结所谓浯溪之口、有异石、高陆拾余丈者是也。有桥曰香桥，溪水从此入江，声铮然送耳。已登岸，见唐宋碑刻在崖下甚多。有镜石嵌置崖间，石黑如漆，可鉴须眉，隔江丘垄草树，一一皆见。已从山后舆而上，有亭曰笑岘，其前平台，即石崖颠也。石上湮尊，大如盆，元次山所凿。下，谒鲁公书院。遂行。三十里过皇妃岭。

### 入郧记（万历甲午 1594 二月）

二十九日雨，二更至永州，郡守徐尧莘、佐张守纲、令梁民相辈郊迎。三月朔日登舟，沿湘江行，夜宿冷水滩。初二日午，过浯溪。有顷，至祁阳。令李迟郊迎。已入城，吊中丞陈公荐，公来报谒，话舟中，逾时而去。夜泊观音滩，祭晏公祠，其神最灵。初三日，轻阴。早，过白水。午，过归阳驿。

（《超然楼集》卷三，天池居士冯时可元成著，明别集丛刊第三辑 085 册）

# 陈文烛

🌿 **人物介绍**

陈文烛（1536—1595），明湖广沔阳人，字玉叔，号五岳山人。陈柏子。嘉靖四十四年进士，授大理寺评事，历官淮安知府、四川学政，官至南京大理寺卿。博学工诗，有《二酉园集》，纂《淮安府志》。

🏛 **浯溪相关作品和事迹**

### 报陈楚石侍御书

不肖过采石时，以先公之变渡江且急，昏迷中亦不知门下使旌驻此也。舟至铜陵，翰贶下贻，令人惊感。二十年仰止之私，竟无缘一面也。大江万里，风猷似之。惟门下加餐，以隆澄清之业。烛哀情不胜驰祷。

（《五岳山人尺牍》卷四，明沔阳陈文烛玉叔撰，国家图书馆藏）

### 报陈楚石大参书

往不佞守淮，曾一寓书过采石，辱明公翰贶加焉。高谊翩翩，中心藏之久矣。后明公埋轮关西，揽辔旧京，而不佞奔走闽蜀，望明公雄戟何啻万里！即有音书，雁鱼难托，视淮海大江间远矣。顷有天幸明公借重洪都，楚人寥寥，无可附离，得明公左右之，华琚琼佩，旦夕缤纷，不啻空谷足音，令人蹬然而喜矣。专吏奉迎，拥彗以俟。

又

秋风正顺，脂辖而南，梓里同心，有望尘称快耳。公役再迎，文奏纷纶，不堪觍缕。

（《五岳山人尺牍》卷十五，明沔阳陈文烛玉叔撰，国家图书馆藏）

### 报陈楚石大参书

远臣恋阙，游子思家，明公两得焉。安得吹晨风共南北乎？长乐钟声，湖湘云影，恐夜梦迢迢，随使旌矣。专人送境上。夏暑雨，加餐自爱。

### 报陈楚石参知书（1595）

书绣里门，奉卮酒为寿，高堂骊甚。朱陵洞口，使旌曾过，询弟藏山草堂乎？异日访门下梧（浯）溪之券也。

（《五岳山人尺牍》卷十七，明沔阳陈文烛玉叔撰，国家图书馆藏）

# 郭子章

## ✿ 人物介绍

郭子章，字相奎，泰和人。隆庆进士。初为建宁府推官，入为南工部主事，出为潮州知府。督学四川，历浙江参政、山西按察使，晋湖广右布政、福建左布政。予告归时，播酋杨应龙叛，纠苗扰乱，蜀黔边地亡宁日。起子章巡抚贵州，兼制蜀楚，赐上方剑，严旨进剿，益调各路兵专候大举。子章歃血誓师，声罪致讨，人思自效。庚子四月，应龙身帅各苗来决死战。子章会同刘綎亲勒骑冲，坚分两翼追奔，破土月二城。翌日，遂破大城。应龙阖室自焚。获酋子朝栋、兆龙等百余人。露布以闻，前后叙功有旨，议封爵。大臣议非例，始加太子少保兵部尚书，荫子世袭锦衣卫。殁，赐祭葬。子章天才卓越，于书无所不读，著述几于汗牛，燕闽晋粤蜀浙吴楚，所历皆有草。有《蠙衣集》等书行世。按郭子章所著尚有黔志、豫章书、豫章诗话。

（《江西通志》）

## ⛩ 浯溪相关作品和事迹

### 浯溪钓雪

浯溪把钓同云起，滕六飞花卷浪回。忽拥渔矶银海上，恍跻身世玉台隈。
纶垂翡翠迎风软，竿抱珊瑚带雪回。可道烟波生事好，得鱼沽酒任裴徊。

（《青螺公遗书合编》卷三十五）

# 陈继儒

## ✿ 人物介绍

陈继儒，字仲醇，华亭人。幼颖异，能文章。同县徐阶特器重之。长为诸生，与董其昌齐名。太仓王锡爵招与子衡读书支硎山，王世贞亦雅重继儒，三吴名下士争欲得为师友。继儒年甫二十九，取儒衣冠焚弃之，隐居昆山之阳，为庙祀二陆，构草堂数椽，焚香晏坐，意豁如也。时锡山顾宪成讲学东林，招之，谢弗往。亲亡，葬神山麓，遂筑室东佘山，杜门著述，虽短翰小词皆极风致。兼善绘事，又博闻强识，经史诸子，术伎稗官，与二氏家言，靡不校核。或刺取琐言僻事，诠次成书，远近竞相购写。征请诗文者无虚日。性喜奖掖士类，屦常满户外，片言酬应莫不当意去。暇则与黄冠老衲，穷峰泖之胜，吟啸忘返，足迹罕入城市。其昌为筑来仲楼招之至，黄道周疏称：志尚高雅，博学多通，不如继儒。其推重如此。御史吴甡、给事中吴永顺、侍郎沈演等，先后论荐，谓继儒道高齿茂，宜如聘吴与弼故事。屦奉诏征用，皆以疾辞。卒年八十二。自为遗令，纤悉毕具。

（嘉庆《松江府志》卷五十四古今人传）

## 🏯 浯溪相关作品和事迹

夬𤭖字碑，浯溪旁，旧有神怪。宋熙宁中，永州判官柳应辰维舟岩下，僧告其故，夜半怪果登舟，应辰呵叱，怪伸手，应辰书夬字挥之。诘朝登岸，索之，则夬字已缀崖上。知为石怪。既而应辰舟行地，僧追告以溪山震响，乃书𤭖字镇之，怪泯。今刻石在焉。

（《太平清话》卷之四、明陈继儒撰，明万历间绣水沈氏刻宝颜堂秘笈本）

# 傅良德

## 🏯 人物介绍

傅良德，号吉山。父魁，御史郑轼之甥，家素封，独喜淡泊，手不释卷。万历中，由乡贡任湖北大冶县丞。清白自矢，兴利除弊。奉命南运，时啬夫船户揽纳飞洒，百弊沿袭。德廉察剔除，运政肃然，台宪嘉其能。将不次迁擢，而德以亲老终养请，洒然解组归田。优游膝下者十余年，吟咏自乐。年八十八终。

（同治《广丰县志》卷八之二人物明宦业）

## 🏯 浯溪相关作品和事迹

浯溪题名。

傅良德在此一游。住持行法僧恭□刻崖石。

# 张乔松

## 🏯 人物介绍

张乔松，字青徕，龙塘人。万历庚辰进士，由行人升工部主事。抽分杭州，商民咸颂其清廉。历任至湖广布政司左参政，剔弊除奸，爱民如子，尝操练兵卒，防固城池。解任之日，军民争遮留之。（同治《新喻县志》卷九宦业）

## 🏯 浯溪相关作品和事迹

镜石

浯溪溪上石，似镜隐岩阿。制出天工巧，明由水力磨。精光含日月，虚影照山河。
世态妍媸别，沧桑阅历多。人心皆类此，物欲自迷何！我愿灵台内，惺惺解世罗。

万历庚子冬十月，新喻张乔松书。

# 董其昌

## 🏯 人物介绍

董其昌，字玄宰，华亭人。万历己丑进士，选翰林庶吉士，授编修。出为湖广提学副使，以太常卿召入，历迁礼部尚书。得请而卒。玄宰天姿高秀，书画妙天下，和易近人，不为崖岸，庸夫俗子，皆得至其前。临池染翰，挥洒移日，最矜慎其画。贵人巨公郑重请乞者，多倩他人应之，或点染已就。僮奴以赝笔相易，亦欣然为题署，都不计也。家多姬侍，各具绢素索画，稍有倦色，则谣诼继之。购其真迹者、得之闺房者为多。精赏鉴，通禅理，萧闲吐纳，终日无一俗语，米元章、赵子昂一流人也。弘光补谥，以其风流文物，继迹承旨，得谥文敏。是时，恤典杂乱无章，独议玄宰之谥，庶几无虚美云。

·浯溪历代人物志·

## 浯溪相关作品和事迹

### 题浯溪读碑图

余至衡州，欲观大唐中兴颂，永州守以墨刻进，亦不甚精。盖彼中称为三绝碑，曰元漫郎颂、颜平原书并祁阳石为三。殊可嗤恨。石何足绝也？盖两公书与文与其人为三绝耳。因题诗，令守镌之。诗曰：

漫郎左氏癖，鲁国羲之鬼。千载远擅场，同时恰对垒。有唐九庙随飞烟，一片中兴石不毁。几回吹律寒谷春，几度看碑陈迹新。辽鹤归来认城郭，杜鹃声里含君臣。折钗黄绢森光怪，旧国江山馀气概。当年富贵腹剑多，异代风流椽笔在。书生何负于国哉，元祐之籍何当来。子瞻饱吃惠州饭，涪翁夜上浯溪台。杖藜扫石溪声咽，不禁技痒还留碣。清时有味是无能，但嗽湘流莫饶舌。

（《画禅室随笔》卷四，华亭董其昌著，乾隆三十三年重镌戏鸿堂藏板；《列朝诗集》丁集第十六卷董尚书其昌）

### 总漕大司徒陈公去思碑记

祁阳陈公予告归二载矣！海内惜公之去，而淮阴士民怀德日深。若藩司，若守令，逮事公者，谓公不矜不伐，肤功烁懿，耻自标炫，顾老成举动，宜为后法。彼夫纪于旗常，勒于鼎釜者，中朝事也。尸而祝之，社而稷之者，士民事也。吾侪久庇神宇，罔不祗师言，当兹论定，缅想仪刑，非夫记之金石，何以扬公之休？问于永，永于是走使海邑，授简野史。昌不佞，念公为吾郡司理，则已受国士知，何敢以不文辞？国家两都并建，以金陵为丰镐，而缩毂南北天下咽喉，淮阳为重。挽漕之役，虽司徒专职，然赐履之外，提七省大吏之衡；牙纛之间，屹建威消萌之势。牲币荐于橋陵，璧马湛于瓠子。六官之事无所不统，文武之用难于具宜。公洁己奉公，正身率属，山阳令所按次：若斥有司侈供张者，汰冗员浮食者，蠲关市间架横征者，禁将迎滥舆驺者，惩质库轻出重入、子钱家倍取息者，除运木烦里旅者，诛妖僧略子女者，治津梁病涉者，新学宫敝陋者，置学田赡子衿者，简诸营帅脆惰者，严游徼备非常者，练鱼丽习水战者，防水部干没造舰估者，禁漕卒受粟溢额者，省防河渠堤之缩公帑而劳民者，夫非经国之吁谟、保厘之实政耶？虽然，公所为默调元气，称纯德不二心之臣者，不在此也。主上寓宇以来，士风、朝论，大抵十年一变，至于今而畸重之权，必趋之势，盖可睹已。无论庶官随俗转化，即黄发寿耇，谁能不波？公之始镇淮也，当改革之会，天下属耳目观意向，藉令眉宇间稍有衡气，即愿奉坫坛者何限？乃公雅意自以身为大臣，当挽已倒之澜，还既雕之璞，弼成天子平康正直之治，岂其矜奋以示异，养交以收名，巧宦于末路哉？落落穆穆，内朗外温，子公之竿牍，不走于长安，元恺之问遗，绝迹于当路。于品流，则有哆口《春秋》，投足轻重，而若弗闻也者。于时局，则有菀枯异营，南北分部，而若弗闻也者，虽静躁、浓淡、险坦、奢俭、烦简之间，无一不可以见功，要以有改弦，无改玉。公本自静，本自澹，本自坦，本自俭，本自简，率其四十馀年，剔历中外之大常而已。先自乐浪之役，淮右大募兵，故增饷以巨万计。岛寇既平，郡邑赋额已无复养兵之科，会有言前幕府脂膏其中且不赀者，公具实条奏，调与时背不顾也。夫李赞皇、王沂公之相业，当时所赵。乃赞皇以周秦行记薄奇章于险，世讥其褊。沂公以山陵逐丁谓，虽距脱足快，识者犹以为正中之谲。当是时，微公执议不阿，几伤国体。公岂仅以包荒为忠厚哉！则正直之发舒，而为世道虑者，不小也。盖皋繇论"九德"，总之有常，周公论"三宅"，曰"常伯、常任"。天有常覆，地有常载，日月有常照，四时有常行，辅世维风之大臣有常，度公以之矣。此则于言抚、言漕之外，觇公之微，而可以表百僚昭来祀者乎？傥以质之诸君子，足副谋野之意不？公名荐，辛未进士，祁阳人。

赐进士出身，亚中大夫，河南布政司右参政，前翰林院编修，管理起居诰敕，纂修正史，东宫讲读官，华亭旧治门生董其昌撰并书。万历岁在己未孟夏吉旦。

（康熙《祁阳县志》卷九）

# 杨 芳（明朝）

## 🌿 人物介绍

杨芳，字以德，号济寰，四川巴县人，万历五年丁丑科进士，官至户部侍郎、湖广巡抚。明朝万历二十七年（1599），以右副都御史巡抚广西。著有《殿粤要纂》。明董光宏撰有《鄞大令杨公传》，载同治《巴县志》卷四下艺文。

## 🏯 浯溪相关作品和事迹

杨芳诗碑，在峿台北崖。

### 董太史自衡阳写浯溪读碑图诗见寄赋答

见说三浯景最奇，漫郎高韵有丰碑。试观良史图中咏，何似王丞画里诗！百代风骚余郢调，几人山水遇钟期？斯文盟主凭公在，衡雁飞来慰所思。

万历丙午春日，巴郡杨芳题。

《董太史自衡阳写浯溪读碑图诗见寄赋答》拓片

# 姚 揆

## 🌿 人物介绍

姚揆，县志署曰古吴，当为苏州人。与赵宧光（1559—1625）同时，与唐周慈相友善，同游浯溪。

## 🏯 浯溪相关作品和事迹

### 游浯溪

烟萝一水外，梦想无聊赖。经岁始能来，初来神更会。缠绵青翠光，无限泠泠意。山腰来紫霞，松涛响虚籁。虚籁有时停，泉语无时匮。日漏碧纹奇，晴岚滴深细。一片石光寒，远近皆呈眛。比镜更通明，镜有时晦昧。证古藉同人，窣堵搜奇字。幽刹出幽僧，小品谈不二。香积饭胡麻，天孙贻玉脍。选胜陟崇阿，吹云湿衣袂。拍手树皆惊，从风鸟语碎。

### 登熊罴岭放歌

男儿躯七尺，一生耻局蹐。老大独出门，山水有奇癖。涉江数千里，所见多洵美。湖右驱车行，泉石快亲履。片片晴霞乱扑衣，万峰俯处一峰巍。飞禽难上千盘岭，蓝笋梯危度翠微。随意生云云色古，以云触云云若舞。壑壑松涛不为风，湾湾泉斗非关雨。采药人来疑是仙，香山笫底皆蘦杜。探奇选石怖六凿，忽开空境神明廓。频看不觉发清颠，得湖大叫只一勺。磬声隐隐落山顶，寻磬何知山路迥。束身敛气谒关祠，间淡僧寮铛战茗。回首从前应接疲，无恨奇情独自知。割得烟霞千百尺，收拾行囊为我私。踏叶空山指前路，斜阳漏影全栖树。深惭潦草过兹山，回首频频增恋慕。吁嗟乎！自怜山水非生客，转觉人世拘刀尺。何如卜筑老此间，置身图画咏且闲，朝朝暮暮听潺潺。

（嘉庆《祁阳县志》卷二十三）

# 唐周慈

## 🌿 人物介绍

唐周慈，字稚纯，原名虞一。零陵人。崇祯朝府学生。性英伟，好吟咏，终日徜徉泉石间，贫窭不介意也。既而与同里易康侯诸子讲良知之学，复徒步走麻城谒萧康侯，萧名继忠，邹南皋门人，留一年归，倡同社讲习。万公元吉司理永州时，甚重之。流贼之乱，永城陷，与忠洁、弟纯恕倡邑义勇，走粤西，乞总镇杨国威师保乡里，郡赖以复。及万公开府虔州，复只身往见，万喜，承制拜为郡通判，委主军饷。赣破，与万公同沈江死。所存诗四首。其辞较然真不愧所学矣。赣州之难，与杨万两公同死者，刘同升孝则之外，尚有彭期生观民，姚奇胤有仆，黎遂球美周诸君，皆有诗集，而稚纯姓名独不登纪载，无有能表章之者，可慨也。

(《沅湘耆旧集》卷四十二，新化邓显鹤湘皋编辑)

## 🏛 浯溪相关作品和事迹

### 秋日偕姚君揆游浯溪

吴中有词客，怀古企先贤。篮舆同我往，问渡浯溪边。掀髯一狂笑，指点石上烟。逢迎有山僧，共立唐碑前。取水拭石镜，须眉自炯然。茅堂与竹树，隔岸影空悬。谁作石镜诗，端溪谭青莲。生动复洗炼，允是一名篇。畴为铲其名，俗气真堪怜。青莲为正官，或为人所捐。乃知风俗薄，翘首独问天。祁阳修邑志，已为吾师传。木寿自千载，爱憎奚问焉。携手上啻亭，始废今鲜妍。三箸书其上，飞动迥欲仙。转道上峿台，石径空洞穿。瞻拜二公祠，重修有数椽。始叹文人力，经厄复自坚。跻攀觅窊尊，其量深且圆。可以注十壶，言之口生涎。寒影集群峰，水底云气旋。渐过渡香桥，溪流自潺湲。老树生苍藓，藤萝一线牵。密叶覆积水，岩日出流泉。访僧止破寺，茶饭意诚虔。出门一揖别，聚散若有缘。锡我以尊酒，倚石成醉眠。醉后渡溪归，逐步远山连。

(《沅湘耆旧集》卷四十二，新化邓显鹤湘皋编辑)

# 唐廷熊

## 🌿 人物介绍

唐廷熊，字仲亮，明朝崇祯间贡生。

(《祁阳县教育志》第一册第二篇科举考试)

## 🏛 浯溪相关作品和事迹

### 元颜祠

两公忠爱挚，乃作两公祠。配享惟歆德，景行系所私。鸱狐栖断础，萝蔓缀丰碑。荒废何人问，空题崖上诗。

(《浯溪新志》卷八)

# 祁承爜

## 🌿 人物介绍

祁承爜(1571—1628)，字尔光，山阴人。万历甲辰进士，历江西右参政。精于汲古，其所钞书世人多未见，校勘精核，纸墨洁净。其藏书之库曰澹生堂。著有《牧津澹生堂集》，又撰《澹生堂藏书约》，以示子孙。分子目曰读书训，曰聚书训，曰购书训，曰鉴书训。刻入知不足斋丛书。

（《绍兴县志资料第一辑》人物列传）

## 🏛 浯溪相关作品和事迹

### 摩崖碑

开元奇事谈不足，文字犹将鲸山骨。壁立十丈摩青空，磊落千言绣岩谷。犹嫌声色谤溪山，那堪点画加涂毒。纵令临池妙古今，山灵应自长颦蹙。就如吾人七尺肤，岂愿右军数行墨。数行墨，洒岩腹。千年王气埋穹崖，一代奇文隐林麓。可惜当年借巨灵，不随车驾奔西蜀。

（《澹生堂诗集》卷四十七言古诗，山阴祁承𤊗尔光著，钱塘张遂辰卿子较，明万历刻本国家图书馆藏）

# 李日华

## 🌿 人物介绍

李日华，字君实。万历二十年进士，授九江推官，摄瑞昌县事。县苦马价繁重，条悉具请，得每岁摊减银三百两，民德之。会监司有衔之者，谪汝州州同，转西华知县。濒河王家口等处有冲决之害，立堤防以御之。丁母忧服阕，不补。侍养者十二年，稍迁南京仪制主事，再疏乞终养归，父殁庐墓三年。天启初，补精膳主事，升尚宝司丞。崇祯元年，擢太仆少卿。乞差往蓟辽抚赏将士，竣事还里，遂不复出。（徵献录）日华恬澹和易，与物无忤，世所称博物君子。王惟俭、董其昌并，而日华亚之。（《明史》附见《王惟俭传》）后先家食二十余年，能书画，善赏鉴。（国朝献征录）知县汤齐请修县志，垂成而卒。著述甚富，有《恬致堂集》《六研斋笔记》等书。

## 🏛 浯溪相关作品和事迹

### 画许比部同生扇

浯溪春水没春沙，滚滚流来不尽花。黄帽青蓑人欲睡，鹭鸶就手啄鱼虾。

（《古今名扇录》）

按：许令典，字稚则，号同生。万历丁未进士，令上饶，调繁无锡，并有惠政，左迁去。二十年浮沉中外，晚守淮安，以廉著。任未五月，会中珰出镇，即日引疾归。构东坨、西坨于黄山之麓，自号两坨外臣。野服策杖其间，与贩夫牧竖杂坐问答，不知为大夫也。邑有大利害辄陈当事，无不以一言为重。家居绝绮纨，禁梨园，简宴会。诗文取达意而止，雅擅书法，不欲与时竞工。年六十五寝疾，戒其子勿求谀墓，作自祭文，题二绝句而逝。（战志）（民国《海宁州志稿》卷二十九人物志文苑）

# 王至彪

## 🌿 人物介绍

王至彪（1596—1677），字文虎，号积石，永嘉人。叔杲族孙，父光英。壮年游学江南、湖南等地。崇祯六年（1633）副贡。十六年，考选平南（今属广西）知县，莅任伊始，闻明亡，即弃官归（《玄对草》卷下《平南署中闻国难吉日挂冠行》）。顺治中，以从侄锡管官漳州，乃往游。十八年，清廷以台湾郑氏屡扰东南，下令浙闽沿海迁界，家园遂毁，乃携家徙居永嘉吹台山麓上丘村，至康熙八年（1669）始返。

尝与锡管重游杭州。著有《玄对草》，今存二卷。"诗多黍离麦秀之感，虽选词属语不事雕琢，而古直悲凉，自足觇其志节"。

（《温州经籍志》卷二十九）

## 🏯 浯溪相关作品和事迹

### 潇湘楼晚眺

潇湘二水出泉陵，千里江流下洞庭。三楚天连云梦碧，九疑山接祝融青。磨碑犹识漫郎颂，鼓瑟徒传妃子灵。日暮砧声何处急，高楼风雨正淋泠。

（《温州文献丛书》之《东瓯诗存》卷二十八）

# 谭元春

## 🌿 人物介绍

谭元春（1586—1637），明湖广竟陵人，字友夏。天启七年乡试第一。后赴京试，卒于旅店。善诗文，名重一时，与钟惺同为竟陵派创始者。论文强调性灵，反对摹古，追求幽深孤峭，所作亦流于僻奥冷涩。曾与钟惺共评选《唐诗归》《古诗归》。自著有《岳归堂集》《谭友夏合集》等。（《中国历代人名大辞典》）

## 🏯 浯溪相关作品和事迹

### 刘济甫持颜鲁公浯溪碑见赠是其先人景垣文学遗物展观之暇率有所感

颜公书法卓，方圆皆欲除。平生嬉怒情，向此无不抒。碑版盈山川，暇矣德业余。能令天与地，如人华冠裾。（非公不能当此言，非友夏不能以此言赞公。）次山颂中兴，公也拜手书。欣然执末技，甘逊为不如。（从来惟大英雄、大学问人方见自家真有不如人处，容易自足只缘不大。）推让事君父，何事肯自居。（推开说去，包括甚阔，说理了偏，不迂腐头巾。说理迂腐，只是理初不畅，非恨其说理也。）以此炼心腕，墨妙有本初。（又说到笔墨上，旋转入妙。）损尔上世传，报之以勖诸。

（《岳归堂合集》卷三，景陵谭元春友夏撰、《明诗平论二集》卷二，明长洲朱隗辑，国家图书馆藏）

注：刘汝楫，字济甫。南海人。事见明张乔《莲香集》卷二。（全粤诗）

# 安世凤

## 🌿 人物介绍

安世凤，字凤引，河南商丘人，举人所止子，万历七年乙卯科举人。博学风雅，万历十一年癸未科进士，为御史，谪宁波府通判，署邑篆甫数月，作士爱民，多惠政，民建祠于谯楼前嘉定桥之右。官定海县知县。著有《墨林快事》十二卷。

## 🏯 浯溪相关作品和事迹

### 磨崖中兴颂

此崖远在天末，致之既难，而石在永叔时已讹缺，而传摹失真者众矣。况欲吾世而见此崖石初本如此无缺者，岂非非遇而不可求之物哉？余梦寐此帖数十年，而始购此本。腐败零落之馀，字各无损，其文之古雅，字之奇伟，俱作光怪，与旧纸陈墨之香采相发，真文房之罕遇者。因手自剂置，装潢成册，当惜元述未括其大都，而鲁公未为之指陈，而令为海赋之增也。抑亦可与欧志西台本遥挈度已？

天启辛酉九月十七日。

（《墨林快事》卷六，安世凤撰，清钞本）

# 李流芳

## 🌿 人物介绍

李流芳（1575—1629），明苏州府嘉定人，字茂宰，又字长蘅，号香海，又号泡庵，晚号慎娱居士。万历三十四年1606举人。两应会试不第，遂绝意进取，誓毕其余年，读书养母，刿心学道，以求正定之法。工诗善书，尤精绘事。知县谢三宾合唐时升、娄坚、程嘉燧及流芳诗，刻为《嘉定四先生集》。居南翔里，其读书处名檀园。有《檀园集》。

## 🏯 浯溪相关作品和事迹

### 为陈维立题画

#### 其七 浯溪

吾怪元道州，山水亦吾之。峿台临浯溪，漫浪良可思。

（《檀园集》卷五，明李流芳撰，文渊阁《四库全书》第1295册）

### 题画册为同年陈维立（1624）

维立兄以素绫小帧索画，且戒之曰：为我结想世外，勿作常景。余思世外之境，则如三岛、十洲、雪山、鹫岭之类，不独目所未经，亦意所不设也。其何能施笔墨？窃以为景在人中，而人所不能有之者，多矣。前人之所有，而后之人不得而有之者，多矣。夫人所不得而有之，即谓世外之景，其可乎？俯仰古今，思其人，因及其地。或目之所经，而意之所可设，是可以画。画凡十帧，如渊明之柴桑、无功之东皋、六逸之竹溪、贺监之鉴湖、摩诘之辋川、次山之浯溪、乐天之庐山、子瞻之雪堂、君复之孤山，所谓今之人不得而有之者也。如渔父之桃源，则所谓人亦不得而有之者也。画成，偶有所触，因各赋一诗，不咏其地而咏其人，以为地非人不能奇，如三岛、十洲、雪山、鹫岭，非仙佛亦不能奇也。然仙踪佛迹不在世外，如桃源之类，往往有之，非其人自不遇耳。余所咏诸贤，亦有不能终保丘壑者。或老于丘壑，而文采风流不足以传，并山川之奇，湮没而不彰者，可胜道哉！如是，则古人之所不能尽有者，又将待其人以有之。其人伊何将求之世外乎？求之世间乎？请以此扣之维立。

（《檀园集》卷十二，明李流芳撰，文渊阁《四库全书》第1295册）

按：蔡懋德（1586—1644），原名陈懋德，崇祯中复姓蔡。字维立，又字公虞，号云怡，直隶苏州府昆山县人，明末政治人物。万历己未1619进士。崇祯间累官至都察院右佥都御史、巡抚山西。李自成破太原，蔡懋德自缢殉国。

# 蒋 镆

## 🌿 人物介绍

蒋镆，江南长洲举人。万历末年莅县，长于吏治，尤工文藻。公馀之暇，于邑中名胜多所品题。惜著作散帙，不能尽传。修九疑志，至今犹奉为信史。

（乾隆《宁远县志》卷十）

## 浯溪相关作品和事迹

### 镜石

　　镜石，在祁阳之浯溪，缀石壁间，纵可尺许，横倍之。其色玄而寒光四映，行人过者，数武之外可辨须眉，纤林飞鸟，波光汎影，皆落镜中。政、宣初，曾备花石进御，光忽灭，异还，光复如初，盖神物也。余谓更有隐德，乃箕山处士、桐江先生之伦，可以辉山魅泽，不可以荐清庙。石之阴有疏林绿筱，清荫四垂，甃石为径，属飞梁而度。有堂数楹，大司徒陈公荐卜幽宅焉。而疏林为沼于堂之阳，巉峰骨立，拔地起，三面如障。灌木萧森，覆之青苔，斑剥扑人衣袂。夕阳逗漏，樵歌互答，宛转可人。时余将解令东归，道此，磐礴久之，沧洲吏情，政觉霄壤。

（《明文海》卷三五九）

# 茅瑞征

## 人物介绍

　　茅瑞征，字伯符，归安人。万历辛丑进士，由知县擢兵部主事，累官南光禄寺卿。有《澹朴斋集》。

## 浯溪相关作品和事迹

　　茅瑞征碑记，原在颜元祠。

### 游浯溪记

　　祁阳之墟多异石。余从舆中望石势迸发，奇态欲斗，以为石之胜莫祁若也；而未始知浯溪之石。会有事于衡，或称溪旁镜石，光可以鉴。且云周道纡绕，仅十余武。余冀回车寓目焉。五月晦日，晓发祁阳，雨大至。舆人尼余行，而余意已早在溪上。遂觅小艇，乱流以济。溪光映发，水色缥碧；遥挹远山，蜿蜒吞吐，空蒙若断若接，而溪头盘石亦陡立，拿云攫雾，杰出层霄。山僧迎指曰："此即所谓浯溪也。"问镜石何向？则延入墟莽。石高广，并可尺有咫，色如点漆。以溪水拭之，照人须眉如画。而余石并涌翠相支撑，石壁陡绝。颜鲁公《大唐中兴颂》，可摩挲展读。及访漫郎故宅，杳不知对。惟相传元次山宓樽，宛若可识。余因徘徊石林，觉奇峰错落，龙蹲鹘突，纵横万态。睨云树，披竹石，即深心丘壑者，终日位置，无此灵变也。起步前矶，喟然长啸曰："嗟乎！余今日乃知浯溪之石！"自有开辟，爰有此溪；即有此石，而翻似以元子得名，天生元子以专此石焉。若凭焉，若宠焉，而元子遂亦若秘焉。为几席之玩，歌且咏之，觞且舞之。自元子没，石不遇知己，几数百年矣。试问来游此溪之上，有不知元子之为人者乎？当元子之世，得鲁公以为侣，两人以一颂、一书，各自为开辟，更令溪与石互相托重，以照耀千古。即余亦或疑元子之后身也。山川有知，而令名不朽，又安知不有乘云下上，与石并为无穷乎？雨声淅沥，游兴未歇。升舆赋诗，以扣溪石。

（《浯溪新志》卷十二）

# 钱师义

## 人物介绍

　　钱师义，字子义，号种菊。无锡人。有《种菊庵集》行世。与兄师贞皆有高士之目。（《无锡钱氏宗谱》）

## 🏛 浯溪相关作品和事迹

### 浯溪

唐室再造，元结字次山，作《大唐中兴颂》，磨崖石而书，镌之于永州浯溪。

青史遗文感慨多，古碑空寄碧嵯峨。中兴解复宣光业，是处崇山石可磨。

（《种菊庵集》之《咏史诗中》，钱师义撰，《四库全书》珍本初集《三华集》）

# 崔世召

## 🌿 人物介绍

崔世召，字徵仲，号霍霞，别号西叟。丰姿俊秀，学问渊博，诗名震一时。万历己酉举于乡，天启乙丑授江西崇仁县令。涤烦苛，剔奸蠹，邑人德之。时群奸为魏珰构生祠，索诗于世召，峻拒之。遂忤珰意，削职被逮入都下狱。及珰败，释归，日以歌诗自娱。未几，上用台省言，还原职，补湖广桂东县令。辛未，转浙江盐运使副使。厘清宿弊，葺湖心、放鹤二亭，与东南词客啸咏其中。癸酉，升广东连州知州。州多猛寇，世召恩威并行，猛众慑服，州俗以熙。致仕归，连民遮道涕泣，如失怙恃。崇祀连之四贤祠、名宦祠。本邑祀忠义祠。著有《西叟全集》《秋谷集》《湖隐吟》《半呓吟》《腋斋遗稿》行世。（乾隆《宁德县志》卷七忠义）

## 🏛 浯溪相关作品和事迹

### 过祁阳赠丁明府（辛未元宵后1631）

君是丁威仙，褰帷入楚天。当春裁锦树，对客理冰弦。鹤漱浯溪湛，犀明镜石悬。湖南多少县，若个著先鞭。

### 题浯溪石镜

片石揩云古，光含水一湾。饶他寒照胆，对我净开颜。天日明虚白，烟霞任往还。倚栏舒冷笑，谁肯负青山。

### 读中兴颂

何罪黩山面，苔封处处悲。独存唐代颂，不朽鲁公碑。人品千秋定，溪光一镜知。摩挲看榻本，醉月解舟迟。

（《秋谷集》卷上，霍童徵仲崔世召撰，《四库未收书辑刊》第6辑第23册明崇祯刻本）

### 祁阳途中重九

风尘驱马意萧然，赊得秋山处处烟。倦客可堪衰草候，谁人不醉菊花前。

峰回雁影难传帛，路过鸟符怕问仙。且办村沽酬好节，溪桥斜月竹扉眠。

### 过熊罴岭和马霖汝方伯韵（辛未元宵后1631）

满路晴霞照客车，樱桃花发感春初。熊罴到老难投梦，蟫蠹成仙只嗜书。

绝岭天风双舄健，浮空湘水一杯虚。千秋国士惭知己，读罢镌题慰起予。

（《秋谷集》卷下，霍童徵仲崔世召撰，四库未收书辑刊第6辑第23册明崇祯刻本）

# 徐霞客

## 🌿 人物介绍

徐霞客（邑志隐逸传），字振之，一字弗如，名弘祖。居祝塘之梧塍里。博学好古，襟怀高旷。遍游天下名山大川，以至四岳九边无不至者，其行不治装裹粮，筇杖幞被，春往冬归。采药峨眉，不火食者八日。丽江牧延修鸡足山志。著作等身，《游记》及《溯江纪源》尤佳。万历十四年生，崇祯十四年卒，年五十六。

## 🏯 浯溪相关作品和事迹

楚游日记（祁阳部分，崇祯十年 1637 三月）

初七日，西南十五里至河洲驿。此地湘江东岸为常宁界，西岸为永之祁阳界。皆平陵扩然，冈埠远迤。三十里过大铺，两岸俱祁阳属，上九州岛滩。又三十里至归阳驿。

初八日，西七十五里，泊石坝里。

初九日，五十余里，下午抵祁阳。予病不能登。昨予将至白水驿，力疾西望，一横山如列屏。至是舟溯流而西。又北转，已出是山之阳，盖祁山也。山在湘江北，县在湘江西，祁水南，相距十五里。上流则湘自南来，循城东抵山南转，祁水西自邵阳来，东入湘，遂并东曲去。

初十日，舟以候客未发。予念浯溪胜，不可不登。乃沿江南五里，渡之东，已在浯溪下。溪由东，西入湘，流甚细，溪北三崖骈峙，西临湘江，而中崖最高。颜鲁公所书中兴颂，高镌崖壁。前有亭，下临湘水。崖巅巉石簇立，如芙蓉丛萼，予病怯卧崖边石止。仰观久之，舟至。又行二十里，过新妇塘，江北岸一石聘婷立岩端，矫首作西望状。下有小鲜曰竹鱼，极腴，八九月重一二斤，他处所无。又十里，泊舟滴水崖。崖在江南岸。危岩亘空。

二十四日，归阳驿。

二十五日，小河口。

二十六日，观音滩。

二十七日，祁阳县。予乃同静闻出祁阳，东北一里，憩甘泉寺。泉一方，当寺前坡下，味极淡冽，似惠泉。殿前有吾乡宋邹浩甘泉铭碑，张南轩从郡中蒋氏得之，跋而镌此，邹大书，张小楷，可称二绝。寺前山第二层之东，盘成一窝，则九莲庵也。邑人陈尚书重建藏经阁，中供高皇帝像，唐包巾，丹窄衣，眉如卧蚕，中不断，疏须杰张，陈氏得之内府供此者。九莲庵山南尽，前有大池，乃甘泉南下，东绕注于湘。入湘处为潇湘桥，桥北一峰突起，奇石灵幻。湘江从南至此东折去，祁江从北至此南向入湘，乃三水交会中也。峰顶曰潇湘庙，庙后萼裂瓣簇，石态多奇。

# 车以遵

## 🌿 人物介绍

车以遵，字孝思，号劬园。邵阳人。明崇祯九年、十五年，两度被荐举，均未应试赴召。崇祯十七年，张献忠起义军攻入湖南宝庆，明桂王在广东肇庆新建政权，诏车以遵赴仕，均不应。入清，屡经荐举，亦不应。故终身为布衣。著有《高霞堂诗文集》《声闻阁草》《镜花阁填词》等。入清后，自视为逸民，故改其诗集为《逸民集》。其诗，可与竞陵派钟惺、谭元春相抗衡。陶汝鼐谓以遵才大不遇，而行无纤瑕。又谓，读以遵诗，不知复有竞陵。

## 🏯 浯溪相关作品和事迹

浯溪哭陈楚石太宰年伯（二首）

其一

青衫白面谒尚书，学易园中纳履初。不及南州徐孺子，总无炙絮与生刍。

云间说有莫云卿，彩笔牙签尽纵横。闻道遗篇留世上，不禁沦落作诸生。

（《邵阳车氏一家集》之《车逸民集》卷十，车以遵撰，《湖湘文库》甲编 292 册）

# 杨廷麟

## 🌿 人物介绍

杨廷麟（1596—1646），字伯祥，清江人。崇祯四年进士。改庶吉士，授编修，勤学嗜古，有声馆阁间，与黄道周善。十年冬，皇太子将出阁，充讲官兼直经筵。廷麟具疏让道周，不许。明年二月，帝御经筵，问保举考选何者为得人。廷麟言："保举当严举主，如唐世济、王维章乃温体仁、王应熊所荐。今二臣皆败，而举主不问。是连坐之法先不行于大臣，欲收保举效，得乎？"帝为动色。

其冬，京师戒严。时兵部尚书杨嗣昌意主和议，冀纾外患，而廷麟痛诋之。嗣昌大恚，诡荐廷麟知兵。帝改廷麟兵部职方主事，赞画象升军。象升喜，即令廷麟往真定转饷济师。无何，象升战死贾庄。嗣昌意廷麟亦死，及闻其奉使在外，则为不怿者久之。

初，张若麒、沈迅官刑曹，谋改兵部，御史涂必泓沮之。必泓，廷麟同里也。两人疑疏出廷麟指，因与嗣昌比而构廷麟。会廷麟报军中曲折，嗣昌拟旨责以欺罔。事平，贬廷麟秩，调之外。黄道周狱起，词连廷麟，当逮。未至而道周已释，言者多荐廷麟。十六年秋，复授职方主事，未赴，都城失守，廷麟恸哭，募兵勤王。福王立，用御史祁彪佳荐，召为左庶子，辞不就。宗室朱统𨨓诬劾廷麟召健儿有不轨谋，以姜曰广为内应。王不问，而廷麟所募兵亦散。

顺治二年，南都破，江西诸郡惟赣州存。唐王手书加廷麟吏部右侍郎，刘同升国子祭酒。同升自雩都至赣，与廷麟谋大举。乃偕巡抚李永茂集绅士于明伦堂，劝输兵饷。九月，大兵屯泰和，副将徐必达战败，廷麟、同升乘虚复吉安、临江。加兵部尚书兼东阁大学士，赐剑，便宜从事。十月，大兵攻吉安，必达战败，赴水死。会广东援兵至，大兵退屯峡江。已而万元吉至赣。十二月，同升卒。

三年正月，廷麟赴赣，招峒蛮张安等四营降之，号龙武新军。廷麟闻王将由汀赴赣，将往迎王，而以元吉代守吉安。无何，吉安复失，元吉退保赣州。八月，水师战败，援师悉溃。及汀州告变，赣围已半年，守陴者皆懈。十月四日，大兵登城。廷麟督战，久之，力不支，走西城，投水死。

（《明史·杨廷麟传》）

## 🏛 浯溪相关作品和事迹

### 零陵行（1638，崇祯十一年）

湘水盘三关，蛮山接九疑。自古称难治，前贤重不移。况复群寇炽，西南繁安危。啸阻诸源险，荒巢百越驰。十年二月始，祁阳无孑遗。今岁东安溃，湿梢驱女儿。血畦肥楚棘，野火号豹黑。十室九无存，草尽不免饥。军符下州来，未鼓先已衰。镇卒天下健，醉饱卧障陴。虎气临郡县，鼠心赴车绥。吁嗟乎将吏，群寇何能施。铸铁不铸刀，骄人自乱之。帝曰予御侮，安之此其时。汝惟观察使，廉立众则知。以斯惠南国，命吏起疮痍。大夫既受止，拜稽前致辞。臣闻诸昔者，治乱如治丝。振敌不在勇，所慎在有司。恭惟万与晏，曰今之熊羆。平生忠孝性，先忧不及私。兵者刑之大，威乃神所为。斯人文且武，学道义而奇。天子谓汝往，知人念在兹。吾观彼杨子，劳拙犹可追。又云浯溪侧，粲粲令人思。大才典剧地，高山怀古仪。虚肃藏风雨，深广走蛇螭。安得数公辈，贤于十万师。置思虞夏理，有道守四夷。

（《兼山集》卷三，清江杨廷麟伯祥著）

# 朱禋汧

## 🌿 人物介绍

朱禋汧，明代藩王祁阳王。曾著有《三吾小志》二卷。（传是楼书目）。禋汧善为诗词，邑中卖花妪出入王府者，曾得其手写诗缣以归，邑人至今犹称之。

## 🏛 浯溪相关作品和事迹

### 浯溪记游

己卯初春，直指林紫涛先生挟雨过逸园，叙其冲雨寻岳之事。宛有湿翠撩人眉际，是盖山水之精、夜而梦寐以之者也，因与订浯溪之游。诘朝，扁舟溯流而上。一带石势参差，水光深绿，而冥濛春雨变幻山色，如在有无之间。忽一舟度苍水而至，则紫涛来也。携手过渡香桥，缓步而至磨崖之下。见次山之颂、颜公之书，高古隐显，若与予所得残碑数片相为呼应，因叹古人之精灵不可磨灭，虽历劫而光景尝新。痛饮于三绝堂，以二公不平之气借酒力以浇之，使之从毛孔而散，不大为古人愤激。乃以溪水拭石镜而照之，二人眉须正自楚楚然。而明珠在前，不无愧我形秽，遂命人涤之。浮白以酌，横江山色，影落杯中，使人神骨欲仙。爰上庼亭，是昔日之荒烟蔓草，经俗手之毁弃而为予所初构者。振衣而眺、俯槛而听，前人所谓清响高低水过湾，庶几得之。而石径之空灵，为俗夫所填塞者，则予与紫涛命去之，消其障碍以还本色。是予与紫涛之大有功于斯石也。展拜颜元之祠，恍若二公为山水之主，而予与紫涛为不速之客，若从前之受累于俗人者，欲向二人而泣焉。或曰予二人即元颜之功臣也，或又曰是即其后身也。紫涛诚足以当之，余则岂敢。揖别援笔而记，而如酥之雨又涔涔矣。

（《浯溪新志》卷十二）

龙文按：林铭球，字紫涛，普宁人。原籍漳浦，崇祯元年进士。官大理寺右副，著有《云谷草》《浮湘》等集。乾隆《潮州府志》卷二十八有传。

# 高　柱

## 🌿 人物介绍

高柱，字季擎，零陵诸生。

## 🏛 浯溪相关作品和事迹

### 谒元次山祠

韶護留余韵，披崖读旧铭。依然此石径，谁复坐茅亭。潇折云中白，巍浮天外青。我来谒拜日，秋色未凋零。

（《沅湘耆旧集》卷三十六，新化邓显鹤湘皋编辑）

# 吴晋锡

## 🌿 人物介绍

吴晋锡，字兹受，吴江人。崇祯庚辰进士，除永州推官。著有《半生自纪》。

祁有浯溪,元次山所游地也。有石镜,砌石壁间,以浯溪水拂之,光照人影,须眉如见。拂以他水则不睹也。颜鲁公大书刻石壁,有颜元祠。山顶有丹灶,为仙人炼丹处云。

(《半生自纪》卷上)

# 王贵德

## 🌿 人物介绍

公讳贵德,字思本,一字正源。幼负异质,于书无不览。与王府教授封良儒、苑马寺监正何与高、御史杨际熙、公安令马中方同里人,号为"容山五子"云。始祖王念九,元至正间,以制科为容州同知。自后闲世一官至公,且及三世故。既冠,中明万历戊午乡科,及壮,即就广东新会教职。崇祯癸酉,入京转四川叙州府幕官,寻以汰冗去。故人何与高卒于京,公为理丧,今其子孙尚能道。久之,仍改广东高要教。公于世途既蹇,惟喜得近亲闻。微服出京,沿途遭警,抵任半岁,请假省亲。如皋冒起宗补高肇道,见而慰之,每加推奖。辛巳,调四川金堂。壬午,晋湖广麻阳令。自张献忠陷襄阳,势将逼楚,而李自成灌开封,河南郡邑悉残破,天下县令几不可为。公至麻阳,巡视城郭,薙荆棘,简卒徒,安静以俟谒上。游返,邻县民变,麻阳民亦告变,以三年大旱无扰之者。公委曲详道,民竟忍饥散去。褐诗堂壁,使后世知其地无变民。随走祷群祠,农民得甘泽。廨中老梅一株,清香暗发,公余浮白其下。会丁艰归里,明社以亡甲申。大清顺治元年,南方未及绥定。明年,明总督田雄挟福王降。而张国维等迎鲁王以海称监国。黄道周等奉唐王聿键,称号于福州。未几,我兵克绍兴,鲁王入海,下汀州,并执唐王。于是尚书吕大器、总督丁魁楚、巡抚翟式耜等奉永明王监国,文武官员进爵有差,以公为监军金事。公知时势难为,而以身为有明臣子,不获谢,乃竭力戎行。故当时诰册谓监理,克勤驱驰罔懈,四年劳绩,嘉叹曷忘。又谓元勋矢志于中原尔,尚共襄其大定云云。壬辰年,五十七卒。公卒之五年,永明王迁云南。己亥,入缅甸。辛丑,缅人执归我师。初,王立时,兵部右侍郎李永茂并同推戴,以请终制,故爵不及,后复起为大学士。既罢,避地来容,辟婆娑岩于都峤中峰。置户田,付公掌管。故今山中犹祀李及公。公爱诗,自具炉锤,无明季公安、竟陵习气,其忠爱之意,匡济之怀,恒流露于间关啸咏中。有《公交车》《燕京》《冈州》《叙州》《端州》《金堂》《麻阳》《家居》各册,尝编体为《青箱集》。后大半沦亡。至七世孙维新,订为《青箱集剩》四卷。

## 🏯 浯溪相关作品和事迹

**湘口逢蒋元初赴郴令喜得蜀伴**

万里孤装湘水湄,喜逢仙舄快心期。双龙挂月瞻星彩,只鹤迎风羡羽仪。

春到洞庭波更远,云深巫峡鸟俱迟。临流不尽追随意,忍听萍踪叹路歧。

**湘口寄投陈宣州观察**

十年相隔杳难攀,遥对春风湘水湾。我有行踪将万里,思君宪节在千山。

闲搜石镜乘涛去,醉访愚溪载月还。惆怅黄昏江上雨,倾心只在九疑间。

(《青箱集剩》后编卷下,王贵德撰)

# 刘维赞

## 🌿 人物介绍

刘维赞，字子参，别号浯水。君生而颖敏恢奇，沉酣《史》《汉》，尤笃志胡文定《麟传》，十馀年寝处其中。每兴会标举，踔厉风发，为诗及古时文，鸿壮渊奄，鼓吹经史。以巡方观风，受知于司李万吉人先生。时岷支另城于祁，威福任意，受厚献，嘱置君族人于辟。时朝议特简曾二云、晏悬州、万吉人三先生为监守李于永，并清介严毅，不阿私枉民，以匡救藩。藩每事亦惮之。恐君之直其事也，延君涌青轩，出金为寿，托以府谒，扶同其事。君却其金，径据实情为白曲直，万公遂以君言持平。藩心衔之切，而三先生以此韪君。己卯闱，以《麟经》隽于黄州司李似公之门。注榜时，万见公名，抚掌大喜曰："此楚中第一流人物，不特文字也。"为道其平日正直，王、宋两主考皆加额，为得人庆。庚辰会场，卷在孙硕肤先生房，亟荐正卷，为主考抑，时甚惜之。癸未，献寇扰湖南，邑豪猾凶徒勾贼肆毒。君与衡戎厅郑天予谋，督义勇立歼大熟，生平沉毅匡救如此。崇祯甲申间变，乃决志入山，卜筑西春之石门庵，曰"白云"。复构竹亭于浊岩之上，饮酒赋诗，不接世事。乙巳六月四日，年五十三而终。前一月，梦陈淡悬先生有书遗之，感慨流连，抚心欲绝。淡悬谥"恭节"，与君同乡榜，有针芥契识者，以为君生死之交，良然矣！乡人为之谥曰"节正"。（康熙《祁阳县志》卷八人物·贤达）

## ◇浯溪相关作品和事迹

### 白云山送申季鹰唐仲亮出修浯志

元子山水癖，不独浯溪烈。华华崖上书，春秋同日月。文字一千年，劳劳费笔舌。良非逞胸臆，各自沥心血。悲哉搀抢手，刊落剧秦热。诸君殊叹惋，同心理纷屑。秉烛陋前编，对雨洗残碣。慎勿抑古人，屈就今人辙。教君在当日，宁作如是说。余也太无情，与溪十年别。帙成早贻我，卧游聊自悦。

（《浯溪新志》卷八艺文）

# 汪砢玉

## 🌿 人物介绍

汪砢玉，明徽州人，寄籍嘉兴，字玉水。崇祯中，官山东盐运司判官。有《古今鹾略》《珊瑚网》。

## 🏯 浯溪相关作品和事迹

### 夹漈通志六书论（摘录）

浯溪碑，雅厚雄深，森严于瘗鹤、万安记，其苗裔乎？

（《珊瑚网》卷二十三下，明汪砢玉撰，文渊阁《四库全书》）

# 冒　襄

## 🌿 人物介绍

冒襄，字辟疆，江南如皋人。南渡时用为推官，不就，以贡士终。有《朴巢诗集》。○辟疆与宜兴陈定生、商丘侯朝宗矜名节持，正论品核执政，不少宽也。马阮当国时，几罹于祸。后居水绘园，以友朋文酒为乐，远近高之。

## 水绘庵六忆歌（甲辰 1664）

忆洗钵池放生鱼、忆悬雷山后峭壁、忆小三吾亭前古松、忆小三吾回环水道、忆画堤夹岸桃花、忆隔岸垂杨，各有六忆小记，刻文集内。

水绘百年称隐谷，主人旧是先祖叔。先祖逸园临古潭，红楼碧阁枕东南。西北水绘水无际，占树参天云日翳。吾祖构池广放生，洗钵池鱼四十岁。沧桑既改乔木摧，龙李虎跋俱陨隤。大阮废箸并相属，余易为庵存劫灰。是时人家苦兵燹，古石迸落随人辇。况复吾家有石仓，好为无益成绝巘。不特移石兼移松，九鬣苍鳞蟠老龙。抚松一望叹漻沈，霜严翠冷聆寒钟。枕烟亭前云屏峭，月鱼基后峭壁立。古香百树绕山腰，大唐之颂堪重勒。二十年前远觐亲，衡湘胜游真绝伦。道州古铭特奇秀，三吾小影摹前人。洗钵泓油抱寒碧，唐亭孤峙水中石。左渡长虹沿藕花，右通小月浯溪绎。百亩之内无缭垣，层溪浅渚生波澜。斜风细雨掠舟入，不许渔人把钓竿。画堤夹镜桃花水，面面桃花红似女。弄姿逞态无不为，掩映垂杨飔他屿。弱冠城南便结巢，如今老去重诛茅。自谓馀生狎鸥鹭，取诸天地如空匏。那知山崩复水竭，高者使倾生者灭。亭畔秦封幻化无，岸上秦花春水绝。东邻占断小浯溪，西邻斫倒垂杨低。烟水烟丝空极目，万物于我如醯鸡。吁嗟百年一杯酒，自有无者无不有。伊何为彼孰是吾，悔勒吾铭师漫叟。诸君争放六忆歌，余为小记更吟哦。钵池祖泽奈鱼何！

（《巢民诗集》卷二七言古诗）

# 清朝

# 张同敞

## 🌱 人物介绍

张同敞，江陵人。故相张居正曾孙也。慷慨尚义，博学能诗。官锦衣卫同知。于丙戌年过熊罴岭，寓于浯溪。有诗，见艺文。后升翰林学士，历楚粤总督，同学士瞿式耜殉节桂林。（康熙《永州府志》卷十五·人物上·流寓）

## 🏯 浯溪相关作品和事迹

### 浯溪二绝

其一

潭碧缨堪濯，漫郎宅已残。惟留石镜在，日日照澄寒。

其二

山静青相宜，溪回幽不支。肃然一片石，是古中兴碑。

（《浯溪新志》卷八艺文）

# 王 岱

## 🌱 人物介绍

王岱，字山长，湘潭人。明崇祯己卯举人。入国朝，官澄海知县。康熙己未，荐举博学鸿词。有《了庵诗集》《且园近诗》《浮槎溪上草堂》诸集。（《晚晴簃诗汇》卷二十一）

## 🏯 浯溪相关作品和事迹

### 湖南纪异诗（其四）

丙戌（1646）夏，永州熊罴岭有虎数百斗，其一最巨，色赤如火，咆哮裂山石。丁亥后，虎时入城啮人。刘向曰：西方参为虎星，毛虫之孽。杨赐曰：虎者参代之精，狼庚之兽。张均曰：虎，西方兽，刚猛强梁。按：虎斗，古未有之。惟成汤时白虎戏于朝。秦昭襄时，白虎为害。忽远人伏弩射杀之。天后朝，虎为害。忽酉耳搏虎，食之。黄帝战炎帝，阪泉貅虎为使，祥也。后汉，宋均虎东渡河，王业三虎宿卫。孝子欧宝庇虎，衣装杨感虎见弭耳。隐士刘牧两虎为从，皆祥也。汉宣城太守封邵化虎食民功，曹左飞化虎，数月还作吏。晋平公乘驳马，虎见之跪。汉景帝猎，见虎不得，祭之。梦虎死，祭所割之皮，骨俱化虎妖也。如牛哀化虎貚，化亭长，虎称班寅将军，妖祥不著。

戾气摩层霄，阴风动地轴。玄黄战彼野，水火气相扑。貅乃金之精，金乃水之族。阴物相类从，百千聚山谷。帝法运阪泉，益火烈南陆。茫茫伥鬼魂，血流染诸服。

（《了庵诗集》卷一，楚潭州王岱石史撰，清康熙十九年刻本）

### 章师峨山舟泊潭见过

五载门墙内，缘悭负笈难。何如率尔晤，直得生平欢。湘水一方照，峨眉天半看。销兵成算熟，兄食隐忧宽。衡岳云开晦，洞庭水止澜。邦家倚再造，小邑赖偏安。元结诗堪咏，鲁公颂可观。人皆争附郭，我自快师韩。物色生蒿榻，烟波及钓竿。细流宁人海，拳石也依峦。充佩怀香草，居幽慕雪兰。相依惟古道，不敢妄加餐。

（《了庵诗集》卷七酬答，楚潭州王岱石史撰，清康熙十九年刻本）

# 顾炎武

## 🌿 人物介绍

顾炎武，明末清初江南昆山人，本名继坤，改名绛，字忠清；南都败后，改炎武，字宁人，号亭林，自署蒋山佣。明诸生。青年时"感四国之多虞，耻经生之寡术"，发愤为经世致用之学。曾参加昆山抗清义军，败，幸而得脱。后漫游南北，屡谒明陵。所至每垦田度地，结交豪杰之士，为光复计。最后定居华阴。其时西南永历政权已覆灭，仍不忘恢复。曾出雁门，至大同，有所营谋。卒于曲沃。其学以"博学于文，行己有耻"为主，合学与行、治学与经世为一，于经、史、兵、农、音韵、训诂以及典章制度，无所不通。旅行中载书自随，考察山川险要，土物民风，随时发书查核。康熙间被举鸿博，坚拒不就。著作繁多，而毕生心力所注，在《日知录》一书，另有《天下郡国利病书》《肇域志》《音学五书》《亭林诗文集》等。

## 🏛 浯溪相关作品和事迹

浯溪碑歌（并序）

万历元年，先曾祖官广西按察副使，道浯溪，得唐元次山《中兴颂》石本以归，为颜鲁公笔，字大径六七寸。历世三、四，此碑独传之不肖。岁旃蒙作噩，命工装璜为册，工人不知碑自左方起，而以年月先之，遂倒鬈不可读。方谋重装，而兵乱工死，不复问者三年。碑固在旧识杨生所，一旦为余重装以来，则文从字顺，焕然一新。有感于先公之旧物，不在他人，而特属之嗣人之稍知大义者，又经兵火而不失，且待时而乃成。夫物固有不偶然者也，为之作歌。

昔在唐天宝，禄山反范阳。天子狩蜀都，贼兵入西京。肃宗起灵武，国势重恢张。二载收长安，銮舆迎上皇。小臣有元结，作诗颂大唐。欲令一代典，风烈追宣光。真卿作大字，笔法名天下。磨崖勒斯文，神理遗来者。书过泗亭碑，文匹淮夷雅。留此系人心，支撑正中夏。先公循良吏，海内推名德。驱马复悠悠，分符指南极。遐眺道州祠，流览浯溪侧。如见古忠臣，精灵感行色。匪烦兼两载，不用金玉装。携此一纸书，存之贮青箱。以示后世人，高山与景行。天运有平陂，名迹更存亡。宝弓得堤下，大贝归西房。旧物犹生怜，何况土与疆。却念蒸湘间，牧骑已如林。西南天地窄，零桂山水深。岣嵝大禹迹，万林生秋阴。一峰号回雁，朔气焉得侵？恐此浯崖文，苔藓不可寻。藏之箧笥中，宝之过南金。此物何足贵，贵在臣子心。援笔为长歌，以续中唐音。

（《亭林诗集》卷一，顾炎武撰）

# 陶汝鼐

## 🌿 人物介绍

陶汝鼐，字仲调，一字燮友，号密庵，宁乡人。崇祯元年选贡，六年举于乡，两中会试副榜。官广东教谕。南渡后，由翰林待诏改授兵部职方郎中，五省监军，复授检讨。旋归，薙发沩山，号忍头陀。有《荣木堂诗集》。（《沅湘耆旧集》存诗一百六十二首，今录文二十八篇）

## 浯溪相关作品和事迹

### 乱后晓出浯溪（己丑 1649）

落日旷清野，飞星隐暗岑。村荒磷火密，水涸旱云深。不测忧前路，无端创此心。溪边何处寺，迢递起钟音。

（《资江耆旧集》卷八，新化邓显鹤湘皋编辑、《沅湘耆旧集》卷三十一、《荣木堂诗集》卷五十五言律，楚长沙陶汝鼐燮友著）

### 夏旱宿浯溪寺闻雨遽止有叹（壬辰 1652）

苗枯夜较晴，晶晶密云生。敬听空檐滴，旋疑过树声。灌坛劳梦想，抱瓮废躬耕。为共怜僧叹，高天迥未明。

### 八月晦日入村居宿浯溪寺小雨（丁酉 1657）

半岁不出郭，秋深始入山。比云投寺宿，似鸟到林闲。梵呗心皈地，溪声舌本间。未须愁夜雨，正待浣松颜。

（《荣木堂诗集》卷五十五言律，楚长沙陶汝鼐燮友著）

# 贺　桂

## 🌿 人物介绍

贺氏桂，字秋安，号竹隐居士，邑西龙田村乡举贺士昌女。幼聪慧善记，父官江南滁州，守多善政，建祠祀之。氏幼随父之任，怀铅握椠，居然有儒者风。父曰：是能续汉书者。归贡士攸廉县令龙有珠，后偕隐龙溪，架楼曰竹隐，吟咏其间。绘大士像拜礼以为常课。喜临摹法帖、弹琴。著有竹隐楼诗草，庐陵令于藻序其集行世。子科宝，领康熙己酉乡荐，能诗，多得力于母教云。

## 浯溪相关作品和事迹

### 晓过浯溪

残月鸡声野店霜，半黄秋草露垂光。画楼窗掩人犹梦，小圃风开菊度香。

树湿珍禽飞细细，江寒残苇色苍苍。山行径险横荆棘，折得梧枝忆凤凰。

（《永新诗征》卷三十一闺秀）

# 陶之典

## 🌿 人物介绍

陶之典（1622—1711），字五徽，号淡庵，清代宁乡人，系明翰林待诏密公陶汝鼐之长子。顺治间由拔贡选授安亲王府教习，授内阁中书。辞不就。工诗，善书法。矜尚名义，不愧名父之子。性冲淡，动履端方；耄犹好学，手不释卷，兼精医术。著有《冠松岩文稿》六卷、《冠松岩诗稿》八卷。

## 浯溪相关作品和事迹

### 秋风（浯溪道中）

横空秋气发，历乱舞山晖。楼势摇溪竹，钟声返寺扉。谷闻群兕斗，云带断峰飞。独有乘风翮，迢迢万里归。

（《冠松岩诗稿》卷五，楚长沙陶之典五徽父著；《资江耆旧集》卷十三标题作《浯溪道中》，《沅湘耆旧集》卷四十七）

# 吴嘉骥

## 🌿 人物介绍

吴嘉骥，字龙媒，宁乡人。顺治八年岁贡，官襄阳县训导、山西兴县知县。修纂《康熙宁乡县志》。

## 🏯 浯溪相关作品和事迹

### 浯溪怀古

为爱浯溪胜，维舟欲卜居。中兴元结颂，传世鲁公书。

水静鱼龙适，天空林木疏。萧萧怀古客，临眺几踟蹰。

（《沅湘耆旧集》卷五十四；《资江耆旧集》卷十四，新化邓显鹤湘皋编辑）

# 钱谦益

## 🌿 人物介绍

钱谦益（1582—1664），字受之，号牧斋，清江苏常熟人。以明旧臣降清，授礼部侍郎。工于诗，沉郁藻丽，誉满东南。著有《初学集》《有学集》《杜诗注》等。

## 🏯 浯溪相关作品和事迹

### 胥山草堂诗为徐次桓作

我叹嘉禾徐亦于，书生口欲吞玄菟。蝇头自写治安策，牛背偏悬长白图。一朝旅病无端死，自笑身亡合汗喜。阴符蛛箧殉泉台，秋卷牛腰付儿子。有子长贫手一编，腰镰负米娄江边。每循伍员耕时野，自种要离墓畔田。胥山草堂困沮洳，墨沈书签气轩霨。批风抹月时出游，儿啼妇呻且归去。胥江水接浯溪湄，每饭无忘剑渭思。莫将鼓角风云气，销与香奁金粉诗。

（《牧斋有学集》卷四，钱谦益撰）

# 李　敬

## 🌿 人物介绍

李敬，字圣一，又字退庵，江宁人。少师事朱嗣宗，授以经世之事。中顺治乙酉举人，丁亥进士。授行人司考选，广西道御史。出按湖广。请免租税改折黄绢。征贼有功，升刑部左侍郎。丁内艰归，以哀毁卒。有《退庵诗集》。

## 三吾行

次山元结隐居，名山为峿山，溪为浯溪，亭为庼亭，后人置三吾驿，在永州府祁阳县西南。

峿山石插天南屏，下走江流冉冉青。浯溪触石入江水，连桥跨岭开庼亭。庼亭三绝悬高壁，石镜摇光动虚寂。次山作颂鲁公书，近纪上元远大历。吁嗟乎，二公已生天宝后，万事纠纷亦何有。名山胜水表丹心，瘴雨蛮烟回白首。此地兵兴更几年，漫郎宅舍今茫然。骸骨堆山血流海，征夫枕戈不得眠。湖南御史惜且怜，招抚流散镯俸钱。鸡栖尽伐祁园竹，犊走直入衡山烟。功成却向何方去，二公容我溪中住。信是前身有情性，不觉微吟绕芳树。拂衣好道心所期，中岁无成惊已误。四顾江山感旧游，酌酒临崖得奇遇。须记三吾路不迷，诗囊药裹正堪携。春雨桐花何浩浩，夕阳芳草空萋萋。月明思起潇湘柁，笑看月向溪中堕。一曲扁舟望此山，山人高拥寒云坐。

（《退菴文集》卷八，江宁李敬撰）

## 浯溪说

祁阳之溪曰浯溪，溪上之山曰峿山，山中之亭曰庼亭，皆元结次山先生之所名也。先生既游湖南，爱其溪山之胜，为亭而乐之，遂终老焉。方先生为道州作诗两章以见其志，于罢官将家，脱如也。晚顾不能忘此溪山与亭，以为天下后世独吾有之。于吾而加山、水、广焉，所以志也。夫一官先生所有，而故弃之。溪山于我何与焉，而故取之，为夫不有天下之荣名利禄，乃可有下溪山亭。且人之游乎此者，朝而来，夕去而忘之，汩汩于荣名利禄，果以为吾有，而不知夫其丧有也。然则溪山与亭，虽先生有之，其可也。

## 窊樽铭

有唐元结次山隐于祁阳之浯溪，溪上有石，方广数十丈，亭其上而凿窊樽焉。樽外平中虚，可受斗许。□视如釜，侧视如鼎，盖当时之饮具也。注酒盈樽，酌而取之，次山以为度焉。窊然无壶觞之用，吸沆瀣而挹醴泉，后世之好饮者公焉。游此者徜徉乎盘石，据樽而饮之，可以指顾山川，啸吟风月。呜呼！不有次山，世之知饮者鲜矣。因为之铭。

铭曰：虚而容，俭而不逼。以举厥德，时维饮则。

（《退菴文集》卷八，江宁李敬撰）

# 申翀

## 人物介绍

申翀，字季鹰，崇祯三年庚午科举人。

（乾隆《祁阳县志》卷五选举）

崇祯十三年庚辰科史惇榜，申翀，号月岩。授荔波知县，调武宣县，行取御史，辞职致仕。

（乾隆《祁阳县志》卷五选举《先大夫正源公述略》七世孙维新撰）

## 浯溪相关作品和事迹

与唐周慈参修浯溪志。

# 刘明遇

## 人物介绍

刘明遇，明祁阳知县，字浣松，由举人任。以诗学名于时，曹能始先生选明诗百馀家，公为西蜀名巨。尤长于书真、行，在颜、苏之间，善用鼠须剪去毫作字，偏能靓丽。制祁在岷郡戎燹以后，招徕绥辑，多著惠政。

（康熙《祁阳县志》卷八名宦）

## 浯溪相关作品和事迹

刘明遇联碑，在摩崖区。

白日红尘，忙家俱成客子；

江风山月，闲者便是主人。

弘光初年，岁在乙酉夏四月既望，偶书于梅庄清署。时新霁浓阴，山禽应答也。鹤岭刘明遇。

刘明遇联碑拓片

### 浯溪同唐子仲亮

柳雾溪风信有缘，好山古迹共君眠。数宵卧起熊岗雪，一夜兴居浯浦烟。布被香薰经雨后，寒灯花发占梅光。山僧不解烹茶法，自煮宬尊百尺泉。

# 施　男

## 人物介绍

施男（1615—1672），字伟长，诗坊人。为人跅弛不羁，挟奇气，酒酣掀髯，放笔千言，有"一剑横南北，万里如篱落"意。顺治初，随征广西，招抚有功，授按察副使。寻丁父艰归，历吴越，遍游海内名山。壬子卒于家。著《筇竹杖》《尔雅合钞》《琴川吟》《形家言一家言》诸集行世。

（《光绪吉水县志》卷三十七文苑）

## 浯溪相关作品和事迹

### 彭五郎

（乙未1655正月）廿六日，中州李剑湖出其乡，彭五郎八岁草书示余，长条阔幅，虎攫龙拿。宪庙李文正后再见也。五郎尊甫禹峰，登崇祯庚辰进士，魁硕博洽，饶干济略，饮可尽数斗。余以庚寅（1650）阳月见之于清湘，巨骡骖，屈不胜力。丰标掩映，迄今如昨。而又有直公为之子，南阳名都，天生非偶，岂徒官奴家鸡，夸长题鸦辩鄙乎哉？喜为歌之。

秦汉规时变隶真，典午相沿妙入神。肥瘦争嗤二千载，古意炤今存乎人。

彭郎八岁喜笼鹅，金错倒薤雄擘窠。脉勇鬵来本性生，前身智永后东坡。

尊公亦自好魁奇，曾踏祝融读禹碑。归来膝上欢笑语，手画额颡尽龙螭。

余也浯溪搜磨崖，倦老风烟酒一瓺。愿君苍鹘翼金微，莫负南阳旧日陲。

（《邛竹杖》卷四，吉水施男伟长撰，清初留髡堂刻本）

# 卢 纮

## 🌿 人物介绍

卢纮，字元度，号澹崖，蕲州人。顺治己丑进士，授新泰知县。历苏松督储参议。多所惠政，虽簿书旁午，未尝废学。州志出其手，为诸名宿所激赏，比之申叔左史。晚居与同辈，以道相尚，穷究源流，所诣益纯。州志今不见，盖其官苏州时得钱氏家藏湖广通志、黄州府志、蕲州郝志，遂以书问蕲之父老，往复商订而成。其书颇称文博事赡，惟图绘十景，徒工景物，不得史要。禅林道观列于祀典，稍失裁制。而人物多为之目，亦似嫌于拘类云。

（嘉庆《湖北通志检存稿》章二十七）

## 🏛 浯溪相关作品和事迹

### 祁阳道中见梅（乙未正月 1655）

偶从此地见新梅，犹趁春风淡淡开。素影莫愁萧索尽，有人尚自冒寒来。

### 春十日闻催耕鸟

入眼荒原一望平，林间何遽啭新嘤。须知寒尽应回暖，故遣时禽早唤耕。

### 洪桥乏食命仆挑荠作羹

征途潦倒不胜饥，荒店烟寒意更违。食淡由来宜野性，春蔬却自胜甘肥。

### 祁阳令童在公年丈延宿邸馆话旧诘朝留别

南来恰值主人贤，旅梦今宵暂帖然。宦况从今分楚粤，相怀仍隔数重烟。

### 祁阳道中岳武穆庙

将军一片血留丹，烟树森森映水寒。尘满中原千古恨，馀威空被洞庭蛮。

### 过熊罴岭

山蹊峻绝不通舆，漫自攀荆强陟砠。才入此方初见险，正愁前路更趑趄。

（《四照堂诗集》卷九七言绝句，楚蕲卢纮元度父撰；《四库未收书辑刊》第7辑22册，《清代诗文集汇编》第19册康熙汲古阁刻本）

### 舟过祁阳时已向暮登岸看镜石（戊戌十二月 1658）

荒台石畔夜来过，仿佛光涵树影娑。尘面不堪明处照，只应心取暗中摩。

（《四照堂诗集》卷十七言绝句，楚蕲卢纮元度父撰；《四库未收书辑刊》第7辑22册，《清代诗文集汇编》第19册康熙汲古阁刻本）

# 吴 淇

## 🌿 人物介绍

吴淇，字伯其，别号冉渠，睢州人。顺治戊戌（1658）进士，历官镇江同知。有《雨蕉斋诗集》。

（《晚晴簃诗汇》卷二十八）

## 🏛 浯溪相关作品和事迹

### 石镜（1658）

祁阳石镜明无极，嵌崖作槛倚江侧。扣之细润似圭平，视之深窅如漆黑。大冶应厌铜气腥，尽鼓元精铸此石。雨拭风磨几千秋，神物守护谁能窃？我闻石镜思一见，即挽溪水注镜面。镜面平滑水不存，旋落旋注凡几遍。镜边湿痕才寸许，满江人物历历见。楚国西南多奇山，和树连云落镜端。江上人烟几万村，江中舟楫日纷纷。谁家举网向对岸，大纲细目皆可见。网中有鱼尺半长，鬣红鳞细如花瓣。溪边水木更幽清，百道红泉竹里生。泉底石子复磷磷，花有芳香鸟有声。山尽水穷乱石边，忽见一人当我前。顶上发毛种种然，形容憔悴绝可怜。久之方省是我颜，看见我颜令我惊。徘徊又见泪沾缨，愿将此镜奉彤廷。坐使魑魅尽潜形，照见普天孤臣颜色苦伶俜。

（《浯溪新志》卷九艺文）

# 钱肃润

## 🌿 人物介绍

钱肃润，字础日，幼从学于邹期相。期相，故高攀龙弟子也。授以静坐法，颇有得。既补博士弟子员，鼎革后弃去，隐居教授。当事见其衣冠有异，执而笞之，折胫，肃润笑曰：夔一足，庸何伤。因自号跛足生。自此名益高，四方学者尊为东林老都讲。年八十八，卒于家。

（光绪《无锡金匮县志》卷二十一儒林）

## 🏛 浯溪相关作品和事迹

### 游浯溪

浯溪山水天下闻，魁奇秀丽舒大文。下有唐亭枕溪石，上有峿台倚溪云。中宫旧是幽人室，次山在焉呼或出。风流仿佛度香桥，浪漫世间人不识。多君生在大唐时，中兴一颂星日垂。鲁公书法更殊绝，至今掩映磨崖碑。

（《十峰诗选》卷二，锡山钱肃润础石撰，清康熙刻本；《诗观》二集卷十，东吴邓汉仪孝威纂辑）

《题浯溪》拓片

# 彭始奋

## 🌿 人物介绍

彭始奋，字海翼，一字中郎。邓州人，禹峰第四子。有《娱红堂诗草》。（《浯溪新志》卷六）

## 🏛 浯溪相关作品和事迹

彭始奋诗碑，在东崖区。

### 题浯溪

逃暑寻山径，因之向此行。晚峰青不测，老树碧多情。日落亭边影，滩高水外声。遇僧问故宅，犹说漫郎名。
旧有浯溪想，于今愿不违。平崖秋在树，高壁雾生衣。野火凭江暗，林钟出寺微。可知佳憩少，日暮竟忘归。
亭午林烟合，苍苍欲隐天。寒螿石镜外，秋隼夕阳边。槛俯潇湘水，碣残唐宋年。来游今古内，知复几何年？
极目清溪上，怀归去复停。好花函石镜，修竹抱唐亭。露下何年草？沙明此夜星。可怜戎马后，惟有数峰青。
清顺治十六年己亥月吉旦赤符刊石。

# 彭而述

## 🌿 人物介绍

彭而述，字子籛，号禹峰，邓州人。崇正庚辰进士。长身玉立，声若洪钟，雄豪磊落，陈同甫之流，王士正、汪琬皆推为拨乱之奇材。以湖南巡道，升广西布政使。

（《浯溪新志》卷六）

## 🏛 浯溪相关作品和事迹

彭而述诗碑，在东崖区。

### 浯溪（四首）

扁舟今再至，仓猝忆前游。削壁苍龙跃，枯枝怪鸟愁。江山传过客，历数记灵州。不尽渔阳恨，潇湘日夜流。
南荒称二绝，佳句与良书。落日吞残寺，寒烟啮旧庐。胡麻委草后，秋隼踏枝初。多少游人泪，伤心天宝余。
名山留胜迹，遗墨重千年。社稷孤臣泪，干戈死事传。天连铜柱近，地接九疑偏。徙倚空亭上，夕阳急暮蝉。
寒潋连肿树，石径一荒凉。刺史何年去，薜裘古道傍。金仙篡木主，老狸卧横塘。欸乃沧浪外，如闻呼漫郎。

（《读史亭诗集》卷七）

# 黄中通

## 🌿 人物介绍

黄中通，字睿夫，崇祯己卯科乡举，顺治己丑科进士。以随征两粤功授太平守，招抚南宁等州，署梧州府，捕缉土贼，俘其巨魁。顺治十二年（1655）改授永州知府。擢分守湖南道副使，督修衡永郴二十四城池，兴修零陵文庙，新田、祁阳学宫，皆捐己俸，不动公帑。迁贵州参政，升广西按察使。积牍如山，多所平反。卒于官，永州、桂林皆祀名宦。所著有《镜园文集》，今存《柳元山水谱》二卷。（康熙《晋江县志》卷十人物）

## 浯溪相关作品和事迹

黄中通"寒泉"榜书，唐亭区。

"寒泉"榜书拓片

### "寒泉"榜书及补写元结《寒泉铭》

元次山曰："湘江西峰直平阳江口，有寒泉出于石穴。峰上有老木寿藤，垂阴泉上。近泉堪碱维大舟。惜其蒙蔽，不可得见，踟蹰行徇。其水本无名称也，为其当暑大寒，故命曰寒泉。铭曰：于戏寒泉，瀴瀴江湄。堪救渴暍，人不之知。当时大暑，江流若汤。寒泉一掬，能清心肠。谁谓仁惠，不在兹水？舟楫尚存，为利未已！"

寒泉。

顺治辛丑冬，前永阳备兵使者、晋江黄中通录，粤西桂理晋江苏爨国书，知祁阳县事孙斌勒石。

龙文按：渴暍，口渴及中暑。

### 忆浯溪

余浪游永阳，四历寒暑，八渡浯溪。兹来岭外，山容水声，日厪余怀而不能去也。有诗，得十五韵。

滩水接湘去，波流清而绮。回至浯溪头，嶔崎石作砥。寒涧声潺潺，滴沥洗人耳。屿台隐山巅，兀坐如床几。孤亭危竦峙，护之松与枳。偶逢泛舟客，问君何来此？答我入林深，为爱一溪水。携樽呼月高，举网得鱼美。立对溪山图，朗吟天宝史。好风自西来，暮雨傍岸起。

### 唐亭

霜江木下满亭阴，潇水南流绕此林。山岫暮风和涧响，溪船夜火耐更深。客来总见栏堪倚，月落空看树自森。不识漫郎今在否？檐前古瓦任苔侵。

### 峿台

屿上荒苔照暮秋，浯溪木叶漾湘流。岸前斜磴依危壁，石上霜枫蔽古丘。烟雨入林寒气静，诗骚落笔水声浮。高台四面旷无际，一榻仅容元道州。

### 寒泉

深崖绝壑盘苍藤，荡出涓涓气似蒸。满渚蓼花浮滴水，一林野鸟沐销冰。恐开熟径冷尘客，仅渗征流沁浊僧。萧寺潺声听日夜，寻源何处辨淄渑。

（康熙《祁阳县志》卷十·三吾石钞）

# 王夫之

## 人物介绍

王夫之（1619—1692），明末清初湖南衡阳人，中年一度改名壶，字而农，号姜斋。明崇祯十五年举人。南明永历时任行人司行人。旋归居衡阳石船山。永历政权覆灭后，曾匿居瑶人山区，后在石船山筑土室名观生居，闭门著书。自署船山病叟，学者称船山先生。吴三桂反清兵起，夫之又逃入深山。终其身不剃发。治学范围极广，于经、史、诸子、天文、历法、文学无所不通，有《正蒙注》《黄书》《噩梦》《读通鉴论》《姜斋诗话》等。《船山遗书》至道光间始刻，同治间始有全书，后又有增收，至三百五十八卷。

小霁过枫木岭至白云庵雨作观刘子参新亭纹石留五宿刘云亭下石门石座似端州醉石遂有次作

松级偶晨登，櫾馆聊夕止。轻裾挟馀滋，溪烟宛方起。夫君碧云期，良会伫难委。凌霄岂有扪，步秀方可纪。流耳延雨声，惊华粲石理。架阁驭微霄，初英散新紫。云观权众木，神楼耸弱水。仙游亦在区，巍榭空云绮。淹宿有馀清，实归载留喜。

三岁度岭行，薄言观世枢。壮心销流丸，林泉聊据梧。归心存醉石，取似在枌榆。江湖忧已歔，神屍梦可趋。漆吏称昔至，周臣怀旧都。流止互相笑，外身理不殊。委形凭大化，中素故不渝。兴感既有合，触遇孰为拘。海尘无定变，聊崇芳兰躯。

（《沅湘耆旧集》卷三十三）

### 蝶恋花·浯溪苍壁

在祁阳县南，元次山勒颜鲁公中兴颂于崖壁。苔光水影，静目愉心，调寄《蝶恋花》

谁倚磨崖题彩笔？记得中兴，仙李盘根密。万里湘天开白日，晶光长射蛟龙室。

欲泛扁舟寻往迹，路隔舟梯，水弱罡风急。日暮湘灵空鼓瑟，猿声偏向苍湾出。

（《潇湘怨词》）

# 张　镣

## 🌿 人物介绍

张镣，字念兹，别字见本。大司马五典之第五子也。生而奇颖，甫六岁即能作惊人语。总角补博士弟子员，食廪饩。丰姿秀爽，神采奕奕，目光如电闪，襟怀磊落。虽生长富贵家，绝无膏粱气习。上下千古，惟以不能尽读古人书为憾，典坟秘奥，无不窥。兴酣落笔，千言立就，而识高气古，直抉天根而探月窟。学使孙公肇兴、侍御王公昌孕，咸以国士目之，名啧啧起人寰矣。年二十六，中丙戌乡试亚魁，以数奇七上春宫不第。己丑，卷分春坊王公紫绶房，有大者为经，小者为史，惜誊录多讹字之批。戊戌，已收，复见落。公既抱璞不售，念太夫人春秋高，遂以司李谒选。壬寅秋，得永州。永俗强悍难制，公则察而断，廉而有为，不阿豪贵，不借丛胥役。时有吏行冰上之谣。新例司李分直审钦件，讼狱繁滋，案牍山积。公听决神敏，奸弊悉绝其间。昭雪全活者多。自奉俭约，从无重帛兼味，遇属吏，务持大体。时以道义相勖，不责礼币于所辖，事大吏亦弟戈戈束帛，从事或以不腆进戒，曰：若辈苟且取给于家耶？朘民膏脂，转相献媚，我忍效尤哉？以故大吏殊不见悦。然重其才品，忍弗发也。癸卯，分校楚闱，拔七人，尽知名士，一时翕然有公门桃李之誉。初，赴永以山川修阻、单骑就道。抵任一载，念母情切，遂迎养太夫人于官署，一堂融泄。然每当直审，辄淹留数月，岁在署仅十之三，加以吏治刑名，动多掣肘，公一身调剂其间，心血几瘁。太夫人忧之，遂感呕吐症。久之，剧甚。公仓皇失措，而大吏调取之檄踵至，太夫人强起促公，曰："我固无恙，以忠孝不能两全尔。今宁得以母故废朝廷事乎？"公不获已，驰赴湘口以实白大吏。星归，未抵永而太夫人已弃世。时丁未七月也。公恸哭几绝，一切含敛如礼。永属吏士民感公德政，吊慰匝月。去永甫过署庭，而大吏以素不媚己，借莫须有事诬之。羁留年余，以不能扶柩归里为恨。己酉抵家，而孟冬遂不起矣，年仅四十有九。公少负奇气，阔略崖岸，不修小文。及积学日久，恂恂油油，饶有曲江风度。侍御王公重公望，礼致幕中，公品藻优绌，毫无私假。当在永也，公余退食，太夫人问有何平反，公以所治文书跪进，太夫人喜，公亦喜。弟明经（金会）早世，未有子，公取职方公次子为嗣，童而抚之，迄于成立。曰：不忍吾弟之不祀也。其孝友人伦，均有足传者矣。尤工于诗，有越吟、蓬园、筆暇、漫亭诗稿，藏于家。吾邑自常楼居先生后，盖指不多屈云。

（嘉庆《沁水县志》卷八人物）

## 🏯 浯溪相关作品和事迹

### 浯溪览古

扬舲湘水头，倚棹浯溪口。天气吹寒阴，夕烟澹林薮。仄径蔓长萝，危桥度哀柳。幽香引微步，青冥次回首。卓哉中兴辞，千载难为偶。当时称二妙，鲁公与漫叟。岩虚苔藓深，壁暗龙蛇走。爱此一片石，徜徉未云久。伊余来湖南，所历尽无取。每苦束带疲，狂吟时或有。一观壁上书，不异双琼玖。试问楚江渔，今复有此否。

（《浯溪新志》卷九艺文三）

# 吴 光

## 🌿 人物介绍

吴光，清浙江归安人，字迪前，号长庚。顺治十八年进士，官编修。康熙三年，奉命往册封安南国王。有《南山草堂集》《使交集》。

## 🏯 浯溪相关作品和事迹

### 游浯溪元道州故宅（1663）

（摩崖碑、窊尊亭、镜石、渡香桥皆在焉）

釜崿临削壁，激湍濯素碕。曩有高世哲，岩栖安息机。丹霞映楣栋，青云入牖扉。参差松列塘，远近槿布围。徜徉怡萧辰，研悦情所归。危亭凌虚上，俯睇岩下矶。欻吸景物迁，众峰日已微。清文镂巉章，千载钦遗徽。晨泛撷涧藻，夕憩采山薇。孤凤奋紫雾，卑彼鹜雀飞。缅貌尘外踪，独喟与志违。

### 镜石

镜石悬崭岩，洞彻隐清冷。拂以浯溪水，黝然明且炯。岫丛草树敷，岸回溪潭永。隐见云霞气，出没帆樯景。毫末皆可了，动寂毕呈影。窅幻象难诠，灵异蕴自秉。嘿观元化理，谁能悟溟滓。太虚无纤翳，晶荧日星炳。川祇纷偃蹇，山鬼惮清迥。渺然离尘垢，忘怀返寥冥。坐久意弥悦，猿啼暮山静。

### 永阳奇石歌

永阳山石何巃嵸，高者夭矫摩昊穹。下者碑兀涧谷中，诡变极态不可穷。蹲如熊罴咆烟雾，骞如鸿鹄凌天风。立如甲士密云屯，倏霍千骑横戈鏦。卧如幽人伏蓬牖，餐吸日月停长松。瀺灂嵌崎势犹怒，落落根据蟠太古。攀藟扪葛搜空嵌，崖壑崩突相撑拄。一拳铲太华，盈仞恍天姥。我欲貌山骨，画师不可睹。临溪石岩转宥窈，纯削苍玉无尺土。孤客行秋吟森崒，樵舟戛暝沿浦屿。魂礌路与猿鸟争，阴晦意疑鬼物旷，咫尺云迷浯上山，策马放歌但凝竚。

（《使交集》一卷，归安吴光长庚氏著，吴兴丛书本，《清代诗文集汇编》第127册）

# 冯世巩

## 人物介绍

冯世巩，字殿公，源子。明崇祯癸未进士，官主事。著《闽役集》一册，《粤役集》一册，此二集见县志。施闰章《学余文集》之《闽粤使集序》云："东武冯君殿公，行谊文词为齐鲁钜公推重，官大行人，三年再奉使，自燕而闽而粤，地皆崄远，方用兵，旋使旋返，各纪其役，君子是以知殿公可以使也。"

（民国《山东通志》卷百四十三）

## 浯溪相关作品和事迹

### 闽粤使集序（节录）

而殿公仅戒心于洞庭风浪之夕，且余自楚溯粤，迫不敢休，后又以间道归，故衡永之胜皆失之咫尺，而殿公返棹之暇，得纵观于浯溪、钴镂、雁峰、石鼓之奇，发为诗文之光怪，其过余远甚。夫人之耳目，见其所未历，则才智于是乎生，殿公家海岱，出入神明之庐，驱车闽粤险远用兵之地，往复万里，无愆期，忠信格山川，文词响金石，足以豪矣。

（《施愚山先生学余文集》卷五，施闰章撰，清康熙四十七年刻本）

# 翁应春

## 人物介绍

翁应春，字克生，号益斋，永嘉人，宋四灵翁灵舒之后。与永嘉王至彪、王锡管、瑞安著鸿瞻交善。康熙岁贡。博学能文，尤长于诗。有《益斋存稿》，佚。事见光绪《永嘉县志》卷一七。

## 浯溪相关作品和事迹

### 石镜行寄祈（祁）阳令伊兰皋

昔日余为浯溪游，木叶初下洞庭秋。手掬溪水磨石镜，寿光荧荧烂不收。閟深幽远靡遗照，行人对影搔其头。蒙鉴须眉好男子，踉跄奔走输秦忧。今日君为浯溪主，白月一轮溪之浒。春深鸟坐河阳花，昼静鱼跳莱芜釜。公余时复载竹罂，衆尊郁郁泛兰生。闲来壁上窥流影，讵教廉石越云横。鲁公自写磨崖颂，次山不作春陵行。思君无奈隔遥程，青峰碧诸总关情。镜石镜石如有灵，可能照见千里摇摇之心旌。

（《温州文献丛书》之《东瓯诗存》卷三十四）

龙文按：伊兰皋，即伊起莘，平阳贡生，康熙五年（1666）任祁阳知县。

# 刘道著

## 人物介绍

刘道著，字灿宇，辽东贡生。康熙六年，以建昌知府调知永州。严重有体，人不敢于以私。属邑兢兢，奉法恐后，积案于是一清。重修府志，体裁整瞻。以盗案讵误解组，去永行色萧然。

（道光《永州府志》卷十三）

## 🏛 浯溪相关作品和事迹

### 读磨崖颂

　　我行潇湘间，山水看不足。祁阳更幽奇，洲渚多洞洑。东崖有浯溪，其水清且绿。草木翳而蓊，怪石纵横矗。高深理不穷，崖壑何纡曲。次山澹荡人，于此结茅屋。乃作中兴颂，奇文镇山澳（澳，通隩）。又请鲁公书，镌勒山之麓。朝见蛟螭蟠，夜闻鬼神哭。往来多古贤，论世每敦笃。两公千载人，品格俱不俗。尚友在诗书，兴起吾所勖。

（《浯溪新志》卷九艺文三）

# 王　颐

## 🌿 人物介绍

　　王颐，字及万，曲周人。雍之弟。顺治辛卯举人，官祁阳令。祁新剂于兵，颐至，招集流离，使安本业。设学校以振人文，元气渐复。祁为水陆冲衢，民苦邮传烦重，颐力请上官节省其役，勒联高岭以志永久。某大司农子与千佛阁僧争讼浯溪亭台，历数令不决，颐亲勘得实，疑案以断，时有神明之颂。所著均徭、解悬、治祁集诸书行世。（田喜簪撰墓志）

（光绪《广平府志》卷六十三志馀下·补遗）

## 🏛 浯溪相关作品和事迹

### 谒元颜两公祠

　　先贤遗迹在，檐宇杳无寻。藤蔓悬危壁，松声发远岑。雄文千载仰，直笔累朝钦。怅望凭虚久，难抒吊古心。

### 镜石

　　流水高山下，幽光一点生。是中何皎洁，彼岸尽光明。外观人天影，中涵万物情。湘记应炤此，千古对江清。

### 和峿台前韵

　　浩气凌宵并岳崇，巍巍文德拟万崧。瞻星方幸身依斗，问道何须远拜峒。碧洞清虚通月窟，琼音缥缈入云丛。后先辉映山光丽，千载香吹翰墨风。

（《浯溪新志》卷九艺文）

# 钱邦芑

## 🌿 人物介绍

　　钱邦芑，字开少，丹徒人。官云南知县。明季隐于浮屠，号大错禅师。居衡山，王启烈延修浯溪志，有游浯溪诸记。尝至黔阳，侨居僧寮道院间，瓢笠游山，踪迹几遍。慕邱式耔殉节事，亟访其居吊之。

（同治《黔阳县志》卷四十五流寓传）

## 🏛 浯溪相关作品和事迹

### 浯溪元颜两先生祠

　　溪深多古木，烟雨自迷离。搜讨前贤迹，翛然寄远思。断桥迷野寺，高冢对荒祠。独有磨崖字，蛟螭不敢窥。

浪迹潇湘久，浯溪几度游。山川奇绝处，俯仰见风流。高节雅难尚，雄文信可求。丰碑读一过，百拜不能休。

## 寻漫郎宅

古人爱山水，卜宅在浯溪。花鸟犹如故，荆榛路已迷。高坟窟狐兔，断碣倚锄犁。阅尽游人迹，残阳挂树西。

## 同王及万重修浯溪

浯溪一片石，磨勒几千年。来往人何限，升沉公自怜。残阳催渡客，古木怨啼鹃。只有潇湘水，依然荐昔贤。

两过浯溪下，居然对古人。情深应有托，世外得相亲。元子千秋士，鲁公一代臣。奋兴应我辈，孰敢外人伦。

（《浯溪新志》卷八艺文二）

## 浯溪记

去祁阳城三里许，隔江为浯溪。溪水自双井发源，绕漫郎宅、书院前，过中宫禅寺之左，经渡香桥下与潇湘水合。唐元次山为道州刺史，至此，爱其胜，遂卜居焉。次山自号漫郎，故后人呼其宅为漫郎宅。元至元中，即其地建浯溪书院，今故址存焉。渡香桥架石为之。平阔安步，溪左右古树百余株，丛阴森翳，甚宜幽赏。溪口之左，石崖陡立，镌"寒泉"二字，其泉则不可考矣。溪东北二十余丈，又有小峿台，崖壁陡绝，高五十余尺。左临深溪，有大樟树覆荫，旧有小亭，今亦废。溪之东百馀步，石崖俯大江，高五十六丈，即峿台。悬崖绝壁，怪石纵横，古树倒垂，藤萝竹箭，遍满崖隙。崖之麓为磨崖碑，以今尺较之，高八尺五寸，阔九尺许，其文即次山《大唐中兴颂》，颜鲁公所书也。字形大四寸七分，为平原生平第一得意书，亦元公之文有以助其笔力，故与山水相映发耳。元人题为磨崖三绝，作堂以表之。碑左有镜石，高一尺四寸，横二尺五寸，光莹如乌玉，以溪水洗之，则江山、人物、草木、舟楫毕见。碑之左，剜崖凹入一尺五寸，勒"圣寿万年"四大字，字阔四尺八寸，上下崖壁二十丈许，尽前人摹勒题识。宋熙宁中柳应辰为道州刺史，屡过其下，有押记崖之巅。有亭三间，旧名笑岘。正临潇湘石上，勒"峿台"二字。中宫禅寺，殿宇二层，门庑俱备，佛像拙劣。惟山水幽胜，真非凡境，然而千载下所以系人怀思者，一则鲁公书为天地留忠义之气，一则次山风流未坠耳。盖山水之胜，非其人不传。夫岂妄哉？予所以三过其下，每为之徘徊吟赋，而不忍遽去也。

## 搜访浯溪古迹记

浯溪游人久绝，古路荒芜，残碑断碣，累累荆棘中。庚戌夏，以修浯溪志寓中宫寺，与黄子其搜讨古迹，率从者渡溪桥，斫辟草棘，芟除荒秽。至峿台之南，峻崖蠹起，得次山《峿台铭》二百一十余字，篆书，无书者姓名，字阔一寸七分，长二寸八分，古丽清遒，实为罕觏。今人徒知浯溪有鲁公碑，盖未睹兹刻之奇俊也。稍左十余步，有"三吾胜览"四大字，每字阔二尺三寸，乃延平黄焯题刻。左右杂刻细字颇多，俱为苔藓侵灭，或石生崖剥，断残难识矣。从南面稍下，复西转崖壁，弯曲转折如围屏，凡六折，高处可一丈，低者亦八九尺，其上石广斜出，杂树丛生，女萝缭绕。遍崖皆前朝古刻，篆隶间错，大小不等，俱剥蚀不能细辨。西至小峿台，周围不过二百步，四面崖壁随其凹凸大小书勒诗字。南向有"小峿台"三字，背面有"万古清流"四大字，又有"三吾胜概"四大字，东面拂拭莓苔，得杨治华、皋春五言律诗各一首，余俱剥落残缺矣。既而过石门，见石上刻"石门"二字。又于东崖薜萝之中得"浯溪"二大字，字大三尺五寸，最为雄伟。独磨崖颜碑之旁镌勒最多，然有前人方刻后人随复磨去重刻己诗，至于后人复然。世人争名，乃至是哉！颜碑之左，刻次山季子友让诗一，韦词记一，皇甫湜五言古诗一，字画完好。但是后人重刻，颜碑之右，有黄山谷七言古诗，计一百八十余字，字大二寸，已为近人磨去一角，集某司李诗矣。此书古茂清遒，为山谷生平得意之笔，盖山谷素临鲁公书，有磨崖碑助其笔兴，故尤为迥异。今海内重山谷书如天球和璧，而乃为盲夫磨毁，岂非碑碣之一大劫乎？磨崖左右，石碑杂刻卧草间土中者不知其几。由磨崖而西，寻庬亭故址，上石磴二十余级，及巅有两大树，树间一碑已堕崖下，碑趺犹存。前临大渊，左枕溪流，云物烟水，态状瞬变，元子所谓六厌，诚不虚也。下庬亭，崖石四围皆有古刻，一碑立棘丛中，露其额，乃孙适《三绝堂记》，因令以长刀伐去恶木，子其洗涤苔藓，见篆刻隐隐，字画奇古，乃大喜久之，果得篆书数百字，乃元次山浯溪、庬亭二铭，皆江华令瞿令问玉箸篆，但《庬亭铭》犹刻在平崖，《浯溪铭》石面凸凹，字亦大小长短横斜不一，应是崖石生长以致字形改变耳。其下方石高一尺，四面各长四尺，顶可趺坐。东面刻山谷老人书一百零九字，大一寸七分，为山谷寻见两铭书与长老伯新俾刻之石，以遗后人者。噫！山谷于次山文字，其爱护亦已至矣。从来游浯溪者，磨崖颜碑之外止见《峿台铭》，其余诸铭俱不可见，孰知为苔藓荆棘所封。自次山至山谷二百七十年始得一见，山谷至今又五百六十余年，我与子其因修志，坚意寻访乃得再见，而字亦几消灭矣。不深可叹哉！回步浯溪，寻漫郎故宅，但见高冢峨然，其地久为陈氏侵为墓田，荆榛满目，狐兔交横，殊令人惘然自失。嗟乎！以次山之明德，千载下将仰其风流，恨生不同时。片石只字，爱若甘棠，况其居处晏息之宅，尤为精爽所凭依，而乃使腐骼朽骨僭据此土，生人秉彝之良，澌灭尽矣，何况山谷之书与溪山之碑碣乎？古溪断桥，残阳衰草，凭吊感慨，未免有情，亦复谁能遣此也。

<h2 style="text-align:center">重游浯溪记</h2>

庚戌春初，以修志役未竣，下南岳，复上永州，至祁阳，王公及万偕游浯溪。维时严寒乍释，残雪在林，春水初生，溪草萌碧。轻舟溯洄达溪右，纵观鲁公磨崖碑。因考磨崖之前，有一亭，依崖结构以护碑文。自兵燹之后，亭已毁。崖溜垂注，浸淫碑石。余与王公谋复之，度其高下阔狭，计经费就有成算。遂从崖右转相与登峿台，俯湘江，烟云飘渺，映带祁城，阛市攒簇，山峰如雪，黛白互错，不可一目了也。坐饮数杯，下峿台，过渡香桥，访寒泉不可得。渡口崖岸，千佛阁故址，为居人所侵。王公以邑人交讼，既清其地，欲修复未遑。遂约先复颜元祠于旧址，次及三绝亭，其余递加修复，浯溪之胜，庶几可还旧观。嗟乎！天下佳山水多矣，大半埋没于荒郊僻野，不得表见于世。今浯溪幽异，甲于潇湘，然非两先生文章节义照耀前后，崖碑奇古，生人敬仰，亦安得流传至今，动往来之凭吊哉？王公宰祁阳之二年，政和化行，百废俱兴，慨然欲复诸古迹，非徒以夸示游观也。盖其人品文章，与两先生有神契而不相远者，则百世之后，不将继前人而并传不朽乎？抑余更有感者，自有浯溪以来，游者不知凡几，皆漠然置废兴于不问，独王公与余俯仰流连，低徊眷恋，不能自已。为访求古迹，保护其高文法书于荒榛乱石、断烟寒雨之间，或亦两先生之灵有以佑启吾两人也，则今日之游较前不加胜哉！于是返舟而更为之记。

（《浯溪新志》卷十三艺文七）

# 黄而辉

## 🌸 人物介绍

黄而辉，字述之。好学工诗，为诗冲淡隽远，华亭董苍水俞谓其诗如飞黄蹑影，瞬息千里，而步骤有度，不负泛驾之累。又如于洞庭湖心吹铁笛，清声俊韵，能令波涛淜湃，鱼龙出听。田髯渊茂遇谓其和平而俊爽，幽细而稳实，洋洋沨沨于风雅，穷泳游而身厉揭。所著有《讷园诗选》。

（《民国同安县志》卷二十一人物录·文苑）

## 🏛 浯溪相关作品和事迹

<h3 style="text-align:center">浯溪舟行即事</h3>

百里溯上滩，伊轧勒双橹。荡此一叶舟，局促学伛偻。日涉漫云劳，快卧连江雨。诗成亦何为，皎皎灯花吐。

毁忧集夜端，辗转达五鼓。高峰抹晨岚，浅水注园圃。荷锄虽力疲，簿书实冗苦。却羡溪边民，苍翠到门户。人烟枳棘篱，漠漠浯溪坞。当年元次山，于此结茅宇。千载我独来，置酒酬往古。

### 乘流回棹

绿树来无穷，水驿行不尽。风雨打松窗，篷挂溪流迅。谁觉苦吟人，诗成搔两鬓。

### 过浯溪台

水宿淹旬月，扁舟重往来。人传刺史宅，予上浯溪台。晓日见披雾，隆冬闻发雷。此间无逸者，碑石侵莓苔。

### 雨过湘江

气候乖南楚，经冬雨不休。衰林栖病鸟，涨水沐轻鸥。兴到挥诗帖，怀深托酒筹。沿溪牵百丈，日暮且维舟。

（《浯溪新志》卷九）

### 清平乐调·溪景

团团仙树，中有人家住。生得儿孙相嫁娶。来往不惊鸥鹭。
谁能肥遁，一把钓竿独去。花片流无数，恰是武陵溪路。

### 题磨崖碑和黄山谷韵

平生好读漫郎句，今喜仍看鲁国碑。当年天子蒙尘出，剑阁归来两鬓丝。倒指伊谁阶祸乱，沈香亭畔一女儿。霓裳引得铁衣起，长安飞燕不敢栖。猪龙饮马甘泉里，天宝厌乱空尔为。时平建储论自定，奚须急促据六师？南宫事局兆于此，杜鹃啼血泪双挥。怪将渔阳动战鼓，君父尚忍相倾危。掩口莫论前朝事，低徊且颂涪翁诗。涪翁笔力不可敌，我欲和之良费辞。浯溪溪水清且美，泛泛凫鹥自相随。回船乘得公馀暇，墨沈快打磨崖碑。

（康熙《祁阳县志》卷九艺文下）

# 李渭阳

## 人物介绍

李渭阳，祁阳人，生平待考。

## 浯溪相关作品和事迹

李渭阳诗碑在峿台北崖区。

轻舟一叶绕溪行，爱煞湘流澈底清。水势远吞千里月，渔歌近壮三吾城。辉含镜石形尤古，碑读摩崖字不明。愧我无才兼老病，敢云高卧薄功名？

丙午蒲望前舟过此，庚戌重阳后二日重刻。三吾李渭阳题。

# 卢　震

## 人物介绍

卢震（1626—1702），字亨一，清湖北竟陵人，京师籍，范文程婿。所隶何旗不详。顺治间以诸生应廷试，授编修。康熙间累官为湖广巡抚。三藩乱起，弃长沙逃走，贬谪管乌喇船厂，后得放归。有《杜诗说略》《说安堂集》。

（《中国历代人名大辞典》）

## 🏯 浯溪相关作品和事迹

### 祁阳泊舟暮雨（康熙九年1670）

薄暮祁阳气黯然，乱云缥缈护楼船。渔人烟外闲收网，衲子灯前静坐禅。风咽蝉声停曲岸，浪翻鸦阵暗遥天。无聊搜枕方成梦，弄笛桓伊搅客眠。

### 湘妃祠

灵旗不捲草芊绵，从狩当时极楚天。汋汋馀风悲舞凤，苍梧遗恨咽啼鹃。湘流何意空江下，斑竹多情有泪传。回首渺茫叫虞帝，渚蒲岸柳自年年。

### 峿台怀古

百尺名台起碧巅，登临捉笔忆当年。清风振楚传幽谷，正气维唐载简编。树匝遗书何岁月，乌啼南国自山川。千秋往事谁能记，仰企高踪独慨然。

### 磨崖

磨崖片石想名贤，二妙高风万古传。辞载中兴雄气象，书夸草圣落云烟。笔痕常足神灵护，墨海难枯日月迁。碑下好为三日卧，旋舟又泊浯溪前。

### 庼亭

山光绝顶映晴空，隐隐孤亭碧落中。老树穿岩何岁月，乱乌成阵忽西东。渡香桥畔啼莺晓，笑岘峰头夕照红。千载浯溪一片石，漫郎遗躅想高风。

### 漫郎宅

漫郎宅畔草萋萋，策马寻踪古径迷。示吏春陵词语挚，将家渔麦屋椽低。庭花任落无人扫，林月流辉有鸟栖。传说当年登秘篆，山中惟听子规啼。

（《说安堂集》卷六，景陵卢震亨一撰，清康熙五十四年刻本）

# 董 俞

## 🏯 人物介绍

董俞，字苍水，号樗亭，华亭人，少宰遂初孙。顺治庚子举人，以奏销案除名。俞在童时，喜读古人诗，略上口即能为声偶之言，与其弟含齐名。坐事归，即卜筑南村。方塘小榭，竹翠花深，灌园锄菜，歌啸自如。尝游楚，过洞庭湖，遭风浪，有投诗湖中事。晚岁自定诗一册。客山东遇盗，与盗争箧，为刃臂夺之去，惟存《楚游草》。后其婿曹映曾捡拾残剩付梓，宋荔裳为之序。其诗学卧子而较清苍。

## 🏯 浯溪相关作品和事迹

### 白水驿

如何白水号，依旧碧湘流。四面烟峦合，数家茆屋幽。云深山鹧语，月出野猿愁。且勿思吴酿，村醪味尽优。

## 凤凰滩

湘水纡回折，湘山屈曲盘。路长帆力短，那得到前滩。月魄沈崖黑，云根蘸水宽。无人见惆怅，深坐烛花残。

注：自凤凰滩以上有西洲、石板诸滩，皆系祁阳地。

## 不寐

篷底唔咿句未成，荒江风露正三更。月怜孤客披帷入，虫为新秋绕岸鸣。逆旅每多贫贱感，旧交还怆别离情。无端走尽荆南路，怕问苍梧更几程。

## 寥落

寥落三秋景，艰难万里心。烹泉试楚茗，隔舫认吴音。浛浛溪云暗，荒荒岭树深。故乡何处是，天末羡归禽。

## 游浯溪寻元次山故宅读颜公所书摩崖碑（辛亥夏五月 1671）

祁阳南去山嵯峨，清湘迤逦汇碧波。敇棹摄衣陟层坡，浯溪中有幽人窝。忆昔元子宦天涯，惓惓爱君心可嘉。此时狂羯弄干戈，乘舆播迁痛如何。长安荆棘生铜驼，天心厌乱祚唐家。鹰扬义旗诛么麿，灵武嗣统奠山河。公也喜撰中兴歌，颜公为书大劈窠。屹然十丈苍崖摩，龙跳虎卧岩之阿。诗篇书法两足夸，照耀林壑生光华。漫郎故宅埋烟霞，千年怪石常谽谺。峿台突兀俯晴柯，寒泉一罅翳薜萝。当年胜地宾从过，窊樽犹想醉颜酡。风流云散空咨嗟，后来题咏何纷拿，涪翁之作无以加。抚军即位遭议诃，春秋责备似微苛。元子一颂音自和，古人命意正不颇。我来凭吊白日斜，幽禽格磔飘岩花。碑字斑驳间缺讹，良久谛视更摩挲。寒陵片石安足多。呜呼！浮生羁旅鬓欲皤，目前百事俱蹉跎。每遇名迹辄长哦，快然心胸释沉疴。青山万点水一涡，当来此地披渔蓑。（黄山谷诗云：抚军监国太子事，何乃趣取大物为。事有至难亦幸耳，上皇跼蹐还京师。南内凄凉几苟活，高将军去事尤危。安知忠臣痛至骨，世上但赏琼琚词。数语太觉深文。元子当日未必有此意也。）

## 镜石

浯溪之岩何巀嶭，磨崖词笔称双绝。其傍片石尺有咫，黝然玄玉光莹澈。翠壁幽光迥不同，年年秋雨洗青铜。隔溪村树皆了了，云帆尽入空明中。烟苍苍兮风习习，湘娥掩映云鬟湿。照见清吟憔悴人，斜阳独对湘江立。

注：石嵌浯溪岩上，方仅尺许。黑光如玉，以溪水拭之，隔岸村畴山树，无不映照。

## 鹧鸪矶

鹧鸪矶畔晚桡移，一片湘波碧树垂。还看隔江灯火乱，村巫箫鼓赛龙祠。

## 一叶

一叶夷犹秋水涯，渔村烟火夕阳斜。细看不似江南景，斑竹林中皂荚花。

## 祁阳道中

底事辛勤跋涉来，乱云叆叇岭崔巍。危滩捩柁疑三峡，野店逢僧说五台。晓色苍苍山鹧语，澄波渺渺水荭开。江南目断四千里，记取还将此路回。

（《浮湘草》一卷，云间董俞苍水撰，上海图书馆藏清康熙稿本）

# 魏 宪

## 人物介绍

魏宪，字惟度，福清人。诸生。有《枕江堂集》。

（《晚晴簃诗汇》卷三十三）

## 浯溪相关作品和事迹

### 浯溪道中

何事芒鞋不肯闲，东风踏遍水云间。滩头浴鸟迎人去，岭上啼猿送客还。未敢题桥留姓字，却因学剑老溪山。黄昏十里僧林近，几树松声一月弯。

（《枕江堂诗》卷六七言律诗，闽中魏宪惟度撰，清康熙十二年有恒书屋刻本，《四库未收书辑刊》第八辑第十六册）

# 贺国璘

## 人物介绍

贺国璘（1632—1696），字天山，号遁厂，丹阳人。诸生，考授州判。受业于贺裳之门，素有文才，尤以诗名倾动一时。费滋蘅云："天山先生，江东名宿。"一生著述宏丰，有《深柳读书堂诗稿》《百城楼集》《载道堂集》《飞鸿阁诗馀》《楚江唱和诗馀》等，后世辑成《天山遗集》。

## 浯溪相关作品和事迹

### 题磨崖碑步黄山谷原韵

雄文不朽同山溪，浯溪上列磨崖碑。道州当时有良吏，宁为保障毋茧丝。春陵诗句少陵知，抚字苍赤如婴儿。不置要津置荒远，楚岭之南湘水西。偶然意与泉石惬，浮家泛宅甘羁栖。感激时事凝古颂，自负老笔能优为。文成孰堪寿贞石，以属骨鲠颜太师。中兴何如汉光武，藩镇变易恣斥挥。灵武即位上皇返，两宫间隔频猜危。此碑骔括蓄深意，不在刻画三颂诗。君不见元公忠爱鲁公节，垂世奚止工文辞。邺侯仙去汾阳老，纷纷趺扈鼎社随。千秋光怪独留此，浯溪上列磨崖碑。

（《浯溪新志》卷九）

# 彭 蠡

## 人物介绍

彭蠡，字秋水，一字钝叟。本溧阳人，少跌宕任侠，捍文网，避难入滇中。滇抚袁九叙与有旧，以军功荐官云南禄劝州知州。外艰服阕，再补新兴州。逆藩变起，挟之入楚，跳而走粤，将依故人颜澹叟方伯。会所知有官潮阳者，赠以资。时其弟琦卒官湖南宁乡令，孤嫠不能归。因间道返楚，相依卜筑，遂为长沙人。著有《放余吟》五百余首。以好古颜其堂。其遭乱踪迹本末具见所作。放还长沙，追述往事，用杜韵诗。彭氏家长沙久，今永昌守舒蕚棣楼其从孙也。闻余是集将成，亟属其弟舒英手写成帙，益以刘氏江左流风集为选存是卷。多家楚后作，可作诗史读，当不致蒙借才之诮也。

（《沅湘耆旧集》卷五十九介绍）

## 浯溪相关作品和事迹

### 磨崖碑

浯溪大石千寻裂，绿树苍藤缠积铁。停舟拄杖一登临，薜滑桥欹行不得。崖间深刻中兴颂，有唐再造扬休烈。老于文学元次山，鲁公书法真奇特。文贵简严字贵瘦，两贤合璧成双绝。磨崖作碑碑不磨，筋骨峥嵘映江色。鬼神呵护风萧萧，跳沫飞湍安敢啮。君不见峄山碑，燕然碣。篆体轹古今，铭章亦雄杰。才人失意徒尔为，对此贞珉面为热。

（同治《祁阳县志》卷五浯溪）

# 尤 珍

## 人物介绍

尤珍，字谨庸，侗子。康熙壬戌进士，官至右春坊右赞善。著《沧湄诗钞》。

载：沧湄先生心平气和，每作一诗，字字求安。有讥弹之者，应时改定。近人中无此谦抑矣。少宗唐人，归田后改弦。尝有句云：宗唐祧宋吾何敢，前有东坡后放翁。晚岁自悔，仍归于唐，如出游者之返故乡也。所作《沧湄札记》中道作诗甘苦极详。

（《国朝诗别裁集》）

## 浯溪相关作品和事迹

### 题摩崖碑

有客示我磨崖碑，一幅之广径丈围。观者动色共叹赏，高文大字何瑰奇。忆昔天宝禄山叛，长驱铁骑蹂京畿。至尊仓皇出奔蜀，太子灵武誓六师。祸乱方殷以权济，苟不帝制众志离。乃践大位命诸将，取东西京不逾时。奉迎还宫就尊养，尧禅舜让两得之。漫叟凤推老文学，濡毫撰述中兴碑。鲁公笔力有神助，大书深刻青山陲。其后上皇在西内，张李交煽思倾危。奠定社稷诚大孝，何乃晚节晨昏亏。碑铭当日纪盛事，惟有扬颂无微词。题碑后者为涪翁，其诗未免多刺讥。读书论世志未逮，摩挲古迹空嗟咨。

（《沧湄诗钞》卷二，尤珍撰，《四库未收书辑刊》第 8 辑 23 册；《江苏诗征》卷八十五）

# 王士祯

## 人物介绍

王士祯（1634—1711），清山东新城人，字子真，一字贻上，号阮亭，晚号渔洋山人。身后避世宗讳，改"禛"为"正"，高宗命改"祯"。顺治十五年进士。授扬州府推官。康熙间历礼部主事、翰林院侍讲，官至刑部尚书。以与废太子唱和，于四十三年被借故革职。诗有一代正宗之称，而后人嫌其才力不足。倡神韵之说，领袖诗坛近五十年。文章亦颇雅饬。诗集初有《阮亭诗钞》，晚年并历年所刻为《带经堂集》，又自选部分诗为《渔洋山人菁华录》，另有笔记《池北偶谈》。

## 浯溪相关作品和事迹

### 送家良辅宰零陵

阳朔二水湘与漓，源同派别分条支。湘水东来入南楚，曲抱衡山经九疑。九疑之山苍梧野，斑斑泪竹英皇祠。零陵郡古枕湘水，潇江曲折来赴之。自古骚人憔悴地，九歌哀怨留其词。亦有元和旧司马，八愚感激传歌诗。其文往往拟山海，坐使荒徼增瑰奇。子今年少去为吏，况有诗笔人所知。黄溪山水胜鄠杜，何必慨叹穷乡为。此去浯溪止百里，磨崖洗剔中兴碑。元公作颂鲁公笔，长与日月相昭垂。经术缘饰固良可，勿随流俗矜茧丝。衣租食税尽赤子，谁云南人鬼且機。捕蛇有说更三复，军输尚急西南陲。

（《渔洋山人精华录》卷四，王士祯撰，《四部丛刊初编》、《零陵县志》卷十五艺文）

## 磨崖碑

有客新自湘江归，登堂示我浯溪碑。芒寒色正三百字，忠义之气何淋漓！白日行天破幽咽，走避魑魅潜神夔。忆昔天宝初丧乱，渔阳突骑如飙驰。二十四郡少义士，平原太守独誓师。平生不识颜真卿，乃能一木支倾危。清河年少气慷慨，十岁作质平庐儿。中兴大业起灵武，功成不死神扶持。道州刺史昔漫叟，振笔大放琼琚词。请公磨崖书绝壁，镌镵千仞青云梯。蛮烟瘴雨不剥蚀，万古照耀天南陲。昨者剧贼乱滇海，盗据衡永为根基。太平祭告遍群望。山河一洗无磷缁。直有雄词继前代，磨崖垂刻浯溪湄。

（《渔洋山人精华录》卷四，王士祯撰，《四部丛刊初编》）

## 王文成纪功碑

文成摩崖碑，其字大如手。万古一浯溪，光芒同不朽。

（《渔洋山人精华录》卷十，王士祯撰，《四部丛刊初编》）

唐郑谷浯溪诗："曲曲清江叠叠山，白云白鸟在其间。渔翁醉睡又醒睡，谁道皇天最惜闲。"又唐岭南节度使蔡京泊浯溪诗："停桡积水中，极目孤烟外。借问浯溪人，谁家有山卖。"右二诗，余作浯溪考，亦遗之，今从万首绝句录出，当补入之。远搜僻秘而近失之眉睫之间，殊自笑也。（古夫于亭杂录，并录五）

（香祖笔记）唐蔡京假节邕州，道经湘口，泊浯溪中兴颂所，俛偂不前，题诗曰："停桡积水中，极目孤烟外。借问浯溪人，谁家有山卖。此诗未收浯溪志。"予昔撰浯溪考，亦遗之，偶读云溪友议，追录于此，用补向来之阙。

（渔洋诗话）余撰浯溪考，颇搜奇秘，如李清照二长句，得之陈士业寒夜录，此从来所未习见者。近又从石门文字禅得洪觉范二长句，亦前所未睹者。若唐蔡京五言，近在耳目之前，而反遗之，殊自笑其疏也。

（古夫于亭杂录）予作浯溪考，颇搜抉僻秘，如李易安二长句，皆世所未习见。顷读洪觉范石门文字禅，有同景庄游浯溪读中兴碑长句一首，恨此书版行已久，不及收入，亟录于此，以补漏略。诗云："上皇御天功最盛，生民温饱卧安枕。醉凭艳姬一笑适，薄夫议之无乃甚。长安遮天胡骑尘，潼关战血深没人。哥舒臣贼不足惜，要窬国忠如鲙鳞。苍黄去国食不暇，赐死马嵬谢天下。反身罪已成汤心，奈何犹有讥之者。取非其子又遽恩，灵武君臣无怍容。何须呜咽让衮服，自鞚归鞍八尺龙。谁磨石壁湘江上，揩拭云烟溅惊浪。龙蛇飞动忠义词，颜元色庄俨相向。与君来游秋满眼，闲行古寺西风晚。道人兴废了不知，但见游人来读碑。"（此诗与易安二篇皆未佳，但珍其僻秘耳。）

（分甘馀话）余作浯溪考成，又得唐蔡京郑谷宋释惠洪数诗，录为补遗，适见清波杂志一条，姑录于此。云："浯溪中兴颂碑，自唐至今，题咏实繁，零陵近虽刊行，止荟萃已入石者。未暇广搜博访也。赵明诚待制妻易安李氏，常和张文潜二长句，以妇人而厕众作，非深有思致者能之乎。李易安诗二篇，曩从陈士业（宏绪）寒夜录钞出，已入集中，忘其出处本周辉也。"

（《带经堂诗话》卷二十一搜逸）

# 张笃庆

## 🌿 人物介绍

张笃庆，清山东淄川人，字历友，号厚斋。康熙二十五年拔贡生。为施闰章所赏识。荐鸿博，力辞不就。

后受学使荐为山东明经第一，赴京应试，下第。回乡隐居，闭门著书。诗以盛唐为宗，歌行尤为擅场。有《八代诗选》《昆仑山房集》等。

## 🚢 浯溪相关作品和事迹

### 渔洋先生见示墨拓浯溪碑长歌为志

莫言括地象，请罢考异邮。零陵之碑大唐颂，湘中名迹良悠悠。渔阳鼙鼓起何荤，天子下殿奔金牛。监国中兴起灵武，双悬日月归雍州。皇家再造功掩罪，銮舆反正天南陬。圣德神谟亦略见，物论何苦相镌求。磨崖纪盛久照耀，至今绝壁垂琳球。水部文章尚书字，有如南岳传峋嵝。煌煌鲁公鼎彝气，大书深刻神为谋。厜㕒参天数千仞，湘江万古东西流。吉甫作颂史籀篆，力抚石鼓追成周。此石要自壮南纪，青崖铁线凝悬虹。我生蠖屈寄溟渤，志在金石山之幽。前年扁舟下江汉，南过荆鄂真豪游。遥望潇湘隔衡永，浯溪森森嗟芳洲。当时引领向天末，足所未到生繁忧。渔洋先生示此本，令我神气为夷犹。字大如掌幅径丈，广堂蹞蹐犹盘樛。对兹狂叫发长叹，便似蹑足登岷丘。左把道州右光禄，天光汗漫湘云秋。庄如王会辑万玉，飘绅揩斑朝群侯。雄如将军建大旆，长戈利戟森兜鍪。奇伟丈夫古冠剑，乾坤大笔来神楼。墨光黯黩黑云立，石气崩剥三苍幽。东京梁鹄及皇象，正书一一难为俦。下逮李北海，逊此铁画兼银钩。亦越柳诚悬，河东筋骨相匹休。愿为伏灵芝，拂拭苔藓重雕镂。愿为蝉白鱼，金题玉躞常优游。琳琅金薤迥在眼，坐见悬崖山鬼鸣啾啾。

### 黄山谷小磨崖碑赠司允弟

元词颜碑传零陵，浯溪之水何澄澄。大唐太子趋灵武，惭德焉可称中兴。涪翁仙客何雄放，迢迢浪迹荆江上。兴酣吊古自神旺，长歌气势增骑宕。诛意之论诚非妄，回首彭衙事惆怅。南内旧恨铲叠嶂，千秋青壁留凄怆，风雷苔藓终无恙。吾弟司允好奇者，见此为之久倾泻。志在金石诚非假，恍如置身磨崖下。吁嗟乎，平原巨笔垂楷模，形如鸾凤翔天衢。乾坤鸿宝陈苍瑚，悬崖千丈同盘盂。守以鬼母驱天吴，日月照耀如双珠，丹梯夬字悬灵符。山谷太史遵前途，来游泼墨湘水隅。银钩铁线凌锟铻，上配鲁公良不孤。映带石镜光有无，女萝山鬼啼呜呜。妖蛟波臣惊瞿瞿，牛渚燃犀将无殊。千年名迹岁月徂，行与太师游清都。

（《昆仑山房集》，淄川张笃庆历友撰，《四库全书存目丛书》补编第 55 册）

# 屈大均

## 🌺 人物介绍

屈大均（1630—1696），初名绍龙，字翁山，又字介子，自号泠君、华夫等，番禺人。少从陈邦彦学。明亡，邦彦起兵，大均从军，独当一队。邦彦殉节死，大均遂弃诸生。永历初，赴肇庆行在，上《中兴六大典书》，将官以中秘，会父疾遽归。顺治七年冬削发为僧，事函是于番禺雷峰，名今种，字一灵。顺治十四年秋，逾岭北游，至康熙元年始南归番禺。十二年吴三桂叛清，大均往来楚、粤军中，后知其无成，谢事归。晚年居广州，潜心著述。康熙三十五年病卒，年六十七。著有《翁山文钞》《翁山诗外》《翁山文外》、《广东新语》、《翁山易外》等。《清史稿》卷四八四、民国陈伯陶《胜朝粤东遗民录》卷一有传。（《全粤诗》卷七二八）

## 🏯 浯溪相关作品和事迹

### 自排山经熊罴岭至祁阳作

百里藤萝路，阴森万木中。山寒多宿雨，叶尽少悲风。岭峤千盘入，湖湘一线通。楚南香草地，楚楚见兰丛。

（《翁山诗外》五言律二，番禺屈大均撰，清康熙刻凌凤翔补修本）

**白鹤岭怀屈仙作并序**

岭在祁阳东北，仙人屈处静尝于绝顶乘白鹤上升。

三闾昔日是仙人，苗裔如君亦上真。笙鹤不归高岭上，彩云空绕碧浯滨。离骚一卷皆丹诀，渔父千秋有后身。骖驾凤鸾无不可，岳庭归与太初邻。

（《翁山诗外》七言律一，番禺屈大均撰，清康熙刻凌凤翔补修本）

龙文注：据汪宗衍《屈翁山先生年谱》，永历二十八年、康熙十三年过熊黑岭。

# 曹 霂

## 🌿 人物介绍

曹霂，字掌霖，贞吉次子。以荫授七品京职。才诣超群，善诗词，尝赴省闱，闻主司为父执友，遂驰归。人咸高之。著《枣花田舍诗》《冰丝词》《黄山纪游词》行世。

（道光《安邱新志》卷十九）

## 🏯 浯溪相关作品和事迹

### 贺新郎·题浯溪磨崖碑右

鸭绿潇江水。送征人、轻帆直下，浯溪溪尾。灵武中兴碑未坏，万刼常留天地。赖蝌蚪、龙蛇文字。双手摩挲苔藓厚，倚霜藤、细读生欢喜。与谁话，上皇事。

海棠初破东风睡。遍关河、金戈铁马，玉环惊碎。万里郎当归故国，苦忆长生私誓。又暮雨、淋铃新制。一笑扣舷歌一阕，正空山、月落啼湘鬼。汙尊酒，那能醉。

（《渠风集略》卷七，邑后学马长淑蓼亭甫校辑，清乾隆八年辑庆堂刻本）

# 吴其贞

## 🌿 人物介绍

吴其贞，字公一，徽州人。留心赏鉴，常游苏州及维扬，与收藏家相往来，多观书画真迹，及生平所自购者，各加品题，随手剳录，注明所见年月。历四十余发之久，因为哀辑成编，始于乙亥为崇祯八年，其末条称丁巳则康熙十六年也。

## 🏯 浯溪相关作品和事迹

### 度支复古潇湘八景图一卷

题目与旧本不相符，此卷一为橘洲烟雨，二为潇湘夜泊，三为金潭云收，四为水芦寒岑，五为浯溪风月，六为蒸溪秋暮，七为王龙新霁，八为祝融积雪。以上八图画法一体，盖效于董巨，上有小楷题诗，无题识。后有宋人史浩一图，书宋人九题咏，明人董思白四题咏。

（《书画记》卷五，清吴其贞撰，清乾隆《四库全书》）

# 林侗

## 🏵 人物介绍

林侗（1627—1714），清福建侯官人，字同人，号来斋，林佶兄。康熙中署尤溪教谕，尝随官关中。工隶书，喜搜集金石，筑兼葭草堂以居四方来游者。有《来斋金石考》《昭陵石迹考略》《李忠定公年谱》等。

## 🏛 浯溪相关作品和事迹

### 摩崖中兴颂

在祁阳县浯溪石崖上，元结撰，颜真卿大字正书，大历六年。摩崖石，元宗泰山铭字体最大八分书，若正书字大者则以此颂为第一。而结体最小者莫若麻姑坛，皆鲁公手笔。元结序云："非老于文学者，其谁宜为？"王元美谓首句噫嘻前朝，孽臣奸骄，非颂体。此石本，予得之旧家。若今拓，无此完好矣。颂石后有黄庭坚读中兴颂诗，宋刻漫患，略可读。明华亭董元宰以白松绫五幅，自书读浯溪颂诗。漫郎左氏癖，鲁公羲之鬼。千载远擅场，同时恰对垒。有唐九庙随秋烟，一片中兴石不毁。几回吹律寒谷春，几度看碑陈迹新。辽鹤归来认城郭，杜鹃声里含君臣。折钗黄绢生光怪，旧国江山余气概。当年富贵肠剑多，异代风流椽笔在。书声何负于国哉。元祐之籍何当来，子瞻饱吃惠州饭，涪翁夜上浯溪台。扶藜扫石溪声咽，不禁技痒犹题碣。清时有味是无能，但漱湘流莫饶舌。绫色如新，墨光映射，鲁公千载后，不得不推为擅场，予力不能得，不知为何人所有。宋马永卿曰："中兴颂云'复复指期'，此两字出汉书匡衡传云。所更或不可行，而'复复'之注云'下复扶目反'。又何武为九卿时奏言，宜置三公官，又与翟方进共奏罢刺史，更置州牧，后皆复复，故注云依其旧也。"下复，扶目反。

（《春晖堂丛书》之《来斋金石考略》卷中，侯官林侗于野纂辑）

# 黄犹龙

## 🏵 人物介绍

黄犹龙，字子其，康熙恩贡。（嘉庆《祁阳县志》卷十九选举）

## 🏛 浯溪相关作品和事迹

### 镜石

天然雕琢就，嵌入巨岩旁。大道岂终晦，玒材宁独方？苔痕映春色，溪水发奇光。尝试依崖岸，贞书写素肠。康熙庚申冬仲，子其黄犹龙题。

### 浯溪上寻元家坊不获

荒榛萦古墓，何处觅元家。惟见桥边树，依然立水涯。危亭涵雨气，石镜敛空华。泛泛中流楫，沿洄溯落霞。

（《浯溪新志》卷九）

### 寻寒泉记

元次山寓家溪上，幽林邃谷，无不穷索而表章之。故铭三吾而外，又有东崖、寒泉、右堂诸作。然三吾皆奇于石，游人得因石以求之。而寒泉独逸，盖水之性幽而喜石，天下美泉多出石中，无石之地泉不能美，如君子之轨于道，立于独，不沾泥滓以成其清者也。数百年来，劙磨崖石几无完肤，而品泉者绝少。岂前人爱泉之微意耶？顺治中，观察黄抑公先生镌旧铭于千佛阁下石鏬，本非其地，聊寄爱泉之思耳。而过者指焉，泉以此刻而更隐。康熙庚戌，镇江钱开少先生同寓中宫寺，辑《浯溪志》，问泉所无知者，余因驾小艇溯洄寻之。去渡口百步，舣钓埠杓泉于平沙中，味甘而冽，其寒如冰。又上数百步至崖口，巨石磊磊卧江面，有水出石穴，深黑不见底，清冷亦异常泉。泉之外亦有石，斜侧如倚，可坐数十人，惜无有平之者。过此则两岸皆土山矣。返至浦口，一水出峿亭大石下，味与河水无殊。或曰：浯水方春喷溢，浦口与怒石斗，夏秋溪涸，过渡香桥即逊避亭下，出注大江。夫峿亭崖石，既极雄伟而中虚，可以行水，亦奇观矣。于是始归报先生。浦口之水，固不待辨。崖石歖仄，与元子行循踯躅语不符。崖端亦无旧磨处，皆非也。舟人曰：廿年前钓埠岸高广丈余，泉沸石上，实远于湘。近为暴水所啮，沙虚岸崩，湘始与泉亲，而泉弗受也。春夏湘涨，泉亦仰出崖畔，不为湘水所涸矣。一泉而两出，必欲自显其奇，不受湘流之汩没，则尤可异也。由是观之，二十年陵谷变迁尚如此，安知当次山时不为西峰平阳可行循者乎？故断以钓埠为次山之寒泉，而不复他求。如甃之石翼以亭，刻铭于其上，使与峿亭磨崖下上烟波间，不已复次山之故迹耶？故记之，以待好事之君子。

（《浯溪新志》卷十三）

# 蒋景祁

## 🌿 人物介绍

蒋景祁，字京少。武进人，官府同知。有《东舍集》。

（《浯溪新志》卷六）

## 🏛 浯溪相关作品和事迹

### 磨崖三绝碑

祁阳之南湘水波，澄涵万顷垂银河。滩飞石努势迅激，泥淤涤尽形嵯峨。次山遗爱道州遍，浯溪晚筑留鸣珂。宅倚清湘枕云水，仰看崖石青苔摩。五丁勇力怯欲尽，巨灵平劈无长柯。天生神物会有用，不受斧斫堪砻磨。马嵬灵武事惊创，草昧天造人谁何。李郭大勋炳云汉。神仙宰相归岩阿。使君郎吏老文学，扶植纲纪登声歌。勒锼金石并天地，微文刺讥诛么魔。鲁国颜公大忠烈，漫郎宅畔曾相过。拜手鸿文请垂碣，竦身振笔书蘗窠。回旋侧勒撼金铁，稀微波碟撑矛戈。我从湘源达湘口，放舟东流日初酉。惟止摩娑诵刻文，飞崖插天字盈斗。沧桑变易无穷期，崒崔丰碑自长久。

（《东舍集》卷二，宜兴蒋景祁字京少撰）

# 蒋永修

## 🌿 人物介绍

蒋永修，字纪友，宜兴人。顺治丁亥进士，知应山县，劳来有恩。邻境贼起，练民兵守御，贼不敢逼。举卓异，擢刑科给事中，出知贵州平越府。清丈苗民虚税八千有奇。擢湖广提学副使，振兴文教，楚风为之一变。子景祁，工文章。

（乾隆《江南通志》卷一百四十二）

## 重建浯溪元颜祠记

唐天宝之乱，颜鲁公起兵平原，首撄贼锋，四方云集响应。灵武正位，不二年复两京，上皇返驾长安，皆鲁公倡之也。最后抗节逆庭，矢死不屈。呜呼！何其壮也。同时元次山徜徉山水，自称漫郎，若游方以外者。然其刺道州时，独能留心民瘼，招集流亡万余家，为一时循吏。杜少陵谓得次山辈十数公，参错为邦伯，万物吐气，天下乂安，诚知言也。世徒以石鱼湖及峿台、唐亭、石室诸篇什，传其文字求矣。祁阳浯溪有异石峭绝，次山作大唐中兴颂，鲁公磨崖壁大书刻于上，称为三绝，天下之奇观也。余神游者久之。庚戌，奉节命视学三楚，是岁夏四月，校士营阳，舟行过之。见磨崖壁立，下临无地，想鲁公当日竦身云霄，中握如椽笔，撼天门，呼帝座，以杀贼之余愤，快书颂文，浩然一往，气塞天地。故鬼呵神护至于今，不欲灭其迹也。浯溪向有元颜祠，久废，余与邑令王君、广文袁君各捐资重建之。既落成，堂宇屏垣俱如制，二公之神固当栖而安知矣。王君请余文为记，因书其缘起如此。至于二公扶植纲常，爱惜民物之盛德，久在人心，谒其祠者当必兴千载仰止之思，亦毋俟余言之赘述尔已。

（《浯溪新志》卷十二）

## 重建颜元祠记

唐禄山之乱，颜鲁公起兵平原，抗贼，折其锋。由此四方奋起，灵武正位，邺侯以白衣典机务，李、郭大建功勋，不二年克复两京，上皇返驾长安，皆鲁公之倡也。迨抗节逆庭，矢死不屈。观其叱希烈曰："汝不知骂贼而死颜杲卿乎？吾兄也！"呜呼！何其壮也！同时元次山，徜徉山水，放浪烟霞，自称漫郎，若游方以外者。刺道州时，乃独留心民瘼，营舍给田，招辑流徒万馀家。凡道州时势物情最急切者，次山已无不恢恢为之。杜少陵谓得次山十数公，参错为邦伯，万物吐气，天下乂安，诚知言也。世徒以石鱼湖及峿台、唐亭、石室诸篇什，传其文字，末矣。尝考舆图志，祁阳浯溪上有异石，峭绝天半，次山作大唐中兴颂，鲁公磨崖壁，大书，刻于上，称为二绝，天下之奇观也。余神游者久之。余向掌谏垣，好言事不顾忌讳，久且外出九江副臬使，旋谪瑞州司马。越五年，稍迁贵筑平越守，谓浯溪当贵孔道上，人生后起，辄憾去古人远，而意气感激，必有欲为古人言者。余与两公上下，周旋神明间，在此役也。岂道左不相值，余且浩叹去矣。

今奉简命，视学三楚，庚申四月望日，校士营阳毕，放舟下，楚山秀逸险峭，苍老青翠，水湍回迅发，喷薄漱渤，固莫有过乎浯溪者。次山卜宅其中，诚得其所也。异哉磨崖，陡绝壁立，若巨灵削而平，上悬于天，下临溪若无地，露零霜杀，风撼水啮，不可剥蚀。鲁公当日竦身云雾中，握笔如椽，头撼天门，呼吸帝座，削贼余愤，快泄颂文中，浩然一往，塞天地间。故鬼呵神护，至今不欲没其诚也。时余顾邑侯王子，谓向有颜元祠，祠址何在？侯急言其处，导往观焉。余曰："士大夫气节循良，系属纲常，主持福命，事莫甚有切于此者也。前之人已赫赫乎此，我辈方似节义正气，慈良遗爱望天下，而独弗尊崇表扬，使贪夫廉，懦夫有立志，而闻古人之气以兴起，又何贵乎主斯教，守斯土也？则二公之祀事，不可须臾缓也。"邑侯倜傥敏赡，精于治，有古人风，喜立胜事。闻余言，发其彝好，勇往过我，余乃捐橐，侯与袁广文相敷凑，重建祠，祀二公焉。今祠事告竣，堂宇门阑阶甬屏垣俱如制，二公之神固无往弗之，而生平手泽所存、吟咏居处，未必不时一眷顾，而以扶植纲维、爱惜民物之意，鼓之舞之，以尽神，使此方人士砥志砺行，凡二公所已为者无不为，未可知也。嗟乎！世人好事者，多自为其不朽，不知身未往而芟除铲削，若不识有其人。夫二公率其天性，志气之所必为，惟殚心竭力，虑夫天经地纪，国计民生，有一弗就，死且有余憾，而身后固无问矣。而今之传之者且何如也？惟祁之人士拜于其祠者，其亦深考二公之行事，实求其流风余韵所自起，不亦可以得其本哉？

（气节循良，两举所重，固见流风余韵之不可隐没也，独插入磨崖碑事，有拔地倚天之概，借奇观以发奇文，如得所未有。门下属吏王蔼敬识。）

（《蒋慎斋遗集》卷二，宜兴蒋永修日怀父撰，清康熙天藜阁刻本）

龙文按：溪志与专集该文差异太大，故两录之，以存其旧。

# 朱士杰

## 🌿 人物介绍

朱士杰，字亶庵，汉军镶白旗人。荫生。康熙二十八年任天津道。以石公所立育黎堂为善政，名宦祠所三十人，祀衡永郴桂道朱士杰。

（同《治常宁志》卷二学校）

## 🏯 浯溪相关作品和事迹

### 观镜石登峿台即事

□□溪畔胜，□醉元子□。千古□□身，傍□窥仙镜。溯怀契烟林，唱□□□慕。俯仰快搜讨，□□□□□。

分守衡永郴使者亶庵朱士杰。

# 乔　莱

## 🌿 人物介绍

乔莱（1642—1694），宝应乔先生，讳莱，字石林。康熙己未博学鸿词，官至翰林侍读。撰《易俟》十八卷，杂采宋元后诸家易学而参以己意，前列诸图，不主陈抟河图洛书，先天后天方图横直之说，于卦变亦不取虞翻以下诸家，而取来氏之反对。其解经多推求认识，参以古今治乱之得失，如谓履卦六三为成卦之主，而引莽卓安史解，咥人之凶谓三百八十四爻，惟离九四最凶，而引燕王旦建成元吉高煦为证。谓小畜九三为小人笼络君子，而引温体仁文震孟近事为说，盖诚斋易传之支流，假借牵合，在所不免。而理关法戒，终胜庄老之虚谈也。

（《国朝学案小识》卷十二经学学案，小岱山人唐鉴撰）

## 🏯 浯溪相关作品和事迹

### 排山驿

鸟道盘纡峙碧空，行人扑面雨兼风。平生懒问终南路，合到千峰百嶂中。

### 黄熊岭

高岭何峭崿，盘互千层霄。设险界楚粤，跋涉谁能逃。攀萝缘曲栈，路狭峰岩峣。崎岖凌绝顶，旅魂为之销。径许一人过，崖悬万石牢。仰窥日月近，俯睇风雨交。深树翳崖谷，不受冰雪凋。万丈同蒙密，焉能辨林梢。啮足石齿齿，刮面风骚骚。回首睇绝巇，白云在其腰。（新城先生曰：字字可画。）

### 黄罴岭

黄熊最峻嶒，黄罴亦其亚。千崖翠欲飞，万木阴如夏。泉穿树杪落，马向云中下。既下山更幽，云开见村舍。

### 画眉铺

春入画眉语，林茂画眉栖。向从笼里听，争似山中啼。孤岫荫疏篁，野云渡寒溪。遥遥横黛色，树远数峰低。

### 烟竹铺

迢迢历幽岑，落日苍崖晚。穿林篮舆深，隔水昏鸦返。老松眠欹丘，香草碧盈畹。岩下三两家，山空白云返。

### 马鞍山

早行入翠微，遂把春衫染。山空古木深，屹峭不知险。朝云带雨来，顿使诸峰敛。谁知出岫时，飘洒只数点。

### 衡永道中山势陡绝连日风雨道泞难行因赋此诗

既不能乘千里马，奔霄蹑景追长风。又不能驾万斛舟，游云驱电随飞龙。只合安步守蓬荜，江南二月烟花红。不然芒鞋向五岳，攀萝踏遍芙蓉峰。胡为崎岖走岭峤，跋涉蹭蹬危涂中。雾雨满天六千里，锋崖剑壁何崆峒。跬步难移泥没膝，盘曲将无羊肠同。猛虎窥我西，蝮蛇窥我东。一驿一驿不复记，每逢落日愁孤踪。

### 浯溪

湘南岩壑称绝奇，边览寰区无其偶。古来题品传者谁，屈指数之元与柳。柳子以愚名其溪，溪神当之亦不受。元子名溪乃曰浯，但恐不为己所有。两公各抱山水癖，命名何遂殊好丑。好山好水常得结队游，又何骚屑怨某某。也敢于两公称后进，且喜三湘五岭落吾手。

### 磨崖碑

山荒野暗闻猿啼，风添帆腹来浯溪。绝壁临湘时天半，况当黝黑谁能跻。呼僮索火级危石，攀萝踏破归云低。鲁公书法漫曼颂，世称三绝流传久与岣嵝齐。涪翁过此留题妙词翰，断碑斜立苍崖西。肃宗家国那可道，直与杜鹃之咏同酸凄。语兼美刺岂颂体，石湖自诩非无稽。潇湘之间残山剩水悉题品，何独此碑求疵索瘢相排诋。摩挲点画夜不寐，江云漠漠风凄凄。

（《石林集》之《使粤集》，白石乔莱撰，《清代诗文集汇编》第 158 册）

皇帝御极之二十年，诛锄元恶，削平滇黔，以明年二月补行粤西乡试。乃命臣莱偕刑部员外郎臣杨佐国典厥试事。先是，夏五月，引见福建广东试差，余假寐午门外，梦桂树千余株遍植四野，今桂林之行，非前定耶？是夕，金子人望、俞子兆曾治具饯别，语及烽烟乍息，疮痍未起，天寒岁暮，山荒驿远。余婿刘子国黻及长子崇烈皆凄然不乐，姚君惧慷慨同行，感其意，爰记于此。

（康熙二十年，1681 年）十二月一日，出彰义门，亭午，过卢沟桥。二日过琉璃河桥。

（康熙二十一年正月，1682 年）二十二日，渡湘水西行。荒山盘礴无树。行二十里，过黄黑岭，高不及熊飞岭之半。苍崖翠巘，罗列四面。又行十五里，高冈横亘，红若丹砂，过此山，不甚高，巨石分峙，远近皆闻泉声。又行二十里，至画眉铺，山多画眉鸟，因名焉。欧阳永叔诗云："始知锁向金笼听，不及林间自在啼。"到此益信。又行十里至烟竹铺，野迥村孤，泉甘林茂，居人八九家，结屋于悬崖古柏之间。晚宿永州。

（康熙二十一年三月，1682 年）二十一日，都御史郝公浴、布政使颜君敏、按察使黄君元骥、提学佥事王君如辰，饯于徼外，举人谢明英等送二十里外，宁子林采感知遇尤深，独送至灵川县。

二十三日至兴安县。二十四日早，至阳海山。二十五日，至全州。

二十六日，至永州。太守许君虬、零陵令王君某来谒。王君喜风雅，其赴任时，新城王先生曾赠以诗，遇西崖不胜缱绻，索西崖赠诗，援笔立就，有"地是柳侯曾作记，人如潘令只栽花"之句。太守亦恨见西崖之晚。余既去永州，读宋人诸游记，若柳应辰、蒋颖叔、卢臧，皆盛称澹山岩之佳，而怪次山、子厚居永最久，爱山水最癖，独无一言及之也。余在永，考次山、子厚所纪，披宿莽，蹑崇冈，无远近皆至焉，独不知澹山岩，太守许竹隐曰："永山佳者二，曰芝山，曰朝阳岩。"永人黄佳色曰："城东涵虚洞，与朝阳岩等，俗名赛朝阳。"朝阳岩，次山所名也，子厚有诗纪其盛。若芝山，若涵虚洞，次山、子厚亦未及焉。芝山冈阜盘峻，泉石清美，峭石峙半天中，望潇湘合流，非一丘一壑比。涵虚洞亦幽险邃深，多平石如掌，视朝阳殆为过之，既见遗于次山子厚，而应辰、颖叔及臧又不及焉，何也？澹山岩见称于宋人如此，太守及永人宜无不知者，而又不余告，何也？吾甚惑焉。因记之以告后人。

二十七日，过浯溪，燃藜重观磨崖碑。时漏下二鼓，距县尚五里，匆匆而去。明日，偕令王君霭返道游浯溪、峿台、㡩亭，为半日留。

二十九日，至衡州。四月一日至衡山县。

（《石林集》之《使粤日记》，白石乔莱撰）

# 王 霭

## 🌿 人物介绍

王霭，字介庵。博极群书，居官能行实政。初知祁阳县事，祁阳本三浯、钻锅地，甫经燹，招集拊循，民乐归业。调灵邱，地薄，云中雁门塞外，俗号难治，以治祁阳治之。累擢淮安船政同知、山清外河同知，有能称。仕至东牟知府。东牟人士请祀名宦祠。著有《偷闲集》。（光绪《嘉兴府志》卷五十二秀水列传）

## 🌿 浯溪相关作品和事迹

### 夬石咏

癸亥冬，随本郡太守许公游，奉和同原韵。

易卦曾名夬，精微岂易论。自兹悬峭壁，由此静鸡园。丹笔留余润，浯溪杜石言。萧萧江上月，人去不惊猿。

### 浯溪漱玉

渡香香不断，漱玉玉喷渠。今古恒相续，斯流何自如！

### 镜石涵辉

温润颜如墨，偏含溪水明。妍媸因径尺，羡尔独持平。

钱塘王霭。

《夬石咏》拓片

### 峿台怀古

癸亥冬，随本郡太守柯、许公游，奉和同原韵。

素影流光星影稀，白云零落作山围。幽然若与世相违，登临不惮此崔巍。俯看城郭灯火微，水花泊石雪霏霏。仰见归鸿缭乱飞，清言相对坐忘归。漫郎宅院徒存畿，惟有文章千古辉。山川留藉公之威，亭吞江水水沈扉。水亭相与浑忘机，衡岳诸峰是也非？个中深省知之希，磨崖崒崔凌高矶。古人功业如电挥，今人文采夺璇玑。今古同兹浩魄晖，千载悠悠照客衣，满山烟树恒依依。

钱塘王霭。

# 邬能燓

## 人物介绍

邬能燓，武昌人，岁贡，康熙二十年辛酉（1681）任祁阳县训导，廿二年转任教谕。

## 浯溪相关作品和事迹

### 镜石

妍媸照尽等冰壶，入影山川似画图。盼面九嶷人世幻，纵饶秦镜亦模糊。
樊昌邬能燓。

### 游浯溪（二首）

#### 其一

远出尘嚣外，幽阿曲曲成。孤亭容我杖，攲岸倩谁平？书爱颜碑健，心惭镜石明。度香桥水响，曲径野兰生。

#### 其二

地僻长为客，往来□倍□。出道□□迎，席□□浴林。今□□□□，□□长□□。□□□□兴，□□□中生。
樊昌邬能燓题。

### 秋日峿台远眺

凌空壁立俯溪流，旅梦飞临最上头。山惯留人重叠岭，川回去棹往还洲。
层翻月碎窊樽影，声入砧寒断岸秋。却怪湖湘为客久，因风偏忆旧林幽。
樊昌邬能燓。

### 上巳姚寿招饮浯溪

绝巘崇崖远市尘，临高领略去来频。每逢上巳如今日，谁识流光已暮春。
石径轻烟禅榻冷，岩花细雾酒杯新。醉成好句缘山水，暇日何妨再问津。

（《浯溪新志》卷九）

《秋日峿台远眺》拓片

# 许　虬

## 人物介绍

许虬，字竹隐。顺治戊戌进士，授思州府推官，再迁永州知府。其制义文稿家弦户诵。同邑陆寿名，字处实。顺治壬辰进士，官鄱国教授。（民国《吴县志》卷六十八上列传）

## 浯溪相关作品和事迹

### 峿台怀古（癸亥冬同柯翼衡郡侯游饮留壁有序）

元次山于天宝末年隐居祁阳山水间，手辟浯溪、唐亭、峿台，名曰三吾胜地。终老其间，景象非人间所同。又于峿台内外凿石地作窊樽，起窊樽，每樽可盛酒五斗，樽旁留六字："方子为元子作"。锼痕如新。考字汇无浯唐峿三字，盖次山创字也。

峿台风景天下稀，峰峰当前水后围。层探幽折步屡违，攀跻颓磴上崔巍。望中林麓窅然微，但见烟光澹复霏。鸟掠平阳江口飞，人从渡香桥畔归。浯溪百曲绕柳畿，峭衔镜石含光辉。衰草（唐）亭待令威，槛外清流正对扉。澄观片顷聊息机，潇湘虚无面面非。元公辟境知音稀，去国丹心坐钓矶。江山生趣凭指挥，摩崖题咏流珠玑。三吾胜景一落晖，凿地窊樽厚藓衣。欲醉不醉情依依。

（《万山楼诗集》卷七，许虬撰，《清代诗文集汇编》第 097 册）

《峿台怀古》拓片

### 祁山观看牡丹

冒雨玉清探牡丹，芳菲丛本舒紫纨。仙人种后百千岁，止吸清露擎香坛。碧叶枝头霞自照，一庭幽气月长寒。作吏至此皆未识，倦游高兴携尊看。桃花开谢元都观，此地春深色不残。

（嘉庆《祁阳县志》卷二十三艺文下）

# 戴梦熊

## 🌿 人物介绍

戴梦熊（1632—1707），字汝兆，贡监。正杰子也。襟期洒落，才智有余。早岁入成均，覃思经籍。康熙壬子，留监肄业，考授州同知。丙辰，授太原府阳曲县令。出滞狱，济贫民，良法不可枚举，以卓荐升南宁府上思州知州。专以挽回风化为务，使狡悍之俗无异文献之邦。上游交荐之，授户部四川司员外郎。甫四月，升刑部云南司郎中。戊辰，有湖广夏贼之变，奉命驰驿前往，剔匪锄奸，恩威并著，贼焰乃熄，而生灵以安。大宪具题，特授汉阳府。锐意澄清，力扶元气，辨好良而劝惩之，督垦荒芜以资生理，抚宪以堪胜监司保荐，请补为直隶井陉道。时朝议汉阳要地，使永镇焉。守十余年，善政多可纪述。引年归里，朝野荣之。

（光绪《浦江县志》卷九政事）

## 🏯 浯溪相关作品和事迹

戴梦熊诗碑，在东崖区。

### 浯溪（二首）

#### 其一

片石莹然倚楚岑，上摩云树自浮沉。等闲经得风雷洗，自倚空明直至今。

其二

山若蓬莱人若仙，残冬景物更鲜妍。细看一片清虚处，疑是尘寰别有天。

……迁秩民曹，舟过浯溪，登临观览。见旧同寅钱君题镜石之句，因次其韵，以志胜游云。仙华戴梦熊。

《浯溪》二首拓片

# 章铿钧

## 🌿 人物介绍

章铿钧，生平待考。

## ⛩ 浯溪相关作品和事迹

章铿钧题名碑，在峿台北崖区。

章铿钧题。

# 曹贞吉

## 🌿 人物介绍

曹贞吉，字升六，号实庵，山东安邱人。康熙三年进士，官礼部郎中。有《实庵诗略》。

真吉诗格遒炼，其黄山诸作极为宋荦所推。在京师时和其文姬归汉图等长歌，极有笔力。今检集中不载。

（《四库提要》）

## ⛩ 浯溪相关作品和事迹

又题二绝句

其一

三百九人俨在兹，大书深刻意何为？分明一样如椽笔，不及磨崖聱叟碑。时亦读浯溪中兴颂。

其二

千佛名经更不疑，难将荆棘混兰枝。岐公申国颜何厚，也附当年元祐碑。

<h3 style="text-align:center">书浯溪碑后</h3>

天宝之末吁可悲，青骡西行何艰危。太子誓师朔方至，两京再建天王旗。灵武功名久寂寞，吊古重拂磨崖碑。道州作颂鲁公笔，骊珠颗颗青天垂。铺扬大业刻金石，忠义激发为文辞。瘴雨磨洗千余载，弩张剑拔还嵚崎。词严义正少讽刺，何殊端委陈歌诗。山谷老人好持论，乃以攘取大物訾。抚军监国有何意，虚文辞让识者嗤。复仇九世古所贵，况清钟簴还京师。紫袍扶辇出不意，淋铃栈道庸当归。所惜功成少调护，月明南内终凄其。青史或能议圣德，当时谁道中兴非。不然但守东宫职，龙楼问寝西南陲。坐令轧荦窃神器，区区退避将奚为。

（《珂雪三集古近体诗》，曹贞吉撰）

# 车先?

## 🌿 人物介绍

车先?，字补旃，湖南邵阳人，清代经学家，康熙四十六年（1707）拔贡，自幼即以圣贤自待，平生综研经籍，学识精湛，穷究心性之学，事父母诚孝，不屑以文人名世。与同县王元复齐名，时有车王之称，又与攸县陈之驵、衡阳王敔共称"楚南四家"。家居授徒。

## 🏛 浯溪相关作品和事迹

<h3 style="text-align:center">浯孩自传</h3>

浯孩者，浯溪孩儿也。浯溪，溪名，在永之祁阳县。孩儿父副榜公，母高孺人，年皆近四十，而未有子，觊闵不少矣。顺治癸巳之岁，避地浯溪，生孩儿，字以浯生。少长，就外傅，命名檀，字汝梅。副榜公教之以《四书》《小学》《尚书》《左氏春秋传》诸古文，高孺人时佐公教所不逮。孩儿自少及壮，有室有子，长髭须，未尝一日不在膝下，晨昏或跪榻下，以首依褥席，作小儿恋恋。日中匍附坐席，亦然。每归自书斋，未尝不如此。戊午岁，为不孝事，副榜公阻之不得。事后忧闷逾年，孩儿自疚，乃改名无咎，字补旃，以志违亲之罪，而图自新。补与汝声相近，旃与梅音相同也。因小字自号浯孩，志本也。时又避处隆回乡，母卒，扶柩舟归，至青溪滩，天雾，舟人登岸牵舟，舟侧，水入柩动。孩儿自分执柩以没，即水中遥拜辞父，以俟沈。须臾，缆忽中断，舟定止石间。雾霁，人登舟得全。以诗纪事云：

渍沥衰裳拜母恩，母棺无恙子身存。云间重见团圞日，峡里犹惊失木猿。儿罪弥天无可说，母慈厚地总难论。倚闾计日严亲在，母尚平安返故园。

时壬戌三月三日也。甲子，逐队武昌。父卒于家，后事赖内子王氏力。孩儿始以违亲志，重亲忧，而志补赎，既又不孝，罪大如此，何自补也。然孩儿之心，则未尝敢有一日不在膝下，而亦终何补也？孩儿学于经，常欲集朱子所说《四书章句集注》《或问辑略》《精义指要》《考异》及《语类》诸书，合编为一，名以大宗。又欲集合本族先后辈所各著书为一编，名以《车氏世珍》，皆有志而尚未逮。孩儿为文章，不敢背朱子义。孩儿业教读，岁有及门者，不敢不尽所知以语之。以此长岁月，以此赡生计云。

（《邵阳车氏一家集》之《车贡生集》卷一，车先?撰，《湖湘文库》甲编293册）

# 吴　良

## 🌿 人物介绍

吴良，字尔周，康熙时江西丰城人。

## 🏛 浯溪相关作品和事迹

### 冬泊浯溪用秦源先生韵

白月来寻涉，寒光不似前。亭欹窗倚树，水涸石盈川。坠叶回风舞，归禽背霭旋。夕阳垂钓叟，因浪自移船。

康熙甲子冬中，丰城吴良尔周石题

# 吴　绮

## 🎋 人物介绍

　　吴绮，字薗次，江都人。顺治九年，以拔贡生授中书舍人，奉诏谱杨继盛传奇，称继盛之官，官之时以为荣。寻升工部郎中。康熙四年，出知湖州。甫下车，廉得大猾，主名单舸，擒治士民，欢声动地。凡其划暴兴利，民皆称便。凌先生义渠棺无葬地，薗次捐赀卜地葬之。山人孙太初，墓在道场山下，郑善夫构屋于其挂瓢处，为归云庵。岁久墓与庵皆荒圮，薗次为修葺，求得碑石于乱草中，立之。岘山旧有三贤祠，祀颜鲁公、苏文忠公、黄龟龄。既颓败，辱为支釜庇福之地，薗次修而增祀王右军、谢太傅、柳文畅、杜樊川、孙莘老及明陈筠塘幼学，为九贤祠。又访孙莘老墨妙亭，知所立碑石为前守毁，以甃池出金，使老吏购之，不可得，因于其故址作亭，而刻石以记。又浚碧浪湖，构岘山诸亭，吴兴名胜皆由薗次著也。政治尚简静，放衙散帙，萧然雒诵。尝为词云"诗瓢酒盏茶炉，是闲中簿书"，可以见其风度矣。所著有《林蕙堂集》，收入四库；又有《亭皋诗集》《记红集》《唐诗注》，共若干卷。

## 🏛 浯溪相关作品和事迹

### 窟尊亭同楚畹作

曾闻唐左相，此地往来频。今古留残石，湖山为酒人。竹开孤径晚，花发五亭春。我不来同醉，应惭头上巾。

（《林蕙堂全集》卷十五，吴绮撰）

### 渡香桥

一水分明镜，长虹偃绿波。美人飘袂去，稚子折花过。倒影日将夕，凭栏秋奈何。予怀空渺渺，愁听采菱歌。

（《林蕙堂全集》卷十六，吴绮撰）

### 寄怀浯溪夫子

酒湿青衫半泪丝，灯残犹掩一编诗。未成国士羞言报，不遇名贤耻受知。千里高情吟荔字，三年宦况问梅枝。吴公去后循良少，怀旧长沙不自持。

（《林蕙堂全集》卷十七，吴绮撰；《淮海英灵集》甲集卷二，阮元辑录）

# 车万期

## 🎋 人物介绍

　　车万期，字朋百，一字月村，号竹眉，邵阳人，车以遵次子。康熙二十四年贡士。著《雨石斋诗集》。

**理中侄从祁归，喜欢晤家大人，草堂小饮**

偶然避地住三吾，云去峰高觉坐孤。出户全凭筇杖力，穿林几听子规呼。到家踪迹浑难定，此日租庸较昔殊。相对欢斟杯上酒，且娱老父午中餔。

（《邵阳车氏一家集》之《车饮宾集》卷四，车万期撰，《湖湘文库》甲编 293 册）

# 王永昌

## 🎋 人物介绍

王永昌，兴化易山人（今江苏兴化），康熙二十三年甲子（1684）任祁阳县令，二十六年题刻浯溪诸诗。康熙二十五年暑夏，受广西巡抚范承勋所嘱托，重修浯溪右堂。

## 🏯 浯溪相关作品和事迹

### 镜石诗

#### 其一

月斧云斤别斫成，风磨雨洗净无尘。冰心铸出空传楚，玉胆生来本姓秦。
天地有情留色相，山川无恙露精神。凭君阅尽千秋事，谁是当年具眼人。

#### 其二

落落乾坤一鉴存，高山流水渺知音。闲窥春色花千片，远照空江月半村。
溪雨洗妆香入梦，晓云开匣淡无痕。仪形静对忘机处，半勺清泉心自扪。
康熙二十六年岁次丁卯仲冬下浣易山王永昌题。

《镜石诗二首》拓片

### 读中兴颂

磨崖之石俯江流，磨崖之名千百秋。雨淋石洗山骨瘦，磨尽行人咸白头。唐室中兴反侧除，元公作颂鲁公书。精灵节义长不朽，银钩铁画今何如。我欲登临一再读，今来古往伤心目。不见当年讨贼人，风雨怒号神鬼哭。江头行客往来多，慷慨歔欷空逝波。共读此碑长太息，磨崖之名磨不磨。

（《浯溪新志》卷九）

# 范承勋

## 人物介绍

范承勋，字苏公，汉军正黄旗人，大学士范文程之子也。荫生。康熙二十五年，官云贵总督。与巡抚奏请普安等处改食川盐，官民便之。二十六年，奏裁安南所、安笼所，改并设南笼厅，裁普安卫，入普安州。改安南卫为安南县。三十年，部议普安等处复食滇盐，月销三万斤，不能如限。承勋奏减为二万斤，以纾民力。后官至兵部尚书，卒。见名臣传。

（《贵阳志》咸丰《兴义府志》卷五十九政绩传）

## 浯溪相关作品和事迹

### 重修右堂记

余凤抱登临兴，今持粤节，泛湖湘而南，弭棹浯溪之上，见其山川秀美，徘徊不忍去。因读崖碑、视窊尊，想古人之高风逸韵，慨然兴仰止之思焉。薙榛斫棘，得右堂遗址，捐资葺而新之。家慈既高年，触暑远征，乃奉以登眺，就嘉荫而憩息，用娱亲志云尔。若夫品题泉石，凭吊古今，非劳人之所有事也。同游宾佐亲侣不一人，人不一地，不悉书。

（《浯溪新志》卷十三）

# 施　清

## 人物介绍

施清，字伯仁，钱塘人。少颖悟，笃学嗜书，为伯邦曜所知。及长，工诗文，补博士弟子员，以选贡授国子监官学教习，课士严而有法。除陕西布政司经历，寻知巴州。会应诏举博学鸿词试，归，数年起广州通判。以内艰归。补永州。主岳麓书院讲席，学者云集。所著有《十三经异同解》《揽云》《怀新》等集。

（《钱塘县志》，《己未词科录》卷七）

## 浯溪相关作品和事迹

### 浯溪

盘涧绕茅屋，穿林过石梁。饥来何所乐？碧浪野花香。

### 峿台

石壁欲摩天，平冈对月眠。湘江依杖履，琴罢看星躔。

（道光《永州府志》卷二上）

# 郎廷模

## 人物介绍

郎廷模，字贞若，广宁汉军旗人也。世有勋阀，从父允清以循吏官湖南布政使理户，政定田赋，有大惠，卒祀名宦。县人闻郎氏，则已敬戴之。廷模之至县中，安乐无事，唯教民积谷，无狃于丰岁，大修县仓，又于芦洪、石期、渌步均建义仓，多割己俸成之。以倡富室增学廪饩，自执经与诸生讲义，自以起家世功，精于骑射，暇则进诸生劝令习射，言文武相资之道，生徒既不复鄙弓矢为粗技，而汛兵观射者习见揖让，亦感发自重，鲜有无赖争斗者。时人以为有雅歌投壶之风焉。（光绪《东安县志》卷六列传）

## 浯溪相关作品和事迹

### 浯溪书院落成赠王明府

贪看名胜岁登临，此日徘徊远会心。台榭参差依旧迹，磴梁屈曲渡危岑。

悠悠烟火山城静，浩浩江流石影沉。水部唐亭喜复有，宜尊重洗为君斟。

（《浯溪新志》卷九艺文三）

# 钱三锡

## 人物介绍

钱三锡，字宸安。康熙十五年进士，授罗池知县。邑多奸民，潜结洞獠为害。三锡计擒巨魁，戮之，遂詟服。缮学舍，集士子，亲为讲授，人始知学。以治最擢江西道监察御史，巡视东西城，掌江南浙江道事，累升太常寺少卿，主广东乡试，历大理寺左右卿，光禄太常卿，宗人府丞，晋副都御史，升户部右侍郎。严核积弊，奸吏患之，构衅连染，会将对簿。三锡慨然引大臣不辱之义，遂自缢。事亦寻解。（民国《太仓州志》卷二十人物）

## 浯溪相关作品和事迹

### 镜石

水色山光映碧岑，霸图王业几销沉。独留一片江边石，阅尽兴亡鉴古今。

把酒临江兴欲仙，秋光收入镜光妍。空明不受纤尘染，照彻南陬半壁天。

康熙丙寅孟秋日过此偶题，江南钱三锡书。

### 重过三吾

重过三吾二月天，水光山色共悠然。岩前片玉还如镜，照我东归载石船。

余于丙寅八月，奉敕一过浯溪，留题镜石之旁。今由粤还都，重经此地，书此以识岁月云。时康熙辛未二月四日，江南钱三锡。

《重过三吾》拓片

# 陈　谐

## 人物介绍

陈谐，字瑞占，一字安亭。由副贡知长乐县。著有《安亭集》。

（同治《鄞县志》卷五十八艺文）

## 浯溪相关作品和事迹

### 浯溪和前韵

浯溪春水碧于天，嫩绿娇红更灿然。笑岘亭前怀往事，一双新燕过江船。

（《浯溪新志》卷九）

# 靳治梁

## 人物介绍

靳治梁，字鹿沧，奉天广宁人。康熙三十二年任永州府通判，续订《永州府志》。

## 浯溪相关作品和事迹

### 游浯溪

三吾胜概见图经，今日来寻笑岘亭。刺史风流如在目，鲁公笔札尚留馨。天开石镜分昏晓，地献宛尊贮醁醽。山水清华谁与语？千秋唤起漫郎灵。

（《浯溪新志》卷九艺文）

# 陶寄螺

## 人物介绍

陶寄螺，康熙时新康（今湖南宁乡）人。

## 浯溪相关作品和事迹

陶寄螺诗碑，在曲屏区。

赫奕中兴颂，元公此倦游。古碑嵌百尺，神物寿千秋。驿接蛮烟远，溪涵湘水流。荒荒祠下拜，惆怅再来不？
癸酉新康陶寄螺。

# 王启烈

## 人物介绍

王启烈，字骏公。新城人。阮亭之族子。康熙二十七年知祁阳县，延钱邦芑修浯溪志。

（《浯溪新志》卷六）

## 浯溪相关作品和事迹

### 浯溪和前韵

胜迹萃浯溪，扁舟溯洄上。默坐泛中流，模拟溪山状。鼓枻未多时，眼界倏然旷。舍舟方攀跻，磨崖已在望。元颂与颜书，扪萝先搜访。灵碑似石镜，万古绝纤障。名作更累累，山谷首推尚。曲径转崎嵌，怪石傍列仗。方过渡香桥，忽睹峿台壮。峿亭居其右，缥缈逸尘垆。绝顶见宛尊，神工自天创。揽胜气轩然，步险不藉杖。名贤去千载，遗迹今古仰。兴感虽不齐，幽情同一畅。骢马永阳旋，清风盈绛帐。彩笔叙前贤，鸿文成绝唱。

即景赋新诗，雅宜贞翠嶂。山灵如有知，含笑揖佳贶。附和羡群公，襟期各豪放。我因纪胜游，笔濡墨波漾。

（《浯溪新志》卷九）

## 浯溪新修元颜二公祠复诸古迹记

浯溪去县治五里，沈潭映碧，高崖插天。唐元公次山为道州刺史，去官隐此，作庐室亭台于其上。迨肃宗复两京，乃作大唐中兴颂，而颜鲁公为大书于石，世称三绝。嗟乎！自大历至于今，千百年矣，而浯溪独令人爱慕低徊不忍去者，岂惟山川之秀爽动人心目欤？实以二公之精忠奇节，凛凛崖石间，以故是山是水，峨峨汤汤，而莫能竟其涯际也。至其亭台之废兴不一，历世久远俱无可考。康熙丙寅，中丞范公移节滇黔，道出于此，捐修浯溪及笑岘两亭，访求废址，始知元颜两公分合俱有，祠至明季而圮，不复修者久矣。时予初宰是邑，以疮痍未起，抚字心劳，不暇及也。今年冬，始克建二公祠堂于其故处。檐楹朴素，不事雕饰，欲其坚而能久也。宸尊亭则重构之，镜石亭则创建之，聊以点缀山水之胜。夫二公忠节，初不因亭榭祠宇之有无为重轻，而予犹汲汲于是，庶使登临者论世尚友，生忠君爱国之心焉。岂若五湖烟月、六桥花柳，飞觞作赋，徒侈胜游，以相夸耀哉？祠既成，遂奠以酒而为之记。康熙乙亥季冬上浣，桓台王启烈记。

（《浯溪新志》卷十三）

# 游云龙

## ❀ 人物介绍

清典史，游云龙，江西宜黄县人。同治九年任。（光绪《耒阳县志》卷四职官）

## ⌂ 浯溪相关作品和事迹

### 挹胜亭

我爱兹亭好，溪间第一重。晴光浮远岸，翠色绕层峰。水镜半江月，风琴万壑松。游人堪少憩，从此索奇踪。

### 乙亥小春同王明府游浯溪新建元颜二公祠漫赋

亭台百尺俯潇湘，老树新红带浅霜。石镜影涵山水意，崖碑摩荡岁年长。榛荆不扫空遗址，庙貌维新荫有棠。忠义文章真不朽，春秋从此永蒸尝。

（《浯溪新志》卷九）

# 徐旭旦

## ❀ 人物介绍

徐旭旦（1659—1720），字浴咸，钱塘人。十岁举神童，以《燕子赋》《榴花》七律受知当路，一充拔贡，三中副车，康亲王尚善延置幕中。康熙十八年，举鸿博，旋以河督靳辅荐，开宿迁新河三百余里，河成，尔兴化知县。圣祖南巡，召对五次，应制撰《西湖》《金山》诸赋及《迎銮诗》三十六章，《西湖十景曲》，援笔立就。丁母忧起，以连平知州终。

（民国《杭州府志》卷）

### 潇湘行九月十五夜同人游浯溪作

乘秋忽作潇湘游，潇湘山水真奇幽。千岩万壑望不极，溪声岚影更悠悠。惊滩上溯三百里，翠嶂丹崖行处起。曲曲青山花木稠，扁舟独向秋光里。因过浯溪试登临，停桡应慰梦游心。相携浯山问遗迹，桃花流水杳然深。当年漫叟渺难得，我来仰止寻碑碣。中兴有颂鲁公书，浯亭浯台皆著屐。九折崔巍石磴封，心静空山十里钟。远山层岩过涧道，苍苍云霭结青松。携琴直上熊罴岭，罴岭重回通仙井（有炼丹井）。扪石攀萝到上头，清虚直逼云无影。夜久山头孤月明，瑶台天半露华清。飘飘神气凌八极，晓来旭日丽蓬瀛。扶桑照耀天宇赤，万点明霞漾天末。大块文章万古奇，凭高四顾江天白。重问漫郎旧草堂，还有窊尊剩酒香。千年幽胜至今在，我复看碑度石梁（渡香桥也）。笑岘峰前真擘窠（即磨岩也）。文章干霄星斗罗。朗诵一遍川岳响，二公正气尚不磨。傍有石镜黑如漆，湘水拭之明如雪。一片冰心白日寒，照彻须眉与肝膈。么魔见之潜遁形，奸邪闻之如雷霆。千古兴亡存一鉴，不独江上数峰青。同人笑语皆快士，三奏笙箫风日美。共折黄花再举觞，今朝览胜洵奇矣。愿期不负十年情，王路翱翔共此生。他时采药风尘外，重访三浯结胜盟。

（《世经堂诗钞》卷六七言古，钱唐徐旭旦西泠撰）

### 望夫山

可叹身犹幻，佳期怅永违。无灵能窃药，有石岂支机。晓月悬为镜，行云剪作衣。江山长是伴，直待稿砧归。

（《世经堂诗钞》卷八五言律，钱唐徐旭旦西泠撰）

### 石镜

共赏千秋绝点尘，风风雨雨镜常新。空明一片静于水，莹彻三光淡有神。看我须眉还似戟，任君色笑不须颦。休言鉴尽兴亡事，留照湘娥万古春。

（《世经堂诗钞》卷十一七言律，钱唐徐旭旦西泠撰）

### 谒元颜二公祠（乙亥 1695）

仰止高山到古祠，二公遗像映湘湄。堂堂生气堪千古，烈烈英姿壮九疑。断碣阶前苍藓合，螭文壁上晚烟滋。清醴三酌还瞻拜，试看灵旗天外移。

（《世经堂诗钞》卷十四七言律，钱唐徐旭旦西泠撰）

### 磨崖碑

中兴一颂著千秋，漫叟颜公事事优。不独擘窠撑宇宙，还将文字傲王侯。湘江呵护南宫近，祁岳钟灵刺史留。圣寿万年应不朽，双轮日月照银钩。

（《世经堂诗钞》卷十五七言律，钱唐徐旭旦西泠撰）

### 太平时·望夫山

江上亭亭立翠鬟，望夫山。千针树叶落人间，佩珊珊。

窃药无灵奔月府，自开颜。为云为雨暮朝还，竖情关。

### 青衫湿·石镜（楚南祁阳）

一拳之石光华远，今古辨纲维。清彻冰壶，气钟玉律，万物涵斯。

湘君遗照，巫神写影，宛见芳姿。我心如是，别开生面，鉴尽妍媸。

（《世经堂词钞》卷二十二诗余，钱唐徐旭旦西泠撰）

# 余心谟

## 人物介绍

清教谕，余心谟，辰溪人，岁贡，康熙卅五年至卅九年任，康熙卅四年钦选。

（《祁阳县教育志》第 4 册第 361 页）

## 浯溪相关作品和事迹

### 浯溪怀古次张文潜韵

往事消沈迹如扫，漫郎古宅馀芳草。嵯峨石碣说中兴，龙蛇纵横烟云老。惆怅颜元不再来，旷代谁复踵其才。当年事势非灵武，九庙几至委尘埃。双悬日月真堪纪，雄文铁画应不死。我爱贞节贯霓虹，世人但赏文与字。为景高风策杖来，攀萝扪石履巉崖。坐对宕尊移永日，凭临湘渚心目开。百年废兴何足慨，山高水长风流在。君不见三吾纸价日腾腾，争打磨崖古碑卖。

### 游浯溪

曾闻六厌说三吾，此日登临识奥区。溪到水环山势曲，香通崖罅石桥孤。人因胜事风流远，境借名贤气象殊。留得丰碑千古在，丹青何用纪勤劬。

（《浯溪新志》卷九）

# 阳　婉

## 人物介绍

阳婉，字乾一，号慕六。少英敏。父秀中，母曾氏仅生婉一人，绝怜爱之。而婉嗜学不倦，博闻强记。弱冠饩于庠，精举子业，教授生徒，成就其多。康熙丁酉，举于乡。雍正庚戌，成进士。授衡州府教授。以令德见重当事。主讲石鼓书院，出其门者多一时名隽。年七十五致仕归，犹于里门聚徒讲学，手不释卷。八十四岁卒。著有《春风堂稿》行世。

（同治《祁阳县志》卷十四人物儒林）

## 浯溪相关作品和事迹

### 雪后游浯溪

银海眩奇花，亭台认非旧。江山幻蓬岛，一色琼瑶斗。苍梧云气白，阴岭寒增秀。屹立对鸿蒙，超然脱尘垢。邈矣天地间，生乃元颜后。四顾浩茫茫，孤气亘宇宙。

### 过熊罴岭

不因飞步上南屏，谁信熊罴天半青。鸟道直凌烟外路，羊肠小憩树边亭。云山极目通千里，石栈何年凿五丁。我欲鸡鸣观日出，试从绝顶望东溟。

（《沅湘耆旧集》卷八十）

# 潘耒

## 人物介绍

潘耒（1646—1708），清江苏吴江人，字次耕，又字稼堂，晚自号止止居士。潘柽章弟，顾炎武弟子。康熙间以布衣举博学鸿词，授检讨，纂修《明史》。以博学敢言遭忌，坐"浮躁"降调归里。长于声音反切之学，指陈历代修史利病亦极明晰。生平喜游，所撰诗文，记游之作颇多。有《遂初堂集》《类音》等。

## 浯溪相关作品和事迹

### 游浯溪读中兴颂石刻

沿湘数百里，浯崖最奇秀。高虽不天齐，石骨皆透瘦。老树垂浓阴，青溪响寒溜。天然一园池，神功巧结构。次山富文辞，性复爱林岫。初隐得寒溪，江山郁奔凑。罢官复家此，即山辟为囿。洞壑罗庭除，烟云出襟袖。平生有鸿篇，思与山石寿。大书乞颜公，磨崖屹镌就。文高嗣周雅，书古追篆籀。煌煌忠义心，辉天而薄宿。奈何老涪翁，题诗夸发覆。谓颂含刺讥，无乃伤忠厚。大物落盗手，取之亦何咎。本意颂中兴，悲痛复何有。立论但求新，此病正当救。微哉辨欸乃，区区为音读。

注：山谷书次山欸乃歌刻石，仍讥时人误读。

### 镜石

阁桨停帆步绿苔，村童野女尽徘徊。纵然不识银钩字，也为摩挲石镜来。

### 窊尊亭

树为帘幕石屏风，鸟语泉声弦管同。更遣湘江作春酒，窊尊无底不愁空。

（《遂初堂诗集》卷十二楚粤游草上，吴江潘耒次耕著）

### 游浯溪记

湘江两岸多小山，连绵靡迤，少奇崛之概。间有危矶峭壁，石色皆焦枯，鲜秀润，其崭然特异者为浯溪。远望之，石壁嶙峋，如屏如阙。近视之，嵌空玲珑，叠峰而多穴。石质类太湖，复类灵璧，面背皆奇，随步异态，设穷人巧为假山，未有能仿佛者。崖畔槎丫老树，交柯垂阴，苍藤倒挂，璎珞百千。青溪一线，注于江，触石而坠，有声锵然，境致清绝。元次山罢道州，乐其幽胜，遂移家焉。一水一石，各为之铭，又乞颜鲁公书其所作中兴颂，镵诸崖壁。颂辞高简，为次山集中第一；字势雄伟，为颜书中第一。余少见榻本，甚爱之而不能得。迨门人刘禹美典试粤西还，始求得一本。顷从祁阳携拓工来，维舟二日，取数本。因得婆娑林麓间，尽临眺之适。从寺僧所得浯溪志，阅之，知亭台故迹废兴不一，而其废兴不终湮没者，实以元颜二公名节风裁，使人思慕，非徒林壑之美而已也。崖石坚细，宜镌勒。自颂文而外，次山复尽刻其铭，唐宋人续题于左右者不可胜数，大半为后人磨去，刻其自作。其存者或蚀于莓苔，或埋于泥土。余同陈、吴二子一一洗剔，且尽拓之，多今志所未载，及载而讹舛者。山谷一诗最著名，诗意乃谓肃宗不当攘取大物，上皇西内凄凉，次山有痛于中而以颂托讽者。细审颂文，初无此意，禄山作乱，明皇既失天下，肃宗提一旅，复两京，大物已落盗手，取之何咎？抚军监国，平世事耳。灵武之事，非正位号不足以鼓士气而收人心，勉从拥戴，事出权宜，旋乾转坤，所济者大唐室再造。上皇还宫，为臣子者宜何如庆幸，何如颂扬，而乃微文刺讥乎？或以书太子即位及歌颂大业，不言盛德为微词。夫春秋书法，立不以正者不书即位，书即位，非贬也。序言大业颂言盛德二文互见，亦复何疑？文人喜翻案，山谷为此诗，亦一时树异耳。后人辄祖其说，题浯溪者必诟及肃宗，与元颜两公颂扬国美、大书深刻之意实相背谬。两公有灵，当愀然有所不乐也。

余不可以不辨，故记之。

（《遂初堂文集》卷十六记，吴江潘耒次耕著）

# 岳宏誉

## 🌿 人物介绍

岳宏誉（1634—1716）明末清初学者、诗文家。字声国，号蔼亭，别号蒿庐子，又号白云山人。毗陵（今常州市区）人。顺治十八年（1661）进士。著有《蒿庐文稿》3卷，以及《白云草堂诗稿》《诗经文稿》《漫兴集》《楚江集》《分野异同说》《三江辨》《灵丘土风记》《游衡山记》等。

## 🏯 浯溪相关作品和事迹

### 游浯溪怀古

我从湘江下，复来湘江上。上下经浯溪，溪光不一状。林木澹疏雨，空蒙自幽旷。晴烟豁楚云，杳渺恣遐望。缘溪陟危峰，遗迹爱延访。怪石悬溪滨，平崖作溪障。山水会有神，性情纵高尚。漫叟之文章，鲁公之笔状。抽茧结构成，折钗钩画壮。以兹三绝称，千载轶莽坱。留题难屈指，争奇斗灵创。断碣半尘土，探搜藉筇杖。期令怀抱抒，更为名贤仰。宓尊宛然存，想见豪饮畅。飞舄隔溪至，携卮到行帐。野花埋幽径，鸟鸣答孤唱。含香渡石梁，幔亭留碧嶂。挥毫和前人，拂尘领清贶。默契身觉轻，纵览目为放。石镜映襟期，万顷碧波漾。

岳宏誉过浯溪题。

《游浯溪怀古》拓片

### 题磨崖碑用宋黄文节公山谷刻碣原韵

湘江南岸漫郎溪，停舟为读中兴碑。次山佳句鲁公笔，笔如老翰辞色丝。九龄忠谏苦无益，翻信渔阳大腹腤。若非再造有神助，铜驼久作荆棘栖。一字成泣书淋漓，举□□□非易为。倚栏带笑看妃子，蜀道霖铃悲六师。九庙既安两宫惬，旋乾转坤凭指挥。马嵬遗恨鉴不远，张后固宠机复危。太师天性□刚敬，银钩铁画高□诗。千秋不朽有忠义，钦仰岂止斧衮词。……

# 马世永

## 🌿 人物介绍

马世永，奉天汉军荫生，康熙三十七年任长沙府同知，后历任直隶长芦盐运使。

（民国《奉天通志》卷一百九十五）

### 游浯溪记

　　浯溪，余旧所经地也。康熙甲寅，先文毅公开府粤西，当孙逆之难，声阻援绝，缮密疏遣。余兄间关告变，继托义侠某携不肖及犹子某微行上书。时余与犹子皆童年，舟过于此。若峿台、峿亭、香桥、㝡尊、磨崖诸胜，当日亦无心于游眺也。惟记以水洗石镜，意欲北望神京，南照亲舍，不觉悲从中来，迄今追想，犹如昨日事。圣恩广大，叨忠荫佐郡星沙，代庖祁邑，因得游兹胜地，屈指已二十有五年矣。时方夏五，廿雨沾足，彩鹢乘波，锦标上下，远近士民，聚观于浯溪山水间，余顾而乐之。僚友宾从盖亦同此乐也，席地开筵，烹鲜浮白，夕阳在山，颓然而返。乃复徘徊于石镜之前，念君亲而勉忠孝，盖不禁感慨系之矣。

（《浯溪新志》卷十三）

# 吴全融

## 🎋 人物介绍

　　吴全融，字雪园，清初云间词派文人。新城县县丞，吴全融，华亭监生。康熙三十九年任，四十一年卒。所著有《藜照堂诗集》。

（乾隆《建昌府志》卷二十六秩官）

## 🏯 浯溪相关作品和事迹

　　吴全融诗碑，在石屏区。

### 浯溪纪游

　　昨过祁山说胜游，重来溪水一维舟。纵寻仙履情偏杳，漫饮㝡尊兴自留。墨石镜开添雪鬓，珠林香动纫兰秋。可知吾字非穿凿，短句烦君勒石头。

　　雪园吴全融题。

# 孟廷简

## 🎋 人物介绍

　　孟廷简，凉州武威人。武举，康熙二十二年任广西柳州后营游击。康熙三十六年为桂林太营参将，后为福建延平提督。

《浯溪纪游》拓片

## 🏯 浯溪相关作品和事迹

　　大清康熙庚辰岁，予陛辞适楚，葭月抵祁，憩公署，逢辛巳履端朔，三吾邑尉俞君，友人安子靖公、鹏九、昆玉，暨婿兄文子诞先、婿右平伯仲登临浯溪，置酒称觞，览江山之胜概，仰昔贤之高风，不禁神为之驰，乐而忘疲。因思山水牵人，亦至于此！感而咏之，以志一时之胜。

　　踉辞丹陛到湘南，揽辔溪山漫许旋。因上峿台瞻北阙，思君万里颂尧年。

　　秦西孟廷简题。

# 俞士谔

## 🌿 人物介绍

　　俞士谔，宛平人，康熙二十八年任清典史。（嘉庆《祁阳县志》卷十五职官）

## ⛩ 浯溪相关作品和事迹

　　俞士谔诗碑，在摩崖区。

　　华旆宠临新楚岫，他人惊看锦衣旋。龙韬虎略君须续，圣主还应忆老年。

　　西陵俞士谔拜题。

无题诗拓片

# 汤右曾

## 🌿 人物介绍

　　汤右曾，字西崖，浙江仁和人。散馆授编修，官至吏部侍郎。著有《怀清堂集》。

（《词林辑略》卷二康熙二十七年戊辰科，朱汝珍辑）

　　有人评浙中诗派，前推朱竹垞，后推汤西崖。竹垞学博，故能变化。西崖才大，故能恢张。后有作者，莫能越两家之外也。

　　圣祖仁皇帝问掌院学士揆叙闻汤右曾工诗，令以其集进呈，揆叙遂以右曾所作文光果诗上达睿览，蒙御制赐和，今刻冠斯集之首，实千古儒者之至荣。论者称浙中诗派前推竹垞，后推西崖，两家之间，莫有能越之者。今观二家之集，朱彝尊学问有馀，而才力又足以运掉，故能镕铸变化，惟意所如。右曾才足肩随，而根柢深厚，则未免稍逊，齐驱并驾，似未易言，然亦近人之卓然挺出者也。（四库提要）

## ⛩ 浯溪相关作品和事迹

### 磨崖碑

　　青骡蜀栈真危哉，西下逝水宁东回。移军六合卷清霄，中兴大业由天开。衡山山人谒灵武，鱼水道合无暌乖。桓桓忠勇李与郭，手执枹鼓如霆雷。奸凶满盈神鬼怒，将相和协功名偕。金妃木母火当疫，刲屠家祸谁胚胎。二京收复凯歌入，父老泣下长安街。烟花紫禁列冠冕，龙车鹤驾青春回。艰难秦越共肝胆，安乐骨肉相嫌猜。飞龙小儿窃国柄，表里宫掖乱所阶。长庆楼空夹城闭，玉房朱户生青苔。凄凉西内情尚尔，摘瓜况自歌黄台。漫郎摘辞意深痛，涪翁吊古留余哀。春秋史法非颂体，石湖晚出空讥排。平生两眼熟拓本，爱此片石江山隈。蓬州垂老嗟远窜，岁久妙墨重摩揩。摄衣拾级历千尺，孤亭下瞰云涛堆。抚时感旧增叹息，啼猿落月同徘徊。

（《怀清堂集》卷一，仁和汤右曾西崖撰）

# 朱彝尊

## 🌿 人物介绍

朱彝尊（1629—1709），清浙江秀水人，字锡鬯，号竹垞，晚别号小长芦钓鱼师、金风亭长。少时痛心明亡，志在恢复。旋客游四方，声名渐广，康熙十八年应博学鸿词科，授检讨，与修《明史》，对体例多所建议。学问兼工诗、文、词、经学考据。诗与王士禛齐名，词与陈维崧称朱陈。有《曝书亭集》《经义考》《日下旧闻》《明诗综》《词综》。

## 🏯 浯溪相关作品和事迹

### 西崖归自桂林访予长水不值而去三首（1701）

#### 其一

诗人磨蝎是身宫，到处相随有五穷。万里归寻鸡黍约，片帆真似马牛风。蛮烟瘴雨今无恙，竹屋秧田恨未逢。忽忆去年当此际，吟情恰在两湖中。

#### 其二

手持秋卷哭黄埃，君走浯溪我却回。怅别忽惊双岁换，伤心不见尺书来。断无巨手为推毂，独有长须解爱才。舟过三湘沈楚粽，定知吊屈有馀哀。

#### 其三

千金散尽乌裘敝，一榻横眼白日长。我辈未能齐得丧，俗人求备到文章。平生碌碌轻馀子，岁月堂堂叹几将。二顷若谋田负郭，不教作赋拟前扬。

（《曝书亭全集》笛渔小稿，朱彝尊撰）

龙文注：①西崖，即汤右曾。

②西崖有老奴曰勤丰，真萧颖士之仆也。

# 金德嘉

## 🌿 人物介绍

金德嘉，字会公，湖广广济人。康熙壬戌进士第一，官翰林院检讨。（《国朝诗别裁集》卷十三）

## 🏯 浯溪相关作品和事迹

### 浯溪志中有峿台作峿台歌

天宝至尊梨园艺，垂衣手按伶人楔。力士念奴薰天势，腹剑大臣工壅蔽。营州牧儿入宿卫，宴赏狎昵宠绝世。归去狂狲翻为沴，檿枪夜直甘泉哲。沈香亭子罘罳壥，二十四郡失坤垠。颜家太守坚城闭，常山者兄平原弟。扼其吭领掣其肘，西巡以此得乘橇。灵武青宫一称帝，李郭将军俱匡济。王师破竹收带砺，封豕长蛇渐次殪。马嵬坡下褒姐毙，辇路肃清天宇霁。臣结流寓湘江汭，昨闻异数曲江祭。中兴有颂仍雪涕，峿台搔首望天际。

（《居业斋诗钞》卷十七堀堁集，广济金德嘉会公撰，《清代诗文集汇编》第121册）

# 王 臣（清朝）

## 🌿 人物介绍

王臣，宁夏人，汉军正红旗荫生。康熙三十九年任永州镇总兵。永为交广门户，蛮獠杂处，臣至，简卒伍，汰老弱，严塘汛之防，壁垒一新，行旅无恐。复捐俸赈水灾，创立义学，郡人德之，为建书院以祀。车鼎晋王公书院记）（光绪《湖南通志》卷一○九名宦志·清武职）

## 🏯 浯溪相关作品和事迹

王臣诗碑，在摩崖区。

《观峿亭偶成》拓片

### 观峿亭偶成

大清康熙四十二年三月十三日由武陵回永，观峿亭偶成。

其一

归帆迎镜壁，分草到亭台。杯舀宓尊酒，停云引鹤来。

其二

绿阴曲径岸，溪绕半山亭。水石皆幽静，江天两碧屏。

开原王臣草。

# 宋 荦

## 🌿 人物介绍

宋荦（1635—1714），清河南商丘人，字牧仲，号漫堂，又号西陂，宋权子。顺治间，以大臣子列侍卫。康熙间，任江宁巡抚，尽力供应圣祖南巡，后入为吏部尚书。少与侯方域为文友，诗文与王士禛齐名。精鉴藏，善画。有《绵津山人集》，晚年别刻名《西陂类稿》。

## 🏯 浯溪相关作品和事迹

### 浯溪磨崖碑

骊珠颗颗照荒崖，元颂颜书一色佳。大业当时劳纪述，后人持论苦挤排。秦碑周鼓宁须诧，雨点苔花讵可埋。墨本看来频下拜，浯溪还拟踏青鞋。

（《绵津山人诗集》卷二十二《漫堂草》，商丘宋荦牧仲撰）

# 宋长白

## 🌿 人物介绍

宋长白，清浙江山阴人，名俊，以字行。康熙间撰《柳亭诗话》。另有《增补岭南风物纪》。

### 石镜台

祁阳之浯溪有石镜台，乃元道州遗迹。宋陈衍云，元氏以水为浯溪，山为峿山，室为唐室，三吾之称，我所擅而有也。蓝景茂诗，昏蔽仍须溪水淋，山光始发碧流澄，谓以水沃之，照始分明也。行人祗照山河影，不见元颜万古心，谓中兴颂乃鲁公所书。杨廉夫诗，此石曾将献凤池，赐还仍对次山碑，分明照见唐家事，不向旁人说是非。相传此石曾入内廷，并无形影，发还故山，其光复现。解大绅诗，水洗浯溪镜石台，渔舟花草映江开。不知元结中兴颂，照见千年事去来。详见董传策《浯溪记》。

（《柳亭诗话》卷七，山阴宋长白纂）

# 曾应成

曾应成（1672—1706），字正修，号碧溪。祁阳廪生。生二岁而孤，稍长，入塾受书，日记千言。年十四，饩于庠。一试不售，即弃举子业。每遇佳山水辄登临啸咏，好吹长笛，花晨月夕，时一陶写，旷然有超世之致。年三十五卒。门人陈世俊裒其诗集刊之，为《湘流遗响》。

（道光《永州府志》卷十五下先正传）

### 镜石

玉石澈冰轮，莹然出水滨。照开天地晓，阅尽往来人。江月千秋夜，岩花万古春。元公疑觌面，怀古泪沾巾。

# 吴铭道

吴铭道（1671—1738），清初诗人。字复古，贵池人（今安徽贵池县）。吴应箕孙。父吴孟坚亦隐居以终。著有《复古诗》诗集十四卷、《复古文》六卷、《古雪山民诗后》八卷。

康熙丙戌一月二日，贵池吴铭道夜登峿台，与慈瑞长老倚宠尊酌数杯而别。

### 浯溪

胜地犹在眼，峰石鳞次然。问今林下人，谁是道州贤？山静人不到，到者车马填。骤然惊鸟兽，或复愁云烟。农人不在田，渔人不在渊。役民固轩冕，出处两失焉。山谷有天性，要是天所全。毁形挂名字，岂不羞林泉？作诗书岩壁，此间非市廛。

### 石镜

石镜似明月，洒然落幽怀。照见水中人，买鱼缘水涯。面目杂泥土，犹恐肠肺乖。此石聊不嗔，观尽千谐俳。反影生冥悟，忘言情自佳。

吴铭道题名碑拓片

#### 浯溪寺慈长老留话崄台出桂酒与酌数杯而别

古寺无人迹，老僧欹石卧。树影忽潜移，何处客来过。披衣就台阴，煮泉破枯坐。一杯殊复佳，宁畏白云涴。醉醒吾不知，笑鼓下泷柁。

（《复古诗》之《滇海集之六》，贵池吴铭道撰，国家图书馆藏康熙刻本）

# 杨　宾

## 🌿 人物介绍

杨宾，字可师，号耕夫，别号大瓢，又号小铁，浙之山阴人。祖蕃，为职方司吏。父越，字友声。世居山阴安城村，即号安城。明末诸生，素称名士，与朱竹垞友善，尝有诗称之。康熙元年癸卯，友人钱允武为魏雪窦下狱，属越营救，事泄，坐逆党，遣戍宁古塔，母范氏从。

宾生顺治庚寅。年方十四，时叔九有公以边功为怀远将军，镇上海，乃挈宾与弟宝暨二女，育于官。年二十一归山阴，乙卯就婚吴门。大母尚存，戊午迎养于吴。后承父命，遂籍苏州。辛酉客晋，历游皖越黔闽，皆居督府大吏幕。康熙己巳，年四十，乃至都，省父戍所。次年旋都，就工科给事谭左羽任纂修律例，思改律例。为赦亲计，哭求左羽为言于总裁张素存相国、杜肇余司马，二公亦怜之，而势不可。左羽素善闽中张仪山中丞，时方被逮，欲宾往左右之，为属台中邵嗣尧疏请关东流人输米赎罪，以轻重为差，冀宾乘间赎父。

## 🏯 浯溪相关作品和事迹

#### 论颜真卿书

颜鲁公《多宝塔感应碑》，前辈多病其整齐，至有贬之谓最下最传者。予谓唐人书，大段整齐，不止一鲁公《多宝塔》也。就鲁公书而论，则如《东方赞》《中兴》《家庙》之类，皆有败笔，不若《多宝》之严整完密也。

颜鲁公《争坐帖》，赵明诚则痛贬之，以为草草之笔。而宋人则极力推崇，不留余憾。余谓，明诚诚不知书，而宋人亦未免推崇太过。盖鲁公书，得力于《圣教》，久而久之，率意挥洒，皆如《争坐位帖》，要非公所难能。难能者，《中兴颂》《像赞》等书，而宋人不知也。

《中兴颂》，在祁阳县浯溪石崖上，古劲深稳，颜平原第一法书也。后有黄山谷诗，字小于颂，得力于《瘗鹤铭》，亦不易有。

颜太师书，见诸记载者，百有十种，余以《中兴颂》为第一，《多宝塔》次之，《宋文贞公碑侧记》《东方像赞》又次之，《文贞公碑》《敬之家庙碑》又次之，余俱平平。总之，太师用笔，力重而指不甚坚，所以不及初唐诸公。

（《大瓢偶笔》卷四，山阴杨宾耕夫著）

#### 论宋四家

宋人书，余最爱黄涪翁，其次则蔡君谟。著名之迹，若《茶录》《万安桥记》，虽极沉著明润，然与涪翁《七佛偈》《中兴颂跋》相较，实有径庭之别。盖蔡本学颜，亦遂不能胜颜；黄则得力六朝，是以深厚古雅，绝无唐人气味。前辈多称薛绍彭为宋人第一，而其书流传绝少，余实未见一字，不敢随声附和，岂便遽屈涪翁！若苏、米二君，则又在端明之下，不堪与涪翁同日语也。

## 论黄庭坚书

黄山谷跋鲁公《中兴颂》后诗，本从《瘗鹤铭》出，而加以翩翩风致，几欲跨唐人而上之。若翻刻本，不足观矣。

宋人书，余独喜黄山谷《观中兴颂跋》与《七佛偈》，实得六朝人笔意，非苏、米可比也。

（《大瓢偶笔》卷五，山阴杨宾耕夫著）

## 难拓之碑

碑之最难拓者，莫如《泰山铭》《中兴颂》《岣嵝碑》《会稽山碑》《瘗鹤铭》、"秦东门"三字，然往往于无意中得之。

（《大瓢偶笔》卷八，山阴杨宾耕夫著）

## 中兴颂跋

弇州山人曰：《中兴颂》，方正平稳，不露筋骨，为鲁公法书第一。余向列《宋广平碑侧记》第一，而以弇州之言为未然。

丁亥六月，得此本于金陵承恩寺前。古劲深稳，视宋碑更难。虽欲不以第一推之，其可得乎！

弇州不以书名，而评书十得六七。岂《四部稿》《法书苑》等书，成于众手，与《吕览》等耶？不然，何以能中其肯綮也！

因跋帖尾，并附及之。

## 中兴颂

鲁公《中兴颂》，予向列《东方像赞》之后。今观此旧拓本，力大如虎，而无张牙努目之态，恐《宋文贞公碑》未能出其上也。

## 元道州表墓碑铭

鲁公书《元次山墓碑》有二，其一开元三年公自撰《表墓碑铭》并书，其一则天宝中李华撰文而公书丹。此则开元三年碑也，虽不及《中兴颂》《宋文贞公碑》《东方像赞》《郭敬之家庙碑》，然轩伟磊落，有泰山岩岩气象，要自在《家庙》诸碑上。

（《铁函斋书跋》卷五，山阴耕夫杨宾著）

## 黄山谷题中兴颂后诗

山谷老人书，本在苏米之上，而此诗全得之《瘗鹤铭》，尤非山谷他书可比。

弇州曰谷笔以研取老，尚非知谷之深者。《居易录》曰："《浯溪新志》言：'顺治中，永州推官某过而赋诗，属祁阳令刻之石，令媚推官，镌去山谷书一角刻焉。'"又弇州跋云："模拓久远，多失真。然则山谷此诗，不但今时不全，即在正嘉间已极漫患矣。"

而此拓完好若是，使弇州见之，更不知如何叹赏矣。

（《铁函斋书跋》卷六，山阴耕夫杨宾著）

## （康熙四十六年丁亥六月）初八日己丑

黄际飞来，同璧寻各书坊，市《闽小纪》及《泰山铭》《中兴颂》《苍公颂》《阴符经》《五凤碑》《余清斋》及他本《十七帖》、《停云馆黄庭经》。

**（康熙四十六年丁亥九月）二十五日甲戌**

闻朱敬敷归自江宁，扶疾往视之。高澹游为杨子画条幅册叶来，不面。篆《书要》。装《中兴颂》成。

**（康熙四十六年丁亥九月）二十九日戊寅**

装《中兴颂》《裴漼少林寺碑》《秦王柏谷坞告》《岳麓寺碑》《不空和尚碑》《北齐孔庙碑》成。

（《杨大瓢日记》，山阴耕夫杨宾撰）

# 周　鹤

## ❀ 人物介绍

周鹤，字逊斋，宜兴人，康熙间选贡。周氏自明世为江西名族，鹤承其乡先辈遗风，好为诗，有时名。初仕陕西丞簿，升永明知县。县僻鲜事，鹤乃与文士酬和，流览山水，摩崖刻石，觞咏无虚日。然亦不废事，县俗信风水，缘冢讼者居半，至近支构怨，历载不解。鹤以各据以争者为吉壤也，今既未得遍决，即其祖墓，惟得冢祭而附葬，不许冢讼，由是衰息。又置义学，修县志，盖志在以文雅饰吏治。所著有《宜山集》，今未见传本。王春藻谓其诗情绵丽云。（光绪《永明县志》卷三十职官志列传）

## 🏛 浯溪相关作品和事迹

潇上秋怀（其二）

寒日芙蓉惨淡开，青山自掠野云回。空江独夜鲸鲵冷，衰草经秋鹈鸠哀。六寨蛮烟悲楚塞，九疑愁雨隔峿台。不堪醉里歌哀郢，憔悴吟伤逐客才。

（康熙《永明县志》卷十三艺文志）

# 王　戬

## ❀ 人物介绍

王戬，清湖北汉阳人，字梦谷。康熙四十七年副贡生。诗文书画皆工。涉历南北，终无所遇。康熙五十三年，已入老年，尚应科举。有《突星阁诗集》。

## 🏛 浯溪相关作品和事迹

浯溪碑

秋冬绪风吹客舟，潇湘南岸浯溪流。溪边石壁插天半，镌镵碑碣垂千秋。维舟缘崖一浏溇，磨崖扪读惊奇尤。在昔天宝遭丧乱，灵武仓卒储皇留。千麾万旂与攘荡，两京收复还龙楼。道州刺史文学老，金石歌诵真其优。词严义密字三百，乞书鲁国铺鸿休。太师忠诚塞天地，杀贼馀勇毛锥收。告之万世无异议，雄文伟画如图畴。涪翁吊古太呈露，鸡鸣鹤驾诗相伴。摩挲刻画辨体制，石湖后起操戈矛。谓其褒讥法鲁史，不比盛德赓商周。要之功罪后难掩，史臣直笔停欢咻。如此至宝耀南纪，齐光日月胡能道。颜元祠堂近在望，中宫好撷溪毛羞。

峿亭

沄沄浯溪口，异石峙百丈。东望峿台高，北临清渊广。峿亭南枕溪，结构当石上。竹风时微吟，松吹有交响。寒日斜漏穿，天气划开朗。筱筊景逾幽，磴道势相仿。栏槛倚硘碙，檐楹对莽苍。未须捉坐具，席地平于掌。

挈榼更提壶，此乐应无两。衆尊近可饮，醉乡怯孤往。亭铭何处寻，篆刻忆畴囊。漫叟旌独有，我辈今欣赏。前指渡香桥，极目郁迟想。舟舣磨崖间，扪石增慨慷。

（《突星阁诗集》卷十五，王戬撰，清康熙刻本）

### 赠张岂石四首（以下辛卯 1711）

#### 其一

解缆浯溪口，湘潭复此过。言寻仲蔚宅，风雨系牂牁。城郭暮云合，池塘春草多。消摇乐情话，渐觉醉颜酡。

#### 其二

鄂渚论交日，心知共老苍。宵吟鉴明月，露坐警寒螀。人事飞沈异，风尘去住伤。家园对枚马，空说降邹阳。（与蔚石太史感念端木）

#### 其三

佳气萦荆树，慈音出孟邻。相看祝融顶，为礼魏夫人。紫盖仙灵集，朱陵鸾鹤亲。未能随屐齿，白日上嶙峋。

#### 其四

烟霞南岳返，舟楫白门遥。旅泊淹江柳，乡心寄候潮。翻经瓦官寺，吹笛石城桥。终古秦淮水，风光带六朝。

### 送学宪董公还朝三首

#### 其一

三年持节遍江乡，沅茝湘兰揽撷忙。人向泰山瞻气象，天教吏部主文章。春花相映研朱点，夜月频争烧烛光。校阅甫终行部去，林峦佳胜便传觞。

#### 其二

云中箫鼓远扬舲，时有江猿吟翠屏。宸翰千秋镌赤壁，（御书赤壁赋，先公官禁近时赐得者。今镌诸石，建碑亭焉。）奇情一昔构唐亭。（亭踞浯溪之胜。）帷开燕寝清香透，客醉华筵夜露零。何处咿唔间飓诵，欢声的的出囊萤。

#### 其三

仙人黄鹤暂招邀，归路悠悠旌旆遥。共识使星明翼轸，更看卿月上烟霄。过家钟鼓开佳宴，赴阙衣冠事早朝。东阁时延英俊入，应怜江汉老渔樵。

（《突星阁诗集》卷十六，王戬撰，清康熙刻本）

# 汪士鋐

## 🌿 人物介绍

汪士鋐（1658—1723），清江苏长洲人，字文升，号退谷，又号秋泉，康熙三十六年进士。授翰林院修撰，官至右中允，入直南书房。与兄汪份、汪钧，弟汪倓，俱知名，时称"吴中四汪"。善诗文，书法与姜宸英齐名。有《长安宫殿考》《全秦艺文志》《三秦纪闻》《玉堂掌故》《华岳志》《元和郡县志补阙》等。

## 🪷 浯溪相关作品和事迹

#### 徐侍御惠中兴颂碑以余作诗报谢更辱见示佳什奉答

君至浯溪旁，亲见浯溪石。大书深刻唐家碑，元气淋漓藏点画。在昔孽臣方鸱张，乘舆幸蜀惊仓皇。朔方一呼万马集，功臣日月重为光。次山作歌老无敌，要与三颂争低昂。颜公一挥忠义笔，浯溪十丈苍崖立。龙拏凤翥字如斗，苔封雨洗溪云湿。君从南来得拓本，手自标识题牙签。知余谬有金石癖，相赠奚啻千百缣。

作诗报谢乏佳什，更辱长句光卯檐。骊珠累累照四壁，风雨不使蛟龙潜。想见舣舟浯水侧，秋波浩渺湘江添。

（《秋泉居士集》卷十，吴门汪士鋐文升撰，《四库未收书辑刊》第8辑第19册）

# 黄之隽

## ❀ 人物介绍

黄之隽（1668—1748），字石牧，江南华亭人，康熙辛丑进士，官翰林院编修。著有《𡎊堂集》。○云间诗，自陈黄门振兴后，俱能不入歧途，累累绳贯，至卢文子后，又日就衰馈，鲜所宗法矣。𡎊堂学殖富有，而心思才力又足以驱策之，故能自开生面，仍复不失正轨，谓之诗学中兴可也。

（《清诗别裁集》）

## ⛰ 浯溪相关作品和事迹

睎三吾（有序）

辛卯岁冬，一游浯溪，有记。壬辰、癸巳之岁，两过其下，欲登焉，俱见挠于同侣，目与逆送，殊难为怀。作《睎三吾》辞，以誓之。

睎浯之溪兮江一涯。白石粼粼兮硎磳嵚埼。溪有房兮葺芳药，水锡鸣兮云韶作。浣且听兮澹宜壑，魂窈窕兮安其宅。往赠之兮所折馨，畴揭其浅兮今与麓。平放恶兮惝恍，宛中坻兮骋望。薜萝兮翳之，喝来兮喝往。我所思兮在道州，溪上之清风兮与水俱流。溯回波兮榜不舣，与魂暌兮余心悔。漱非浯之流兮负厥齿，斜阳婉兮砑谷幽，他日归来兮誓淹留。

睎峿之台兮青巃嵸，白石巉巉兮栈豂以肖峰。云诀荡兮台之址，化为鸾螭兮骖予美。灵鼍出兮夜来归，猗玗醉吟兮舍此安栖。郁灌莽兮晦崖路，雷雨作兮在祠下。若有人兮招予，怅横流兮不可渡。我所思兮在平原，台畔之磨崖兮石同根。盖蜀愸兮灵武铄，斧藻之兮于颜元。峿遄回兮终古，期不赴兮灵无怒。葆胡绳兮壅杜衡，他日归来兮誓容与。

睎𡎊之亭兮穹峙隅，白石齿齿兮相纠扶。下瞰江水兮濯吾趾，篁为发兮治为肤。聱凿樽兮腹坎窖，斋沦宦宓兮醪碧敛。漫郎游兮不归，裴回空山兮使我心悲。仰桂橑兮松㮰，期佳人兮何时。我所思兮在山谷，窜南迈兮此焉宿。哀亭左之遗识兮泐谁读，世后古兮暗前吾。肵吾宗兮弥不先，上湘漓兮击汰，愿再陟兮舟艰。兰露啼兮柏雨泣，怀彼美兮心不怿。诺烟霞兮𡎊勿忘，他日归来兮誓相羊。

（《𡎊堂集》卷三骚，华亭黄之隽石牧撰，《清代诗文集汇编》第221册）

浯溪记

稚时爱诵元次山集，见所铭浯溪山水之胜，盖尝神慕之。康熙五十年十一月某日，舟过祁阳城下，值大风雨，登岸而问人，知距县五里许，川路所必经。明日晓发，将至，延望舟前，有峭壁数十丈作苍黛色者，闯然峙水际，则已色飞也。

既舣桌壁下，石与面对，寒翠来染人，清湍激于几间。雨大作，上崖则土削路隘，劣容一履，同人猿接而过。先观所谓镜石者，嵌岩厂间，如漆也。役夫汲湘水磨拭之，则洞然照见面目、衣冠，而寒江穹岸，隔水村落、林木，皆在镜中。

循岩而西，入子亭，断崖如双阙，飞桥跨其颠。过桥，憩古右堂。环顾木石，新经雨刷洗，幽寒峭蒨，心目俱净。复陟最高处，有亭，亭前大石方广可坐，俯视，壁立江浒，足不敢垂，外即向所舟前望见者也。石上有圆坎，即次山所凿，曰窊樽，贮酒以供饮徒者也，后人因以名其亭云。亭前循石子路右行，过颜元祠。祠后矗粗怪石障天，其平处有次山峿台铭篆刻，知祠为峿台故址也。出祠北数十武，有亭翼然，据乾隅，见镌石大书，知其为唐亭也。

次山好奇，创溪曰浯，台名曰峿，亭名曰唐，谓皆吾所有也。后人遂刻其岩曰三吾胜览，而祁阳之驿曰三吾驿，地不以人著也哉。

当是时，颓云压江，竹树惨淡，山静雨鸣，寒气肃肃。同人皆畏其寥峭，先登舟矣。唯一小沙弥、一役夫忍寒从予雨立。于是遍观石刻，石无论高下大小，字无论真草巨细，馋镂殆遍，或不可读，读亦不记。俯而见一碑，庳且泐，则黄山谷游浯溪题语，亟读而识之。循桥下故道，缘壁行，有草书长十尺，若夬字者，离奇飞动，又识之。而镜石之左，有山谷题磨崖碑诗刻，又读而识之。又左读磨崖碑，高与石竟，即次山所撰唐中兴颂，鲁公所书者也。其字右行，乍读不省，循诵始觉，文雄字庄，令人起敬，则又识之。此地元所宅，而有颜之书，故后人合祠焉。

予徘徊石壁间，大雨濯衣领，不忍去。舟中人以几激不可久泊，遥呼予返。盖缆既解而眼光犹著浯溪树石上，远而后失。

### 再游浯溪记

旧游如梦。予自辛卯岁游浯溪有记，壬辰、癸巳、甲午岁，舟三过之，不得登，拟骚《睨三吾》，沿波而吟，以悲梦境之不可复寻也。今丙申岁二月，复道祁阳将至，投琼卜之曰："若明日非蚤莫风雨，幸得登岸游，则多绯。"果多绯。明日高春，过浯溪，长年从隔岸牵舟，同舟之人皆无泊意，予诡称镜石神怪以骇异之，乃乱流而渡。既登，众皆聚镜石前而争鉴焉。予独至唐亭，闻溪声淙淙，俯视则素练蜿蜒出于腋石，眺且听，喜前游未及而今及之也。既涉，其椒亭已倾，楯甃圮毁，牛溲羊矢与榛莽杂，岂吏斯土者徒梦为官而未梦见浯溪欤？竟使芜没若是，而宔樽犹在，乃涧其水而纳醪满焉。呼老兵四五辈环坐饮之，老兵者即同舟观镜石者也。既而至颜元祠，于是又指示老兵曰："此颜鲁公像，即书摩崖碑者也。此元道州像，即凿宔樽者也。"又指示之曰："此为峿台，彼为唐亭。"然彼老兵岂知有胜游之事哉？乃强告以所不欲知，虽诺诺，犹懵懵也，如梦也。尝观太平清话载浯溪旧有怪，宋熙宁中，柳应辰判永州，维舟岩下，夜半怪登舟伸巨手入，应辰大书一夬字于其掌，叱去之。诘朝，登岸见夬字缀崖上，大一丈，知石为怪也。今其字尚存。而容斋随笔载此字乃应辰花押，自馋石上，邦人谓能祛不祥，标饬置神堂，香火祠之。又载蒋某述梦记云："祁阳令齐术梦元结索诗于知永州柳拱辰。"夫押字盈丈，诚怪矣，而谓能祛除不祥邪？又傅会以为怪，所乞书者非梦中说梦邪？若蒋之述梦诚梦，而予之两游，乌知非梦也哉！而记之，又乌知非述梦也哉！

（《唐堂集》卷十四游记，华亭黄之隽石牧撰，《清代诗文集汇编》第221册。前篇亦载《小方壶斋舆地丛钞》第四轶）

### 江行杂诗次工部秦州韵二十首（选二）（自武昌至永州作）

山水连衡永，佳游阻客归。月明如故国，路远隔清辉。舟任扬帆去，心随回雁飞。天南殊气候，冬半损寒威。

泥淖三吾下，登临不畏难。字侵崖欲裂，雪近石无干。漫曳亭台古，浯溪风雨寒。楚南幽峭处，天设此吟坛。

# 金志章

## 🏮 人物介绍

金志章，初名士奇，字绘卣，号江声，钱塘人。雍正癸卯顺天举人，官口北道。著《江声草堂诗集》。

## 浯溪相关作品和事迹

### 浯溪读摩崖中兴颂碑

浯溪之山高屃屭，浯溪之水清潊潊。山水胜处漫郎宅，轻船著岸南风吹。停帆直上最高顶，摩崖细读中兴碑。追思天宝失纲纪，妖妃孽臣恣酣嬉。渔阳鼙鼓忽动地，延秋门外青骡驰。灵武天戈得反正，赖有李郭相扶持。纪功述盛应有作，一代巨典存于兹。当年何人老文学，韩柳未作风犹靡。道州粲粲独冠古，大手肯让他人为。规模明堂清庙体，发挥采薇六月诗。平原鲁公好男子，忠义道合无嫌疑。慨然奋笔书大字，笔力透石真瑰奇。芒寒色正丽星斗，龙跳虎卧蟠蛟螭。刻成炳耀称二绝，正气万古长昭垂。后来品题似麻粟，纷纷浅陋诚堪嗤。高才命世推鲁直，儒毫大放琼琚辞。前辉后映相鼎足，我生仰止来何迟。肃容庄诵更再拜，竦立怳若逢严师。峿台峿亭历眺览，远目千里还穷追。斜阳在树日将夕，鸣金舟子催解维。匆匆临发不忍去，后游预拟深秋时。

### 祁阳葛

方物祁阳贵，宜人正暑中。黄丝轻叠雪，细缕润含风。珍重兼金得，辛勤素杼空。南行苦炎热，曳娄慎微躬。

### 二十四矶

惊涛如雪溅长空，峭石崚嶒讶鬼工。二十四矶帆侧过，不知身坐浪花中。

### 浯溪后游

湘江秋水连天碧，四望长空气寥沉。扁舟一棹下浯溪，访古重寻漫郎宅。三吾到处路不迷，峸尊亭畔曾留题。巍然片石峙今古，文字照耀衡阳西。唐家宫阙生荆杞，过眼繁华成逝水。高文典册独长垂，铁画银钩世争美。低回欲去更摩挲，石镜清光共不磨。明发挂帆天际远，西风渺渺洞庭波。

### 石镜

万物有适用，五行递相需。惟石抱太璞，孕为瑛琼琚。暗然敛色泽，焉能强媸姝。何年发光怪，斗异惊顽愚。流传遍群惑，其说良可吁。我来登峿台，览古神睢盱。镜也适在旁，扪揩一相娱。幽幽若玄玉，质方嵌山隅。洗以岩下水，晶光鉴眉须。草树睹森秀，江山呈盘纡。远近数里间，一一景毕输。虽难照京邑，亦足供揶揄。昔闻武担山，表葬留鱼凫。又闻衣锦乡，献瑞开霸图。尔镜独何为，自炫徒区区。含华道所贵，隐耀德不渝。惟当慎韬晦，永谢群言诬。

俗传此镜能照见京邑，明世宗恶其惑众，命鞭之，其光遂隐。

### 楚粤游归樊榭有诗见问聊叙景物大略赋以答之

万里归来杜荜门，一灯相对话黄昏。浮湘路指风帆转，望岳云开帝座尊。八桂好山皆画本，九疑斑竹是愁痕。自惭未尽登临赋，虚把游踪与细论。

星沙遥望阵云迷，路转衡阳更向西。花药一山连石鼓，潇湘二水抱浯溪。红关喜见临风发，翠鸟愁闻尽日啼。行到严关开眼界，瑶簪拔地万峰齐。

土俗殊乡可重陈，峒花撞药亦堪珍。风林白蜡收蛮女，社鼓荒祠赛黑神。桂海虞衡方志在，诸宫故事岁华新。远游喜共骖鸾到，闻见聊将涉笔亲。

（《江声草堂诗集》卷三《始游集》，钱唐金志章绘卣撰；《楚粤三诗》亦见《两浙輶轩录》卷十七，金志章）

# 顾嗣立

## 🌿 人物介绍

顾嗣立（1665—1724），字侠君，江苏长州人，康熙五十一年（1712）进士，改庶吉士，授知县，以疾归。所居秀野园，水木亭台之胜甲于吴中。喜藏书，耽诗咏。著有《元诗选》《秀野草堂诗集》。

## 🏔 浯溪相关作品和事迹

### 溯湘八首（其五）

聱叟舂陵杰作存，祁阳一角占林园。和诗杜老华星丽，放笔颜公彩凤骞。几见移家船就麦，（元次山诗：思欲委符节，引竿自刺船。将家就鱼麦，归老江湖边。）有时载酒石为尊。于今艳艳浯溪水，回抱㝱亭自作村。

### 入永州界

腊雪犹逾岭，春风已逼关。船虚斜过雨，水碧倒沉山。元柳题名绝，英皇染泪斑。南游惭朔雁，到此不知还。

### 二十三日立春祁阳道中忆家有作

西碛三千隔，吴中有西碛山。南躔九十穷。潇湘风雪里，儿女梦魂中。翦韭堆盘绿，围炉照室红。故园梅信晚，春去莫匆匆。

### 游浯溪读磨崖唐中兴颂

泛舟浯溪去，漫郎隔水招。丛木罗峭壁，红亭烟未销。峥嵘累巨石，势欲排青霄。天宇怪逼仄，地轴若动摇。举手探飞鸟，飞步踏巨鳌。初过神已旷，稍深虑全消。面峰安敞屋，架壑悬飞桥。崭岩象物类，巧胜丹青描。乍疑假斧凿，其实谢琢瑚。天然园林趣，结构聊逍遥。琅琅中兴颂，清风助歌谣。丽则配二雅，商鲁古韵调。平原挥神笔，墨花散琼瑶。错落星斗乱，光芒云汉昭。倔强老龙卧，腾踔健虎跳。神物昼守鬼，宝气宵冲杓。万古镇无极，不受野火烧。山谷漫讥讪，纷纷舌强饶。撞筵挟琐力，乃欲非韺韶。文章好椅摭，谬以千里遥。吾欲拓万本，快读登山椒。元公傥许我，归装载轻舠。

### 镜石

镜石方二尺，质古如墨黑。年深尘垢封，往来人不识。掬水一洗之，万象罗顷刻。城郭见微茫，岛岸穷欹侧。若云石本明，何用水拂拭。若云光在水，活碧把不得。如何两相并，精采耀八极。此理殊未解，弃置空太息。谁为献明廷，肝胆辨奸慝。

### 㝱尊亭

次山本酒隐，漫浪以酒称。百榼未足数，千锺谓已能。凿石作㝱尊，可容酒数升。一吸山月上，再吸溪云蒸。三吸波涛沸，兀兀群峰崩。醉时尊畔卧，醒后尊前兴。至今浯溪上，余沥山骨凝。维我亦酒人，朅来兹山登。落叶满杵臼，坳泓拆峥嵘。危栏逢野叟，孤亭对残僧。何时载曲车，结侣穷晨升。十分堆敛艳，一笑金波增。枯肠出芒角，怒发轩髯鬐。拍浮小蓬瀛，玩世如春冰。但得㝱尊满，宠辱归曹腾。

（《秀野草堂诗集》卷五十五《桂林集》，长洲顾嗣立侠君撰，《清代诗文集汇编》第 214 册）

### 浮湘八首

#### 其六

村静飘烟湿，山昏过鸟稀。楚云方霈霈，江雨自霏霏。流沫吞沙濑，盘涡没石矶。滔滔东下水，柔橹已如飞。

其七

望岳吟诗老，铭溪醉酒徒。山深天接粤，江涨地通吴。飘泊凭舟子，淹留笑贾胡。半年消息断，一字至今无。

**重游浯溪**

红亭忽变绿扶疏，但惜山根浸碧虚。木石重寻酒隐宅，风云常护鲁公书。半湾湘水分溪上，一点祁山出雨余。何日宛尊前醉倒，细将心事话樵鱼。

（《秀野草堂诗集》卷五十八《桂林集》，长洲顾嗣立侠君撰，《清代诗文集汇编》第214册）

# 查慎行

## 🌿 人物介绍

查慎行（1650—1728），清浙江海宁人，初名嗣琏，字夏重，号查田，改字悔余，晚号初白老人，黄宗羲弟子。康熙三十二年举人，四十二年以献诗赐进士出身，授编修。后归里。雍正间，受弟嗣庭狱株连，旋得释，归后即卒。诗学东坡、放翁，尝注苏诗。自朱彝尊去世后，为东南诗坛领袖。有《他山诗钞》《敬业堂集》。

## 🏯 浯溪相关作品和事迹

**题浯溪寺中兴颂磨崖碑后，在祁阳县东南五里**

其一

灵武功成赖朔方，中兴名号遂归唐。少陵善颂无多语，勋业汾阳异姓王。

其二

千古磨崖一统碑，后来山谷有题辞。独教宦迹留余憾，不刻春陵数首诗。

（《敬业堂集》卷四十八《粤游集》下）

# 胡宗绪

## 🌿 人物介绍

胡宗绪，字龚参。清安徽桐城人。康熙末以举人荐充明史馆纂修。雍正八年进士，官国子监司业。有《九九浅说》《环隅集》等。

（《中国历代人名大辞典》）

## 🏯 浯溪相关作品和事迹

**泊浯溪同顾嗣宗绍敏缪朝曦嗣寅作**（己亥五月1719）

篙舟忽绝壁，偕来诗人双。吟落秋风里，动摇潇湘江。磨崖认古碑，眼花苔蓬鬆。回头叫漫郎，高颂何王邦。事有至难耳，贪天毋乃蠢。三唤如哑钟，徒费寸筳撞。古人非今人，且去弄桴篓。

（《环隅集》卷五，胡宗绪撰，清乾隆五十三年刻本）

注：顾绍敏，字嗣宗，号东樵。吴县人。少师张庆孙，能以古文为时文，工诗。屡试南北不售。与惠士奇交，士奇视学粤东，引引为助，校文之暇，吊古咏怀，识者谓得江山之助。邑令以孝廉方正荐，不就。聘修元和邑志，与沈德潜分撰人物志，故家、名德。绍敏任之，高人、才士，德潜任之，志盖出二人手云。有《帆湘集》。

（《道光苏州府志》卷一百一人物文苑）

吴县缪嗣寅，字朝曦，诸生。有《晓谷诗稿》。

（《国朝诗铎》卷首）

# 徐用锡

## 🌿 人物介绍

徐用锡，字昼堂，江苏宿迁人，康熙己丑进士，有《圭美堂集》。

## 🏯 浯溪相关作品和事迹

### 游浯溪观中兴颂石刻

磨崖中兴碑，凤好萦寐瘵。青嶂天南陬，胡由展良晤。朝来卧双楫，琼琚已当路。不须照扶藜，肃瞻美无度。宿雨沐新莎，初日衔高树。轻风敞吾襟，碧藓净吾步。谨严祖麟经，雄整森武库。天教神物合，风雅开氛雾。山僧指亭台，导我云边去。木杪挂石林，樯竿拂芒屦。雷奔石溪声，意入韶濩。久闻宗尊名，疑是糟床注。叔世多鸿濛，贤哲启莘辂。何必井灶存，依然松竹处。下山赴招招，恐逢舟子怒。行行过苍崖，且牵朋好住。昔人秉烛情，况迫齿发暮。回船虽有约，或为阴晴误。当两公秉笔，时尚豺虎聚。讵有宣光烈，聊志来廉恶。维彼贪乱人，公等实所妒。谁知忭俗者，历劫光唐祚。江流阅废兴，英姿俨彩塑。疾风稀劲草，君子挺多露。词翰岂不工，忠贞增慨慕。山坳太平心，偏为吾党护。未能移家来，登舻犹还顾。

### 重游浯溪简诸友

立谭别伟人，胡由馨蕴抱。入门谢佳客，昧我室家好。昨来赏浯溪，羁牵实草草。使君眷补游，回舟青瑶岛。厨传已先行，夜雨直达晓。稍歇又潨洞，维忧堪用老。丰隆不妒媚，省躬觑穹昊。纵复强著屐，坳曲恐难了。元颜岂无鬼，德辖安可祷。所向多不遂，吾友神所保。溶溶衡岳云，谁使迹如扫。

顺流百里短，所凭夏日长。停午雨忽止，望望吾军张。白鹭导我前，飞步千仞冈。云影既披絮，松声亦鼓簧。迢递罗诸岫，逶迤俯清湘。匏印苔藓绿，衣上萝薜香。前贤留高躅，一一践遗芳。石窟类人凿，阶址或古堂。台亭失铭篆，山僧不能详。回思雷雨盈，一饮累十觞。勇临犴木杪，醉蹋轻剑铓。凤昔梦见之，倍足发吾狂。岂弟诸君子，山灵降汝祥。我托丈人屋，亦得共翱翔。

紫绿入尊罍，夕阳纷泱漭。醉趣如清梦，醒者焉能赏。双虹荫灌木，寒碧落幽响。珠斛走雷霆，玉龙蜿森爽。坐生遗世心，渊渊非外奖。西桥得两字，深崖开巨榜。浯溪雄整势，中兴笔无两。千龄委蛟涎，一朝潜德朗。命工拓之还，拟揭轩楣上。前修不可期，回杯迷俛仰。临发上曲亭，谁即掉归鞅。昔饮宗尊人，曾此数来往。

（《圭美堂集》卷二五言古，宿迁徐用锡昼堂撰）

# 戴鋐

## 🌿 人物介绍

戴鋐，字毖菁，天都人。康熙五十八年十一月初六日，随其叔祖戴朝选赴桂林知府任，过浯溪。

## 🏯 浯溪相关作品和事迹

（康熙五十九年庚子二月，1720）廿一日，过祁阳县。城郭完固，居民稠密。自此以西，江滨委迤，怪石离奇。舟行两岸，如入山阴道中，令人应接不暇。作一绝。

玲珑突兀势盘旋，到此方知别有天。应是当年颠道士，袖中三石拂溪边。

（《粤西纪游》，天都戴鋐毖菁氏撰，国家图书馆藏）

# 沈德潜

## 🌿 人物介绍

沈德潜（1673—1769），清江苏长洲人，字碻士，号归愚。乾隆元年，以廪生试博学鸿词。四年进士。授编修，累迁侍读、左庶子、侍讲学士、日讲起居注官、内阁学士，官至礼部侍郎。十四年，以原品休致。高宗赐诗极多。卒谥文悫。论诗专主格律，所作平正通达，然实乏才气。有选本《唐诗别裁》《明诗别裁》《国朝诗别裁》《古诗源》，著有《竹啸轩诗钞》《归愚诗文钞》《说诗晬语》。

## 🏯 浯溪相关作品和事迹

### 读摩崖碑联句（徐夔龙友、沈德潜碻士，1720）

有客赠古碑，（夔）携来湘江泽。跋涉路四千，（潜）光芒字三百。道州灿高文，（夔）平原寿真迹。诘屈媲周诰，（潜）典丽并邹峄。瞥眼威凤骞，（夔）惊心瘦蛟蛰。拓从青云梯，（潜）挂向雪色壁。羲娥中天明，（夔）魑魅四郊匿。真本今古垂，（潜）正气顽懦激。诵读起恭敬，（夔）凭吊增叹息。有唐天宝年，（潜）王网久沦溺。金刀逞奸回，（夔）黄虬肆猛贼。喧阗渔阳鼙，（潜）仓皇马嵬驿。幸蜀弃宗庙，（夔）誓师整兵革。成王握中权，（潜）郭相策群力。风旗卷空翻，（夔）雷鼓轰耳疾。猘猢纷驺騄，（潜）鸿蒙划开辟。旧物收两京，（夔）中兴光四极。功勋扇巍巍，（潜）潜都邑表翼翼。时危亟征讨，（夔）世乱重社稷。大孝非温清，（潜）潜即位岂篡逆。扶持神人合，（夔）禅受父子得。所惜末路乖，（潜）潜遗恨惭咎职。制腹心良娣，（夔）掣肘腋辅国。笔削定功罪，（潜）前后判曲直。儒生暗时势，（夔）议论逞凌轹。祇因南内舛，（潜）并刺灵武逼。断狱失平情，（夔）读史欠卓识。碑文祇褒颂，（潜）老手无掎摭。腾欢验众口，（夔）至难显成迹（颂云：事有至难，宗社再安，万姓腾欢。涪翁以至难为深文，颇失其旨）。勿以片语疑，（潜）顿起千载惑。他年过浯溪，（夔）附诗勒崖石。

（《沈归愚诗文全集》之《归愚诗钞》卷四，长洲沈德潜碻士撰，《清代诗文集汇编》第 234 册）

# 徐　夔

## 🌿 人物介绍

徐夔，字龙友。父复扬，廪贡生，由穿山迁沙溪，生三子，夔其长也。为长洲廪生，有诗名，尝注李义山诗，与朱长儒互有同异。又与惠栋撰王士祯精华录训纂，卒于广西学幕。著有《凌雪轩诗》六卷

（民国《太仓州志》卷二十人物四）

## 🏯 浯溪相关作品和事迹

与沈德潜读磨崖碑联句。

# 景日昣

## 🌿 人物介绍

景日昣，字东旸，登封人。康熙辛未进士，授知县，行取御史，官至礼部侍郎。著有《嵩崖集》。

（《晚晴簃诗汇》卷四十九）

## 浯溪相关作品和事迹

王绩题名，诗曰：磴道山岩下，茅楹竹树中。深潭鱼可见，攒石路才通。坐听潺湲碧，悬思烂熳红。平生丘壑志，览此兴何穷。宣和甲辰元宵后一日，自许昌之华，清晨冒寒乘兴独游。王绩公纪题。

此诗刻于石淙南崖，范忠宣题名之上。字相参互，殊不易榻。余于湖南之浯溪，摹视颜鲁公磨崖碑，其中参互题刻甚多，皆后人窜笔行内，翼偕颜榻并传，薰莸一器，殊可嗤也。

（《说嵩》卷十五金石，景日昣撰，康熙岳生堂刻本）

# 陈大惠

## 人物介绍

陈大惠，为祁阳人。其他失考。（乾隆《浯溪新志》卷六）

## 浯溪相关作品和事迹

### 重修元颜二公祠落成

溪上流连感慨多，两贤祠宇近如何。清流脉脉情难恝，白草荒荒迹已讹。不有表章崇旧典，忍将遗爱委岩阿。重新画栋安忠魄，把酒临风读九歌。

（乾隆《浯溪新志》卷九）

# 于　铭

## 人物介绍

于铭，字惺斋，祁阳人，岁贡。先任安福训导，丁忧服阕。雍正六年，补邑训导，年八十一矣。性乐易，纯庞之气溢于眉宇。接诸生，辄引先正格言相劝谕。好学不倦，善摹米家山水。喜作蝇头书，求者众，日不暇给，怡然也。闲则独坐，披幅巾，须鬓皤然，焚名香一炉，读南华秋水、马蹄诸篇，以自娱。遥望之，俨若地仙。年八十五，州试赴郴，无疾卒于旅邸，囊橐萧然。多士群赗之椽，始得归。

（嘉庆《桂东县志》卷十四名宦）

## 浯溪相关作品和事迹

### 春日题浯溪诸景

峿台旭日漾春晴，石镜光涵一水清。漱白潺潺飞玉屑，渡香漠漠茁兰英。幽亭别院苍崖峙，白雪银钩峭壁横。酒载漫郎明月夜，宛尊千古说芳名。

（乾隆《浯溪新志》卷九）

# 陈大受

## 人物介绍

陈大受（1702—1751），湖南祁阳（下马渡藕塘冲）人。雍正十一年进士，改庶吉士，散馆授编修。乾隆二年大考一等一名，超迁侍读。四年，擢吏部右侍耶。寻授安徽巡抚，五年六月，疏言庐、凤、颍等府，素称盗薮，地方官多避参讳匿，或事主隐忍不报，致蠹役表里为奸，臣抵任后，分别案情，勒限严缉，现据报获盗五十名。上嘉之。十月,疏言高阜斜陂稻谷杂粮均不宜种,前督臣郝玉麟于福建携来旱稻一种,名畲粟,性宜燥,无须浸灌,臣于春间教民试种,现各收成,闻此种产自安溪,臣遣购数十石分给各属树艺,化无用之田为有用,数年后,种多利广,可渐及他省。得旨优奖。六年,调江苏巡抚,疏言收漕旧例,各属造斛,送粮道衙门,与部颁铁斛较准,印烙发还,乃吏胥巧于作奸,有湿板造成领回后用火炙者,有用豆装撑使宽者,前经粮道请,采干木依式另造,限各属领回。臣思造斛数百,未必升合无差,赴领者又或贿通书吏,给以宽斛,因饬该道将新斛逐较,于详报开仓日提道署样斛数张,委员赍往抽验,违者分别参处。得旨优奖。七年,疏言句容县地处高原,旧建蓄水,民享其利。后辟废腴产,化为石田,又西门外旧有塘,灌田久淤浅,请借帑兴修。报闻。八年,疏言臣前在安徽,冬月令民搜掘蝻子,斗给银二钱。盖蝗蝻生子,必在高亢地尾土中,深不及寸,留孔如蜂窝。一蝗生十余粒,粒有子百余。遇积雪则难出土,今冬雪颇稀,臣饬谕搜掘,仍给银示劝,贫民无不踊跃。谕曰:"此举甚善。"著传谕直隶总督高斌,照所奏办理。先是,丹阳运口藉潮水灌输淤沙,每需疏浚,至是,大受奏定六年大修,每年小修。上于壬午年南巡,御制反李白丁都护歌,有"岂无疏浚方,天工在人补。轮年大小修,来往通商贾"之句,嘉其奏定岁修,转漕便利也。十年,奉旨普蠲明年天下钱粮,大受疏陈江苏蠲粮三事:一为核准漕项科,则晓谕周知;二为汇造地丁耗羡,同漕项并完;三为酌定业户减租分数,通饬遵行。谕嘉之。十一年,调福建巡抚。十二年,疏言向来巡台御史出巡南北二路,派台凤诸彰四县,轮备夫车厨传犒赏之用?又滥准词讼,额设胥役,外有奸民挂名,恃符生事等弊。奏入,敕自乾隆五年起,巡台御史俱交部严议。十月,擢兵部尚书。十三年,调吏部尚书、协办大学士、军机处行走。十五年,授两广总督。十六年,请裁广东肇高学政,下部议行。九月卒,赐祭葬,谥文肃,入祀贤良祠。

(《从政观法录》卷二十五,海盐朱方增辑)

## 🏯 浯溪相关作品和事迹

### 镜石

天地何年铸,风霆几拭尘。惟虚方受物,善鉴始如神。夜月悬双照,江花映早春。谁言肝膈里,烛处让西秦。

(《陈文肃公遗集》卷一)

# 孙嘉淦

## 🌸 人物介绍

孙嘉淦(1683—1753),清山西兴县人,字锡公,号懿斋,别号静轩。康熙五十二年进士。授检讨。乾隆间官至吏部尚书,协办大学士。历事三朝,直谏有声,屡踬屡起。卒谥文定。著有《春秋义》等。

## 🏯 浯溪相关作品和事迹

### 南游记(摘录)

西次祁阳,见峿亭,元次山之所建。

(《孙文定公全集》卷首,孙嘉淦撰,清嘉庆十年敦和堂刻本)

# 许廷鑅

## 🌸 人物介绍

许廷鑅,字子逊,号竹素,长洲人。康熙庚子(1720)举人。官福建武平县知县。有《竹素园诗集》。

先生慷慨激昂，长于武事一行。作吏，非所好也。罢官后，掌教粤西，识拔桂林陈文恭公于微时。咱文恭填抚吾吴，严重先生，先生绝不干以私，时论两贤之。少岁诗为王新城赏识，中年益工，一时有小青莲之目。余尤爱其七言绝句，深情远韵，掩抑低回，感均顽艳。

（据吴翌凤《怀旧集》卷一）

## 🏯 浯溪相关作品和事迹

### 题浯溪

浯溪一片石，长寄幽人赏。蕴灵亮有基，穿径识所昉。昔游景已移，胜情纷涉想。重来际萧晨，清湘驻双桨。初日澄远心，水木明秋爽。石梁欹半横，绝壁峭以上。曲径垂繁阴，流泉激清响。当境乃自今，过目已成曩。寂寞尘外踪，日见屦几两。高秋多白云，空亭自来往。

（据吴翌凤《怀旧集》卷一、许廷鑅《竹素园诗钞》八卷卷四、《湖海诗传》卷一）

### 磨崖碑

磨崖碑高切太虚，浯溪为带山为庐。大历二年夏六月，元结作颂真卿书。霜零日炙渐缺画，自已蟠郁蛟龙拏。有唐中叶际阳九，两朝女祸哀蓬篨。明皇奋臂以讨逆，蔓延秽乱崇朝除。法宫宵旰照镜日，开元治视贞观初。太平之业得长保，何至今日生歊墟。张韩姚宋作故老，纤儿乃坏家公居。中朝一旦相杨李，羯奴阻兵为篋胠。渔阳鼓入长生殿，天子蒙尘走巴栈。公卿求活拜草间，北征孤臣双肘见。二十四郡义士稀，平原热血喷贼面。是时车驾幸西荒，指臂不能使四方。勤王手敕起灵武，抚军监国职所当。广平少年马前语，犹使赞普惊真王。削平借乱两京复，父老重睹司隶章。迁宫避位诏不许，再请乃得还咸阳。从来宫庭事深秘，岂有父子生参商。大宝为轻社稷重，雄断自足扶天纲。新丰故事受朝贺，南内秋风称上皇。骆谷篴吹谪仙怨，雨淋铃忆离枝香。能令四海奉新主，神尧之后开中唐。呜呼！国家金瓯慎调护，小人勿用怀履霜。江头片石五百字，篇从周武铭成汤。传之世世作金鉴，当时何不藏明堂。

（《竹素园诗钞》卷四）

另有《冷水滩》《零陵》《湘南竹枝词》诸作。

# 刘新翰

## 🌸 人物介绍

刘新翰，字含章，号铁楼，永宁人。雍正癸卯举人，历官武缘教谕，江阴知县。著有《谷音集》。（家传，公任江阴有循声。江苏崔学使语陈文恭公曰：江南第一好官。寻以母老乞养归，不复出。○陈文恭公年谱，文恭公与之肄业书院最契。应试同出闱携手诵，文公曰今科解元让君矣。旁有睨而窃笑者。榜发，文公果领解，而公亦中式。公以文恭公贫，代筹资斧，日俟君联捷，后予再图北上也。其笃于气谊类此。）

## 🏯 浯溪相关作品和事迹

### 浯溪二首

翠壁倚澄潭，幽映成一色。掬水洗磨崖，人在青空立。
颜元迹已陈，水木空潇洒。千年无主人，留待清闲者。

（《峤西诗钞》卷四）

# 金 虞

## 👤 人物介绍

金虞，字长孺，号小树，钱塘人。康熙庚子举人，官孝感知县。乾隆丙辰，举博学鸿词。著《小树轩诗集》《双江卧游草》。

## 🏛 浯溪相关作品和事迹

### 自越洲三日至祁阳山水灵异花木清妍滩声石色俱耳目所未经可愕可喜舟中信笔记之以为他日卧游不足云诗也

楚天人日东风起，潇水东头湘水尾。越洲三宿到祁阳，峡束江盘难悉纪。探奇始自鱼子滩，澹荡晴峦如织绮。鸦青鱼白鹅儿黄，丝缕分明杂红紫。一幅西洋著色图，月晕霞烘不能拟。前程便是鲤鱼塘，千树梅花照寒水。直从山顶到江边，晴雪霏霏香不已。孤舟晚泊丁婆湾，犹在罗浮梦魂里。明日乘风过合洲，九矶滩畔山形伟。水面横开百堵墙，灌木苍藤森壁垒。萧萧微雨宿黄牛，又逐朝云上滩嘴。滩号西洲路最长，筼竹扶疏差可喜。路转峰斜入紫罗，紫罗峡内清无比。两山杪树尽成阴，遮却天光六七里。山氓种杪如种田，方罫鳞鳞宛相似。风吹倒影满江寒，新绿茸茸染襟履。紫罗卅里到元姑，滩上梅花尤霍靡。长日春江暖气蒸，所惜色香稍减耳。过此滩多水益高，三门逼仄观音驶。崖石雕镂万态殊，各各波心争踧踖。奔湍触石浪花粗，掀得轻舟薄于纸。篙工顿脚两舷穿，邪许声哀愁欲死。余方瞪视心茫然，闪电惊雷只如此。舟行过险复回头，石骨玲珑水清泚。浑忘身自险中来，但觉跳珠湿行李。观音滩外凤凰滩，滩势较平无足齿。半规新月上桅竿，且向祁阳看晚市。

### 浯溪读中兴碑

文于天地不两大，我昔闻自浯溪歌。浯溪深处漫郎宅，后有作者何其多。中兴一颂岿然在，手剔苍薛三摩挲。当时翰墨鲜高手，谁与八代回狂波。鸾台凤阁数燕许，东封石刻徒媕婀。斯文独任起衰责，采薇六月相肩摩。平原颜公忠烈士，肝胆契合心手和。特书大书照岩户，如日始出星交罗。想当握笔几透爪，一一劲挺无纤颇。因思往迹发长喟，乱由人召非由他。妖妃孽臣早卜断，乃出下策驰青骡。艰难百战两京复，实赖灵武挥天戈。儒官扬厉职应尔，讵忍腹诽含谯诃。余子纷纷若镌凿，强作解事理则那。三吾亭子高嵯峨，下有石镜冷不磨。飞泉潋潋生盘涡，惜哉无人洗山骨，奈此玉佩琼据何！

（《两浙輶轩录》卷十五；《国朝杭郡诗辑》卷九，吴灏原辑，孙吴振棫重编）

# 谢济世

## 👤 人物介绍

谢济世（1689—1756），清广西全州人，字石霖，号梅庄，康熙五十一年进士，授检讨。雍正四年，任御史，劾田文镜贪虐，忤世宗，遭遣戍。七年，又以注释《大学》不宗程朱，论死，宽免。乾隆时得召还，授湖南粮道，复坐事解任。旋改授驿盐道。有《梅庄遗集》等。

## 🏛 浯溪相关作品和事迹

### 浯溪（甲辰）

我爱浯溪好，山崖复水崖。不知清夜梦，送却几芒鞋。鱼鸟今无主，元颜昔少侪。谁能明镜畔，为我结茅斋。

汪杜终云：高古简澹，在韦柳之间。

（《谢梅庄先生遗集》卷八，全州谢济世撰，《清代诗文集汇编》第 266 册）

# 李茹旻

## 🏵 人物介绍

李茹旻（1657—1734），清江西临川人，字覆如，号鹭洲，康熙五十二年进士，官内阁中书。与兄李事之均工诗文，京师号为"临川二李"。有《太平府志》《粤西通志》《二水楼诗文稿》。

## 🏛 浯溪相关作品和事迹

### 石镜

石镜嵌苍壁，万古磨青铜。照妖破鬼胆，鼓铸惊神工。宝奁云匼匝，珠罄日瞳胧。膏沐泫山雨，巾拂飐江风。奉匜湘水绿，支架嵝台崇。烟鬟列娇态，一一含光中。浑疑帝二女，妆鉴临渚宫。重华渺何许，九疑空溟濛。

### 观浯溪磨崖碑次山谷韵

石崖天齐俯浯溪，磨砻镌勒凌云碑。中兴颂属漫叟作，鲁公书称两色丝。天宝孽臣乱天纪，潼关百万来奚儿。两都失陷空东西，鸾舆幸蜀如鸡栖。灵武诸臣矜翼戴，工逢迎耳何能为。天幸李郭为时出，走曳落河收京师。平原拒守颜独力，九江理兵元指挥。道州时议上三策，言言切讽安思危。信贤屏奸除弊法，婉挚何止舂陵诗。一日三朝天子孝，放生碑亦颜微词，辅国纤人敢猖獗，南内旧侍无一随。二圣重欢虽颂语，此意千古含酸悲。

### 谒颜元二公祠迭前韵

古祠枕石临浯溪，颜元合祀崇礼碑。道州刺史古循吏，保障一州羞茧丝。先时州陷西原贼，民多逃散捐妻儿。诏书起公出瀼西，州民渐复还故栖。太息诸使征求急，奈何不使存活为。观其到任谢上表，极请择吏惠嘉师。货贿权门宜杜塞，时弊大声为发挥。得结十数为邦伯，天下少安无阽危。杜陵老观舂陵作，感叹欲绝形歌诗。民争诣阙请祠祀，具载鲁公表墓词。此属漫叟归老地，两贤相得曾追随。只今空余山水绿，过客长兴吊古悲。

（《二水楼诗集》卷十二《桂江草》，临川李茹旻覆如撰，《清代诗文集汇编》第 202 册）

甲辰（1724），穆堂公巡抚广西，甘公逊斋（甘汝来）由太平守历观察坐升开府继任，先生代纂《太平府志》，复修《粤西通志》。

# 陈元龙

## 🏵 人物介绍

陈元龙（1652—1736），字广陵，号乾斋，之暗子。太学生，中康熙壬子顺天副榜第三名，戊午浙江乡试第四十三名，乙丑会试第二名；殿试第一甲第二名，授翰林院编修，历官文渊阁大学士，兼礼部尚书。具疏致政，特加太子太傅。予告累授光禄大夫。乾隆丙辰恩给全俸，予祭葬，谥文简。详见大传。生顺治壬辰十月二十九日，终乾隆丙辰八月二十五日，寿八十五。国史立传。配长洲相国宋文恪恭女，累封一品夫人，详见外传。继王氏，封一品夫人。合葬禄步墩父墓河东。乾隆壬午、乙酉、庚子、甲辰，南巡四次，并蒙恩膳房颁祭，遣大臣祭墓。子一，邦直，王出。女二，长适太仓相国王公子，进士、四川宪副奕鸿侧室，王出；次适于是昆山徐树毂子，广西梧州郡守德袄侧室，吴出。抚弟嵩幼女一，适虞山相国蒋文肃公子，相国谥文恪溥。

（《海宁陈氏家谱》卷七世传四，嘉庆甲子十二世孙陈应麟重编）

## 🏯 浯溪相关作品和事迹

### 祁阳县观摩大唐中兴颂（1725）

颜书元颂二绝兼，千秋万世垂苍岩。气开溟滓文章古，笔挟雷霆体势严。鹤峙蛟蟠风凛凛，苔侵雨剥光炎炎。仰观思作三日卧，王程牵率未敢淹。

### 石镜

苍崖壁立自生光，雨洗云磨岁月长。仁寿殿前谁共见，咸阳宫里漫深藏。玉瑛曾记东方赋，石镜空劳异域航。若使肺肝能尽照，行人过此亦彷徨。

（《爱日堂诗》卷二十二《重临集》，陈元龙撰，《四库全书存目丛书》集部第 254 册）

# 李 绂

## 🌿 人物介绍

李绂（1673—1750），字巨来，号穆堂，清江西临川人，康熙四十八年进士，由编修累官内阁学士。雍正间历任广西巡抚、直隶总督，以参劾河南巡抚田文镜得罪下狱。乾隆初起授户部侍郎。治理学宗陆王，言政事推崇王安石，对世传事迹有所辨正，为蔡上翔《王荆公年谱考略》所取资。有《穆堂类稿》及续稿、别稿，以及《陆子学谱》《朱子晚年全论》《阳明学录》《八旗志书》等。

## 🏯 浯溪相关作品和事迹

### 浯溪读山谷老人诗即用其韵（雍正三年 1725，从广西巡抚移节直隶总督。）

清湘东下经浯溪，磨崖千尺传唐碑。颜书元颂信瑰玮，安得蔡邕题色丝。涪翁一作亦佳绝，尚沿稗野讥禄儿。当年阿荦孤雏耳，死囚不斩归关西。污流俶缩见林甫，上林敢借何枝栖。杨李相倾自私恶，一朝激遑为狂为。九龄先见悔莫用，潼关失守烦王师。文人浮薄谱遗事，弱毫不根从所挥。赐钱拜母一何鄙，污蔑宫壸诚倾危。新旧唐书有本传，杜陵史笔存遗诗。高文典策束不读，争吟轻薄连昌辞。往嫌涑水妄编载，翁颇有识犹苟随。古来浮云蔽白日，骊山一闭阴风悲。

（《穆堂初稿》卷十六《桂林草》，临川李绂巨来撰，《清代诗文集汇编》第 232 册）

# 胡良显

## 🌿 人物介绍

胡良显，字忠遂，别号得岑，汉阳人。康熙辛卯举人，官武城县知县。雍正五年至十二年任祁阳县教谕，雍正五年钦选。

## 🏯 浯溪相关作品和事迹

### 镜石

镜向磨崖湘水碧，个中万象只盈尺。蛮烟瘴雨莫摧残，疑是忠肝结此石。

# 李光暎

## 🌿 人物介绍

李光暎，清浙江嘉兴人，字子中。喜金石，收藏甚富。有《观妙斋金石文考略》。

## ◇ 浯溪相关作品和事迹

### 中兴颂

右大唐中兴颂，元结撰，颜真卿书。字尤奇伟而文辞古雅，世多摹以黄绢为图障。碑在永州磨崖石而刻之。模打既多，石亦残阙。今世人所传字画完好者，多是传摹补足，非其真者。此本得自故西京留台御史李建中家，盖十年前崖石真本也，尤为难得尔。（《集古录》）

中兴颂刻永州浯溪上，斫其崖石书之。刺史元结撰。结自以老于文学，故颂国之中兴，颂成，乞书颜太师。太师以书名时，而此尤瑰玮，故世贵之。今数百年藓封莓固，远望云烟外。至者仰而玩之，其亦天下之伟观耶。尝谓唐之文弊极矣，结以古学为天下倡首，芟擿蓬艾，奋然拔出数百年外，故其言危苦险绝，略无时习态，气质奇古，踔厉自将。尝曰："山苍然一形，水泠然一色。"大抵以简洁为主。韩退之评其文，谓以所能鸣者。余谓唐古文自结始，至愈而后大成也。（《广川书跋》）

颂者美盛德之形容，以其成功告于神明者也。商周遗篇可以概见。今次山乃以鲁史笔法婉辞含讥，盖之而章，后来词人复发明呈露则磨崖之碑乃一罪案，何颂之有？窃以为未安。题五十六字刻之石傍，与来者共商略之。三颂遗音和者稀，半容宁有刺讥词。绝怜元子春秋法，却寓唐家清庙诗。歌咏当谐琴搏拊，策书自管壁瑕疵。纷纷健笔刚题破，从此磨崖不是碑。（范成大）

磨崖碑中兴颂，元结撰，颜真卿书。字画方正平稳，不露筋骨，当为鲁公法书第一。唐文靡琐极矣，至结与萧颖士辈方振之。颂亦典雅，仿峄山诸碑，第有可议者。颂其君而斥其君之父曰："噫嘻前朝，孽臣奸骄。"且冠之篇首，岂颂体尔耶。吉甫于宣王诗，穆如清风者，未闻以厉王斥也。序辞所谓非老于文学，其谁宜为，亦夸矣。晓人不当如是。（《弇州山人稿》）

磨崖中兴颂碑，自欧阳公集古录，已谓其岁久剥裂，字多残阙，好事者以墨增补之。王元美最博雅，乃云字画方正平稳，不露筋骨，当为鲁公法书第一。岂元美所见乃崖石真本耶。予获一纸，恐是枣刻，虽筋骨不露，而神气全亡。惜不得至永州崖一证之。（《石墨镌华》）

此鲁公书之翘然者，在八关斋记之上。（《苍润轩帖跋》）

书至于颜鲁公，鲁公之书又至于中兴颂，故为书家规矩准绳之大匠。河朔尝见三数本，皆完好而森森如剑戟有不可犯之色。今得此本，颇有残缺，既装褫则反得古中韵胜，乃知崖角刓弊，本真全露，有李白所谓秋水出芙蕖，天然去雕饰者，尤可赏激也。（《陵川集》）

元次山有文名，唐人所推重。中兴颂又其得意之作，乃其韵俱用平声，弥见弱。夫宫商经纬，依永乃和，尽用仄必噍杀矣，尽用平必滞伏矣。陆平原所谓偏弦独张，清奏靡应。此颂不无此疵焉。次颂大历六年镌于永州浯溪石崖，已八百几十年，不遽泯，徒以颜鲁公正书能使山灵诃护若此耳。李阳冰琅邪、庶子泉铭，亦磨崖，字已不可辨。余亲往见之，或谓此颂是再模，则不可知矣。宋庐陵罗大经诧叹肃宗即位灵武事，遂谓节判前叙数语止言大业而不及盛德，以为节判亦不满之。罗君读此，不及竟耶？颂中固已有盛德字，以补叙文之阙，作文固有称停，庶免复累，此文庐陵之所不识也。（《隅园集》）

（《观妙斋藏金石文考略》卷十一）

# 李宗渭

## 🌾 人物介绍

李宗渭，字泰川，嘉兴人，康熙癸巳举人。初于康熙丁亥自编其诗为《瓦缶集》三卷，后又有《永怀集》一卷，附刻以行。宗渭殁后，其婿高衡乃哀其遗诗，编为《乐府》一卷，《古体》九卷，《近体》二卷，仍以"瓦缶"为名，从其初称也。其诗古体多于近体，五言多于七言，时以汉、魏、六朝、唐人为法，而不肯为宋、元之格，故字句率有古意。昔人论林鸿之诗，如唐摹晋帖者，其庶几乎。

## 🏯 浯溪相关作品和事迹

### 浯溪

行舟信江水，忽此浯溪游。古人不可作，崖石千年留。流泉出石隙，飞阁跨山陬。云飞春陵道，鸟鸣潇湘楼。楚南佳山水，心赏惟一邱。吾志谁与共，遐哉元道州。

（《瓦缶集》卷三；《四库存目丛书》集 267，《清代诗文集汇编》269 册）

# 王式淳

## 🌾 人物介绍

王式淳，睢州人，举人，雍正中知祁阳县，重修宓尊。

（乾隆《浯溪新志》卷六）

## 🏯 浯溪相关作品和事迹

### 读中兴颂碑

潇湘烟景堪图绘，中有浯溪尤称最。荒凉千载无人居，清境适与漫郎会。漫郎不是石隐伦，使君曾锡春陵春。邦伯久能倾杜老，大义复此勒雄文。雄文云何关大义，唐室中叶渐陵替。一从臊羯吠渔阳，藩镇效尤总睥睨。湖南版宇接荆阳，何物小丑任披猖。偏裨擅杀同儿戏，贪夫取略蠛天纲。此时幕府尚酣歌，此时元公无斧柯。义激衷肠唤奈何，特颂中兴惊么么。首述继体前星朗，太阳一照祛魑魅。次言河洛义旗张，二京恢复如反掌。九庙重辉蜀斾回，依然金阙晨钟开。若个忠勋不茅土，若个凶逆不稿街。凛凛劝惩章雷电，犹恐杀青传难遍。银钩特倩鲁公书，磨崖深刻矗天半。鲁公忠烈四海闻，首起平原却妖氛。耸身云端运妙腕，标出中兴天子尊。率土同尊无二上，大书春王仿素王。行人瞻仰日星明，贼臣睢盱心胆丧。从此飞鹗稍戢翼，从此哀鸿可小息。不因大义肃地天，安得南荒静反侧。可知此举非雕龙，行间字里有折冲。不然盛德兼大业，只合铭鼎与勒钟。何事挥毫峭壁上，何事掩映江天中。吁嗟乎！作者苦心不自陈，专待论世读书人。夫何涪翁添蛇足，安怪徐子肆反唇。可怜题咏尚纷纷，不知元子闻不闻。人心千载有真契，无端毁誉俱浮云。我无童子雕虫手，管中窥豹知是否。漫郎倘许一问津，愿借宓樽浇我口。

（乾隆《祁阳县志》卷八艺文）

# 邹一桂

## 🌾 人物介绍

邹一桂，字符褒，雍正五年进士。由编修改御史，督学贵州。乾隆七年，迁礼科给事中。初，衡阳知县李澎等倚巡抚许容浮收赋额，粮道谢济世发其奸，为容诬核。既覆谳得实，夺容职。未几，仍命巡抚湖北。一桂疏争，谓容不宜复用，乃罢。迁太常少卿，奏律载狱，俱全图，有定式，毋许非刑，乃今直省新制，无论狱囚多寡，概令排头仰卧于脚镣手梏之中，横穿长木，锁逼两端，多缘致毙。宜下各省督抚严禁。从之。累迁大理卿，平反重狱，脱死罪二人。历内阁学士、礼部侍郎。以年老，仍调阁学。致仕归，再入都祝厘，与九老会。在籍食俸。卒，赠尚书衔，予祭葬，年八十七。一桂工画，亦有名于时。

（光绪《无锡金匮县志》卷二十宦望）

## 🏯 浯溪相关作品和事迹

浯溪（在祁阳南二里。绝壁临江，唐中兴碑镌于壁上）

夜雨平添半篙水，舟行不帆去如驶。浯溪之崖石齿齿，上有危亭欲倾圮。缘溪一迳穿葛藟，绝壁雄文颂唐李。千年妙笔世存几，卓哉颜元二君子。贞名不磨在青史，磊落余芬亦可喜。纷纷题诗远游士，山谷一啸众披靡。风侵雨蚀惜残毁，丹枫碧苔乱青紫。祁阳赠我拓一纸，回舟展玩不能已。推篷遥望旧汀沚，急流已下三十里。

（《小山诗钞》之《粤游草》，让乡邹一桂撰，《清代诗文集汇编》第 260 册）

# 王　朴

## 🌺 人物介绍

王朴，字林菁。勤学笃行。康熙庚子副车，肄业太学。雍正初，令嘉禾，以不能随时俯仰，移疾归。乾隆元年，再补蒲圻，有实政，而不获于上。解组后，行李萧然，绅士赠以数百金，坚不受。归家授徒，善启发。足不入之市井，亦不妄交。年七十余卒。（乾隆《三原县志》卷十二人物）

## 🏯 浯溪相关作品和事迹

王朴题额，在峿台北崖区。

《芳踪不磨》拓片

芳踪不磨

余自雍正六年，简发湖南以知县用。初署嘉禾，继获长沙同知事，因病假归。至十三年起复来南，蒙上书，乃委视祁篆。闻浯溪有颜字、元颂、黄诗，号称三绝。莅任后，谒颜元祠，稽考遗踪，不胜慨叹。唐宋以来，名人题咏甚夥。余何敢妄为效颦。因敬题"芳踪不磨"一额，悬于祠庭，并勒诸石，以志景仰云。

雍正十三年岁次乙卯季冬月望日，署祁阳令三原王朴谨识并书。

# 袁　枚

## 🌺 人物介绍

袁枚（1716—1797），清浙江钱塘人，字子才，号简斋，晚号随园老人。少负才名，乾隆四年进士。任溧水、江宁等县知县，有政绩。四十岁即告归，在江宁小仓山下筑园名"随园"，吟咏其中。诗主性灵，古文骈体亦自成一格。性通达不羁，尤好宾客，四方人士到江南，必至随园投诗文。又广收诗弟子，女弟子尤众。有《小仓山房诗集》《随园诗话》《子不语》等。

·浯溪历代人物志·

## 浯溪相关作品和事迹

### 浯溪碑（1736）

　　夷吾虽归辱社稷，射姑来朝无贬词。从曰抚军守监国，古来家嗣良如斯。宋儒不明春秋义，题浯溪碑多刺讥。当时明皇跃马去，五更昏黑西川驰。若非灵武张位号，九州不见天皇旗。望贤宫前重返跸，黄袍手著如婴儿。一辞一畀见真性，此际慈孝天皆知。玉真公主具尊酒，上皇父老相娱嬉。监奴揽权艳妻惑，从此两宫生猜疑。君子原情论大义，事有后累无前非。鲁公忠孝立人极，金石腕力尤淋漓。先拜新君心忤舞，后望南内空凄其。书罢大唐中兴一颂刻山石，再书请朝上皇一表铺丹墀。

（《小仓山房诗集》卷一丙辰，钱塘袁枚子才著）

### 浯溪镜石

　　浯溪镜石光可爱，立向荒江照世界。照尽东西南北人，镜中依旧无人在。五十年前临汝郎，白头再照心悲伤。恰有一言向镜诉，照侬肝胆还如故。

### 窊尊歌

　　千寻绝壁立江口，上凿窊尊容一斗。有时饮者不经意，一杯便落蛟龙手。想见当年元次山，退谷抔湖随处走。拉得襄阳孟彦深，白浪如山来饮酒。吾溪吾亭名不休，据将公物为私有。我昔来游美少年，我今来游忽老丑。新吾旧吾尚难占，一邱一壑谁能守？不如交还与太虚，游者何人随某某。千峰看过皆我物，千载同心皆我友。试倾江水当葡萄，即托江风召聱叟。叟纵不来听我歌，未必摇头呼否否！

（《小仓山房诗集》卷三十甲辰1784，钱塘袁枚子才著）

### 碑铭用字之奇

　　颜鲁公作《浯溪颂》四字一句，一句一韵，仿毛诗也。作《子仪家庙碑》铭词两句一韵，至四句一东、第五句别用十二侵韵到底，不知何仿？欧阳圭斋作许鲁公碑铭，一句用东韵，一句用江韵，亦奇。雁门田颖作《张府君墓铭》，铭前文云："呜呼！谁免荣枯，适睹全盛，今已沦殂。"又曰："梁木折，泰山颓。三子肠断，二女情摧。"是文中用韵也。但称张公字希古，而不书其名，亦金石之一例。

（《随园随笔》卷五金石类，钱塘袁枚子才撰，《随园三十八种》）

# 张　鳌

## 人物介绍

　　张鳌，字俊士，号一峰，祁阳人，乾隆初贡生。

## 浯溪相关作品和事迹

### 磨崖碑

　　磨崖矗立湘之浒，几蚀风霜剥冻雨。劲笔凌霄颜太师，雄文揭日元水部。光芒万丈天日明，忠义凛凛今犹生。君王不识平原守，儿童犹说春陵行。世事升沈空踯躅，今古游人去来续。摩挲片石憩崖颠，溪水泠泠漱寒玉。

（《沅湘耆旧集》卷八十五）

# 张 照

## 🏵 人物介绍

张照（1691—1745），清江苏华亭人，初名默，字得天，又字长卿，号泾南，又号天瓶居士。康熙四十八年进士，授检讨，官至刑部尚书。通法律、精音乐，尤工书法。卒谥文敏。

## 🏯 浯溪相关作品和事迹

### 跋香光临唐人书四种

香光临浯溪碑少，何千万年句，撰刻年月十六字，是否与遁甲神经同幅而并失之，不可考也。异日若更离散，将不知为何人之迹，故补书而记之。

此帖高文恪公每云：平生性命之宝。锺绍京遁甲神经一叶，在海宁陈学士家内，又失去。内景经二叶，在南纱蒋相公家。前幅遁甲神经，清静经与此数幅，皆香光戏鸿帖跋语稿也。前为康熙辛卯渤海君所携来，此则乾隆己未在京师购得，合装而记于后，俾观者知语重辞复之故。闻戴丙章状元家有类此数丈，惜未见也。

（《天瓶斋书画题跋》卷上张照著 1741 年版）

### 跋自临中兴颂

磨崖碑，岁久漫漶，愈修治则点画愈粗大，今本全失其真矣。从此思翁本缩临。

（《天瓶斋书画题跋》卷下张照著 1741 年版）

# 倪国琏

## 🏵 人物介绍

倪国琏，字西昆，一字紫珍，又字子珍。仁和人。雍正庚戌进士，由翰林官给谏。

（《全浙诗话》卷四十六）

## 🏯 浯溪相关作品和事迹

### 熊罴岭（在祁阳县北三十里）

遄行兼水陆，言臻泉陵境。（祁阳，古泉陵。）方辞蛟龙窟，复上熊罴岭。岭路夫如何，盘回碧峰影。前坦后则削，陡折堕渊井。磴危骑卒下，沙滑仆夫警。偏逢奇树多，色秀柯叶整。傍壑转清幽，岈岹含夕景。亦有岩栖人，结茆尘事屏。汩汩闻寒泉，流出白云冷。四山丛青林，初荣若禾颖。（地多种小树成林，其种自西江来。）客行图画中，忧喜变俄顷。无虚攀陟劳，幸少荆榛梗。回思磨石险，（磨石岭在绥宁城，逼近苗疆。）欲避猛虎阱。戒心难革顽，局步叹羸骍。岂如兹岭佳，登览忘路永。长谣发竹舆，既度还引领。

### 游浯溪（有序）

辛酉（1741）十二月二十一日，按试永州。事竣，还长沙，舟过祁阳，因得拜颜元祠下，读磨崖碑，登台畅览。是日夕霞初淡，江风不寒，得恣游眺，亦一胜缘也。

子陵有钓台，高踪渺难求。次山有浯溪，清风何时休。搜剔山水妙，结亭铭其幽。我来度香桥，宾从亦舍舟。寒泉石齿齿，落木风飕飕。披榛古祠肃，放眼群岚稠。绕以白云幛，贯之碧玉旒。湦尊酌天浆，镜石凝青眸。迪然发长啸，可以抒烦忧。平生爱斯图，亲至愿始酬。仙翁亦降迹，况我文墨俦。（有吕仙翁留题诗，字亦刻在石上。）扪读中兴颂，词古字复遒。磨崖得双绝，巨笔垂千秋。旁镌叹剥蚀，千百或一留。山僧解摹拓，捧出如琳璆。属以具纸墨，再至当兼收。古人善贻后，（作铭以贻后人，本元公文中句。）匪独耽宴游。疮痍既以起，馀事及林邱。标名闻灵异，物色仍雕锼。杜陵信非阿，粲粲元道州。

（《春及堂诗集》卷四十《庚申南行集》，钱唐倪国琏穟畴撰，《四库存目丛书集》部第 275 册）

# 储大文

## ❦ 人物介绍

储大文（1665—1743），清江苏宜兴人，字六雅，号画山。康熙六十年进士，授编修，旋告病回里。八股文有声于时，后好谈古今舆地。有《存砚楼集》。

## 🏯 浯溪相关作品和事迹

### 镜石三首

#### 其一

一方白玉自年年，偏对蓬山海月圆。莫是秦时童女去，长留宫镜照婵娟。

#### 其二

写出菱花别样妆，分明妾意石纹香。美人无限来看影，不遣清光照乐昌。

#### 其三

武担荒冢几经秋，湘浦磨崖水自流。何似海天清照里，玉京仙女倚层楼。

（《存砚楼二集》卷二诗，宜兴储大文六雅撰）

# 朱仕玠

## ❦ 人物介绍

朱仕玠（1712—?），字璧丰，又字璧峰，号筼园，福建建宁县人。清乾隆癸酉（1753）拔贡生。通经史百家之书，与其弟仕琇各以诗、古文见长，在京城颇负声名，惜屡试不第。壮时曾渡黄河，游太学，历吴、楚、越、宋、齐、鲁等地。乾隆二十八年（1763）由德化教谕调任凤山县教谕。是年六月莅任，次年夏，因丁母忧回籍，授徒里中。后擢知内黄县事，未任职而卒。著有《小琉球漫志》、《筼园诗稿》三卷、《和陶》三卷、《溪音》十卷、《音别》四卷、《龙山漫录》二十卷等作品。（《全台诗》小传）

## 🏯 浯溪相关作品和事迹

### 九思诗·元道州结

昔颜延之咏五君，杜少陵著八哀，或抗怀曩哲，或怆心时彦，要诸情有所寄，自不能已于辞。予生居晚近，不及见畸人奇士，偶读《新唐书》，见数君子者，或契志黄农，或才惊殊俗，或为膏肓泉石，痼疾烟霞，胥戢景韬辉，浮沉世俗，欲以致区区尚友之意，因创为九思诗。太史公曰：虽不能至，心向往之。诚有味乎其言之也。

聱叟学聱牙，渔者相浮沈。筤簹带樊上，四面云山深。谁云三季还，乃有羲农心。为作欸乃曲，锵然韶濩音。

（《溪音》卷四，建宁朱仕玠碧峰撰，清乾隆松谷刻本）

# 阮学浩

## 🌿 人物介绍

阮学浩，字裴园，号缓堂，清代淮安府山阳县人。雍正八年（1730）中进士，历官翰林院检讨，《四朝实录》编修，提督湖南学政，主持陕西、山西乡试，任京都会试同考官，赠中宪大夫通政使司参议。今存有《缓堂诗钞》十五卷，《裴园文钞》一卷。

## 🏯 浯溪相关作品和事迹

### 祁阳伍祠部以赠公秋林读易遗照属题为赋长句

荆襄之南美山川，奇杰往往生名贤。谁欤清芬被岩壑，石林结构幽且偏。风尘颒洞任变灭，湘烟岳雨檐端悬。琴书几榻次罗列，四时花鸟相新鲜。位置恍入柳州记，烘写景物供雕镌。先生静得研经力，旁及子史皆贯穿。卓荦诇屑注虫豸，手把一卷穷韦编。秋风骨立独苍秀，谁言味道身非仙。簏笥绝少金帛贮，群籍口授趋庭前。只今仕学守家法，陈荀气象联星躔。乃知先民重义方，（此后脱落）

（《缓堂诗钞》卷三，山阳阮学浩裴园著）

### 舟中望观音岩次□□□韵

倚空层槛绕峰巅，杰阁凭陵思悄然。腊意渐消双桨雪，春光初散一江烟。水云阅尽人间世，空色参来物外天。好景登临莫惆怅，溪山佳胜抵游仙。

### 由郴江达零陵，兼旬水递，酬答既谢，暇逸遂多。偶阅陶集，即用饮酒二十首韵触兴掳写，录之以识岁时而已（选第十五、十八首）

#### 其十五

谢公姑孰山，陶令浔阳宅。地以贤达灵，后来眷遗迹。三吾潇湘隈，阅世易千百。残碣苔花斑，荒祠落日白。缅维元颜风，凭吊有馀惜。

#### 其十八

昨日泛重滩，挥手行不得。百尺奔涛迎，猿鸟心回惑。乃知世险巇，川流讵可塞。云雨反复间，同舟而异国。唇舌波澜翻，寄言警沉默。

### 雨泊祁阳之凤凰滩满守谦甘石泉隔舟投诗酒后叠赋

凤凰滩上几重云，雨后清波漾縠纹。芳气渐催桃柳发，欢声先逐燕莺闻。高吟忽漫来双叠，纵饮悬知罄十分。最是美人香草路，重将采掇待夫君。

廉纤竟日古同云，一纸缄来百叠纹。（驿吏来迎，旧日史馆从事也。兼致到舍弟家信）且喜江头逢故吏，更从天上问新闻。流萍到海终须合，旅雁经春奈又分。种种客怀难诉与，只应相谅是诸君。

### 舟泊浯溪山脚，野花一丛盛开，木本叶似桂，白花四出，黄心长跗，小朵攒簇。询人未知名，舟子呼以雪花，取供胆瓶清芬殊列

细朵幽姿作意清，一枝折对眼初明。可怜到处寻香草，沦落江干不识名。

峭壁孤亭水一涯，岁寒相傍野人家。分明玉琢珠联就，别署清衔唤雪花。

（《缓堂诗钞》卷五，山阳阮学浩裴园著）

## 重过浯溪

三岛楼台蜃未收，潮声树影日光浮。几番风雨春犹在，如此溪山客不留。路为频经成旧识，碑余残迹待重搜。旷怀直拟同宗炳，亟倩丹青作卧游。

## 浯溪中宫寺

济胜惭无具，耽幽喜共寻。水环千嶂杳，寺入万松深。老衲迎荒径，游人憩夕阴。清风吹落叶，归路好微吟。

## 浯溪十景诗

时惟二月，路出三吾。淑景才融，惠风微扇。颜平原遗碑斯在，元刺使故宅非墟。童冠偕游，智仁合契。一湾烟渚，江头卵色之天；几叠人家，沙尾鱼鳞之岸。池台左右，峦壑高低。铺旧绿于平坡，延新青于绝巘。桥分雁齿，沿崖则双径逶迤；树隐鸠巢，跨涧则千章掩互。遥衔碧岫，近俯澄澜。尘埃为之顿蠲，应接澒而不暇。泉流递响，泻飞瀑于林端；岚气浮空，衬落霞于槛外。亭横怪石，浓翠穿檐；祠入荒丛，懒云护牖。馀寒斜日，宛尔蓝田；娱目欢心，陋他金谷。快登临于我辈，山川与客多情；寄慨想于前贤，草木因公起敬。镠铉钟吕，鸿文尚揭于岩间；挐攫蛟螭，铁画长悬于天半。苍藤紫蔓，染到须眉；秀竹幽花，拂来襟袖。良谈落落，雅志飘飘。藉柔卉以作歌，揽轻飙而自适。正忆维舟香泽，曾访桃源；行当鼓枻愚溪，重吟柳序。

> 松偃梅敧橘刺低，玲琼一派岸东西。春塍映带溪流碧，隔陇新耕雨一犁。（浯溪漱玉）

> 浩森湘波涌翠微，孤悬片石对斜晖。匆忙照过人多少，日日渔蓑镜里归。（镜石涵辉）

> 曲槛凌风俨画屏，朝朝远翠落江汀。红尘不到三山畔，目厌逢迎耳厌听。（㯖亭六厌）

> 一颂中兴事已乖，几行蝌蚪饱风霾。精诚自合垂千古，可但磨崖笔法佳。（磨崖三绝）

> 轻烟霭霭绿阴成，云与苍岩一样平。记取台边风日好，柳丝桃片近清明。（峿台晴旭）

> 山色鲜疑著雨痕，渌波环处绝嚣喧。倘容抔饮邀明月，不羡田家老瓦盆。（宎樽夜月）

> 野水闲云洞壑幽，春陵赋罢此居游。书声寂寞樵歌杳，尚有遗黎说道州。（书院秋声）

> 石渠宛转压山椒，低覆松枝与柳条。最是免当车马路，杏花如雨带香飘。（香桥野色）

> 丛竹荒祠一径长，清风拂拂昼生凉。顿教野性勾留住，瀑水声中话夕阳。（漫郎宅籁）

> 石磴缘崖次第探，一亭烟景足春三。闲将岘首评兴废，何日重停载酒骖。（笑岘亭岚）

## 将抵邵陵

邵阳山色接祁阳，柳陌阴阴菜圃香。行遍人间今始悟，最佳风景是农桑。

## 重过文明铺

沙尾云根曲作堤，谢家游屐旧曾携。探幽兴已随年减，玩物心从阅世齐。飞絮落花春渐晚，游蜂舞蝶梦须迷。行吟何必供传写，声价平生不厌低。（浯溪诗诸生勒之壁上。）

（《缓堂诗钞》卷六，山阳阮学浩裴园著）

# 鄢正笏

### 🌿 人物介绍

鄢正笏，字方廷，醴陵人，所居有画村，故自号画村。乾隆中贡生，有《澹云亭集》《岸花腾笑草》。方廷为醴陵名宿，与吾邑石溪吴兰柴、湘阴周半帆、默耕兄弟及宁乡之邓南坡、永绥之胡朴园友善，时称七子。诸君皆兄弟事之，称之曰鄢五丈。《澹云亭集》自言为潼关杨玉谷携去未还，今所存者《岸花腾笑草》

钞本较之孙吴诸子，才力似稍逊，盖残帙也。

## ☗ 浯溪相关作品和事迹

### 中宫寺访雪舫上人不值题壁

竖拂拈椎遇总疏，水边林下地馀初。输君面壁犹敲句，老我名山未著书。吾道百年常鼎鼎，浮生半日偶蓬蓬。清溪白社多时梦，欲举前因一问渠。

### 游浯溪归途口占

春风扶醉下高寒，漱石香泉咏未残。清兴南楼应不浅，夕阳山影满阑干。

### 度香桥即事

梅花泉界画村遥，亦有云林屋覆蕉。惭愧十年称键户，青山一笑度香桥。

（《沅湘耆旧集》卷一百二十四）

# 王 锌

## ☗ 人物介绍

王锌，字元音，号药林。生而颖异，弱冠补弟子员，甲午（1714）举于乡，主考沈涵深器之，同考官伊予先与谈经济略，叹曰："子非直百里才也。"庚戌（1730），奉旨发黔省，以知县用。抵黔即赍饷乌蒙，办诸厂务。时厂民多不逞，锌劝导整饬，阖厂帖然。甲寅（1734），补安平。县当孔道，土瘠民贫，锌一意抚绥，有不便民者力除之。民苦差累，每捐俸以垫前令报升科粮四百八十余石。奉檄催征，锌痛陈其无著，请豁免。上官难之，驳诘再三，卒折而从锌。嗣署普定篆，普为黔滇门户，值逆苗蠢动，锌筹办军需，四郊宁谧。先是，安郡文武多龃龉，锌沥肝晓譬，皆各躏城府，提军王无党每语人曰："某真读书君子也。"丁巳（1737），黔中秋霖损稼，锌备申被灾情形，详请赈恤，得荷皇仁蠲贷。锌承办赈务，无冒无漏，灾黎沾实惠焉。锌凛清操而性刚耿，郡守有中伤锌者，抚军张曰："王令倔强，决不要钱。"既而以盗案诖误去官，去之日，民感泣，拜道左者踵相接也。锌居官居乡，惟惓惓人心风俗。岁乙丑（1745），偕邑绅士董修文昌塔，并助建文昌书院。其他善事盖难缕举云。诸子皆能承其家学，世淑登贤书，世润膺选拔，尤其卓卓者。（乾隆《祁阳县志》卷五人物）

## ☗ 浯溪相关作品和事迹

### 游浯溪小憩中宫寺

多情风月宬尊里，满髦雪霜石镜中。十载空孤猿鹤约，溪山题咏总难工。（时解组初归）

（乾隆《浯溪新志》卷九）

# 王世淑

## ☗ 人物介绍

王世淑，乾隆三年戊午科彭世英榜，字至和，号慎堂，王锌之子。（乾隆《祁阳县志》卷五选举）

## 浯溪相关作品和事迹

### 浯溪吊古八首

#### 其一

戈矛漠漠起渔阳，万里蒙尘蜀道长。往迹多疑灵武事，止从南内痛凄凉。

#### 其二

车铃依约响郎当，此日长安拜上皇。肠断马嵬山下路，一双罗袜带残香。

#### 其三

秋月华星写数诗，偶因卜宅隐湘湄。石崖谁会镌磨意，但赏琼琚玉佩词。

#### 其四

是处公侯伏草啼，平原太守独兴师。毫端隐有孤忠气，可但银钩铁画垂。

#### 其五

蒙茸荆棘傍崖生，无数□台只记名。好是渡香桥下水，泠泠犹作旧时声。

#### 其六

碧山如玉水如罗，灵境留人眺赏多。不识崖颠尊贮酒，近来月色更如何。

#### 其七

出处空惭负壮图，闲身长自恋名区。崖前墨石明于镜，照尽平生心事无。

#### 其八

青山锦帐石屏风，步步瀛洲路与同。他日消除尘俗债，全家移入画图中。

（乾隆《浯溪新志》卷十）

# 罗廷藻

## 人物介绍

罗廷藻，字秀峰，长沙人。著有《纪游小草》一卷。

## 浯溪相关作品和事迹

### 观中兴石本题后

展读中兴颂，悠然仰漫郎。身经栖洞壑，心尚恋朝堂。著作铿金石，声灵肃纪纲。濡毫尊铁画，悬壁耀星铓。碑自人间宝，崖为楚地望。未能瞻胜迹，耽玩思增长。

（同治《祁阳县志》卷五浯溪）

# 戴文灯

## 人物介绍

戴文灯，字经农、光林，号匏斋，浙江归安人。乾隆二十二年二甲第三名进士，官至礼部员外郎。工诗，著有《静退斋诗集》。

## 游浯溪

胜绝三吾地，兹辰得卸帆。地维开突奥，天铲出空嵌。雾细迷阴洞，云归拥曲岩。元公不可作，榛莽有谁芟。想像云山静，琮琤韶濩音。使君千古意，词客百年心。碧洞泉鸣窦，苍崖溜滴阴。多将空外响，并作曲中吟。曲磴才通步，荒苔欲没阶。水寒清石发，风定堕松钗。梵呗僧传磬，樵歌人担柴。云门如未往，合此著青鞋。绝壁凌江沚，高台入窅冥。一空潭水影，不断楚山青。树翳鸦翻阵，檐疏鹤警翎。相期明月夜，渔唱静中听。一径中堂寺，溪桥隔断槎。短墙深护竹，细水暗流花。泥滑逢今雨，阶荒寄昔邪。转因游屐少，不惯赵州茶。涕泪感春陵，雕镌颂中兴。大书超瘦鹤，劲力掣秋鹰。浩劫留贞石，虚堂冷漆灯。（有祠合祀颜元二公。）后来蟪蚓杂，谁与辨淄渑。

## 自衡至永舟中杂咏

合江亭前滩水平，临烝城下峭帆行。晚风催送津鼓急，枝上昏鸦寒作声。
雨晴哀壑激虚籁，风急寒林响堕樵。斜日半竿人晒纲，荻花如雪插鱼标。
愁绝荒鸡破晓时，迎船早有卖鱼师。梦回未觉横塘远，菰叶萧萧忆蛤蜊。
鹿远虎迹遍山茨，傍崦人家短竹篱。乞得腊前霜露足，东园芦菔尽生儿。
路入零陵岚彩浓，大青头绿斗奇峰。更添焦墨施皴染，合倩房山高克恭。
细雨笼烟碧水隈，一声芦雁叫云哀。何人为与涪翁说，真向丹青画里来。
倒影凌波峰露尖，清光不假照冰蟾。若为持作菱花镜，水色山容共一奁。
堆堆双堠盼寒塘，白鹤山前江路长。峰似戟攒波似鉴，玲珑万窍见祁阳。
月落空江山鹧啼，漫郎水乐唱湘西。怪来子厚南迁日，不记浯溪记冉溪。
百怪奔腾万象幽，平生奇绝诧兹游。布帆无恙人安稳，一路看山入永州。

（《静退斋集》卷二旂蒙赤奋若，归安戴文灯鲍斋撰，《清代诗文集汇编》第 361 册）

## 湘江静·自题浯溪读碑图

石骨萦青横极浦，忆抽帆、淡云孤驻。枫林向夕，猿吟断续，是停桡清句。绝壁拂雕镌，惊涛捲、湘魂飞去。怀沙等恨江潭自，吟何人、会独醒处。

念使君，心最苦。几沉吟，蜀山秦树。中堂草长，吾台砌坼，剩山僧钟鼓。别洞暗流花，都分付，冷烟疏雨。涪皤去后，凭将妙手，丹青共赋。

（《甜雪词》卷上，戴文灯撰，清乾隆刻本）

# 申大年

## 🌿 人物介绍

申大年，字廷椿，号鹤圃，祁阳人，乾隆丁卯举人。考授方略馆誊录，补翰林院待诏，擢刑部郎中，记名御史，出为邵武知府。有《听楼诗集》。

## 🏛 浯溪相关作品和事迹

### 舟过浯溪望东西二台作

渡口纵扁舟，叩舷溯浅濑。东风吹花开，绮岸丛晻蔼。遥望两崖悬，迥立孤云外。众鸟翩然来，鸣声一何哕。

遥山倚画屏，流水相映带。窄径响松篁，平林澹烟霭。怀哉漫叟居，不与让溪会。未审遂昌时，幽奇孰为最？迹今数往还，开眼唯此赖。清肃问鱼翁，胸期豁尘壒。

（《沅湘耆旧集》卷八十八）

# 汤 墿

## 🌿 人物介绍

汤墿，字远期，号慎斋，乾隆十七年壬申恩科秦大士榜进士，翰林院庶吉士。（乾隆《祁阳县志》卷五选举）

## 🏛 浯溪相关作品和事迹

### 镜石

一鉴凌空架石台，千年神物壮溪隈。游人休作浑闲看，也向唐宫照胆来。

# 夏之蓉

## 🌿 人物介绍

夏之蓉（1698—1785），清江苏高邮人，字芙裳，号醴谷。雍正十一年（1733）进士，入翰林。乾隆元年（1736）举鸿博，授翰林院检讨。历任福建乡试正考官，广东、湖南学政。归后主钟山丽正书院。通经史，善诗文。有《读史提要录》《半舫斋诗文集》。

（《中国历代人名大辞典》）

## 🏛 浯溪相关作品和事迹

### 浯溪

系舟湘水曲，偶然得浯溪。浯溪窈以深，桃李何芳菲。伟哉中兴颂，悬崖镌离奇。白云覆其端，郁律盘蛟螭。从来名胜迹，雷霆常护持。况此透爪痕，正气今古垂。㝩樽与镜石，纪载徒纷披。玩具何足珍，祇堪儿童嬉。

### 过祁阳

百里祁阳地，辀车此暂经。湘波千顷碧，杉叶万山青。甚喜逢迎绝，无劳冠盖停。萧然见鱼父，结网在前汀。

### 晓发祁阳遇大风

四更月未落，襆被侵寒涛。醒眼睇窗牖，耿耿生白毫。初疑晓光动，起坐当前寮。篙师被逼促，为挂蒲帆高。岂知二十里，天色转穴漻。黑云遮浦溆，旷野西风号。邻船尽已发，川暗不可招。枯苇系短艇，反复心摇摇。东方何时启，兀语垂空宵。联床得吴子（至元），聊与倾村醪。

### 将抵浯溪

祁阳盛江势，上接浯溪流。晨起耳目静，默然念飞鸥。轻岚护远岸，鼓枻重溯游。濯濯江中蘺，依约映前洲。还顾村墅间，露积昔未收。总束拥高树，结体如圆球。田父聚三五，矮檐相绸缪。谓言秋已半，勤苦得少休。岂知烟雨中，有客荡孤舟。寒风甚骚屑，日暮拥敝裘。

### 重入浯溪迭前韵

连宵雨不断，涧水纵横流。秋风扫朝雾，远见晴沙鸥。幽溪涵莽潗，探胜续旧游。携将藤竹杖，高策芙蓉洲。野花香正发，石镜光未收。崖碑洗苔藓，郎朗垂星球。危亭触城阜，古木枝相樛。蓬庐暂可托，役车方未休。

俯首视山脚，不辨垡与舟。会须销瓮蚁，典却青貂裘。

### 题磨崖碑

浯溪僧人貌枯索，道旁献我磨崖碑。归来盥手再三读，奕奕纸上光葳蕤。有唐中衰紊国纪，渔阳虢虢闻鼓鼙。元功百战两京复，坐令鼎社无倾危。中兴了不鉴覆辙，后李复与前杨随。是时诸藩正反侧，金戈铁马潜相窥。刺史忧国乃天性，作中兴颂中含规。句奇语重竭忠悃，大义凛凛星芒垂。平原书法更严劲，点画落处如戈锥。勒之苍壁树不朽，隐然云雾蟠蛟螭。三吾旧传多胜迹，山川刻画穷巅湄。此碑岿岿峙千载，宎樽镜石空尔为。摩挲古刻觅真意，二公郁郁留须眉。霜摧日炙未雕蚀，应有鬼物来呵持。前朝九庙作灰烬，独使片石呈瑰奇。晚风瑟瑟孤棹发，望古掩卷长嗟咨。

### 漫郎宅

我忆元使君，忠鲠自天结。观其宅浯溪，颇亦爱清洌。龟山无斧柯，臣职难殚竭。赖兹铁笔垂，霜气冷蜇蜇。我行过三吾，访古拂残碣。胜迹委荒草，谁为记年月。昔贤富题咏，各以名氏缀。愿续涪翁诗，烟邱分一垤。

（《半舫斋编年诗》卷十，高沙夏之蓉醴谷氏著。卷首注：戊辰 1748 湖南作）

# 江 昱

### 🌿 人物介绍

江昱（1706—1775），清江苏江都人，字宾谷，号松泉，诸生，少有圣童之名。安贫嗜学，被刘藻、沈德潜称为"国士"。通声音训诂之学，尤精《尚书》，著《尚书私学》，尝与程廷祚辨论《尚书》古文，袁枚目为"经痴"。亦长于诗，与厉鹗、陈章相倡和。有《韵歧》《松泉诗集》《潇湘听雨录》《药房杂志》《不可不知录》《梅鹤词》。

### 🏛 浯溪相关作品和事迹

#### 戊寅（1748）春日谢祁阳大令杨桐坞招游浯溪

百花生树莺乱飞，冰衔日豢童仆肥。黄牛朝暮回雁寺，春游苦忆江南归。杨侯交民信不失，杨侯交友情愈密。浯溪胜概孰久要，三请频仍烦吏卒。平生见山青猿腾，一二野客偕山僧。闲关越郡盛衹待，高兴未免为俗憎。两桨秋清湘水岸，不待招呼来一旦。题名崖后纪重游，鸿雪三生了公案。出宰山水非偶然，欲游能游须有缘。后期聊塞殷勤意，咫尺衡山足未前。（去年在衡山城中，一月未到南岳。）

（《松泉诗集》卷六，广陵江昱宾谷撰）

#### 潇湘听雨录

湘江两岸之山，颇有秀石如画。尝游浯溪，见寒泉之岩间，有鱼艇，以一石系船，大不盈尺，酷类灵璧，白理黑肤，皱透有致。因携归，镌以"寒泉寸碧"四小篆，供置案头。客来每诧古物，摩挲不置。

（《浯溪新志》卷十四志余）

# 朱 筠

### 🌿 人物介绍

朱筠，字美叔，号竹君，一号笥河，大兴人。乾隆十九年进士，官翰林院侍读学士，改编修。有《笥河诗集》

二十卷。

（《国朝畿辅诗传》卷四十一）

## 🏯 浯溪相关作品和事迹

### 为石君寿陈公（戊辰六月十九日，1748）

应虹起深淤，芳椒发丛藕。孝友自潜德，虞讷后方大。高明世诗书，艰劬盛缨带。矢隼尚分陶，蠡螷已见翔。阳武建奇策，仲举识大端。岂不殚其辛，贵能职所官。在好馈常起，至精事无繁。殷勤倾茹藿，斯风孰追挤。峨峨金紫华，懔懔菽水守。鸾孔忽翔寥，光辉今下不。斋阄器犹素，奉檄意乃厚。中性谅自致，外文岂其负。群山从仑西，众光趋扶东。所以功若名，惟在孝与忠。知己祝宁善，高德望所同。敢因为寿期，致言喻清风。

龙文案：陈公，指陈大受，六月二十二日生。石君，指弟朱圭。

### 题浯溪山水清音图二首（戊辰八月廿九日 1748）

怀情独遐栖，结此尘外韵。丝弦厉人抱，岩壁会有分。达者从所务，高想事远隐。云变察峰远，泉响得波近。异态同静观，至音散虚闻。遥渚渐泠泠，下波徒汶汶。荒途如可招，相期在幽蕴。

邃崖留桂丛，异谷杂兰菲。携琴上云际，无弦质有徽。飞瀑声参差，木叶流光辉。山水两杳冥，情响相因依。居喧多工弹，在寂寡和挥。孤桐振空川，幽意积中帏。愿结静者契，至理非乖违。

（《笥河学士诗集》卷三戊辰）

# 诸　锦

## 🌿 人物介绍

诸锦，字襄七，号草庐，浙江秀水人。雍正二年进士，乾隆元年召试博学鸿词，官赞善。有《绛跗阁诗》。《毛诗说》："诸锦撰，不释全经，惟有所心得，则说之。用刘敞七经小传例也。"（《四库提要》）朱文藻曰："草庐留心耆旧，手辑诸家之诗，题曰《国朝风雅》，凡十二册。未经编定付刊。"《两浙𫐐轩录》摘句："白日午不到，清斋人独醒（天竺）。九秋易洒登高泪，百战重经广武场。"（《国朝诗人征略》卷二十四）

## 🏯 浯溪相关作品和事迹

### 辰龙关旅次见监司徐今民诗因和（乾隆戊辰 1748）

摩崖旧读浯溪颂，文选曾登剑阁铭。今日辰龙拂苍藓，参天环拱万峰青。

（《绛跗阁诗稿》卷九，秀水诸锦草庐撰，清乾隆二十七年刻本）

# 胡天游（清朝）

## 🌿 人物介绍

胡天游（1696—1758），字稚威，号云持，浙江山阴人，贡生，有《石笥山房集》。胡天游榜姓方，浙江北直，两中副榜。（越风）天游有异才，于书无所不窥。乾隆初，举博学鸿儒，天游以乡副贡应诏，四方文士云集，每稠人广座，天游辄数千言，落纸如飞。文成，奥博，见者嗟服。天游于文工四六，得唐燕许二公之遗，诗亦雄健有气。一统志成，当进御鄂张相国，属表于齐检讨召南，因推天游。鄂相国惊叹其文，欲招之。检讨曰天游奇士，岂可招耶。卒不至。居京师十余年，名日以盛，忌日以深。岁辛未，举经明行修，卒为忌者中伤而罢。尝与剡溪田侍郎懋有旧，因往依之。卒于蒲州。年六十三。

（《朱梅崖文集》）

稚威，己酉副榜，贡生，礼部尚书溧阳任公所荐，其座主也。藻耀高翔，才名为词科中第一。所作若文种庙铭、灵济庙碑、安颐先生碑、任御史赵总兵两墓志、逊国名臣赞序、柯西石宕记，皆天下奇作，虽李文饶、权载之执笔，不能过也。以持服不与试。丁巳补考，鼻血大作，纳卷而出。

（《词科掌录》）

## 🏯 浯溪相关作品和事迹

### 唐浯溪中兴颂

开元风业绍贞观，环海波平九州岛。三郎白首无逸心，赓颂应追庆云缦。晚侈雕宇禽色荒，谁其任者李与杨。东门啸雏终不悟，黄虬奋鬣虺牙张。羯鼓声催走巴谷，峨眉翠峰看未足。俄闻灵武动六师；奉册西来让黄屋。当时变生殊不细，自将东征真至计。太子监国势万全，仓卒谁令惑私昵。两京收后逾几年，归来南内心茫然。皇孙上食天子鞬，外貌徒贵中情酸。潞州别驾本英杰，亲喟雏奴遗祸烈。手携三尺斩柔条，垂老可怜依覆辙。肃当患难刀天宸，张姊李父凭指挥。自来世世事残陋，太平无复开元时。平原太守躬讨贼，太子生平未曾识。漫郎忧国多苦心，作颂中兴三叹息。颂词简穆书劲激，色正铓寒照南极。想见峨冠相对时，忠义淋漓宕胸臆。摩崖高绝浯水深，哀猿凄狖愁人心。流传墨本自珍重，苔镌藓啮空追寻。

（《石笥山房诗集》补遗卷上，《两浙輶轩录》卷二十二）

# 朱景英

## 🌿 人物介绍

朱景英，字幼芝，一字梅冶，晚号研北翁，武陵人，乾隆庚午举乡试第一。官福建宁德知县，调侯官，擢台湾府鹿耳海防同知，调北路理番同知。以病归，治绩见《福宁府循吏传》。有《经畲堂集》。研北先生幼慧，弱冠即有文誉，世传其前身为闽中一宿儒。官福宁时曾亲至其家，见所遗手迹，封识宛然。诗集极富。近日吾乡先辈以诗雄者，度西、研北两先生而外，不数觏也。先生曾修元州府志，所为诗多有借刻他氏入艺文者，其不自爱惜类如此。闻其家未刊本尚多，惜不能全见也。

## 🏯 浯溪相关作品和事迹

### 游南屏观磨崖书（摘录前四句）

天下磨崖凡几见，泰山石与浯溪碑。有唐君臣笔复绝，东西屹若琳琅垂。

（《沅湘耆旧集》卷八十九）

# 梦　麟

## 🌿 人物介绍

梦麟（1728—1758），字文子，号午塘。清蒙古正白旗人，西鲁特氏。乾隆十年进士。授检讨，官至户部侍郎。曾典江南乡试，留心访求人才。享年虽短，诗已能成家。有《大谷山堂集》。

（《中国历代人名大辞典》）

## 浯溪相关作品和事迹

### 雄飞岭

都庞缘其东，春陵迤其西。凌阴揖祝融，迎阳宾九疑。客首归阳程，风色昼惨凄。积霾惑明晦，亭午日已低。棱钩巨石碍，壁裂阴林亏。入谷堕黯黮，上岭排云霓。不知天路艰，眺首随猿狖。古木号惊丛，修蛇悬空梯。恍惚来山魈，抆泪不敢啼。悬崖纳狞飙，天半奔鲸鲵。投身胃敧林，颠坠乃复稽。栈转阳景匿，谷响雷车摧。绝顶俯万有，高冠冲天扉。苍梧何茫茫，苦雾迷湘妃。如闻洞庭哭，崩涛咽回溪。坏云西南来，猎猎翻裳衣。顿觉羽翼生，大翮盘秋晖。咄哉万里游，到此真雄飞。弗历登顿困，讵与烟霏齐。周道多庸庸，吾行将安归。

### 排山驿

客行衡阳道，连岩阻飞鞚。大地出芒角，抟沙忽此弄。趋涂就攒槊，云气八荒共。谷倒层崖奔，峡转悲风送。阴林漱大壑，巨壁忽飞动。怪石倏森立，奋鬣厉其众。汝不经娲皇，乃欲塞天空。褰衣昒鸟道，或恐崩崖中。急挟骇雷拚，势逾邹鲁哄。于虖巨灵功，杀此天吴纵。徒步蹑危栈，石滑马蹄重。回环入阴瘴，青霄忽如瓮。岩影翻蛟虬，赤手不敢控。兹土实重险，杂种伏深洞。圆穹覆八埏，异类入峥嵘。勿事丸泥塞，远底条支贡。不然一夫当，恐妨万民用。触怀巡巉岩，谁软两脚冻。

### 黄茅驿

阴飙逐行客，沿缘入雄嶂。巨灵趺左股，朝暾不敢向。重氛吐断腭，汹波肆鼓荡。蛮云泄炯碎，霮霴眩炎瘴。前岩怪禽堕，塌翅愁不飏。兹山亘衡岳，重厂作屏障。千里缩碨磊，万里蓄偶傥。余怒不可继，全力忽然放。斯须吐铵锷，郁屈无不畅。塞嵥献佹僪，牢笼出天匠。盱衡倒硖怒，肩夷壁角抗。联骈斗凹凸，指拇捍不让。攒戟扬高天，杰出各神王。大明如可干，岱华不足长。祝融配朱鸟，攀附亦云妄。碑矶拔地轴，咄嗟汝何强。苔发龙鬐张，夆石豕腹胀。趋崄前屡迷，贾勇后已忘。怯方吕梁倍，险拟蚕丛创。即境忆素履，冥漠或予相。

### 祁阳

山风休无时，游子面如土。飞廉战坤轴，白日搐大鼓。履险奔轰霆，蹈石怒虓虎。一喝三日聋，迷途不闻语。纤岩出纤路，磬折接肩股。蜿蜒春蚓蟠，蚴蟉潜虬舞。造物逞奇变，逆涂无顺取。突兀瞻前山，诘屈堕深坞。就昏垂岩吞，出雾悬崖吐。问途遭千盘，直上无数武。荒山昼冥晦，急峡走暴雨。风瀑竞奔豁，巨石扼其阻。憾空出全力，飞点劲如弩。时平弓箭手，岂兹练徒旅。流急洄亦易，格斗复奚补。石滑举足难，颠仆十或五。舆台血被踵，屏翳尔何苦。哀哉此惮人，谁为告府主。抱郁睇孤城，荒烟动遥渚。

（《大谷山堂集》卷三，谢山梦麟文子撰，《续修四库全书·集部》第 1438 册）

# 于 锜

## 人物介绍

于锜，字大器，祁阳人，乾隆岁贡，郴州训导。

## 浯溪相关作品和事迹

### 浯溪吊古

峭壁嶙峋势接天，登台凭吊兴悠然。年华凋尽英雄迹，风雨催残星斗镌。石镜但涵江渺渺，宨尊惟载月娟娟。游人日暮不归去，风景苍茫忆昔贤。

（同治《祁阳县志》卷五浯溪）

# 叶凤毛

## 🌿 人物介绍

叶凤毛，清江苏上海人，字超宗，号恒斋。叶映榴孙，叶敷子。官中书，转典籍。山水学王翚，写生学恽寿平，真草得晋人遗意。工诗古文。有《说学斋诗文集》。

## 🏛 浯溪相关作品和事迹

### 浯溪碑（此碑留余处数日而归其主，张安士得之以赠）

客从湖南归，示我浯溪碑。颜公之书元公颂，摩崖刻石临江麋。有唐古文起韩愈，次山变俗先开基。中兴事业洵可纪，非大手笔谁能为。鲁公正书有典则，西京寺观多留贻。此书擘窠更雄丽，公自乐此宁辞疲。雨淋日炙稍剥蚀，撇波尚足寻端倪。展观布满一室地，柰馀短视烦遥窥。碑词于制皆右起，左旋独此又一奇。前贤论说未及此，得无徇伪遭人欺。吴旴赝刻我曾蓄，自右顺读无违宜。我今何幸得真本，平生快意何如斯。文章字画虽小技，知人论世恒因之。如公忠义贯金石，笔力又得追繇羲。登高陟险费镌凿，公亦自信传无疑。精光熠燿照天地，神物呵护安崟嵜。端方严重示法律，楷模秘作临池师。

（《说学斋诗续录》卷七，云间叶凤毛超宗撰，清稿本，《清代诗文集汇编》第 314 册）

# 陈绳祖

## 🌿 人物介绍

陈绳祖（1733—1784），字孝祜，号緼桥，祁阳（今祁阳市下马渡镇藕塘冲）人，文肃公次子。官内阁中书，历户部山西司主事、军机处行走、本部郎中，出为山东运河道、甘肃西宁道、广东肇罗兵备道。著有《苕溪游草》《素园诗集》。緼桥性退让，世家华腴，时以盛满为虞，及其兄开府楚中，即求析产别居，且谢病归，寓苏州之水仙庵左。既遭家祸，奉母南还，遂抑郁以卒。宋越梯云序其诗，谓其往来吴越间，爱吴兴山水，徜徉白蘋红蓼间。筇屐所至，无不成咏。王述庵侍郎《湖海诗传》亦盛称之。今《素园诗集》不可得见，比从书肆中得其《苕溪游草》一册，即宋越所序行者，亟录存若干首，以明文肃自有令子、武子之贤，非魇所能累也。今存诗 43 首。

## 🏛 浯溪相关作品和事迹

### 窪尊亭

石上犹存李相尊，亭前空吊鲁公魂。文人一醉竟千古，酒徒落魄难重论。春雨多情苔自绿，古碑无字手重扪。吾乡聱叟真同调，缥碧浯溪验酒痕。

（《沅湘耆旧集》卷一百二十二，新化邓显鹤湘皋编辑）

# 苏士达

## 🌿 人物介绍

苏士达，字兼三，岁贡生。家寒俭，力学不辍。洽见博闻，为文务遵先民矩矱，故每试辄冠军。古貌古心，砥行砺节，一时出其门者皆名下士。司铎宜章，日引诸生讲学论文，不惮劳瘁，尤谆谆以敦本立品为先务。宜邑士习为之丕变。

（同治《祁阳县志》卷十四人物儒林）

### 论漫郎宅

浯溪回环湘之浦，元公昔年家此土。闻说挂冠自道州，爱作浯溪风月主。磨崖石上读遗文，文镌绝壁字字古。翠色横飞绕四围，藤木交荫饱风雨。探奇直上岩上额，崎岖萝径休嫌仄。天生怪石成宼尊，常设山头醉皓魄。烟蔽荒林蔓草深，何人指我漫郎宅？金籁寒生古树风，徙倚林下待逋客。

（同治《祁阳县志》卷五浯溪下）

# 邓献璋

## ❀ 人物介绍

邓献璋（1716—1771），字碧玉，号砚堂，祁阳龙口源乡人。据他自己说，5岁从大父受唐律，8岁就傅，15岁补弟子员，20岁就学岳麓，21岁以廪生与陈世贤、世龙举鸿博，不第。乾隆三年戊午（1738），23岁，举特典优贡（四子奇逢举特典明经）。以后或教私塾，或参僚幕，或为司训；十八年癸酉（1753），38岁，始举于乡。廿一年丙子（1756），41岁，始任四川顺庆府渠县知县。"博学能文，留心作育。修理学校，公余亲为训课。有文翁风。"连续任期14年之久。乾隆三十五年庚寅（1770），55岁，致仕归；"邑侯宋怀山又聘修溪志，稿甫成而宋氏以吏议去，邓氏亦以明年捐馆。"志稿后梓于衡阳县署行世。邓氏为文峭拔有奇气。有《红藕花山房集》（旧县志作《藕花书屋稿》），三子奇焯有手抄本《太白山房古文存》。弟献璨，长子学孔、次子佚名、三子奇焯、四子奇逢，浯溪皆有诗。

（《祁阳县志》）

## ☗ 浯溪相关作品和事迹

### 游浯溪六首

#### 其一

湖海廿年想，浯溪带水边。师生盟息壤，山水契真缘。八月豆花雨，一刀桐壳船（祁舟俗名桐壳）。榜人殊解事，摇曳荡秋烟。

#### 其二

金难铸水部，丝欲绣颜公。刚下涪翁拜，远闻峿塈风。千秋真气在，一洗石崖空。三百三十字，长留倚碧穹。

#### 其三

山水文章在，公忠千古存。秋风吹劲草，宿雨坏墙根。俎豆无新荐，潇湘有断魂。还闻松籁起，鸦雀伴黄昏。

#### 其四

披榛寻古寺，迤逦到山门。流水绿萝外，石桥红树村。煮茶延好客，得句坐云根。自与尘凡隔，不闻车马喧。

#### 其五

无事此静坐，幽然生远心。文章皆秀发，山水起清音；一带成寒碧，周遭响乱禽。为寻旧弃址，藤蔓废年深。

（《浯溪新志》卷十）

### 唐亭六厌

文翰悬千古，溪山剩一亭，烟霞供饱饫，海岳起精灵。物象依岩角，天然入画屏。六者无一厌，双眼向来青。

（乾隆《祁阳县志》卷八）

### 春日游浯溪记

山水之乐，知之者难矣。东坡曰："江山清空我尘土，虽有去路寻无缘"就令寻之，尘土面孔污山灵剧矣。

浯溪襟带间耳，待生年三十，余始游之，晚矣。乾隆乙丑（十年，1745），授学南洲。于春之仲，时鸟发声，会若唤人。游兴颇勇，买渔艇，沿狮狀，过十字滩，望峿台在峿石脊，石崖在丛绿杪。远视，石作缁墨色，白筋多作屋漏痕。度之，疑数百尺。舟轻风利，泊新埠。埠上一树垂荫，欲俯船背。缘埠上，右通南乡道口，杂店数间，鸡犬在篱落，有闲意。迤左三十余步，为明乡宦谕祭坊。过则渡石桥，始见石崖碑刻，错杂无数，如入山阴，接目不暇。酌意中轻重，断从阅中兴颂为第一。直行至石崖下，具冠袍拜之。盖志士忠臣之敬，匪学步南宫也。拜起读颂，石肤为风雨剥落，不完善，字凹为墨痕污塞。摩挲墨本，反畅于见石时；特石面多有云龙浮动之态。石本墨色，余视之多见碧血。此余游理之独得也。次读黄山谷诗。山谷平生爱鲁公书法，此诗刻为山谷得意书，前数十字固磨漫，尾后刻某司李诗。山谷名在天壤，媚司李者不知护呵名迹，或叹或恨。余谓名迹以有无隐现，生无限烟波。雷轰荐福，水没偃虹，水与雷皆司李之类，又谁罪之？次命舟童含水溅石镜，对岸庐舍人物可鉴毫发，适江中艇子摇曳上下，忽生一幅画图。惟必藉水拭乃明，必拭浯溪之水乃愈明，舍是或未及此，又不可解也。次当阅题赞碣碑，第始上埠时，见碑多于石，诗字多于碑；及拜读颂后，并不见一碑一字者。余藉次山气焰，趋过渡香桥。桥圮磴存。磴生成，下题有题名。凡过石广石坡，类然不可放足践踏，以荆棘芜漫，勾留游目，转得详谛。稍上为笑岘亭。亭虽塌，而浯溪佳胜，当以此为甲。多古树蒙密，阴不见天日，如待游人张盖者。石罅产异花，具五色，不可认识，他亦未见。有徽风至，俨坐众香国，衣履得浓翠酣绿如染。树多巢异雀，若俯客顶，不畏，坚坐陪人，哢声数变。石嵌空透皱，随可坐，坐可久。余时适带五色囊，囊各色花、不欲别适。然至是仅游之半，起，不循土路，随石上下。过二公祠后，有石壁，高广抵磨崖十之七，有玉筋篆，文清古雄劲，为次山《峿台铭》，江华令翟令问书，字完善，无墨痕淤塞。盖近世知篆者少，而翟令问字不著声，数千年反得葆其本真。名之于人，动兰薰桂削之感也。余具冠袍如拜磨崖时，拜毕，心识之。拟拓数百幅，留为绝好唐迹，遗后君子。又念知者渐有，拓者渐多，更后数百年，阅者如余叹磨崖，予得无罪过？再过数武，入二公祠，焚心香一瓣，拜像，见二公神气如生。惜祠渐圮，藤花盖檐，雀溲狼藉杂沓。私度是亦居是邦者之责也。更上则为"峿台晴旭"。余到时已午，未及旭候。周遭四望，远山如罗，屋巢树上，人倚屋角，天光如亲，飘飘有凌云气。崖上有石窊，为次山饮瓢，酌酒则月落其中。名士奇癖率类是，笑颔之。窊旁即悬崖飞出，有一幅坼裂，从隙下小石子，可到江心。余始于江中望，拟数百尺；度之，二百余尺。立其上，足战心悸。望江中舟似一叶。远望缕缕云，或坠或散，向熊罴、太白诸峰，点缀景色。余此时，殆不知身在人间世矣。最后下还向道，步所经历，心已极焉。春始有蝶，浯溪已多，有三四群，余游皆从。余异之，后知为蘘花香引之也。再东折北为"唐亭六厌"。亭亦塌，基耸溪口，阜特起，凿石为梯，上登之，望四周。是亭最近溪流，溪声决决，如鸣环珮；景更奇，听更幽，视更清。次山云："厌，不厌也。"余一日之游耳，乃真厌也。下唐亭，再渡桥，入中宫禅寺，一犬迎吠。余笑骂犬为狂犬，犬亦遂不吠。有俗僧三人，瞪目视客，不知揖。余亦不与之揖。寺荒凉无可观。余怃然曰："是溪也，生在边徼，设置之丰、镐、鄂、杜，崇台阁，盛贵游，不更多乎！今乃以余一人辱山神。余尝溯汉江，越齐安，度桐川，过浣口，经白门，逾金陵，入齐鲁，客燕赵，裘马清狂，凡所谓名迹古胜，无不悲歌慷慨其间。顾树后缛绣，土木之气胜；天地清机，或就斫削。检浯溪一石一树，一山一水，黄鹤九曲、采石燕子、金山焦山，可顿减价，宜次山之家是而莫能去也。虽然，余又过矣。颜元节义文章，有浯溪不加高，无浯溪不加减；想二公当时，得顽山浊水而居之，高文老笔，千古不灭，随地可为浯溪。余抚其剩余，其流连叹赏，当不异今日。然则浯溪之遇二公，浯溪之遭也。余之得游浯溪，余之幸也。余但自抚面孔，不赙笑东坡。则山水之乐，文章之趣，殆两得之。于是返舟归而记之，而月映蕉窗矣。故余之游，以是为第一。

注：此诗今石上不见，收在旧县志，宋溶溪志收前五首。此记，两志均未收，录自《太白山房古文存》手抄本，县图书馆藏。

# 邓献璟

## 人物介绍

邓献璟，字玉田，号昆圃。献璋弟，乾隆时祁阳拔贡生。

（乾隆《浯溪新志》卷六）

## 浯溪相关作品和事迹

**浯溪**

路到浯溪眼界清，挈舟喜可狎鸥盟。亭依峭壁甍飞出，树挂危崖叶倒生。扫石旧曾安弈局，试泉新为煮茶铛。中兴不解唐家事，牧子樵人接陇行。

（乾隆《浯溪新志》卷十）

# 许道基

## 人物介绍

许道基（1707—1767），榜名开基，字勋宗、兴宗，号竹人、卓人，又号霍斋，海盐籍，海宁人。室名有寿补斋、明志轩、明致轩。清官员、学者、诗人。工书。雍正四年（1726）举人，八年（1730）进士。授户部主事，转刑部，与修会典。乾隆十八年（1753）官广西学政，仕至户部郎中。精经史，与黄梨洲、毛西河、朱竹垞齐名。著有《尚史》七十卷，《明志轩诗文集》二十卷，《归舟百绝》《灯烛光》等。

## 浯溪相关作品和事迹

**祁阳道中二首**

其一

天宇连云近，岚光布谷匀。溪横当渴马，峰断为行人。木末危旌出，车边老树亲。山家炊正熟，一饱傲劳薪。

其二

长途月已再，多石楚之南。马滑危千磴，舆低侧一龛。窊樽摹峭壁，钴锅记清潭。愚漫谁兼者，吾其离立参。

**又口号十绝句**

山民富竹木，落叶弃路尘。踏破不忍见，当时添作薪。
千章杉树直，四时长翠青。幽人元道州，五十此有亭。
山高不树桑，地燠不织毦。春时溪中藤，夏月机上葛。
永野产异蛇，病人亦已病。蛇去役亦更，今日无苛政。
缚竹作行舆，储刍挂宅树。草鞋剪革缝，担簦入山去。
山中粳稻熟，江上鱼虾廉。不问淮南米，但说淮南盐。
下尽百仞冈，行人意夷悦。熊罴安足论，登高无蹉跌。（熊罴岭最陡。）
野梅小如蝇，品出棠梨下。倚暖欲先春，于何得蕴藉。
之官乃乘柩，闻呼心憬然。鼓殡而歌墓，奇论开坡仙。
崎岖复崎岖，奇绝兹游冠。先我有故人，（谓闵蓉台明府。）执手山城暗。

（《冬隰吟》，两海许道基竹人撰，清乾隆十九年刻本）

## 祁阳追和（丙子）

山城驿节地，旅泊又江矶。四望新杉合，三年旧雨稀。（闵蓉台明府前月更调。）迎船风罢亚，入夜雪霏微。回雁冲寒去，还愁鹢退飞。

## 白沙洲感翁道州蓼野寻亲事追和

诗箧藏三纪，芒鞋踏九州。乡仍啬夫郑，（汉郑产泉陵人，为白土乡啬夫，代民出口钱，劝勿杀子，事闻，改曰更生乡。今瘞蓼野父者郑海还海生兄弟，蓼野卜有意外得生还之兆，后悉符合。祁阳，汉之泉陵。）官近白沙洲。（洲即瘞处。蓼野自桐柏令迁知道州，与祁阳同郡。）草际啼乌鸟，江边正首邱。殁宁明顺事，（蓼野卒于道州。）来往愧同俦。

## 归阳市守雪追和大浦塘韵

俄见祁山白，时哉岂瑞雷。三年官里别，两度客中来。（融江雪才阅半月。）定水粘微絮，游风舞碎梅。今宵清入骨，枕席在云隈。

（《靡至吟》，两海许道基竹人撰，清乾隆十九年刻本）

# 王文清

## 🌿 人物介绍

王文清（1696—1787），字廷鉴，号九溪，宁乡人。雍正甲辰进士，乾隆丙辰荐举博学鸿词，壬申荐举经学，历官宗人府主事。有《锄经余草》《续草》。

（《晚晴簃诗汇》卷六十六）

## 🏯 浯溪相关作品和事迹

### 吊元次山

寂寞浯溪上，行行吊漫郎。困民愁大吏，忍死守孱乡。退贼诗偏喜，中兴颂转伤。杜陵开醉眼，粲粲为君扬。

（《锄经余草》卷十六，宁乡王文清九溪撰，清乾隆刻本）

# 黄　任

## 🌿 人物介绍

黄任，清福建永福人，字于莘，一字莘田，号十砚老人。康熙四十一年1702举人。官广东四会知县。罢官归，船中所载惟砚石。归里后生活清苦。工诗，以轻清流丽为时人所称，七绝尤负盛名。年八十馀而卒。有《秋江集》《香草斋集》。

（《中国历代人名大辞典》）

## 🏯 浯溪相关作品和事迹

### 题磨崖碑后（乾隆乙亥1755）

浯溪碧水流縠纹，峿台巉嵲千秋云。漫郎宅后勒半壁，字语瑰玮高皇坟。天宝欲末遭丧乱，两都鼎沸昆岗焚。銮舆仓皇入蜀栈，父老遮道要储君。干戈丛里践天位，何曾尺土销妖氛。扫除非仗郭与李，谁奏匡复巍巍勋。蒙尘但得返宫阙，兴庆甘露谁区分。五千甲士拥迁徙，可怜雪刃光缤纷。李父我家厮奴耳，厉声拢马空千群。至尊颠踬在毫发，此时可少高将军。春秋八十天下养，何至玉食无茹荤。西内不遑问寝膳，中宫不乐增忧勤。事有至难累圣德，道州哀痛非深文。雨淋日炙九百载，大书深刻溪之濆。杜陵再拜莫卒读，此本中有啼鹃闻。

### 八十生日漫成长句十首自感自嘲不知工拙也（其六）

曾悬小像供西斋，玉蹙金题取次排。鲁殿千官瞻粉壁，昭陵六马上苔阶。古香喷薄凝焦墨，废纸丛残露折钗。肠断二梅亭散后，与谁烧烛看磨崖？

古梅二梅亭，予家十研轩，各贮汉隶唐碑百十本，每日持挈相过从，考订题识。己亥予生日，悬小像于西斋，罗列清供，古梅瓣香载拜，纵饮高歌。是日，适有携浯溪磨崖碑旧本来售，古梅拍案叫绝，浮大白，至夜分不息。后两人各宦游南北，升沉聚散垂二十年。两家所藏金石皆云散烟销，无有完本。而古梅亦宿草芊芊矣。感何可言！

（《秋江集》卷六，永福黄任莘田撰，清乾隆间刻本，《四库全书存目丛书·集部》第 262 册）

按：古梅，即谢道承，字古梅。有《小兰陔诗集》八卷。

# 邓学孔

## 🌿 人物介绍

邓学孔，字宗鲁。祁阳人，乾隆贡生。

（乾隆《浯溪新志》卷六）

## 🏛 浯溪相关作品和事迹

### 浯溪

浯溪清在望，客意与之幽。水石奇难状，松篁飒似秋。危巢时落鹳，远渚欲盟鸥。策杖闲吟处，香桥翠乱流。

峭壁立江干，荒碑多断残。风烟晨渡阔，杨柳野桥寒。尊自飞崖凿，台仍接地宽。碧湘图画里，到晚独凭栏。

（乾隆《浯溪新志》卷十）

# 韩骐

## 🌿 人物介绍

韩骐，初名绳祖，字其武，号筠圃，晚号补瓢。清贡生，江苏吴县人。博览群籍，善诗，著有《补瓢集》。

## 🏛 浯溪相关作品和事迹

### 悯忠寺宝塔颂碑

华清祸水漂唐祚，猪龙遗孽妖氛布。窣堵波中片石留，叛迹千年炯如故。创寺由来慰国殇，贞观穷兵悔迟暮。渔阳鼙鼓历安史，建塔立碑成负固。势穷面缚讳吠尧，窜易碑文免诛捕。摩挲点画辨隆洼，推排年月知谬误。惟唐绍统宅幽都，（此颂文句）发端数语奸回露。灵武中兴复两京，廓清庙社回天步。中间更无一字及，乃以幽都作先务。其余纷纷扬藻丽，无物君形等泥塑。改头换面奉天朝，文亦似人名节污。昌黎柳州时未出，文章习气方沈痼。谀伪当年倘清切，定有人将此碑仆。留寺终惊黩武心，留碑亦著荒淫蠹。

吁嗟苏生擅书法，墨本犹堪值缣素。是文无恙书亦传，徒使临摹废追慕。书生绝艺同绝色，不幸而传谅无数。才技空为盗贼施，呵禁翻嫌鬼神护。摩崖不见浯溪碑，凛凛真卿名足怖。

（《补瓢存稿》卷四，云东韩骐其武撰，乾隆刻本）

# 张凤孙

## 🌱 人物介绍

张凤孙，清江苏华亭人，字少仪。雍正十年副贡，乾隆间荐举鸿博，后荐经学，均下第。历官云南粮储道、刑部郎中。诗秀杰清丽，又工骈文。有《柏香书屋诗钞》。

## 🏛 浯溪相关作品和事迹

### 送朱龙坡太守调任永州（戊寅）

卅年畿辅倚循良，忽漫迁除到永阳。江驿远过黄鹄渚，土风近接碧鸡乡。蕃宣是寄君恩重，流止无心道味长。好去浯溪磨片石，高文伟绩颂皇唐。

使君遗爱父兄亲，落落方州得几人。棠荫又教移楚泽，鲸波休更撼漳滨。勤敷雨露家含哺，宏奖风流座饮醇。最是白头刀契久，晚香共证性情真。

（《柏香书屋诗钞》二四卷卷十四，东吴张凤孙少仪撰）

# 倪端淑

## 🌱 人物介绍

倪端淑，倪一擎长女，字幼端。嫁石门县吴某。性孝，以怀母艰成疾夭。

父倪一擎，字建中，一字笔农，号嘉树。仁和诸生。《国朝杭郡诗续辑》载，嘉树本姓凌，为忠介公后。少负文名，从游者甚盛。晚年失明，自号不盲心叟。而授徒如故，学者以文就正，则令一人读之，应声删定，不少差谬。著《赋汇题解》十卷（上海图书馆藏）。（《两浙輶轩续录》卷十）

## 🏛 浯溪相关作品和事迹

### 寒食浯溪道中

轻桡容与出沙湾，人在溪山罨画间。回首皋亭斜照外，余霞染得绿阴斑。

高低雉堞水云遮，诘旦遥归季子家。更喜板桥门外路，好风吹动白蘋花。

（《北隅缀录》卷下不盲心叟条，清丁丙撰，《丛书集成续编》第 53 册）

# 钱　载

## 🌱 人物介绍

钱载（1708—1793），炌长子，行七，字坤一，号择石。雍正壬子副榜。乾隆丙辰举博学宏词，己巳举经学。壬申恩科顺天乡试第三十五名举人，会试第七十二名，进士殿试二甲第一名。历翰林院编修、日讲官起居注、右春坊右中允、翰林院侍讲、右春坊右庶子、翰林院侍读学士、詹事府少詹事、詹事府詹事，内阁学士兼礼部侍郎、上书房行走、礼部左侍郎，诰授资政大夫。丁丑庚辰丙戌会试同考官，己卯广西正考官。

乙酉江南副考官，辛卯丁酉武殿试读卷官。甲午己亥江西正考官，乙未武会试正总裁。丁酉拔贡朝考阅卷官。戊戌教习庶吉士。庚子江南正考官。辛丑会试知贡举，提督山东学政。著有《择石斋诗集》五十卷，文集二十六卷，诗别集八卷，文别集四卷，补集一卷。生康熙戊子（1708）九月初八日，卒乾隆癸丑（1793）九月二十一日。娶张氏，国学生侣刘女，诰封夫人，生康熙戊子正月初二日，卒乾隆庚子七月十二日。子四，世锡、鸿锡、殇锡、敏锡（嗣堂伯撝）、容锡。女一，适嘉善国学生戴秉钧。葬嘉兴永丰乡九曲里。始迁居郡（巨源公支下城西门内百福巷）。

按：乾隆己卯（1759），卷十九题己卯，卷二十一题庚辰。据潘中华《钱载年谱》：五月十三日，奉命充广西乡试正考官。六月中旬启程赴广西，七月十五日抵祁阳。八月初六日，先生入闱。

## 涢溪相关作品和事迹

### 夜半乘月发排山驿至大营市五首

#### 其一

秋草碧尤丰，岭峻谷复深。乱蛩凄已甚，与草纷为阴。若无天上月，岂不警我心。小树立如人，盘磴黑影森。露凉故有声，披披已满襟。仆夫力何努，列炬明前岑。

#### 其二

坞隘田不多，草横（户孟切）道莫主。草深山益秋，天迥月过午。远影风飔飔，是中可拉虎。不尔当击蛇，呼声为之武。岂识转阴岩，数家屋不补。机绞响豆篱，此闲犹作苦。人生有难易，能者皆乐土。城郭所见小，论议于时腐。

#### 其三

月露秋本佳，不合草树荒。蒙咙崆峣际，恐恐夜有光。幸兹驿所出，通以人迹强。悦如险僻介，岂独蛇虎藏。天行四时德，要使生物康。生生伏物害，遂乃杀以霜。草枯木亦脱，净洗岚霾苍。冰雪除众毒，泰然复春阳。

#### 其四

露重寒我衣，月高皎我貌。谿然峰势趋，驻马仰天笑。甫经若跱蓄，此泄特神妙。必有所未曾，于前展形要。祝融力之余，坡垄既航航。于徐就旷衍，天大不烦眺。隐起横云青，故知其楚峤。

#### 其五

马嘶知所止，还往熟驿程。小吏前致词，数家为大营。岳王讨湖寇，驻此地乃名。今朝山径仄，固昔筹以兵。慨想王之言，君臣性自盟。遗墟不可迹，月落村鸡鸣。欲读金沙句，惟见炊烟生。

宋岳忠武尝过此题壁，明唐珤为永州，命其子顺之记于碑，谓侯之言曰：君臣大伦根于天行，并载侯题广德金沙寺碑，今湮。

### 度熊罴岭

连山不可截，造坂螺旋高。山趾深屏折，山腰细栈牢。下斯坠坑埜，上乃攀猿猱。当关讵徒险，逾隘应已鏖。登岭莽回顾，峰沓驶秋涛。迎官跽甲卒，枪拥亦带刀。太平邮置安，荫树休尔曹。过岭若智井，路转一曲绕。漏林日翳翳，起蛰风飋飋。平视山四围，景然虎豹韬。

### 七月十五夜祁阳对月

湘水露华满，祁阳云翠流。今年无闰夏，此夕即中秋。高馆深留客，疏帘半上钩。举家京邸话，应忆到南州。

### 漫郎宅歌

漫郎宦寓湘江宅，剔石分溪此遗迹。区中灵秘天不悭，秖待畸人与为客。其溪曰浯草半荒，我欲漱之玉流北汇湘。其石溪口六十余尺高，亭曰庼者闻松涛。溪东北石周三百余步，台曰峿者宿苍雾。宕樽完好天然故，石兮石兮，湘江不啮溪自秋，漫郎来往无朝暮。溪东台阳草深翠，识是中堂右堂地。二铭不见三铭传，却构祠楹并颜位。（石崖题刻几遍。有湖南转运判官屯田郎中沈坤，治平四年孟春丙子，访浯溪元子次山故居，读中兴颂、峿台、中堂、右堂三铭，璇琬侍行。题名一。所谓中堂右堂者，当是宅之堂，今惟传浯溪、峿亭、峿台三铭，而峿台所云阳崖砻琢如瑾如珉之处，好事者筑屋，并祀鲁公。）当年鲁公为之书，大书岂徒光饰元子庐。始怜作宅湘江上，万古秋心余激宕。呜呼次山王荩臣，炳文不愧临难身。（道州卒，鲁公为之铭曰：次山斌斌，王之荩臣。又炳文华国，临难遗身。）

### 观大唐中兴颂刻石

天南唐后无此如，元公之文鲁公书。体逾骚人擅约洁，画若铁柱撑空虚。俯临大渊削崖壁，三百尺余秋翠滴。披草读之晓虫寂，天开灵境初何心。客蓄奇怀远相觐，面石久益钦两公。与唐家国诚哉忠，江深山荒风露湿。不语之语精犹充，盛极开元有天宝。一侈应劝功再造，乘舆归来自传老。收京设使监国为，何至迁宫泣难道。春秋始终必正之，后世功罪虞曲辞。职非南董借薛石，王新建遂庐山碑。

（《择石斋诗集》五十卷第二十，秀水钱载坤一撰，《清代诗文集汇编》第 314 册）

# 潘　相

## 👤 人物介绍

潘相（1713—1790），清湖南安乡人，字润章，号经峰。乾隆二十八年进士。历官昆阳知州。任职国子监时，著有《琉球入学见闻录》。另有《簪文书屋集略》。

## 🏯 浯溪相关作品和事迹

### 浯溪诗序

予尝闻诗之清者，必其人之心有以超然于贵贱贫富之外，今读唐元次山浯溪诗乃益信。次山以挺异之才积学有得，始箸元子十篇称元子，避乱入猗玗洞称猗玗子，徒家溪上称浪士，客居樊口称酒徒又称聱叟。至其为道州刺史，爱祁阳之山水自呼漫郎，临浯溪上为漫郎宅，凿溪岩为窊樽，爱溪口之异石亭其上，曰年将五十始有吾亭。懿乎居方伯之职，若与世之迁客骚人寄兴写怀者比，何其超然于物外也。唐自武德来文人蔚起，昌黎服膺者数人，而次山居其一，所谓高出魏晋、浸淫汉氏者欤。抑闻次山之为治也，苏枯弱强，归流亡户口万余，民安其教，竞勒石颂德。故杜拾遗云："今天下得结辈十余公，参错为牧伯，万物吐气，海内乂安矣。"然则次山其不徒以诗见者乎，故其诗益有本，愚故并为论之，使观浯溪诗者知所尚焉。

（《湖南文征》卷六十九序十四）

# 张九镡

## 👤 人物介绍

张九镡（1718—1800），字竹南（溪志录传作"字吾溪"），号蓉湖，湘潭人。乾隆二十四年己卯（1759）举人，四十三年戊戌（1778）始成进士，年已六十。后官内阁中书，内行敦笃，居京师 22 年，萧然一生，应官外，但闭户著书。选庶吉士，授编修，词垣以耆宿推之。张氏之诗，优容大雅，自然名贵。浯溪此诗有焉。他反对山谷观点，至诋为"惑世语言"。尤邃于经学。有《笙雅堂集》（溪志作《蓉湖集》）。张氏为九钺四弟，上有九键、九镒，一门皆诗人。

### 题中兴颂

百尺危崖手可扪，中兴旧事与谁论。已迎天帝收京后，敢贬储皇德业尊。节判颂悬唐日月，琅邪书镇楚川原。纷纷石畔镌题者，惑世空教易语言。

（《浯溪新志》卷十艺文）

# 段钰生

### 人物介绍

段钰生，梧生之弟，康熙丙戌生，字勉轩，一字云岩，常宁人，府学生。幼多疾，父母怜之，稍长自励，不假师授而学成。有《白云诗草》。

### 浯溪相关作品和事迹

### 经浯溪元次山故居

前贤经结构，过客仰芳馨。绕涧千层碧，环庐一带青。烟霞犹自古，门户不须扃。瞻拜苔阶下，依然具典型。

（《常宁诗文存》国朝卷三，清唐训方义渠辑）

# 华 震

### 人物介绍

华秀才震，字允思。诸生，鬲凡之子。工诗，其父执辈或谓鬲凡以诗鸣，为梁溪六子。卒穷困以老。允思宜无作诗，而允思愈力，而诗益工。尝游历燕、楚，篇秩日富。著有《澹馀诗草》《澹馀近草》若干卷。

### 浯溪相关作品和事迹

### 浯溪观磨崖碑

绝壁磨镌千丈强，字如手大映清湘。文章书法排云上，（碑系元道州撰，颜鲁公书。）义气忠肝薄日光。走尽蛟螭并魁魋，阅他兵火与兴亡。唐家巨业寒烟冷，蛮瘴空留石藓苍。

（《梁溪诗钞》卷四十五乾隆十二）

# 德 保

### 人物介绍

德保，姓索卓络，字仲容，一字润亭，号定甫，又号庞村。满族正白旗人。乾隆进士，官至礼部尚书，卒谥文正。有《乐贤堂诗文钞》。

乾隆二十六年二月十五日，以故安南国王黎维祎之侄黎维褍袭封安南国王。寻差翰林院侍读德保，大理寺少卿顾汝修往封，并致祭故安南国王黎维祎。

（《清实录》卷六百三十）

### 游浯溪

山水羞自鸣，凭仗高贤表。浯溪一泓清，峿台数拳小。当未遇元颜，抱奇世莫晓。自从磨崖后，炳若日星皎。读颂复临书，厥处落杳渺。就今考而知，仅出舌本掉。喜有山水缘，亲人来鱼鸟。步屧麓周匝，纵横题咏绕。拾级造峰巅，窊尊水作醥。两亭馀础在，四山空缥渺。漇溪漱玉声，寺外萦池沼。俗耳听未能，无怪渡桥少。山僧古心貌，说夬语近矫，我耳苦为听，我神注丛筊。方谓可避喧，不意仍滋扰。明府七松来，话断炉烟袅。泥我使神留，修乘伫远绍。奈我茅塞心，是问道于眇。青山常嶙峋，绿水镇浩淼。此心与之齐，相思无日了。

（乾隆《祁阳县志》卷八艺文）

# 顾汝修

## 🌿 人物介绍

顾汝修，字息存，号密斋。四川华阳人。乾隆壬戌进士，顺天府尹。后以大理寺卿奉使安南，过浯溪有诗。

乾隆二十六年二月十五日，以故安南国王黎维祎之侄黎维禟袭封安南国王。寻差翰林院侍读德保，大理寺少卿顾汝修往封，并致祭故安南国王黎维祎。

（《清实录》卷六百三十）

## 🏛 浯溪相关作品和事迹

### 浯溪（1761）

拳石峥嵘拔众峰，溪流雨后涨淙淙。高文典则春江丽，破庙荒凉暮霭封。剔藓何人摹旧迹，冲泥有客访前踪。颇嫌白发惊新照，小憩僧房一放慵。

### 吊陈文肃公

曲江风度仁为霖，锁院曾窥报国心。（戊辰公主会试，予司分校。）色聚元黄无眩惑，珠来溟渤费搜寻。雅闻伯乐空凡马，剧痛子期韬素琴。（余与公有知己之感，故云。）溪上丰碑标墓道，凄迷微雨暗春阴。

（《浯溪新志》卷八）

# 吴　鸿

## 🌿 人物介绍

吴鸿，字颉云，号云岩，仁和人。乾隆辛未状元及第，授翰林院修撰，转侍读，提督湖南学政。著有《吴云岩稿》《增订吴状元全稿》。

## 🏛 浯溪相关作品和事迹

### 游浯溪记

乾隆辛巳秋，按试永州，道祁阳。时邑令为同学李七松，迓于舟次，相见喜甚，邀余游浯溪，寻所谓峿台、唐亭诸旧迹于荒烟蔓草中，感叹久之。予谓七松曰："欧阳子谓次山铭非好古者不知可爱，黄山谷则裴裹崖下，深千载尚友之心。"念自唐以来千余年，游浯溪者不必尽好古，好古者不必皆来游。如王阮亭之艳羡胜异，作《考》以传之。而其诗曰："有客新自湘江归，曩者共研胥山时。"思浯溪而不见，见浯溪碑摹本如获重宝，讵意越二十年之久，竟得同官于此。相与刮苍苔、观石刻，亲访元颜二公之遗迹，岂非我二人之深幸而千载一时者乎？乃灵境榛莽，溪山减色，君为地主，必表率而更新之，所以符欧、黄好古尚友之心者在是矣。七松起而谢曰："是余之责也夫，盍记之以为息壤？"遂书此贻之。

（《浯溪新志》卷十三艺文）

# 陈昌图

## 🌿 人物介绍

陈昌图，字玉台，号南屏，仁和人，乾隆丙戌进士，官直隶通永道。著《南屏山房集》。

（《两浙輶轩续录》卷十）

乾隆四十年御史，陈昌图，字南琴，号玉台，浙江仁和县人。乾隆丙戌进士，由翰林院编修考选山西道御史，转刑科给事中，兵科掌印，转通永道，官至天津道。

（《国朝御史题名》黄叔璥辑清光绪刻本）

## 🏯 浯溪相关作品和事迹

### 鲁公中兴碑

摩崖中兴颂碑，方正平稳，不露筋骨。弇州王氏尝言之矣。然崖石真本颇难得，此本字画端整，虽神采稍逊，而不失形势。殆欧公集古录所称好事者以墨增补者耶？鲁公石刻，如家庙碑之庄重，仙坛记之秀颖，鲁山铭之深厚，千佛寺之清劲，东方朔赞之精雄，体制百变而顿挫郁屈，深稳雄健，断推是碑，米元章谓鲁公行书可观，真便入俗，非知颜者也。孙退谷云："鲁公楷书有汉人石经遗意。"信然！

（《南屏山房集》卷二十一，仁和陈昌图玉台撰，清乾隆五十六年陈宝元刻本）

# 李光奎

## 🌿 人物介绍

李光奎，字玉双，钱塘人。副榜，知县莳之父。以子莳赠祁阳县知县。

（乾隆《浯溪新志》卷六）

## 🏯 浯溪相关作品和事迹

### 游浯溪漫赋

老来懒复事风骚，为念乡关兴亦豪。过耳潺湲溪口濑，惊心澎湃浙江涛。水看湘浦东西直，山忆余杭南北高。不必亭台是吾有，散人到处足嬉遨。

### 浯溪次伍漫亭韵

灵境宁教委草莱，南天生面此重开。云延隔岸青浮几，风皱新流绿泻杯。二妙典型存片石，千年尚友步高台。归途不尽流连意，回首九疑夕照来。

（乾隆《祁阳县志》卷八艺文·诗）

# 李荺

## 🌿 人物介绍

李荺，字环溪，钱塘人。以举人教习景山官学，出知祁阳县。四载案无留牍，永州府每有疑狱，使再谳，立剖白。县遇旱，设法赈济，虽饥不害。捐置书院膏火田，修浯溪，续纂邑志。百废具举，调长沙。卒年八十四。

（《祁阳县志》，民国《杭州府志》卷一百三十七仕绩六）

## 🏛 浯溪相关作品和事迹

### 葺浯溪亭榭既成，乡先生伍更斋、刺史陈眉湖率子侄燕集，次韵奉酬

名区岂合委蒿莱，洗剔溪山面目开。芳草独怜前代史，秋灯聊泛故人杯。（九月望日予与友人夜游于此）碣残唐宋空留颂，江合潇湘剩此台。料理烟霞诚不易，儿童应识我频来。

（《浯溪新志》卷九艺文三）

### 次适斋陶明府韵

联舆出郭趁晓晴，浯溪行如桃源行。猎猎蒲风吹一叶，几朵红英映日明。陶侯品重昆山玉，丰姿掩映清溪绿。岣嵝仙史快同游，抛杖登山神亦足。山树枝枝挂瞳眬，登台纵目信天空。溪流带花穿桥出，蝉声鸟语和淙淙。摩挲古碣恣探讨，直足拓万古心胸。前贤何修而得此，大名遂与造物共无穷。太息当年刺史宅，荒烟蔓草委畛陌。幸依灵境窃一符，几回凭吊缅往迹。志图兴举非为名，意在仰止资鞭策。粲粲道州佳韵存，至今人怀杜陵老诗伯。粤自唐宋逮元明，千余年来仰风清。取次亭台复旧观，聊此一慰元公灵。公灵不昧应垂鉴，果否似吾台吾亭。台下复构数椽屋，闲来藉洗风尘俗。殷勤寄语后来人，无俾榛莽崇修竹。何当锡我浯溪篇，力洗绮靡薄惠连。收拾溪山归尺幅，楮里字字团云烟。繄昔元颜此欢聚，文字契合皆宿缘。世谓古今不相及，今读君诗夫岂然。胜游惭为东道主，良无清歌与妙舞。山城荒淡乏醇醪，只挹浯溪一掬水。吁嗟乎，丈夫壮志凌昆仑，胡为华顶怵心神。不见元颜笔扛鼎，至今生气凛凛留鸿钧。

（乾隆《祁阳县志》卷八艺文诗）

### 复镜石小记

浯溪旧有镜石，嵌置崖上，色如元玉，挹溪水浇之，照彻万象，见于昔贤题咏者详矣。乾隆戊寅，有谋窃此镜者，石为裂，游者憾焉。邑士伍泽棠告余云："近于某寺中见断碣一片，以水拭之，字已漫灭，而石色能照人须眉，无异浯溪旧物，请以补此缺陷，可乎？"余欣然命工取而磨砻之，嵌置原处，宽长不差累黍，观者莫不称快。一石之微，其剥复殆亦有数存耶？书数语，俾来者有考焉。

（道光《永州府志》卷二祁阳名胜志）

# 徐锡礼

## 🌿 人物介绍

徐锡礼，字执三，号春泉，临安人。乾隆丙子顺天举人，官广东惠来知县（乾隆四十一年至四十二年）、宣化知县。著《稻香书屋诗集》二卷。

## 🏛 浯溪相关作品和事迹

### 游浯溪（1773）

十载风尘剩此身，得寻胜迹楚江滨。非关选佛来清界，自是青山爱逐臣。唐室中兴森古碣，次山去后少诗人。兹游翻觉吟情好，忘却莺花已晚春。

（《国朝杭郡诗续辑》卷十三，钱唐吴振棫毅父氏编）

### 游浯溪怀李七松并序

浯溪，湘江最胜处也。七松宰祁阳，属孙寿田绘作长卷，楚中名宿题咏殆尽。七松自叙冠之。癸未春，遣使持卷索诗于余，余之入西粤也，由广州溯漓水至兴安，沅湘风景未曾领略。而所谓浯溪者，仅于画图见之。勉赋长歌，徒深神契。今春三月七日，舟下祁阳，避风沙浦，见其林麓秀异，询之舟子，即浯溪也，遂策杖往游。日晡而返。而七松之去祁，已数年矣，凄然感旧，更赋是篇。

昔见浯溪图，今泊浯溪浦。停桡杨柳阴，晴光酣卓午。岩根仄径通，险绝五丁斧。断壁束奔泉，泉声骇哮虎。台榭郁参差，显灵分牖户。幽境寂无人，静趣生灵府。此中别有天，莺花春一坞。扪萝访摩崖，名迹今快睹。中兴鲁公书，新意出雄古。题咏后贤集，妍态竞飞舞。楷模各有神，瓣香媚初祖。仰止欲追攀，愧我力难努。碑尽崖亦穷，他山忽轩举。昂首望空际，兀然天尺五。履险足易疲，策筇兴再鼓。独立最高顶，楚天归一俯。指点沅与湘，烟云共吞吐。倏尔起惊飙，汹涌波涛怒。饱帆千片来，万夫控强弩。须臾风亦恬，渔村可历数。遥峰镜里青，峰峰秀眉妩。气象顷刻殊，沧桑一挥麈。太息七松子，鸣琴位此土。雅化集群英，名山开射圃。（上有书院，七松重为修葺。）长卷满琳琅，展读增离绪。几回梦屋梁，犹溯浯溪渚。今来不见君，愁听空林雨。鸿雁各天涯，中情更谁语。回首但苍茫，夕阳送轻舻。

（《两浙𬨎轩录》卷三十七）

# 张宏㸒

## 🌿 人物介绍

张宏㸒，国朝举人，青浦，载煌，五经中式，湖南桂阳州知州。（嘉庆《松江府志》卷四十七选举表）

## 🏛 浯溪相关作品和事迹

### 题李七松明府浯溪图四首

#### 其一

碧云如水水如罗，怀古风流忆若何。如此画图看便好，夜来清梦入烟萝。

#### 其二

略约斜欹迟客还，水亭风槛软尘删。好教仙吏哦松暇，访遍山坳与水湾。

#### 其三

山北山南岚光合，溪东溪西藻影横。烟外一舟更溶漾，客来应有香风迎。

#### 其四

十年兰芷共牵芳，眼底云山是宦囊。他日相逢王泼墨，也裁十幅画潇湘。

（乾隆《祁阳县志》卷八）

# 陈世贤

## 🌿 人物介绍

陈世贤，字希鲁，世俊弟。祁阳人，乾隆时廪生。

## 🏛 浯溪相关作品和事迹

### 秋日游浯溪

潇湘枫落响清秋，绕径山花送客游。古木咽蝉声断续，野藤附碣势夷犹。高人风月金尊酒，往事牢骚白浪鸥。却怪柳州题咏遍，周遭何独漏兹邱。

（乾隆《祁阳县志》卷八）

# 伍泽梁

## 🌿 人物介绍

伍泽梁，字惠远，号更斋，泽荣弟。祁阳人。雍正癸丑进士，乾隆丙辰补殿试，授礼部主客司主事，升仪制司员外郎，出知颖州府，调淮安府。

（《浯溪新志》卷六）

## 🏛 浯溪相关作品和事迹

### 邑侯李公新建喜清阁成同人宴集因呈醉歌

曾逢方外洪厓叟，语我昆墟大如斗。圆峤一芥浮杯中，谷王清浅不容肘。若木崦嵫路几何，刹那蹀躞骐骥走。所以达者叹息身后名，不如生前一杯酒。千载风流说漫郎，独占溪山为己有。雄文雅称鲁公书，欲共湘衡争不朽。四纪才过宅已荒，那知今日归谁某。李侯政绩齐春陵，文采风流映先后。高榭幽轩取次成，四面烟霞归户牖。更添杰阁俯湘流，心迹双清碑在口。（阁名喜清。）二十四番花信来，东风碎剪江城柳。泛鹢携尊有主人，无价韶光差不负。杖履欣从长者游，（兄慕亭。）瀛洲况对同门友。（旷峋嵝。）高阳池上春茫茫，好唱铜鞮齐拍手。酒酣耳热兴殊豪，云梦胸中吞八九。自笑狂夫故态存，冯唐已衰颜驷丑。庄周蝴蝶幻耶真，隍中蕉鹿空回首。吊古倾觞呼漫郎，化鹤还归旧林薮。可许放人同调否？

### 游浯溪

漫郎刺郡涉艰虞，乞得闲身寄奥区。旧宅成墟徒听籁，清溪历劫尚称浯。瀛洲此日来佳客，华表千年认故吾。回首宦情都是梦，山中游兴不愁孤。

（《浯溪新志》卷九）

### 胜异亭记

浯溪旧亭最著者，㾕亭，而外，曰㝛尊、曰笑岘。邑侯七松李公，既新㾕亭，以㝛尊亭基甃石为露台，于玩月宜。考笑岘亭基，旧志称在㾕亭之南，即次山右堂故址。今按其地，已成墟墓。侯于峿台侧建室一楹，题曰"笑岘山房"，以存昔人之意。唯台上有"虚白"，旧亭遗址，尚未葺理，侯将取次营之。时邑中父老子弟，燕集笑岘山房。酒半，前西宁令陈子眉湖谂于众曰："兹役也，侯丝毫不假民力，所捐清俸不少矣。台上之亭，吾侪盍协力为之，以明子来之义。"金曰："诺！"耆老段翁以济，遂毅然倡捐三十金。由是众皆踊跃醵金助之。金议市民急公者鸠其工，台西畔断崖如门，旧架木桥通行。余外舅徐梅园先生虑其久而敝也，乃独捐货易之以石，工并讫功。金属余记其颠末，余以"虚白"旧名，殊未切当，因读次山《峿台铭》序云："石颠胜异之处，悉为亭堂。"爰取"胜异"二字易之，而名其桥曰"引胜"。于是复偕父老子弟燕集于亭上而落之。酒半，余复谂于众曰："吾邑浯溪之胜，著于古今，闻于海内。忆余龆龀时，从长老游此，犹及见亭榭完好，乃岁久圯废，阅四十余年，至我侯而始复之，岂兴废会有时耶？侯以浙西名孝廉来莅吾祁，本经术为吏治，五载以来，政平讼理，弊革利兴，福星所照，民不能忘。乃以游刃之余，景慕昔贤，修复名胜，使吾侪今日得相与优游以乐于此，即此善政之一端，其又可忘耶！"金曰："然！请以吾子之语，刻诸崖石，以志不忘。"至眉湖建亭之议，段翁倡捐之功，诸君任事之劳，与吾侪同志捐助姓名，皆不可使泯也，并备勒之附以不朽。若夫名贤遗迹之卓绝，溪山景物之幽奇，则前人之述备矣，何庸赘叙也哉。侯名蔚，字环青，浙江钱塘县举人。

乾隆三十年乙酉季夏，邑人漫亭伍泽梁撰，陈上质书。石工刘樑学刻字。

### 八月二十日，全家游浯溪，赋示次子颖

丛桂发天香，风日正清美。驾言游浯溪，举家莫不喜。命仆借彩鹢，望浯桥下舣。笋舆出城西，鼓棹溯湘水。山妻携弱女，颖男挈稚子。周行崖石间，遍观亭榭里。麟炳学识字，碑碣手频指。虎炳跳且呼，到处惊相视。小蕑见山花，摘得诧阿姊。细石纷磥砢，拾取付幼婢。憩坐中直轩，饮馔罗甘旨。老夫意殊欢，倾杯不知止。村姬少所见，簌簌来不已。归舟阅近庄，田庐环葛薯。小池一举罾，得鱼尺有咫。山妻笑语我："兹游不虚矣。"归家夜饮时，烹鱼陈二篚。念兹天伦乐，他乐无与比。我观峿崖上，石刻繁如蚁。宋有柳都官，全家来游此。大书而深刻，志欲夸千纪。缅彼他乡客，眷恋犹尔尔。矧余乃地主，去兹仅三里。全家游殊易，胡为肯让彼？虽无不朽作，题石亦可拟。赋诗志佳话，那计词浅鄙！颖儿录此稿，寄汝兄一纸。

《全家游浯溪赋》拓片

乾隆三十年乙酉秋，邑人漫亭伍泽梁题，邑人陈上质书。清泉刘樑学刊字。

# 叶观国

## 🌿 人物介绍

叶观国，字毅庵，闽县人。乾隆辛未进士，改庶吉士，授编修，历官侍读学士。有绿筠书屋诗钞。毅庵五典乡试，三督学政，乘传成吟，几于一官一集，诗圆匀熨贴，极见功力。其七律专学坡公，盖亦闽中博雅之才，傅汝舟、谢在杭之流亚也。）

（《晚晴簃诗汇》卷六十三）

## 🏛 浯溪相关作品和事迹

### 中兴颂墨本十七韵

李唐碑板如云垂，浯溪片石尤瑰奇。鲁公遗墨此第一，评家自审非谬欺。雄文乃出次山手，句奇语重齐韩碑。开元天子自神圣，治理谓已攀轩羲。渔阳半夜起烽火，苍黄有国嗟无之。（用颂中语）天回地转幸清廓，两宫二圣重欢怡。颂述功德守臣职，比于吉日车攻诗。文成郁律等盘鼎，书出磊砢磨崖巉。一时

双绝叹谁匹，韩文苏字镌罗池。湘山合沓为拥护，湘水清驶为淘披。螭盘赑屃有时仆，此碑万古无倾欹。至今纷纷闻响拓，鸡林走买输钱赀。我欲纵观卧其下，山长水阔增劳思。（时余典试暂驻长沙）客从南来贻纸本，临风舒展拏虬螭。芒寒色正三百字，字字支拄珊瑚枝。屼嵲谲怪供耳食，岳麓娟好差肩随。（二碑皆在楚南时，余皆得之。）携之犹足傲陆橐，包缄勿令江神窥。

（《浯溪新志》卷十）

### 《舟过浯溪谒元颜二公祠遂观磨厓及诸胜迹即事》

一首春陵星月辞，摩天片石中兴碑。风流二老称双绝，林壑千秋叹独奇。旧宅祇今传漫叟，邦民从昔奉专祠。我来舣棹瞻遗像，韶濩云山惬所期。

### 浯溪谒元颜二公祠遂观磨崖诸胜简李七松莳明府二首

征桡向晚舣湘湄，怀古抠衣拜特祠。胜迹即今归漫叟，磨崖终古重唐碑。华星秋月文章在，抉石奔泉点画奇。便似桐乡奉朱邑，间阎歌舞寄遐思。

三吾亭榭几经秋，镜石寒泉不可求。能为江山存胜事，共知风雅有贤侯。当轩碧浸沧浪影，隔岸红连橘柚洲。自是高怀期接轨，茨途宁止奉清游。

（《绿筠书屋诗钞》卷五岭右集，闽县叶观国毅庵撰，《清代诗文集汇编》第 347 册）

# 旷敏本

## 🌿 人物介绍

旷敏本，字鲁之，号岣嵝。乾隆丙辰进士，选庶吉士。归，掌教岳麓，以经学造士，著述等身，于易书尤粹，为文下笔如流，制艺而外，诗、赋、论、传、序、记、箴、铭、颂、赞、檄文，凡有所作，靡不力追古人。即柬语题辞诸小品，皆如吉光片羽，见者珍同拱璧。尝客两粤制军幕，豫章抚军幕，粤东县署，楚北学使署，所至居停，皆藉以增重。晚岁屡拥皋比，楚南人士争以出其门下为幸。著有岣嵝文草、诗集、鉴撮、韵笺行世。寿踰八十。

（光绪《衡山县志》卷三十人物文苑）

## 🏯 浯溪相关作品和事迹

### 游浯溪

凿辟江山肇有虞，沧桑无恙仰名区。水临潇浦才称绿，溪到元公始号浯。照石惊心惭二我，登台揩目认三吾。天开美景时方泰，如此清光莫漫孤。（溪岸有石镜，照影逼真，昔人以写真为第二我。）

（《岣嵝删馀诗草》，《清代诗文集汇编》第 294 册）

# 陶金谐

## 🌿 人物介绍

陶金谐，字挥五，号适斋，思贤子。幼颖绝，读书目数行下，淹贯群书。及长，肆力诗古文词，追踪唐汉。性孝友，家庭之间雍雍如也。由进士授湖南溆浦令，持身清介，爱民如子。时溆民有流寓湖北者，疯狂谣言惑众，抚军下之狱，移檄湖南，查拿家属。谐知其族皆良民，具详请免无辜，数十人得不坐。调江华，有邑民唐立信妻李氏，守节无子立继，族利其产，结党争夺。氏鸣官，前令不为申理。氏愤自缢，金谐到任，唐族复争田涉讼，金谐讯得前情，重加谳断，为李氏改立墓碑，题以烈妇，遣官致祭，并令唐族至墓前泥首谢过。丁内艰归，哀毁尽礼，遂绝宦情，并不一谒见当事，喜造就后学，及门如胡棠、吴煊、吴照。

（同治《南城县志》卷八之一文学）

## 🏯 浯溪相关作品和事迹

### 七松李明府招同峋嵝旷太史游浯溪漫赋

五月五日天气晴，李侯邀我浯溪行。出郭群峰已在目，流丹泼翠隔江明。南岳仙人面如玉，日挹山青餐水绿。似欣螺蛤厌膏粱，百遍来看意未足。过江晓日初瞳昽，双峰倒影荡晴空。修竹茂林烟蔼蔼，小桥流水声淙淙。喜清阁上一凭眺，长风浩浩开心胸。连蜷古木共苍蔚，疑有千岩万壑杳无穷。中宫寺是漫郎宅，禾黍油油荫阡陌。（漫郎宅，宋时已是僧寺，今废为田矣。）书院祠堂亦已荒，雪中指爪都陈迹。止有清名万古垂，秋月华星二三策。安得结辈十数公，再生今日参错为邦伯。李侯明并镜石明，李侯清比浯水清。三载政成公事少，闲将余力润山灵。尽辟荆榛结小榭，环栽桃柳护新亭。图书满架花连屋，作吏如君真不俗。心知景仰在元颜，好复新祠伴松竹。走也闷赋囚山篇，偶逢佳境尚流连。七十二峰身未到，愁心江上空云烟。朋侪握手岂易得，况与山水相因缘。灵境可到不可住，中流回望心茫然。归来欢宴忘宾主，酒酣慷慨思起舞。相期高咏继舂陵，不用投书吊湘水。气吞云梦蹴昆仑，结交有道文有神。重勒丹崖一片石，玉皇案吏应有健笔回千钧。

（乾隆《祁阳县志》卷八艺文）

# 孙　格

## 🌿 人物介绍

孙格，字寿田，仁和人。任文学。

（乾隆《浯溪新志》录传）

## 🏯 浯溪相关作品和事迹

### 潘旸谷姚竹溪邀同洪节斋诸君浯溪小饮

清溪绝壑绕湘滨，不厌招邀载酒频。聚首他乡同是客，开尊胜地迭为宾。唐碑藓蚀摩崖古，阆苑才高得句新。几欲买山情未决，何如此处学闲人。

（《浯溪新志》卷十）

# 姚　机

## 🌿 人物介绍

姚机，字竹溪，乾隆时钱塘人。

## 🏯 浯溪相关作品和事迹

### 游浯溪

瞻彼湘之澳，满目苍筤竹。携壶初入径，已惬心所欲。渐闻浯溪水，潺潺漱鸣玉。林樾洒清阴，兰杜纷芳馥。曲径接平桥，孤亭出幽谷。绝壁倚澄江，青峭如削斫。万古遗石镜，晶莹涵万族。上有中兴碑，岁久字画剥。

瑰玮鲁公书，有筋而无肉。谁复镌夬字，魑魅为之伏。中得希夷旨，三三与六六。次山昔罢官，溪头来卜筑。三吾留雅题，咸以旌独乐。太息斯人往，千秋仰高躅。兴尽泛舟还，如闻欸乃曲。

（乾隆《浯溪新志》卷十）

### 游浯溪读摩崖碑

浯溪山水本清绝，学士骚人意所惬。元公况乃邱壑人，溪头小筑漫郎宅。临江石崖与天齐，上勒大唐中兴碑。自以文能振衰陋，奋笔放此琼琚词。平原太守本忠烈，泼墨淋漓书绝壁。森钩错画蛟龙盘，色正芒寒字三百。忆昔绷儿太猖狂，居然剽兵弄渔阳。三郎郎当西入蜀，彼时唐室成膏肓。鲁公倡义气慨慷，河朔诸郡皆所仗。灵武中兴紫极开，双悬日月乾坤朗。至今事往一千年，惟有摩崖高插天。可叹三吾久灭没，临流空复怀前贤。贤侯不忍名迹废，台阁岿然增瑰丽。更将一盏酬溪山，永与国家为带砺。

### 潘旸谷姚竹溪邀同孙寿田洪节斋李兰丛孙鹿峰洪两峰李献白诸君浯溪小饮次韵

青雀翩翩掠水滨，潇湘江上客来频。已临翠嶂开三径，好赏黄醅饮九宾。（是日为主二人，客九人。）满壁岩花春后丽，一溪云水雨馀新。劳君赠我游仙曲，此曲真难和曲人。

（乾隆《祁阳县志》卷八艺文）

# 陈世龙

### 🌿 人物介绍

陈世龙，字希登，号眉湖，世俊弟，乾隆三年戊午科彭世英榜进士。任华容县教谕，升广东西宁知县。

（乾隆《祁阳县志》卷五选举）

### 🏯 浯溪相关作品和事迹

#### 游浯溪次旷成史原韵

当年解组释忧虞，胜地亭台手自区。岘首空悬无此颂，愚溪虽洁不如浯。留来文字真称绝，买得山林独让吾。贤主佳宾皆爱古，几回凭眺莫嫌孤。

#### 用黄山谷书磨崖碑后韵

春风朗朗照浯溪，毕雨箕风协口碑。好古如公千载下，梳藤栉石理棼丝。亭台翼翼溪流洁，父老扶杖携婴儿。作庙山林永呵护，清风亮节神所栖。神相感召赜同调，信非仙吏弗能为。收拾奇区入图画，水部鲁国儒雅师。展幅几上烟云起，笔底云烟藉手挥。古树丛篁通幽境，屹立磨崖翠磴危。一钩一画薙榛莽，舂陵之颂少陵诗。都从墨本镂神骨，一篇黄绢幼妇辞。白雪未许巴人和，舳舻难教舴艋随。星斗龙蛇供取携，鸿文应舒千古悲。

#### 文昌书院即事

依旧归来觅砚田，经畬史耨理残编。愧无奇字酬良友，幸挹清香景大贤（韦诗：燕寝凝清香）。设帐漫劳千里笈，杖鸠频引六旬年。应知庭院春光丽，迥隔尘寰别有天。

（乾隆《祁阳县志》卷八艺文）

# 王世润

## 🌿 人物介绍

王世润，字聿修，号藻亭。王镛之子。乾隆癸酉年拔贡。

（乾隆《祁阳县志》卷五）

## 🏛 浯溪相关作品和事迹

### 游浯溪次旷太史韵

潇湘著胜自姚虞，聱叟搜奇辟此区。忠义不磨崖刻颂，风流如见水名浯。未随长者同摹古，应惹山灵独笑吾。幸有新诗供快读，卧游兴味几曾孤。

（乾隆《祁阳县志》卷八艺文）

# 伍泽荣

## 🌿 人物介绍

伍泽荣，字荫远，号惺斋，雍正五年丁未科彭启丰榜进士。任直肃顺天府宝坻县知县。永郡甲科，国朝自泽荣始。

（乾隆《祁阳县志》卷五选举）

## 🏛 浯溪相关作品和事迹

### 游浯溪次旷太史原韵

生逢熙皞颂轩虞，乘兴偕游得此区。叫绝唐文崖作碣，标奇溪水字从浯。亭台照眼还如昔，猿鹤盟心不负吾。拟酌宓樽挤一醉，莫教良夜月同孤。

（《乾隆祁阳县志》卷八艺文）

# 申 苞

## 🌿 人物介绍

申苞，字光俎。任湘潭县训导。

（《乾隆祁阳县志》卷五）

## 🏛 浯溪相关作品和事迹

### 游浯溪次旷太史原韵

封浚山川昉自虞，名贤过化擅名区。风流水部追工部，烟景南浯胜北浯。只为崖头悬二绝，遂教海内识三吾。神君此日开生面，千载知心久不孤。

（《乾隆祁阳县志》卷八）

# 阮辉僙

## 🌿 人物介绍

阮辉僙（1713—1789），越南河静罗山人，年甫二十，即获得乡荐第一名，被授予长庆知府。景兴九年（1748），进士及第，赐探花。主掌科举与国子监多年，官至吏部左侍郎，封都御使。年七十，致仕，赠工部尚书。阮氏于景兴二十六年（清乾隆三十年1765）受命为正使，北行入岁贡。《奉使燕京总歌并日记》为清乾隆三十年（1765）越南来华使节阮辉僙所作。

## 🏯 浯溪相关作品和事迹

### 题石镜诗

补天渡海寔多端，争似山头作大观？洞借余辉光可鉴，花揩剩彩秀堪餐。月将地影装春轴，水引银章摆素纨。莫谓无心偏徇客，也曾经照古人还。

乾隆丙戌安南阮辉僙。

### 浯溪揽胜

鹧鸪山上唤行舟，曲折攀登遂一游。一境玄文留洞口，三亭翠影浴津头。水经染蔽难为白，山为衡遮隐是秋。昨夜浯僧应有梦，使星乡月会荆州。

（《奉使燕京总歌并日记》阮辉僙撰）

《题石镜诗》拓片

# 赵　翼

## 🌿 人物介绍

赵翼（1729—1814），清江苏阳湖人，字耘松，一字云崧，号瓯北。乾隆二十六年进士，殿试第三，授编修，历广西镇安知府，官至贵西道。曾佐两广总督李侍尧幕。晚主讲安定书院。诗与袁枚、蒋士铨齐名，又精史学。有《廿二史札记》《陔余丛考》《瓯北诗集》《檐曝杂记》《皇朝武功纪盛》等。

## 🏯 浯溪相关作品和事迹

### 永州道中

烟雨潇湘泛使差，九疑一半暮云遮。长途已过峰回雁，宽政今无俗捕蛇。袁渴尚传迁客记，浯溪难访漫郎家。箧中剩有舂陵句，留伴孤灯一炷斜。

### 舟行（其三）

泝流过祁阳，山紧江渐窄。水刷山根露，岩岈森仿骼。时复作嵌空，倒瞰奔流碧。舟行过其下，压顶虑崩拆。邪许同一声，响答出空隙。众篙所丛刺，石有千空迹。沿堤默流览，奇景多创获。非特状谲诡，更有质变易。石或烂如土，土或坚如石。

戊子，出守广西镇安，过祁阳。

（《瓯北集》卷十三戊子三月，赵翼撰）

# 唐一儒

## 🎋 人物介绍

唐一儒，清乾隆时衡阳人，善画。

## 🏛 浯溪相关作品和事迹

绘有《浯溪总图》，载在宋溶《浯溪新志》卷首。

# 萧夔龙

## 🎋 人物介绍

萧举人夔龙，字载熙，号亮斋，祁阳人。乾隆戊子举人。

## 🏛 浯溪相关作品和事迹

### 磨崖

斯人堪不朽，浯石亦流芳。绝壁烟霞老，高文日月光。精诚余翰墨，剥蚀任风霜。读罢穿碑下，能无怀古伤。
（末句同治《祁阳县志》作：津生字里香。）

### 漫郎宅籁

不见元公宅，徒闻众籁赊。萧萧惊落木，切切乱啼鸦。韶頀何妨碎，聱牙未足夸。几回寻故址，指点问渔家。
注：五六句同治《祁阳县志》作："草没幽人径，藤牵往日花"。

### 笑岘亭

陵谷诚忧变，宁资片碣功。登亭时一笑，望古意何穷。落木苍凉里，浮岚掩霭中。升沈多少事，闲话任山翁。

（《沅湘耆旧集》卷一百零七）

### 浯溪渡

呼渡争归急，浯江烟水间。断霞红入树，返照碧衔山。咿哑摇轻棹，菰蒲傍浅湾。花村明月里，小犬吠人还。

（同治《祁阳县志》卷五浯溪下）

### 石燕山歌

触石成形物产稀，翱翔绝不假毛衣。呢喃未解梁间语，下上偏能雨里飞。洞口云横欣却舞，崖前风定倦思归。何须鞭石祈甘澍，羡尔差池识化机。

（《祁阳诗词联文选》）

### 浯溪赋（以元颂颜书并垂不朽为韵）

三湘佳境，双井灵源。水淡淡兮远拖蓝而若带，山峨峨兮近耸翠以为门。渡香桥而响答幽林，声凝漱玉；拭石镜而光浮远岸，坐欲销魂。峭壁嶙峋，徒看笏插；溪光敛艳，空说银翻。惟水部之风流，于焉开辟；值唐家之中叶，旅此山樊。墨客骚人，共呼郎而为漫；樵夫牧子，亦问姓而知元。

尔其溪以人传，石因文重。惓惓君国之哀，款款山河之痛。比北征之纪事，诗拟浣花；笑金殿之承恩，词嗤供奉。记山水以文章，答升平以雅颂。

况夫撰之者结，书之者颜。铁画银钩，浩气生于字里；忠肝义胆，英风宛在行间。血可濡毫，点点苌宏共碧；泪能和墨，依依湘管同斑。映日月而还成璀璨，蚀风雨而不尽斓斑。可传万古，可寿名山。

盖以有美必双，无奇不并。擅大臣之品望，既行表而言坊；异俗吏之襟期，复寻幽而选胜。表孤忠于当代，社稷为心；留韵事于荒邱，风流自命。为亮为瑜，一觞一咏。遂使渔歌村笛，成今日之流连；野色秋声，尽当年之持赠。

若乃崇台日晓，高阁云移。鸟解唤人，声催举棹；柳知迎客，叶尽舒眉。一片空明，风定而波纹淡沱；四围翁郁，春深而树影低垂。钓艇回时，欸乃之歌声乍起；钟声断处，悠扬之梵呗犹迟。抚夹字之原镌，书能志怪；吊元家之故宅，迹欲搜奇。李阳冰篆刻堂东，好古惟君独步；黄山谷徘徊崖下，尚论舍我其谁。

诚以先哲流芳之所，不必皆仙；名贤托足之区，终当不朽。鄙景公之耽乐，泪洒牛山；讶叔子之好名，碑悬岘首。在彼则尔，在此则否。曰颂曰书曰石，何知三绝之奇；从水从广从山，聊旌一吾独有。岂若电光石火，没世无称；虽经谷变陵移，此山不负。知二公藐世界之三千，而吞云梦于八九。

至如舒渴眼于千秋之下，寄遥情于望古之余。裳可褰而就，山匪买而居。一卷卧游，欧文忠未尝蜡屐；三生梦想，王新城尚欠膏车。不远逊夫我辈之览其景而履其地，诵其诗而读其书也哉。

（《浯溪新志》卷十一艺文五赋）

# 张敏昌

## 🌿 人物介绍

张敏昌（1747—1806），字伯求，号鱼山，清代钦州长墩司南雅乡（今广西钦州市钦北区大寺镇马岗村）人。生于乾隆十二年（1747）八月，乾隆四十三年进士及第，选庶吉士，先后任翰林院编修、《四库全书》馆武英殿分校、户部主事、刑部河南司主事等职，嘉庆十一年（1806）二月卒于广州粤秀书院，终年六十岁。有《小罗浮草堂诗集》四十卷、《小罗浮草堂文集》二十六卷、《小罗浮游草》十卷；师友纂订《小罗浮草堂诗钞》四卷。另纂有《孟县志》十卷、《河阳金石录》二卷等。

## 🏯 浯溪相关作品和事迹

### 浯溪中兴颂

胡雏祸胎谁与媒？唐之宗社几倾颓。二十四郡有义士，书生此日为之魁。当时河西土门破，贼势强横宁迟回？乱风治风戒自古，弃置何止同飞灰？遥遥反正在灵武，收拾两京从烬煨。天伦之际有惭德，以戡乱论功可推。谁歗勒铭播终古，浯溪伐石穷潆洄。千年往事数遗迹，往往扪视空莓苔。何人归来致一本，高堂照日光初开。道州雄词峻山岳，平原老笔回云雷。词翰纵横两堪赏，漫与前古分余哀。

（《小罗浮草堂诗集》卷八，张敏昌撰）

# 秦朝釪

## 🌿 人物介绍

秦朝釪，清江苏金匮人，字大樽。乾隆十三年进士。由礼部郎中出为楚雄知府，操守极严，人不可干其私。左迁归。工诗，尤善古文。有集《岵斋诗稿》二卷、《消寒诗话》。

（《中国历代人名大辞典》）

## 🏯 浯溪相关作品和事迹

### 使粤西过浯溪

君怜千顷澄湖面，我忆双旌使粤西。八面望衡湘水曲，停桡三日为浯溪。

宋大笑，为绝倒。诗皆急就，无可观，亦已忘之矣。犹忆眺览时，宋以为似西湖，余以为似楚南之浯溪，得一绝云：君怜千顷澄湖面，我忆双旌使粤西。八面望衡湘水曲，停桡三日为浯溪。余辛巳（1761 乾隆二十六年）使粤西，过浯溪也。（浯溪在湖南祁阳县，有颜鲁公所书中兴颂，山川清美无比。）

（《昭代丛书》癸集卷四十九之《消寒诗话》，金匮秦朝釪大樽撰）

### 寄陈绲桥

中庭菊影著霜华，雁阵惊寒起塞沙。羽猎赋成归较晚，嫩凉时候苦思家。

万里关山月似梳，射生飞骑下来初。从今愿学袁公术，昼挟雕弧夜读书。

（《锡山秦氏诗钞》今集卷六，秦殿楣辑）

龙文注：陈绲桥，即陈辉祖。

# 宋 溶

## 🌿 人物介绍

宋溶，成都人，字怀山，宗璋子。溶幼颖敏，读书目十行下，尤善属文。从诸老宿游，并究心性之学。弱冠，补博士弟子员。乾隆丁卯，举于乡，丙戌大挑一等，分发湖南，历署辰溪、黔阳二县知县。善折狱，有能声，补祁阳县知县兼摄零陵县事。委赴东安县，鞫疑狱，出株连者百余人。祁阳方旱，祷于岳鄂王祠，甘霖立沛。勤于视事，寒暑无间，立清盗法，绘枷杖图，以申禁劝民，俗翕然一变。尤喜成士类，移建文明书院，令高才生肄业其中。充庚寅乡试同考官，所得多知名士。旋以修学，为奸民以违例科派讦告罢官，质讯无实，犹从轻谴。谪居东湖，傲屋而居，益肆力于诗古文辞。家有薄产，悉以偿官。遘饔飧不继，泊如也。所著有《息机庄诗文集》十二卷、《读史杂吟》一卷，藏于家。（同治《成都县志》卷六人物志宦绩）

## 🏯 浯溪相关作品和事迹

修葺浯溪，并纂有《浯溪新志》。

### 题中兴颂后

浯溪榛莽江之隈，翳蚀欲尽元颜碑。我来剔薜痛洗伐，俸钱不惜千金支。忆自涪翁崖下泊，千秋聚讼中兴诗。事有至难虽天幸，臣子图其所可知。原心略迹贵剖别，拘牵文义何深为。灵武不奉新天子，茫茫西狩无归期。济险重光有大义，抚军监国非其时。臣结愿上万年颂，臣心欢戴杲日驰。安有孤忠托讽刺，老于文学有谲词。愿言勿快一时口，徒令万古臣心悲。

### 浯溪绝句六首

其一

溪声如共语，山鸟自呼名。瓢笠当风挂，樵渔足此生。

其二

青山围石壁，野水入长天。中有游行者，诗仙宛画仙。

### 其三

山断云连树，峰高翠接天。一帆如画里，疏雨到江边。

### 其四

晓月寒江白，孤灯夜雨红。溪山萦客梦，橘柚老秋风。

### 其五

老树苍烟尽，西风黄叶轻。峿台一片石，晴雨对棋枰。

### 其六

水溜石根瘦，溪深山月高。羊裘坐垂钓，此地著吾曹。

## 三一亭铭

曷不为方，鹿鹿者疾。曷不为圆，矫矫者失。神明规矩，汇三于一。木石溪声，于焉斯匹。渺千载而抗怀，笑毁方之不必。

## 峿岩铭

大道尚晦，至人忌凿。阴岩之阿，幸幸若若。

## 唐庐铭

登彼高台，千山万壑。斗室栖迟，石卷溪勺。游目高明，归真简约。木石寝兴，风月述作。绕吾庐焉，青藜白药。入吾座间，磊落寒谔。世内拘牵，不辞而却。负阳游阴，幽人如鹤。

## 修复浯溪记

乾隆三十有三年，岁在戊子，春，予始奉檄莅祁。祁跨潇湘，山明水净。城南五里为唐元次山浯溪，颜鲁公书磨崖碑在焉。千余年来，兴废不常。甲申岁，前令李君七松又修复之，亭台井然。予素有山水癖，心窃喜以甫视事，日力未遑及也。逾月稍闲，遂命舟溯流而上。去溪三二里，见诸峰矗起江岸，怪石嶙峋。有若几、若案、若球、若轮囷、若鸾鹤之翔空、若牛马之饮涧，谲变万状。水声潺潺聒耳，从者曰：此浯溪也。既登岸，读《寒泉铭》。泉固在山中，闽人黄中通题名于此，非故迹也。拾级而登，磴道百盘，古木苍翠，中横露石坊为前明故物，溪之门户也。过坊则近溪矣，傍溪南去有禅院，即古中宫寺。过渡香桥，桥上东望，漫郎诸胜迹咸在目。独一石端严奇秀，余以一品名之。桥畔樟树最多，有大十数围，高出霄汉。枝若虬龙阴覆溪上者，相传为千岁物。予曰：是殆与磨崖俱寿矣。名曰寿樟。忽溪风飒然，翠叶交飞，氤氲之气喷鼻，甚异之。绕樟后，上石磴数十级，始登唐亭，则固向所见之西峰也。飞檐四启，逸情满抱，亭铭刻卧石，篆法遒古，完善可读。下亭，过中直轩，轩前小峿台，磊落方平。台北大木数株，抱石而生，石仅露面，予视之，积土久堙，非旧也。峭壁宛转，坚如元玉。历代游人镌刻，无完肤。旁横石镜，上刊柳应辰心记，中则中兴颂也。予竦立，正读之，徘徊不忍去者移时。回忆昔年与亡弟泷，心摩手追此碑而弗逮者，今乃不得同读，慨叹久之。稍东得山谷老人磨崖诗，字亦完好。缘崖石刻间，有字迹出地上，知其下尚多掩藏者。度回廊，登喜清阁，阁俯湘江，清含连漪。惜命名不典，以含清易之。出阁，复故道，上小峿台，度引胜桥。石驾飞虹，其下固石门也。过桥弃，石夹径，游者喘息。登胜异亭，过此则鏬树蒙茸，荒草没膝。逶迤登峿台，势高望远，千山如在襟袖，则固江上所见之中峰也。面背巨石如削，其下即磨崖处。登台四望，千里一碧。惜无树，命僧种桐数本环之。下台南去，有阶约百步，折而西为元颜二公祠。仅数椽，祠东荆棘中，遥见残碣。搜读之，知为书院故址。祠西去数百步，达度香桥，满目蓬蒿。求所谓漫郎故宅，废已久矣。右堂、峿台诸铭，皆不可见。怅然而返，自是征檄旁午，未暇再至，巳丑八月，由郡治归，抵浯溪。率从人数十辈，持刀斧与寺僧芟薙之。自朝抵暮，众不敢止息。已而蒿莱除，佳石出，元颜祠后，石屏天然。胜异亭左有隙地，四围皆石。凹其中，深数尺，隐若天池，适当峿台南面。祠左右石壁依稀见字痕，乃复令人剥苔而寻之，于石门南得巨石，刻"溪园"二字，尚完好。嗟乎！溪固有园，前人未有言者。漫郎遗迹湮没不已多乎。翌日，更命工发土掘诸埋者，深丈余，得宋明以来诗、记若干首。架长梯洗剔崖壁，更得狄武襄、邹道乡诸题名若干处，皆前此所未有。于是，约是乡之士大夫，以重九日会于峿台。届期，群贤毕至，迎予而笑曰："《右堂铭》得之胜异亭后，《峿台铭》得之元颜祠西，今日之会，二难并矣。"客复起而言曰："含清阁东有一岩，盍往观之。"乃与众步，自阁而西登崇冈，则固向所见之东峰也。峰顶平如席，过峰不数武，伛偻而下，中甚空洞，坐可四五人。临江有窦如窗，可窥湘江。爰以岩属于台，曰峿岩。于东峰建一亭，遥对庴亭，名曰虚怀，夫而后游含清阁者，可无兴尽之感矣。《右堂铭》虽不可读，而题名完好，《峿台铭》则玉箸如新，予得之狂喜。其下建宝篆亭一，更移元颜祠于书院故址，恢廓其祠宇，增以僧舍，更题曰双千古祠。祠外建枕流漱石，山房，南曰庴庐。宝篆亭去山房数十武，更前百五六十步，当度香桥侧，就隙地建角亭，左倚寿樟，前对一品石，环绕溪流，爰以三一名亭，夫然后浯溪之景备矣。嗟乎！予两载经营，始得复古人旧观，宁非山川之大幸欤？盖名迹坐废，固官斯土之责也。于是更取隐隐若天池者属于溪，曰浯池，注以水。凡溪山胜概，争奇献异，不可悉状者，皆以贮之庴庐。取直而方若几者，曰钓台，取平炀如阙者曰双石，皆考据详确名之。乃更与诸君子饮于中直轩，咸抚掌大笑，次第觞予曰：是不可无述，以告来者。遂蘸笔以记之，时己丑秋九月望日。

## 游伍氏园林记

予既修辟浯溪，有为予言江村伍氏园林之胜者。岁己丑十有一月，适有巡历之役，道出九龙寺。诸山蜿蜒，溪水汇小江者凡九，寺以此得名。穿田度岭，仰企俯就。至江边滩。高水落木，声泪泪入耳。又数里，危峰插天，万木阴森。路临澄潭，深不见底，行人色动。而诸石之献异者，复探头露脊于鸟迹苍苔之上，予顾而乐之。更数里，廓然平畴，别一江天。犹有枫叶如花如火，鑅见山青水碧间。江外有石峛然，询诸从者，知即伍氏园林之巨镇也。慕亭闻余至，率子弟来迎，驾小舟渡江不里许，登其堂，与客入坐葛屦斋中。斋北向，积水。平阶，池水。直绕其后，惜冬日不及见荇藻茨之盛。斋以吕仙降乩得名，壁间有记，句不食烟火人语。斋南百步，穿竹数重，达明定舫。舫侧老树，抱石而生，状甚古。荆篱石径，萦于引人。行数十武，路忽绝，怪石狰狞。慕亭乃抠衣耸肩，宛转前导，顶踵相接，以达于亭。亭榜曰慕者，主人追思其亲之意，而因以自号也。予登亭，循览诸石，方者屋，圆者覆，戹。低而伏者几，浅而凹者盘盂，连骈而曲折者屏障，若人掉臂而偶语，若窍容鼎而曲突，若虎豹攫物而搏跃，种种奇诡，不可尽述。最后巨石中分，高数十尺，屹然对峙。下有池，上横一石如梁，渡游者，宛若天成。吁！奇矣。还亭四顾，左磊落而右萧疏，前开廓而后危耸，不施锤凿而有鬼斧神工之妙，句有浯溪所不及者。然浯溪之观伟，江村之景幽，伟者宜公，幽者宜私，各极其妙。客有揖予而前者曰："兹园之石，愿肖形以标识之。"予曰："否否。两间灵秀之物，当各在自然。何须规规指目耶？"主人闻予言，兴益豪，出诗牌，各受字若干以斗胜。予诗独后成，兴至索酒甚急，主人邀众客会饮于葛屦斋中。酒数行，遥望前冈，古木扶疏，有危石峭削，隐约呈露于几席之前，询之则江外所见峛然者也。庐山真面至此始见，乃大喜，为赋"庭前秋水座中山，万迭巉岩玉一湾。镇日勾留同索句，他年风雨忆烟鬟"一绝句以志别。慕亭更为予言，去亭不数武，江边逢车，车傍某亭，轮转水注，势若飞瀑。每夏秋，坐读其中，心目俱豁。去亭数百步，巨石状若门户，冠以石坊。叔弟惠远署曰"江村锁钥"，皆兹园之胜也。别去，过亭坊，皆如所言。回视石门，重密如扃。向之闻风而慕者，今且亲面成相思矣。不意去浯溪十余里，又有兹园，盖造物之奇，聚于一隅。而予皆得游而乐之也，岂非厚幸哉！

# 翁方纲

## 🏵 人物介绍

翁方纲（1733—1818），清顺天大兴人，字正三，号覃溪。乾隆十七年进士，授编修。历督广东、江西、山东三省学政，官至内阁学士。好奖掖后进。精通金石、谱录、书画、词章之学，书法尤冠绝一时。诗宗江西派，论诗拈"肌理"二字，然所作每嫌太实，有以学为诗之弊。有《粤东金石略》《苏米斋兰亭考》《小石帆亭著录》《复初斋诗文集》等。

## 🏛 浯溪相关作品和事迹

### 浯溪中兴颂（己丑）

李西台本不可见，枣木传刻疑赵嶬。剑州山石岂有此，熙宁夬字于旁嵌。纵横丈尺字如掌，尚有墨补痕相搀。何伤日光与玉洁，直挟义正兼词严。或云危苦洗衰陋，或云寓意侔讥谗。碑耶颂耶得与失，春秋之例谁发凡。储皇匹马从父老，仁孝本谓国可监。复复二京奠九庙，以对于帝于民嵒。宜用中锋挂健笔，若峻剑戟高松杉。所以率先奏兵状，又拜西内驰封缄。一日三朝天子礼，问安视膳感至诚。言言天经与民纪，与此相应如韶咸。凄凉寂寞大同殿，杜什匒不同镌劖。坐卧非为玩笔画，春风梦起湘江帆。

（《复初斋诗集》卷五药洲集四戊子二月至己丑二月，大兴翁方纲正三撰，《清代诗文集汇编》第381册）

### 李南磵寄浯溪唐宋诸题刻择其佳者赋三诗兼寄示雪门（戊戌）

#### 皇甫持正诗刻

一字三缣少，千秋几句传。根源于卷轴，结构以山川。麟角逢非偶，龟堂语太颠。谁能该作者，独许退之全。

#### 卢钧题名（户部侍郎卢钧开成五年十二月十一日赴阙过此。）

乐圃传遗迹，峿山定属谁。（朱长文墨池编载卢钧题名二，峿山题名一。）丝纶除召日，父老奉祠时。赴阙相先后，来游更李施。中冬房鲁字，骎欲永兴追。（旁题又云房鲁昌五中冬六日来。又云前广州刺史李行修、掌书记施□、□官李党，大中三年四月十一日赴阙过此。）

#### 山谷题刻

是日读崖刻，有僧凝立听。如何今拓本，不见右堂铭。云气横溪口，江华俨石经。精灵日来往，有梦记崇宁。

（次山《阳华岩铭》曰：江华县大夫瞿令问艺兼篆籀，俾依石经刻之。山谷此题亦云瞿令问优于峿台铭，意欲托雪门觅此也。）

（《复初斋诗集》卷十七秘阁集三戊戌五月至十月，大兴翁方纲正三撰）

### 浯溪中兴颂

嵩高烝民美复平，周宣始以中兴称。韩公却表十鼓篆，侪诸二雅编镐京。不知灵武复复语，峻伟上可岐阳承。巉崖大字照湘水，摛词者结书真卿。尔时銮舆归告庙，新宫之哭援鲁成。又云上皇尚在蜀，左司祝册文宜更。琅琅建言炳万世，此笔岌嶪皆箴铭。如斯方配道州作，岂止瞿篆夸廎亭。后来黄张发感喟，（山谷、文潜。）翻令杨范滋题评。（诚斋、石湖。）抑扬功罪义奚取，荒苔冻雨心谁盟。我但服膺山谷句，擘窠法与瘗鹤朋。山樵书或颜派沂，西台本盖唐拓仍。墨补失真又几载，绢摹屏障嗟庐陵。颜元二公古祠在，森森正气悬日星。鹤鸣山高镜石碧，漫郎吟想溪流声。我诗小草瞳轴侧，何耑点笔寒泉泓。

（《复初斋诗集》卷五十四嵩缘草二庚申正月至七月，大兴翁方纲正三撰）

姚郎二十六年前，贻我残碑隶七片。新郑公孙遗爱祠，偏傍缺落霉苔边。谁知七片今余一，清仪阁主珍为砚。十字年存天宝七，专知判系衔犹见。来（浚）于（奕正）黄（叔度）录文已仅，况此奇零递流转。所余六片落何处，元晧道寂谁书撰。（有云云晧，又云道寂等。）此隶近疑韩蔡间，二篆势出中郎变。金芝琼草紫烟发，点笔正称嘉禾彦。张君手拓金石文，箧随黄令如邮传。荧荧小印戊子生，十八戊子光流电。（叔未小印云：生于乾隆戊子，上溯天宝七载第十八戊子也。）咏到苏斋不偶然，姚郎札已蛛丝胃。我为缩摹残拓补，老眼戈波欲追眩。此碑此砚千古心，我与芑堂重对面。尚胜浯溪药臼香，坡公诗比抔尊羡。（元道州宾尊石，嘉兴僧持归，作药臼，叔未亦拓其文见贻。）

（《复初斋诗集》卷六十二石画轩草五戊辰正月至己巳九月，大兴翁方纲正三撰）

# 邓奇焯

## 🌸 人物介绍

邓奇焯，字瞻尧，祁阳人。方侯鸿博之子。官武昌白湖镇巡检。

## 🏯 浯溪相关作品和事迹

### 浯溪怀古

我家浯溪冰雪窟，日听浯溪水幽咽。幽咽泠泠韶濩声，洗出漫郎心胆冽。高文老笔鸣球琳，事关君父敢轻心。更乞太师得意笔，点画波撇兼南金。上元文成大历刻，千春溪水沈云黑。人生不饮滟滪泉，石镜照寒肝胆色。亭台不骞溪不枯，峿㟏石尚存故吾。却笑柳州太狡狯，溪池邱岛皆为愚。

（《沅湘耆旧集》卷一百六十一）

### 邑侯宋公修辟浯溪既成，将辑新志，余游而乐之，欣然有作

我向浯溪行，爱挹浯溪水。其响泠而幽，其色清且绮。涓流琼瑰碎，怪石鲸鲵起。兴剧屡登临，轻舠记曾舣。老笔与高文，抗古钦仰止。惓惓君国怀，结茆偶于此。惭愧染缁尘，数载远乡里。鄂渚引孤帆，微官荣禄米。跋马过樊山，次山有遗址。望望石鱼湖。洼尊犹在彼。（次山曾家樊山，武昌亦有宾尊。）到处慨芳踪，佳话流传美。他邦尚勾留，而况我桑梓。解带赋归来，双亲亦用喜。（时家君自蜀告归。）顾此邱园人，名心徒自累。便欲造溪山，全家携襆被。烟蛮闲云鹤，搜剔穷屐齿。神君来何暮，废坠一朝理。残碑细摩挲，胜迹频徙倚。披榛得新崖，小有洞天里。因坳涨为池，天工人莫拟。（峿岩、浯池，皆公新得。）生面顿重开，聱叟之知己。名山一卷书，螺纹如在指。时当冬日晴，旷览情未已。水落涧青苍，霜高树红紫。茫然集万端，长啸碧湘涘。

（《浯溪新志》卷十）

# 邓奇逢

## 🌸 人物介绍

邓奇逢，奇逢字稼轩，祁阳人，方侯鸿博献璋之子。以优贡充正蓝旗官学教习，历官长沙府学训导，迁江西南城县县丞。有《豳风堂诗集》。稼轩，名父之子，官训导时，秦小岘侍郎方按察湖南，善化训导则孙石溪也。尝同游岳麓，题名北海碑阴，亦名流也。

## 浯溪相关作品和事迹

### 中兴碑

峭壁谁走龙鸾书，历劫宝贵犹璠玙。斯文盟主不可作，凭吊空阅千载余。兴衰何代更蔑有，有唐旧案堪欷歔。妖环胎祸动鼙鼓，逆奴悔不先诛锄。二十四郡尽风靡，仓皇蜀道乘銮舆。不识平原作何状，乃使八万惭哥舒。恢复大业起灵武，奋臂一呼麾千旟。紫袍迎奉上皇帝，倏忽凄凉南内居。事难天幸论亦允，差令宗社免为墟。煌煌颂词勒湘浒，磨崖大笔高黄初。摩挲古刻凛忠义，拟拓百本悬山庐。焚香岂但追笔法，毫端洗净涨墨猪。

### 浯溪竹枝词

渡香桥畔草离离，山雨蒙头客打碑。都向中兴来酹酒，藤萝盖瓦吊荒祠。

磨崖高插与天齐，镜石空山绿黛低。浣女渔舟分远近，湘江人影界东西。

书辰作夬笔锋寒，波磔能令水怪安。几辈村童不识字，但闻人道柳都官。

（《沅湘耆旧集》卷一百六十一）

### 祁阳杂咏（五首有序）

吾邑所称王府坪，即胜国废藩地，时贤罕见歌咏，予先外祖李仲弼先生，言其先亲见祁藩轶事，至今解道之，予因撺为杂咏，聊附野史之遗。

#### 其一

殿宇参差势蠹天，金铺丹垩簇新鲜。谁知瓴甋璠玙琢，多少居民撤屋椽。

#### 其二

垂杨百步绕清沟，风起街尘打画球。尽道藩王出游玩，浅黄罗盖紫花骝。

#### 其三

清和天气卖饧时，侍婢翩翩立玉墀。捧出饴糖银合碗，内家新饷一窝丝。

#### 其四

曼声度曲宴中庭，那得烟花乐部听。（时乐多不备。）但扮齐人与妻妾，一双不借笑优伶。

#### 其五

最怜王府坪前路，一种青芜满故居。犹说当时卖花妪，罗裙好句紫绫书。

注：其中第四首为祁剧在祁阳演出盛况，首见于文字记载。

# 郭 毓

## 人物介绍

郭毓，字又春，号春林，晚号紫石山人，诸暨枫桥郭店人，诸生。著有《带山堂诗文集》《山居稿》《山居续稿》《别裁小笺订讹》《七情赋》《浙水诗故》等。其传见光绪《诸暨县志》卷三十三《人物志·列传七》、《暨阳宗和郭氏宗谱·业师郭春林先生行状》、叶敬《春林郭君墓表》。

## 浯溪相关作品和事迹

### 宋怀山明府寄浯溪中兴颂碑拓本

平生结字无好势，墨猪冻蝇驱不易。临池憛懒法书稀，高卧芸窗空画被。去年宝研归张郎，报我绛帖贮缥囊。张管涔以绛帖易予青花紫石古研。今年侯有广平氏，分来大幅如堵墙。横阔十尺纵不减，字成玉碗金瓯光。颜公忠孝出天性，浩气蟠胸腕力劲。论书有要柳诚悬，用笔在心心必正。正直如公不可加，此碑雄伟书家圣。笑揭粉壁开窗棂，坐卧观之龙虎形。远宗县礶换鹅帖，突过焦山瘗鹤铭。聱耷高文时一读，浯溪山水馀芳馨。

（《浯溪新志》卷十）

## 后磨崖赋（有序）

郭子旅于湘中，祁阳宋明府以所辑《浯溪新志》相商订，得杨铁崖先生磨崖赋，读而叹曰："先生，予之里人也。高风远韵，垂数百年。"近其居，读其书，欣慕其为人。文章奇丽，尤精春秋学，尝作正统论，欧阳圭斋见之，曰："百年公论定矣。"是诚然哉。今考此赋辞义遒古，为不可及然。自北宋后讼聚，则未之或息也。爰并录集中。浯溪别友诗缀于卷，作后磨崖赋以广之，言虽不工而义则畅矣。其辞曰：

校名山之新志兮，晤前哲于高文。渺千里而南游兮，搜唐碣于湘濆。摘皇古之瑰辞兮，气霞蔚而蒸云。在儒流之沿袭兮，汇众论而弥棼。既折衷其富当兮，何兼蓄而并存。固立心之忠厚兮，不菲薄于前人。伊泾渭之当判兮，恐承讹于千春。更掺瓠而载牍兮，芟曲说以少申。

慨明皇之西狩兮，走苍黄而躄躃。君既危于累棋兮，臣尽丧其故节。调玉烛而不光兮，顾金瓯而已缺。幸父老之遮道请兮，留太子而不发。即大位于武威之南楼兮，收众心而寇灭。定九鼎其再安兮，想二圣之欢悦。镌石崖以作颂兮，有节判之臣结。方对扬夫宏休兮，岂含讥而假谲。始撰于上元之二年兮，迟刻于大历六年之六月。

越自唐而迄宋兮，来好异之庭坚。再迁谪于宜州兮，过浯溪而泊船。书颂石而系诗兮，紊后事于事前。以大物为趣取兮，诬忠臣之痛酸。改甘露殿为南内兮，何老将智而耄旄。世纷纷其耳食兮，震于名而浪传。试稽古而共为之证兮，吾其综核于诸贤。

惟吉水（杨万里）之扬葩兮，意夐夐其独造。叹处此其实难兮，为九思其计而莫好。抽双溪（王炎）之妙颖兮，绘扶桑之杲杲。徒寄慨于神州兮，非翰墨之为宝。彼石湖（范成大）之辨体于商周鲁兮，适助焰于涪老。讥磨崖不是碑兮，何异盲者之强分夫白皂。翻洪迈之笔记兮，亦议论之草草。以重欢为不欢兮，何异食江瑶而忧发病之太早。均不揆夫撰著之大义与时事兮，凭臆断而故为之颠倒。

当上皇初返自蜀兮，庆万载之奇遭。以臣子而咏歌大业兮，敢滥及夫西内之不朝。矧其李五之未枋权兮，张娣亦不能塞骄。父子自有天性兮，肃宗岂天良之顿消。观李唐之奏对于午日兮，且泫然而泪飘。可以知受制于后非木怀兮，胡先忘孺慕于一朝。以罔上加忠臣兮，目仁厚为轻佻。致颂辞成罪案兮，岂漫郎本意之所招。

明辨晰于毫芒兮，义以久而大白。当我朝之明备兮，英贤挺而辈出。检讨（潘次耕）为鸿词之眉目兮，尚书（沈确士）乃风雅之巨擘。咸以提一旅复两京兮，称大孝而不易。转乾坤而再造兮，正子臣之尽职。倘令弃天下于安史兮，罪莫逭而足惜。

谓元公善于颂扬兮，毋毛吹而瘢索。序大业而颂盛德兮，文互见而不格。薄山谷诸人为翻案兮，起后人之指摘。嗟铁崖之不见是兮，聊备书诸简策。招云鹤于遥天兮，为我寄九华之仙伯。

## 镜石赋

浯溪之阳，磨崖之侧，有镜石焉。明炯炯兮内藏，色油油兮深黑。凿岩壁而置一龛，量程度则逾二尺。体正方兮非刻首而为圭；性坚确兮，纵锥利而难划。诧异事于群儿，广传闻于过客。

尔其形同冶铁，制类磨铜。不烦哲匠，无藉良工。精完神聚，山结川融。将天地之为炉兮，幻瑰奇于清幽之宫。岂阴阳之为炭兮，炼星精于冥漠之中。乃自他而有耀，亦惟明则必通。其平如砥，遇物能容。

彼夫逸客骚人，仙流羽士。寻幽选胜，登山临水。一筇一屐，方得得而来前；渡涧渡桥，共依依而至止。

睹须眉之活现，叹莹澈于表里。俄植立而行迟，竞增欢而色喜。

至有姣童袿服，春女倩妆。诸于绣襦，杂佩香囊。凝脂蜀媛，傅粉何郎。或经由而登眺，或慕异而寻芳。对娇娆兮可掬，映艳冶兮生光。犹欲顾影牵衣，久徘徊于石厂；抑且安花掠鬓，俨勾留于洞房。

又若湘水拖蓝，祁山环碧。大既能含，细尤不隔。长波浩渺，画艋过而楼橹迢迢；夹岸纷纭，方罫布而田畴历历。见平原之牧竖，横短笛兮骑牛；望远径之樵人，振斧斤兮飞翟。

更可异者，洗之益明，窃之必暗。变随淮橘，能化枳以异形；幻岂空花，除结习而不染。现山灵于梦寐，远闻邮驿重归；赖吉士之补苴，近见玄晶复捒。苍舒氏则舞乌形疲，罽宾国则翔鸾鸣厌。

是惟栖托得所，位置偏高。近猗玕之雄笔，接琅琊之健毫。留忠清之正气，发川岳之灵苗。如有臣将罔上，或见友而卖交。全躯保家者，洞肺腑而罄其底蕴；翻云覆雨者，鉴膏肓而无所遁逃。徒然一照，遽尔魂销。颜发赪而面热，气沮丧而精摇。可还淳而返朴，能激薄而惩浇。则远胜夫武担山前，送玉颜而陨涕；咸阳宫里，證邪念而挥刀者矣。

### 一品石铭

宋明府以一品目浯溪山石，春林子为之铭。

楚南多山，崭崭者石。三吾中间，积玉聚璧。孰统其众，孰率其群。有形岿然，秀若朵云。玲珑俶诡，莫与伦比。呼丈呼兄，褻之非是。汉有独坐，周则三公。班绝百僚，爵显秩崇。名之者谁，一品后人。铁石心肠，广平公孙。

（《浯溪新志》卷十一）

郭毓沅湘随食录：尝和平圃泥字韵诗有"不须嗔恶客，一饮醉如泥"之句，或问恶客之义何指，余曰：非酒徒即为恶客。见元次山诗自注。今录次山诗云：将船何处去，送客小回南。有诗逢恶客，还家亦小酣。又黄山谷绝句云：破卯扶头把一杯，灯前风味唤仍回。高阳社里如相访，不用闲携恶客来。山谷又有"雪里过门多恶客"之句，亦引次山自注语。

郭毓薪照录：山谷为叶县尉，作漫尉诗，序云：庭坚读漫叟文集，爱其不从于役，而人性物理蔼然诣于根理，因戏作漫尉一篇，简舞阳裴仲谟。诗凡数百言，有"漫尉谢答客，愿客深长思。漫行无轨躅，漫止无絷覊。漫默怨者寡，漫言知者希。吾生漫叟后，不券与之齐"云云。山谷他文多师次山，此其尤汗漫者歟。

澹山岩在永州零陵县南二十五里，易三接零陵山水记，宋黄山谷始题识之。今洞中一石载山谷诗与书云云。诗七律二首，其一云：去城二十五里近，天与隔尽俗子尘。春蛙秋蝇不到耳，夏凉冬暖总宜人。岩中清馨僧定起，洞口绿树仙家春。惜哉次山世未显，不得雄文镵翠珉。南宋王南乡阮者，九江人，有绝句云：浯溪已借元碑显，愚谷还因柳序称。独有澹岩人未识，故烦山谷到零陵。今山谷诗碑摹本虽剥蚀，尚有可观。

（《浯溪新志》卷十四）

# 宋铣

## 🌿 人物介绍

宋铣，字小岩，吴县人。乾隆庚辰进士，改庶吉士，授编修，历官衡州知府。有《静永堂诗稿》。

（《晚晴簃诗汇》卷八十九）

## 🏛 浯溪相关作品和事迹

### 家怀山以所辑浯溪志见示

连山来苍梧，万马初脱鞚。湘江绕其中，游龙势跌宕。郁蟠为浯溪，灵异自天饷。伟哉元与颜，磨崖肃逡仰。

亦越宋元明，诸贤继清赏。洪钟震山阿，巨斧落高掌。大书而深刻，各挟黄池长。君子疾没世，此义古所尚。所虑恒河沙，遗迹惭恫恍。江山固瑰奇，人力在涤荡。吾家贤邑侯，述古意慨慷。一编辑公馀，体例纪传仿。时代及艺林，条贯极宏广。遂令风雨湮，俱为日星朗。煌煌宝篆亭，奇文出榛莽。丰城千载合，呵护辟魍魉。兴继责有土，厥功信不爽。明朝溯轻舟，更与剔尘网。

（《浯溪新志》卷十）

# 杨　瑞

## 人物介绍

杨瑞，字觐班，号湘岩。龙阳人。拔贡生，安仁县训导。著有《湘岩诗钞》。

## 浯溪相关作品和事迹

### 读磨崖碑

天宝蒙尘突西徙，练光如雪杨妃死。乘舆既进太子留，亲提六师扫膻蚁。王侯并力妆京师，至德改元上皇喜。韩柳未生燕许亡，大业丰功谁与纪。道州刺史文中豪，力排众论存信史。浯溪崖壁亲磨砻，巨斧丁丁凿幽诡。鲁公握笔书大字，精光元气泣真宰。千秋大文湘江滨，秦碑汉碣难专美。摩挲永日生咨嗟，忍令涪翁肆排诋。渔洋嗜古近所无，可惜游踪不到此。高歌一曲前唱于，泠泠响答浯溪水。

### 浯溪诗呈宋怀山明府

早年幽梦到浯溪，及到登临意不迷。心力欲耗山水窟，碑林新剔古今题。雷文夜暗灵威守，人影亭孤落日低。仿佛漫郎魂魄在，年年风雨鹧鸪啼。

（《浯溪新志》卷十）

# 邓　竺

## 人物介绍

邓竺，字伯裔。祁阳人，康熙岁贡。

## 浯溪相关作品和事迹

### 秋过浯溪

湘水潾潾落涨痕，秋山红紫拥江村。鸡栖树古崖垂荚，（崖多皂荚树。）鹳啄松高石是根。旧宅几回寻梵宇，清风长此对宄尊。游人但漱溪流去，除却唐家事莫论。

（《浯溪新志》卷十）

# 邓枝麟

## 人物介绍

邓枝麟，字汉白，号南坡。宁乡人。由拔贡选乾州厅学正，品学兼优。诗文书法，名噪一时。饬诸生敦品励行，暇则与之讲论经义，无间晨夕。乾士感之，尤为观察姚某所契赏。性磊落豪爽，不解居积。任乾十余年。没，子贫无以还槟，赖观察休助。著书见后目。

（嘉庆《宁乡县志》卷九人物仕宦）

### 🏯 浯溪相关作品和事迹

#### 浯溪观中兴碑

峋嵘山碑自神禹，倒薤拳科鸾凤舞。宣王田猎纪当年，字画郁律传石鼓。嬴颠刘蹶更几代，浯溪片石乃堪伍。忆昔元宗西狩日，玉环血污马嵬土。渔阳鼓动赤心儿，剑门花笑伤心主。幽霾既扫九庙安，储皇大业开灵武。道州刺史颂中兴，穆如清风同吉甫。鲁公作书字瑰玮，此书百不一二数。石崖天齐磨且镌，钩银画铁健而古。巍巍十丈撑欹釜，于万斯年江之浒。我从衡岳溯潇湘，弭棹冲泥获快睹。徘徊读之不敢亵，神灵呵护风雷怒。回头石镜生光辉，照破祁城百万户。

#### 谒元颜二公祠

前辈风流地，同时两伟人。增埤障朔郡，磨石勒江滨。不识平原守，谁如刺史臣。非关文字古，俎豆自千春。

（《浯溪新志》卷十）

# 张九镲

### 🌿 人物介绍

张九镲，字金如，号平圃。湘潭人，贡生。著有《竞辰斋诗集》。

（乾隆《浯溪新志》卷六）

### 🏯 浯溪相关作品和事迹

#### 郭春林寓斋观宋怀山明府所赠浯溪中兴颂碑

漓湘水合浯溪清，早年两度扬风舲。（壬戌、癸亥间，随家君任粤西，往返经此。）元颂颜书曾快睹，字如钟鼎辞瑰琼。至今髣照恒河水，恍若梦读新宫铭。成都先生称好古，登登传得碑典型。林宗博雅宝爱之，高张座右排繁星。想见鲁公初下笔，百万甲兵胸中生。忠义淋漓抒十指，天柱欲折手可擎。蛮烟瘴雨神呵护，嵝山碑齐峥嵘。高斋此夜虹贯月，飘然引我游蓬瀛。

（乾隆《浯溪新志》卷十）

# 黄东昀

### 🌿 人物介绍

黄东昀，字晴初，号南溪，灵川人，乾隆庚寅举人，著有《半规山房诗存》。

### 🏯 浯溪相关作品和事迹

#### 登浯溪观中兴颂碑

峿台揽胜几回登，往事料量叹抚膺。灵武未能称监国，小臣祗合颂中兴。银钩铁画风云护，大义微言感慨增。坐卧何辞留十日，倩谁为榻剡溪藤。

（《峤西诗钞》卷七）

# 周龙藻

## 🌿 人物介绍

周龙藻，字汉荀，号恒斋，吴江贡生，著《恒斋集》。潘稼堂云，汉荀沈潜好学，综贯百家，高才实学，目中无两。其诗抚时感事，准今酌古，莫不淋漓恺切，可兴可观。沈冠云云，汉荀性颖异好古，髫年患痘，未脱痂，已篝灯读帏中。比长，于书无不览，而尤肆力于诗，始出入香山、眉山之间，继而原本风骚，根柢韩杜，故格律愈严，寄托愈远。

## 🪷 浯溪相关作品和事迹

### 稼堂先生自楚粤归以浯溪中兴颂见赠因成长句奉呈

公昨鼓棹湘江湄，嗜古手拓磨崖碑。归装辍赠丈二纸，字体怪伟文雄奇。元颜并属间世杰，大节磊落星日垂。后千百年睹笔迹，尚觉元气流肝脾。别览游记论侃侃，穿凿力驳涪翁诗。灵武功成唐再造，歌咏不合含刺讥。吾聆公言方首肯，细考岁月还参差。至德丁酉两京定，逆徒北窜皇路夷。次山作颂待辛丑，归美收复事恐迟。当初夫子了无衅，二圣何用重欢为。庚子始闻劫迁变，流传得不生惊疑。尚书亦坐起居表，蓬州远斥未量移。中更十载始立石，宫庭逸构群涕洟。为尊亲讳分良重，臣子义敢忘箴规。国于天地有与立，三纲不坠治所基。抚安宗社天子孝，寝门日至宁非宜。禁军露刃夹马首，借口反仄须防维。呜呼中兴自大业，宣光以后异论滋。临安驻跸朝廷小，龙沙目断回銮期。幸哉上皇蜀都返，楼前捧足喜且悲。牝晨不戒定省隔，无端骨肉同羁危。浯溪片石峙岩侧，定哀之际留微词。宋贤好辨或太甚，兹事至大关民彝。请公为我一商榷，春秋知罪俱不辞。

（《江苏诗征》卷八十四，王豫柳村辑）

# 张九钺

## 🌿 人物介绍

张九钺，字度西，湘潭人。乾隆壬午，顺天乡试举人，历官江西南丰、峡江、南昌、广东始兴、保昌、海阳知县，以艰去。寻以海阳案牵连落职，遍游嵩洛偃巩闲，晚归湘潭，主昭潭讲席。久之乃卒。尝自以先世居襄阳，死后当葬我于岘山之麓，故自号紫岘，天下称之为紫岘先生。有《陶园诗集》二十八卷、《诗余》二卷。先生生有异禀，七岁能诗，九岁通十三经及史鉴大略，十二岁补博士弟子员。充乾隆辛酉拔贡生，廷试第一，留监肄业，考补正红旗官学教习。既举京兆，屡阨礼部试，久之始以资得县令，所至有治声。先生诸孙曾乞余作家传甚详。先生才名震海内，年十三登采石矶赋长歌，人呼为太白后身。乾隆中，西师奏捷，朝廷行郊劳礼，方恪勤公观承总督畿辅筑郊劳台，先生为赋乐歌，大书其上，复为良乡居民贾户作凯旋榜帖千余幅，一夕立就，其敏如此。诗文宏博浩瀚，纵其力之所至，而一轨于正。当世诵其诗者，至推为乾隆朝一大宗，盛矣哉！世传先生为南岳毗卢洞僧，征之家传及方志皆然，殆非诬也。余辑陶园诗为三卷，谥之曰陶园诗老，与吾友碻东并称，天下后世当有公论也。

（《沅湘耆旧集》卷九十二）

## 浯溪相关作品和事迹

### 怀古二首

#### 其二

粲粲元道州,折节读异书。辞官猗玕洞,再把瀼溪锄。诘屈浩与盘,老气不可除。挺立开元中,李杜相腾挐。扁舟入九疑,结宅临清浯。云山韶濩音,写付湘中渔。漫士非浪官,歌行变雅余。五十作痟樽,冰雪为襟裾。谁知八州使,樊上旧酒徒。

### 浯溪磨崖碑

秋涛春天发怒机,号空众窍争赴之。插江精铁三百丈,郁郁虎豹蟠蛟螭。仰见大唐中兴碑,横亘五岭青冥陲。道州刺史天骨秀,今周后汉铸伟辞。手悬乾坤双日月,山河笔扫无疮痍。洗兵马行西巡歌,见此得无相睥睨。二十四郡一男儿,腕底屈曲生英姿。画沙印泥亦何贵,忠义之气挥淋漓。恍如河北建大旗,振臂一呼贼胆褫。当时胡不拓万本,山东诸道传奔驰。读之骇汗手战栗,贤于十万熊罴师。唐亭痟樽游戏尔,大文星斗光陆离。至今风雨无剥蚀,得非神鬼来维持。平淮西碑书者谁,惜哉砂石相磨治。文章自古有遭际,令人叹息湘江湄。

**龙文注**:此诗当作于乾隆三十五年庚寅初秋。据《粤游集》记载此游为庚寅辛卯。从湘潭出发,过衡阳水路到祁阳,过永州,七月入桂林。以道程判断,且以诗首秋涛二字,可知来浯溪为庚寅(1770)七月初。

### 湘口闻笛

猿啼山雨歇,月上青枫林。一夜闻横笛,那知湘口深。离忧在中岁,独往少瑶音。应有苍龙起,休为人破吟。

### 祁阳晚眺

湘风静不波,湘烟澹如水。石秀岸多花,鱼明苔见底。城连断杉外,鸟没青松里。欲问虞帝居,苍苍暮云是。

(《陶园诗集》卷十《粤游集》,湘潭张九钺度西著)

# 国　梁

## 人物介绍

乾隆初,国云浦与国笠民同名国栋,云浦擢庐凤道时,廷臣以吏部同名二人,请高宗亲指出,与韩翃事略同。后笠民,奉敕更名国梁。

笠民,字丹中,那拉氏。丁巳庶常,改官吏部,历阶宫庶,充日讲,起居注官。外授郡丞,擢守昭潭,迁贵州粮驿道。生平宦迹所至,逾皋兰,涉秦州,西极乌鲁木齐,历百越,汛牂牁,皆地当边徼。有《澄悦堂集》十四卷。

(《雪桥诗话》卷第六)

## 浯溪相关作品和事迹

### 浯溪(庚寅)

浯溪水湛铜花青,峿山石笋排空冥。唐亭宕窈敞云扃,三吾得吾乃忘形。舍舟飞躐超峥嵘,崩腾披豁开心灵,下视积水纷点萍。磨崖碑字大如斗,剔薛摩挲冰玉黝。欲读聱牙愁箝口,卓荦独数元颜手。中兴往事不堪论，册府旃常何处存。风流浪漫传邱樊，徒闻猿鹤悲空村。山石瀺落余宠尊，功名文字俱埃尘。石镜晶晶独照人，不闻督战惊威神。山童水浅磨不磷，浮邱羡门来因循。我亦长空一过影，蛛网春晖驻流景。幽赏独在无言境，转瞬陈迹那复省。苍茫四顾渺愁予，长啸归来石林冷。

（《澄悦堂诗集》卷八《素衣集》己丑 1769 十月至庚寅 1770，长白国梁丹中撰，《清代诗文集汇编》第 342 册）

# 清高宗弘历

## 🌿 人物介绍

　　弘历（1711—1799），即爱新觉罗·弘历。清朝皇帝。世宗第四子。雍正十一年封和硕宝亲王。十三年八月嗣位，次年改元乾隆。即位后驱逐在内廷行走之僧道；释放被幽禁之允（胤）禵等，恢复允（胤）禩等宗室身份；又将宗室诸王所属旗人，均改为"公中佐领"，即归皇帝掌握。对汉族知识分子，采用笼络与惩罚并行手段，既于乾隆元年开博学鸿词科，三十八年开《四库全书》馆；又大兴文字狱，前后大案不下数十起，并借修书之便，销毁或窜改大量书籍。对西北方面，平定准噶尔部，消灭大小和卓木势力，解决康、雍以来遗留问题。在位时六次南巡，多次进行镇压土司叛乱、农民起事战争，耗费大量钱财。晚年任用和珅，吏治腐败；陶醉于"十全武功"，自称十全老人，对敢于指斥时弊之官吏，常严加斥责。同时，对各省亏空严重、督抚多不洁身自爱之状，知之甚详。五十八年，接见英国特使马嘎尔尼，拒绝英国所提出之侵略性要求，然并未引起任何警惕之心。六十年，宣布明年禅位皇十五子颙琰。次年正月，举行授受大典，自称太上皇帝，仍掌实权。在位六十年。谥纯皇帝。

## 🏛 浯溪相关作品和事迹

### 题董邦达画楚南名胜册（乾隆辛卯 1771）

#### 其一 衡岳

秩山至荆国，驰驿拟嘉陵。（董邦达于壬午春祭告南岳，归程就所经山水绘册以进，兹偶展阅因题句。）七十二峰写，环八百里征。堂皇开廪柱，（石廪天柱为衡岳五峰之二。）向背列峻嶒。过后知珍重，惭斯免未曾。

#### 其二 岳麓

南岳蜿蜒来，驻足于此所。用是岳麓名，膻芗垂隆古。安得最高峰，穸碑读神禹。（峰顶有禹碑。《舆地纪胜》谓：碑在岣嵝峰，盖不可考。今所传惟此刻耳。）

#### 其三 鹿原

康乐乡中白鹿原，犹闻炎帝有陵存。山川万古民三代，欲返皇初岂易言。

#### 其四 合江

南回雁峰北石鼓，郡城（衡州）峰（回雁）阴临江渚。石鼓对峙书院存，是为蒸湘合流所。近远形胜揽莫遗，唐相风流犹可睹。我独菁莪麃育材，麟楯虚车亦无取。

#### 其五 愚溪

冉溪号愚溪，盖自宗元始。谪降守永州，爱其林泉美。因作八愚诗，意或谓屈己。趋炎附叔文，明哲岂宜此。此非愚而何，巧文讵能洗。

#### 其六 浯溪

浯溪峿台唐亭，占尽江山清可。虽然犹有间然，次山未能忘我。浯峿唐三字皆从吾，故戏及之。

#### 其七 濂溪

思孟以来学鲜闻，起衰韩愈祇能文。宋生茂叔津源探，道继宣尼真伪分。溪水书堂千载永，吟风弄月二程欣。虽然应识躬行要，讵在空传语录纷。

其八 九疑

天地亦有疑，宇宙以来此。李白虽狂言，确乎有其理。

其九 岳阳楼

唐时张相，宋代滕守。一创一修，脍炙人口。巴陵雄据，洞庭俯临。气蒸波撼，缅想孟吟。轺车还朝，江山纪丽。岂无心哉，仲淹之记。

其十 黄鹤楼

迥临稚堞瞰江流，崔颢题诗楼上头。太白顾而不复作，卓哉此意足千秋。

（《御制诗三集》卷九十四，弘历撰，文渊阁《四库全书》第 1306 册）

题元结唐亭砚（乾隆甲寅 1794）

浯溪上构唐亭旌，（即檃括元结语。按字典中无唐字。）俯仰常欣山水清。不识屡参节度者，龙宾倚马有何成。（元结在肃宗时称天下士，所上时议三篇未见施用。仅于山南西道荆南山南东道幕府参佐。久之始刺道州，颇有政绩。旋以罢归，漫浪于人间。结盖文士中之有用者，惜当时不能尽其材，以致迄无成也。）

（《御制诗五集》卷八十七，弘历撰，文渊阁《四库全书》第 1311 册）

# 黄湘南

## 🎋 人物介绍

黄湘南，字一吾，号石橹，宁乡人，诸生。有《大沩山房诗集》。

（《晚晴簃诗汇》卷六十三）

## 🏯 浯溪相关作品和事迹

上陈絙桥观察二十韵

名区生杞梓，盛代出麒麟。世德沙堤旧，家声楚泽新。论兵推武库，考吏任分巡。梅岭传邮逮，珠江转运频。匮中曾待价，席上早称珍。筮仕依三辅，为郎应列辰。部曹盘错别，忠亮性情真。特达惊黄阁，昭融契紫辰。遂跻观察使，兼理会通津。棠荫宁关地，碑传肇水民。鹏程难久息，骥足实时伸。绍业诚无匹，谈经更绝伦。谢公才过斗，杜老笔如神。硕望崇乡邑，余波遍戚邻。座多朱履客，门有白衣人。题柱思貂珥，雕虫笑角巾。皋鱼空饮痛，待兔自居贫。何日辞茅屋，连年逐道尘。情因桑梓密，谊为莺萝亲，千里瞻光霁，阳和及仲春。

读絙桥观察纪恩述怀诗次韵赋呈

北去中丞谒圣君，南还嫌赍世希闻。纯臣纪述方摛藻，介弟赓酬又挟文。自是忠心常捧日，非徒健笔可凌云。后生幸诵琅函句，班马浓香百遍熏。

（《大伪山房遗稿》卷三，长沙黄湘南一吾撰，《三长物斋丛书》）

# 俞 蛟

## 🎋 人物介绍

俞蛟，字青原，号梦厂。山阴人，官广东巡检。

## 🏯 浯溪相关作品和事迹

### 浯溪山记

辛卯十月既望，余偕灵川宰杨念山北上，道出祁阳之浯溪山。遥见林麓亭台掩映，询舟子，则曰：陈氏别业也。盖陈氏为祁阳望族，或因兹山之胜，构此以备游观者。于是舣舟崖际，循石级拾而登。山不甚高，惟怪石嵯峨，若菡苕欲坠，不堪仰视。平林阴翳，缀以枫叶，不啻三春红雨也。时旭日初起，晓风明灭，露气泠泠逼襟袂。小憩石亭，亭之左有古祠，额曰：双忠。肖二像，峨冠博带，俨然古大臣风烈。惜无碑碣，姓氏及何代并无从考。念山嗜古，探索不得，殊怏怏。顷之，清磬一声，从林莽间出，迹之，为古中宫寺。寺前环小溪，水潺潺然。白云满山，苍苔没径，殿宇止一楹，而萧疏幽洁，绝异人间世也。无何，寺僧以清茗供客，且语曰：公等亦知此地有双忠遗迹乎？引而前行里许，垂崖如削，壁立千仞，似经巨灵斧劈者。其间石刻为唐代颜元两公遗迹，盖是时渔阳垂绝，明皇复两京，肃宗即位于灵武，朝野欣然，有中兴之望，微之遂作中兴颂，以抒其忠君爱国之忱，而真卿适任荆南节度，缘泐书于此。二公一撰一书，固属气求声应，而文辞之高迈，与笔法之遒劲，又可称合璧云。后人之建此祠也，岂偶然哉？然则祠因碑而建也，祠前之亭台，聊以缀前人陈迹也。而陈氏别业之说，为舟子讹传也。嗟乎！士生千百世后，凡古圣贤及忠义士不获亲炙风范，仅于史乘中想见其梗概，间有碑铭遗迹亦为好古之士椎拓漫漶，或经历朝兵燹之余，销毁殆尽，求其如是碑之完整不朽者，盖亦鲜矣。余何幸而犹及见之也。然是游也，初不知碑也，并不知祠也，因叩野衲之禅关，获睹昔贤之遗迹。念山曰：是不可无记。余即于舟次援笔为之，漏下三刻，月映篷窗矣。

（《梦厂杂著》卷五游踪选胜，山阴俞蛟青源撰）

知县，杨本立，陕西武功人。拔贡。乾隆三十三年任。

（嘉庆《灵川县志》）

# 王道溥

## 🏯 人物介绍

王道溥，字博庵，宁乡岁贡，乾隆时祁阳训导。

## 🏯 浯溪相关作品和事迹

### 游浯溪记

祁阳多佳山水，浯溪为最。在邑南上游五里，肇自唐元公结，罢道州刺史归，爱其胜异，遂家焉，所谓漫郎宅也。尝撰《大唐中兴颂》，适颜公真卿过，为大书刻于石壁，由是浯溪之名遍于寰宇，历久弗衰。乾隆壬辰，可铎祁邑，家明经藻亭名下士也，邀余与同志诸公游焉。其最著者为文、字双绝，摹传石刻为世所珍。若峿台、若㟪亭，冠以浯溪，邑名三吾始此。此外以亭名者为仰高，为笑岘，为宎尊，为宝篆，为胜异，为虚怀。以轩名者，为中直；以阁名者，为喜清。先后建置不一，皆爽垲轩奇。由峿台过渡香桥跨溪流，桥北豫章一株，大可数十围，为李唐旧植。溪折而南为中宫寺，引胜桥在胜异亭之西。台之南岿然特峙者，元颜二公祠也。祠左右构二轩，形制各殊。祠之下则漫郎宅旧址也。其他古迹荒废者不可稽。环山多佳石，惟镜石如元玉，光可以鉴。磨崖碑左刻，字押如夬形，长丈三尺，相传昔好事者书以祛不祥云。石壁刻诗文甚众，新旧碑碣林立，皆览胜纪游之作。苍苔剥蚀，不知凡几。啧啧传者，莫著于宋黄公庭坚之诗。维时余与诸公相携登眺，缅维前哲风徽如昨，徘徊俯仰之间，心旷神怡。藻亭命从者载酒淆，设几筵，觥筹交错，举座尽欢。既醉而归，盖几忘日之夕矣。居尝读渔洋公浯溪考序，谓古今名迹不遇其人，卤莽戴笔，与黥劓何殊。余惟自来名区与名人相际，往往相得益彰，然使其人不足以立名教之坊，树千秋之望，山灵奇秘，虽赖瑰丽之文以传，不过资过客之游历，学士之讴吟耳。若浯溪之胜，辟自元颜二公，高风大节，并垂天壤。自唐迄今，高山景行之思，千载如一日，浯溪卓然为祁阳山水之冠，是岂偶然也哉！同游者，邑上舍伍念斋泽棠、前淮安太守伍更斋泽梁、同寅魏恕斋都暨、家弟世润即藻亭，男棠、矩侍侧，例得附书。时乾隆壬辰小春七日记。

（同治《祁阳县志》卷五浯溪）

# 吴 俊

## 🌿 人物介绍

吴俊，字奕千。乾隆壬辰进士，内阁中书，军机处行走，历充湖北、云南主考，云南学政。丁母忧归丧，葬毕，适文襄王福康安建节八闽，延俊掌奏记。未几，安南内讧，文襄调两广总督，俊随文襄权进止，建以阮易黎之策，文襄用其策。入告安南平，叙劳授雷琼道。调广东粮储道。番禺之交塘、沙湾，故盗薮也，其民好斗，官不能禁。俊密发卒捕其长，置诸法，立乡约以纠其不肖者，进其秀者教之，俗为之革。盗魁何广德谋反，府役曹正首其事，巡抚朱珪以属俊，俊请发抚标兵八百，舟粮火药一夕而办，侦知广德有嬖童，会城人，拘其父母使作书约子为内应，许以千金赏，遂诱广德逾山由郴桂入苗寨，而于路伏兵擒之，磔于市西隆猓猡亭。保正龙登连聚群苗反。总督吉庆檄俊往剿，冒暑入山，破贼寨十数，龙登连窜伏磨山洞中，谕降之。以军功赏戴花翎，升广东按察使。客民陈礼南将为乱，俊知之，密召东莞武举王某至，授以方略，令于乡人赛会日诱擒之。升山东布政使，以广东旧事逮问，事白，奉旨赴博罗军营效力。即至，博罗已平。永安铁笼章有余匪，从钦差大臣那彦成搜捕，事竣，以六品服授惠潮嘉道。到官，严行保甲法，余匪悉获，赏四品服，升按察使。旋有旨召还，以京堂用。庚午，病归，当事延主紫阳书院。俊读书通达世务，诗古文皆深入古人堂奥，博闻强识，下笔如飞。弟树萱，字少甫，乾隆庚子进士。少与兄齐名，由庶吉士改内阁中书，历官吏部员外郎，四主乡试，一校礼闱，提督四川学政。嘉庆初，检发四川以道员用，一权盐茶道。明年，川督魁伦失机逮问，树萱护解入京，行至咸阳，中暑卒。

（民国《吴县志》卷六十六列传四）

## 🏛 浯溪相关作品和事迹

### 申郎中鹤圃招饮观磨崖碑

我读中兴颂，怀古心劳忉。欲往观之路于阻，浮湘何日掺轻舠。天宝末年那可道，阿荤跋扈千窣骄。常山平原复何有，潼关四扇飞烟熛。艰危剑阁鸟道绝，淋铃一曲愁猿猱。黄衣天子起灵武，中天白日风霾消。元公作颂鲁公笔，大书深刻留山椒。浯溪潺潺不可唾，断差古木山鹃号。舂陵浩劫纷涕泪，漆灯虚冷飘神旓。后来赝本蛇蚓杂，淄渑不辨空滔滔。水曹好古力购致，重缄密裹绦绳牢。草堂夜静寒月皎，展看光射魁与杓。判官刺史署千古，名字落落垂云霄。难从跟肘辨甲乙，细剔榛莽寻柯条。平生寤想今始遂，快引大斗倾以醪。先生家近中堂寺，眼明白鹤青岩峣。零陵秋雨赋萧瑟，洞庭落木歌离骚。手携碑版住人海，终朝吏局文书劳。消寒百盏据大户，梦魂回绕江之皋。挑灯不语三太息，纮如湿鼓沈丽谯。

# 郁长裕

## 🎋 人物介绍

郁长裕（1733—？），字益川，号雨堂，江苏江宁人，瑞孙。所著有《雨堂诗钞河干初集》一卷，后辑为《雨堂诗文集》二十六卷，时文四卷，榷史一卷，诗钞二十一卷。

## 🏯 浯溪相关作品和事迹

### 过熊罴岭（玄黓执徐，即壬辰 1772）

远树遥看欲接天，过人登陟费攀缘。如盘更比羊肠曲，绝陡真同牛角巅。马首云生霏湿气，岩腰雷响激飞泉。此间知与苍梧近，岚影遥连粤岭烟。

### 浯溪

梦想浯溪二十年，者番经过信良缘。悬崖好是刚临水，呵壁谁曾独问天。拜石欣瞻唐代颂，题名愧指后人贤。空亭绝涧鸣幽鸟，藉草容予醉便眠。

### 再过浯溪

一年名胜许重探，如此飘蓬亦所甘。薜荔翻风碑藓黯，芙蓉映日浪痕酣。绕崖老桂香凝岸，觉梦疏钟响出庵。我欲借楼来小住，奇书一卷对幽岚。

（《雨堂诗钞》之三醉吟，秣陵郁长裕益川撰，《清代诗文集汇编》第 380 册）

### 钱塘李莳七松（感怀十二明府诗并引，壬寅 1782）

湖上仙人海上才，浯溪生面一重开。弹琴未许惊黄雀，赌墅何妨醉碧苔。富贵如云交谊重，是非无准俗情乖。即今指点襄阳路，莫向吴松首更回。

### 成都宋溶怀山

落落丰裁气岸高，绿莎钟鼓振风骚。三吾山水亲湔洗，二酉诗书自铸陶。宦海无边飞白浪，将门有种拂青袍。戍居喜与巴江近，好向东屯折大刀。

（《雨堂诗钞》之浮青剩草，秣陵郁长裕益川撰，《清代诗文集汇编》第 380 册）

### 排山铺（旃蒙大荒落，即乙巳 1785）

山水相逢各有缘，羁游黔楚不同天。忽闻路入排山铺，梦断浯溪十四年。祁阳县驿，亦名排山铺。

（《雨堂诗钞》之陟黔集卷上，秣陵郁长裕益川撰，《清代诗文集汇编》第 380 册）

### 太子即位于灵武

范祖禹斥为乘危叛父，论者谓其持义严正。窃按元宗奔蜀，几似周幽（厉）之流彘，马嵬父老遮留，太子马不得进。宣旨传位，众共睹闻，肃宗如欲得位，自于此时，收名正言顺之益，何必待灵武始披草莱而称制耶？其时事机之迫，更逼于无可如何之势，杜鸿渐等以人心系属，恳乞仰遵马嵬之命，笺疏五上，乃始许之。及捷克复都，表请东还，迎归元宗，仍请避位以修子职，亦可谅肃宗之心矣。使灵武坚不继统，则系属无从，众必离散，克捷之期绝望，西巡之旆难旋，岂非肃宗不能行权，致亡社稷，尤为无可委谢乎？范论实近于苛，试问肃宗此时究将如何为是耶？恐范公未能毅然决策也。况有马嵬之命、克复之功、迎请之孝乎？设肃宗于马嵬时，即受命禅代，岂父命之而亦以为叛父乎？好为高论，何哉？又《网目》于即位后复书上皇制，以太子充天下兵马元帅，既曰上皇，则必有嗣位之帝，所谓太子者乃何人耶？岂子为兵马元帅，父即可称为上皇乎？《网目》尚尔如是，况纷然之厄论哉？善读书者自知之。

（《雨堂杂著》之榷史，秣陵郁长裕益川撰，《清代诗文集汇编》第 380 册）

# 陈三恪

## 人物介绍

陈三恪，字和溪，岳池人，乾隆庚午解元，官零陵知县。辑有《岳屏书院志》《群玉书院志》。

## 浯溪相关作品和事迹

### 浯溪志跋

右《浯溪新志》十四卷，宋君怀山荟萃剪截，镕冶成书。浯溪幽遐邃邈，怪特瑰富之胜。是书搜抉骈罗，轩豁毫楮。非笃嗜古者，能勤垦至到，绸密典实若兹乎？初，怀山与予同隶西蜀，两人踪迹颇阔疏，不相闻。丙戌，同宦游湖湘，始订交。既而怀山令祁阳，予令零陵，百里毗连，因缘尤近，然怀山负干局，既莅祁阳，感激奋悱，汲汲与民梳痒剔蠹，兴废举坠。予阴折怀山才吏也，时时希慕风味，溥心一力，角逐怀山，惟恐后，以故两人会合仍稀。庚寅乡举，同怀山分校文字，乃得过从弥月，接席促膝，商榷生平，官烛风帘，相视莫逆，两人投契，是役益深。无何，怀山旋以吏议罢官去。明年相遇长沙，怀山屯蹇拓落，出是书草本，珍重属予。予回环抚览，作而叹曰：文吏非可学而至也。予于文事亦结习难忘者，然作吏零陵，管领黄溪、愚溪、钴鉧、石渠诸胜，数私自幸喜，谓当为柳子一一收拾润泽，用识向往。而簿书填委，爱我者至动色相戒，谓妨政治。予初尚不谓然，然予亦至竟不暇及。怀山独从容考古，仰止颜元，搜证文献，整齐一书，又何其博踪尔雅，恢恢有余裕也。因梓是书于清泉官舍，以成怀山之用心，以志予之不逮，又以见抱才绩文如怀山、而轇轕龃龉、不得行其意者，古今来何可胜道哉！

时乾隆岁次癸巳（1773）仲春月上浣年家乡眷寅愚弟陈三恪昌五氏顿首谨跋。

（光绪《新续岳池县志》卷十九艺文志下）

# 余廷灿

## 人物介绍

余廷灿，字卿雯，号存吾，长沙人。乾隆辛巳进士，改庶吉士，授检讨。有《存吾集》。存吾于天文律历句股之学，俱能钩元提要，古文当时有重名，惟诗所作不多，要有法度可观。（《晚晴簃诗汇》卷九十）

## 浯溪相关作品和事迹

### 陈母成太夫人七十寿叙（代）

皇帝御寓之初年，祁阳陈文肃公，最先蒙眷注简擢，内登政府，外秉节钺，为天子之毗，诸侯之师，文章道德事功照耀海内。越十数年，今两湖制府中丞公，复继文肃公而起，若韩忠献之有忠彦，范文正之有忠宣，懿哉远乎！两世股肱心膂，为我国家勋阀旧臣，天下莫不颂美甚盛。而绵受多福，尤集庆于太夫人。

太夫人，文肃公之德配，而制府中丞公之寿母也。早岁于归文肃公，黾勉佐佑，恪恭导迎，用能夙夜奉祭祀，

· 浯溪历代人物志 ·

以光启钟鼎旗常。某谨按《鹊巢》小序云：鹊巢夫人之德也，国君积行累功以致爵位，夫人起家而居有之，德可以配焉。说诗者，又谓鹊巢之夫人，即召公之配也。观此则知文肃公之积累，固至深至厚，而太夫人宜其有家，亦如鹊巢之夫人，其德足以配召公，又可信也矣。

抑德盛者福必隆，文肃公勤劳出入，恩礼完全，太夫人遭际从容，祁祁冠帔，亦既晋封受祉，备极安荣。及中丞公抚粤西，抚楚北，且奉命节制两湖，太夫人文驷雕轩，起居八座，往来就养炜煌。又即在衡湘江汉间，半为里社枌榆地，行部所到，皆子姓宾姻，以时节绕侍，具嘉庆，两湖尤荣之，莫不美传之。某等夙禀制府中丞公仪宪，若木就矩，金就钩。又侧闻制府中丞公每谟猷入告，擘画匡时，偶经太夫人神明指授，必洞中机宜。美陶桓公者必推原陶母，美欧文忠者必推原欧母，于太夫人益信。

今夏五月，太夫人寿跻七帙，金谋制锦征言，以申庆祝。夫仕宦显荣焉奕，与百岁期颐，俱不必世之所稀，独太夫人强固精明，躬逢两世非常宠渥，与我国家相为维系，则兼是富贵康宁寿考之福，固重关盛明母范，而非徒颂祷扬扢之谓矣。中丞公介弟及公子，俱济美笃忠，服采宣力，行且叠膺简畀，一门之光荣无量，即太夫人之福寿无量。某岂能扬厉万一，谨率同官叙其梗概云尔。

（《存吾文稿》不分卷，长沙余廷灿卿雯著，《清代诗文集汇编》第 365 册）

# 李怀民

## 🌿 人物介绍

李怀民，名宪暠，以字行，又字仲敬，又字仲浑，所居村圃有十桐树，因复号十桐主人。同人称之，亦曰石桐。山东高密人，诸生。有《石桐草堂集》。

（《二客吟》小传）

## 🏛 浯溪相关作品和事迹

### 再过浯溪，登峿台，示闲云

披寻爱名迹，登览及春晓。拾级陟台端，振衣出山杪。澄湘照初日，楚山正缭绕。已辞桂岭深，还望洞庭渺。临高一洒然，俯仰畅襟抱。前踪何蹩蹩，漫游但草草。方寸苟未广，近视亦难了。俗儒登泰山，岂复中原小？从知古贤达，常令胸次浩。与君游浯溪，慎莫羞元老。

### 题浯溪僧舍

为访名贤迹，禅堂时一登。居知邻漫叟，山定有高僧。对客竹疏静，绕门溪碧澄。不缘奉亲老，常住此还能。

（《石桐先生诗钞》）

# 褚廷璋

## 🌿 人物介绍

褚廷璋，清江苏长洲人，字左莪，号筼心。乾隆二十八年进士，官至翰林院侍读学士，以事降主事，乞归。为沈德潜弟子，与曹仁虎等结社，以诗名。性耿直，不阿权势。尝充方略馆纂修，于准噶尔、回部山川风土，最为熟悉。精通等音字母之学。有《西域图志》《西域同文志》《筼心书屋诗钞》。

## 浯溪相关作品和事迹

### 石燕

风雨深山石乱飞，春归错唤旧乌衣。剪从碧涧流边净，襟向苍苔长处肥。无复呢喃窥绣幌，空余荦确傍岩扉。梁泥莫漫伤王谢，断砌零垣见未希。

### 甲午仲冬中瀚一日启途还京肩舆无事追念入楚以来前尘昔款感叹有作（其三）

文章典雅字雄伟，万古浯溪迹不磨。拓本谁知奇未尽，右方椽笔隐烟萝。

（浯溪中兴颂是石刻之右别有大字如夬形者，纵笔丈余，势极雄伟。）

（《筠心书屋诗钞》卷七，长洲褚廷璋左莪撰，《清代诗文集汇编》第 363 册）

# 李宪乔

## 人物介绍

李宪乔，字子乔，一字秋岳，一字少鹤，怀民弟，高密人。乾隆丙申召试举人，官归顺知州。子乔律体初学李太白，把捉不定。因学韩昌黎、孟贞曜古诗，得贾生诗，大悦之，遂改学其五七律，后益专攻阆仙五言。及兄怀民选主客图，遂相与尊阆仙为清奇僻苦主，而自附为门下。有《少鹤诗钞》《鹤再南飞集》《龙城集》《宾山续集》。

## 浯溪相关作品和事迹

### 楚南舟行即事

漠漠楚烟晓，悠悠湘思深。遥看乱石处，移泊向杉阴。藓屋黏鱼气，山童识鹤心。元家尊尚在，应许一相寻。

### 楚中咏古迹五首（其五）

浯溪人去此尊空，太息萧条一代中。无数云山归漫吏，至今韶頀在唐风。茫茫更历几千载，落落仍需十数公。顾我有怀如赵武，九原可作竟谁同。

（《少鹤诗钞内集》卷六）

### 舟泊峿台下明发中流有以山谷书为献者戏题此篇

次山称漫郎，山谷称漫尉。流传今到我，为漫又其次。展卷思从之，况此践所履。譬峡溪方涌，擢亭云忽跱。最后陟此台，临江表岑蔚。宷尊近可饮，杯壶同一味。因绎三吾名，实寓广大义。吾本无定属，有得皆自谓。不见陵与阿，岂复密人系。堪笑屋与墩，谢王争不已。公去我还来，此即为我遗。足蹑台上迹，手揩台下字。低徊难遽舍，捕篙宿岩际。庶几平生魂，得接之梦寐。奈何去已远，帝座来不易。聊假山谷手，明以招引志。不见诗中王，犹得诗名世。

### 谒颜元祠

松柏森森冠剑臣，英姿山色两嶙峋。早知不避庭坑者，必是堪游退谷人。一颂中兴原悟主，千秋西内竟忘亲。磨崖合有幽魂在，不斩群奸恨岂伸。

（《少鹤诗钞内集》卷九）

### 舟次浯溪风雨不得上作歌

孤帆泄泄来万里，有求只为湘江水。湘江清到无可清，尤在元子浯溪亭。昔年曾经拜遗像，月黑壑哀路森莽。然炬上读中兴碑，山鬼妖禽尽愁悦。却疑此地无水石，乃公贤胃遗所结。湘山湘水以之清，遂得共留成不灭。迩来魂梦在尘土，此亭不见五情热。苍茫神意有莫测，使我咫尺如天阔。且须鼓椎为公歌，呼公不起涕滂沱，吾其如此清湘何。

石燕有序

庚戌秋，予再赴粤西，道出零陵，有感石燕，漫题四韵。

零陵江上燕，化石近苔矶。堕地已不转，因风远起飞。泥间谁解啄，社后意忘归。本自无依傍，凭他旧厦非。

（《鹤再南飞集》）

龙文注：石燕指旧祁阳石燕，出石燕山。零陵，指旧时零陵郡。

# 王　德

### 🌿 人物介绍

王德，衡州知府，满洲正红旗人。乾隆三十九年任。

（光绪《湖南通志》卷一百二十一职官志）

### 🏯 浯溪相关作品和事迹

上款：乾隆乙未仲夏。

榜书：如登彼岸。

下款：护理湖南衡永郴桂道、知衡州府事王德题。

"如登彼岸"榜书拓片

# 何纪堂

### 🌿 人物介绍

何纪堂，字山甫，号桐荪。钱唐人。玉梁孙，熊子。杭州府学贡生。著《行笈咏怀集》。

### 🏯 浯溪相关作品和事迹

《续浯溪志》四卷，贡生何纪堂桐荪撰。

（民国《杭州府志》卷八十七艺文）

# 徐秉文

### 🌿 人物介绍

徐秉文，初名公锏，字玉成，号桐山，又号敬亭，天台人。（戚学标撰墓志）为督学钱维城所赏，送敷文书院肄业，从齐召南学。充乾隆三十年选贡。（采访册）三十六年，举于乡，充四库馆誊录。四十年，成进士，归班，特简武英殿行走。皇朝职贡书签书成，议叙例得中书，改知县，选广西思恩知县。修文庙，创义学，日集生徒，讲文字，未一期以杖府役为守所衔中，以事论罢。抵家，无官私物，出笥中衣示人，曰："此犹吾赴任时黄太史所制赠也。"生平不重受人惠，受则耿耿不忘，形之于诗，千里报赠。（墓志）同年长麟抚浙按台州，秉文见之，时有令恐降黜，愿致千金求缓颊，秉文不为动。（采访册）久之，祝京师，复原职，在大学士王杰坐，杰偶戏言："官无钱不行。"秉文曰："公为宰相，此风不能革耶？"杰为动容，留数月，父遗书促令归，乃慨然诵潘岳闲居赋，曰："孝乎惟孝，友于兄弟。斯亦拙者之为政也。吾兹绝意于宠荣事矣。"秉文自少有闻，长从诸名宿游，见闻日拓，为文力抉突窔，常精思竟日，笔不肯下，数易稿始出，出必胜人，同辈怖其勇。诗学玉溪生，格高采烈，乐府尤为黄葭塘所赏，谓其精警，有杨维祯所不逮。漕使管松崖仿古人摘句图，尽录其集中佳句以去。分校内府书籍，以精洽见重当事。著有典学斋五经解、衣德楼诗文集。卒年六十五。

（民国《台州府志》卷一百二十人物志文苑）

## 🏮 浯溪相关作品和事迹

### 过祁阳

石燕横飞未雨从，浯溪岩壑秀杉松。漫郎亭倚青螺髻，行客舟疑白鹤钟。一镜悬崖经露洗，九疑望帝护云浓。催诗便欲呼元结，彩笔犹能尽卷龙。

（《衣德楼诗文集》卷八，天台徐秉文敬亭撰）

# 王正常

## 🌿 人物介绍

王正常，字徽五，号慎齐。生而颖异，十岁能属文。乾隆乙酉拔贡，领乡荐。历官湖北安襄郧荆道，所至卓有政声，而黄与郧治绩尤著。黄邑民俗刁健，正常明察清严，判决无滞。尝捕大猾王治歧置于理，众论快服。会邑大旱，祈雨立应。继而蝗生，复祷于刘猛将军庙，有异雀幕天而下，啄蝗殆尽，贡生李友杜作《神雀颂》纪之。旋以裁节徭役事杖方伯豪仆，方伯某怒，思中伤之，制府毕元廉，得其情，且素稔其操，得免去。民皆攀辕泣送，如失父母。其任郧阳也，值教匪猖獗，公司匮乏，人情汹惧，正常修城隍，锄内应，团义勇，设寨卡为御贼计。亲率兵勇剿捕，境内悉平。即有大队贼窜至，郧郡戒严，逃难民妇数万，迫汉水不得渡，正常自经略营筹，办军粮驰归，全活之，民咸德焉。其在枝江、咸宁、太原，政亦多可纪者。生平廉洁自爱，待人以诚，不立崖岸，人亦不敢干以私。自幼至老，未尝废学，一时从游多知名士。解组归里，卒年八十二。郧黄民至今祀之。著有《方山文集》。

（《郧阳府志》崇祀乡贤，民国《泸县志》卷五人物志乡贤）

## 🏮 浯溪相关作品和事迹

### 宋怀山溶梧桐夜月图

我家中外合水流，君在蜀西万里古桥头。相逢彝陵握手一大笑，肝胆意气直与凌沧州。旧闻祈阳花满县，潇湘半入浯溪卷。朅来犹说宋神君，不让当年漫叟漫。人生得失何愠喜，位置通介之间耳。君今卜筑尔雅台，野情差仿天随子。登堂示我丹青引，一色空蒙堕清冷。下有高人夜著书，嘿嘿深坐梧桐影。呜呼静者之乐乐无穷，神闲性定尘虑空。世间最畏夏日烈，何不同来消受明月与清风。

（民国《泸县志》卷七艺文志）

# 宋思仁

## 🌿 人物介绍

宋思仁，字汝和，长洲人，诸生，官至山东粮储道。有《有方诗钞》。

（《湖海诗传》卷三十三）

## 浯溪相关作品和事迹

### 永州府

怀素塔边笔冢亡，（怀素塔，在府城东，傍有笔冢、墨池。）潇湘楼外过斜阳。（楼在府治子城西。）钟归白鹤道流异，（祁阳白鹤有钟，重数百斤。一夕雷雨，钟忽吼，跃入江。后有客夜宿昭潭，梦一道流曰："吾祁阳白鹤道士，欲归久矣，聿附后载。"客诺之。迟明解缆，忽有钟卧水次，有文曰"祁阳白鹤观钟"，客悟，乃载以归。）鹿见黄华仙骑良。（黄华山，在东安。昔有猎者见二鹿，问之道士，曰："是吾马也。"）子厚八篇奇境显，（柳子厚有永州八记。）次山一颂大功彰。（元次山有浯溪中兴颂。）当时旧迹何从访，遥望溪山清兴长。

（《广舆吟稿》卷四，长洲宋思仁汝和甫撰，《清代诗文集汇编》第 372 册）

# 李文藻

## 人物介绍

李文藻（1730—1778），清山东益都人，字素伯，一字茝畹，号南涧。乾隆二十六年进士。官桂林府同知。性好聚书，每入肆见异书，辄典衣举债购致，又从朋友借钞。聚书至数万卷，皆手自雠校。有《思平集》《潮阳集》《桂林集》等。

（《中国历代人名大辞典》）

## 浯溪相关作品和事迹

### 游浯溪用皇甫持正读中兴颂诗韵

衡山泄余气，渡湘形忽碎。火德所锻炼，森立各奇态。青玉削高埠，福地洞天外。神引元道州，身参列仙队。十丈台非筑，三间亭略盖。五铭肖峻嶒，围垒出新裁。更镌中兴颂，健笔变偶对。文衰谁振起，千古仰权概。公譬作堂构，至韩乃恢大。同时颜与杜，书诗许同辈。到今溪上宅，长林喷飞濑。往者不可作，櫂舟我安待。

### 浯溪六咏

#### 峿台

高台不用筑，伸颈烟云青。阴镌中兴颂，阳刻峿台铭。

#### 㾟亭

我来逢寒冬，六厌得其五。尚有未销雪，持以夸水部。

#### 漫郎宅

漫郎曾有宅，身后还天地。当时爱山水，不为子孙计。

#### 镜石

两月不揽镜，忽惊霜雪新。山中一片石，照尽看山人。

#### 中宫寺

名山僧占尽，此山殊不然。松涛答梵呗，遥在溪西偏。

#### 西人岩

不见寒泉铭，本非寒泉地。此岩付人人，聱叟应不忌。

（《岭南诗集》之《桂林集》卷三，益都李文藻撰，《清代诗文集汇编》第 369 册）

# 张五典

## 人物介绍

张五典，字叙百，泾阳人。乾隆庚辰举人，官攸县知县。有《荷塘诗集》。

（《晚晴簃诗汇》卷八十九）

## 浯溪相关作品和事迹

**镜石**（相传旧为有力者取去，辄昏暗。送还，乃莹然如初云）

荆山多良玉，元光独可鉴。爱此浯溪水，长与共清湛。挈之去故处，投照无一验。岂其能幻术，判然分明暗。问石石不言，臆度聊口占。性质自耿介，何以对豪赡。憔悴唐诗娥，惨颜抱隐憾。归来面复光，仍看美而艳。浦还孟尝珠，路存彦方剑。谁抱冰雪怀，好味咸甫淡。

（《荷塘诗集》卷七丁酉，泾阳张五典叙百撰）

**答何一斋明府**（熊，仁和人）

君为浯溪志，逸事尽搜索。自检胸中书，无用翻残籍。斑薛剔苍岩，题字旧游客。岂曰堪共语，漫郎一片石。孤怀严弃取，持论薄酿泽。祗愁陵谷深，难假巨灵擘。曩昔恭惠公（于一斋为从兄），中州初列戟。大梁古方舆，要得纪往迹。分访付门士，我向洛阳陌。十日嵩少间，为著秋雨屐。直上达磨亭，归问游岩宅。崖洞极窅冥，篆籀重审译。其美果在腹，手录欲盈尺。到处随例疏，出袖供捃摭。名山归求点，夙缘同今昔。邀许共宓樽，乐与占尺册。闲夜渡香桥，凭肩岸巾帻。钟声白鹤观，月冷江烟碧。

**白沙洲并叙**

祁阳志略：余姚翁大环游粤归，及此，殁于水。近村有郑海生者，见而料为士人，要兄海环厚瘗之，收其佩钥一具。盖康熙壬申（1692）之冬也。遗孤陟山蓁野兄弟稍长，即自操舟楫，沿溯江湖，求之三十又二年，乃得往返。证以书笥旧锁而决之，庐墓筑祠，号风泣雨，人称孝焉。余以郑氏之义并可彰也，诗附续志。

故物悲看已在兹，尘函得启旧书帷。孤儿自抱终天恨，眉锁开来岂有时。

为种青松树几株，刊碑惆怅姓名无。孤坟江上逢寒食，三十年来饭一盂。

**祁阳访何一斋官舍**

示病手挥群吏散，注书心喜好朋来。空疏顾我才无补，吟望知君日几回。竹屋对移藜榻近，花丛轻拓纸窗开。泛秋忽忆经年约，满酌窪樽向水隈。

**哭何祁阳**

善病亦已旧，讣音闻尚疑。开轩忆留客，支坐与谈诗。潦倒纷多感，方书解自医。如何揖别后，相见更无期。

浯溪志几卷，手写已经年。搜索心殊苦，删存力自坚。共商曾示朴，参议竟摧弦。传语留真本，含凄致洒绵。

（《荷塘诗集》卷八丁酉至己亥，泾阳张五典叙百撰）

龙文注：何一斋，即何熊，祁阳知县。后卒于官。

### 将之永州

未信吾才别驾宜，祇应山水是前期。云开衡岳花扶屐，苔拂浯溪手拓碑。幽兴已轻川路远，层波待蹴画船移。天边闲看翻风鸟，投向长林欲借枝。

### 浯溪

钟声山寺晓天寒，霁雨春衣落点残。烟霭竹藤分藓径，风轻鸥鹭聚沙滩。凭教急桨催人去，且上层台尽意看。画稿涪翁先觉得，石丛苍翠插樯竿。

（《荷塘诗集》卷十三补录，泾阳张五典叙百撰）

# 严可均

### 🌿 人物介绍

严可均（1762—1843），清浙江乌程人，字景文，号铁桥。嘉庆五年举人，官建德县教谕。不久引疾归，专心著述。于校勘辑佚，用力最勤。辑有《全上古三代秦汉三国六朝文》及诸经佚注与子书多种。有《铁桥漫稿》《四录堂类集》《说文声类》等。

### 🏚 浯溪相关作品和事迹

#### 浯溪铭

《浯溪铭》，黄山谷以为季康篆，潘稼堂以为瞿令问篆。山谷去唐近，当有所据。旁有释文残石，不知何人所刻。"渊回"作"渊洄"，"潺潺"作"潺五"，"多石"作"双石"，"隔溪"作"夹溪"，显与篆刻不合。《阮亭集》载此铭，亦多谬误。盖篆学久废，虽以此铭之易识，犹皆刿目棘口也。

（《严可均集》卷十文类八金石跋二，清严可均撰，浙江文丛本）

#### 浯溪王仁寿题名（皇佑三年十一月）

右题名借"䤫"为"日"，借"畽"为"寿"，皆取声近。

（《严可均集》卷十二文类十金石跋四，清严可均撰，浙江文丛本）

# 姚颐

### 🌿 人物介绍

姚颐，字雪门，江西泰和人。乾隆中，督学湖南。廉明公敏，每按临一郡，与诸生讲论今古，教以敦品励行，谆谆不倦。寻擢湖南按察使。亦以清惠称。（同治《长沙县志》卷之十八名宦）

### 🏚 浯溪相关作品和事迹

#### 中兴颂碑次黄文节公韵（戊戌1778）

君封岱岳臣浯溪，溪边亦有磨崖碑。君当极盛未图褐，老臣金鉴空蛛丝。臣也南服丁丧乱，强藩纷纷拥健儿。紫袍已迓蜀道西，南飞鸟尽安巢栖。有国无之鉴不远，春秋笔法臣能为。大书深刻示乱贼，凛凛忠义颜太师。至今三绝共嗟诧，想见八极同斥挥。当时但知颂鸿烈，敢以功罪论艰危。涪翁徘徊三日住，颇倡遗议形诸诗。后来洪罗尤绝凿，重欢大业皆微辞。古人不作心可见，尚论何取附和随。夏云坠石聊摩抚，山风溪树吹余悲。

（《雨春轩诗草》卷八，泰和姚颐雪门撰，《清代诗文集汇编》第 391 册）

# 丁 敬

## 🌿 人物介绍

丁敬（1695—1765），清浙江钱塘人，字敬身，号龙泓山人，又号钝丁、砚林、孤云、石叟、胜怠老人。乾隆初年举鸿博不就，卖酒街市。嗜好金石文字，工诗善画，所画梅笔意苍秀。尤精篆刻，擅长切刀法，为浙派开山祖，"西泠八家"之一。有《武林金石记》《砚林诗集》《砚林印存》等。（《中国历代人名大辞典》）

## 🏯 浯溪相关作品和事迹

### 陆筱饮楚中归赠中兴颂墨本

陆生客游祁阳归，手中出赠中兴碑。湘烟生翠浮纸墨，草堂展看明晨晖。颜书元颂两奇绝，千秋照曜浯溪湄。读之令我生太息，病肝老肺俄崔嵬。禄儿天礎固早示，天宝遗事终堪悲。强军衹辨抗行在，哥舒用武嗟础颓。潼关一挫犬羊入，九庙顿尔成灰飞。苟无颜郭奋忠义，两京疾复谁能为。三郎悔祸中兴启，昭然天意如风回。制文遣祭曲江老，文馋白石高岩隈。罪躬旌直应有作，想见文字倾琼瓌。桑枯感退古所有，一念信移安与危。何人为我致墨本，好同斯拓相追随。（明皇到蜀，追恨不听张九龄之谏，亲制文遣使至曲江祭之，命刻白石山崖上。见《安禄山事迹》。）

（《砚林诗集》卷三，钱塘丁敬敬身撰，《两浙輶轩录》卷二十六，题作陆秀才飞楚中归赠中兴颂墨本请赋此歌）

陆飞，清浙江仁和人，字起潜，号筱饮。乾隆三十年解元。善画工诗。曾自造一船，妻孥条灶，悉载其中，遨游西湖，以水为家。有《筱饮斋稿》。（《中国历代人名大辞典》）

# 于在沇

## 🌿 人物介绍

于在沇，字思南，号复斋，祁阳周塘人。乾隆岁贡生。父母早卒，幼即勤诵读，邃志典坟。工诗、古文、词赋，尤善书法，从颜体中出。家贫，以馆授徒，岁以百计，随其资廪，皆有成立。生平正直端方，从未屈膝公庭，为后学矜式。

## 🏯 浯溪相关作品和事迹

### 题磨崖山人竹石图

问君何事俯岩前，敛尾藏威若叩然。忆得随缘消旧业，分明指示独伸拳。
复斋在沇。

### 九日浯溪宴集

良辰胜侣集天涯，正值浯溪菊有花。一上亭台秋思迥，数行鸿雁晚风斜。

《题磨崖山人竹石图》
拓片

·浯溪历代人物志·

蓝田雅会诗情远，彭泽归来酒兴赊。吊古骋怀忘日暮，却教新月破残霞。

（同治《祁阳县志》卷五浯溪下）

### 祁山春晓

晓者日之春，春者岁之晓。山得晓而明，春得山而好。青玉拥琅玕，碧落凝瑶草。钟罢寺门开，山容温于杪。

### 秋日登文昌塔

扶策上还上，晴秋四望开。澄江潆练带，霜树点梅苔。舒啸千山响，凝眸万里回。风流如李白，安得与同来。

（同治《祁阳县志》卷二十三艺文下）

# 徐廷章

## 🌿 人物介绍

徐廷章，字斐然，祁阳诸生。夙敦古处，昆季同居，持家政数十年，内外感服。建塾置田，以课族子弟。家人夜执盗，廷章亟止，付钱物，诫遣之。后十五年，游粤，忽一人具盛币，廷章讶之，泣拜曰：曩荷再生，遵海自改。今博赢馀皆君赐也。敢布戈戈为寿。立还币，勉其行，卒不诘何姓氏。江南仇某贸祁，与章善，病革，呼章与诀，屏人指橐装千金，泣谓曰：吾病不起，路隔江湖，母老子弱，行以此累君也。言讫逝。章为殡，欲躬送榇与金返上元，会疾作，不果。作书致仇母，有宿仇姓来诳金者，章疑质诸官，果服状。邑令视橐金封识如故，别遣人归之。仇母报谢，令嘉叹，旌其庐。寿九十七而终。次子行以明经司嘉禾谕，曾元至今有声于庠。时有徐廷兰、廷秀，皆好善笃行，观风整俗，使者并旌其闾，与二徐同。（道光《永州府志》卷十五）

## 🏯 浯溪相关作品和事迹

### 浯溪吊古

亭阁窗棂烟际开，扶藜携酒登溪台。残碑断碣隐苍苔，星斗文字无纤埃。元公已往鲁公摧，空余石镜辉清隈。江帆迢递去不来，千余年事沉劫灰。云气莽苍野猿哀，宍尊谁复擎遗杯。

（道光《永州府志》卷二上）

# 谢振定

## 🌿 人物介绍

谢振定（1753—1809），清湖南湘乡人，字一之，号芗泉。乾隆四十五年进士。授编修。历官江南道监察御史、兵科给事中。嘉庆初，巡视东城，烧毁和珅妾弟所乘违制车，并痛笞其人，竟坐罢官。人称"烧车御史"。和珅败，起授礼部主事，改员外郎。能古文辞。有《知耻堂集》。

（《中国历代人名大辞典》）

## 🏯 浯溪相关作品和事迹

### 磨崖碑

岣嵝神碣古无对，七十七字雄南界。浯溪词翰等曹桧，下此纷纷已糠芥。东游又得泰山铭，妙迹神明实一快。开元天子膺天禄，初政雍容歌戬穀。雄文乃出燕许词，天教鬼斧凿穷谷。何须员贝生灵趺，不碍莓苔蚀边幅。想其鼓臂生云烟，一波一磔飞翩翻。矫如神虬舞霄汉，快如渴骥奔流泉。奇情郁勃自挺特，孝经软媚羞随肩。三尺剥落损全壁，叶彬百八工附益。从官题名久灰烬，臣尉臣李仅可绎。（是碑中有裂痕，碑脚字神采略异，盖叶彬所补者，凡百有八字，行间有唐宋元明从跸诸臣题名，仅有存者。）阅人几度恒河劫，羯鼓花铃今寂寂。摩挲其下三太息，回首晴岚翠仍滴。

（《知耻斋文集》两卷《诗集》六卷，湘乡谢振定芗泉著）

# 舒 东

## 🌿 人物介绍

舒东，字芬照，湘乡廪贡生。少有文誉，工吟，善书画。屡举不第，以诸生终。著有《青芬山房诗集》。

## 🏯 浯溪相关作品和事迹

### 祁阳道中

远岫遥开处，青余一线天。日光初觉涩，山影未成圆。石发梳岩壁，云芽漱涧泉。人家溪畔住，咳唾亦清研。

（《资江耆旧集》卷四十三，《沅湘耆旧集》卷一百二十五）

# 邵晋涵

## 🌿 人物介绍

邵晋涵，字与桐，又字二云，号南江，余姚人。乾隆辛卯进士，改庶吉士，授编修，历官侍讲学士。有《南江诗稿》。二云经术湛深，著尔雅正义，发明故训，在四库馆搜辑薛氏五代史各条，皆标明所自出。近始以原稿刻布。诗多古意蕴，蓄既深，发声自远。（《晚晴簃诗汇》卷九十四）

## 🏯 浯溪相关作品和事迹

乾隆四十五年庚子（1780），先生三十八岁，是年秋，先生过浯溪，作《题浯溪磨崖碑》。卷末附邵秉华跋语云：庚子年使粤，往返得诗一卷，今惟存《蒲圻道中杂咏》六首，《浯溪磨崖碑》一首，余俱无存。据此知此诗作于是年。

### 题浯溪磨崖碑

唐中兴颂磨崖碑，碑字照耀浯溪湄。扶藜客过重题句，掉臂欲与元颜齐。大书深刻左右列，特立壁垒蟠新奇。天宝肇乱有本末，儒议过激徒尔为。延秋门上乌夜啼，宗社失守乘舆西。常山脊断凝碧冷，河北义士嗟畴依。储皇拥立保灵武，神尧国命凭于斯。贞观内禅有家法，矧值丧乱乘前基。涤瑕荡垢与更始，白日高照天王旗。指麾李郭扫河洛，激厉张许屏江淮。义声四合群力并，安奉鹤驭还京师。鸡鸣问膳若尽孝，仓猝举事夫何讥。孤臣望治老文学，忠厚犹得诗人遗。二圣重欢获底豫，事虽难觏情庶几。特书太子重即位，继体授受明无私。仅循故事守监国，进难禀命退丧威。坐纵逆贼贻国蹙，小孝翻恐隳鸿规。奈何中道制嬖宦，南内控马成惊危。天火下摧武乙震，灾异千载犹传疑。连昌竹碎杜鹃血，忠臣硬咽难为辞。前朝事往苔藓古，史家定论知何时。暮秋持节过溪曲，鲁公大笔瞻淋漓。试翻新论诘涪叟，道州或许心相知。

（《南江诗钞》卷四，余姚邵晋涵二云撰）

# 牟景皋

## 🌿 人物介绍

牟景皋，字赓飚，号兰畹，诸生，浙江黄岩人，著《赓飚集》。

## 🏯 浯溪相关作品和事迹

### 磨崖中兴碑歌

漫郎老居浯水湄，磨崖曾勒中兴碑。高文大字尚可读，披苔拂藓余深思。天宝往事那可问，杨家姊妹同龙漦。羯儿竟尔践御榻，蜀道一去何当归。此时太子宜监国，反旆而东乘其时。灵武即位系众望，苟不帝制事孰为。群才用命二京复，遂令上皇还京师。父尧子舜事两得，安居兴庆无猜疑。当时作颂表开辟，二圣重欢宁寓规。吁嗟乎，唐家家法不善贻，倏乃牵于妇寺私。内嬖外宠共相结，凄凉南内同囚羁。前后功罪各参半，定论自有青史垂。旧臣即事归君善，岂有扬颂存微词。老于文学雅自负，欲赓清庙明堂诗。平原贤守感忠义，纵横大笔何淋漓。涪翁何为深痛惜，摭取后恶翻刺讥。高崖屹立垂久远，对此不觉长叹咨。知人论世诚难尔，溪流汩汩如伤悲。

（《黄岩集》卷二十八诗内编国朝二，王棻辑，光绪三年；《两浙輶轩续录》卷二十七）

# 舒 位

## 🌿 人物介绍

舒位（1765—1815），清顺天大兴人，家居苏州，字立人，小字犀禅，号铁云，乾隆五十三年举人。家贫，游幕为生。从黔西道王朝梧至贵州，为之治文书。时勒保以镇压苗民在黔，赏其才识，常与计军事。勒保调四川为经略，镇压白莲教军，招之往，以母老路远辞归。性情笃挚，好学不倦，为诗专主才力，每作必出新意。亦善书画。有《瓶水斋集》及杂剧数种。

## 🏯 浯溪相关作品和事迹

### 浯溪观元次山三吾诗刻石（元默摄提格，即壬寅 1782）

占得溪堂胜，萧然独往时。可怜循吏传，犹是盛唐诗。饮酒都成例，磨崖亦有碑。先生能造字，比似买山奇。

（《瓶水斋诗集》卷一，大兴舒位立人撰，《清代诗文集汇编》第 479 册）

### 磨崖碑（屠维作噩，即己酉 1789）

南船昔作浯溪游，磨崖碑照浯溪流。蓬州书法道州颂，一时二妙工雕镂。我当崖前拂苍藓，徘徊不去消烦忧。别来七载最萧索，梦中犹掉祁阳舟。传观此本大如席，恍遇故物神夷犹。渔阳鼙鼓破新曲，阁铃风雨趋金牛。马嵬不发出天意，已有父老相遮留。后军二千护太子，营门双鲤来修修。河西司马首劝进，五笺灵武承天麻。靖康之变那可道，汴州错认疑杭州。始知唐祚二百祀，兵马一洗西京收。付托得人良有以，遂上尊号古罕侪。中兴巍巍发高颂，乾旋坤转销戈矛。奈何治定未思乱，先后气味如薰莸。天宝车辙覆不戒，长安棋局纷堪愁。丧君有君聊足慰，以暴易暴谁能瘳。飞龙小儿作宰相，艳妻煽之势未休。摘瓜已闻寝榻讽，升屋几俑斋宫谋。宦官宫妾彼何识，要使骨肉成仇雠。寝门王季望眼绝，高将军去蛮荒州。不如陇山一鹦鹉，能对使者言安不。深文疑史两难辨，玉棺犹络铜丝头。此书此颂亘终古，溪声山色清而幽。句奇语重窜谟典，字青石赤盘螭虬。但勒丰功纪年月，乃有微旨参春秋。君臣父子处非易，摩挲拓纸心悠悠。

（《瓶水斋诗集》卷三，大兴舒位立人撰，《清代诗文集汇编》第 479 册）

## 平原颜鲁公祠

范阳飞牒事情乖，万里风云入壮怀。帝赞李平驰间道，天留元结与磨崖。彩豪气象书应透，青石功名迹未埋。曾读唐书新旧传，四朝遗泪为公揩。

（《瓶水斋诗集》卷四，大兴舒位立人撰，《清代诗文集汇编》第 479 册）

# 凌廷堪

## ❀ 人物介绍

凌廷堪（1755—1809），字次仲，双溪人，乾隆庚戌进士，宁国府教授。幼孤贫好学，弱后游京师，受业于大兴翁方纲，得纵观经史子集。后又师事嘉定钱大昕，凡天文、地理、律吕、步算，靡不贯串。陕西巡抚毕沅、浙江巡抚阮元，俱延入署中，共相讨论。生平博闻强识，笃志治经，汉唐以来笺注，深思明辨，多所折衷，尤邃于三礼。所著有《礼经释例》《燕乐考源》《校礼堂文集》诸书行世。

（道光《歙县志》卷八之五人物志·文苑）

## ◇ 浯溪相关作品和事迹

### 平原行

妖星夜照轹莘山，渔阳鼙鼓惊天关。平原太守奋戈起，捷书如羽飞长安。天子茫然愕相向，不识真卿作何状。二十四郡竖降幡，一臂能将河北障。少年幕下真英雄，指挥河朔如旋蓬。一门忠义照青史，断舌更有常山公。由来翰墨因人重，凛凛千年毛发动。援笔曾为乞米书，摩崖更勒中兴颂。鬲津河畔秋草黄，过者涕泪双滂滂。八十老死天不许，要令气节光皇唐。叛臣希烈何足数，可惜千钧发鼷鼠。当时谁人为此谋，卢奕生儿非干蛊。呜呼！昌黎片语成德惊，廷凑北面尊朝廷。人生有幸有不幸，驻马为作平原行。

（《校礼堂诗集》卷四，歙凌廷堪次仲撰，清道光六年张其锦刻本）

# 明 盂

## ❀ 人物介绍

明盂，字三宜，号愚庵，钱唐丁氏子。愚庵为云门澄禅师法嗣，寻继席越之显圣，次主禾之梵受。

## 🏯 浯溪相关作品和事迹

### 祁忠敏公遗砚

铜雀台空遗片瓦，月寒烟冷漳湍泻。风流犹为念曹公，何况浯溪写碑者。

右诗镌于砚之四围。首为僧悔诗二首，跋云祁弈庆以忠敏公所遗石，属僧悔题。题已即赠陶去病，复属僧悔写其诚二人受授用号之名山大川。次为祁李孙诗一首，李孙即弈庆也。次为释明盂诗一首，次为寓山樵诗一首。次为省诗一首。并僧书。僧悔者，老莲陈洪绶也。今砚藏汪小米右史家。

（《国朝杭郡诗续辑》卷四十六，钱唐吴振棫毅父氏编）

# 李树谷

## ❀ 人物介绍

李树谷，字东川，乾隆辛卯举人。博学有俊才，工书画，诗酒跌荡，治事明决。历任湖南祁阳、华容、醴泉、龙山等县。任祁二载，仁心善政，沦洽闾阎，民以四德刻石颂之，曰清，曰明，曰勤，曰慎。重儒术，平讼狱，兴水利，惠商贾。迪善教以振颓俗，抑豪右以保善良。暇时搜金石遗文，与所属诸生讲解，而切劘之，有文翁风。惟催科是所素拙，又不善迎合上意，遂被议去。归里以著述自娱。有诗、古文集行世。

（民国《夏邑县志》卷六人物）

## ◇ 浯溪相关作品和事迹

### 摩崖碑（乾隆癸卯 1783）

所重以人不以物，峋嵝碑后浯溪碑。摩崖百尺削积翠，雄情本属天开奇。鲁公大节烛星日，平生书此心乐为。由左而右创章法，想便书写操笔时。书正文古各相协，其人其心俱见之。中兴何必颂南楚，矢忠难已从可知。我读漫叟春陵作，一读一拜如狂痴。爱民犹是忠国意，敬天子命符节持。忽闻败贼两京复，喜极制颂陈衷私。南楚得此光土宇，岳岳长峙衡湘陲。拓成坐对竟晨夕，予怀渺然千古思。

（《楚南集》卷五，夏邑李树谷撰，《清代诗文集汇编》第 402 册）

### 排山驿用施愚山韵

一舆行处满，空翠与山云。半岭浮山樾，高坪散马群。烟光随路远，水气际天分。古磴多芳草，幽香不住闻。

### 潇湘楼

江枫叶落石城幽，独蹑苍崖最上头。千古登临惟我辈，一天烟雨此名楼。山连楚粤西南出，水合潇湘东北流。所喜声无鸿雁到，数帆遥下荻芦洲。

### 夏日浯溪作

岂惟泉石可消忧，草木余知亦所求。到处深阴如欲雨，袭人清气已成秋。千年磴道随时转，一曲湘江自古流。漫叟高风不可见，右堂寥落碧烟愁。

（张翌凤《怀旧集》卷八）

# 吴寿昌

## 🎋 人物介绍

吴寿昌，清浙江山阴人，字泰交，号蓉塘。乾隆三十四年进士，由编修擢侍讲。曾主广西乡试，提督贵州学政。致仕后主讲稽山书院。有《虚白斋诗》。

## ⛩ 浯溪相关作品和事迹

### 排山驿

#### 其一

诘曲羊肠石未劖，棕榈屋小倚空嵌。行人莫讶清风少，少种长松多种杉。

#### 其二

三伏全过秋气应，生衣陡觉晚凉增。山中行馆饶清供，香草零陵酒醴陵。

### 度祁阳县熊罴岭

岭势高盘霄汉亲，舆丁邪许上嶙峋。戍雄虎豹当关险，水束潇湘作带新。绝顶欲连回雁处，下山休说捕蛇人。苍茫落日重怀古，遥指九疑望舜巡。

**抵祁阳城，拟游浯溪，询之，则已于夜间过其地五里矣，纪二绝句**

其一

准拟归时作胜游，贪程不住夜行舟。名区也向忙中错，枉却清湘一段流。

其二

城外匆匆促解维，长官赠我中兴碑。（署令王松然拓赠。）百回展读千秋迹，抵作磨崖坐对时。

（《虚白斋存稿》之《驿程杂咏》，癸卯 1783 典试广西作，起五月讫十月，山阴吴寿昌泰交撰）

# 吴翌凤

## 🌿 人物介绍

吴翌凤（1742—1819），清江苏吴县人，初名凤鸣，字伊仲，号牧庵，或作枚庵，嘉庆时诸生。少好学，喜手抄诗书。中岁遍游楚南诸胜，垂老始返，著书奉母，题室名为"归云舫"。诗宗法杜甫、陆游，风神隽秀。工画，精篆隶行草书。所辑《国朝文征》，有裨于学问经济。又有《吴梅村诗集笺注》。自著有《怀旧集》《印须集》《与稽斋丛稿》。

## 🏯 浯溪相关作品和事迹

### 王蓬心太守为余临北苑潇湘图并系以诗即次其韵奉寄（庚戌 1790）

山光缥缈波漪涟，潇湘之景谁为传。灵岩山人（毕弇山制府）富藏弄，董源妙笔垂千年。披图思作独往客，虽有其志无其缘。蓬心先生适过我，泼墨为我挥云笺。连峰苍苍驰远影，澄江漠漠开遥天。胜游恍忽来帝子，乐声吹破空濛烟。渔舟数点杳然去，此中别有桑麻田。先生七年永州住，楚南丘壑胸中全。宦游岂为簪绂恋，栖心时在清泠渊。有时仰天忽大笑，濡头渍墨欲放颠。有时冥心出孤诣，直与造化争春妍。玉缸酿酒酒初熟，一斗以后忧心蠲。十指拂拂生气出，浮岚暖翠相新鲜。或时谈谐惊四座，醉来放笔还高眠。即今此图得神似，宛然置我浯溪边。画中有诗诗有画，余兴挥洒成长篇。孤云随风不可住，峭飒已向江头悬。斋中把玩日三四，欣如得一珍珠船。会待鉴湖乞归日，与尔同参画里禅。

（《与稽斋丛稿》卷九之《倚梧吟》，长洲吴翌凤撰）

### 三吾怀古（乙卯 1795）

猗彼元道州，循吏三唐最。煌煌春陵行，汲汲如不逮。冠缨本虚假，鱼麦素恬退。一身入画图，清福天所赉。湘山拥层峦，浯溪蓄深黛。峙以峿台高，唐亭屹相对。嘉树即甘棠，溪山表遗爱。遂令三吾名，旷若开草昧。后贤踵故事，兴废凡几辈。营营搜岩壑，扰扰纷藻绘。事往名不留，真吾复谁在。兴怀漫郎风，因之寄遐慨。

（《与稽斋丛稿》卷十三之《湘春漫与》上，长洲吴翌凤撰，《清代诗文集汇编》第 402 册）

附《湘春漫兴》序：乾隆甲寅（1794）首春，归自章门，复应姜中丞之招，将如潭州，以妇病迟至六月乃发。尽室以行，非得已也。酒边花下，诗多漫兴。离为二卷，以寓家湘春门内，遂以名编。

### 余所藏浯溪中兴颂碑宋元间拓本也李东川为题三百二十字如数州之即次其韵（己未 1799）

我往嗜古碑，储藏讵论百。洗剔霉苔痕，珍重韩陵石。非徒证前史，且欲志遗迹。每对古贤书，肃然手加额。鲁公尤绝伦，忠义出心画。什袭未敢轻，连城那复易。可怜廿年来，散佚良可惜。云烟一过眼，斤斤复何益。祇余磨崖颂，文翰等双璧。秋高风日晴，摩挲置几席。得逢鉴古家，把玩不能释。缅彼元公文，典重与道适。重以平原书，一一精诚积。思欲瞻其踪，弥望春山碧。昔君居官处，实近漫郎宅。（东川往令祁阳，浯溪乃其治所。）而我滞蓬蒿，胜境千里隔。此碑不去怀，如物填胸膈。君言不足观，今兹异往昔。未闻爱护勤，翻受刲剔厄。续凫断鹤胫，毋乃太恶剧。我闻古人书，棱棱守风格。今人尚悦目，咨意事婗婳。肥瘦易燕环，颠倒置冠舄。剜刻遍山陬，钩填到方册。以彼愚公愚，成兹谪仙谪。君闻为莞尔，气感若针珀。赏我旧拓本，神采尚奕奕。慨焉哦长歌，浑灏凌谢客。平原乃仙去，遗笔度绳尺。漫郎有道人，政绩犹藉藉。君诗能道古，讽咏欲终夕。恍忽见古人，一片山月白。

（《与稽斋丛稿》卷十五之《清浏杂咏》上，长洲吴翌凤撰）

# 钱　沣

## 🌿 人物介绍

钱沣，字东注，号南园，云南昆明人。乾隆辛卯进士，由翰林院检讨，考选江南道御史，官至通政司副使。

（《国朝御史题名》）

## 🏯 浯溪相关作品和事迹

### 石燕

石燕甚么么，楚童闲取携。蛤完微陷背，菱槁半沾泥。荒野春同蛰，谁家幕与栖。号空生噫气，汝起翼飞齐。

（《南园诗存》补遗一卷，钱沣撰，云南省图书馆藏）

### 重到浯溪诗

几回弭节此溪滨，杖策溪园认旧尘。聱叟风流贤地主，鲁公气节古天人。音听韶頀何常碎，居近山林自率真。我亦六年留滞客，何时伴构草堂新。

（道光《永州府志》卷二上）

# 刘大观

## 🌿 人物介绍

刘大观，清直隶丘县人，字松岚。乾隆时拔贡。累官山西河东道，署布政使。工诗。有《玉磬山房诗钞》。

（《中国历代人名大辞典》）

## 🏯 浯溪相关作品和事迹

### 祁阳县

山到祁阳好，松针仰刺天。临溪见石镜，就树系江船。地自元苏后，碑多唐宋镌。白鸥落春浦，相对亦悠然。

（《玉磬山房诗集》之《漓江归棹集》，刘大观松岚撰，《清代诗文集汇编》第438册）

# 朱霈

## 🌿 人物介绍

朱霈，字井南，榜名荣朝，字熙佐，一字约斋，黟县朱村人，乾隆癸卯举人，有《望岳楼诗》。

## 浯溪相关作品和事迹

### 舟泊浯溪观颜鲁公所书中兴颂碑刻歌

营州健儿胡旋舞，三郎西走铃淋雨。大唐玉玺日角归，白衣黄衣拥灵武。承平无事李郭闲，内家张后外李父。道州刺史据国忧，灢西贼退示官府。有时奋笔颂中兴，浯溪中开石壁竖。歌功象德臣能为，那惭粹美誉皇甫。崏台二铭莽荆榛，瞿令玉箸文无睹。平原太守颜清臣，下笔著石如没羽。悬崖突出作覆檐，穹碑千载无渨腐。沧江阴雨愁蛟螭，古洞荒月走獌貐。真成细肌入鹰骨，岂但猛力强牛弩。想起挺笔神肃恭，冕冠凝立纷纠组。我皇神武玉检封，微臣奏技忝台辅。二十四郡鉴臣忠，江淮瞧阳同砥柱。宁知白首历三朝，令公老去邺侯拒。宫人菩萨装道场，武士金刚作神主。冀魏齐赵叠借越，翻使忠良死伪楚。我来访古忽涕零，摩挲石壁首重俯。精光直贯牛斗寒，碧血难蚀土花聚。当时谁见端书人，野花啼鸟空沙浦。西江涪翁鬓如丝，断崖僵立指画肚。大书深刻落珠玑，已并颜拓供人取。犹云老矣不能为，可惜少游归黄土。名士尚忧文不传，而况我辈争腐鼠。春蛇秋蚓工未能，祈蚕老死等沙户。呜呼！人生不作颜平原，气扫搀枪蔑貔虎。犹当出作元次山，万口颠连待字抚。浪游狂咏等涂鸦，文士追随宁足数。相如不贵复不文，封禅遗篇合一炬。回舟坚卧月光沈，夜半寒猿叫枯树。

（《晚晴簃诗汇》卷一百四）

# 黎建三

## 人物介绍

黎建三，字谦亭，号素轩，广西平南人。乾隆三十三年（1768）举人，官甘肃泾州知州。著有《素轩诗集》六卷、《素轩词剩》一卷三十八首。道光壬寅求谦斋家塾刻，山西大学图书馆藏。（《清人诗文集总目提要》）

## 浯溪相关作品和事迹

### 浯溪（乾隆五十一年丙午 1786）

舟行淹旬朔，愁病日瑱委。落帆寻浯溪，著屐色已喜。仄径穿枫林，秋声清入耳。飞梁龙骨断，浅濑漾清沚。亭砌荒苔痕，高台半倾圮。回首十八年，溪山又如此。呼童拭镜石，光莹过棐几。岸树纷朦朦，行舟若尺咫。何年煞风景，夜半隳石髓。冤哉斧凿痕，千载浑沌死。（旧传镜石光照十里，因某凿献后，复还原处，光莹顿减。）却读磨崖碑，斑驳乱亥豕。正气守鬼神，照耀湘江沚。留题积新旧，列石如雁齿。愧非康乐才，未敢妄訾拟。林深久徘徊，佳树屡徒倚。但闻桂花香，不辨杞与梓。振衣上平台，长风来万里。荒冢何崔巍，穹碑圪山趾。（溪上有大冢，为祁阳陈制军先茔。）林泉无古今，人事有泰否。抚景心悠悠，斜阳满烟水。

（《素轩诗集》卷二，黎建三撰）

# 汪 国

## 人物介绍

汪国，字器卜，号菱湖，鄞人，乾隆丁酉举人，著《菱湖诗文集》十卷。

## 浯溪相关作品和事迹

### 与姚礼部佃芝梁观浯溪中兴碑

礼部远使西粤归，登堂示我浯溪碑。碑高数丈字如掌，是谁巨手能镌治。初从溪边弭棹入，荒藤老树相蔽亏。月明访胜偕佳客，摄衣直上攀巉巇。是碑一见惊初遭，命吏摩拓存其规。装潢不敢凡手亵，什袭常恐神灵窥。忆昔天宝乱戎马，青骡蜀道几颠危。六军方食杨钊肉，佛堂生诀双泪垂。仓皇形势已若此，普天岂肯从戈鋋。前星一夕践宸极，顾盼六合如指挥。忠勇更得李郭将，收复两京不逾时。荐功七庙刻贞石，中兴称号良自宜。次山文章推作手，嘘拂寒壄回春姿。鲁公书法迈虞褚，劲气盘郁生蛟螭。芒寒色正数百字，大文照耀天南陲。导扬盛烈臣子义，但有忠爱无微词。抚军监国太子事，事有权变宜熟思。假使仅守匹夫节，区区小孝能尔为。西内孝养诚未尽，胡乃先事与刺讥。吾观宣和避敌日，亦如天宝遭陵夷。力扶太子正大位，陇西丞相定群疑。当时夫岂昧大义，非此无以令藩维。涪翁诗句擅老硬，深文或者多阔违。读书论古吾岂敢，观碑有触聊及斯。

（《两浙輶轩录》卷三十五）

### 与姚礼部佃芝观浯溪中兴颂碑

礼部远使西粤归，登堂示我浯溪碑。碑高数丈字如掌，是谁巨手能镌治。初从溪边弨棹入，荒藤老树相蔽亏。月明访胜偕佳客，摄衣直上攀巉巇。是碑一见惊初遭，命吏摩拓存其规。装潢不敢凡手亵，什袭常恐神灵窥。（一有"夜深使我一展玩，入手已觉光离披"）忆昔天宝乱戎马，青骡蜀道几颠危。（一本尚有十八句云：前星一夕践辰极，顾盼六合如指挥。忠勇更得李郭将，收复两京不逾时。荐功七庙刻贞石，中兴称号良自宜。次山文章推作手，嘘拂寒壄回春姿。鲁公书法迈虞褚，劲气盘郁生蛟螭。芒寒色正数百字，大文照耀天南陲。导扬盛烈臣子义，但有忠爱无微词。抚军监国太子事，事有权变宜熟思。假使仅守匹夫节，区区小孝能尔为。）六军方食杨钊肉，佛堂生诀双泪垂。仓皇形势已若此，普天岂肯从戈鋋。何况传统本上意，应天顺民真吾儿。西内孝养诚未尽，胡乃先事与刺讥。吾观宣和避敌日，亦如天宝遭陵夷。力扶太子正大位，陇西丞相定群疑。当时夫岂昧大义，非此无以令藩维。涪翁诗句擅老硬，深文或者多阔违。读书论古吾岂敢，观碑有触聊及斯。先生闻言为首肯，为我满酌金屈卮。纵如五鼓思就寝，起看星斗摇窗扉。

（《空石斋诗文合刻》不分卷，四明汪国交湖氏著，《清代诗文集汇编》第 392 册）

# 姚　梁

## 🌿 人物介绍

姚梁，号佃芝，处州庆元人。侨寓永嘉，以进士通籍，累官至山左按察使。子鲁培，号洙楷，聪颖异常，年十四随父至粤西，经岳阳楼，诗曰："岳阳楼上淡斜晖，岳阳楼边秋雁飞。乾坤吴楚此终古，廊庙江湖谁与归。断岸树依悬酒旆，远波帆飐掠渔矶。苍茫何处闻湘瑟，一点君山绾翠微。"惜甫游泮水，年未弱冠而亡。戚学标《鹤泉文钞》有传。

（光绪《永嘉县志》卷三十七）

## 🏯 浯溪相关作品和事迹

乾隆五十一年因赴广西按察使任，过浯溪，得《大唐中兴颂》拓本，翌年丁母忧还里。

# 赵绍祖

## 🌿 人物介绍

赵绍祖（1752—1833），清安徽泾县人，字绳伯，号琴士，廪生，道光元年举孝廉方正。修《安徽省志》，主讲池州秀山、太平翠螺两书院。长于考订。有《通鉴注商》《新旧唐书互证》《金石文正续钞》《琴士诗文钞》等。

## 🏛 涪溪相关作品和事迹

### 唐中兴颂

元结撰，颜真卿正书，大历六年六月。（文刻金石文钞）

唐初沿六朝遗习，文尚骈俪，至开元、天宝之间，称燕许大手笔。然泄泄沓沓，其实一也。而元结挺然拔出于俗，不为时尚所染，信豪杰之士哉！韩昌黎数本朝之文，所以为之首屈一指也。此颂高古简要，斩尽支辞，虽昌黎《平淮西碑》、柳州《平淮西雅》觉未免有著意费力者在，而其首曰"若今歌颂大业，刻之金石，非老于文学，其谁宜为"，真无愧于自誉，可与鲁公之书辉映千古矣。

（《古墨斋金石跋》卷五，清泾县赵绍祖辑，其子赵国桢校《泾川丛书》道光十二年刻本；贵池刘世珩校刊，《聚学轩丛书》第二集光绪间刻本）

### 书中兴颂磨崖碑后

中兴之颂何煌煌，漫叟吐辞叶宫商。银钩铁画大于斗，如见平原须髯张。当年鼙鼓惊霓裳，崎岖剑阁何仓皇。父老苦留太子住，未厌土德天祚唐。灵武即位事有权，应天顺人帝所臧。花门劈面怀圣德，群臣诸将争趋跄。禀命不威专不孝，此举诚乃固苞桑。两京收复殄群逆，恭迎乘舆回瞿塘。躬先导马天子贵，上皇色喜神洋洋。外间嬖臣内间妇，不终孝道殊不纲。微高将军兵死鬼，西内寂寞生悲凉。事出两截要分论，未可一例肆谤伤。涪翁作诗本史说，但有讥刺无褒扬。趋取大物罪以篡，揆之情事似不当。墨花璀璨悬中堂，金题玉裹云锦装。满堂动色叹神妙，使我论古心茫茫。（袁简斋太史曰：论事自当如此，非欲故翻涪翁诗案也。叔肖岩曰：持论平允，可以服肃宗之心。）

（《琴士诗钞》卷六，泾县赵绍祖著，古墨斋道光十二年刻本）

# 钱大昕

## 🏛 人物介绍

钱大昕（1728—1804），清江苏嘉定人，字晓征，一字及之，号辛楣、竹汀居士。乾隆十九年进士，授编修，历官少詹事、广东学政。五十岁即回籍，历主钟山、娄东、紫阳书院讲席。精研经史、金石、文字、音韵、天算、舆地诸学，考史之功，号为清代第一。有《廿二史考异》《十驾斋养新录》《元史艺文志》《元史氏族表》《恒言录》《疑年录》《潜研堂集》等。

## 🏛 涪溪相关作品和事迹

### 峿台铭（大历二年六月）

右《峿台铭》，后题大历二年岁次丁未六月十五日刻。次山尚有涪溪、唐庼二铭，皆瞿令问篆书。以地僻藓厚难拓，惟此铭，世多有之。虽不著书人姓名，当亦令问笔也。说文只有浯字，峿庼则次山自出新意名之，书家以其形声相应，即依偏旁而为之篆，所谓自我作古也。李少温，名阳冰，本取木华海赋阳冰不治之义。其兄㻭，字坚冰，皆冰霜之冰也。而少温书名亦从俗作氷，盖由楷书借冰为仌，相承已久。章奏告身，既用氷字，篆书不便更易故尔。

（《潜研堂金石文跋尾》续卷三，嘉定钱大昕撰，《续修四库全书·史部·金石》第 891 册）

庯廎铭（大历三年闰六月）

右庯廎铭，其文自左而右，篆法与峿台铭相似，而字较小。说文：高，小堂也。或作廎，读去颖切，与亭字音义各别。次山此铭本是廎字，俗儒罕通六书，误读为庯亭，失之远矣。碑书厌为肙，盖取省文，但厌当从甘，此却从白，未合六书之旨。

（《潜研堂金石文跋尾》又续卷三，嘉定钱大昕撰，《续修四库全书·史部·金石》第891册）

米黻五言绝句（熙宁八年十月）

右米黻五言绝句，在祁阳县之浯溪。后题"米黻南官五年求便养，得长沙掾"。熙宁八年十月望，经浯溪。凡廿八字。考元章生于皇祐辛卯，至是才二十五岁，笔力纵劲，已有颜平原风格，故知小技亦由天授也。

黄庭坚题名

右黄庭坚题名，在浯溪东崖。文云：

余与陶介石游浯溪，寻元次山遗迹，如中兴颂、峿台铭、㫱堂铭，皆众所共知也。与介石裴回其下，想慕其人，实深千载尚友之心，最后于庯亭东崖披薥榛莽，得次山铭刻数百字，皆江华瞿令问玉箸篆，笔画□□，优于峿台铭也。故书遗长老新公，俾刻之崖壁以遗后人。山谷老人书。凡十有六行，不题年月，以山谷年谱考之，当在崇宁三年三月，盖自鄂州赴宜州谪所道所经也。介石名豫，长老名伯新。黄䓪撰年谱，唯载磨崖碑后题名而不及此题，古其录之。

予向跋庯廎铭，据说文谓廎与高同训小堂，不认作亭字。今山谷题已作亭，又陈衍题浯溪图云元氏始命之意，因水以为浯溪，因山以为峿台，作屋以为庯亭，三吾之称，我所自也。欧阳公集古录亦作庯亭，顷于何君元锡斋见所拓磨崖大字，有云庯亭磴道，有云庯亭铭者，验其踪似唐人所题，则读廎为亭，沿讹已久。六书之不讲，岂近代为然哉。

（《潜研堂金石文跋尾》三续卷四，钱大昕撰，《续修四库全书·史部·金石》第891册）

# 赵希璜

## ❦ 人物介绍

赵希璜，字渭川。清广东长宁人。乾隆四十四年举人。官河南安阳知县。有《四百三十二峰草堂诗钞》。

（《中国历代人名大辞典》）

## ⛩ 浯溪相关作品和事迹

**祁阳王召树孝廉持其尊甫富惪堂家训诗索题为赋长句畀之**

游子兴歌行路难，慈亲缄句寄长安。诗同陶令书中意，人在浯溪镜里看。家学二南传鲤训，春风万里引鹏抟。而今富德堂前树，已是槐阴十亩宽。

（《四百三十二峰草堂诗钞》卷九戊申1788，惠州赵希璜渭川撰）

# 王 宸

## ❦ 人物介绍

王宸（1720—1797），字子凝，号蓬心，江苏太仓人。乾隆二十五年举人，官永州太守。尝画《永州八景》，《浯溪图》乃其中之一，何绍基为之作跋。

《昔读春陵行》拓片

## 浯溪相关作品和事迹

王宸诗碑，在摩崖区。

### 浯溪

昔读春陵行，循循见良吏。后抚中兴碑，凛凛识忠义。更有李阳冰，篆铭在其地。

平生性好奇，中心难弃置。十载渔阳丞，闻声而未诣。一旦典永州，遂谓得所志。

扁舟屡游遨，探奇不言累。登岸石荦确，行径甚微异。横栏度香桥，香气知何自？

逶迤上山巅，有亭翼然置。其亭号曰㕔，次山此焉次。有台高崔嵬，吾旁缀山字。

贤者信有托，往往发奇思。森然湘岸矗，峥嵘负远势。后有老涪翁，过此追往事。

其势固突兀，其境颇幽邃。传闻柳应辰，辟符驱鬼魅。天下名胜处，得贤乃不蔽。

迄今已千年，山色犹佳丽。嗟予爱空寂，无复筑山计。只将数寸管，描出群峰霁。

更有好事者，谓我通妙谛。索诗不肯休，点缀各尽意，铿崖不可凿，难与前贤继。

有幸老能游，好为流光憩。登高勿用杖，逢胜犹能济。一编见感慨，贞石竞磨砺。

五字记所遭，逢时恐未逮。含笑谓妻孥，临川莫叹逝！

余守永州者七载，游宴于浯溪屡矣。戊申之岁，蔡君松若来令祁阳，索诗记并刻之石，乾隆己酉吴中王宸书。

# 毕　沅

## 人物介绍

毕沅（1730—1797），字纕蘅，号秋帆，因从沈德潜学于灵岩山，自号灵岩山人。清乾隆二十五年（1760）进士，廷试第一，状元及第，授翰林院编修。乾隆五十年累官至河南巡抚，第二年擢湖广总督。精通经史，旁及语文学、金石学、地理学，并善诗文，一生著作颇丰。撰修《续资治通鉴》二百二十卷。抚陕期间，《关中胜迹图志》三十卷六十余万字，并绘有地图。又整修西安碑林、华岳庙，翻修司马迁祠，修缮苏东坡祠，重建灞桥等。主编《经训堂丛书》，撰《灵岩山人诗集》《灵岩山人文集》《中州金石志》《河间书画录》《晋书地理志校注》《山海经新校注》等。

## 🏠 浯溪相关作品和事迹

### 蓬心邀游浯溪遍览唐宋诸贤磨崖古刻四用前韵

前人遗迹后人怜，船著三吾绝壁前。雁落衡峰如约我，鹤归华表定何年。（山后有陈文肃公墓道碑。）舟同李郭神仙侣，碑续元颜金石缘。携杖度香桥上立，一行野鹜破寒烟。

（《灵岩山人诗集》卷三十八《香草吟》，镇洋毕沅秋帆撰，一字纕衡）

# 汪懋麟

## 🌿 人物介绍

汪懋麟，字季角，号蛟门，江都人。康熙丁未进士。授秘书院中书舍人。官至刑部主事，著有《百尺梧桐阁集》二十六卷。

## 🏠 浯溪相关作品和事迹

赵执信《谈龙录》记尝见其浯溪中兴颂诗，起句云：杨家姊妹颜妖狐，即掷去不视，谓颂中兴而自天宝致乱叙起，虽万言不难办也。虽以懋麟为新城弟子，借懋麟以攻士祯，未免操之已蹙，然亦足见其少所剪裁矣。

（《钦定四库全书总目》卷一百八十三，永瑢纪昀等撰，《四库全书》本）

# 王榘

## 🌿 人物介绍

王榘，字絜斋，道溥次子。乾隆庚寅科举人，会试报罢，同辈劝留京，榘曰：老亲在，胡为久疏定省乎？趋侍父祁阳学署，父卒，哀毁骨立，母病足，扶持调护，朝夕必亲奉甘旨。秽污躬自洗涤，妇趋代，弗假手。曰：为人子者，固尝如是也。忌日哀痛如初丧，丁未，家不戒于火，栖宿草棚中。后庐舍稍葺，而祖先神主未立，家人劝入内室，则曰：先灵尚无所凭，何敢即安。与兄棠笃友爱，五十后析居温村，常以不能聚首为憾。部选知县，请改教职，任祁阳教谕十八年，训士以变化气质为先。告归，祖饯塞道，寿八十一。（民国《宁乡县志》故事编）

## 🏠 浯溪相关作品和事迹

### 浯溪磨崖碑

浯溪磨崖之碑天下奇，昔侍先广文时曾见之。奔驰南北廿载却复至，笑携青毡旧物先后期。十有八年株守此溪侧，已千百遍摩挲元公辞。有唐文运起衰自公始，涤除八代绮靡昌黎随。每怪平淮西碑遽颠仆，至今中兴颂石无人摧。文章历劫斩斩辨忠慝，立三不朽始足铭鼎彝。退之佛骨一表弃岭外，次山经略以后谁穷追。此皆人臣遇有幸不幸，岂足轩轾臣节相参差。公道昭彰日在人耳目，山鬼亦畏风雨长护持。我携季子日拜此碑下，令拓万本本题吾诗。使知咸有一德记古训，安在老于文学夸一时。不然但议肃宗有惭德，此碑此崖久已沉江湄。

# 邓枝鹤

## 🌿 人物介绍

邓布衣枝鹤，字乔白，宁乡人。与兄枝麟南坡俱有名于时。著有《周易会心》六卷。

## 🏛 浯溪相关作品和事迹

### 游浯溪寻次山祠堂

娲皇补天散余石，袍笏南宫有奇癖。道州特出留斯堂，独辟巉岩构安宅。浯溪清泚寒泉飞，香桥一曲流琼液。林端苔磴窈以深，峿台唐亭透空碧。元气盘旋融结成，百尺云根插地脉。岩嵽忽睹炯炯光，溪容人影无纤隔。造物灵奇乃有此，伟哉漫叟妙区画。磨崖一颂震鲸铿，玉洁珠光映星月。万物吐气天下安，愿得如公位邦伯。我来溪岸滞风雨，兴剧幽探莽陈迹。幻石镂成锦绣堆，目眩心惊纷莫择。剩欲维舟十日留，但恐山灵嗔恶客。

（《沅湘耆旧集》卷一百六十八，新化邓显鹤湘皋编辑）

# 王　昶

## 🌿 人物介绍

王昶（1724—1806），清江苏青浦（今上海青浦区）人，字德甫，号述庵，学者称兰泉先生。乾隆十九年进士，授内阁中书，官至刑部右侍郎。辞官后主讲娄东、敷文两书院。工诗古文辞，通经学，喜搜采金石，精于考证，时称通儒。有《春融堂诗文集》《金石萃编》《湖海诗传》《湖海文传》《青浦诗传》《明词综》等。

## 🏛 浯溪相关作品和事迹

（乾隆庚戌十二月）二十七日，永州知府家蓬心辰贻浯溪碑刻十八通，中皇甫持正书，坚瘦如褚登圣，诗亦唐人统籤所未载，真希世宝也。

（辛亥正月）初七日，蓬心来长沙，携赵雪松梵纲经册见示，云中峰大师属书，非真本也。蓬心画愈老愈佳，锻炼精劲，清苍古雅，盖得浯溪山水之助。近又专摹北苑，宜其工至此也。为余作云栖教观图，可谓墨宝。

（《春融堂杂记》之《使楚丛谭》，青浦王昶德甫撰）

### 书皇甫湜浯溪诗刻后

按此诗缺泐三字，今检全唐诗补注，于旁标题题浯溪石四字，而诗首句云：次山有文章，似系赞美元次山之中兴颂也，然意无专指，惟石屏立衙衙，溪口啼素濑，是即指刻中兴颂之石屏也。此刻与全唐诗不同者二字，溪口啼素濑，徒倚如有赖，全唐诗啼作扬，赖作待，当是传本有别也。诗末题曰：侍御史内供奉皇甫湜书，新唐书传：是，字持正，睦州新安人。擢进士第，为陆浑尉，仕至工部郎中。东都留守裴度辟为判官。其官侍御史内供奉，传所不载其书。此诗亦无岁月。因附元和之末。持正在元和时，最有文名，几与昌黎相等。观昌黎和其陆浑山火诗，其能为长篇可见，然多不见于世。惟诗刻中有此一诗，洵可宝也。

青浦王昶谟。

# 孙云桂

## 🏮 人物介绍

孙云桂，号香泉，江苏长洲人，候选布政司理问，有《妙香阁诗文稿》。

## 🏯 浯溪相关作品和事迹

### 题王蓬心潇湘八景册

元次山爱永州山水，制字以名曰浯溪、峿台、唐亭，文皆从吾，志吾有也。古人爱赏奇异，亲昵眷恋，不啻世人之于声色货贿，不能暂离如是哉。余再至湘中，均不获造永州，因取柳河东诸游记读之，以当卧游。岁在壬子，永州太守蒙叟退官东归，遇于鄂。叟工画，居官时辄画九疑、三亭之胜以自豪。其归也，囊无长物，知旧索其画以当土物。予得《潇湘八景》。按潇湘为三湘之一，湘水至永州，北与潇水合曰潇湘，至衡州与烝水合曰烝湘，入洞庭与沅水合曰沅湘。余皆未及游，读柳记，益神往。今得此帧，开阖舒卷，左洞庭，右潇湘，君山一点，衡雁数行，引我于烟云杳霭，出没变化间，不劳舟楫，不资喉粮，兴到即游，少倦即休，以神合，不徒以形遇也。古之乞身致仕者，多不能忘其所治之山水人民，往往见诸诗章，形诸图画。香山之于杭，东坡之于黄是也。叟守永九年，见之是图跋语者，情有独挚，其真良吏之用心乎！吾披览是册，因知叟之治永，其施于政事以加被斯民者，仿佛次山之遗爱也。岂徒未至之游踪已哉。

王蓬心曰：余少而爱画，及长，奔走四方，见山川奇胜之处，辄图之。服官岁佐郡来楚，楚固江山之雄，日事笔墨。既而典守永州，永多名迹，九年之久，无不游焉。所作潇湘图多矣，今已退居鄂城。香泉索画，此册已题而归之，香泉特作文，以漫郎相况。又属余书之册，岂以老人书画具足寓目耶？噫，谬矣。

（《妙香阁诗文稿》卷三，清咸丰三年刊本，据《清文海》五十五册）

# 石韫玉

## 🏮 人物介绍

石韫玉（1756—1837），清江苏吴县人，字执如，号琢堂。乾隆五十五年一甲一名进士，授修撰，官至山东按察使。曾佐勒保军幕，建议用坚壁清野及守寨之计，镇压川陕楚教民起事。诗文均有隽才，有《独学庐诗文集》。

## 🏯 浯溪相关作品和事迹

### 三吾怀古

元结为道州刺史，爱其溪山之胜，分锡以名，各以吾为义。溪曰浯溪，台曰峿台，亭曰唐亭，其意将据岩壑秀灵之所钟，以为己有也。其地在今祁阳县东南五里。乾隆癸丑（1793），余将之永州，过此。

扶舆秀结溪山奇，天地公器谁能私。漫郎嗜奇乃成癖，所在皆以吾名之。台名峿台亭唐亭，烟林盘郁浯溪湄。偏傍改移创奇字，诡谲上补颉与牺。岂知世间万事偶然成邂逅，一邱一壑非人有。潇湘如带绕孤亭，溪山依旧人存否？古今自有可传人，不独溪山能不朽。我持绛节行湖湘，临水登山意慨慷。自有天地便有此，两贤一出遂表章。是时秋高木叶蜕，摩崖读碑碑已坏。荒苔绣涩枯藤缠，寻声辩画半茫昧。次山遗爱在春陵，

· 清 朝 ·　　　　　　　　　　　　　　　　　　　　379

甘棠能下行人拜。鲁公心画更无双，忠魂毅魄谁能对？以人传地地传人，观此可以悟显晦。不然古木寒泉间，凿石题名几百辈。观者不能辨姓名，何况平生及时代。若人虽传如不传，传人别有真吾在。皋夔伊吕不求名，其名乃似衡嵩大。

## 余既作三吾怀古诗，不尽林壑之胜，再分题各赋短章以识其迹

### 渡香桥

桥跨浯溪上，溪水过此，即入湘矣。

倚杖危桥背夕阳，清瑶一曲漱弥芳。不须多觅蘅芜种，左右秋山草木香。

### 窊尊石

石在峿台之左，其坎如臼，可容斗许，旧有亭，今圮。

拟为窊尊易旧名，一坳新月臼科成。仙郎携取蓝桥杵，来听秋宵捣药声。

### 漫郎宅

宅在浯溪东。一统志云：元结罢道州归，爱其山水，家焉。今废为中宫寺。

与世聱牙古漫郎，山阿人去薜萝荒。烟林剩有丛祠在，一盏寒泉荐菊芳。

### 磨崖中兴碑

字已磨灭过半，在山崖之阴。左右上下，后人题名殆遍。

道州刺史古称能，刻画苍崖颂中兴。满地江湖归不得，军符如火下春陵。（结诗：思欲委符节，引竿自刺船。将家就鱼麦，归老江湖边。）

### 胜异亭

亭在峿台上。元次山峿台序云：石巅胜异之处，悉为亭堂。后人因以为名。

孤亭四面拥烟鬟，此处非无可买山。（蔡京诗：借问浯溪人，谁家有山卖。）只恐草堂资易办，万金难得是身闲。

### 东崖

东崖在庼亭之东。元次山序云：峿台西面，崷崒高迥，庼亭为东崖下，可行坐八九人。

峿台西面庼亭东，崷崒石壁凌苍穹。客来餐胜不肯去，亭午坐到斜阳红。

### 右堂

堂在漫郎宅西。山谷题壁云：寻元次山遗迹，如中兴颂、峿台铭、右堂铭，皆众所共知也。今堂在而铭已亡。次山集亦不载。

青山依旧白云新，兴废曾经几劫尘。借问元公命名意，当年虚左待何人。

### 石镜

中兴颂之右有石，嵌岩腹间，广二尺强，高得广十分之七。莹如元玉，土人名之曰镜石。旧有镜亭，今无存。

山玉多元水玉苍，由来宝镜暗无光。兴亡别有千秋鉴，铸自轩辕授百王。

### 寒泉

元次山序云：寒泉出于石穴，峰上有老木寿藤，垂阴泉上。泉本无名，为其当暑大寒，命曰寒泉。

茶烟缕缕飏晴檐，为品寒泉半日淹。但饮祁阳一杯水，不知人世有贪廉。

## 夬字碑

磨崖刻大夬字，其广五六尺。熙宁七年，尚书都官员外郎柳应辰所刻。容斋五笔述应辰欲以怪取名，所至留押字盈丈，莫知其何为。而旧志言应辰维舟浯溪，夜有怪登其舟，应辰书夬字符于其手。诘旦，符现崖端，遂刻以镇之。讹以传讹，可笑也。按柳自纪诗云：浯溪石在大江边，心记闲将此处镌。向后有人来屈指，四千六百甲寅年。则亦未尝有镇怪之说耳。

手镌心记向林峦，黻佩寻常不朽难。崖石插天字盈丈，世人谁识柳都官。

## 祁阳

系缆祁阳郭，孤城枕碧浔。焚椒三户社，种树十年心。佛火齐梁寺，人烟橘柚林。湘山看不厌，晨坐拥孤衾。

## 永州道中

柳侯健笔此中刊，范水模山势郁蟠。邱壑一区陈迹在，文章千古替人难。熊罴岭树凌霜翠，钴鉧潭波印月寒。丹荔黄蕉何处所，漫将醉墨洒明玕。

## 十一月十五日自永州之祁阳，踏月至县，漏下二十刻矣

道远日云暮，一轮新月升。天容垂广幕，云气护圆冰。峻坂攀萝上，悬崖勒马能。濒江城郭近，遥辨丽谯灯。

## 夜宿文明书院

郁郁文明市，四围山色包。津亭初落木，野馆未诛茅。树密鸦栖稳，岩荒虎迹交。戍楼两三卒，清角出林梢。

## 凤皇滩

舟逢凤皇滩，津吏惊相告。银涛震如霆，迸出两崖奥。乱石抗飞流，怪奇罗众貌。或累如危棋，或奔如飞炮。或张如屏风，或颓如缀灶。或如珠韫椟，或如剑出鞘。或如屋建瓴，或如营树纛。如鸥矫以飞，如虎蹲以哮。如佛面壁枯，如鬼攫人叫。力争宇宙奇，故兴波涛拗。篷舸乱中流，无所施樯棹。十夫挽而行，人声水声闹。忽焉登平流，举舟相慰劳。神祠牲醴酬，榜人金布犒。宾客互评论，童仆杂呼啸。或言此危机，先生呼吸召。或言此奇观，壮游邈奇妙。喜者果非情，恐怖亦可笑。我生命在天，安危任所到。

（《独学庐初稿》之《湘中吟》卷上，东吴石韫玉著）

## 祁阳廖氏宗祠记

祁阳廖生元魁、元旭兄弟，皆余所取士也。岁在乙卯，余受替将行，生兄弟不远千里，追攀道周，殷然修相见之礼。既见，以宗祠之记请。案生家自其曾祖发元以降，至今五世，皆同居共爨食，指以百数。生叔某主家政，一门雍睦，内外无违言。距所居百步而外，建宗祠一区，奉安先世神主。其祠经始于庚戌，而落成于癸丑。岁时祀享，集群从子姓于其中。拓旁屋为家塾，延经蒙师各一人，凡廖氏子孙皆就学其中，而姻党子弟秀良者亦得附焉。呜呼，宗谊之衰久矣。其弊起于庸人各私其财，而秦越其族人。其族人亦以贫富相耀，贵贱相形，事有缓急，宁呼号求援于异姓之人，平居宗党绝迹，不相往来。饥寒不相恤，患难不相救，甚至转徙出乡，觌面或不相识，比比也。曾不思水有源而木有本，亲亲之杀，虽有等差，而祖宗视其子孙，孰非一体，岂不愿起同欢共戚，百世相守勿失欤。行苇之诗废，而宗族之谊衰，俗之媮也，亦卿大夫之耻也。传曰尊祖故敬宗，敬宗故收族。今廖氏世居祁阳，祁阳为楚南荒僻之壤，文教未盛，非有乡先生为之典型，而其宗独能五世同居，敦尊祖敬宗之文而毋忘收族之义，又于其间教养子弟，俾成人，小子共知礼教，孝弟以跻于秀良，而广其桑梓敬恭之谊，此正官斯土者所当诱掖奖劝，以成其事者也。虽不我告，犹将表章焉。乃允两生之请而为之记。

（《独学庐二稿》，东吴石韫玉著）

### 黄庭坚浯溪磨崖诗刻跋

山谷以崇宁三年窜宜州,携家南行,道出零陵。维时曾公卷,坐钩党先徙是郡,山谷盘桓逾月,诗酒留连,相率游浯溪,观中兴颂碑,赋诗题名崖石,一时文采风流,寄于颠沛造次之间。余尝亲至崖下,摩挲其文而读之,笔画完好,千载如新,令人徘徊不忍去。按,王明清《挥麈录》言山谷初列公卷名于诗序中,公卷曰:"公诗一出,即日传布,某方外流人,岂可出郊。公又远徙,蔡元长当轴,安可不为之防耶。"山谷因阙曾名。诗云:"同来野僧六七辈,亦有文士相追随。"所谓文士,即指公卷也。宋时,朝局反覆,士大夫忧谗畏讥至姓名不可容于荒江断崖之间,亦可悲已。公卷,文肃公曾布之子,当时号为空青先生者。

(《独学庐二稿》卷下,东吴石韫玉著)

### 厝顾铭跋

《厝顾铭》石刻,在祁阳浯溪之口,篆法古朴,得石鼓文之遗矩。顾字,不见篆书,向来释作亭字。黄山谷答浯溪长老新公书云:"有袁滋篆《厝亭铭》,三十六行,何不见,即所谓此刻。"释文见王渔洋浯溪考,亦有讹字。赵明诚金石录有浯台、右堂二铭,而无此铭,渔洋误以赵录第一千四百一至容亭铭为厝亭,见明诚注为瞿令问书,因而致疑,不知瞿令问所书容亭铭。别是一种,乃永泰二年刻,而此刻乃大历三年,彼此判然不容相混也。袁滋,唐相,字德深,汝南人,史称其弱岁强学,以外兄道州刺史元结有重名,往依焉。祁阳,古道州地。浯溪,又元公之所表章,则此铭为滋所书,事属可信。然文后并无书人姓名,不知当时本末。署名抑系岁久剥蚀,山谷曾亲至崖下,题诗中兴颂之后,则其谓此铭为袁滋书,定有据,非耳食之论耳。

(《独学庐三稿》卷四,东吴石韫玉著)

### 题王蓬心永州八景图册

潇湘曲绕九疑阿,此地曾经两度过。梦里云山空想像,画中岩壑尽搜罗。熊罴岭叠千寻翠,钴鉧潭容一勺波。却羡娄东王太守,胸藏邱壑胜情多。

(《独学庐五稿》之《燕居集》三,东吴石韫玉著)

# 邓建英

## 🌿 人物介绍

邓建英(1766—1821),字方辀,又字望卿,自号白鹤山人。清代广西梧州府苍梧县人,乾隆五十四年己酉科举人。曾任陕西榆社(今山西武乡县)知县。为官颇有政声。为诗为文亦有见地,学使费振勋称其为粤西奇士。

## ⛩ 浯溪相关作品和事迹

### 浯溪八咏同苏雪渔孝廉苏元圃明经依题限韵(1793 第一次进京赴考)

浯溪

彳亍缘回磴,潺湲度碧溪。波摇人影乱,石压浪花低。

澄澈臣心似,潆洄客趣齐。莓苔随意坐,闲听水禽啼。

厝亭

云根移短策,鸟外到孤亭。槛喜能邀月,檐疑可摘星。

雪留前岁白,山送隔江青。莫弄临风笛,遥天暮雨冥。

<h2 style="text-align:center">峿台</h2>

共有乘高兴，苍茫立此台。云阴风力卷，山势楚疆开。

药臼寻遗迹，鸿文想异才。悠悠怀古意，归雁数声哀。

<h2 style="text-align:center">磨崖碑</h2>

系缆依青嶂，磨崖见古碑。大言垂训诰，劲笔凛须眉。

自有风云护，偏饶水石奇。瓣香心独切，春树暗丛祠。（崖石有双千古祠，祀颜元二公。）

<h2 style="text-align:center">忠直轩（轩即漫叟当时寓居之地）</h2>

何处寻遗址，高风想碧轩。人夸怀素塔，我爱谢公墩。

水近江鸥狎，春归钓石温。当年欣赏地，对客几开樽。

<h2 style="text-align:center">胜异亭</h2>

飞桥跨半空，曲折逢幽胜。石径冷侵云，林梢疏度磬。

诗眸宿雾开，春醉微风醒。何处鸟声传，试凭危阑听。

<h2 style="text-align:center">三面亭</h2>

曲涧新流细，疏林宿雨含。草生春远近，花发亩东南。

千古人成两，何年径绕三。未嫌虚北角，水石足幽探。

<h2 style="text-align:center">枕流漱石山房</h2>

平生邱壑心，寄趣殊流品。结屋傍名山，有堂胜昼锦。

清宜怪石供，渴酌廉泉饮。他日遂幽怀，凉风送一枕。

<h3 style="text-align:center">游浯溪诸胜既题八诗复呈寺中长老</h3>

名迹争传俯碧流，客程遥驻木兰舟。十年想望人初到，千里登临雨乍收。

危磴飞桥穿树去，孤亭曲槛倚云浮。何妨便向岩边住，试把行藏问惠休。

（《玉照堂诗钞》卷三，邓建英撰）

<h3 style="text-align:center">再游浯溪（1795 第二次进京赴考）</h3>

鼓棹入湘水，浯溪路尚遥。梦魂不自禁，早度浯溪桥。江树忽遮日，奇峰矗层霄。殷勤向三老，为我停兰桡。细雨湿苔磴，余烟寒未消。人语答清响，惊禽枝动摇。荦确步幽径，危亭纷相邀。古木绽霜皮，屈曲蟠藤条。彳亍行不前，怪石横岩峣。豁然纵双眸，高台出山椒。峰危若无垠，孤菌挺春朝。方城如斗大，远岸垂长绡。落日满平野，疏钟出僧寮。归路绕遗庙，回廊度峰腰。林深梅始花，香雾扑轻貂。曲槛偶移策，乱泉发箫韶。重读磨崖碑，千载思丰标。何当荫白茅，芳躅接岩峤。生憎一片镜，（崖有镜石，可鉴。）早把尘容描。解缆百回头，剪烛坐寒宵。

<h3 style="text-align:center">湘江晚眺（1801 第三次进京赴考）</h3>

千里湘流几问津，好山犹对苦吟身。轻帆叶叶开残照，远岸重重入早春。路指浯溪烟树渺，村连暖谷鸟声新。不知何处堪沽酒，一点青帘漾水滨。

（《玉照堂诗钞》卷四，邓建英撰）

# 蒋湘培

## 🌿 人物介绍

蒋湘培，字笃因，湘乡人，乾隆五十九年举人，有《莫如楼诗选合刻》六卷。笃因与其弟塽、城、垣俱以文鸣，时称"四蒋"。莫如楼者，其兄弟读书处也。笃因才气雄骛，与吾友欧阳磵东交最早。甲寅同举于乡，各魁其房。韵语经磵东论定，尤多可存。

## 浯溪相关作品和事迹

### 浯溪中兴寺碑

磨崖万古斯文出，次山文章鲁公笔。百怪却走龙盘拏，光芒倒射扶桑日。渔阳鼙鼓轰如雷，羽林万骑从西来。延秋门外老乌叫，洛阳潼关安在哉？朔方天子真神武，手提孤军定豺虎。九庙无尘日月新，六龙重幸华夷舞。漫郎作为雄伟词，格高气重文采奇。直将琅琊崄山体，摹写吉日车攻诗。太师笔势何超轶，收拾诸家提一律。文章书法与功勋，总在人间为第一。翻嫌多事双井黄，吹索瘢垢穷纤茫。两公忠义薄日月，肯以谤史镌青苍？龙光万丈今犹淖，野火不烧石不剥。自有中兴无此碑，千载谁当老文学。（中兴颂序谓：前代帝王有盛德大业者，必见于歌颂，今歌颂大业，刻之金石，非老于文学者谁宜为。）

（《资江耆旧集》卷四十五，新化邓显鹤湘皋编辑；同治《湘乡县志》卷五艺文）

# 陈及祖

## 人物介绍

陈及祖，字寄吾，号春圃，祁阳人，官直隶昌平知州，有《二萧吟稿》。春圃为文肃公第五子，典州左辅，中岁乞归。诗稿未刻行，今存二百余篇，咏梅诸绝句颇有山林闲逸之致。

## 浯溪相关作品和事迹

### 忆祁山

祁山高峨峨，群蛮如聚族。万叠杳霭间，高低骋游目。九疑相与青，碧云述其麓。秀色撑晴空，翠黛皴满幅。想见丹崖翁，此中卜幽筑。何时挂冠去，与子同空谷。

（《沅湘耆旧集》卷一百三，新化邓显鹤湘皋编辑）

### 浯溪

朝来野艇自横溪，茅屋村连唤早鸡。淡淡晨熹门半启，台前古木绿荫齐。
破帽青衫道气存，渡香桥畔绿云屯。芳菲鸟语迎人意，踏遍苍苔印屐痕。

（同治《祁阳县志》卷五浯溪下）

# 吴嵰

## 人物介绍

吴嵰，字兼山，原名尚锦，字敦素，英玉子，绍兴同知，著有《红雪山房诗钞》十二卷。

（民国《常昭合志》卷十八艺文志）

## 浯溪相关作品和事迹

### 浯溪

野航衔尾浯溪东，溪光照眼揩青铜。隔烟树影落波面，只疑倒长双梧桐。城堞崆峣枕山麓，临眺踌躇感幽独。抱琴不鼓帝子愁，泪痕已渍斑斑竹。争篙布网纷喧阗，耳边忽听鸣秋蝉。佳人不来白日暮，流水无情徒少年。千古伤心一镜石，我为次山增爱惜。买山何用待来兹，拜石无方竟成癖。客意荒凉那可道，庢亭断碣埋深草。当时虚左尔何为，右堂倾圮谁能考。

（《红雪山房诗钞》卷一，常熟吴嵰兼山撰，嘉庆甲戌镌，国家图书馆藏）

# 聂铣敏

## 🌿 人物介绍

聂铣敏（1779—1832），清湖南衡山人，字蓉峰，聂镐敏弟。嘉庆十年进士，官编修，提督四川学政。寻以知府拣发浙江，署绍兴府，士民为建生祠。卒年五十四。有《寄岳云斋初稿》《近光经进初稿》《玉堂存稿》《蓉峰诗话》等。

## 🏯 浯溪相关作品和事迹

### 遇祁阳游士索诗相赠二首

#### 其一

峿台千尺郁嵯峨，浯水深深绕碧波。如此溪山留不住，催人远去奈贫何。

#### 其二

箪瓢陋巷重千秋，乐在儒门未足忧。唯有情田莫抛却，礼耕义种自丰收。

### 过金兰寺访黄立斋四首

#### 其一

多年结契重金兰，今日登堂共笑欢。绿树分阴围画阁，碧波斜影照雕栏。窗开窈窱风生易，楼入深沈月到难。快谢衣冠聊小憩，兴来不觉酒杯宽。

#### 其二

有才何事处庭帏，深恐萱堂色笑违。梅意冲寒烘爱日，草心趁暖报春晖。承欢已见乌私遂，积庆还看凤彩飞。因议闲居真乐在，不教组绶易莱衣。

#### 其三

岩峣山势接耶姜，无数奇峰引兴长。岂独云烟入图画，更饶风月助文章。守来松影庚申静，问到桃源甲子忘。言佛言仙根夙慧，原知锺毓不寻常。

#### 其四

遨游湖海阅人深，慷慨如君未易寻。立品无瑕贞白璧，论交有诺重黄金。苔岑自合称同气，萍水何妨抱异心。此后树云思不浅，唯凭雁字寄知音。

### 祁阳舟中杂咏四首

#### 其一

远水碧无际，潇湘秋更清。林阴缘岸秀，山势接波平。二女常留恨，三吾夙有情。日斜云断处，时听鹧鸪声。

#### 其二

寻幽思往哲，古迹未全湮。柳记奥而逸，颜碑瘦有神。一尊斟野水，片石照行人。欲愒游山癖，真宜住浃旬。

其三

凉飙吹瑟瑟，暑气已先阑。古树散秋影，空江生暮寒。

猿声啼月远，蝉响曳风残。晚泊西岩近，渔翁聚一滩。

其四

友朋难久聚，临别意彷徨。把盏话前事，攀条对夕阳。

疏风吹袂远，流水送船忙。去去频回首，烟波秋梦长。

（《寄岳云斋初稿》卷十，衡山聂铣敏蓉峰著，《清代诗文集汇编》第 513 册）

# 陈率祖

## 🌿 人物介绍

磨崖山人，陈率祖，字怡庭，湖南祁阳人，可斋相国从子。工水墨松石禽虫花卉，笔意纵恣，为近日写生能手。曾见其牡丹巨幅，高枝挺立，花叶疏散，苔石坡草，俱异凡工。上系绝句云："好花直似菩萨面，万绿丛开丈二红。记得洛阳驴背上，分归春色到山中。"又尝见其山水一小帧，用已退笔作平峦疏树，气韵荒率，设以浅绛，逸品也。山人举家工画，其任宝山贰尹时，贫甚，夫人暨女咸助挥翰，鬻以供膳。及宰嶫城，俸入既倍，遂不复为。去官后，卜居京江，有林泉之胜，曰鸿鹤山庄，名流多载酒访之。墨香画识云：山人女名发祥。

（《墨林今话》卷四）

## ◇ 浯溪相关作品和事迹

有《竹石图》刻于浯溪。

# 吴树萱

## 🌿 人物介绍

吴树萱，字寿庭，吴县人，乾隆庚子进士，改庶吉士，历官礼部郎中，有《霁春堂诗集》。

（《晚晴簃诗汇》卷一〇二）

## 🏯 浯溪相关作品和事迹

**嘉庆戊午（1798）五月廿日奉命典试粤西留别铨曹诸前辈暨梓邦同好兼寄家孟岭南**

溯到湘源路郁纡，平生誓愿访三吾。西南微有相思埠，左右江临使者符。犵鸟狪花山入画，饭包盐裹户输租。（时苗民绥靖，气象益臻恬豫。）书生乘传由来惯，蜡屐今能济胜无。

（《霁春堂集》卷十，吴县吴树萱寿庭撰，《清代诗文集汇编》第 412 册）

# 钱　楷

## 🌿 人物介绍

钱楷（1760—1812），清浙江嘉兴人，字宗范，一字裴山。乾隆五十四年进士，授户部主事，官至安徽巡抚。历官广西、河南、山西等省。善书画，兼工篆隶。有《绿天书舍诗集》。

**浯溪相关作品和事迹**

### 陟雄飞岭三首（戊午 1798）

#### 其一

甃石鳞鳞藓路斑，霜清殊未见枫殷。长松直干曾无障，万绿阴中露远山。

#### 其二

阳曜阴云阖复开，四围浓翠自成堆。仆夫莫道崔巍甚，我马行经蜀道来。

#### 其三

沙净寒轻胜北邮，祇因晷短觉途修。马蹄也自风尘减，踏尽空山落叶秋。

### 山行

线路窄如巷，披荆苍雾浓。乱山都培塿，矮树尽杉松。落叶厚一寸，清泉环几重。西风欲酿雨，诗意瘦吟筇。

### 山行见石状甚奇诡

南天不知冬，昨夜风转北。凌兢峭晨寒，俶诡逼峰色。瘦削苍圭青，津润元云黑。聚岂伏波米，泼讶元章墨。累累不可名，厥状万千亿。角立鲜戴土，丛绕如插棘。凿穴转岩崿，横波或偃侧。屏几妥无颇，虫鸟形似特。华虡鲸欲铿，金绩蟆半蚀。铁冶万古炉，刀剑锋不沏。虽然骇观瞻，造化何苦刻。瘴雨与蛮烟，酝酿想吹息。栈峡穷幽奇，还来此登陟。天教遍看山，诗画摹不得。却忆柳柳州，人少嘲多石。

（《绿天书舍存草》卷三戊午，嘉兴钱楷宗范撰，《清代诗文集汇编》第 457 册）

龙文按：戊午，自成都水程赴粤西督学任。

### 唐中兴颂摩崖碑（辛酉 1801）

收京再造天祚李，上皇蒙尘归老矣。论功忍到父子间，仓猝迁宫罪谁委。酒隐宅边勒鸿词，婉微万古春秋旨。颜公作书有正气，忠诚痛深山骨里。遂使笔力出分外，雨淋日炙不能毁。石湖谓颂美盛德，此碑发露良非体。嗟哉，臣微不敢斥至尊，何况职非南董氏。荩臣心苦不忘规，歌之清庙何如尔。江深苔荒翠欲滴，南内当年事如水。杜鹃一诗老拾遗，片石湘中旧刺史。

（《绿天书舍存草》卷五起庚申尽辛酉，嘉兴钱楷宗范撰，《清代诗文集汇编》第 457 册）

龙文按：辛酉，岭西学使任满。

阮元《揅经室二集》卷二有《安徽巡抚裴山钱公传》，《清代诗文集汇编》第 477 册）

# 吴省兰

## 人物介绍

吴省兰（？—1810），字稷堂，一字泉之，南汇（今属上海）人。吴省钦之弟。清藏书家。四十三年赐同进士出身，官至工部左侍郎，降补侍讲，升侍读学士。博闻强记，与兄吴省钦齐名。曾任编修、学政、侍读等职。著有《听彝堂文稿》《五代宫词》《十国宫词》《河源纪略》《楚南随笔》《楚峒志略》等。辑有《艺海珠尘》十集。

嘉庆松江府志卷四十七选举表，国朝举人，乾隆二十七年壬午科解元吴珏榜，南汇，吴省兰，泉之，癸未，省钦弟。见进士，有传。四十三年戊戌，钦赐进士。

## 浯溪相关作品和事迹

### 游浯溪

浯溪胜异冠尘寰，聱叟当年等退闲。再造功名归李郭，三唐文字数元颜。素凭至性扶倾国，未肯逃名学买山。是处有碑仍可读，危亭依树老云间。

（道光《永州府志》卷二）

# 黄体正

## 人物介绍

黄体正，字直其，号云湄，别号紫荆樵。广西桂平县古程乡（今金田乡古程）人。生于乾隆三十二年（1767），卒于道光二十五年（1845）。原籍江右庐陵，迁广西平南，曾祖时由平南迁桂平古程。戊午中解元后，五次上京考选进士均未中。体正屡为学官，后退归筑带江园自娱终老。著有《带江园集》十四卷。

## 浯溪相关作品和事迹

（戊午1798）十二月二十二日，自全州解缆顺水行，朔风絮起，飞雪入船，持帚扫之，白于粉细如盐，生平未见，此同舟傅观以为笑乐。舟行三日过浯溪，晚次祁阳县，潇湘二水自湘口驿合流至此，渐广荡弥弥向西北流。四望云远，天空非复粤中之重峦迭翠矣。

（己未1799）正月初七日泊长沙，自祁阳至此八百余里，一水平铺，客舟可以夜行。民物丰阜，盖富庶地也。

（《带江园杂著》卷六《五京行记略》，黄体正撰）

# 谢启昆

## 人物介绍

谢启昆（1737—1802），清江西南康人，字蕴山，号苏潭。乾隆二十六年进士，授编修。嘉庆时官至广西巡抚，卒于官。少以文学名，博闻强识，尤善为诗。有《树经堂集》《小学考》《西魏书》等，晚成《广西通志》。

## 浯溪相关作品和事迹

### 浯溪碑

漫郎旧宅湘水曲，上有穹碑照江绿。元公作颂鲁公书，千百余年尚可读。书生耳食牵文义，灵武即位诮何速。上皇西狩乌夜飞，九庙将墟杜鹃哭。汾阳未捷潼关危，回纥兵骄范阳毒。马嵬变生安可知，要奠乾纲理坤轴。不有中兴系众心，安保群小无变局。猪龙无种葬崎岖，凤辇归来忆岷蜀。趣取大物宁得已，离间两宫咎谁属。南内无人叹凄凉，李父张后情反复。至尊若果全温清，力士何须远摈逐。卜贰圈也秦饴甥，国有君兮明忠肃。乘权达变今古同，走也尝学断斯狱。蛮天风雨洗莓苔，诗成试以质山谷。

### 过祁阳有感

紫盖香炉气郁葱，浯溪故第燕巢空。珊瑚夺得从王恺，金谷抛残笑石崇。藏匣玉杯终易化，欺人赝鼎信难工。朱门旧雨今何处，漫说黄扉有素风。

## 吊元道州

守官即守道，正士操不更。卓哉元刺史，赋役无敲捞。安危视民命，一官宁重轻。休闲便结宅，三吾被我名。石湖舟可泛，窪樽酒可倾。君子志及物，退则无所营。近人事催科，激为祸乱萌。巧宦或侥幸，刀锥与民争。时清无调发，不赋春陵行。恩深敢辞瘁，不恋浯溪清。

## 过熊罴岭（明末设关其上）

桓桓雄武踞关卧，当道狐狸不敢过。南岳以南更此山，捎云直矗碧空破。雨脚垂地云接天，行人夜语山中烟。桃花洞口路三千，梦在天台雁荡边。（前年与秋渚过天台，游雁荡，意境仿佛似之。）

（《树经堂诗续集》卷三《骖鸾草》，南康谢启昆苏潭撰，《清代诗文集汇编》第 392 册）

龙文按：嘉庆己未（1799）九月奉命巡抚广西。

# 牟 濬

## 🌿 人物介绍

牟濬，字时文，号柏峰。茅畲人。庠生。梦花子。少从黄润川、沈鹿坪学，嘉庆庚申举于乡。留都力学，为王伟人、曹蓉城二相国所知。宁海张孝廉丰滞京资馨，浚资与同归。主讲萃华书院十余年，从者咸有成立。卒年七十三。著有《耕读堂诗钞》行于世。（姜志稿）

## 🏯 浯溪相关作品和事迹

### 磨崖中兴碑歌

浯溪澹荡春风吹，野老示我中兴碑。刓苔剔莓尚仿佛，笔画严重涵瓌奇。明皇不克守初政，生灵呼号空流离。九庙失守四海沸，禄儿突骑屯京师。幸有太子能监国，承命登宝支倾危。当时要在系众望，卒光旧物功德垂。恭迎上皇居兴庆，父子之间无嫌疑。二圣重欢本事实，遗臣愿赓清庙诗。丹阳子昔平原守，忠义相感为书之。崖石天齐示万古，雄文大笔何淋漓。涪翁作歌写深痛，毋乃摭取后事为。渔阳老人不解事，论古亦复雷同随。人臣有礼文有体，岂有歌颂翻刺讥。我为斯碑重考辨，放眼不受前人欺。从此南天常照耀，山高水长同无亏。

（《黄岩集》卷二十八诗内编国朝二，王棻辑，光绪三年）

# 陈 圭

## 🌿 人物介绍

陈圭，字兰庄，攸县人，诸生，官零陵训导，有《秋水山房诗钞》。（《晚晴簃诗汇》卷一三四）少学诗法于同里王念亭先生，瓣香盛唐，不失雅音。兼工骈体，书法得海岳之神。褚笃心、姚雪门两学使试长郡古学，迭膺甄拔，目为词坛巨手，名满湖湘数十年。前后抚楚如陆朗夫、姜杜乡两大中丞，及韩桂舲廉使，咸宾礼之，掌教岳阳、伪宁、云阳及本邑震阳各书院，汲引后进，残膏剩馥，沾被不少。晚岁以明经司铎永明、临湘、元州，不愧人师。寿七十五。著《秋水山房诗集》刊行。

（同治《攸县志》卷三十九人物儒林）

## 🏯 浯溪相关作品和事迹

### 潇湘楼

浯溪磨石颂中唐，城里楼高接女墙。刺史至今留水月，骚人从古爱潇湘。短篷听雨疏疏断，深柳含烟渐渐黄。槛榜凭阑聊送目，一尊重碧醉斜阳。

（《印须集》卷二，长洲吴翌凤辑）

### 湘江夜泛

空江人语响，放艇任风行。但见暮云合，不知新月生。鸥群沙上白，兰气露中清。拟就浯溪宿，时时问水程。

（《沅湘耆旧集》卷一百六十三，新化邓显鹤湘皋编辑）

### 嘉庆辛酉冬，与孙广文蘅皋、邓广文稼轩、陶县尹季寿，陪秦小岘廉使游岳麓，题名李北海碑阴

雨洗湘天明，城头射朝旭。西山过江来，黛色新如沃。廉使方夙兴，平亭毕讼牍。乘闲偶出游，命侣例不速。寻山访古碣，适野问民俗。时惟子月初，一阳自剥复。乃知天地心，春台如转毂。出城屏驺从，入舟展心曲。拂霄看鸟飞，在藻知鱼乐。爱此滑笏流，辍棹始登陆。肩乘仆夫舆，身著山人服。经邱松响寒，过涧梅英馥。无风峡转清，有鹤泉飞瀑。书声隔重云，樵唱出深谷。霜叶渲林红，炊烟覆村绿。一僧萝迳来，相迎意敦笃。幽寂十笏房，飒爽千竿竹。旧题笼碧纱，午斋设茗粥。导引遍诸胜，衲衣风穆穆。岁稔万物腴，山空百灵肃。抚景娱咏情，即事豁众目。摩挲北海碑，剔藓难快读。蛟螭纷相拏，剑戟森在握。平生刚直节，观此亦已足。去年经浯溪，停桡惜我独。鲁公磨崖书，白日光炳煜。过眼云烟空，解缆舟船促。今此得从公，题名勒苍玉。吾侪三四人，骥尾相连属。因之叹前贤，镌华半瘢剥。或难穷岁年，或已阙氏族。几人首尾完，最著米海岳。昔为元丰初，今乃嘉庆六。时清庶事康，天文丽星宿。火维鹑鸟精，绵亘兹山麓。长沙古都会，东望堞雉簇。苍苍十万家，暝色错裀褥。风流白云司，骚雅瓣香祝。即留雪鸿迹，合补金石录。谁为后来人，千春踯芳躅。

（同治《攸县志》卷四十九艺文）

龙文按：从此诗知前游浯溪、潇湘楼为嘉庆五年。

# 李学虞

## 🌿 人物介绍

李学虞，字绍舜，由附贡援例任馆陶、顺义两县知县，俱有政声。解组归，屏迹城市。建遂游山房，啸咏其中。寿九十一卒。

（同治《祁阳县志》卷十四人物乡善）

## 🏯 浯溪相关作品和事迹

### 秋夜游浯溪

遂游山人李学虞

浯溪秋景夜宜人，心迹偏能与并清。星熠疑萤添野色，月华如水浸虚楹。零零玉露空中下，皎皎银河分外明。笑岘有亭真适意，宷尊无酒亦舒情。颜书元颂诗难咏，古树磨崖画不成。一夕欢娱豪兴健，徘徊三绝到鸡鸣。

《秋夜游浯溪》拓片

## 次韵

### 秀山弟学钟

智仁兼备是全人，八十犹耽山水清。岩壑松涛舒侧耳，江汀渔火映前楹。参差镜里诸峰静，俯仰窊中双月明。二妙典型留胜迹，一家赓和畅幽情。当年作颂因心爽，此夜高歌出性成。自号遂游真不愧，颜元复起亦诗鸣。

## 次韵

### 男成性

归田依旧过庭人，灵镜从游笑语清。江畔烟迷樵子路，山间月淡漫郎楹。蓬瀛地别寥天远，胜异亭高望眼明。追忆废兴原有自，空怀忠孝觉关情。三年作宦冰心在，一梦还家野性成。谯罢曙分林影外，颜元祠下梵钟鸣。

## 次韵

### 侄成素

前身应是谪仙人，秉烛宵游百虑清。山透秋光舒碧眼，波摇月影漾朱楹。窊尊引得童颜醉，石镜窥来鹤发明。万古江山余胜迹，一时凭吊动深情。幽亭别院苍崖列，白雪银钩峭壁成。摄屐追随殊不倦，倚栏还听晓钟鸣。

## 次韵

### 孙名玉

阿翁本是遂游人，扶杖追随眼亦清。遥望香桥浮野色，近亲石镜映丹楹。出风入雅文饶古，铁画银钩字更明。峭箐松筠恢笔意，苍茫林壑助诗情。星稀月朗精神爽，云淡风清锦绣成。赏遍亭台天欲曙，萧萧万籁一时鸣。

浯溪，自李唐来，题诗刻石者多矣，可传之作殊尟。吾友晴川先生作令归，以山水为乐。一日偕弟秀山、携子、侄、孙，夜游于此，饮酒、赋诗、唱和，至旦不倦，时先生年已八十矣。余诵其诗，皆有唐人风味。夫昼游，人所同也。而以八十老翁夜游，则先生之所独也。远近闻而索诗者无虚日。先生因命侄成珊书而镌之石。噫！是可传矣！先生李姓，名学虞，字绍逊，号晴川，由附贡历官山东馆陶、直隶枣强、顺义尹，咸有去后思，继以朝议大夫致仕，家居三十余年，德望隆重，为阎邑所矜式，不苐山水遂游与诗之，足羡已也。嘉庆六年仲冬既望，姻愚弟伍菜敬跋。

按：李成性，字又存，学虞子。捐授州同，任广东悦城司巡检。（同治《祁阳县志》卷十三例贡）

李学钟，捐授布政司经历。（同治《祁阳县志》卷十三例监）

李成素，字九标。附贡生。事父先意，承父志。父殁，绘像以事如生。存所刻航中帆、功过格、文昌化书、集古约言、痘瘕远害诸书，皆父有志而未成者。

# 秦　瀛

## 🌿 人物介绍

秦瀛（1743—1821），字凌沧，一字小岘，晚号遂庵，江苏无锡人，清朝大臣。谕德秦松龄玄孙也。乾隆四十一年，以举人召试山东行在，授内阁中书，充军机章京，存迁郎中。五十八年，出为浙江温处道，有惠政。

## 🏛 浯溪相关作品和事迹

### 寄题浯溪石

我梦浯溪游，独坐浯溪石。月出林间峰，照见溪光碧。

（《小岘山人诗集》诗集卷第十四，无锡秦瀛凌沧著）

### 题浯溪磨崖碑

延秋门上乌啼血，阿莘长驱犯宫阙。金虾蟆化黄长虹，青骡西奔何仓卒。灵武即阼收两京，百姓遮道欢声腾。裴杜上笺讵得已，重复九庙称中兴。兴庆归来自剑阁，五陵佳气咸阳郭。司徒振旅破幽燕，仆射援枹清朔漠。磨崖文字琼据辞，臣结拜手稽首为。平原铁笔更卓绝，大书深刻馋厜㕒。千秋碑版未断碎，精芒隐见蛟龙背。电母夜烛星斗昏，山鬼昼扪风雨晦。社稷至重理岂违，涪翁底事翻丛讥。后来衅隙由李父，追咎厥始毋乃非。浯溪溪水碧于玉，道州遗石苍崖曲。至德事往谁能追，留与行人买碑读。

（《小岘山人诗集》诗集卷第十五，无锡秦瀛凌沧著）

### 曾鲸堂过访草堂即别以诗送之四首

其一

落梅风里过柴荆，水上扁舟一叶轻。见我低头先下拜，廿年白发老门生。

其二

尔去初弹宓子琴，东安小县楚江阴。茫茫后会知难必，话到临歧泪不禁。

其三

浯溪溪水最清泠，元道州碑勒翠屏。知尔摊书官阁里，九疑山压县楼青。

其四

括州南去接东瓯，孤屿江心记旧游。逢著邦人如问我，平生已分老菟裘。（时鲸堂先假归东欧。）

（《小岘山人诗集》诗集卷第二十四，无锡秦瀛凌沧著）

# 蔡复午

## 🌿 人物介绍

蔡复午（1763—1821），号中来，字仁兰，江苏吴县人，登嘉庆辛酉科贤书。屡试不售。综其平生舟车所至，渡钱塘、溯彭蠡、过燕赵、浮沅湘，揽山川之峭厉，与风会谣俗，发而为诗文，故跌宕有奇气。诸书院延主讲席，从之游者，文行咸有可观。

## 🏯 浯溪相关作品和事迹

### 过浯溪

沿流望浯溪，吊古怀漫叟。飞崖凿空青，绝壁开户牖。上有中兴碑，高文齐岣嵝。郁屈大字书，盘挐蛟蛇走。峿亭峙其前，峿台拱其右。孤松长立人，瘦竹杂枯柳。想当服官时，栖迟此应久。珪组不萦心，鹿豕同作友。大道如浮云，翛然脱尘垢。兹山与兹水，谁曰非君有。丧乱余天宝，循吏即慈母。一篇春陵诗，盛德垂不朽。楚南民尚疲，风土杂良莠。征役困丁中，赋敛累升斗。会当噢咻之，庶以安井臼。古人不可作，用告贤令守。

（《西碛山房诗录》下卷后兰舟草，吴县蔡复午中来撰，《清代诗文集汇编》第 472 册；《淮海同声集》卷九，汪之选编著，题作《浯溪诗》）

# 纪大奎

## 🏯 人物介绍

纪大奎，字慎斋，江西临川人。乾隆四十四年举人，充四库馆誊录。五十年，议叙知县，发山东，署商河。会李文功等倡邪教，诱民为乱，讹言四起。大奎集县民，谕以祸福，皆惊悟。邻郡惑者闻之亦相率解散。补丘县，历署昌乐、栖霞、福山、博平，民皆敬而亲之。父忧归，嘉庆中复出，授四川什邡县。或谓什邡俗强梗，宜示以威，答曰："无德可怀，徒以威示，何益？"奸民吴忠友据山中聚众积粟，讲清凉教，大奎躬率健役夜半捣其巢，获忠友，余众惊散。下令受邪书者三日缴予自新，民遂安。擢合州知州。道光二年，引疾归。年八十卒。祀合州名宦。

（《清史稿》循吏传二）

## 🏯 浯溪相关作品和事迹

### 辛酉正月赴桂林舟中杂记

二月初一日，祁阳舟中。梦与人作大字书二幅，中有前身观自在几日识之无之句，不知何所指。其一则忆母诗也，醒而忘之。

初三日，过祁阳县。积雨未得登岸观浯溪碑。自正月十七以后，舟中仅一日晴。是夜，梦与罗君位斋作苦雨诗，未成，因与论诗。罗君言孟东野原本风雅，才大如昌黎，乃欲低头拜之，以其真也。后人以为寒，或以为诗囚，使有唐一代此君几不在尚论之列，得无诗人论诗有所溺而不知返者耶？余以为然。醒尚了了，遂记之。

（《纪慎斋先生全集》之《双桂堂稿》卷四记，临川纪大奎撰）

# 李元沪

## 🏯 人物介绍

李元沪，字书源，号舒园，又号鹤坪，密县人，乾隆戊子举人，历官靖州知州，有《楚南草》《昆海联吟》。

（《晚晴簃诗汇》卷九十三）

**磨崖碑用山谷韵诗**

我沿湘水泊浯溪，磨崖上多唐宋碑。涪翁议论出新意，独罪肃宗非佳儿。明皇天宝失其驭，宗社垒卵如悬丝。仓皇西幸尽瓦解，灵武幸作一枝栖。抚军不正鄜南位，虽有将相胡能为。衣白山人定大策，朔方大将收京师。牝鸡司晨奴间主，南城伐树谁指挥。鹤驾不出鹃啼血，上皇虽返身孤危。杜陵拾遗持风雅，感伤往往形歌诗。诗人忠厚无他意，笺疏穿凿多微词。宫闱至性有缺限，天下之恶皆相随。光复旧物置不论，五陵佳气长含悲。

（道光《永州府志》卷二）

# 朱依真

## 🌿 人物介绍

朱依真，号小岑，著有《九芝草堂集》。家藏甚富。幼即嗜学，研声律，不善制举业。廿一史丹铅数过。诗格日高，袁子才至桂林称为粤西诗人第一，相与唱和，见《随园诗话》。

## 🏮 浯溪相关作品和事迹

**浯溪**

夙慕浯溪游，梦寐驾飞肱。弭节喜在眼，爽然如裂缯。邱壑既幽峭，楼观复骞腾。载寻漫郎宅，拟作塔院僧。扁㩉浯溪颂，字画生霜棱。灵武惜矫制，唐社赖不崩。神器难再移，革故协黎蒸。宋儒尚苛论，奸伪愈弗胜。后来靖康帝，生不返绍兴。置陛下何地，贼桧有所乘。一言系治乱，君子慎述称。彳亍峿台巅，清啸隔岸应。翻江返照来，古思空清凝。

（《九芝草堂诗存》卷四）

**重登浯溪**

丛丛寒石斩然新，船著浯溪绿进唇。记得岸头杨柳树，长条迟我五回春。

渡香桥过是峿台，小邑蒙蒙夕照开。草色山光青入市，胡麻花片逐船来。

曾经抔饮散花滩，漫叟抔湖尚觉宽。千载相看两不厌，世间只此小巑岏。

柳郎（宋柳应辰）伟押惯驱痁，石镜山精乍启盦。莫议浪翁文字碎，能输持正九千缣。

紫荆花发照祠前，折得繁枝供几筵。落落如公数十辈，救时何止中兴年。

（《九芝草堂诗存》卷六）

**过浯溪有怀郭春林**

浯溪浑在眼，无数柳杨枝。山月自终古，楼台非盛时。云荒元子宅，苔没中兴碑。起废怀贤宰，林宗更可思。

（《九芝草堂诗存》卷七）

# 谢阶树

## 🌿 人物介绍

谢阶树，号向亭，宜黄人。博学强识，为文快心一往，绵邈无际。诗清妍，工各体，书楷法尤庄丽。中嘉庆戊午乡试，戊辰登进士，殿试第二人，授翰林院编修。庚午顺天乡试、甲戌会试同考官。督学湖南，迁翰林院侍读、侍讲学士，降补翰林院侍讲。卒年四十八。其视湖南学政也，绝干请，厘积弊，外肃而内和，训士子以先器识，后文艺。著有《守约堂诗文集》数十卷，《合璧联珠》十余卷，《记事珠》数十卷，皆未刻。其已刻者《沅槎唱和集》《沣州唱和集》。（光绪《抚州府志》卷五十八人物志·儒林）

## 🏛 浯溪相关作品和事迹

十二月二十日介亭枉过敝庐以诗投之（录其三）

归舟八月始南还，买得浯溪十笏山。因病且尝闲意味，也应椎破玉连环。

（《守约堂诗稿》壬戌 1802 卷，宜黄谢阶树子玉撰，守约堂钞本）

# 郑怀德

## 🌿 人物介绍

郑怀德（1765—1825），又名安，字止山，号艮斋，谥号"文恪"，华裔（明乡）人，祖籍福建省福州府长乐县，生于越南（广南国）镇边（今同奈省边和市）。1788 年应举，官至协办大学士，封"安全侯"，越南阮朝初年政治家、文学家，著名诗人。

## 🏛 浯溪相关作品和事迹

地毓浯溪秀，山开镜石名。

莫教尘藓污，留照往来情。

越南国谢恩使郑怀德，癸亥端阳后题。

郑怀德诗碑拓片

# 邹炳泰

## 🌿 人物介绍

邹炳泰，字仲文，号晓屏，无锡人，乾隆三十七年进士，今官仓埸侍郎，有《午风堂集》。（《蒲褐山房诗话》）

## 🏛 浯溪相关作品和事迹

### 寄题萧澹园清味楼

白水君还住，人来清味楼。阶前馀野竹，门外即湘流。随意钓寒渚，有时樵远邱。如闻昆季好，煮藿亦忘忧。

### 送萧澹园文学归祁阳

几载山中逐游钓，强君新脱芰荷裳。往来京洛心相许，话到家山兴欲狂。近郭花明秋浦月，过江鸿落蓟门霜。宵深动我乡园思，帆影何时度谷阳。

（《午风堂集》卷三，无锡邹炳泰晓屏撰，清嘉庆刻本）

### 柳桥送客

欲挽离愁住，愁生万柳条。更堪风絮落，吹过赤栏桥。落日前山驿，初鸡午夜潮。行寻漫郎宅，应问土人谣。

（《午风堂集》卷六，无锡邹炳泰晓屏撰，清嘉庆刻本）

# 阮登第

## 🌿 人物介绍

阮登第，其先乂安天禄人，原姓郑，远祖郑柑，仕黎，官至兵部尚书。及莫氏篡黎，柑乃避居顺化，欲招集忠义以图恢复，未果而卒。其后子孙遂籍于安和（社名，属香茶县）。预科目者甚众，俗谚有学同寅试安和之语（同寅，社名，属富荣县）。登第，柑七世孙，为人温雅庄正，文学赡博。童年有相者见之曰："眼窍藏神，贵格也，但惜耳低，不登高第"。辛巳，年试中生徒。显宗皇帝朝补训导，出为明灵知县，以政绩闻。擢入文职院，奏对详明，议论该博。上甚宠异之，赐姓阮。壬寅夏，升广南营记录。在职省案牍，励风俗，民皆爱慕之。乙未秋，升正营都知。丁酉春，上以登第前在广南，治事廉平，狱讼止息，素为吏民信服，复命领广南记录，亲书对联赐之（立法省刑，更见我朝生汲黯；使民无讼，方知吾国有淮南）。甲辰年，升正营记录。登第请禁钢锡铅铁各项钱，不得通相买卖。铜钱非毁折者不得拣斥，上从之。肃宗初年，登第奉命巡检广南诸府，申定始立各属职，例属五百人以上，置该属记属各一，四百五十人置记属一，一百人以下置将臣一，惟菩洲、富洲、镰户、网儿、河泊等属设提领一。登第复请禁民间赌博、奸讼，及逃避差役，隐漏丁口，皆从之。寻以病致事。丁未冬，卒，年五十有九。赠金紫荣禄大夫，厚赐钱帛葬之。

（《大南列传前编》卷五）

## 🏯 浯溪相关作品和事迹

出自他山挂碧垠，莹然可鉴一奇珍。明分月魄崖边影，艳对花颜峒里春。
洗去薜尘澄有水，照来妍丑隐无人。华程姑借观光处，阅尽三浯景色新。
嘉庆九年甲子孟秋，越南国贡使阮登第题。

阮登第诗碑拓片

# 吴　鼐

## 🌿 人物介绍

吴鼐，字及之，号抑庵，一号山尊，金椒人。嘉庆己未进士，改庶吉士，授编修，历官侍讲学士。有《吴学士集》（文集四卷，诗集五卷）。嘉庆九年甲子科，任广西乡试主考。

## 🏯 浯溪相关作品和事迹

### 甲子（1804）秋中过祁阳与谭大尹筤圃震同年订浯溪之游今来不值作诗寄怀（1805）

忆我初过君，趋公罢寻幽。君为夸浯溪，邀我重来游。川途谢炎景，毕役已深秋。礼佛登湘山，买棹乘湘流。风雨靳奇趣，六日及永州。兰桡又百里，夹岸径未搜。诘旦笑口开，冷翠窗间浮。舣船陟层坂，石梁通蟠蟉。仰视不见顶，坠石欲打头。先读中兴碑，卒篇风飕飕。作者与书者，其人名山侔。匪独文字雄，忠孝沧桑留。颂始励图终，镌之告用休。山林廛庙谟，两公非巢由。行登亭与台，高旷不可收。九嶷何茫茫，俾我思悠悠。遥知两公心，升高增百忧。君门隔浮云，西望穷双眸。

昨来犯余暑，兹行及深秋。既感日月徂，复此山川悠。王事昔方殷，归程今稍留。湿雾暗远峦，回风偎近洲。遂沿层磴折，直挹孤顶修。漫叟旧台上，古今如在眸。微雨不能霂，况濯湘江流。惟有九嶷山，惝恍不可收。似我素心人，有约阻未酬。飞鸿亦何为，云中声不休。此地逾衡阳，得无远道忧。感物劳我思，独往转夷犹。下山读丰碑，作者久山邱。忠孝耿余慕，匪贵林壑幽。寄言崇令名，伐柯则可求。

（《吴学士诗集》卷一五古，吴鼐撰，梁肇煌、薛时雨编订）

### 雨中泊浯溪登山访漫叟亭台遗址读摩岩碑礼颜公祠（1804）

胜绝湘江路，浯溪一径分。轻舟来坐雨，乱石冷于云。谷掩居人宅，田侵宰相坟。（祁阳相国陈大受墓在焉。）山僧偏好古，能读世间文。

大业皆陈迹，高崖碑易沈。忧时方作诵，论世贵知心。高寄无朝野，奇观自古今。漫歌招隐句，忠孝数公任。

木石非遗构，居然野趣存。雨多苔掩径，秋浅树遮门。仙迹谁能践，贤关尚可扪。年年湘水碧，过客荐窪樽。（仙鸟、窪尊，皆山中古迹。）

吾岂寻幽至，岩泉赏不悭。山仍属前哲，石已照衰颜。（山有镜石。）城郭五里近，琴书一晌闲。去舟谁慰藉，面面九疑山。

（《吴学士诗集》卷三五律，吴嘉撰，梁肇煌、薛时雨编订）

# 蒋 镁

### 🎋 人物介绍

蒋镁，字英伯，号尧农，吴县人，嘉庆甲子举人。

### ⛩ 浯溪相关作品和事迹

#### 浯溪怀古

出世为仙吏，全家入画图。风尘劳五马，泉石寿三吾。字著平原迹，尊留太古模。游观今自胜，政有替人无。

（《印须集》卷五，长洲吴翌凤辑）

# 洪亮吉

### 🎋 人物介绍

洪亮吉（1746—1809），清江苏阳湖人，字君直，一字稚存，号北江。乾隆五十五年进士，授编修。嘉庆四年，上书军机王大臣言事，极论时弊。免死戍伊犁。次年，诏以"罪亮吉后，言事者日少"，释还。自号更生居士，居家十年而卒。少时诗与黄景仁齐名，交谊亦笃，时号洪黄。景仁家贫，客死汾州，亮吉亲赴山西，为经纪丧事。文工骈体，与孔广森并肩。学术长于舆地，而论人口增加过速之害，实为近代人口学说之先驱。有《春秋左传诂》《卷施阁集》《更生斋集》等。

### ⛩ 浯溪相关作品和事迹

离骚以后学骚者，宋玉、贾谊、东方朔、严忌、王褒、刘向、王逸等若干人，而皆不及骚，以绝调难学也。陶渊明以后学陶者，韦应物、柳宗元，以迄苏轼、陈无己等若干人，而皆不及陶，亦以绝调难学也。庾信哀江南赋，无意学骚，亦无一类骚，而转似骚。王维、裴迪辋川诸作，元结春陵篇及浯溪等诗，无意学陶，亦无一类陶，而转似陶。则又当于神明中求之耳。

（《北江诗话》卷五，洪亮吉撰）

# 朱续曾

## 🌿 人物介绍

朱续曾（1749—1824），字序之，一字似堂，号芝园，江苏江宁人。初任四库馆誊录，历署湖北襄阳、应山、谷城等县事。擢广西上思州知州。官至太平府知府。所著《潇中草》《归来草》，总名《璞疑诗集》，朱绪曾辑入《金陵朱氏家集》，道光二十年刻。同邑胡本渊为之序。胡有《愚溪集》九卷，佚而不传。

## 🏛 浯溪相关作品和事迹

### 浯溪读颜鲁公磨崖碑

又掠祁阳舵，浯溪暂泊船。孤峰插江表，老树入云巅。椽笔蛟龙走，忠魂日月悬。晶莹留镜石（碑旁有镜石），长此照千年。

（《金陵朱氏家集》之《璞疑诗集》，金陵朱续曾序之撰）

# 黄承吉

## 🌿 人物介绍

黄承吉（1771—1842），字谦牧，号春谷。先世由歙县迁江都，弱冠补诸生，与同郡焦循、李钟泗、江藩以经义文事相切劘，时有江焦黄李四友之目。嘉庆三年乡试第一，十年（1805）成进士，补广西兴安县，摄岑溪县事。时有乙为甲佣，种山僻地，忽告归，久不至。乙妻子控甲，因斗毙乙。承吉察甲辞色非杀人者，细鞫多次，究得乙匿于广东罗定州，欲以诈甲财。遣役捕获之，甲冤始白。十三年，充乡试同考官，偶诣他房阅一落卷，谓其文义精奥古茂，及荐主司，果置解首，揭晓为汪能肃，浙西名宿而寄籍粤西者也，以过境文书遗失被劾，嗣捐升道员，因齿就衰，遂一意著述，研究汉儒之学，得其精微。通历算，能辨中西异同。早岁工诗，体物摹景，敷事类情，尤善于乐府古词。著有《读周官记》《读毛诗记》若干卷，《梦陔堂文说》十一篇，诗集五十卷，文集十卷。族祖黄生有《字诂》《义府》二书，承吉加按语以发明声音训诂。又著经说若干卷。

（《同治续纂扬州府志》卷九人物志）

## 🏛 浯溪相关作品和事迹

### 入祁阳界

山逼全无岸，林封那见人。树行千雉堞，峰点万龙鳞。云转初开幔，波清欲下缗。行多只觉好，此地不生尘。

### 过木阜数里前趋祁阳舟人辍操小憩登麓四顾卒然成歌

我不识天公巧秘何如此，曲凿瑶池万山里。千顷流将碧玉膏，虚舟似入清空起。迎波四向无东西，乱峰洋洋使人迷。去帆来棹了不见，惟有天影相高低。南人种树纷如麦，补缀神功错森碧。片片田从山半横，不知谁种山巅脊。湘东一岸排云英，一叟住锄听瀑声。相看不觉我成俗，此中应著黄初平。神仙何必他方住，此是丹邱最深处。万顷丹砂不值钱，壶公却恐壶难贮。桧里枫间好卜居，劳人命驾不斯须。此身且是无婚嫁，何日真来购一区。

### 湘中夕望

客思倦登历，青山何必多。月明湘水阔，无奈白云何。

## 去祁阳二十里许值大风雨停泊

布帆安稳豁开襟，忽漫波涛眩客心。风雨狂歌消鬼哭，江湖久住识龙吟。

寒涛声响兼千种，明烛辉光抵万金。暗里看山山不见，来朝山远倍难寻。

## 曳舟叹

山高高，不可俯。泥滑滑，不可武。尔曹何心，不避此苦。吁嗟乎！曳舟者！岩端磷磷，上容一蹯。猿狄顾视，鸥移而蹲。而独蹑其痕。吁嗟乎！曳舟人！愁霖三朝，悬溜不止。囷然跑跑，不及停趾。他乡一仆跌，何人叹汝死。吁嗟乎！曳舟子！

## 泊观音滩（旁有三矶最险，上有观音庵，在祁阳境）

恶滩未到声先来，距滩十里轰如雷。连矶助险截滩侧，滩高更有矶相逼。风回浪倒冲空流，天晴似觉阴飕飕。鸢鸥骇落虎豹避，罔象奥（广韵，许极切）出蛟龙愁。行人过此那不怖，舟师急切难调护。誓愿宏将无畏施，山头一片慈云住。矶长十丈横入波，三矶骈列如犁拖。矶矶间隔数十步，一步一陟戈相磨。拨掾喧呼动天地，力尽三矶才过二。维舟且住中上间，彻夜惊魂满滩坠。此时安问鬼啾啾，大威神力居上头。迷津自有宝筏渡，以是因缘解脱故。心摇目眩休纷纷，明日此滩声不闻。

## 一叟

一叟东峰住，西溪亦有名。斸云樵斧湿，穿水钓丝清。

短褐缘琴重，缇囊为酒轻。停艭暂相值，欲与换平生。

## 湘川

湘川于我似将迎，我到湘川福讵轻。无那树从云外得，宛然山在水中行。

未来肯信清如许，欲写多愁妙莫名。怪底百端千万态，风光映带总关情。

## 社塘野步

山色幔晴空，川流半向东。箐沈孤寺绿，塍袅万家红。越涧衣牵藻，穿花帽落桐。随人浑朴尽，舒啸与村童。

## 过社塘十五里宿

几日登临不忆家，栗憭终觉感天涯。风颠乱水声冲突，月黑危峰势攫拿。

寒甚更呼将去酒，闷多聊品折来花。阴晴怪底须臾变，记取遭逢莫漫夸。

## 游浯溪观磨崖碑

湘江滩势连山长，客到潭州换船上。刺船多半永阳儿，问询家山合停榜。我来弭楫浯溪边，溪山幽绝不可诠。沙回石转树高下，但见百鸟啼春烟。回头仰视石壁上，龙虎盘拿屹相向。道州文笔鲁公书，照耀江天郁摩荡。当时唐室值践踩，次山踪迹犹沈浮。李郭功成始入见，立谈可破万乘忧。上元大历经年岁，恢复重思天宝事。平原太守故身尝，为写中兴三百字。呜呼辞气何煌煌，至今观者皆激昂。云汉嵩高但歌颂，未闻镌勒垂宣王。儒生奋笔臣工记，比将石鼓尤高置。剔雾剜云百丈悬，漫郎何必非狂士。我从山寺寻摹本，山僧转道求须远。三日停舟始得之，一万钱增柁楼饭。溪风吹展日色晶，模糊十一九分明。辞严义正画端劲，双绝天南二使星。满崖鳞次千家刻，映遍溪光与山色。苔藓烟霏互结缠，苍茫欲读何终极。风光千载传三吾，家僮解刻真吾徒。后来元子碑不诬，美哉亦是颜公书。

### 浯溪观石镜题越南二使诗右

溪水清，溪镜明，镜中照得溪回萦。晶莹带纵色如漆，个里看山四边出。近收宫寺入帘栊，满映湘川在堂室。骈连襞积字如梭，对镜题诗经几多。就中亦有日南使，舞蹈风流能解哦。郑怀德，阮登第，石上留传汝名字。大域鸿观许勒镌，高穹远监欣遭值。君不见，磨崖大笔气嶙峋，片石长留伴正人。小邦纵有神仙镜，光怪由来不见珍。

（《梦陔堂诗集》卷十一，江都黄承吉撰，道光十二年江都黄氏刻本）

# 蒯嘉珍

## 🌿 人物介绍

蒯嘉珍，字铁崖，江苏吴江人，工诗，善画。其妻钱与龄，乃秀水文端公（钱陈群）孙女，得陈书（1660—1736）传授画法，故嘉珍闺中唱酬之暇，以绘事相娱乐。尝官广西州牧，年未四十即解组归，晚落拓不羁，画笔愈奇特。

（《墨林今话》）

## 🏛 浯溪相关作品和事迹

### 祁阳道中清流远岫竹柏森森天然萧疏之景绝似倪迂手笔想见漫叟游咏于斯不禁翠然有作

几日浯溪春水生，渡香桥影印空明。篔筜过雨蒙茏碧，桧柏参天太古清。
怪石尽堪移作画，好山何必定知名。一声欸乃寒烟破，凭吊元郎百感并。
一幅溪山无尽图，云林画意好规模。官居刺史嵇康懒，洞入猗玕宁武愚。
浪士头衔原傲漫，春陵诗句足伊吾。唐亭袅袅垂杨绿，细雨溟濛听鹧鸪。

### 谒陈文肃公祠

俎豆夔龙百世歆，岁寒风雨得追寻。即看乔木婆娑影，想见老臣冰雪心。
太息诗书留一发，最怜孙子住同岑。三吾驿畔低徊久，零落遗坊泪满衿。

### 欸乃曲十首借体杂咏未能得谣谚之遗

#### 其一
衡州已过新郎站，又到祁阳息妇塘。相隔天涯三百里，却如牛女各相望。

#### 其二
钴镆潭西小石潭，潭边竹树与天参。不是柳河东作记，永州那得胜江南。

#### 其三
一颂中兴永不刊，高高石壁激清湍。峿山浯水流遗爱，漫叟原来是好官。

#### 其四
春风袅袅水鳞鳞，兰泽香兮石细皲。白鹤观钟天际落，声声敲醒宦游人。

#### 其五
文肃祠堂荆棘丛，公孙公子半西东。嵌崖镜石空如许，不见当年老相公。

#### 其六
苛政曾闻猛似虎，差徭又说毒于蛇。近来民乐无争讼，官吏清闲啻放衙。

其七

道州通判欧阳观，独著清廉百姓欢。却被闲鸥一双眼，饱看此后往来官。

其八

不见汉时龙伯高，将军马援戒儿曹。荒烟蔓草遗邱在，凭吊何人首重搔。

其九

九疑山下九溪流，鹧鸪双双拍浪浮。漏泄春光何太蚤，垂杨先拂寇公楼。

其十

湘水长年澈底清，今年湘水更分明。敢告楚南贤守令，好凭水监监苍生。

（《粤游诗钞》卷一）

**重游浯溪**（戊辰）

浯水峿山绿未匀，唐亭柳色又争新。棹船欸乃樵歌远，赛会丁冬社鼓频。洞底石灵飞作燕，桥西莎软踏成茵。者番登眺支筇健，重与青松作主宾。

**读磨崖山中兴颂**（戊辰）

鲁公书法次山文，一代皇唐子墨勋。灵武玺书亲授受，乾元日月照平分。纵游退谷官非漫，（元结自称浪士，及有官，人以为漫。）特写忠肝字露筋。双绝磨崖垂万古，荆南光焰动斜曛。

（《粤游诗钞》卷四）

# 曾 燠

## 🌱 人物介绍

曾燠（1759—1830），清江西南城人，字庶蕃，号宾谷。乾隆四十六进士，历任户部主事、两淮盐运使、贵州巡抚。工诗文，有《赏雨茅屋集》，又辑《江西诗征》《骈体正宗》。

## 🏛 浯溪相关作品和事迹

**读元道州诗**

公自呼漫郎，赋诗殊不漫。上为丹陛箴，下为苍生叹。公又号聱叟，矢音殊不聱。水乐自宫征，云山入咸韶。漫为世所憎，聱非世所许。顾多淫靡词，或作钩辀语。淫靡真漫浪，钩辀乃聱齗。公集在千古，足以程诗家。

（《赏雨茅屋诗集》卷五，盱江曾燠宾谷撰，《清代诗文集汇编》第 456 册）

**客摹浯溪铭相遗作浯溪歌**

人谁无一吾，殁后吾安在。漫郎得此溪，私之遂百代。有台曰峿亭曰庼，漫郎名此胡为乎。干进之客不能游退谷，为人厌者不得浮抔湖。世俗纷纷忘故吾，漫郎乃独占此区。自谓吾从吾所好，寥寥此意谁能拘。丹崖翁，何人也，弃官来住丹崖下。宓尊欽石当日相盘桓，是亦与世聱牙者。丹崖翁，竟无名，浯溪独有漫郎铭。烟霾浪打文不灭，有若溪上山长青。欲识漫郎遗爱至今在，请君更读春陵行。

（《赏雨茅屋诗集》卷八，盱江曾燠宾谷撰，《清代诗文集汇编》第 456 册）

**浯溪磨崖碑**（题亦作《观浯溪磨崖碑同门人郭琦》）

漫叟虽漫浪，在家不忘国。煌煌中兴辞，乃就溪边刻。文撰于上元，碑成于大历。公伤时事坏，藩镇多乱贼。汹汹朱李侪，（朱希彩、李怀玉、朱此、李希烈。）何异安史逆。窃忧天宝祸，复见在朝夕。此刻闻于朝，庶几资警惕。无何至建中，果有播迁厄。知公赍恨终，徒此留名迹。当时摩崖者，亦死平卢役。

（《赏雨茅屋诗集》卷十三，盱江曾燠宾谷撰，《清代诗文集汇编》第 456 册）

# 李宗瀚

## ❀ 人物介绍

李宗瀚（1769—1831），清江西临川人，字公博，一字北溟，又字春湖。乾隆五十八年进士，授编修。道光时官至工部左侍郎、浙江学政。工诗，喜聚书，癖嗜金石文字。

## ⛩ 浯溪相关作品和事迹

### 重过浯溪

逍遥屏驺从，暂此作闲身。风月已无主，溪山还笑人。
荒亭余柱础，断碣倚江滨。猿鸟应相识，前时迹未陈。

### 浯溪作

我读中兴碑，并忆春陵行。斯人属有念，乃以山水名。忧时付冥醉，即境成独清。
亭空溪树合，台冷溪云生。溪流亦漫浪，千载无停声。徒令后来者，浩歌遗世情。

（《静娱室偶存稿》卷上，临川李宗瀚春湖撰，《清代诗文集汇编》第 492 册）

# 杨之泗

## ❀ 人物介绍

杨之泗，字鲁英，宁远人。

## ⛩ 浯溪相关作品和事迹

### 戊辰八月携儿子绳纶重游浯溪并绘图纪胜

春潭一艇随渔翁，浯溪曾访磨崖踪。屈指先君胜游地，往事卅载如飘风。佳山活水性所喜，每遇绝境开怀胸。兹来重访心颜爽，石镜一片涵长空。儿曹终岁守章句，未解两屐攀巃嵸，历历教识旧碑字，上有漫叟兼颜公。铭词俊伟字画古，浩气凛凛凌苍穹。文章节义本一致，讵以小技夸奇工。嗟我逡巡负前志，自念老大非儿童。追思旧境发遥慨，并少妙句供磨礱。欲题名姓识谁某，岁久恐半荒烟丛。生绡一幅聊寄意，时一展玩心无穷。莫教传入好事手，直恐变幻随飞鸿。

### 浯溪题壁

三十年前此地过，扁舟重访旧烟萝。云山韶濩无穷意，输与渔郎领略多。

（《沅湘耆旧集》卷一百六十）

# 黄本骐

## ❀ 人物介绍

黄本骐，字伯良，号花耘，湖南宁乡人，嘉庆十三年（1808）戊辰科举人，曾任城步训导，清黄立隆之孙，黄湘南之子，黄本骥（虎痴）之兄，父子三人以文名、诗名著于湖湘，著有《三十六湾草庐稿》等。

## 🔺 浯溪相关作品和事迹

### 到祁阳县

狞岩怪石郁盘纡，斗大荒城辟绿芜。笔砚周旋惟一我，溪山吟眺在三吾。
乡音夜与猿声变，旅思秋随雁影孤。日卧唐亭闲贳饮，泥垆调笑酒家胡。

### 秋日游浯溪怀元道州

延秋门上乌叫号，潼关夜破哥舒逃。群官择栖宝鞭折，渔阳突骑鸣萧萧。道州刺史元声曳，醉卧浯溪日搔首。二百余封符牒飞，四万蔀檐十焚九。安人片语泣鬼神，春陵诗句锼琼玖。舣帆溪头秋晻暖，双趺高蹋虬龙背。宓樽沁月绿于醅，峿台沐雨青于黛。香桥泉吼香波流，几株松云响阴籁。石壁岿然中兴碑，珠玑欱唾入苍霭。须眉凛凛挟风雷，老于文学手笔大。信哉万物俱吐气，安得如公数十辈。

### 读磨崖碑

烽火夜烛骊山红，天子辇出华清宫。剑阁崔嵬云峨峨，红锦绷中飞猪龙。河北二十有四郡，平原一臂支全锋。吁嗟不识颜真卿，所为如此先群雄。睢阳死守汾阳战，江淮遮蔽开元戎。宝刀血洗虏尘净，钟虡庙貌归肃雍。灵武仓卒膺大宝，天命隐系人心同。上皇局促归南内，淋铃夜雨唱秋风。事如浮云去千载，浯溪崖石铭遗踪。元公之文颜公笔，雷霆白日悬清忠。骨似秋鹰起棱角，银戈铁弩精光融。苔花冒蚀字难灭，此碑此溪相始终。我来三日卧碑底，想见当年唾贼之气如长虹。

### 三吾归舟二首

#### 其一

豁眼濛濛夕照开，荒城孤耸出云隈。捕蛇说里千家在，回雁峰边一棹来。
枯树吹红填雉堞，秋波涌绿入楼台。此游空逐凫鸥队，酬酢西风覆酒杯。

#### 其二

何须骑鹤羡腰缠，风月行縢满一肩。痴绝元章惟拜石，矫于夷甫不言钱。
云花落树红围堵，峰影沈江绿过船。好是溪山能快意，为裁新什补吟编。

### 畲吴春林次韵

墨海翻潮泻秋汛，潇潇山涌鱼龙阵。千盘百曲紫回澜，豁眼云霞腾万仞。兀兀一吟筒，落落双蓬鬓。寒融四壁号凄风，灯暗阴房飞鬼粦。忆昨论交初，君擅东南美。月黑坐推篷，鼓柂蒸湘水。永昌绿幕凝清香，藏钩阄韵兰镫里。有时醉出游，浯溪二三里。岩嵌镜石磨苍烟，唐亭岮嵼峿台峙。吁乎咄哉可笑人，历落嵚嵜情性真。归来幞被忽大叫，踢倾醋瓮庐儿嗔。貂裘黹败不言贫，日淘半菽娱双亲。嗟我寄旋赢，仰视天宇旷。卖菜秋瓜廛，捞虾春苔涨。溷此佣侩间，长吟恣跌宕。多君雅惠琼琚篇，帕头花划天魔状。我虽龌龊愁压眉，杖蔗起舞神犹王。安得翎毛攒八翮，翀破尘罗出寥廓。君看墙角芙蓉花，霜风如刀斫不折。

（《三长物斋丛书》之《三十六湾草庐稿》卷二，宁乡黄本骥花耘著）

### 九日次韵畲吴春林（二首）

#### 其一

雪爪经年祇寄篱，西风搔鬓倒千卮。何人漉酒陪陶令，为我餐英读楚辞。瘦影吟秋峰叠叠，清愁写梦雨丝丝。题糕记谱龙山会，铁板重翻旧日词。

### 其二

振衣同啸沆瀣天，枨触前游意惘然。拜石三吾梯峻嶒，磨崖一颂拓苍坚。生涯笑我仍鸥泛，秋思惊人在雁先。寄和君诗狂似昔，茱萸醉把订年年。

（《三长物斋丛书》之《三十六湾草庐稿》卷四，宁乡黄本骐花耘著）

### 浯溪存稿序

骐幼孤失学，寄读外家，南坡先生以母党亲为舅父行，尝过从塾中绳床茗碗，硁硁说经，骐偶侍而窃听之。及长，幸不失乡曲之誉者，受先生之益居多。辛未自京师归，适先生以乾州校官报满来省，时年七十有六。文字之好，老而弥笃，出示生平所著古近体诗万余首，古文辞近千首，校雠之役心窃志之。今岁应姚观察香南先生之聘主讲来乾，风雨篝灯，稍偿夙愿，为校其诗集十分之一，怂惠付梓。古文辞卷帙繁重，不能尽刻，选存官近作若干首附存诗后。乾当乙卯苗燹以来，文籍无征，碑版金石多出先生之手。先生又勤督后进，乞言者趾错于门。即此七八年中，随手散佚者不知凡几。夫今古文人，济以官职声名，其所为流连光景、抒写胸臆者，节一宴游之费皆可表褙于时。先生抱不世才，一片寒毡，垂垂以老，复俭于紫标皇榜，不能倾笥流传，亦觖憾事也。然尝鼎一脔，知味者当想见豹胎燕腾之珍矣。

（《湖南文征》卷七十六）

# 瞿中溶

## 🌿 人物介绍

瞿中溶（1769—1842），字镜涛，号木夫，又号苌生，晚号木居士，嘉定人，清代篆刻家，钱大昕之婿。嘉庆十九年（1814）进士，官湖南布政司理问．广搜访，富收藏，工书画，好篆刻，尤精金石考证之学。

瞿中溶题名碑拓片

## 🏛 浯溪相关作品和事迹

瞿中溶题名，在右堂区。

嘉庆戊辰仲冬，江南瞿中溶两游浯溪，三宿中宫寺，搜拓唐、宋、元人诸石刻，并题名于此而去。

### 姻丈陈磨崖山人率祖以画属题各书一首

两枝直出云霄上，一笔都将风雨收。要乞平安真乐境，画图日与此君游。

屏却铅华写墨妆，风流更觉胜姚黄。长留富贵人间赏，不似凡花开谢忙。（牡丹）

不须三足自神行，若要惊人在一鸣。未肯弹冠趋绛节，黄花香里伴书生。（菊花鸡）

无心捕鼠入帘栊，却爱春嬉到碧丛。如此狸奴养无用，居然身住绿天中。（芭蕉猫）

漫说莲能火里栽，更闻舌本六时开。山人手有生花笔，引得游鱼逐队来。（荷花鱼）

能言自昔惟鹦鹉，异域今传有了哥。祇恐点睛飞不见，累人海外去张罗。（了哥出西洋，能作人语。形与北哥相似，所谓秦吉了也。）

此花开罢已深秋，别有殷红落纸浮。冷笑微虫太无赖，见他颜色便勾留。（夹竹桃草虫）

翦翦轻罗浅浅绯，宜秋宜夏斗芳菲。幽情不似春无主，一任蜂狂蝶乱飞。（翦秋罗蜂蝶）

石榴花种来安石，多子宜男色更研。更喜洞庭卢橘美，品题要数白沙先。（石榴枇杷）

莲子莲根各种陈，纳凉销夏最宜人。秋来长荡馄饨好，绿绿红红出水新。（菱藕莲蓬。吴人名菱之大者为馄饨菱。长荡沿湖多种之，故尤西堂有更思长荡买馄饨之句。）

（《古泉山馆诗集》之《金闿稿》卷三，嘉定瞿中溶撰，《清代诗文集汇编》第 492 册）

祁阳县城北五十里，有大营寺，乃古大营驿，为宋岳王驻军题壁处。明唐荆川先生之父守永州日，曾以王所题记及咏广德金沙寺诗共勒一石，岁久字文残损，近人重刻一碑于左。今两碑并存寺中而寺已颓废。日甚矣，因题一诗，以志景行

岳王题壁记云：权湖南帅岳飞被旨讨贼曹成，自桂岭平荡巢穴，二广、湖湘悉皆安妥，痛念二圣远涉沙漠，天下靡宁，誓竭忠孝，赖社稷威灵，君相贤圣，他日扫清强虏，复归故国，迎两宫还朝，宽天子宵旰之忧，此所志也。顾蜂蚁之群，岂足为功。过此，因留于壁。建炎二年七月初七日。案建炎县志误作绍兴。

古寺余荒驿，残碑考大营。孤臣方杀贼，二圣未还京。

筹笔同留迹，磨崖并著名。墨痕销壁士，凛凛尚风生。

### 游浯溪三宿中宫寺（寺为元次山故宅）

漫郎家本似神仙，香火传来八百年。山水有灵余胜概，亭台无主付荒烟。居非友让谁为复，（公季子友，让有修复旧居诗记。）文必平原方可镌。何幸我来三日住，公然清兴继前贤。

### 题中兴颂用壁间宋陈希颜从古和简斋韵

松柏苍苍溪水碧，龙蛇星斗满崖壁。一颂能教万世传，美人从此无颜色。鲁公大义照乾坤，笔扫千军有余力。元子謦欬得保宗，文章经济辉泉石。我来三吾两浪游，裴回三日崖之侧。台榭荒凉祠宇倾，徒令怀古情凄测。

### 再题中宫寺四首

#### 其一

夜宿浯溪畔，溪声响达晨。如何宦游者，来作枕流人。

#### 其二

庑下能容客，多情有伯通。我来僧舍宿，还要感元公。

#### 其三

江华先属吏，贱子亦通家。瞻谒荒祠像，临风一叹嗟。

#### 其四

身有劳薪况，隆冬卧上方。定贻佛子笑，尔亦倦津梁。

祁阳县城北五十里，有大营寺，乃古大营驿，为宋岳王驻军题壁处。明唐荆川先生之父守永州日，曾以王所题记及咏广德金沙寺诗共勒一石，岁久字文残损，近人重刻一碑于左。今两碑并存寺中而寺已颓废。日甚矣，因题一诗，以志景行

岳王题壁记云：权湖南帅岳飞被旨讨贼曹成，自桂岭平荡巢穴，二广、湖湘悉皆安妥，痛念二圣远涉沙漠，天下靡宁，誓竭忠孝，赖社稷威灵，君相贤圣，他日扫清强虏，复归故国，迎两宫还朝，宽天子宵旰之忧，此所志也。顾蜂蚁之群，岂足为功。过此，因留于壁。建炎二年七月初七日。案建炎县志误作绍兴。

古寺馀荒驿，残碑考大营。孤臣方杀贼，二圣未还京。筹笔同留迹，磨厓并著名。墨痕销壁士，凛凛尚风生。

### 游浯溪三宿中宫寺

漫郎家本似神仙，香火传来八百年。山水有灵馀胜概，亭台无主付荒烟。居非友让谁为复，（公季子友让有修复旧居诗记）文必平原方可镌。何幸我来三日住，公然清兴继前贤。

## 题中兴颂用壁间宋陈希颜从古和简斋韵

松柏苍苍溪水碧，龙蛇星斗满厓壁。一颂能教万世传，美人从此无颜色。鲁公大义照乾坤，笔扫千军有馀力。元子聱牙得保宗，文章经济辉泉石。我来三吾两浪游，裴回三日厓之侧。台榭荒凉祠宇倾，徒令怀古情悽恻。

## 再题中宫寺四首

### 其一

夜宿浯溪畔，溪声响达晨。如何宦游者，来作枕流人。

### 其二

庑下能容客，多情有伯通。我来僧舍宿，还要感元公。

### 其三

江华先属吏，（我家唐时讳令闻公工篆书为道州刺史时公为江华令）贱子亦通家。瞻谒荒祠像，临风一叹嗟。

### 其四

身有劳薪况，隆冬卧上方。定贻佛子笑，尔亦倦津梁。

## 浯溪杂咏七首

### 其一

刺史风流放浪身，品题水石见经纶。嘉名肇锡旌吾有，要为溪山作主人。

### 其二

聱叟五旬方住此，我游四十恰平头。亦知与世忘情乐，愧乏勋名著八州。

### 其三

我家先世元公客，篆笔纵横石上看。叹惜远年多缺蚀，东崖铭字睹偏难。

相传浯溪铭篆文为我家令闻公书者，误也。公所著书当是东崖铭耳。然东崖铭今搜访不获，恐已残蚀或被后人磨去重刻题名矣。余详诗注。

### 其四

前辈多缘足未轻，纷纷议论考唐亭。当年山谷亲搜得，不合书题有径庭。

唐亭石上黄山谷题名有云：最后于唐亭东崖，披剪榛秽，得次山铭刻数百字，皆江华令瞿令闻玉箸篆。又豫章集答长老新公书云：惠送季康篆元中丞浯溪铭，笔意甚佳。又云：犹有袁滋篆唐亭铭三十六行，何不见惠。滋，唐相也。他处未见篆文，此独有之，可贵也。凡唐亭之东崖，石上刻次山文合袁滋季康篆共七十一行，为崖溜檐水所败，当日不如一日矣。云云。予来摩挲审谛唐亭铭篆文，左行，分刻两石，前石月刻五六行，文已漫患，而首行标题及袁滋二字尚可辨。后石计刻序文铭句年月共三十行，合之正三十六行。浯溪铭篆文，右行，亦分刻两石。前石约刻五行，书人姓名已磨灭。后石存序文铭句二十九行，其后应尚有题年月日一两行，亦漫患不存。以两铭行数合计正如山谷所云共七十一行，然则唐亭铭当为袁滋书，浯溪铭当为季康书。季康，金石略作李庚。考李庚见唐书宗室系表，曾为湖南观察使，则季康必李庚之讹也。至东崖则次山别有铭文，载朱长文碑文。考山谷所云东崖数百字，皆江华令玉箸篆，东崖者盖指铭言也。王渔洋、潘稼堂诸公误以袁滋、李庚所书二铭与东崖铭混而为一，以致反滋疑议，谓山谷题语与答长老新公书矛盾，皆非是。

### 其五

德甫虽然著录精，右堂铭欠认分明。后人竞作浯溪志，未为中堂一表名。

右堂铭刻在峿台石傍，上横镌右堂铭三篆字，其下序铭皆正书，左行。金石录谓是篆书，误矣。文虽漫漶而首行右堂在中堂之西云云数字可辨，则右堂之外，尚有中堂矣。近来李、宋二明府撰浯溪志，于元公故迹表彰无遗，独未知此。

其六

名迹磨修最可憎，续貂狗尾笑难禁。颜书面目全非旧，时有人来拓中兴。

磨崖碑神气多失，似经后人磨改。康熙间，有某君宰此，偕某生员将山谷题名重为修刊，不但通体失神，并致讹改数字，且于山谷题名后同时人所题镌刻缘起之首行磨去，而自题年月姓名，尤为可笑。则颜碑当亦即其人，真妄人也。

其七

剔藓扪苔辨折波，遍将崖石细摩挲。此游别有夸人处，拓得题名百种多。

穷三日之力，搜拓得唐、宋、元人题刻百十余种，多前人未见者。

赠别祁阳陈六南轩昌图二首

其一

为爱三吾水石幽，漫郎到此便勾留。多情更赖陈惊座，宽我残年索米愁。（南轩为予买白春十挑携归。）

其二

短李才名小宋齐，后先作宰志浯溪。一编购赠殷勤甚，犹是丛残旧枣梨。

南轩购赠宋明府溶所编《浯溪志》刻本，闻其先有李明府蔚亦曾为之志，予未之见。

（《古泉山馆诗集》之《楚游吟》卷一，嘉定瞿中溶撰，《清代诗文集汇编》第 492 册）

龙文按：楚游时间为"著雍执徐"，即戊辰，嘉庆十三年（1808）。

# 程宗城

## 🌿 人物介绍

程宗城，字子维，诸生，有《怡怡轩诗钞》八卷。

## 浯溪相关作品和事迹

中兴颂碑用张宛邱韵

收复两京如电扫，可怜晚节殊草草。黄衣圣人本英雄，奈何怕妇同李老。当年灵武即真来，驾驭郭李真雄才。香积寺前一战功，钟簴不动无纤埃。图治先当饬伦纪，西内迎归建宁死。邺侯苦咏黄台词，鲁公空奏起居字。此碑深刻传将来，为唐一经夸摩崖。浯溪千年土花蚀，尚觉中兴气运开。兵入长生真足慨，天上张星竟安在。凤翔英略比临淄，末路翻为儿女卖。

（《朐海诗存》卷十三，许乔林贞仲编）

# 朱 瑛

## 🌿 人物介绍

朱瑛，号龙坡，石屏人，拔贡，署祁阳县，乾隆十三年升任永州知府。（乾隆《浯溪新志》卷六）

## 浯溪相关作品和事迹

**题李七松明府浯溪图**

烟翠红阑入望新，溪光粉本写来匀。三吾咫尺藏邱壑，一幅瀹漪舞藻蘋。雅兴君还吟皓月，卧游我欲洗缁尘。几年拙宦曾留迹，归去应添画里人。

岩云吐纳尽奇姿，乞与幽人理钓丝。为赏琼琚寻旧迹，全收山水入新诗。夕阳半壁禽飞绝，远浦回帆客到迟。归计已成抛未得，勾留莫遣子规知。

（乾隆《浯溪新志》卷十）

# 李　绶

## 人物介绍

李绶（1713—1791），清顺天宛平人，字佩廷，号杏浦，又号竹溪。乾隆十六年进士，历任编修、内阁学士，江西、湖南、湖北等省巡抚，官至左都御史。性喜读书，工诗文，作诗不下数千首，文章亦有法度。（《中国历代人名大辞典》）

## 浯溪相关作品和事迹

**题李七松明府浯溪图诗**

去城不数里，泛艇到三吾。忆昨清溪道，身疑入画图。忽披长卷在，不与昔游殊。指点经行处，青山识我无？

云山谁住著，刺史一家凭。海内惟公等，千秋泣杜陵。遗名岘首并，记迹虎头能。贤宰思前哲，高风涧壑增。

（乾隆《祁阳县志》卷八艺文志）

# 陆龙池

## 人物介绍

陆龙池，仁和人，乾隆时官祁阳文学。

## 浯溪相关作品和事迹

**题李七松明府浯溪图**

万物皆吾有，领取任所乐。知仁其夙心，溪山赴前约。往者元道州，清心问民瘼。当时十数公，可以起孱弱。契怀杜陵叟，而乃此羁泊。至今千载余，名区宛如昨。山川无废兴，人事有盈削。一朝增旧观，三吾述前作。卓哉擘画周，邈矣景行托。惟恐昔贤踪，荒邈不可索。桂楫恣沿洄，松邱叩寂寞。石骨壅溪流，一一皆洗凿。山容展面势，台馆纷璀错。岚翠荡檐楹，林阴度略约。以兹综理能，顿使疆宇拓。治才非百里，即此见大略。吾党有孙子，画手摩诘若。十日五日间，笔妙俗眼愕。贤令跌宕才，退食厉词锷。清言列其右，庾鲍敛手却。行行铁画坚，字字珠唾落。展卷富奇观，虚室气喷薄。重此文雅师，烟霞归籥橐。美迹留召棠，逸情携赵鹤。翛然潇湘间，清风遍岩壑。名当元李齐，永以署岩崿。

（乾隆《浯溪新志》卷十）

# 邵　淮

## 🌿 人物介绍

邵淮，字遇清，号餐霞，青浦（今上海青浦）人，诸生，著有《纪游草》。

## 🏯 浯溪相关作品和事迹

### 题李七松明府浯溪图

三吾水木冠潇湘，云满溪山诗满囊。绿柳岸边余地阔，春风留种召公棠。

棕亭竹槛翠岚低，未入花源路已迷。拟向画图访仙吏，小船撑到柳阴西。

昔贤台榭旧风流，宛宛阑干接溆洲。江令吴兴清绝意，丹山碧水一扁舟。

（乾隆《浯溪新志》卷十）

# 谢国相

## 🌿 人物介绍

谢国相，字小岩，乾隆时祁阳人。其他失考。

## 🏯 浯溪相关作品和事迹

### 镜石

浯溪一片石，能照游人面。但照人面同，不照人心变。

（乾隆《浯溪新志》卷十）

# 李秉潞

## 🌿 人物介绍

李秉潞，字子佩，临川人。有诗四句写浯溪景妙绝。

## 🏯 浯溪相关作品和事迹

### 游浯溪

胜地偶相值，登临暂解颜。林分群鸟乱，寺立一僧闲。溪雨忽侵袂，松风吹满山。我来空怅望，不见漫郎还。

（同治《祁阳县志》卷五浯溪下）

# 李秉礼

## 🌿 人物介绍

李秉礼，清江西临川人，字敬之，官刑部郎中，与李宪乔以风节相砥砺，从受诗法，有《韦庐集》。

### 浯溪相关作品和事迹

**浯溪**

远戍孤烟起，舟行日又西。何时还汝水，今夜宿浯溪。聱叟宅何在，鲁公碑亦迷。惟余岸傍柳，风景自凄凄。

**祁阳道中**

乱石排如齿，舟行湾复湾。人归喧晚渡，岸转失前山。老树风霜饱，孤村鸡犬闲。客心输暮鸟，飞倦自知还。

（《韦庐诗外集》卷一，临川李秉礼敬之撰，《清代诗文集汇编》第423册）

**浯溪**（嘉庆十四年）

一片风帆似叶轻，十年重到不胜情。无须更问漫郎宅，已觉溪流彻底清。

（《韦庐诗外集》卷二，临川李秉礼敬之撰，《清代诗文集汇编》第423册；《浮湘草》，临川李秉礼敬之撰，国家图书馆藏，惟漫郎作元郎）

**望夫山**

江头望夫处，化石宛成形。雨洗髻鬟湿，烟横眉黛青。离魂悲杜宇，积恨感湘灵。何事远游客，征帆去不停。

（《韦庐诗外集》卷三，临川李秉礼敬之撰，《清代诗文集汇编》第423册）

# 刘笃庆

### 人物介绍

刘笃庆，字培福，鄢县廪贡，嘉庆十三年任祁阳训导，升城步教谕。

（同治《祁阳县志》卷九职官）

### 浯溪相关作品和事迹

**游浯溪**

漱玉溪声入耳来，春风蜡屐上峿台。都官押字传祛怪，漫叟窊尊忆泼醅。桥畔花飞香暗渡，镜中云浣净无埃。磨崖一颂高千古，祠拜元颜夕照开。

（嘉庆《祁阳县志》卷五）

# 陶章沩

### 人物介绍

陶章沩，字季寿，湖南长沙人，太学生，官凤台知县，有《嘉树堂稿》。季寿幼慧，眉目秀整，随其尊人官粤，好气任侠。早负才名，卒之屈于赀郎，邅回屯踣，年未中寿，忽以殁。

（《国朝诗人征略》卷五十六）

### 浯溪相关作品和事迹

**游浯溪诗**

禅室依深谷，山云喜放晴。松阴小院静，竹气午窗清。掬水拭岩镜，围棋扫石枰。万绿都解脱，底事问题名。

（道光《永州府志》卷二）

# 舒梦兰

## 🌿 人物介绍

舒梦兰（1759—1835），字香叔，又字白香，晚号天香居士。26岁应试落第后，闭门读书，穷究理学，为子侄解诗说文。嘉庆八年后，感叹知己凋谢，每年裹粮出游，曾住庐山天池寺百日，写《游山日记》12卷。过都昌游古南寺，著《古南余话》5卷。访婺源，撰《婺令余稿》1卷。又有《湘舟漫录》《骖鸾集》《香词百选》等集。又将寻祖、悼亲、哀儿诗文辑为《秋心集》。又有《白香词谱》甚著。乾隆60年合编成《天香全集》。晚年好静，深居简出，杜门谢客。

## 🏯 浯溪相关作品和事迹

### 泊祁阳县

斜日波光堞上浮，樯乌飞过曝衣楼。纤纤绮幔围山色，处处砧声动客愁。潘鬓渐随秋叶落，湘帆争向暮云收。渡香桥与浯溪近，我欲题诗谒道州。

（《骖鸾集》卷一）

### 永州怀古

奇峰插天无媚色，唐宋诸贤屡迁谪。潇湘楼下万烟稠，那是清风漫郎宅。縈縈孰如元道州，舂陵有疾偏能瘳。磨崖不朽浯溪颂，鲁公大字悬银钩。文章又得柳司马，一缕明河笔端泻。愚溪钴鉧石潺潺，到今谁是知音者。中条隐人真丈夫，不因职贡求侏儒。群玉山头试延望，家家爱子呼阳侯。（古韵叶胡）莱公魏公两人杰，流香谷暖忠肠热。九疑山自永陵高，芙蓉别馆生秋月。茂叔反以荫得官，中天理学生孤寒。所以邵程轻甲第，单微一线联儒冠。南迁既谪杨万里，桃桃清诗若潇水。独持半刺张公堂，白首甘心称弟子。思范堂前镜石明，爱莲池水清复清。岩中斑竹已多泪，渡口香桥空复情。包茅可贡蛇可杀，石燕应巢怀素塔。却怜何氏有仙姑，好向丹崖来挂搭。

（《骖鸾集》卷二）

# 张　琳

## 🌿 人物介绍

张琳，字逸芳，顺德人。著《玉峰诗钞》。

## 🏯 浯溪相关作品和事迹

### 浯溪中兴颂用黄山谷韵

藤光滑筿称剡溪，隃糜响拓摩崖碑。羯胡跋扈蠆构乱，金瓯不绝如悬丝。蹈刃捐躯有义士，枕戈疾首多健儿。奚为宗庙一朝弃，蒙尘剑阁徒栖栖。青宫立遵马嵬命，天下大事尚可为。社稷有君兆心固，神州恢复勤王师。次山文雄振金石，平原笔健龙蛇挥。二圣重欢切忻庆，至难事念关安危。（中兴颂云：事有至难，宗庙再安，二圣重欢。）一代中兴纪伟绩，上追小雅周宣诗。讵缘妇寺后蛊惑，并苛前烈加讥词。两公翰墨等珪璧，绣褓玉躞恒相随。临池论古发感喟，松窗谡谡秋风悲。

（《玉峰诗钞》卷八，顺德张琳逸芳撰）

# 甘庆增

## 🌿 人物介绍

甘庆增，字平川，广西崇善人。乾隆四十八年癸卯科举人，官湖北黄梅令、永顺府同知。有政声。（民国《崇善县志》）

## 🏛 浯溪相关作品和事迹

### 读摩崖碑

祁阳浯溪矗奇石，天生苍玉文理白。高镌有唐中兴碑，划削宽平廿余尺。上言贼乱君蒙尘，下言氛靖储定策。槜枪疾扫日月辉，复瞻二圣欢延泽。臣结稽首扬颂辞，臣真卿书勒崖壁。凛凛生气湘江湄，辞重典坟书戈戟。韵分三语摹赓歌，百八十字异常格。想见神融笔畅时，垂绅俨对君前席。次山有父谋训严，鲁公偕弟英烈奕。家世颉颃撑乾坤，无怪斯文道共适。星霜风雨更千年，苔藓还侵鬼神惜。沧桑受劫光不磨，青山灵浮孕精魄。古人忠爱心迹存，读之聚讼纷何益。重修邑乘繁芜删，山高水长照词客。

（同治《祁阳县志》卷五）

# 吉彦英

## 🌿 人物介绍

吉彦英，字幼华。乾隆乙酉拔贡，选安徽太平县教谕，擢广西城步县知县，左迁湖南武陵丞。旋知城步县。所至以著书为事，已刊者《十舍集》《射稽草抱遗》《集字说》十余种，未刊者尚多，今皆不存。（光绪《重修丹阳县志》卷二十文苑）

## 🏛 浯溪相关作品和事迹

### 过浯溪中宫寺

无多径石却峻嶒，转到中宫力尚胜。元子在前何有我，闲官无事且寻僧。十年湘雨留清梦，半偈蒲团悟上乘。何意留名诗漫就，登临消遣亦相应。

（同治《祁阳县志》卷五）

# 伊秉绶

## 🌿 人物介绍

伊秉绶（1754—1815），清福建宁化人，字组似，号墨卿。伊朝栋子。乾隆五十四年进士，改刑部主事。嘉庆初，出任广东惠州知府，铲除掳人勒赎的土匪。后调江苏扬州知府。勘灾必逐户亲阅手记。历署河库道、盐运使。以父丧离职，遂不再出。工诗古文，究心理学，尤精书法。有《留春草堂诗》《坊表录》《修齐正论》。

## 🏛 浯溪相关作品和事迹

### 题宋四家法帖

小阁筵开墨迹存，吉祥院落近黄昏。古人似识今人意，得入花园暮雨繁。（时方积雨。）

叠赐君王玉鼻骍，据鞍还念故交贫。斯书入妙其风古，不数春秋借马人。

风雨浯溪三日留，摩崖峻绝杖藜幽。剧怜诗老千秋笔，犹念平生秦少游。

淋漓墨渖误人多，博士名高卦影峨。自谓苏家传晋法，如何晚节叛东坡。

（《留春草堂诗钞》卷五，宁化伊秉绶组似撰，《清代诗文集汇编》第 439 册）

**按**：第三首指黄庭坚小磨崖碑。第四首指蔡襄。

### 寄题温伊初梧溪石室

夙世元聱叟，浯溪更有台。仙源识鱼隐，石室待君开。明月窥岩洞，文章属草莱。他时寻篆刻，有客泛舟来。

（《留春草堂诗钞》卷六，宁化伊秉绶组似撰，《清代诗文集汇编》第 439 册）

**小注**：温训，字伊初，号登云山人，广东长乐人，道光壬辰举人。有《梧溪石屋诗钞》，其卷一有《梧溪见月有怀墨卿太守》，诗曰："空山栖鸟惊，月出万峰明。杳杳一川水，粼粼波影清。美人在何处，千里思长征。忽忆浮青阁，霜钟夜夜声。"卷五《伤逝六首》其第一首即《伊墨卿太守》。

# 马鼎梅

## 🌱 人物介绍

马鼎梅，字汝为，号东园，桐城人。官寻州通判，署思恩知府。有《代躬耕轩诗钞》。（《晚晴簃诗汇》卷一一一）

## 🏯 浯溪相关作品和事迹

### 浯溪观磨崖碑

夕阳已落祁阳西，一湾凝碧明玻璨。舟子泊船观镜石，（山有镜石，舟子往观，不知为浯溪也。）我来一见惊浯溪。浯溪之石美且坚，温润缜密苍玉然。浯台之铭中兴颂，颜书李篆字深镌。谁其铭者元次山，一时三绝冠人鬟。岂惟文字足今古，英风奕世难追攀。就中鲁公最忠烈，石文赤带常山血。道州刺史当涂宰，义闻仁声俱复绝。中兴盛事说灵武，安史未平相林甫。逼迁南内上皇崩，千载谁能剖疑府。独怜孤臣宦边鄙，闻说中兴心窃喜。磨崖刻石赠后人，藓蚀苔侵照湘水。呜呼，李猫安羯事茫茫，行人空自吊唐皇。读罢残碑挂帆去，湘江日暮烟苍黄。

（《桐城马氏诗钞》之《代躬耕轩诗钞》卷二，桐城马鼎梅东园纂）

# 周铥勋

## 🌱 人物介绍

周铥勋（1762—1829），字云台。工骈俪，诗出入唐宋，绵丽瑰博。为诸生时，与邑人提唱风雅，以禹碑诗受知学使某，获选拔。幕游吴、粤，巨公折节，尝推主讲席。居梧州十二年，倦归，曩社友无存者，孝廉马维藩、茂才潘世珩两诗弟子，率邑人士延主玉潭讲席，骚坛一振焉。旋卒。著有《活云庐》《罕公宴馀》《耳目治馀》《粤游草》，他多散轶。学博邓显鹤选其《还湘草》《粤游草》入《资阳耆旧集》。

（同治《宁乡县志》卷三十二人物儒俊）

## 🏯 浯溪相关作品和事迹

周铥勋诗碑，在曲屏区。

<h3 style="text-align:center">浯溪怀古</h3>

    杨花入水春萍浮，三年五度浯溪游。浯溪与我旧相识，数月不见心绸缪。今年好春雨中过，杜门兀坐青毡破。寻芳尺咫不得来，匪我愆期事无奈。黄梅蒸雨天乍晴，春波剪绿湘舟轻。恰有良朋共蜡屐，溪山草树争逢迎。泊船溪口当崖立，对碑诉别奉长揖。山灵嗔喜不必猜，忠魂曾否时来集？掬水洗镜寒生光，

鬓须今照添老苍。溪桥重来石径滑，亭台又到山花香。坐听溪流洗凡俗，千年树老连天绿。举酒酬树树生风，醉酣吹我穿云曲。前年搜奇赤日下，呼童洗碑泥没踝。字残碣断土花深，模糊姓氏知谁者？人生得游便清福，何用虚名骇眯目？冈两愚人柳应辰，蒿藤聚讼黄山谷。元颜二老相知真，此碑此颂新千春。何当置田筑屋此溪上，四时借倾窊尊称酒民？

    癸酉初夏，同诸友并偕门人王东，及兄，子在廉、在麓、在宸游浯溪作。长沙周锡勋。

《浯溪怀古》拓片

# 周在廉

## 🌿 人物介绍

    周在廉（1780—1821），锡勋长子，字豹臣，庠生，考授七品小京官。清乾隆四十五年（1780）庚子十二月初四日巳时生，道光元年（1821）辛巳十二月十七日亥时卒。葬炭坡山内。（《沩宁周氏八修族谱》四房添佑公派下）

## 🏛 浯溪相关作品和事迹

    周在廉诗碑，在曲屏区，一品石上。

<h3 style="text-align:center">浯溪</h3>

    千载磨崖颂，唐贤去不还。亭台依日月，溪树属元颜。石孕精忠魄，天开文字山。秋风吹过客，何似寺僧闲！

    沩山周在廉。

《浯溪》拓片

# 洪颐煊

## 🌿 人物介绍

    洪颐煊，字旌贤，号筠轩，临海人。嘉庆辛酉拔贡，官广东新兴知县。有《筠轩诗钞》。筠轩苦志力学，与兄坤煊、弟震煊称"三洪"。筠轩著书几百卷，刻行未竟，遭兵火散失，士论惜之。

（《晚晴簃诗汇》卷六十三）

## 浯溪相关作品和事迹

**峿台铭**（大历二年六月）

右《峿台铭》，在祁阳县。不题篆书人名，审其笔迹，与《阳华岩铭》篆法相同，当亦瞿令问所书。文云："左属回鲜，《尔雅》小山别，大山鲜。"《释文》引李巡云大山少，故曰鲜。《毛诗公刘传》巘，小山别于大山也。古与"巘"字通用。

**浯溪铭**

右《浯溪铭》，在祁阳县，后有释文并权克谨等题名。次山集中有此文。渊回傍山，集本作渊洄。巉巉多石，集本作双石。临渊断崖，集本作断岸。隔溪绝壁，集本作夹溪。将老于兹，集本作兹地。释文惟断崖作断岑，余俱与集本同。

**㾢庼铭**（大历三年闰六月）

右《㾢庼铭》，在祁阳县。次山集中无此文。钱辛楣少詹谓碑书厌为，肙盖取省文，但厌当从甘，此却从白，未合六书之旨。谛视此碑，肙字七见，皆从甘，少詹之言盖失之之。或释谓此刻信，作此可佀，亦非。

**大唐中兴颂**（大历六年六月）

右《大唐中兴颂》，在祁阳县浯溪石崖。《唐文粹》载此颂。以今拓本校之，"为惛为妖"，文粹刊本"惛"作"昏"。"千麾万旟"，刊本"万"作"萬"。"复复指期"，刊本"复复"作"复服"。"蠲除祆灾"，刊本"祆"作"妖"。"凶徒迸僔"，刊本"迸"作"逆"。"复复"，见《汉书》，《金石文字记》已言之。《礼记》大学篇，"迸"诸四夷。《释文》引皇注，"迸"犹屏也。《文选》注引字书，迸散也。刊本作逆僔，误。

（《行素草堂金石丛书》之《平津读碑记》卷七，临海洪颐煊撰）

# 王显文

## 人物介绍

王显文，字声雅，号右亭，臣长子也。少承家学，与弟显文相砥砺。嘉庆戊午，同举于乡。明年，显文捷南宫，继文以大挑知县，分发湖北，署江陵、云梦等县。庚午，充乡试弥封官。居官一以爱民为心，每听讼，欢欢如老儒说经，勤勤如慈母哺子，积时累月，不闻扑责，吏民相戒勿欺。性尤孝友，其署云梦也，显文已迁郡司马，需次湖南。一日，奉檄来，兄弟依依不忍别。后显文卒，讣至，继文援韦义、杨仁以兄丧解官故事，泣请于大府，大府怜而从之。与人谈，恒述庭训。著有《春旭斋诗》。显文，字承序，号右亭，庚申恩科，充山西同考官，著有《群经宫室图考》《学制随笔》《名香斋诗文集》。

（民国《临清县志》第九册人物志）

## 浯溪相关作品和事迹

**游浯溪读元次山诸铭书后**

去祁阳五里，湘之南岸有溪，林石秀峭，唐元子次山居之，名其溪为浯溪，台为峿台，亭为㾢亭，皆铭之石，世称为"三吾"。后之游者，皆慕三吾之属于次山，而不知次山实公之天下后世者也。何者？溪本无名，自次山吾之，而天下后世之人皆吾之矣！而次山又何尝独有其吾也？余尝谓世之所有，不必吾有，乃无非吾有。既见者，形在吾目；未见者，理在吾心。但使人皆得其为吾而吾，乃自得其为吾。此平泉、金谷所以同归于尽，而浯溪得以长留千古也。

嘉庆甲戌春上巳前一日，余于使便，游浯溪，顾而乐之，无一吾也，而无一非吾。民吾同胞，物吾与也。

次山有介操，刺道州，多惠政，归隐此溪，曾作《大唐中兴颂》，乞颜鲁公书，磨勒溪崖，盖能公所好于天下后世者。余故读其铭而广其意。至于三吾胜境，则前人备言之，余无庸赘及云。

山左王显文，字右亭，撰并书。

《游浯溪读元次山诸铭书后》
拓片

# 曾 镛

## 🌿 人物介绍

曾镛（1749—1822），字鲸堂，泰顺人，乾隆中拔贡生。喜宋儒经学，主讲龟山，生徒颇盛。汪志伊为总督，宾礼之，镛开陈治术，专以廉正为本，志伊为政清直，多镛所赞助也。补孝丰教谕，巡抚阮元以为有儒吏材，荐为令，补东安县，年六十六矣。县民朴愿，镛更以宽简治之。视官如家，未尝用鞭朴，几于无讼。其所兴作，唯试院讲舍育婴堂桥道诸工。妻女皆令治蚕桑。登其室，弦诵机声相答。乡民得新菜果，其直不十钱，率以献镛。在官七年，阮元复督湖广，访之于藩司，乃以仕学兼优举卓异引见。明年，还任。未及迁而卒，年七十四。镛尤勤著书。至湖南，得武陵杨大章、零陵令子、会稽宗绩辰为高弟子，日夕讲学。著易、书、诗、礼记、论语、孟子诸说，凡十三卷，《复斋集》二十一卷。其论易，欲列四千三十有二爻而悉补其象；论诗，斥淫诗之谬；论大学篇，以宋儒所改易为非，异夫专守章句者。然其学不越讲义空疏之习，与阮元殊趣。元之荐镛，实嘉其材守云。镛卒之日，吊者数千人，及丧归，送者塞途，柩不能行。五十年来，言良吏者莫敢举镛为比。颂德之诗，至千余篇，声名轶于潘荆。

（光绪《东安县志》卷五职官·列传）

## 🏯 浯溪相关作品和事迹

### 浯溪怀古（甲戌1814）

不为颜元有遗迹，浯溪之名何藉藉。我系江舟试一游，一湾聊占湘水碧。峿台唐亭久为墟，何处更寻漫郎宅。磨崖碑在耸观瞻，片石遂似巨灵擘。颂可成自泣而歌，书当竟用铁作画。而我昂头怀二公，风烈今犹昨赫赫。且论唐室中兴功，第一汾阳自不易。方廿四郡无一人，死者仅闻憕与奕。不有鲁公作长城，河北谁讨獠獢逆。以首倡义图麒麟，颜合先郭专一席。元当儿日未有闻，眼前春陵孰保赤。西原贼去使者来，疾苦郴顾如火迫。不以人命作时贤，宁自刺船就鱼麦。安得次山十数公，参错天下为邦伯。何日归来此寓居，天假鲁公字盈尺。寻常秀削一溪崖，使人慷慨思古昔。便教碑尽剥雨风，半字尚存胜拱璧。怎禁游客竞题名，沿崖镌刻无罅隙。我出溪前还小住，拟剔苍苔纪游屐。却笑宦楚已三年，何事可附此碑石。

（《复斋诗集》卷四，泰顺曾镛鲸堂氏撰）

# 董 斿

## 🌿 人物介绍

董斿，霞旸人。字仲常。岁贡生，幼慧书史，过目成诵。性方严古洁，细行必矜。少工诗，巡道李公

·浯溪历代人物志·

蛮宣待以国士，为文高古，不入时目，久困乡闱。会李公分藩四川，招之往定诗文稿，未几，李公薨，戚友星散，眷属贫无归计，莳感知已，为理后事，筹家计，立嗣子，刊刻诗文全集，义声震西蜀。四川学使延之入幕，又选士之秀者使受业焉。蒋相国重其品学，欲延掌华阳书院讲席，以道远母老辞。归乃荐之浙抚帅公承瀛，遂以诸生历掌处州莲城书院山长、罗阳书院山长，充贡，未仕卒。著有《太霞山馆诗文稿》，又辑乡耆旧遗诗，刊之曰《罗阳诗始》。

（同治《泰顺县志》卷八人物）

## 🏯 浯溪相关作品和事迹

### 泊归阳驿（甲戌）

解缆官山塘，舣舟归阳驿。风定水犹波，日落山逾碧。樵归断陇云，乌啼戍楼夕。家人当此时，应念孤舟客。

### 浯溪怀元次山

峿台犹在望，不见漫郎游。惟有浯溪水，年年尚北流。

（《太霞山馆诗稿》之《湘南游草》卷一，泰顺董斿霞樵撰，国家图书馆藏）

# 郭　琦

## 🌿 人物介绍

郭琦，字兰池，诸生。书学王梦楼。都转曾燠延致入幕，凡题跋倩其握笔。善兰竹，得元人法（光绪《丹徒县志》卷三十四书画）。著有《青李阁诗钞》十五卷。

## 🏯 浯溪相关作品和事迹

### 浯溪观元春陵中兴颂碑

整顿乾坤易，调停骨肉难。山中一老在，梦里两宫欢。词婉稀人识，江空照字寒。归吟黄九句，倚棹下前滩。

（《青李阁诗钞》卷十二，郭琦撰，清稿本）

# 朱方增

## 🌿 人物介绍

朱方增，字虹舫。嘉庆辛酉进士，由编修存升翰林院侍读学士，道光四年大考一等一名，擢内阁学士，历充云南、山东乡试考官，提督广西、江苏学政。所至以维持风教为事，遇先贤祠墓必修葺之，作黜邪导正详示利害说，分别十利十害，凯切劝谕，得旨刊布。遇事敢言，前后疏六七上，其嘉庆十八年应诏陈奏一疏尤切要略，曰"古人事君之忠，首重进贤。近今大臣避徇私之名，忘进贤之责，所谓因噎废食也。至于任用之方，无过询事考言之法，宋司马光定荐章四条，曰仁惠，曰公直，曰明敏，曰廉谨，人之才德出众，大概不越此四者。宜令诸大臣确指所长，无以空言援引。皇上于召对时，各就所长，令其面陈，又试之以事，以观其能践与否，而该大臣之识见优础，心地公私，亦可见矣。抑各官居职，苟非阘茸醒齪之流，岂不稍思自劾而骤难振拔者。良有数端例条，过繁文案，琐屑精神，疲于具文，一也；差务络绎，公私赔累，二也；讦告之风，近今益甚，甚有匿名揭帖，即无控告主名，凡猾吏蠹婿奸民恶仆，但求谋不遂，惩治太严皆可造为，飞语足使任事之心不寒而栗，三也。今当先除三者之弊，庶得专精实政矣。经国之方，理财尤要。量入为出，用能经常而不匮。户部岁出岁入，年例汇奏一次，而头绪纷繁，樛轕不清。请敕部胥后奏单宜合，京外用款核计赢余总数，然后察其轻重缓急，酌加撙节，庶合于古人通年制用之法，而度支充裕矣。新疆自开辟以来，久成乐土，而每岁经费未能酌减。闻该处幅员甚广，屯田之利著有成效，自当加意开垦，以给该地之用，俾内地拨运可减，所谓因民之利而利之也。"方增熟谙朝章典故，史馆撰述号为通才。年五十卒于官。著有《从政观法录》三十卷、《求闻过斋诗集》十二卷。

（参于府志新纂，光绪《海盐县志》卷十二人物传）

## 🏯 浯溪相关作品和事迹

**浯溪碑**（楚中咏怀古迹五首之四，乙亥 1815 视学广西）

灵武遽即位，闪闪天王旗。银河洗兵甲，快睹中兴时。臣结谨载笔，平原为书之。词庄体则颂，岳岳浯溪碑。谓此茹深痛，发自涪陵诗。攘位固可议，磨崖无贬辞。南内后来事，当日岂预知。光复纪日月，何用含刺为。陟险读残字，苔藓繁以滋。

（《求闻过斋诗集》卷三，海盐朱方增虹舫撰，《续修四库全书》第 1501 册）

# 姚　莹

## 🏯 人物介绍

姚莹（1785—1853），清安徽桐城人，字石甫，一字明叔，号展和，晚号幸翁，嘉庆十三年进士。鸦片战争期间为台湾道，与达洪阿设计击退英军。战后以"冒功欺罔"贬官四川。咸丰初复起用，赴广西镇压太平天国起义。官终湖南按察使。师事从祖姚鼐，工诗，文章善陈时事利害。鸦片战失败后，寻求御侮之策，著《康𬨎纪行》，揭英侵藏野心，欲使朝廷戒备。有《中复堂全集》。

## 🏯 浯溪相关作品和事迹

**论诗绝句六十首**（选一）

珠贝珊珊云䍠嬢，浯溪洞草至今香。抱琴却向番禺死，千古诗人痛国殇。

（《后湘诗集》卷九，桐城姚莹石甫著）

# 袁守定

## 🏯 人物介绍

袁守定（1705—1782），清江西丰城人，字叔论，号易斋。雍正八年进士。历会同、曲周知县，有政声。官至礼部主事。有《读易豹窥》《雩上诗说》《图民录》《未学诗钞》。

## 🏯 浯溪相关作品和事迹

王黄州见韩昌黎祭裴太常文，讥其类排。皇甫湜见元次山浯溪颂，惜其近碎。文须有气格，排斯下矣。文须成片段，碎则失之。排如达官面对子马，是何气象。碎如袜线，竟无一条长者。皆能者之惭笔也。

（《佔毕丛谈》卷五，丰城袁守定易斋撰）

按：王黄州，即王禹偁。

# 陈鸿墀

## 人物介绍

陈鸿墀，字范川，嘉善人。嘉庆乙丑进士，改庶吉士，授编修，罢起，授内阁中书。有《抱箫山道人遗稿》。

## 浯溪相关作品和事迹

### 浯字

世传浯溪本无浯字，元结自名之，恐不然也。《说文》："浯水，出琅琊灵门壶山，东北入潍。从水吾。"则浯非结之所名也。

（《全唐文纪事》卷八十九，原任翰林院编修国史馆纂修实录馆提调武英殿协修陈鸿墀纂）

# 宗绩辰

## 人物介绍

宗绩辰，字涤甫，号越岘山民。浙江会稽人。乾隆五十七年生，历乾、嘉、道、咸、同五朝。五岁辨四声，九岁学五言诗，十岁习七言及各体。父霈正公，嘉庆十四年进士，二十年任零陵知县。涤甫随侍之，遍交郡中名士，学益进。道光元年中举，复还零陵，讲学于群玉、濂溪书院。后晋京，授内阁中书，充军机章京。迁起居注主事，再迁户部员外郎。咸丰元年，迁御史。值红羊之乱，疏请饬各省实行保甲，吁开文武兼资一科为国储才。居湘中十余年，尤具知人之明，左宗棠以乙榜之微终为朝廷柱石，即为其所荐。涤甫后以疾辞官，讲学姚江龙山、山阳戢山书院，同治六年卒，年七十六。善诗文，著有《躬耻斋文钞》《躬耻斋诗集》《四书体味录》。

## 浯溪相关作品和事迹

### 重到浯溪（丙子夏秋）

又上三吾石，游踪忆旧年。过桥知入寺，傍竹好停船。烈日畏崖壁，清风思涧泉。行云留不住，挂席已飘然。

（《躬耻斋诗钞》卷一下《学蓊草》）

### 峿台（己卯冬）

振衣轩举上峿台，一碧湘流眼界开。几似玉蟾骑鹤至，欲如聱叟挈家来。置身巅顶难为下，拍手烟霞未忍回。历记经游三五度，爪痕重印每低徊。

（《躬耻斋诗钞》卷二上《苏复草》）

### 浯溪碑次向亭学使韵（庚辰）

矗天百仞磨崖碑，照人一碧湘江湄。拜石俨拜古君子，牗民振德如塓篾。斯文已足起八代，早开淮雅元和诗。后人谓寓鲁史笔，反掩当日精诚辞。涪翁谪宜偶感触，惜抒酸痛矜瑰琦。本非定论不必泥，效颦助焰真诊痴。上元二年实始作，李五张娣无权时。甘露之衅事在后，臣结安得前知之。提师一旅两京复，大义自揭乾坤陲。铁笛作赋力伸辩，鲁阳戈挽西山晞。我朝大老沈宗伯，表其大孝存深思。忠臣心事得大白，何有谲诡求新奇。后中兴颂胜国勒，禽獽亦事侈张为。阳明李郭等功烈，颇足伯仲吕与伊。武宗召祸及身致，岂若灵武堂堂旗。千秋殷鉴迹相踵，事虽不及文堪垂。圣清建极二百载，平天下在孝弟慈。两阶干羽耀文德，弦歌雅化敷苗夷。震雷殄寇雨洗涤，业业上法宵衣治。明良惕厉古罕有，针砭痿疾资良医。我公被命典楚学，教士德行先文仪。有唐中兴不足道，喜看皋益承尧咨。

（《躬耻斋诗钞》卷二下《苓香草》）

## 六上三吾（辛巳夏）

每过好友门，屡入不觉烦。每见好山面，屡登不生厌。我爱浯溪六度来，何时一曲乞鸾台。舟人岂识登临意，风利忙催趁早开。

（《躬耻斋诗钞》卷三上《礼旋草》）

## 过归阳市（道光甲申）

水驿潇潇雨，寒生小舸中。帆低入烟树，滩急趁江风。弄笛吹偏涩，携书读未穷。鸡声村店起，愁绝忆归鸿。

## 浯溪（道光甲申）

浯水静可镜，妍丑照寒绿。峿崖天削成，峭拔自绝俗。超然猗玗子，恶圆疾污浊。适令山水性，得此赝幽独。岂徒恤纬私，殷忧在佗簌。一匏浮江湖，济物苦不足。春陵小润泽，郁郁窘边幅。山中羞置闲，万变忍触目。孤臣远悲喜，颠鼎幸光复。郑重张皇灵，南人使惊瞩。丹情非微词，铭简贵善读。激时咎已往，斯意病山谷。追摹后中兴，拙哉有明续。想公作铭时，阴霾睹晴旭。不图并世人，天畀李与郭。庙社既无患，烟霞致足乐。移家遂退老，巅涯寄高躅。心不求主知，鸿文委岩壑。易地同平原，志事共荦荦。一铭两手笔，宇宙双杰作。后来碑雅制，非不颂景铄。视此命意殊，岂啻轩轾若。衰晚觚不觚，矫厉辄鄙薄。倘闻先生风，顽懦少腾趠。正气在吾儒，古道胡寂寞。乖崖刚直徒，继起良善学。中庸始自强，狂狷惜终托。介石临澄波，积愫一开拓。取资无尽藏，允为众流屋。

（《躬耻斋诗钞》卷四下《澄怀草》，会稽宗稷辰涤甫撰）

## 祁山

祁山何嶻嶪，高耸入云寒。紫气抱龙峡，苍烟垂凤滩。梅花游客梦，松色古仙坛。一往探无尽，回头吹雪澜。

## 宂尊

欲酌宂尊饮，青天呼漫郎。寒泉不能醉，犹酝古时香。

## 上滩有得而作

上有滔滔水，下有嶬嶬石。水非不喜平，抱石乃苦激。激久渐演潆，奔涌吐复噎。吐畅郁以舒，余波尚三折。或谓渊渊性，曷为如是急。岂知养化源，贵蓄不贵泄。欲润江湖肠，恐竭天地液。譬如授人饮，斟酌当有节。意量涵浩茫，宝啬慎涓滴。小石止坎险，相济渐归吉。万物忌速尽，含元葆无极。以此比文行，端勿恃孤直。非阻莫成夷，求通莫忘塞。篙师老上滩，滩理语不识。

## 滴水岩夜泊

寒林澹月莽萧疏，水石烟云半有无。洞口冥冥泉自滴，傍崖渔火一星孤。

## 熊罴岭二首

### 其一

百折上危巅，严关势凛然。一夫能守险，半壁足雄边。屹立熊长踞，慵飞鸟不前。澄清天宇阔，极目靖氛烟。

### 其二

云愁严子垒，月冷岳家营。余恨前朝迹，犹闻野老评。石痕凝古碧，泉响激清声。翻羡奇花草，人间不识名。

## 阳明山

九疑西北零陵东，黄神开道瞻奇峰。南溟日起先射顶，白云涌出光熊熊。银沙照烁似绀雪，碧石蟠郁如苍龙。皇古以来少开辟，荒天踏破高僧踪。童年结茅老为祖，金刚身在惊王公。浸教人迹显岩谷，三百余岁争尊密。湘山寂照乃有偶，禹穴灵奥将毋同。（僧名秀峰，南渭王以七祖称之。）柳州探幽失交臂，（子厚游黄溪，即黄神山，距此山已近而不及至。）凡流能弗攀跻穷。莲湾孝子（李开襟）为余述，浑觉层历烟霞中。要知暗晦自章著，何至卓绝悬颍濛。逃名独居岳镇外，益悟造化能包容。貌然向往不得到，翻羡猿鹤吟澄空。

（《躬耻斋诗钞》卷五上之《望湘草》，会稽宗稷辰涤甫撰）

### 崔茶农丈攀辕图去临晋时邑人所作以志思者也顷宰祁阳出以见示为题长句

自昔治晋崇宽慈，冬日之日人乐依。温温崔侯比成季，赵城三月觇化基。于潞于蒲治相续，明珠往复天还之。迨移桑泉益恢廓，春泽浦润黄河湄。山川民物大和治，奈何岵屺双崩摧。侯无父母民惨悲，此父母去父母谁。眼中之侯泣涟洒，茕然草土衣麻衰。意中之侯同挽持，欲止侯归抑孝思。非徒家肖文翁像，非徒生祝庚桑尸。乞留私计早固结，以忧当去若罔知。大府曲从侯强起，或徇忠爱容权宜。状侯复来为侯饯，攀辕心苦如蒙痴。图中桃柳拥骖御，履霜归日元殊时。（君以是冬归去）由此顿悟作画意，读画逆志如读诗。侯竟莫留图意变，只为异日还珠期。儿童父老迎马首，风景豫写弥恬怡。重来定已树旌节，尚合补绘增威仪。顷间暂借颍川守，理楚紧县振痿疲。永昌士女延望久，槁禾忽仰膏雨施。浚河（谓浚涑水）神力可且息，兹邑畎浍长清漪。昔闻祷雨有奇应，降福行自龙潭滋。条山文士旧所植，楚材金箭同森葳。倒悬立解饥渴慰，慈云初展清风吹。烹鲜奏刃有余暇，愿扶大雅征荒遗。（余以邑志缺漏水源十九处相质）政成恐惬晋民祝，及今多莳甘棠枝。

### 三吾晤曾存斋兴辅

先君门下三曾子，易地同心感寂寥。山水游情新入胜，风花结习老难消。袖中奇石饶清供，（君性爱石）池上芳荃惜早凋。（时谈夏间城东荷芰之胜）漠漠秋云尚无住，暂停幽馆话清宵。

### 黄姑岭闻桂花风口占

岩桂香来露未晞，碧潭萧瑟剩荷衣。岭头顿触灵机早，咫尺白云湘上飞。

（《躬耻斋诗钞》卷六上《湘中迓亲草》庚寅至辛卯，会稽宗稷辰涤甫撰，）

### 浯溪别崔茶农丈偲

浮家未得住岩阿，远去空留旧迹多。謦欬溪山游不尽，髯翁风月兴如何。汲泉酌石心俱澹，然竹寻碑字屡摩。无限低徊两难别，清琴一曲绕烟萝。

（《躬耻斋诗钞》卷六下《湘中迓亲草》，会稽宗稷辰涤甫撰）

# 黄丕烈

## 🌿 人物介绍

黄丕烈（1763—1825），清江苏吴县人，字绍武，号荛圃，又号复翁。乾隆五十三年举人，官主事。喜藏书，尤嗜宋本，自称佞宋主人。尝构专室，藏所得宋本，名之为"百宋一廛"。精校勘之学，所刊《士礼居丛书》，为学者所重。有《百宋一廛赋注》《荛言》等。

### 浯溪诗文集

余年来书兴阑珊，故书友之踪迹亦鲜。此浯溪诗文集二册，实出观东遗经堂，介其友邵品立携来。邵盖书友中之与余最稔者，旬日闲必来再三，故托之也，索番饼廿二枚，许以三之一而售。余之收此，非专为书之不多见而蓄之也。忆余于乾隆甲寅之中冬，送大侄科试玉峰归后，忽得一梦，仿佛游昆山，自西麓逾其颠，自上而下，已抵贡院前。见畴人纷纷聚观，询其故，云是学使命与考生童玩一帖，名曰中兴颂。既而寤，其实梦中未见所谓中兴颂帖也。是时余素未临摹古帖，故诸帖名亦非素习，晤吾友施少谷、沈书山询之，方晓中兴颂者，乃元结撰文，而颜真卿书于摩崖者。后从友人处获见其文，盖在浯溪所刻。此梦已越二十三年矣，今忽遇此集，其上全载其文，余既未蓄斯帖，而先诵其文，亦一文字因缘也，因载梦兆于此，且见此书之来，与余盖有宿因焉。是书为嘉靖时刻，有订补字样。钱曾《也是园藏书目》有《浯溪胜览集》一卷，其此书之先河与？记以俟考。丙子仲冬月之二十二日，宋廛一翁。

余向所见中兴颂，乃裁剪装作卷帙者。顷得此书后，适过三松堂，见榕皋、理斋乔梓将磨拓全文两张，铺地层玩，欲付装以饰壁，询知为伊墨卿太守所赠。其文左行，是书不载左行之说，当是疏脱。是书云碑有三刻，余所见殆全本而初刻者欤？后又从萍庵、退叟涵碧楼见饰壁，亦即是碑，盖榕翁特仿其装潢耳，询所从来，乃知有宦于道州者遗之，则其为初刻益信。复翁。

（《订补浯溪集》二卷二册，明陈斗编，明嘉靖辛亥祁阳陈斗重刊本，清黄丕烈手跋二则，此书现藏台湾图书馆；《荛圃藏书题识》卷十，黄丕烈撰，缪荃孙辑）

# 鲍友智

## 🌿 人物介绍

鲍友智，字临川。性嗜写兰，亦字兰舟。乾隆癸丑武进士，廷试一甲二名及第，授二等侍卫。期满，选广西郁林参将，历署浔州、新太、梧州、镇安、平乐协副将。嘉庆十四年，升庆远协副将，以母丧归。服阕，补江宁城守协，兼权督标中军。二十年，收元教匪起造为应，劫逆词，友智访获从犯，讯出首逆方荣升，及夥犯名姓，驰赴和州，获朱上忠等十余名，搜出违悖图印字迹，随易服星赴巢县，抵方家村，夜已半屏兵役，单身入荣升家，擒获之。巨憝伏诛，余孽一无漏网。事闻，赏花翎加总兵衔，军机处记名。二十一年，升任湖南永州镇总兵，陛见被温旨，先后镇永十八年，三署提督，四邀廷对，皆称旨，赐玉玦、射靶、宫扇、福字。克食荷圣眷最优。道光十一年，猺匪滋事，驰往剿办，巡抚吴荣光劾以轻进，镌级。旋随钦差禧恩赴粤，事竣开复原官。会有疾，请假归里，在官驭将士，简军实，号令严明，赏必信。尝建立义学，聚弁兵子弟，延师训课之，皆使有勇知。方与提督罗思举论兵，谓宜将识兵心，兵知将意，罗公叹服焉。其画兰一挥辄就，时称神品。卒年六十有七。

（同治《六安州志》卷二十七宦绩）

## 🏯 浯溪相关作品和事迹

### 浯溪墨刻兰花碑（二首）

其一

奇石崎嵚灌木深，十年几度事幽寻。拂苔还读中兴颂，千古离骚香草心。

其二

矛头淅米剑头炊，横槊还吟马上诗。争似太平无一事，风清铃下画江蓠。

# 阮 元

## 🌿 人物介绍

阮元（1764—1849），字伯元，号芸台、雷塘庵主，晚号怡性老人，籍贯江苏仪征，乾隆五十四年进士，先后任礼部、兵部、户部、工部侍郎，山东、浙江学政，浙江、江西、河南巡抚及漕运总督、湖广总督、两广总督、云贵总督等职。历乾隆、嘉庆、道光三朝，体仁阁大学士、太傅，谥号文达。是著作家、刊刻家、思想家，被尊为三朝阁老、九省疆臣、一代文宗。

## 🏔 浯溪相关作品和事迹

阮元题名碑，在峿台北崖区。

大清嘉庆廿二年九月廿日，太子少保、兵部尚书、湖广总督、扬州阮元，阅兵衡永，舟过浯溪，登台读碑，题字石壁而去。是时林叶未黄，湘波正渌，农田丰获，天下安平。

### 游浯溪读唐中兴颂用黄文节诗韵（丁丑）

帆随湘转寻浯溪，登岸欲摩唐宋碑。密林接叶山径寂，青虫当路垂秋丝。桥边清波眼到底，乱石凿凿藏鱼儿。苍崖百尺悬于西，削成绝壁鸟不栖。碑乃鲁国之所写，颂乃次山之所为。三千里外有水部，十四年后无太师。人贤地胜文笔古，过客墨拓争洒挥。壁立积铁屹不动，安者见安危见危。江湖岂徒漫郎宅，又遣山谷来题诗。各人忠爱各朝事，大都楚泽骚人辞。事有至难最可叹，靖康俄与灵武随。惟有溪边古渔父，欸乃湘烟无所悲。

（《揅经室四集》诗卷十，《文选楼诗存》）

### 泊舟浯溪登庼亭（丙戌）

桂舟下湘水，又来著浯溪。欲试两脚力，故寻十载蹊。蜡屐渐相得，庼亭殊可跻。漫叟旧祠宅，野衲重招携。（嘉庆廿二年，大人过此题名壁石。亭外有次山祠宅，旧僧尚在。）再读中兴颂，还拂山谷题。碑头走螺蠡，台角鸣蟏蛸。高林暑犹炽，截壁日易西。安得涷雨洗，待看湘云低。

（《揅经室续集》卷七，《文选楼诗存》卷十四）

**题名碑拓片**

# 杨季鸾

## 🌿 人物介绍

杨季鸾，字紫卿，湖南宁远平田人。生于嘉庆三年戊午（1798），约卒于咸丰七年丁巳（1857）以前，约60岁。嘉庆十九年甲戌（1814），就学于长沙岳麓书院，后入北京国子监。少以诗鸣，长周游大江南北，文人才士相与唱和，篇什投赠无虚日。"主诗坛数十年"（《湖南通志》）。总督陶澍、裕泰皆礼敬之。道光十一年辛卯，回湖南讲学城南书院。其中只十八年戊戌，随丁伊辅学使校文粤西，次年仍会城南，直至咸丰二年壬子，前后共二十年。咸丰三年癸丑，始回永州主濂溪书院，知府黄文琛为建清课草堂于院东。季鸾燕居于此，鼎彝图书，罗列左右。文琛时相过从，饮酒赋诗，郡人传为盛事。及卒，文琛复为立祠，置祭田。按黄氏咸丰八年三月去任，则杨氏之卒，至迟在咸丰七年之前。所著有《春星阁诗钞》。

## 🏯 浯溪相关作品和事迹

### 夜过浯溪（丁丑 1817）

瑟瑟湘江净如练，天入江中天不见。谁将柔橹荡波行，敲破琉璃秋一片。浯溪十里去何迟，斜阳已暝松风吹。林亭胜处不得泊，云山遥望空迷离。夜半乘舟向前路，波影濛濛荡凉雾。惟闻渔父棹歌声，月落前溪不知处。

### 书磨崖碑后用山谷诗韵（戊寅 1818）

悬崖下俯潆洄溪，行人系艇寻残碑。乔松冻折已偃盖，老柳风动仍垂丝。欲循石桥叩梵宇，试步沙岸询渔儿。潇水之北湘流西，此间漫郎昔所栖。小臣一颂照万古，不秉忠义谁能为。镌书石壁字如斗，恨我不识颜太师。双悬日月事可纪，付与大笔淋漓挥。当时赍册尚有理，何乃暮齿贻忧危。兴庆宫前子职废，山谷讽刺来题诗。宜阳一谪叹不返，剔藓剩读轩昂词。长欲山灵护文字，毋使瞬与烟云随。临流踯躅不忍去，怀古更为前贤悲。

（《春星阁诗钞》卷三，宁远杨季鸾紫卿撰，《清代诗文集汇编》第 600 册）

### 浯溪深（丁亥 1827）

人言浯溪浅，我觉浯溪深。浯溪深，因漫叟。漫叟去，今已久。山长水远尚忆君，欲去烟溪尽回首。使君真是天下贤，鞭笞不事重赋蠲。舂陵有咏道己意，竟欲引竿自刺船。人生何事最可传，平素无语欺苍天。不信但看石壁上，淋漓大字如斗悬。

（《春星阁诗钞》卷五，宁远杨季鸾紫卿撰，《清代诗文集汇编》第 600 册）

# 蒋立镛

## 🏯 人物介绍

蒋立镛（1786—1847），清代官员，字序东，号芝山，又号笙陔，竟陵（今湖北天门）人。生于清乾隆四十七年，卒于清道光二十二年，享年六十一岁。嘉庆十六年进士。殿试中，以一甲一名中状元。授翰林院修撰、国史馆纂修、协修，后历任翰林院学士、朝考阅卷大臣、内阁学士。为官时，曾协助家乡竟陵治水患。善书法，对前人墨迹收藏颇多，著有《香案集》。

## 🏯 浯溪相关作品和事迹

蒋立镛等浯溪题名碑。

嘉庆二十四年九月二十六日，广西正主考官蒋立镛、云南督学使者杨殿邦同游此（浯溪）。

题名碑拓片

# 杨殿邦

## 🏯 人物介绍

杨殿邦，字翰屏，号叠云，泗州人，嘉庆甲戌进士，选庶吉士授编修，道咸间官至漕运总督，著《菜香小圃诗集》。

杨殿邦等浯溪题名碑。

# 宋鸣琦

## 🌿 人物介绍

宋鸣琦，字步韩，号梅生，又号云墅，五仁四子。礼部仪制司主事，充校勘四库书书籍官。庚戌，恭逢纯皇帝八旬万寿，进九言百韵诗，天语褒揄，赏给大缎。复充万寿盛典馆纂修官。嘉庆丙辰，授禅礼成，恭衍十全说一篇，复蒙恩奖赉如前。官仪曹时，凡典礼仪文大章奏多出其手，擢祠祭司员外郎，记名御史，拣发四川知府。时川省教匪滋事，鸣琦迭司军饷，兼办军务，以军功加二级，署叙州府，补嘉定府。任嘉定时，创建九峰书院，纂修府志。壬戌，峨眉卡外猓夷阑入焚掠，前往查办，示以威信，夷众慑服，事定后加一级。乙丑岁饥，捐俸并开仓平粜，全活甚众。复修试院，捐廉为倡。戊辰，岭夷复入滋事，奉檄总理后路粮饷，驻扎莪边，论功议叙加二级。俸满引见，越日召对，垂问备至。权川南道，篆升广西盐法道。三权皋篆，丙子、戊寅两科文武闱提调官，庚申、丁卯、癸酉文闱内监试官，丁卯武闱监试官。被议引疾归，屡主讲友教、豫章两书院。著有《心铁石斋诗集》，梓藏于家。

（同治《奉新县志》卷八人物进士）

## 🏛 浯溪相关作品和事迹

浯溪

摩崖碑字有余清，无限藤萝绕树生。为问浯溪溪畔石，照人何苦太分明。（上有石如镜，可鉴人毫发。）

（《心铁石斋存稿》卷十二，奉新宋鸣琦梅生撰，《清代诗文集汇编》第 474 册）

己卯（1819）自粤西按察使任返程过浯溪。

嘉庆二十四年己卯，年五十七。在桂林待讯者四阅月。钦使竣事，起程。予复以公事失察两案被核，皆应镌级。予亦不复顾问。闰四月，以病乞假回籍。使眷属先期，十口解缆离粤。予水陆兼行，至湖南之醴陵县及之由萍乡度山至芦溪，买舟而归。端午前二日抵章门。越三日入城，眷属赁居上水巷口。予回奉新，拜谒祖茔家庙，且得与乡父老子弟杯酒言欢，风景安恬。殊为快意。较之驰骋名场，风波叵测，有霄壤之别矣。

（《心铁石斋年谱》）

# 周乐清

## 🌿 人物介绍

周乐清（1785—约 1854），清浙江海宁人，字安榴，号文泉，又号炼情子。以父荫历任湖南道州判官，祁阳、沅陵、麻阳等县知县。道光间在永州军营总办善后事宜。咸丰间历任山东掖县、即墨知县、莱州府同知，颇有善政。工乐府，所著传奇八种，总名《补天石》。

## 🏛 浯溪相关作品和事迹

读浯溪碑（己卯）

摩崖卓立镇岩峣，万壑松声卷暮潮。椽笔有灵神鬼护，中兴无恙甲兵销。前星垂耀六军奋，故鼎重归九庙朝。镜石光明涵绿水，孤臣心事此昭昭。（旁有镜石。）

### 宦游吟附引·祁阳（甲午）

#### 其四

鬌念承荫，岂得曰少无宦情；蜡屐随身，窃自谓生有游癖。况潇湘烟景，古号名区；而屈宋衙官，风高前哲。一行作吏，名场之竿木尝新；廿载于兹，簿领之萍踪可纪。或者隐囊纱帽，坐对江鸥；或者雨箾风骖，行搴岸芷。时或短衣匹马，上书从细柳之军；时或幞被轻车，忆远梦金台之月。揽云山于过眼，问风俗以关心。而且径捷终南，进取愧鲇鱼之滞；弦更锦瑟，变迁拟苍狗之奇。排场敢惜乎薪劳，承乏徒形其梗泛。所幸轻装如叶，可倩云驭；祇惭去县无花，不愁日炙。驰驱殆遍，怜同旋磨之驴；阅历既深，笑比烂柯之客。到处雪泥留印，凭谁图画传神。历叙所经，请言其略。当此秋灯半壁，梧叶满阶。爰偷寸晷清闲，追述半生汗漫。吟成七字，异寻常行役之词；赋就十章，溯过去因缘之迹。然而茫茫前路，问彼岸于迷津；渺渺予怀，契伊人于彭泽。睹此鸢飞欲跕，羡他鸟倦知还。何时得税其盐车，自问真宜乎芰服。纵游当诚，拙宦庸伤。请开半叶蒲帆，稳渡万重沧海。

棹入浯溪漾绿湾，中兴碑古访元颜。疏林半隐云中寺，一镜全涵画里山。飞檄揣临星电急，（时湘潭客民及土著械斗。）劝耕才罢吏民闲。何尝五日输京兆，倾盖论文迓往还。（交陈商岩学博、申湘楼茂才。）

另《汴梁途次感旧书怀寄示登儿一百六十韵》（己亥）有"秩满报最先，浯溪暂权代。（己卯代祁阳篆，庚辰俸满保荐。）摩挲中兴碑，（元次山撰，颜鲁公书。）慨想岳军帜。（岳忠武军过祁阳，刊诗于石。）"之句。

（《静远草堂初稿》不分卷，海昌周乐清文泉撰，《清代稿钞本》第一辑28册）

# 王时叙

## 🌿 人物介绍

王时叙，字撰卿，号远山，陕西商州人，清嘉庆年间拔贡，曾任湖南祁阳等地知县。著有《远山诗集》，惜已失传。今人辑有《王时叙诗文解析》。

## ⛩ 浯溪相关作品和事迹

### 游浯溪六首

#### 其一

才到溪头便爽然，高低石径去蜿蜒。渡香桥畔阴浓甚，樟寿曾经数百年。

#### 其二

迤盘曲径陟崖阿，胜异亭中胜异多。万绿参天青满地，石尊一品最嵯峨。

#### 其三

三一荒亭乱石稠，庤亭徙倚小冈头。萦纡磴道青迷眼，不尽清湘槛外流。

#### 其四

林树虚含镜石光，碣残碑断尽琳琅。摩崖独有唐兴颂，风雨江头岁月长。

#### 其五

最高敞处爱峿台，平远江山一帐开。说是此间宜对月，宨尊注酒约重来。

#### 其六

宝篆亭东屋数楹，元颜并坐貌如生。游踪约略知何处？镇日浯溪自水声。

# 邓显鹤

## 🌿 人物介绍

　　邓显鹤（1777—1851），清湖南新化人，字子立，号湘皋。嘉庆九年举人。屡试不第。道光间官宁乡训导，以搜集彰显乡邦文献为己任，纂《沅湘耆旧集》《资江耆旧集》，刻《王船山遗书》、《蔡忠烈遗集》，增辑《周圣楷楚宝》，编《欧阳文公圭斋集》。有《南村草堂诗文集》等。

## 🏯 浯溪相关作品和事迹

### 泊浯溪（1820）

　　片帆朝发澹岩边，夕泊浯溪月下船。漫叟涪翁不复作，楚山湘水何苍然。昏昏野岸千丛竹，黯黯荒祠几点烟。犹有中兴碑可读，断崖涷雨自年年。

### 浯溪访漫叟宅（1820）

#### 其一

　　次山先生昔家此，遗此泠泠一溪水。遂令洗尽万古尘，中有先生呼不起。当时落落已忘公，何况千年追遗踪。至今溪上吟览处，断崖古木摇空濛。我来访公溪畔宅，溪月步步随行迹。凛然不敢轻呕哇，是中曾照公颜色。公之功德在兹土，我家亦是公所部。可怜漫浪尚如公，来赋一诗公或许。

#### 其二

　　浯溪之山窅而幽，浯溪之水清浏浏。溪边苍石镵天起，溪上白云如水流。涧草岩花有仙意，黄诗颜字皆吾俦。便拟买山卜邻住，此诗代券行当酬。

　　（浯溪山水之胜，平生所未睹。春湖中丞尝为仆言，欲就水石幽绝处卜邻，无逾此矣。中丞先有浯溪诗，仆至此益觉其语工而意深，因复作此奉寄。拟先以此两诗贻寺僧，使镵溪石上，庶他年入山不为漫叟拒云。右两律，湘皋先生旧作也。清波幽折，似霞外人语。予爱而录之，使寿诸石。恩泽又识。）

（《南村草堂诗钞》卷十，新化邓显鹤子立撰）

### 雨过浯溪不及上

　　断岩苍藓纪留题，归棹凄凄望欲迷。他日难忘湘上路，一天风雨过浯溪。

（《南村草堂诗钞》卷十一，新化邓显鹤子立撰）

### 余留别海帆观察诗有归卧湘江待节旄句望其来吾楚也观察果出守永州既喜吾言之中又贺永人之<br>得贤守也辄有是作

　　澹岩山水绝清幽，不谓真鸣湘上驺。边郡正思息蛴虐，吾言何止协龟谋。文章况近柳司马，政绩还如元道州。自喜浯溪有成约，一毡或许伴遨头。

（《南村草堂诗钞》卷十五，新化邓显鹤子立撰）

### 和春海学使浯溪诗简李海帆观察（1847）

　　自有浯溪来，世知有漫叟。游览凡几辈，诗篇在人口。反复中兴义，辨诘徒纷纠。揆之兹山蕴，曾不获一剖。论史非游山，山灵拒不受。亦有好事人，搜剔到宔臼。戈戈持目论，得一遗八九。其余苦疥壁，名姓知谁某。抔湖退谷闲，妄冀称尚友。亮非丹崖翁，适足为山垢。山灵诉之帝，兹邱特孤负。安得漫浪徒，畀以桑郦手。

镂划尽山妙，与山同不朽。公时侍帝侧，帝笑觞以酒。往宅南正司，远迹重华狩。公持径寸管，弭节兹山阜。刻意收昔遗，力破乾坤纽。何颠何者麓，谁左谁复右。向背分阴阳，开阖别奇藕。俄焉臻突奥，倏尔洞户牖。鬼物匿情状，神人露肩肘。或森若剑戟，或肃若尊卣。潭潭狮象蹲，宛宛蛟螭走。细欲穷毫芒，巨乃塞穹厚。清研字照江，错落天帖斗。胸真无尽藏，目已空诸有。势将仆命骚，奚论愚辱柳。乃知有此山，应以此诗寿。卜居负成约，抔舌颜重丑。誓欲录万本，深刻齐岣嵝。仰见鹑尾间，虹光耀列宿。持此慰山灵，兼之讯贤守。

（《南村草堂诗钞》卷十六，新化邓显鹤子立撰）

关于李宗传海帆，姚莹《后湘二集》卷五《得李海帆书》云："吾闻永州守，三载不名钱。邻郡添新债，故乡鬻祖田。讴歌犹满境，书到已经年。宣室何时召，应蒙圣主怜。"（君清贫益甚，告贷于寻州孙少兰太守。先世遗田皆尽。尝被吏议甚严。永州之授，盖特恩也。）如此清贫，实在难得。

### 为王穀生题汤浯庵所作浯溪看月图卷子

浪翁胸潴湘水寒，吐作湘上白玉盘。湘天何处无好月，难得贮此心与肝。我昔浯溪访翁宅，孤舟炎徽忧焚燔。（余昔年自粤西之江右，过此有诗。）到此忽变清凉界，滚滚银阙寒涛翻。恍疑翁坐冰窟里，万顷雪浪相吐吞。丹崖退谷在何许，但觉肃肃清心魂。船头坐玩不忍去，使我神骨俱雕剜。舍舟上觅唐亭刻，随地涌出皆玙璠。摩挲上读中兴颂，斒斓大笔蛟螭蟠。书生迂论姑置喙，笑指好月当头圆。眼前清景忍错过，结邻溪畔成空言。更无好事作图画，略有佳句留巉岏。（往与李春湖、程春海两侍郎有卜邻溪上之约，今诗刻溪石上。）至今见月辄神往，卧听溪上声潺湲。王郎磊落名父子，自诩漫吏惭粗官。胸中舂陵几呜咽，眼底结辈时追攀。频年问绢征治谱，踪迹漫浪湖湘干。船唇驴背亦已厌，岳云湖月徒等闲。昨来浯溪月下泊，快意便欲终宵看。不知浯月作何态，但道夙昔无此观。直从初昏斗柄正，坐至柄转朝升暾。此景在世讵易得，要使佳话留人间。浯庵词伯今漫士，画笔乃亦俦荆关。为君刻意写此幨，断崖古木围荒墩。炯然石镜光明外，泻此万斛冰轮痕。广寒宫殿咫尺耳，坐久便欲愁飞骞。流传尺幅持示我，前身明月宁非元。为君作歌酬此卷，漫耶浪耶仙乎仙。

（《南村草堂诗钞》卷二十，新化邓显鹤子立撰）

### 文明铺

一哄几家市，讹传服上刑。山光凝暮紫，燐火逼宵青。重典非常法，齐民有大经。煌煌中兴石，吾欲勒斯铭。

### 浯溪寺有怀杨紫卿

信宿浯溪寺，肃然秋气深。所思独不见，兹境若为任。寥落三亭迹，萧疏众籁音。结邻成约在，谁识此时心。

（《南村草堂诗钞》卷二十二，新化邓显鹤子立撰）

### 别浯溪

三浯亭影认冥茫，记得寻君水一方。（前岁与紫卿订会于浯溪，三宿寺中未遇，以诗来往而已。）载酒船来闻远籁，打碑人去澹斜阳。僧归古树空濛里，寺在寒溪晻暖傍。今日逢君开笑口，新诗匝月照壶觞。

（《春星阁诗钞》卷五《湘皋丈数有来游永州之约，于其别也，诗以见意，次韵二首》）

### 与祁阳令王君书

初田明府阁下承示，颜元祠侑食配享，顷检永州志覆阅，知故祠在浯溪上。宋时已有本名颜元祠，不知何时倒置。绍兴中，永守许永有记，今以别纸录呈。窃喜先得我心，而阁下之从善如流，实时改正，已令人佩服不已。不仅擅名风雅，修废举坠为近时罕觏已矣。至配享诸贤，更请得而言焉。考朝阳岩旧有元刺史祠，明嘉靖间郡守唐珤曾以黄忠节、苏文忠、文定兄弟、及范忠宣、邹忠公诸人合祀，易名曰寓贤，有记，亦别纸录呈。崇祯时，万吉人司理复进祀杨诚斋父子于席，今朝阳岩旧祠不知存亡。阁下如有意及此，则请碑为东西两龛，分祀黄苏诸公及次山先生外弟袁滋德深。德深善篆隶，次山《唐颂铭》即其所篆也，宜居两旁，以其官勋较崇，唐书有专传。又与次山为兄弟行，故进之配享，与苏黄同列而居首，非僭也。祠必有侑，则请以当时为次山先生篆书浯溪诸铭之江华令瞿令问与季康二人，又唐节、张季秀，皆次山密友也，并次山之子友让，侑食两旁。瞿、季居东西向，唐、张及友让居西东向，如此则光复旧物，式焕新典，浯溪又添一掌故矣。今拟从祀诸人官阶名次录上，如以为可，显鹤暇时尚思作一文以纪之，亦湖湘间一韵事也。唯执事利图之，幸甚。

（《南村草堂文钞》卷十，新化邓显鹤湘皋撰）

## 浯溪颜元祠碑

事有近时视为非急务，而修举厘正守土不容缓者，名义世教所关，即人心风俗所由，以鼓动转移之具，非苟焉已也。浯溪为湖外胜境，有唐中兴碑在焉。其上有祠，祀颜鲁公、元次山先生，不知创自何时。稽之志乘，宋绍兴中郡守许永有记，永以绍兴二十一年守郡，过祁阳，谒二公祠，属县宰刘獬易而新之。未几，獬罢去，以后宰李和刚终其事。既成，以书抵永曰：愿有述也。言修祠事甚悉。今去绍兴辛未六百九十有八年矣。是祠之兴废迁复不一地矣。而史无明文，不得言。

独记余于嘉庆末年过浯时，犹及见故祠面江而立，中肖二公象，北向坐。庙貌黯然，低徊流连，形诸歌咏，有"黯黯荒祠几点烟"句，诗今刻浯溪石壁上，可覆按也。道光丁未，重来溪上，寻故祠，不可得见，迤东背江，南向一祠，若新建然，墙壁裂驰，不敢近。移时祁令王君至，肃客入，则前令所建二公祠也。按其碑记，年月甚近而颓委若此，可叹也。既入庙，谛视易象以主，大书二公官爵，而元居颜前，余语王君曰：祠当主道州而客鲁公。今主居客前，可乎？王君然余言，即时更正，且云祠初建即圮如是，不可不亟为改造。闻之祠必有侑，今二公岿然上坐，无以侑之，惧其孤也。先生习于礼而谙掌故，独无以进之乎？余曰诺。归检永志覆阅，知故祠自唐以来即有，本名颜元祠，不知何时倒置。

又考永西朝阳岩旧有元刺史祠，明嘉靖间，郡守唐珤以黄文节公庭坚、苏文忠公轼、文定公辙、范忠宣公纯仁、邹忠公浩、范学士祖禹、张忠献公浚、胡忠简公铨、蔡西山元定诸公配享，易名曰寓贤。崇祯时，司理万元吉复进祀杨诚斋万里父子于席。于是覆书王君议于正祠外，别为东西两龛，分祀黄苏诸公，而增祀次山先生外弟袁滋德深于上。德深善篆隶，《唐颂铭》即其所篆也。以其官勋较崇，唐书有专传，又与次山为兄弟行，故进之配享，与苏黄同列而居首，非僭也。

若祠必有侑，凡在交游门墙子弟之列，皆得与。江华令瞿令问与季康亲为次山篆书铭记之人，一时所与往还，则有唐节、张季秀，揆之于法，皆宜侑，而以次山先生子友让及诚斋子某同退处东西序。如是，光复旧物，俎豆允协。王君又深以余言为然。

明年夏，祠成，制主分配合祀如礼，以书来征余文记其事。呜乎！名义风教所关，不能一日昧于世也。古昔圣王、儒硕贤者相与讲明切究，扶持羽翼，矜尚而风示之者，非一事也。当有唐天宝之乱也，河北郡县皆陷，鲁公以只手独抗贼锋，老尽节贼庭，万死不为不义屈。次山始以讨贼功迁官，迄刺道州，当贼徒溃败之后，蠲徭薄赋，出民水火，如濡首焦发之不及待，痛瘵倒悬之切于身，作歌告哀，千载下读其词，使人咨嗟流涕而不能已，至今呼之曰元道州，与颜鲁公并称。

中兴之石，砰訇震耀于天壤，妇人女子亦知为二公遗迹，宝而重之，不敢亵。庙貌所在，虽历万劫而不毁也。呜乎！此岂非名义世教所关，人心风俗所恃，以长存而不敝者与？配享诸公，考东坡、颍滨两先生，足未至永，坡翁虽有移永之命，未果来也，而文章风义，实有与永之山水相发者，邦人乐祀之，不敢有所进退也。

王君名葆生，字初田，凤阳人，修复二公祠，商所以配飨侑食，兢兢焉修举厘正，惟恐失坠，庶几能知缓急本末者。既记其事，碑于祠，以告天下后世，复为迎神送神之曲，冀闻者知所感发兴起，又以望来者之谨守勿替云。其词曰：

神之来兮湘浔，骑箕尾兮鸾骖。朝发河北兮夕江南。左悬玉座兮右琅函。聊容与兮一龛。

神之来兮江阴，扬桂楫兮霓骊，朝发昆墟兮夕浯岩。左抱颜臂兮右元襟，聊胖蠁兮同歆。

神之去兮湘天，揽余辔兮迟延。怅天路之阻僮兮，虎豹当关。神兮归来，福吾民兮使民冤。

神之去兮湘壖，弭余节兮回旋。怅川路之渺漫兮，蛟鳄垂涎。神兮归来，奠吾民兮永以民安。

（《南村草堂文钞》卷十一，新化邓显鹤湘皋撰）

### 曾大父岩隐赠君还遗金碑后记

曾大父岩隐赠君还遗金事，从子瑶已详记其事入石矣。念兹先德，非得当代大人先生表之无以昭示乡里，取信后世。会丁未秋，今太子太保湖广总督裕公巡阅南来，余携棕儿迎谒于浯溪舟次，敬以为请。公欣然赐题，谨捧归。适纂修郡志，孝义张公方守宝庆，见之曰：式闾表宅，守土责也。乃属显鹤撰传入志，而下其事于县令李侯立石，表于道左。夫还金之事其小，吾先人一节之善非有后世之名存于中也。而乡曲传闻，久而弗替，为之子孙者文为之表扬称述，使其事炳焉著于志乘，照耀于行道耳目，亦可见为善无不报，而先人梗概敬可想见一二，故记其事，复为书后用识立石缘起，使东西行过是路及吾子孙念昔先人者，有所观感兴起云。

道光二十九年己酉三月，曾孙嘉庆甲子科举人长沙府宁乡县教谕衔管训导事截取知县显鹤谨识，元孙道光甲辰恩科举人拣选知县瑛谨书，道光丁酉科拔贡癸卯科举人拣选知县棕篆额，曾孙监生显鸿、元孙监生瑛、郡学附生琦、从九职衔珩县学附生进、来孙郡学廪生光松、县学附生光椿、光黼督刊。

（《南村草堂文钞》卷六，新化邓显鹤湘皋撰）

# 杨夒生

## 🌿 人物介绍

杨夒生（1781—1841），字伯夒，江苏金匮人，杨芳灿子，官蓟州知州，有《过云精舍词》《真松阁词》。

## 🏛 浯溪相关作品和事迹

### 瑶台聚八仙·赠祁阳山人吾吾子

自有精神，含太古，清气逸逸飘襟。祁阳何处，悠然霭窈云深。几粒元丹封藓石，一红果挂天藤，踏轻阴。偶来荒秽，弹剑悲吟。

门前涛声。昏黑笑，尚疑渔火，不是村灯。目断南鸿，无端凄入仙心。杖藜独来独往也，袖手愁，无术点金尘。缘尽，说他年授我，龙虎升腾。

### 附赠别诗

笔墨相于久，浑忘夜气寒。刻诗销翠烛，念子在尘寰。短剑孤虹白，轻囊小果丹。野情原不定，归隐入烟峦。

### 附词浣溪沙

#### 其一

御气排风日往还，一双芒屦几曾闲。今年三度出元关。

红叶初深桐柏观，绿梅先放石帆山。胜游原只在人间。

#### 其二

竹北松南一玉壶，眼前秋色绝萧疏。寒泉如镜月如梳。

星闪白光明复暗，阴崖知有弄丹狐。喃喃叩石诵灵符。

其三

朝共苍梧帝子游，沙棠作楫木兰舟。风风雨雨石人愁。

瘦尽芙蓉飞尽雁，依然寂寞酒家楼。节交重九是深秋。

其四

紫帽峰围山复山，万山松影逼人寒。山中新筑上升坛。

苦炼谷神因铸魄，千年一服大还丹。气如炊黍出泥丸。

其五

木叶落兮湘水波，待他纤月过银河。又将鼓枻唱渔歌。

挽尺鲜藤编小笠，剪丛香草结新蓑。未披先付小龙驮。

其六

隔断苍松是白霓，杖头衡岳数峰低。故人船未泊浯溪。

一朵青莲忽摇动，水仙骑鹭出波飞。依稀月底认红衣。

（《真松阁词》卷六，金匮杨夔生伯夔撰，清道光十四年刻本）

# 陈 濬

## 🌿 人物介绍

陈濬，字商岩，武陵人，廪贡，嘉庆二十二年任祁阳县训导，自云曾作御史。

## 🏵 浯溪相关作品和事迹

和王远山游浯溪诗

其一

浯溪风景本超然，水绕山环势蜿蜒。今日贤侯吟眺处，定传佳话胜当年。

其二

护岩常见碧云稠，元颂颜书在上头。想得披萝读碑字，津津齿颊古香流。

其三

荒祠人比鲁灵光，一一悲歌复入琅。剑阁铃声空咽恨，藉摅忠愤祝延长。

其四

参差亭榭倚岩阿，古木苍藤历劫多。鹤影笛声何处去，只留片石郁嵯峨。

其五

曾厕无官御史台，峥嵘楼阁五云开。分符更遂探奇愿，琴暇何妨一再来。

其六

笑我青毡守一楹，溪山缘亦结三生。年年枫叶飘红候，曳履桥边听水声。

（同治《祁阳县志》卷五浯溪）

# 魏 源

## 🌿 人物介绍

魏源（1794—1857），清湖南邵阳人，字默深，又字墨生、汉士。道光二年举人，会试落第，纳赀为内阁中书，二十五年始成进士。熟于国故朝章，从刘逢禄学《公羊春秋》。治学以经世致用为宗旨，与龚自珍齐名。入陶澍等幕，襄助筹办漕、盐、河诸大政。鸦片战争后作《海国图志》，倡"师夷长技以制夷"说。成进士后官高邮知州。晚年弃官潜心著述。有《古微堂诗文集》《圣武记》《元史新编》《老子本义》等。

## 🏯 浯溪相关作品和事迹

### 湘江舟行六首（录第一首、第五首）

采石黄鹄矶，卷石非雄岠。惟扼长江势，遂乃名千古。浯湘屹双台，蒸湘峙二鼓。奋如当阃猊，怒若守关虎。水大石亦雄，水幽石斯妩。不识造物心，何故丽阛户。至今澄潭影，翠倒百丈树。石峻水漱洄，俯瞰纤鳞数。蛟龙欲起时，全潭绿俱舞。濛濛百里江，罩此一潭雨。江山点缀奇，形势风云阻。昭潭更无底，空明胜牛渚。何须月黑天，然犀照水府。（水经注昭山下有洞泉，故言昭潭无底。）

溪穷石壁夹，崖转穹碑竦。如何千丈影，下照澄潭动。荒寒文字怪，忠烈山川重。遂令浯溪石，上敌嵩华竦。转瞬元祐党，又磨崖薜空。江海放臣心，拜鹃万古恸。独怅杜与韩，山斗同时奉。寤寐唐社稷，缱绻楚屈宋。皆友元道州，咫尺耒阳冢。竟无一面谋，不预琼瑶宠。山荒月黑天，临风一颒洞。

（《古微堂诗集》卷三，邵阳魏源默深著，《续修四库全书》第 1522 册）

# 况　澄

## 🌿 人物介绍

况澄，字少吴，广西临桂县人，道光壬午科进士，由户部郎中考选，山东道御史，升任河南盐粮道。（《国朝御史题名》）

## 🏯 浯溪相关作品和事迹

### 祁阳至全州

楚粤封疆接，湘漓原委清。滩回风浪涌，舟绕石崖行。野岸人家少，荒山古木平。浯溪碑可勒，已矣事无成。

（《西舍诗钞》卷五五言律诗，临桂况澄少吴甫撰）

# 杨　芳（清朝）

## 🌿 人物介绍

杨芳（1770—1846），字诚村，清贵州松桃人。读书应举不中，投军为书记。嘉庆初以把总从杨遇春镇压苗疆义军，渐升为将领，从额勒登保等镇压川楚陕白莲教，常率轻骑突击取胜，遂与杨遇春同称名将，累擢至固原提督。后以旧部哗变，坐驭兵姑息，革职遣戍。旋复起为总兵。嘉庆十八年，从那彦成镇压李文成起事。道光初，历直隶、湖南、固原提督，参与平定新疆张格尔叛乱。鸦片战争以湖南提督随奕山赴粤，因畏敌求和被革职留任。旋回本任。卒谥勤勇。

## 🏯 浯溪相关作品和事迹

### 永州返棹径三浯步次山宬尊原韵

大江水西来，回环绕幽亭。宬尊凹石穴，石以次山名。乱峰嵌江渚，一掬傲东瀛。秋雨溜不竭，中睹蛙黾生。有唐昔中叶，灾黎慄洪溟。漫叟吏春陵，不忍独为醒。时时发醉语，嘲戏余深情。当年持符地，疮痍满荒城。至今颂遗爱，竹树炊烟青。亭小难容席，白云环檐楹。尊空留残滴，宬浅尚古形。我来挹高风，时思携瓯瓶。

陶然共一酌，何必期渊明！

（《晚晴簃诗汇》卷一二二）

# 萨迎阿

## 🌿 人物介绍

萨迎阿，字湘林，钮祜禄氏，满洲镶黄旗人。嘉庆十三年举人，授兵部笔帖式，擢礼部主事，荐升郎中。道光三年，出为湖南永州知府，调长沙，历山东兖沂曹道、甘肃兰州道；六年，擢河南布政使，未任，予副都统衔，充哈密办事大臣，调喀喇沙尔办事大臣；七年，就迁按察使，以治回疆军需，赐花翎；十年，安集延扰喀什噶尔边卡，萨迎阿赴土尔扈特霍硕特召兵赴援，又襄治南路粮运，授盛京工部侍郎，兼管奉天府尹事；十一年，留京署镶白旗汉军副都统，充乌什办事大臣，历哈密办事大臣、叶尔羌帮办大臣，仍调哈密办事大臣；十五年，授盛京礼部侍郎，兼管府尹事，调户部；二十年，召授礼部侍郎，兼镶红旗汉军副都统，调户部，兼管钱法堂；二十三年，擢热河都统。咸丰六年，出署西安将军。逾岁卒，诏念回疆军务曾著劳绩，赐恤，谥恪僖。

（《清史稿》卷三百八十二列传一百六十九）

## 🏛 浯溪相关作品和事迹

诗碑在峿台北崖区。

翠峰红树拥浯溪，千载元颜尚有祠。全楚山河收宝镜，大唐文字剩残碑。神宫四面芙蓉峭，（去秋恭阅盘山行宫，瞻仰御书"四面芙蓉"额。）佛界三天法相奇。（道光元年，赴山西杀虎口，经大同云岗石佛寺，题壁有诗。）游览近年多胜境，登台怀古动遥思。

道光三年十月廿八日舟过祁阳，同朱云岑孝廉游浯溪作，长白湘林萨迎阿。

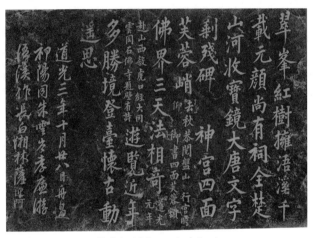

翠峰红树拥浯溪碑拓片

# 朱 琦（如皋）

## 🌿 人物介绍

朱琦，字云岑，江苏如皋人，道光六年顺天宛平进士。道光中任宜宾县，恤民教士，勤惠并著。时郡守张日晸创建励节堂，琦捐廉五百金为助。又捐千金助书院膏火。邑人为长生位祀之。有《佚馀诗抄》2卷。

## 🏛 浯溪相关作品和事迹

朱琦诗碑，在峿台北崖区。

### 舟过浯溪，萨湘林太守邀同山阴戴质堂同游三首

#### 其一

逆风吹船头，上滩苦涉险。忽见好林峦，危亭半山掩。云是古三吾，移舟泊近巘。
石磴步屈盘，斑驳蚀苔藓。浯溪势蜿蜒，细流泻晴潋。栏护径仄仄，桥渡香冉冉。

差喜得平坡，插面石屏俨。尊之曰一品，嘉名信无忝。借问山阴戴，（谓质堂。）兹溪何如剡？

其二

崿台特高倨，唐亭稍逊退。遥遥东西峙，望若次肩背。俯瞰潇湘流，远挹众山翠。

竹树森下风，拔戟自成队。中间豁清旷，嶙峋杂无碍。疏密高低间，烟云变万态。

恰如漫叟文，其妙正在碎。（翻用皇甫湜语意。）

其三

言寻漫郎宅，再拜元颜祠。双忠自千古，何必磨崖碑。即以文字论，后来作者谁？涪翁翻旧案，弄笔矜新奇。都官夸心记，说怪尤支离。其他累千刻，自桧余无讥。卓哉中兴颂，终古长巍巍！

道光三年九月，如皋云岑朱琦题。

《舟过浯溪》拓片

# 张廷济

## 🌿 人物介绍

张廷济（1768—1848），清浙江嘉兴人，字叔未。嘉庆三年乡试第一。应会试屡踬，遂绝意仕途，以图书金石自娱。建"清仪阁"，自商周至近代，凡金石书画刻削髹饰之属，无不收藏，各系以诗。书法米芾，长草隶，号为当世之冠。有《桂馨堂集》《清仪阁题跋》。

## 🏯 浯溪相关作品和事迹

### 宋黄文节公浯溪题刻（旧拓翦本）

黄文节公浯溪诗刻，后人目为小摩崖。诗载任渊注公内集第二十卷。黄子耕谍公年谱，崇宁二年癸未十一月，有宜州谪命。三年甲申三月己卯，泊浯溪。按长历己卯为初六日，次年九月三十日，卒于谪所。是迹盖晚年作也。发成丝，集作鬖。鸟择栖，集作乌。任云，乌字或作鸟，非，而注引古乐府乌栖曲，复引史记世家鸟能择木，木岂能择鸟乎。（按二语已见左氏传。）春秋，集作春陵，任云或作春秋，非，是然道州春陵行与此无涉。诗盖云结此颂志微而显合于春秋，与少陵杜鹃诗同恉，则公诗传本当时虽有异同，自应以石本为正。胡仔《渔隐丛话》谓明皇迁西内，诗作南内，误。任注引唐书元宗纪，至蜀郡，居于兴庆宫，上元元年，徙西内。兴庆，即南内也。则诗作南内，亦未为误。湖南通志（嘉庆丙子年修）卷二百十二，此刻在浯溪摩崖之左，其后有题云。（上缺）子发秀才家乃以私钱刻之中兴颂碑之侧，同来相视南阳何安中得之（磨灭。）。令陆弁景庄、浯溪伯新、宣和□子十二月廿四日，无诸释可环模刻。瞿木夫《古泉山馆金石文编》谓读山谷自题，知当时此诗未及刻石，而墨迹藏于子发秀才家，至宣和时乃勒石耳。子上当是庚字云云。吁，蔡元长当轴贤人君子，迁播流离，重足而立，曾空青与公同游，至不敢同列题名，而公鸿篇瑰笔，迟至十六年乃得镌镵石壁，搢绅道丧，纲纪日隳，欲不驯致宣和之乱，得乎。

此是百年前旧本，惜翦装者遗夺数字外，有旧拓整幅，得于郡中集街郑步桥肆中，而下半又碎去数字。三年前，海盐汪俨斋思敬，以新拓整本见贻，则如同来野僧诸字剥蚀已尽，不可辨识矣。道光九年己丑八月三日。

（《清仪阁题跋》四卷，张廷济题魏锡曾辑）

嘉兴县新丰乡十二都兴善寺涵清房昔有老僧声公，行医楚中携归。是石庋壁根者数十年。沈稚春茂才德疏见而赏之，招余往观。僧遂知重。嘉庆十三年四月，曹鸿叔上舍申锡作募钱疏叙，遂以赠曹。十四年三月，大兴翁学士覃溪先生为余赋天宝七载断碑研诗，尚胜浯溪药臼香，坡公诗比抔尊羡。自注：元道州宗尊石，嘉兴僧持归作捣药臼。叔未亦拓其文见贻。故末章及之云云。案嘉禾地少古刻，此系漫郎遗迹，故当与河南新郑县天宝七载修子产庙碑残石、江南句容县颜鲁公书茅山李元静碑残石并作嘉禾宝刻，后有识者纂修志乘，其庶无见遗乎？（道光四年甲申二月十三日）

（光绪《嘉兴县志》卷三十五金石下）

# 吴嵩梁

## 🌿 人物介绍

吴嵩梁（1766—1834），清江西东乡人，字子山，号兰雪。嘉庆五年举人，由内阁中书官贵州黔西州知州。工诗，为王昶、翁方纲、法式善所推重。有《香苏山馆诗钞》。

## 🏛 浯溪相关作品和事迹

### 六月十二日黄山谷诞辰因忆去年是日李兰卿侍读以先生骑牛石像为供补作一诗

先生昔游石牛洞，山谷之名自兹重。皖公山色过江青，照公须发犹生动。少年曾制牧牛词，疑闻笛声过烟陇。中年亦咏牛砺角，毋令竹枝损森耸。平生大节埋穷荒，奇句惊人独传诵。浯溪感赋中兴碑，我读其诗心骨痛。年年笋脯拜生辰，见公生气如腾涌。牛兮牛兮若有知，当亦长鸣谢矜宠。

（《香苏山馆古体诗集》卷十一，东乡吴嵩梁兰雪撰）

# 吕恩湛

## 🌿 人物介绍

吕恩湛，字丽堂（原名士泽），昌际第二子。少读书即知返诸身心，专为有用之学。由郎署议叙得知府，简发湖南。湖南以郡治者九，以州治者三，宦辙殆遍。尝有一郡二三至者。行简易，为政尚礼，要不屑屑苛察，而人自不敢欺，所至必使民气宽然有馀，其爱民之挚，好士之诚，存心之恕，立身之严，出于性生。江华之役，大府奏调赴永州军营，总理戎务，运筹调度，详审神速。不数月底定，上嘉其勋，赐翠羽。不论繁简，遇缺即补。除沅州府事，嗣擢辰沅道。会苗民滋事，奉檄会同镇箪军剿抚，以单骑往谕，苗感惠信，相率投戈解甲。大府奏奖晋秩按察使。陈臬一年，以病告。性至孝友，析产后，尝推腴田数十顷与诸弟，贫人负欠莫偿，焚券数千金。戚友故交待以举火者数十家。或罗掘转贷而益之，晏如也。卒咸丰十一年，年七十九。

（民国《重修沭阳县志》卷八名宦）

## 🏛 浯溪相关作品和事迹

吕恩湛等题名，在峿台北崖区。

道光乙酉七月望日，东海吕恩湛丽堂、权永郡回，道过浯溪。祁阳令王君时叙，置酒溪亭，饯行客。因相与荫乔柯，俯危石，听溪流潺潺，泻出丛碧。酒半，登峿台，觅窊樽、石镜诸胜。清风从江上来，旷然忘秋暑之炽也。是日同游者潼阳张宗瑞辑五。

吕恩湛题名碑拓片

# 托浑布

## 🌿 人物介绍

托浑布（1799—1843），字子元，一字安敦，号爱山。博尔济吉特氏，蒙古正蓝旗人。嘉庆二十四年（1819）进士及第。道光十七年（1837），升任直隶布政使。十九年，任山东巡抚。著有《南藤雅韵集》不分卷。传见《续碑集传》卷二三。

## 🏯 浯溪相关作品和事迹

### 游浯溪读大唐中兴颂碑

有唐灵武真龙起，一碧流澄占晋水。（少陵诸将诗，龙起犹闻晋水清。）鬓宇欢腾翼戴功，天教李郭诛安史。次山耿耿怀孤忠，作颂再拜陈肤功。鸿文典硕俪谟诰，淋漓笔妙烦颜公。大书深刻浯溪石，划破山痕碧苔碧。路险风高响拓稀，百金一字应难易。（韩昌黎诗，八分一字直百金。）后人论古多私臆，南内西宫訾子职。并诮元文藻饰多，未堪雅颂侔忠直。援碑证史徒多事，翻似说诗辞害志。我爱磨崖十丈奇，好参垂露悬针秘。几番临去又徘徊，如读前贤索靖碑。寄语山灵休拒我，毡槌携得拟重来。

### 浯溪行

浯溪之水清且幽，浯溪之山阻且修。烟消日出人迹杳，微闻欸乃来孤舟。次山昔住此溪上，筑亭结屋劳绸缪。诗文一一有寄托，绘声绘影何优游。永州子厚山水记，辋川摩诘诗篇留。以视浯溪诸撰纪，后先心迹何相侔。我来溪畔心夷犹，去公倏已逾千秋。岩间云气自舒卷，溪中水碧涓涓流。方今承平际熙皥，文士尽副岩廊求。转惜次山志用世，抑郁终未摅奇猷。徒负大才塞大用，老耽一壑守一邱。清游怀古重叹息，临去瞻眺心悠悠。

（《瑞榴堂诗集》卷一，蒙古托浑布爱山撰）

# 祁寯藻

## 🌿 人物介绍

祁寯藻（1793—1866），字叔颖，又字淳甫，后改实甫，号春圃，又号间叟、息翁，晚号观斋，山西寿阳人。

祁寯藻，嘉庆十九年甲戌（1814）进士。改庶吉士，授编修，出为湖南、江苏学政，又入为侍讲学士、光禄寺卿、内阁学士，历兵、户、吏部侍郎，晋兵、户部尚书。道光廿一年辛丑（1841）授军机大臣。咸丰初（辛亥1851），官至体仁阁大学士。咸丰四年甲寅（1854），以老病告归。同治初（壬戌，1862），复起为大学士兼礼部尚书，加太子太保，授教同治帝。卒，谥文端。在枢廷数十年，荐贤甚众。

## 🔺 浯溪相关作品和事迹

### 四月八日舟过浯溪

　　浯溪主人王大令，手模石刻曾相赠。两载江帆几千里，至今始览江山胜。层峦峭壁窥清漪，岸草汀花斗明靓。山僧导我度香桥，一线飞流下危磴。指云此水即浯溪，双井三泉源可证。大唐碑碣森琳琅，漫叟遗居但钟磬。遂披榛薜读磨崖，文义慨慷字严正。两京恢复日月新，小臣颂祷君王圣。元公颜公皆忠直，巨笔鸿词寓恭敬。后人论古取鉴戒，比拟片石悬秦镜。黄、米、潘、杨有凭吊，其余作者矜题咏。下埋尘土上入云，刻画满山无地剩。平生好古愿初遂，旦夕流观意难罄。唐亭峿台矗南北，倒影湘波天绿净。巉巉数峰对宬尊，想见酡颜助诗兴。在昔三吾创美名，自矜独有谁与竟？柳州愚溪亦偶然，安石争墩且姑听。径须薙草辟书堂，况有祁山我同姓。

（《缦龢亭集》卷九，《清代诗文集汇编》第583册）

# 李黼平

## 🌿 人物介绍

　　李黼平，字绣子，嘉应人（今广东梅县）。嘉庆乙丑进士，官昭文知县。绣子先生，一字贞甫。年十四为桐花凤传奇，戴近堂刺史即赏之。通籍后由庶常改官县令，教士漱狱外，辄手一编，民间因有李十五书生之目。革昭文漕规，为土棍中伤，系外台狱八载。吴抚胡果泉力为周旋，乃释。阮芸台相国督粤，雅重先生文学，延入节署，授诸子经及主学海堂、越华、宝安山长。在宝安十年，造就尤众。卒之日，白衣冠泣送者数百人。先生覃思经义，其次则邃于诗。南海谭玉生云：绣子胸有积书，故能自出机抒。其门人番禺刘熊序曰：先生尝言生平为诗以示人，多不喜，惟故友叶石亭解元方伯吴蠡涛先生知之。盖先生求古人遗声于不言之表，而有以独得其传，不袭古诗曹王阮陶李杜韩苏黄之貌，而天地之元音萃是焉云云。箸有易经刊误二卷、毛诗绅义二十四卷、著录皇清经解、文选异义二卷、读杜韩笔记二卷、李诗四集、著花庵集八卷、吴门集八卷、南归集四卷、续集四卷、赋二卷、骈体文一卷、制艺四卷、堪舆六家选注八卷。

## 🔺 浯溪相关作品和事迹

### 书摩崖碑后

　　延秋门外猪龙起，蜀栈苍黄走千里，万人遮马留太子。凤辇已西鹤驾东，五载破竹收全功，再安九庙欢两宫。浯溪镵石垂永久，气象不与淮西偶，泰山会稽论作手。同时鲁公运椽笔，笔力劲缠忠义出，平原书中此第一。摩围系诗亦雄古，惜有微词议灵武，不记琅琅马嵬语。卓哉三子皆吾师，性情謷齚孰近之，吾于漫叟尤神驰。

（《梅水汇灵集》卷五，兴宁胡曦辑；《南归集》卷三，嘉应李黼平绣子著，《清代诗文集汇编》第498册）

# 翁元圻

## 🌿 人物介绍

　　翁元圻，字载青，号凤西，余姚人。乾隆辛丑进士，历官太常寺少卿。有《佚老巢遗稿》。《诗话》王伯厚困学纪闻："体大思精，残膏剩馥，沾溉学者，凤西集诸家之说，以为之注，与嘉定黄氏日知录集释，几于家有其书。"

（《晚晴簃诗汇》卷六十三）

## 🏯 浯溪相关作品和事迹

琅琊郡灵门县壶山，浯水所出（原注：音吾）。元次山浯溪，亦有所本，非自造此字也。

（集证。汉地理志，灵门县有高柘山、壶山，浯水所出。今山东莒州西南有灵门废县。○元圻案：程氏大昌演繁露十四，世传浯溪，本无浯字，元结自名之，恐不然也。说文，浯水，出琅琊灵门县壶山，东北入潍，从水吾声，则浯非结所自名也。元次山《浯溪铭》序曰："浯溪，在湘水之南，北汇于湘。爱其胜异，遂家溪畔。溪，世无名称者也，为自爱之，故名浯溪。"《唐书》元结传，后魏常山王遵十五代孙。天宝十二载举进士，复举制科。会岱宗立，丐侍亲归樊上，作自释。曰结，元子名也。次山，结字也。少居商余山，著元子十篇，故以元子为称。）

（《翁注困学纪闻》卷十一地理，余姚翁元圻载青辑）

# 洪倭诺

## 🏵 人物介绍

洪倭诺，蚶江通判，镶黄旗汉军监生，道光十二年三月任，十七年正月回任。（道光《晋江县志》卷二十八职官志）

## 🏯 浯溪相关作品和事迹

洪倭诺题名碑，在峿台北崖区。

道光乙酉春，滥膺卓荐入都，兼伴送越南贡使朝觐，事毕旋粤。冬至月廿五日，道经祁阳，素闻吾友湘林恒道浯溪佳胜，遂驾轻舟往游。石磴递登，红栏护岸，亭台四五，霜叶半山，林泉之胜，实甲楚南。维时夕阳在山，逸兴未尽，匆匆返棹，姑留异日之补云。

粤西梧州府同知信斋洪倭诺记。

# 梁章钜

## 🏵 人物介绍

梁章钜（1775—1849），字闳中，一字茝林，晚年自号退庵。清福建长乐人。嘉庆七年进士，改礼部主事，官至江苏巡抚，兼署两江总督。洞悉江苏地方利弊，用人理财，能持大体。鸦片战争时，曾驻兵上海，旋以病开缺。有《经尘》《夏小正通释》《归田琐记》等。

## 🏯 浯溪相关作品和事迹

### 浯溪

潇湘清绝冠尘寰，更爱三吾乐意关。一带溪山联楚粤，千秋文字重元颜。临风韶頀何嫌碎，（皇甫湜诗：次山有文章，可惋只在碎。）挂壁蛟龙岂等闲。匝月篷窗须豁眼，振衣已把俗情删。

### 步上峿台读磨崖中兴颂

两间名物各有主，山川也要人依归。一邱一壑名所系，偶得并不烦沈碑。漫郎功业小金印，沧溟逸兴偏淋漓。潇湘合流自邃古，独此甘让名浯溪。峿亭峿台旌吾有，制字直欲参仓羲。幸逢国家大业盛，小臣早放琼琚词。大书深刻千古事，屋痕漏到天南陲。廿四城中忠义气，三百字里云雷随。文章气节相映发，正如杜和春陵诗。好名得名物亦寿，已共流峙分雄奇。涪翁刺讥到灵武，当年岂谓中兴非。要知二公撰刻意，但有忠爱无微辞。论人家国莫附和，泥人山水须栖迟。落帆安得十日住，尽揽秀淑探瑰琦。后来纷纷乱题凿，姓氏十一九已迷。更当倒夔江上水，净洗崖石无瘢痕。窪尊可以涤肠胃，镜石可以涵须眉。回舟急与摹清景，欸乃声中俯绿漪。

（《退庵诗存》卷二十五，福州梁章钜茞林撰，《清代诗文集汇编》第 515 册）

颜鲁公书中兴颂

浯溪磨崖大唐中兴颂，元次山撰，颜清臣书。撰于上元二年，乃迟至十年大历六年始书且刻，不知何故？广川书跋云：元次山自以为老于文学，故颂国之中兴，颂成，乞书于颜太师。颜以书名一时，而此作尤瑰玮，故世贵之。今数百年藓封莓固，望若云烟外，至者仰而玩之，其亦天下伟观耶云云。余以赴官岭右，来往湘江，必舣舟游浯溪，尝再摩挲岩石，惜其漫漶。祁阳县官以拓纸献，亦复模糊。居桂林三年，乃获此旧拓本，尚清朗可观。集古录谓文辞古雅，字尤奇伟，世多模以黄绢为图障。盖此迹之喧赫久矣。独怪次山此颂并无春秋讥刺之意，而山谷诗句似有微词，读者疑之。国初，王渔洋先生有一诗，议论颇正，不为山谷诗所惑，毕竟是风雅正宗。末段云：昨者剧贼乱滇海，盗据衡永为根基。太平祭告遍群望，山川一洗无磷缁。宜有雄词继前代，磨崖重刻浯溪碑。盖值三藩削平之馀，藉此以为出路，则诗家恒径也。附记于此。

附拙诗

两间名物各有主，山川也乐人依归。一邱一壑名所系，偶得并不烦沈碑。漫郎功业小金印，沧溟逸兴偏淋漓。潇湘合流自邃古，独此甘让名浯溪。㟏亭峿台旌吾有，制字直欲参仓羲。幸逢国家大业盛，小臣早放琼琚词。大书深刻千古事，屋痕漏到天南陲。廿四城中忠义气，三百字里云雷随。文章气节相映发，正如杜和春陵诗。好名得名物亦寿，已共流峙分雄奇。涪翁刺讥到灵武，当年岂谓中兴非。要知二公撰刻意，但有忠爱无微辞。论人家国莫附和，泥人山水须栖迟。落帆安得十日住，尽揽秀淑探瑰琦。后来纷纷乱题凿，姓氏十一九已迷。更当倒夔江上水，净洗崖石无瘢痕。窪尊可以涤肠胃，镜石可以涵须眉。回舟急与摹清景，欸乃声中俯绿漪。

（《退庵金石书画跋》卷四，福州梁章钜撰，道光乙巳刻本）

# 李遇孙

## 🌸 人物介绍

李遇孙，清浙江嘉兴人，字庆伯，号金澜。嘉庆优贡生。官处州府训导。通经史，嗜金石。著《括苍金石志》以补阮元《两浙金石志》之遗。另有《尚书隶古定释文》《金石学录》《芝省斋碑录》《古文苑拾遗》等。

## 🏛 浯溪相关作品和事迹

唐中兴颂（大历六年六月）

大唐中兴颂，元结譔，颜真卿书。次山与鲁公交最契，其死也，鲁公为作碑志，称其心古、行古、文古，则安得不郑重以为之书颂哉？颂刻于大历六年，次山早起为道州刺史，又于四年拜左金吾卫将军，兼御史中丞，本管使如故。七年，朝京师遂殁。次山既不在浯溪，磨崖之事，或属之他人耶？颂三句一转，"繄睠我皇"，以我字空二格，天子、太子、皇帝俱空三格，而上皇转空二格，颂中"大驾南巡"空二格，储皇空三格，殊不可解。"瑞庆大来"之大字，萃编阙，补之。

（《芝省斋碑录》不分卷，清嘉兴李遇孙撰，国家图书馆藏）

# 叶绍本

## 🍃 人物介绍

叶绍本，字立人，号笏潭。佩孙（名臣传）子。嘉庆六年进士。授翰林院编修。（嘉庆十一年）出为福建学政。寻授直隶通永道。历官山西布政使，入为鸿胪寺卿。绍本以文学起家，而耐吏事。酷嗜诗，无日不作，以唐人为宗。词及骈偶之文，皆斐然可观。著《白鹤山房集》。

（新府志）（《光绪归安县志》卷三十七文苑）

## 🏛 浯溪相关作品和事迹

### 浯溪观摩崖中兴颂

百尺苍崖矗水滨，淋漓翠墨迹如新。肝脾沁入文难朽，拳爪痕坚笔有神。一代江山留劲画，千秋风雨护贞珉。扶藜愧我匆匆读，未得寒泉荐藻萍。

### 书摩崖中兴颂后有序

摩崖碑颂唐中兴，古今无异词。惟涪翁题诗以肃宗不宜遽正大位，而诚斋作赋又以肃宗非自立无以号召天下，处此实难。元杨铁崖复主其说，而本朝潘次耕、沈归愚皆以杨说为是。余以为次山作颂，未必有意含讥，而肃宗之忘亲亦有可议。爰以诗正之，起诸公于地下，亦当一笑解纷也。

渔阳鼙鼓惊天阍，青骡出走何仓皇。国君社稷不知守，铜驼荆棘悲朝堂。潜龙尚存起朔野，军麾一振严戈斨。遂收两京朝九庙，日月重曜山河光。鄜南即位有旧轨，权宜要未乖经常。惜哉南内缺视膳，射生五百何披猖。遂使后人增叹息，阁干似早隳臣纲。我思古人重名教，夷齐大节高首阳。饴孙谋晋亦善策，终然主器迎黼裳。假令俟命践天位，安见揖让非虞唐。不然龙楼尽子职，以天下养谁雌黄。乱平妇寺遂持柄，太阿自授真屏王。涪翁诚斋皆有见，剔抉大义穷微茫。春秋之旨责贤者，要非苛论庸何伤。舟行浯溪扪泐石，昔人聚讼纷蜩螗。寓规于颂亦古意，直抒忠爱无否臧。弄丸聊为两家解，万古铁画摩穹苍。

（《白鹤山房诗钞》卷十九，归安叶绍本仁甫撰，《续修四库全书》集部第 1483 册）

龙文按：道光七年丁亥（1827）自广西按察使任返经浯溪留题。

# 刘　淑

## 🍃 人物介绍

刘淑，女，字文如，号寒河渔侣，善化人，梁甫女，适候补县丞军功应升知县湖北天门谭泽恺。诗虽揎染未富，而醲粹之音，自见醇厚，若其追琢之勤，迈志希古，则方进未已焉。今存诗六首。

## 🏛 浯溪相关作品和事迹

### 浯溪维舟登峿台口占

少小登临处，重来一惘然。（自注：十岁时，随舅父张古泉先生游此，已二十余年矣，今昔之感，能无怅然。）伤心怀往事，敛衽拜前贤。苔蚀荒碑字，鸦栖古树烟。那堪翘首处，烽火夕阳边。

（《湖南女士诗钞所见初集》卷十一）

# 彭开勋

## 人物介绍

彭开勋，字勒彝，诸生。撰《南楚诗纪》，自序略云："平时读史之暇，欲补志三楚疆域，以家不戴书，未遑卒业，偶校汉书地理志，衡山九江江南豫章长沙悉隶南楚，列朝沿革辄易旧名，复取水经、元和郡县志，元丰九域志，及国朝乾隆府厅州县图志诸书，第遇山川陵墓古迹系以五律一首，题曰《南楚诗纪》云。"

（民国《宁乡县志》艺文）

## 浯溪相关作品和事迹

### 摩崖碑

第一山川壮，中兴颂盛唐。文章刊大历，功业冠储皇。惨淡妖氛靖，涵儒礼乐昌。摩崖千古石，字字挟风霜。

### 镜石

此石中含镜，澄泓一片明。须眉呈色相，肝胆出精诚。雪浪堆前泊，霜华岛上行。浯溪秋月好，夜夜露晶莹。

（《南楚诗纪》卷二）

# 龙禹甸

## 人物介绍

龙禹甸，字汇川，祁阳人，道光拔贡生，著有《栖霞山房诗集》《汇川诗话》《四书质疑》等。

## 浯溪相关作品和事迹

### 游浯溪遇雨返舟

风雨浯溪渡，今朝兴尽归。江流舟去驶，林尽客来稀。草色犹粘屐，花香故满衣。亭台重回首，烟水暝山扉。

（《沅湘耆旧集》）

### 隐仙岩

借得僧鞋尽力攀，一重重上小名山。四围竹箐猿声进，绝顶风云鸟道还。洞石怪从开辟后，真仙疑在有无间。虚舟身世同来往，朝市林泉一例删。

丁亥秋偕汉亭次前壁韵，清 汇川龙禹甸。

# 程恩泽

## 人物介绍

程恩泽（1785—1837），清安徽歙县人，字云芬，号春海。嘉庆十六年进士。授编修。官至户部右侍郎。博学有盛名，与阮元并为嘉庆、道光间儒林之首，而享年较短，又不轻著书，故传世之作，仅《国策地名考》、《程侍郎遗集》。

## 涪溪相关作品和事迹

### 张蓉裳学博三分水二分竹一分屋图（丁亥 1827）

蓉裳名家矩，贫无立锥焉。得此屋盖画其所意欲也。

洞庭之水吞具区，潇湘之竹天下无。牵船岸上即为屋，安用绿窗朱户夸妍都。我来小舞扬其袪，但觉偪仄瓜牛庐。瓷盆作池砌种竹，何日一碧云模糊。（湖南提学署极小。）颇思长沙地清绝，应有天上员庄居。（长沙省中竟无佳宅。）泮宫先生古林逋，宅不枕岳当襟湖。岂知身外无一壶，虚想水竹斜川苏。弹琴攫深醒则愉，唫诗肩耸口则呿，岩壑不置谢幼舆。乃使阑干苜蓿连庭芜，我欲谋之郡大夫。为筑回轩容钓徒，资邵之际多林於。问有安乐行窝乎。（时蓉裳任新化教谕。）小园深裹匼匝翠，明镜曲照离楼梧。诗成琴跋酒百斛，风月与客争清癯。何时眼前突兀见此屋，再绘宏景移家图。否乃往叩涪溪吾，寥天一鹤犹可呼。（一鹤谓湘皋也。时仆与湘皋有卜居涪溪之想。）

### 涪溪诗（丁亥 1827）

绝壁照字江清妍，影落波底字写天。有台托之风翩翩，有尊贮酒当客前。其壁拒客不可颠，却负曲径能折旋。不觉攀尊睇沈渊，人影字影苍茫连。与台遥对及台肩，是曰唐亭秀娟娟。万绿裹之堕江偏，迤南招提矗奇豜。有水襟寺桥则穿，是曰涪溪声潺湲。色若碧玉刻佩瑌，亭寺夹桥高下悬。台北寺南双压边，中若堂若庑若船。率聚怪石相牵缠，人在画屏掘几筵。石无定相随其缘，左才半之右复全。玲珑瘦皱殊可怜，树为石偪树以挛。虎豹挐攫蛟龙蜷，就中寿樟不计年。放云收云司其权，云染树绿飞湿棉。石亦透骨莓苔湔，古路可踏溪可沿。缭绕往复心缠绵，有尽藏如无尽焉。乃知林壑规以圆，面面不同如面然。忘其跬步越陌阡，若鸟在林鱼在川。掩映别有亭三椽，寻其故基仍古先。壁字最著中兴镌，台亭溪以玉箸联。友让得宅留红笺，持正论文出真诠。此外黄米俱腾骞，此外柳记殊怪袄。此外碎金兼断璇，上极绝顶下江壖。一举手皆可蜡毡，石无完肤石不愆。石言若曰何戋戋，却剔蓬蔂搜蜗蜒。大有逸字蘸苍烟，炯如三五离次躔。如蛇螭断谢蜿蜒，文人好名思久传。不计陵谷恒倒颠，百千万年年以还。剩有几字留其坚？人迹不到疑鬼仙。岂知一一皆前贤！客告余曰曷舍旃？请就茆厂烹清泉，共话漫郎心志专。群书当户石镜便，害马已去世事捐。萧然云月同醉眠，况乃道州馨粥饘。父母何在在我廛，其风如薰道如弦。故宜俎豆常吉蠲，百世相感我停鞭。华星一珠吟一篇，斟酒祝公公叩舷。何必故山方买田？但恐巢许囊无钱。

（《程侍郎遗集初编》卷二，歙程恩泽春海著）

# 崔偲

## 人物介绍

崔偲，字怡庭，号茶农，霸州人。生而聪颖，总角时，教以唐诗，并为言古人忠孝节义事，即能解其大义。及受书攻苦，倍于恒人，诵习每至午夜不辍。所著毡笠，一夕为灯火所燃，方读弗觉也。十九岁，与兄同案入泮。嘉庆甲子（1804）举于乡。戊辰（1808），与胞叔同举进士。以知县即用，签掣山西，历任赵城、潞城、永和、临晋等县知县。丁忧服阕，复选湖南祁阳县知县。调攸县知县。前后莅官六任，兴利除弊，总期实惠及民。其任永和也，值己卯（1819）山西乡试分校，得解元王士桓等七人，皆名下士。莅祁阳也，湖北大祲，流民沿途骚扰，偲预为之备，饮食寝处，有条不紊。故帖然而去，过境七万余人，而合邑无事者。道光十二年（1832），江华逆猺滋事，连陷东安、新田等处，近与祁阳接壤。偲经营部署，昼不及食，夜不及寐者数阅月，迨调攸县任未五十日，积劳病发，遂不起。年五十三而卒。（民国《霸县新志》卷五仕绩）

## 🏯 浯溪相关作品和事迹

崔偲诗碑，在峿台北崖区。

浯溪名胜地，我辈得来游。大笔垂千古，纯臣剩一丘。伊谁追盛轨，投契作朋俦。景仰芳踪在，萧萧山木秋。

大清道光八年九月霸州崔偲。

《浯溪名胜地》拓片

# 郑　珍

## 🎋 人物介绍

郑珍（1806—1864），清贵州遵义人，字子尹，号柴翁。道光十七年举人，选荔波县训导。咸丰间告归。同治初补江苏知县，未行而卒。学宗许郑，精通文字音韵之学，熟悉古代宫室冠服制度。有《礼仪私笺》《轮舆私笺》《说文新附考》《巢经巢经说》《巢经巢集》等。

## 🏯 浯溪相关作品和事迹

### 柬别同年萧芝水品三甘子园（丙戌）

叵奈苦风愁郑判，不能微雨过苏端。情怀祇觉向人尽，离别须知对面难。渺渺湘流仍独去，萧萧岳麓怅回看。来年待我春冰泮，共尔浯溪买钓竿。

### 浯溪游（戊子 1828）

朝别柳司马，暮拜元道州。漱齿寒泉水，濯足清湘流。春风系船好晴日，拊髀跃入浯溪游。浯溪何在在湘浒，胜游未易更仆数。初缘苔磴踏莎行，碧尘裹烟浓楚楚。户以石门环以桥，隔阂其内渺无睹。度桥而南忽异常，千章嫩盖蒙堂隍。幽飔澹霭落香雨，绿云堕地山皆凉。中有次山旧日樟，枝所到处天无光。扶来小峰欲上翔，若翼伏卵若佩囊。唐亭紫栖出峰顶，下视乃在枝间藏。由樟西行百余尺，摩崖因风动心魄。三百六十生铁虬，影写江天光照壁。墨精阅久走殊怪，至今柳印压手擘。前明亦有中兴颂，（在颜书右三丈许，水中一崖上。）姓氏谁某漫莫识。瞿家玉箸临崖东，鲛胎老皮嵌紫茸。载毛蛴茧四卫护，不及摩拓伤其锋。幡书颠笔接不暇，足直目眩成老翁。一群乳虎阻去路，（谓小峿台。）手擘寸线回盘中。绣踏罗蒙罩云麓，惊入洞房睡初足。春流溪水花溶溶，满耳丁当漱寒玉。峭石叠起珊瑚枝，铁网槎牙瘦无肉。红亭鼎峙上下石，万颗斜阳点丹绿。出最上亭钞厥旁，乃登峿台颠中央。天置橙榻不劳琢，广修可坐百人强。台唇寏尊古薜镶，尊底万丈浮清湘。尊中凝脂白如霜，疑是元子残酒浆。此时傲气横八极，义腹大卧望昊苍。不觉今古人奇怀，风雷摆宕虬虺肠。笑向云中数招手，拍拍寏尊叫聱叟。何必相逢孟武昌，始泛抔湖一樽酒。当日能醽死阿麐，（醽即昏，次山创此字，益隋炀帝。）乃见天王下殿走。感时忧国颂嗣皇，事有至难寓忠厚。文章经济付一漫，山水伤心旌吾有。黄云动地悲风来，同游者子皆归哉。右堂书鬼转清啸，旧居空见高坟堆。小子不知独何事，幽兰暗结红玫瑰。

（《郑氏五种》之《巢经巢诗钞》卷一，遵义郑珍子尹撰）

# 郑献甫

## ✤ 人物介绍

　　郑献甫（1801—1872），清广西象州人，字小谷。道光十五年进士，官刑部主事。以乞养亲辞官，不复出，自号识字耕田夫。同治间主讲广州、桂林各书院。博览强记，尤熟诸史。为文章直抒胸臆，识见甚卓。有《愚一录》《补学轩诗文集》等。

## 🏯 浯溪相关作品和事迹

### 永州杂感（二首）

#### 其一

　　大贝频生只等闲，才人何敢薄诸蛮。漫郎踪迹中宫寺，愚叟文章小石山。二水东流黄叶下，九疑南望白云间。孤舟兀坐空怀古，忘却芦花第几湾。

#### 其二

　　犬牙故国接东邻，消息前朝问水滨。风雨无声飞燕石，太平有象捕蛇人。楚王一去白茅老，帝女再来斑竹春。回首始兴江上路，素衣初染异乡尘。

### 游浯溪读磨崖碑

　　浯溪碑字大如斗，当年我见磨崖手。浯溪石尊大如臼，今年我载游山酒。吾山吾水名不休，就中想见鼟牙叟。新主重谈天宝年，故园远别樊山口。眼前半是干进客，退谷抔湖亦何有？高士时招武昌孟，后贤或召河东柳。中宫寺里上方钟，仿佛灵旗坐谈久。阿莘山人此地来，开元天子西川走。湘州三十六湾间，铜马如麻飞铁牡。完者一城焚者九，紫洞丹崖竟无咎。人间有公数十辈，河北何忧廿四守？濡毫染翰颂中兴，唐人是之宋人否？涪翁作跋继鲁公，细意深文苦吹垢。纷纭论古听人人，磊落题诗忘某某。火山冰井古容州，踪迹吾乡同不朽。袖里空藏一瓣香，篚中谁享千金帚。我来公去景依然，题名且附吾亭右。

　　　　　　（《补学轩诗集》之《鸿爪集再续》，以上两首作于道光八年戊子 1828）

### 祁阳

　　客况羊公鹤，乡心子夜乌。九歌愁北渚，一棹到南浯。细雨鸣蛙部，微阳挂鸟都。江花与江草，曾识漫郎无？

　　　　　　（《补学轩诗集》之《鸿爪集三续》，以上两首作于道光十二年 1832）

# 周之琦

## ✤ 人物介绍

　　周之琦，字雅圭，河南祥符人。嘉庆戊辰进士，官至国子监司业。著有《日新斋词》六卷。（《皇朝续文献通考》卷二百八十一）

### 雨后游浯溪读唐中兴碑用涪翁韵（二首）

#### 其一

巉崖峭立中有溪，隔溪已见磨崖碑。天公游屐纵所好，冷雨不肯吹成丝。幽居孤僻称（去声）漫叟，旧隐光复思佳儿。（次山子友让有复浯溪旧居诗。）碑高十丈嵝台西，瑰文铁画英灵栖。风霜千载字不蚀，神之所护非人为。颂辞庄严美盛德，岂有罪案归君师？功成尚致紫袍泣，事急终赖天戈挥。文人惯喜逞新异，时势那复论安危。深文曲诋灵武业，忠爱枉读春陵诗。前贤心事大刺谬，此中讵合镌其词？掉头却寻刺史宅，洄潭磴道孤藤随。云山韶頀渺何许？溪声冻涩猿吟悲。

#### 其二

元子以文传浯溪，更乞鲁公书此碑。鲁公亲值范阳乱，连城抢攘梦如丝。哥舒老将惭肉眼，草间泣拜绷中儿。潼关大开突骑西，夜乌从此延秋栖。借令天险誓死守，岂必国事真难为？不见河朔廿四郡，一旅保障平原师。乞书深心公所许，事定肯惜霜毫挥？中兴之功系公力，擘窠巨手曾扶危。孤忠慷慨露波磔，奕世瞻眺锵歌诗。韩碑书石出谁笔，碑仆仅止存其词。护惜瑰宝属贤令，（同年崔君偲方宰斯邑。）勿任敲拓常相随。形仙尸解终泯灭，握拳透爪馀伤悲。

（《衍石斋集》之《刻楮集》卷二附原作）

# 钱仪吉

## 🌿 人物介绍

钱仪吉（1783—1850），初名逵吉，字衍石，一字蔼人，号心壶，清浙江嘉兴人。嘉庆十三年进士，授户部主事，官至工科给事中。后主讲广东学海堂、河南大梁书院多年。长于史学。撰《晋兵志》，辑清人碑表状志为《碑传集》，另有从弟钱泰吉，字警石，世有"嘉兴二石"之称。有《衍石斋记事稿》等。

## 🏯 浯溪相关作品和事迹

### 次韵稚圭雨后游浯溪观唐中兴碑用涪翁韵（二首）

#### 其一

恨无扁舟落浯溪，高文空抚纸上碑。金华仙人昔有赋，声哀言直调朱丝。唐家事业太原起，武德天下取之儿。三郎失驭青骡西，蛾眉不留慰羁栖。宫闱定变气故在，天心已返事可危。奈何灵武倚诸将，却召回鹘烦济师。建储立后瓜一摘，几忘家事须指挥。由来拥戴但身计，不以德力关安危。鸲之谣鲁旷公位，鹤鸣海宣存风诗。忍令仓卒负君父，漫以中兴为恕词！次山文章体则颂，彼臣子义非诡随。春秋正始坊万古，后来反覆吁可悲。

#### 其二

元子借浯名厥溪，亭之台之旌以碑。心空语妙非世得，瑟如枯木弦冷丝。当年藤阴松吹里，荃桡欸乃从渔儿。山高日升湘东西，唐德未著遑幽栖。匹马朔方宗社复，金石歌颂臣能为。文成欲画厌姿媚，岩岩正气惟太师。山之一形水一色，二公风谊相发挥。河北列郡连扦蔽，泌阳孤军支倾危。起居上皇抗前奏，哀矜疲氓陈雅诗。缠绵所性见文字，但有直笔无微词。后贤纵论薄灵武，掣曳古人使已随。忠臣至痛乃在是，湘风湘雨到今悲。

（《衍石斋集》之《刻楮集》卷二，嘉兴钱仪吉撰）

# 顾千里

## 🎋 人物介绍

顾千里（1766—1835），清江苏元和人，字千里，号涧苹，自号思适居士，嘉庆间诸生。通经学小学，尤精校雠。阮元、胡克家、孙星衍等均延之校书，为清代著名校勘家。有《思适寓斋记》。

## 🏛 浯溪相关作品和事迹

### 跋峿台铭

说文𦣻，古文百，从自，与此铭𦣻正合。第一画虽稍剥蚀，然具存可辨。而《萃编》乃云百字竟书作𦣻，亦所未详，疏舛甚矣。

（《思适斋集》卷十六，元和顾千里涧苹撰，春晖堂丛书）

# 陈文述

## 🎋 人物介绍

陈文述（1771—1843），清浙江钱塘人，原名文杰，字云伯，又字隽甫，字退庵。嘉庆五年举人，官江苏江都、常熟等县知县。有诗名，在京师与杨芳灿齐名，时称"杨陈"。有《碧城仙馆诗钞》《颐道堂集》等。

## 🏛 浯溪相关作品和事迹

### 将旋吴门，留别汉皋，感事纪程，积成篇什（第三十六首）

绝壁浯溪半夕阳，抔湖小隐亦徜徉。水窗闲读聱隅子，一角青山忆漫郎。（西山是元次山隐处。）

（《颐道堂诗选》卷二十三，陈文述撰，嘉庆十二年刻道光增修本，作于1830年）

### 题调生所藏王蓬心画永州山水册，即寄调生楚中。此册蓬心守永州日为毕秋帆制府作，凡八帧，日万石山、日愚溪，日朝阳岩，日西山，日高溪，日澹山岩，日浯溪，日九疑山，皆永州山。乾隆五十四年己酉四月作，自己酉至今道光庚寅，凡四十二年，太守制府先后归道山久矣。近为叶甥调生所得，调生收藏鉴别甚精，兹册在近人中当推压卷。余近自楚归，调生方客汉皋，留此册于吴门，索题，因作古诗一章，题于左方，即寄汉上

连峰翠接潇湘尾，峰峰影落潇湘底。先生垂老宦潇湘，万叠湘山卷中起。山首万石终九疑，愚溪浯溪皆绝奇。其余诸境悉幽胜，就中九疑吾有诗。此图君为毕公作，派出四王更精博。几度尊前展卷看，但觉苍屏横碧落。作图记自乾隆年，修蛇赴壑如流泉。毕公骑箕君化鹤，万事过眼如飘烟。衡岳峰西楚天碧，洞庭湖南秋月白。何处天涯夜雨船，惆怅潇湘远行客。湘花脉脉湘鸟啼，湘烟袅袅湘云飞。潇湘帝子归不归，愁绝重华之二妃。我梦潇湘游未得，卷中恰对湘山色。黄陵庙前斑竹枝，仿佛湘人夜横篴。经岁劳君作楚游，潇湘湖上一闲鸥。题诗远寄潇湘去，极目云山一雁秋。

（《颐道堂诗选》卷二十七，钱塘陈文述退庵撰，嘉庆十二年刻道光增修本）

# 梁 梅

## 🌸 人物介绍

梁梅，字锡仲，一字子春，顺德人，优贡生。著有《有寒木斋集》。

## 🏯 浯溪相关作品和事迹

### 月夜携酒访元次山遗宅作歌

水流花放林森森，青山露骨崖嵜嶔。我来橇棹日已暮，崖畔惊起栖烟禽。遗铭搜剔知是漫郎宅，峿台高耸唐亭阴。我闻公昔爱民立教多惠政，春陵一作自足垂官箴。偶然乐幽讨，移家傍云岑。比之西山愚溪开辟得子厚，（二地相隔不远）从来雅吏一例多幽襟。想当退食余，来往烟水浔。近拉丹崖翁，远招孟彦深。抔湖退谷相与日游处，干进之客不许来相侵。指点阳崖砮琢如瑾如珉处，（用峿台铭语）溪光漾碧山光沈。白云八座有闲意，山鸟作歌无丑音。松根一枕或高卧，松花吹落盈衣簪。固宜命名制字勒铭语，（菽园杂记：浯溪、峿台、唐亭皆在祁阳南，命名制字皆始于次山。字从水从山从石，吾者旌吾独有也。）一时忍俊情不禁。乾坤公物欲以一吾据，好名人或嗤其心。（说本欧阳公集古录）不知溪山胜境正以名流重，转藉三吾名字传于今。兹来访古缅遗躅，拜公祠位心犹歆。呜呼！如公忠荩不待论，即论高风逸致我所钦。安知松阴鹤驭数停驻，非公灵魄乘月来幽寻。履怪石，穿松林。怀公有句心沈吟，罇中酒欲同公斟。良宵美景相值不一醉，孤负窪罇罇畔月色黄如金。亭台醉倒恰好月来照，卧听浯溪流水声如琴。

### 浯溪观大唐中兴颂碑刻

我寻石镜浯溪湄，（石镜质如碑石，嵌浯溪石壁间，以水沃之，照见隔岸山川人物。中兴颂即在镜侧上方。）举头乃见摩崖碑。鲁公手书次山作，颂述唐肃中兴辞。大镌深刻琢石骨，神诃鬼护留山陲。观碑因忆鲁直作，颇嫌趣取大物为。后来蒙叟更溪刻，动以杨广相嘲嗤。我思安史昔肆乱，国势将坠如累棋。潼关败兵骨隐路，睢阳守卒人充饥。蜀道青骡既远幸，渔阳铁骑方纷驰。皇皇无君各相吊，四海鼎沸危乎危。不顺人心继宝位，曷致群力收京师。马嵬成命况应守，龙廐谕言人尽知。当时禅让惟两得，用能底勋安鸿基。试看奉迎返车驾，黄袍代著何嫌疑。奈何张李后煽乱，矫诏擅把宫迁移。西内不朝子职旷，忠臣骨痛宜有之。回思始事固无忝，未可一概同贻讥。寸天尺地赖整顿，文谟武烈当昭垂。道州昔曾位著作，大手笔属何须辞。炳文华国才本裕，相如典册心冥追。岐阳趱趄并古藻，泰山登封同伟奇。颜书元气更磅礴，日星山岳相撑支。毅魄仙魂俨在望，握拳透爪如生时。事关朝庙典固巨，迹留忠荩人尤思。来游我不打碑卖，（山谷诗：时有游人打碑卖。）愿拓百本归装持。深宵定有虹月贯，沿途藉压魑魅欺。无如日暮来仓猝，毡墨不备工难施。何时重游愿斯慰，石刻摩挲愁鬓丝。（山谷诗：平生半世看墨本，摩挲石刻鬓如丝。）

（《楚庭耆旧遗集》后集卷十二，南海伍崇曜紫垣辑）

# 吴荣光

## 🌸 人物介绍

吴荣光（1773—1843），清广东南海人，字荷屋，号伯荣，嘉庆四年进士。授编修，历任御史、福建盐法道。道光间官至湖南巡抚，兼署湖广总督，坐事降调福建布政使。后以年老休致。善书画，精金石。有《筠清馆金石录》《吾学录》《历代名人年谱》《石云山人集》等。

## 浯溪相关作品和事迹

### 湘水二首（辛卯 1831）

#### 其一

沿汉英雄已劫灰，浮湘词赋又怜才。地当屈宋风骚始，天到西南气运开。寂寞投书怀贾傅，峥嵘磨石问浯台。至今此水明如镜，照遍行人白发催。

#### 其二

欲溯长天未老情，江流曲曲自凄清。朝风竹满重瞳土，暮雨帆随九面衡。芳草寓言忠爱泪，美人何处别离声。微波千里频回首，见说洲边有杜蘅。

### 南征（其三）

苍莽熊罴岭，熊罴静不哗。三军歌杕杜，七伐气云霞。盾鼻书生檄，刀头壮士家。艰难勿回首，天泽本无涯。

（《石云山人集》卷十七《抚湘集》，南海吴荣光伯荣撰，清道光二十一年吴氏筠清馆刻本）

# 秦笃辉

## 人物介绍

秦笃辉，字山子，号榆村，岁贡生。风裁整峻，抱负宏深。幼孤，事母至孝。因善医，性慷慨，乐施与。每当岁暮，里党赤贫者量加周恤，亲故婚丧大事力乏者必竭力相济。肄业江汉书院。时独力捐梓书院志略，院师陈愚谷曰："贫士为此，可谓有志兴学者矣。"长年一毡坐读，世俗罕识其面。遇不平事，必正容庄论，以期协情当理。从无依违，试辄冠军。学有心得，以慎独为宗。著《墨缘馆集》三十二种。其易象通义、经学质疑、录警书、平书等编，尤足辅翼经传，有功圣学。引掖后进，多所成就。先以正心术为教，自号信天翁。怀清履洁，无计功谋利之私，学使契重者多名德，如贺蔗农、吴瀹斋、方铁君，延聘主讲衡文，礼数甚优。郡邑夏乾园太守、旷琴仙大令，咸以不得一见为憾。卒后，夏太守叙其诗，捐赀付梓。

（同治《汉川县志》卷十六列传乡贤）

## 浯溪相关作品和事迹

池北偶谈：湖南祁阳县浯溪有镜石，高尺五寸，阔二尺五寸，石色如漆，光可以鉴，隔江竹木田塍，历历如见。曾有人窃去，即昏昧无所睹。还之，如初。乔侍读石林莱言如此。按：予少时至浯溪，曾睹此镜，一黑石微光，毫无所见。凡事亲历，则附会自破，大抵然耳。

（《平书》卷三，汉川秦笃辉著）

# 张嗣康

## 人物介绍

张嗣康，字戢山。道光十一年举人，以直隶州州判需次湖南，署桂阳州州同。改知县，署蓝山县事。值军兴，集乡勇，筑成修堡，土寇屡攻县城，随宜守御，甚有方略。有猾吏舞法杀人，掠其赀，莫能诘治。嗣康发其奸，戮之。兴学课士，政声流闻。调临武县，以疾归。蓝山民至今思之。（桂阳州志）咸丰七年二月，署理祁阳知县。

（光绪《馀姚县志》卷二十三列传十六国朝）

🔱 **浯溪相关作品和事迹**

绘有《浯溪访碑图》，吴敏树为之题诗。

# 吴敏树

🌿 **人物介绍**

吴敏树，道光十二年壬辰补行辛卯正科举人。

（光绪《巴陵县志》卷二十三选举志二表下）

🔱 **浯溪相关作品和事迹**

张即山嗣康司马浯溪访碑图

昔曾拓得中兴碑，摩挲心眼嗟迷离。次山文章鲁公笔，千岁剥蚀精未亏。想见浯溪绝壁下，波光浮动生蛟螭。惜哉后贤误读此，乃以盛颂蒙贬讥。张侯访古劳不辞，图写楚游兹段奇。岣嵝禹迹久茫昧，吾欲从公探会稽。

（《柈湖诗录》卷二七言古诗，巴陵吴敏树本深撰，绍兴图书馆藏清同治八年长沙刻本）

# 崇　福

🌿 **人物介绍**

崇福，满洲人道光十三年任永州镇总兵官。

道光十二年九月十六日〇又谕：湖南永州镇地方、界连两粤，控制猺夷。现在猺匪甫经平定，巡防弹压，一切均关紧要。该总兵崇福、向未出兵。于边防事宜，办理能否胜任。到任后著该督留心察看，据实具奏。将此谕令知之。寻奏、该总兵才具明晰。营务熟谙，曾于道光六年带兵渡台，擒犯多名。于行阵亦有阅历。应令先行赴任。报闻。（《清实录》卷二百二十）

🔱 **浯溪相关作品和事迹**

游浯溪

造物好奇真可怪，祁阳郁秀钟灵界。回环湘水矗雄峰，陡壁悬崖全入画。中嵌一块名镜石，黑如乌玉长二尺。试将溪水拂拭之，照出林峦无限迹。相传有唐天宝乱，渔阳鼙鼓安羯叛。羽林翠华幸蜀西，盗贼蜂起民涂炭。尔时天未绝唐祀，储君监国群心喜。于焉灵武奋中兴，扫尽猖狂复方轨。水部郎官元子结，奉命安人持符节。芟榛除莽破天荒，开创浯溪诚妙绝。爰思戡乱功勋重，二圣重欢恢一统。尊崇盛德仰斯人，摘文挥就中兴颂。传文须倩传人写，鲁公劲笔甲天下。磨崖书如锥画沙，千秋万古留遗雅。吁嗟！奇山奇水开奇境，奇文奇字传奇景。岂真造物好奇乎？将使后世乱贼庸臣知所警！

（同治《祁阳县志》卷五下浯溪）

# 朱　琦（临桂）

🌿 **人物介绍**

朱琦（1808—1861），清广西临桂人。字伯韩，一字濂甫。道光十五年进士。为御史时数上疏论时务，以抗直闻。家居办团练以抗太平军。后以道员总团练局,助守杭州,城破死。文宗桐城派,有《怡志堂诗文集》。

有《朱伯韩先生传》见《柏堂集续集》卷十一,桐城方宗诚存之撰,《清代诗文集汇编》第 672 册。

## 浯溪相关作品和事迹

### 浯溪镜石（甲午 1834）

苍崖削云根,寒碧凄以耿。奇哉一片石,澄江照秋影。初疑太古月,团圞堕湘岭。又疑舜二妃,袖此遗荒梗。年深藓花积,斑竹闯幽冷。我来及秋仲,拂拭光炯炯。步上浯溪台,乔木带烟暝。其西为唐亭,规制仍峻整。循崖自东下,湍流激奔猛。青山阅人代,岁月谁记省。粲粲元道州,恍若通欵謦。摩崖余大碑,冻雨洗绝顶。颜黄并魁峙,三浯快驰骋。低徊日已夕,怅然觅归艇。

（《怡志堂诗初编》卷二,桂林朱琦伯韩撰）

### 上滩（丁未 1847 三月）

前有《雨中》诗:归帆细雨春三月

一滩复一滩,乱水蠥浪花。刺船与滩争,滩浅露石沙。人言上滩难,滩险殊未涯。先生笑哦诗,安稳如在家。滩行信为险,出险亦可夸。

楚地石较多,滩急更多石。我舟行石上,石角怒相逆。直前若攫拏,侧出似剑戟。长年作呀喘,并力争一隙。兀兀忘朝晡,勇进不暂息。君看苍崖上,篙眼有苔迹。

昨过三门滩,周遭若门户。前后十五里,水平滩不怒。舟子为我言,向惮此滩苦。两崖矗乱石,水深石又巨。缆长不得力,朝进困日午。今春滩水高,坦涉如平土。迟速各有时,人事难逆睹。且分赛神钱,明日买鸡黍。

沵流至河洲,洲水碧如染。岸旁多大屋,云水低冉冉。渔家杂三四,回波斗敛艳。滩形若渐平,路转傍重崦。急流至崖出,乱下如雨点。平生夸诗胆,对此稍懦敛。细思却不然,兹滩未为险。人心自嵚崟,尔节毋过贬。

南去逾归阳,远望连九疑。滩水日以高,坝多行愈迟。童仆无欢容,妻子或咨咨。先生坐不问,日饮酒数卮。反谓滩势奇,纵笔多瑰辞。湘云有远意,湘水生媚姿。听我上滩谣,艰难慰蒿师。

### 上滩续得三首

一人前持篙,众篙挺相赴。后者复绝叫,辛苦得寸步。回看下滩船,如鸟迅飞去。顺进诚足快,一缆不得住。往往触抵石,蛟龙愁日暮。我行虽湮滞,晚达非不遇。却思失足险,横流使人惧。

前滩连数舟,同行复同泊。滩峻约同跻,鸥鹭义不薄。我舟昨小停,人少滩势恶。彼舟遂独进,不复理前约。人生各利钝,退步亦差乐。独念艰苦中,未可暂住脚。直上望扶持,同心莫漫托。

我为上滩难,聊作上滩谣。击楫偶一歌,已觉风骚骚。滩神若护持,魑魅不敢骄。似闻零陵间,兵火已尽销。莽莽连峒溪,村烟半萧条。且喜故人近,春星若见招。我生仗忠信,不用多忧劳。

### 忆昔一首将至浯溪作

十载湘乡别后思,孝廉船记北来时。布帆尽揽巴陵胜,云海难忘岳麓奇。白发渐多惭对镜,青山看惯转无诗。意中尚有浯溪好,且往扶藜再读碑。

### 登唐亭

我行本自重山水,行到潇湘又不同。岩壑都教发幽邃,文章亦与变清雄。难回天地扁舟里,独立苍茫夕照中。更向浯溪亭上望,荒崖断碣识孤忠。（上有鲁公中兴碑。）

（《怡志堂诗初编》卷六,桂林朱琦伯韩撰）

途中杂感其七（乙卯 1855）

慷慨中流击楫行，挂帆飞鸟一身轻。谁供大笑千觞醉，要听秋涛万鼓声。残寇赤眉犹健斗，腐儒白面岂知兵。羽书江上无消息，霜冷浯溪石镜明。

（《怡志堂诗初编》卷七，桂林朱琦伯韩撰）

# 龚维琳

龚维琳题名
碑拓片

### 🌿 人物介绍

龚维琳，字承研，号春溪。道光年间进士，道光十二年（1832）任河南副考官，后任清秘堂办事，督学湖南，为楚地培养不少真才。归乡后，主讲清源书院，著有《芳草堂诗》《芳草堂赋抄》。

### 🏛 浯溪相关作品和事迹

龚维琳题名碑，在石屏区。

乙未督学使者、晋江龚维琳观此。

# 彭蕴章

### 🌿 人物介绍

《彭文敬公集》四十六卷，彭蕴章撰。蕴章生于乾隆五十七年（1792），卒于同治元年（1862）。字棕达，一字咏莪，号小园，江苏长洲人。道光十五年进士，授工部主事。历任工部尚书、军机大臣，官至武英殿大学士。谥文敬。所著先有《涧东集》三卷，道光六年刻，中国国家图书馆藏。自定《松风阁诗钞》八卷，道光二十六年刻，中国科学院图书馆藏。辑其文为《归朴龛丛稿》十二卷、《续编》四卷，林春溥序，道光二十八年至咸丰七年刻，中国国家图书馆藏。晚年辑所作诗为《松风阁诗钞》二十六卷，分《涧东》《花南》《竹西》《砚北》《乘轺》《问心》《朝天》《金井》《金鳌》《借园》诸集，罗惇衍等序，咸丰二年刻，首都图书馆藏。卒后第四子祖贤辑为《彭文敬公集》四十六卷，计《松风阁诗钞》二十六卷，《归朴龛丛稿》十二卷、《续编》四卷、《鹤和楼制义》二卷、《补编》一卷、《瓜蔓词》一卷，同治间（1869）刻，中国国家图书馆、中国科学院图书馆藏。（《清人诗文集总目提要》卷四十一）

### 🏛 浯溪相关作品和事迹

浯溪异石记跋

浯溪异石记，其文自左至右，与他碑异，惟疏从束旁，不免见呵于墨守说文者，然书法古峭，岂得谓之俗手？

（《彭文敬公集》之《归朴龛丛稿》卷十一评、跋，长洲彭蕴章咏莪撰）

龙文按：《浯溪异石记》，当指元结唐亭铭所云："浯溪之口，有异石焉……踈竹旁檐。"跋中所言惟踈字从束旁，当指此踈竹旁檐之踈。踈，按《康熙字典》云："《正字通》疏字之讹。本从疋。《玉篇》误从足。"此即跋所云不免见呵于墨守说文者。踈，碑刻此字书法古峭，确非俗手所为。

金石杂咏（三十五首选二）

其一

颜公风节道能迂，乞米曾呼李大夫。模本流传干禄字，千秋衣被到寒儒。

其二

洼罇铭属次山词，令问工书亦好奇。更有华阳岩勒字，求名却被后人嗤。

（《松风阁诗钞》卷五）

# 唐李杜

## 🎍 人物介绍

唐李杜（1796—1864），字诗甫。道光丙申（1836）进士，授吏部稽勋司主事。既请改归本班，选补陕西靖边县知县。靖僻陋，士人寥落，乃聘绩学能文者为书院师，暇即亲诣讲经史，二三年间，人文兴焉。甲辰（1844）、丙午（1846），连充陕甘乡试同考官，所荐多知名士。卅年（1850），调任咸宁，靖绅耆请留靴以志遗爱焉。在宁，清积牍八百余，上书陈利弊数事。咸丰初，升商州知州。以捐军饷，加知府衔。办商州军饷，留任二年，旋即用道。委办商南团练，陕中丞瑛奏委陕西军需捐局。同治元年（1862），回匪流扰，委西守西城，民辟乱投者万余人，即命开门纳之，安置贡院中，捐奉银二百振之。各员亦量捐资，遂无一人失所。回匪突省城，众惧，令火器御之，匪皆遁。以守城功加盐运使。冬以催两湖军饷归里，乃为邑书院山长。三年（1864）卒。所著有《读我书斋诗文集》数十卷，惜间以时萩为所颣云。

（民国《祁阳县志》卷七上名宦传）

## 🏯 浯溪相关作品和事迹

### 九日偕友人游浯溪

浯溪山水天下无，风景不数钱塘湖。彼藉人工此天造，春花自与蒭彩殊。亭喜寂寞荒草遍，可惜生居湘之隅。山水亦有幸不幸，幽兰空谷良足吁。岂知木石有时灭，日月照耀惟忠节。作颂何人书者谁？元公鲁公万古杰。文章璀璨光繁星，笔力钩画垂银铁。风雨不蚀神鬼扶，斯崖遂乃成三绝。我来剔藓披榛丛，细读遗碑吊双忠。猪龙东入潼关破，太子西来市肆空。灵武即位天所命，刺讥未免轻涪翁。生民无主义士死，播越谁收中兴功？读书不通古人意，持论往往多异议。克复旧物还上皇，劫迁何至伤大义。小人乱国非偶然，离间谋成岂本志？千载一时庆重欢，善归君父仁之至。抚今追昔为叹嗟，有客在旁一笑哗。往事陈迹君休问，纷如叶落啼寒鸦。春时桃李开已谢，江上吹老芙蓉花。良辰美酒曷不醉？坐对黄菊愁孟嘉。我闻斯语忽抚掌，何处渔歌远送响？且倒大杓倾葡萄，湘波色夺酥流盎。日斜欲去仍徘徊，漫叟不作平原往。回看倦鸟逐群飞，醉歌声里双桨荡。

### 祁阳竹枝词和王选山时叙明府作

湘中形胜萃浯溪，绿涨春波上柳堤。一自元颜书颂后，淋漓墨迹万人题。

漫郎宅畔钓人扉，老水湾前蟹火微。一夜鸣榔声不断，秋风羡杀竹鱼肥。

（竹鱼惟祁城上下十五里有之，形似竹，故名。每至七八九月始出，冬则仍入岩穴。渔人以木板击船头，其鱼自聚一处，用网取之。）

### 竹鱼

谁将舜岭千竿竹，化作浯溪一尺鱼？夜听鸣榔十五里，橙黄橘熟雁来初。

## 游浯溪

年代几变更，江山旧不改。大唐迄我朝，世阅千百载。买祸起猪龙，流毒延薄海。天子狩蒙尘，宗社岌乎殆。神器厥休归，天心民命在。灵武即帝位，廓然诛有罪。壶浆迎王师，万姓引领待。功德旋乾坤，歌颂穑块磊。元公作颂词，中兴喜奏凯。鲁公书绝伦，笔力千钧倍。三绝成磨崖，形胜湘中最。鬼神呵护灵，日月生光彩。来往共登临，蝌蚪满崔嵬。剔藓扫苍苔，残碑共搜采。溪水清且幽，亭台辟爽垲。上有古宓尊，饮之浇傀儡；下有石镜悬，晶莹鉴发髦。日暮坐忘归，渔歌闻欸乃。

## 浯溪谒元颜祠

古木成阴绕绿杨，漫郎宅畔旧祠堂。孤臣事业存山水，大笔淋漓洗露霜。

人语乍惊饥鼠窜，僧寮闲似蛰龙藏（时诸僧无一出迎者）。拜瞻遗像情何极，手折崖花当瓣香。

（《读我书斋诗草》，清唐李杜撰，祁阳县图书馆藏）

# 陈公禄

## 🌿 人物介绍

陈公禄，字百是，邵阳人，诸生。性颖慧，八岁能诗，有《一方园集》。百是为车氏之甥，母早卒，事继母以孝闻，曾与修《湖广通志》，人推其博雅。

## 🏛 浯溪相关作品和事迹

### 浯溪

佳山与佳水，幽讨属吾徒。我来舂陵游，我梦通三浯。纤回潇湘棹，缆舟浯山隅。登临好风日，顿令神境殊。磨崖读古碑，鲁公筋力俱。好事何纷纷，自莫辩瑕瑜。无石不遭黥，山灵痛剥肤。镜以光明存，清流宛可濡。河山月中影，乾坤贮一壶。虽不照肝胆，鉴人眉与须。盘折上高亭，凭虚万事无。仰天发长啸，云飞落霞孤。曾登子陵台，仿佛同画图。还问漫郎宅，我欲逃微躯。有石而无人，为谁语荒芜。

（《沅湘耆旧集》卷四十八，《资江耆旧集》卷十四）

# 汤蠖

## 🌿 人物介绍

汤蠖，字信甫，号浯菴。幼秉异质，笃孝友，与仲季并工诗古文词，精绘事。学问推重一时，著有《大学中庸说》《寄欣堂诗集》《餐玉词》。（光绪《善化县志》卷二十四人物）

## 🏛 浯溪相关作品和事迹

道光十七年，绘有《浯溪秋霁图》。

款识：浯溪秋霁图。道光丁酉岁四月上浣，信甫汤蠖于寄欣堂写。

# 易学超

## 🌿 人物介绍

易学超，字晴川，汉阳举人，道光十八年（1838）至二十二年（1842）两任祁阳知县。

## 浯溪相关作品和事迹

易学超碑记，在摩崖区。

### 修复颜元祠记

浯溪，祁名胜地。自宋以来，历有元颜二公祠，明季久废。康熙丁亥，王君颐公特修复之。泊乾隆丁丑，宋君怀山宰是邑，移建于书院旧址。寻就圮，故址委榛莽近四十年。前任崔君茶农甫议修，即量移去，事遂寝。予莅祁三载，公余至溪上，溯高风于荒烟蔓草中，堂庑无存，为之怅然者久之。因思二公忠义之气，彪炳史册，自天宝迄今，千有余载，不朽之精灵固与日月争光，而中兴一颂，尤为磨崖三绝。苟无祠以荐馨香，甚非所以妥忠灵而慰仰止也。今秋岁大熟，集邑人士于唐亭而议新之。余与同寅诸公捐廉以为之倡，一时□□□□人输天庠，无不踊跃争先，乃仍于遗址，高其闬闳，厚……道光二十年岁次庚子嘉平月上浣，知祁阳县事晴川易学超谨撰并书。（捐款名单，略。）

### 重修永昌书院碑记

书院之设，所以作育人材，广庠序之教也。明万历时，邑进士邓公来溪，创建此地，名曰"文昌"。踞天马之麓，面湘江之滨，下瞰书岩，旁峙宝塔，碧澜回绕，佳气郁葱，文风蒸蒸日上。中废于天启间。我朝康熙初，邑令曲周王公颐修复之。乾隆辛已，前令李公瑛岱捐费重修，并以学中公产及续捐田亩，资其膏火，其嘉惠士林岂浅鲜哉。岁久渐圮，不可以居。余至是邦之明年，绅士以捐修请余厘之。黄君翼人、周君寿农两学博，与有同志，遂各捐廉为之倡。一时勤金者踊跃偕来。又得孝廉唐宪、茂才罗生中伦、刘生冠吾、杨生逢源、陈生延简、徐生光祖、孙生中元、职员刘君谦、上舍张生楚英董其事，料量土木，监督工程，不辞劳勚。而余与两学博，更详为规划。簿书有暇，辄往省试之。经始于己亥孟秋，落成于壬寅仲夏。前为大门，中为讲堂，后为释奠先师之所。东西两斋舍各二十，疱福悉具，周围绕以垣。计费金钱六百万有奇。不役民力，未三载而告竣，轮奂聿新。首士请易其名，遂颜之曰"永昌"，旌祁有也。夫兴废举坠，有司之责也；进德修业，学者之事也。自今以往，诸生肄习其间，尊岳麓、鹿洞之规，体紫阳、南轩之训，黜浮华而崇实学，敦孝友以重人伦，将见砥柱之材，取资浯水；栋梁之器，擢秀祁山。道学昌明，人文丕振，余于祁人士有厚望焉。是为记。

# 蒋琦龄

## 人物介绍

蒋琦龄，字申甫，全州人，道光庚子进士，历官顺天府尹，有《空青水碧斋诗集》。

（《晚晴簃诗汇》卷一四三）

## 浯溪相关作品和事迹

### 次答莲庵祁阳舟次见怀

帘幕入冬风，屋梁照晨月。所思寄绵渺，倏见冰如缬。遥蒙颁简翰，愁绪为爽澈。理超词愈妙，语尽意未歇。岁暮多感怀，独坐拥吟褐。念我数奔驰，悬景甚飘忽。我去君乍归，我来君又别。同心屡异离，会合本难说。祁岭高且长，湘川寒更洁。洪州文雅地，（莲庵时往江右）行止供研核。吾侪固好游，壮怀安可割。文章有奇气，山水之所结。高堂幸悦康，归兴且勿热。奚囊纂好句，留待故人发。

（《空青水碧斋诗集》卷一，全州蒋琦龄申甫撰）

## 次和大司马许滇生先生乃普试院画竹

碧玉千寻已早抽，岁寒仍见绿云稠。新篁竟学干霄势，为有高枝在上头。

此君面目本清癯，春尽燕山得见无。回首湘灵鼓瑟处，临江亭子认三吾。（三吾亭在祁阳浯溪，水竹绝胜。）

（《空青水碧斋诗集》卷二，全州蒋琦龄申甫撰）

## 浯溪五首

### 其一

二月携客来，鸟鸣春日斜。十月还过此，晓树啼霜鸦。

峿台仍见招，樯竿插晴沙。亦欲留竟日，宛颠就寒花。

### 其二

海内满干戈，风尘暗寰县。运会转唐昌，高文重纪献。

盗贼未足平，元颜难复见。载读摩崖碑，使我泪如霰。

### 其三

珠玉满崖谷，俗子寻镜石。山光好墓田，输与陈相国。（祁阳陈文肃公葬此。）

至今中宫寺，香火割半席。我亦思卜居，来傍漫郎宅。

### 其四

有客昔维舟，篷窗伺山鬼。身手乞作字，判押平如纸。

起看墨淋漓，乃著崖石里。恨不作草书，龙蛇照江水。

### 其五

昔我方九岁，扱衣蹑巉岩。往来十六回，忽已四十三。

江神笑见惯，尘状我自惭。作诗谢江神，归卧老学庵。

（《空青水碧斋诗集》卷六，全州蒋琦龄申甫撰）

## 送杨海琴擢辰元观察用去年席间赋赠韵

维縶难留空谷驹，嘉祥喜集戟门乌。岭湘政绩润千里，水石风流续九愚。（海琴葺署旁园曰愚园，自号九愚。）模画是王诗是柳，（海琴深于画理，酷嗜蓬心画。）爱民如子吏如奴。送行杜二劳相待，川合东西再剖符。

干戈重见知何日，落月萦怀江上村。竹笋迎船供洁膳，榴花照席引离尊。五溪衣服沾文化，二酉云山足讨论。努力中兴参盛业，摩崖深刻此间存。（时重修浯溪亭阁。）

（《空青水碧斋诗集》卷十二，全州蒋琦龄申甫撰）

## 元次山溪园石刻跋

浯溪元次山铭刻，唯峿台铭至今完好，虽中兴颂宋时已刓缺，其他可知矣。此溪园二字，同治初元守令邦人建楼以覆摩崖碑与山谷书次山欸乃曲，皆剪秽发土得之，黄书已残缺，此无少损，皆近世所未见而此尤可宝也。考浯溪三吾铭，《金石存》谓山谷以溪铭为季康所篆，亭铭瞿令问篆，台铭无姓名，以字法观之，当亦季康篆。《潜研斋金石文跋》谓溪亭二铭，瞿篆，台铭亦瞿篆也。今溪亭铭刻于东崖者，皆大历三年并为瞿笔，不知山谷何据以溪名为季康书。而东崖别有涪翁题刻，谓与陶介石于唐亭东崖得次山铭刻百余字，皆江华令瞿令问玉箸篆笔，今崖间别无次山铭刻，所谓百余字者盖即溪、亭二铭，是山谷未尝以溪铭为季康，而不知《金石存》何所据而云然也。台铭独无篆书姓名，刻于大历二年书法亦与二铭少异，则谓为瞿书者亦未可为定论。弇州山人疑为李阳冰或元公自作，亦无所据。此二字大书深刻，篆法深厚，又与三铭不同，亦不著书人姓名，其为李监、瞿令或次山自作，不可知矣。王渔洋《浯溪志》谓尝往来溪上，求次山故迹，不可得见，今乃复出，信神物护持，隐见有时耶？生古人后，获见古人所未见，抑何幸耶？锺西耘茂才博识嗜古，从祁阳令得此拓本见示，嘱跋其尾，因志其崖略如此。

（《空青水碧斋文集》卷七题跋，全州蒋琦龄申甫撰）

# 黄恩彤

## 🌿 人物介绍

黄恩彤（1801—1883），清山东宁阳人，字石琴。道光六年进士，授刑部主事。鸦片战争间，从赴广东签订中英《五口通商章程》。擢广东巡抚。坐广州人民反入城斗争事褫职。咸丰间，在籍办团练，御捻军。有《知止堂集》。

## 🏯 浯溪相关作品和事迹

### 浯溪二首

#### 其一

奇峰忽涌出，苍翠难为状。怪石何牙牙，坐立屹相向。

攀缘上高台，眼耳得清旷。一镜瞰湘流，时有孤飐飏。

#### 其二

苍崖列万笏，文字竞镌刻。莓苔蚀姓名，漫漶难可识。（峿台之右，悬崖壁立，俯瞰湘江，自唐以来刻诗文、题名字者难以数纪。风雨剥蚀多就漫灭矣。）煌煌中兴颂，鸿文不称德。岿然立千秋，道州与鲁国。（浯溪石刻大唐中兴颂，记唐肃宗灵武事，多涉夸侈，徒以元道州为之文，颜鲁公为之书，遂至今宝贵。然则文字之传，岂不以其人哉。）

（《知止堂集》卷三，宁阳黄恩彤石琴稿）

# 武文斌

## 🌿 人物介绍

武文斌，字质君，浙江人。监生，五年生，四月调河盐课大使。

（《清道光七年秋江南省缙绅录》）

## 🏯 浯溪相关作品和事迹

浯溪中兴颂自唐至宋题咏实繁。赵明诚待制妻易安李夫人，尝和张文潜长篇，以妇人而厕众作，非深有思致者能之乎？

五十年功如电扫，华清花柳咸阳草。五坊供奉斗鸡儿，酒肉堆中不知老。胡兵忽自天上来，逆胡亦是奸雄才。勤政楼前走胡马，珠翠踏尽香尘埃。何为出战辄披靡，传置荔枝名马死。尧功舜德本如天，安用区区纪文字。著碑铭德真陋哉，乃令神鬼磨山崖。子仪光弼不自猜，天心悔祸人心开。夏为殷鉴当深戒，简策汗青今具在。君不见当时张说最多机，虽生已被姚崇卖。

君不见惊人废兴传天宝，中兴碑上今生草。不知负国有奸雄，但说成功尊国老。谁令妃子天上来，虢秦韩国皆天才。苑桑羯鼓玉方响，春风不敢生尘埃。姓名谁复知安史，健儿猛将安眠死。去天尺五抱瓮峰，峰头凿出开元字。时移势去真可哀，奸人心丑深如崖。西蜀万里尚能反，南内一闭何时开。可怜孝德如天大，反使将军称好在。呜呼，奴辈乃不能道辅国用事张后尊，乃能念春荠长安作斤卖。

二诗具见史才，妇女中竟能有此。

（《瀚海披沙》卷六，武林武文斌质君甫辑）

# 刘希关

## 🌺 人物介绍

刘希关，号恬渠，辉南次子，邑庠生。道光廿四年甲辰科（1844）亚魁。拣选知县，分发试用教谕，教学邑文昌书院十余年。陈玉祥聘修县志，周厚生卒，希关一人主稿。

## 🏮 浯溪相关作品和事迹

### 浯溪

邱壑依然秋复春，亭台兀兀矗湘滨。漫郎去后溪谁有？鲁国书残石亦磷。

镜里山河今古在，崖前舟楫往来频。千年惟有窊樽月，曾照当时旧主人。

（同治《祁阳县志》卷五浯溪）

# 谢　舲

## 🌺 人物介绍

谢舲，字莲士，江阴人。官隆安县丞，有《莲洁诗集》。（《晚晴簃诗汇》卷一三四）

## 🏮 浯溪相关作品和事迹

### 南征日记

十一月二十八日，雪微。云散复合。寒烟笼水，西风辰发。牵而行。午过河洲驿。风急。晡至马矶，大小十余峰，起落相连。石色墨晕黄染，纹多方解。又如古城剥落，砌痕不齐。近水则紫色巨石，横盘直竖。矶上牵道间有石阑峰，缺处石桥平接，舟从下过，见水底石块平铺，约深二尺，而大溜冲急，船身震响不前。篙工牵夫声嘶力尽，一时许，始得险尽平稳。晚，次九矶滩停泊，止一客船相傍。妻儿畏寒拥被，童奴死睡，独自挑镫堤防彻夜。

二十九日，云薄西风。微晓发，已过归阳驿。晌午，日烘云破，过黄泥塘。苍山前后高下，穿插横接，约十余里。临水山脱处，巨石平铺，石上屋宇层密。石有三四缺口，如小河干涸，接以长板，板下挂木，上亦架屋。右边石高处，红庙砖塔，左边一石，坡大数亩，迸裂坟起。屋靠低山山顶，直树密排，树后复有一山，高出如列屏幛。映过空舻（一作澪）滩。一矶斜对，滩壅河心，大溜冲泻碧浪，急沸溅珠。晡过彭家铺。亦石上起屋，屋后群山高列。过鲤鱼身，大石矶也。矶上石厂灰窑，凿石声响不绝。酉次西洲野泊。

十二月初一日癸巳，天晴。南风微晓，发。睡中过白水驿。已过十八里滩，斜壅过滩，层山青绿迎面。阻河将近，乃大小二山夹河对峙，河流曲转，掀柁傍大山行未尽，群峰又起，围绕三面。内一山甚奇峻，山身十数小峰，如莲子突出，嫩绿可爱。大峰则小杉排种，色甚杂，青苍绝似帘丝密织。其余各山，峦势峰形，亦无不天然秀丽。虽令穰丹青松年画本，所不能至也。日昳至薄暮，过滩溜四，末一滩最险。戌次祁阳县。

初二日，霜重日暖，无风，向晓，长年祀神。食后，舟发，叠逢滩溜，映过滴水崖。一连数矶，临水壁立。石色浅黑而古，石纹乱削而奇。余则攒簇累累，人立兽蹲者非一。使元章见之，岂不崩角在地耶。日晡，又逢滩溜，晚，次黄阳司。壬戌夏，友人胡义甫运守云："祁阳县上游隔岸三里许，曰浯溪。峭壁十余丈，上有磨崖碑，刻唐颜鲁公书元次山中兴颂。宋黄山谷、杨诚斋诸公亦多题咏。巉石傍列石镜，若屏风，然光可鉴人。过者毕见。崖顶一窟（亦作窳窊，俱乌瓜切）樽，窄口广腹，天然酒器，疑出鬼斧神工。攀登观玩，俯视林箐深处，古刹峣然，境极幽邃，为楚南胜区第一。"余忆族人有长沙相国刘文襄公所遗磨崖碑拓本，知在永州祁阳县浯溪。自长沙换船，屡向榜人询之，榜人知有石镜，不知有浯溪。余知有浯溪，不知有石镜。参差莫定其处。次祁阳时，漏已二下，复告以浯溪口岸多石，榜人云此似石镜，水流入湘江，或即浯溪乎。然季冬水涸，船不能至矣。余神往者久之，因以义甫之言附志于此。（今考石镜，一名镜石，高尺五寸，阔三尺许。石色如漆，光鉴须眉。与义翁所云同。余之不学，诚可愧矣。）

（《谢亭集》之《南征日记》，江阴谢耘莲士撰，《清代诗文集汇编》599 册）

## 箧外录

黄山谷书磨崖碑后诗，起云："春风吹船著浯溪，扶藜上读中兴碑。"结云："同来野僧六七辈，亦有文士相追随。断崖苍藓对立久，涷雨为洗前朝悲。"凭吊凄凉，愁生神往。若中间铺叙赞美中兴，不加讥贬，则合诗人之旨矣。

（《谢亭集》之《箧外录》，江阴谢耘莲士撰，《清代诗文集汇编》599 册）

# 冯桂芬

## 🌸 人物介绍

冯桂芬（1809—1874），清江苏吴县人，字林一，号景亭，道光二十年一甲二名进士。授编修。咸丰初在籍办团练，太平军攻下苏州后，逃至上海。同治初，入李鸿章幕府。少工骈文，中年后肆力古文，尤重经世致用之学，力主"以中国之伦常名教为原本，辅以诸国富强之术"，为改良主义思想之先驱人物。在上海设广方言馆，培养西学人才。先后主讲金陵、上海、苏州诸书院。又为李鸿章言江南重赋之害，李氏言于朝廷，得有所核减。有《校邠庐抗议》《说文解字段注考正》《显志堂诗文集》等。

## 🏛 浯溪相关作品和事迹

### 游祁阳浯溪记

距祁阳五里为浯溪，唐道州刺史元次山吟咏之地也。溪濒湘水，舣舟登岸，岸旁大石，镌字曰寒泉。迤西行数十武，石矶耸出江浒，壁立数仞，磨崖勒颜鲁公中兴颂，左右镌诗题名者甚众。旁有镜石，长二尺，广倍，色深黝，沃以水，可鉴。又有夬字碑，相传以镇鬼魅。有王霭《夬石诗》，作易夬卦字，或曰非也。渡石梁，下为浯溪，水源出双井，甚清冽。北有三亭，稍南为胜异亭，西则㾗亭也。又西，高阜隆然特起，怪石森列环抱，峿台据其上。今无屋，以台名者，仍其旧也。方广三丈余，俯瞰湘江，拱揖群山，境清而雄。

字从吾者，旌独有也。或谓三字皆次山自造，则非是。《水经》别有浯水，《说文》有浯字，《广韵》兼有峿字。㾗亭，《次山文集》作㾗庼，庼为亭之或体。惟㾗字古字书不见，盖唐时俗字也。左侧又有古中宫祠，为次山故宅。

噫！鲁公，功名气节，磊磊轩天地，即无书，名亦传。次山，一诗人耳，曩尝读其诗文集，清幽峻洁，自辟藩篱，绝远六朝、唐初䌷绩破碎之习，可与后来韩、柳诸大家别树一帜，与鲁公并传，有以也。石壁之上，镌诗题名者不可数计，今皆无恙，然试举其一二名字，则群诧以为谁何。然则士贵自立而已，文章功业无所表见于世，而妄思附青云以自显，庸讵可得耶。

（《显志堂稿》卷三，吴县冯桂芬林一著，《清代诗文集汇编》第 632 册）

# 景 星

## ✿ 人物介绍

景星（1803—1854），字暄垣，邱氏，内务府汉军正黄旗人，籍奉天辽阳（旧称襄平）。清朝官员，进士出身，授世袭云骑尉。道光五年乙酉顺天乡试中举，六年丙戌进士。历任湖南泸溪县、宁远县、（道光二十四年、二十七年两任）桃源县知县，后任郴州直隶州知州、衡州府知府、常德府知府等，道光丙午科乡试同考官。咸丰四年夏五月十六日，太平军攻占常德，景星殉难，赐祭葬，追授世袭云骑尉，其事迹载郭嵩焘《湖南褒忠录初稿》、《湖南通志》卷一百零八。

## 🏯 浯溪相关作品和事迹

### 浯溪观磨崖中兴颂

墨云压天蛟龙舞，万丈光芒照江浒。峭壁插空仙掌平，穿碑永镇宏涛怒。作者谁？元水部。书者谁？颜公鲁。文词简重俪典谟，笔画森严追岣嵝。两公正气塞宇宙，石泐江枯名不腐。天宝当年政日非，遂来祸水杨家女。歌传月殿谱霓裳，兵起渔阳动鼙鼓。马嵬环影葬春风，剑阁铃声泣秋雨。何幸銮舆万里回，端赖群忠力夹辅。灵武即位事可原，南内不朝咎谁补。艳妻奸竖相构逭，竟忍倾危到君父。殷鉴当前覆辙寻，谁谓嗣皇能干蛊。倘非天未厌唐德，安望中兴复版宇。事有至难存微词，临文如见丹心苦。我来摩挲三太息，阅尽兴亡石无语。盛德大业惭千秋，钜笔鸿文垂万古。

### 镜石

片石黝然黑，拂拭清光冷。中涵万古明，曾照湘娥影。

### 登峿台怀元次山

片土非唐有，斯台尚属君。江山留惠绩，泉石挹清芬。心妙宁关境，人传不在文。登高怀往哲，惆怅对湘云。

（《佑启堂诗稿》卷六《延唐集》，襄平景星暄垣氏撰，《清代诗文集汇编》第 610 册）

# 张祥河

## ✿ 人物介绍

张祥河（1785—1862），字诗舲，清江苏娄县人。嘉庆二十五年进士，授内阁中书，充军机章京。道光间历户部郎中、河南按察使、广西布政使、陕西巡抚。在豫治祥符决口能始终其事。咸丰间，官至工部尚书。工诗词，善画山水花卉，有《小重山房集》。卒谥温和。

## 🏯 浯溪相关作品和事迹

### 排山驿

别去衡峰才卌里，祁阳又见翠云屯。鬖狮醉象山排驿，大芋高荷水抱村。
入市凉阴宽笠属，沿祥白日散鸡豚。苍髯留我行台宿，坐待松风月到门。

### 洪桥

列炬行丛莽，双沟夹道流。荷香红欲晓，稻净绿全浮。

宿露侵衣湿，回风卷幔柔。过桥开岭路，竹木望森修。

### 大营市饭罢度熊罴岭

大营市外已斜曛，竹气杉香入岭云。罴虎看留僧院石，旌旗犹想岳家军。

高疑鸟道三盘上，俯瞰鳞塍万罫分。舆皂呼风炎暑里，马前清磬一声闻。

### 大桥湾

最爱瓜棚架碧浔，小矶斜倚女郎砧。花开只供黄姑看，滑鬈从来不受簪。

### 书《大唐中兴颂》拓本后寄题浯溪

漫郎文章星日辉，鲁公大书神采飞。一从山谷翻新句，石墨香中有是非。

浯溪寄迹剪榛芜，大业河山入画图。咫尺祁阳交臂过，未将镜石照今吾。

溪上亭台篆刻皆，季康令问两书佳。当时失了袁滋本，涪叟披寻已断崖。

未释铜符两载忧，峒区赋税费征求。少陵心折舂陵句，安得人皆元道州。

（《小重山房诗词全集》之《骖鸾吟稿》，张祥河撰，以上诗均作于道光甲辰 1844 年）

附：骖鸾吟稿自识

范帅石湖《骖鸾录》，自吴郡至桂林，纪程作也。道光甲辰春，余奉命承宣粤西，自中州取道荥泽，抵樊城，买舟东下，至武昌，至岳州，涉洞庭，泊长沙。江水盛涨，于是改道就陆，登衡岳，入粤西境。以夏六月初旬至桂林。途次有作，聊遣岑寂，于江山胜概，迄未尽情模写云。华亭张祥河识。

### 画眉铺迤西叠嶂娟秀

白沙粲粲石庚庚，境似阿卢翠叠成。云外更无鸿雁影，雨前应有鹧鸪声。

鬟垂髻拥妆光净，斧擘麻披画法清。若使愚公移取便，沩滨我正拓柴荆。

### 挂榜山

峭壁临江返照殷，橹枝摇曳傍烟鬟。分明百雉天边插，障得秋风挂榜山。

### 祁阳

才过浯溪东复东，山烟吹散碧萝风。篙师新买潇湘竹，撑入空明八景中。

### 合洲

刘稻人来荷锸轻，前湾隐隐见柴荆。晓烟划断青山色，夜雨流残白涧声。

橹转帆随秋瑟瑟，湘经潇纬水盈盈。篷窗颇得临池暇，画被裁蕉视此情。

（《小重山房诗词全集》之《白舫集》，张祥河撰，以上诗均作于道光 1845 年）

# 王有光

## 🌿 人物介绍

王有光，道光二十五年前后任越南国副使。

王有光诗碑，在石屏区。

### 三吾何事老元君

三吾何事老元君，到处湖山独尔闻？近水亭台千古月，横林花草一溪云。崖悬石镜留唐颂，雨洗苔碑起梵文。题咏曷穷今昔概，满江烟景又斜曛。

道光二十五年乙巳孟冬月上浣，越南使王有光题。

《三吾》拓片

# 宋翔凤

## 🌺 人物介绍

宋翔凤（1779—1860），清江苏长洲人，字于庭，庄述祖甥，嘉庆五年举人，官新宁知县。通训诂名物，精研今文经学，诗亦清超绝俗，有《论语说义》《过庭录》《忆山堂诗录》等。

## ◇ 浯溪相关作品和事迹

### 易小坪学超三吾课耕图

次山领道州，还筑浯溪旁。环溪建亭台，矗立遥相望。铭辞尚传留，措意深且长。暂欲委符节，于此作退藏。鱼麦既丰足，山水堪徜徉。寂寥千百载，三吾名未忘。后来写风景，重叠增篇章。易子汉南英，解褐治祁阳。怀古作循吏，抚今念仓箱。遗址复旧观，薄俗还醇乡。当兹法令密，偪曲如羊肠。举步易颠蹶，抚字空傍皇。游刃乃有余，群黎皆乐康。此意迈前哲，何必歌沧浪。官满县已换，（君由祁阳调衡山令。）回首水一方。惟余机杼声，犹闻粳稻香。请张课耕图，居然见虞唐。

（《洞箫楼诗纪》卷二十一乙巳下，宋翔凤撰，《清代诗文集汇编》第 513 册）

# 王培荀

## 🌺 人物介绍

王培荀，字雪峤，淄川人，官四川知县，与王者政合刻《蜀道联辔集》。

（《晚晴簃诗汇》卷一百三十四）

## 🌿 浯溪相关作品和事迹

渔洋得磨崖碑，汪蛟门作诗，渔洋称之，以示秋谷，览其起句云"杨家姊妹颜妖狐"，抵于地，曰："咏中兴而推原致乱之由，虽百韵可矣，尚作尔语耶？"后之论者谓起句实不佳，以后瑰玮雄丽不愧杰作，吾淄张昆仑先生所作，尤为渔洋赏识。中有云："煌煌鲁公鼎彝气，大书深刻神为谋。厜㕒参天数千仞，湘江万古东西流。吉甫作颂史籀笔，力抚石鼓追成周。"又云："庄如王会辑万玉，飘绅搢斑朝群侯。雄如将军建大旆，长戈列戟森兜鍪。奇伟丈夫古冠剑，乾坤大笔来神楼。"渔洋评云："此篇略叙元颂，以下皆发挥颜书，奇伟与题相副。"又云："诸家多争肃宗功罪，此独摆脱。如先生诗，可免秋谷之诋呵矣！"

（《乡园忆旧录》卷二，济南王培荀雪峤辑，清道光二十五年刻本）

# 王　拯

## 🍀 人物介绍

王拯，原名锡振，字定甫，字少鹤，马平人，原籍山阴。道光二十一年进士，授户部主事，历太常寺少卿，署副都御史。拯淹通经史，通籍后尤笃学不倦。乾嘉以来，桐城方苞、姚鼐，以古文名，学者推为桐城派，宗之者上元梅曾亮、代州冯志沂、仁和邵懿辰，拯皆相与切劘，故为文益奥美盘折。书法亦遒整，世皆宝之。咸同间，东南寇扰，拯敷陈时政，动合机宜，条奏团练十则，上谕颁行各直省。俿直军机，益著明敏。荐引悉当，时皆以为知人。擢通政使，严毅刚方，以点邪崇正为己任，遇事有关大局，皆抗疏直言。卒因言事降京卿候补，旋乞归，不复出。主讲孝廉各书院，士风一振。同治十二年，卒于省寓。幼孤，依姊氏刘姊，常据捣衣石以授读，拯感其德，作《婴砧课读图》，志弗忘也。著有《归方集》《评点史记合笔》《龙璧山房诗文集》《茂陵秋鱼词》《谈艺录》诸集行世。

（光绪《广西通志辑要》卷五）

## 🏯 浯溪相关作品和事迹

### 雨泊祁阳

淅沥青篷响未衰，朝来新涨压江湄。孤舟春尽无人觉，永夜寒生有梦知。海燕掠波风剪剪，岩花堆坞雨丝丝。溪山不用频回首，镇日收帆向水涯。

### 三月十一夜舟中大风雨雹作

浃月困阴霖，晨曦暵涂溜。新霁愿所欣，骤燠理谁诇。维舟依港汊，宵烛伴孤醒。盘空雷鼓殷，破隙电旗颎。悬知风雨大，缆索益桩胫。黯默逼江湑，模糊想桅顶。狂飙渐扬箕，远响如沸茗。离弦忽万箭，裂竹拟千挺。始觉急倾盆，旋讶猛掣梃。椎篷下魁磥，击柂飞钜鋌。雨声砰磕兼，风力纵横并。飘飘危昏槃，翩侧战孤艇。漏湿连茵褥，掷伤惧颅颈。掀翻伊何为，乞罢犹未肯。声扬倏破柱，气出若升鼎。斯时泻滂沱，乃得舒欿罄。舟人起绝叫，战慄语犹嗫。船箱持火看，馀颗拾光炯。明如奇珠莹，大或圆卵等。谁令穷犼斗，毋乃乖龙剄。翕忽势徐收，波涛重溷濘。如当觇筹战，宾客各酩酊。昔闻春秋义，书灾义殊复。阴阳舛伊何，天意直很婞。但当哀㾭被，未可害疃町。甘泽久沾渥，饣食已得餇。时旸宜有徵，衰瘵望仓廒。

### 舟泊浯溪谒元道州颜鲁公祠堂观中兴颂磨崖

春风来泊祁水船，浯溪水石清而妍。九嶷南望青绵延，潇湘如带横其前。丹崖翠岭左右蜷，招提对立丛祠烟。溪流绕出声溅溅。云岚树石各有态，一步一胜相回旋。唐家日月天双悬，南内凄凉殊可怜。父子重欢亦天幸，此论至公吾不镌。当时朱李亦跋扈，忧危或者明几先。不见丈夫甘为击贼死，万古忠魂悲握拳。茫茫宇宙代有事，古来黑劫愁戈铤。世无常山破贼手，乐志谁得耽林泉？漫郎縩縩本英杰，峒贼不扰孤城坚。亭台五十此营宅，千秋金石犹星悬。嗟哉海内邦伯几，那得十辈如公贤？鲰生山水徒有癖，剖符裂竹谁其肩？窊尊杯饮便思醉，坐待山月来娟娟。

（《龙璧山房诗集》卷二甲辰至丁未，《续修四库全书》第1545册）

### 南归录

（道光二十六年二月）辛未至祁阳，泊舟浯溪。江山涨甚，不得前。甲戌，发祁阳。戊寅野泊，夜大风雷，雨雹。庚辰，至芦阜，入粤西境。

（《龙璧山房文集》卷五，马平王锡振定甫著）

# 李一枝

## 🌿 人物介绍

李一枝，清后期祁阳人，善画梅，杨翰曾购其宅以养母老。事见杨翰《息园记》。

## 🏛 浯溪相关作品和事迹

李一枝《竹子图》，道光丙午春日，三吾培园李一枝作于浯溪石。

《竹子图》拓片

# 黄本骥

## 🌿 人物介绍

黄本骥（1781—1856），字仲良，号虎痴，湖南宁乡人，道光元年（1821）举人。十七年授黔阳县教谕，癖爱金石，名其居曰"三长物斋"。著有《三长物斋诗略》《文略》《痴学》《诗韵检字》等30多种，大多收入《三长物斋丛书》。

## 🏛 浯溪相关作品和事迹

### 镜石

祁阳县浯溪有镜石，高尺五寸，阔二尺五寸。石色黝黑如漆，光可以鉴，隔江竹木田塍，历历皆见。曾有人窃去，即昏昧无所睹。还之，如初。（池北偶谈）乾隆二十三年，有谋窃此镜者，石为裂。知县李蒔别嵌一石，以复旧观。（明解缙《镜石》诗："水洗浯溪石镜台，鱼舟花草映江开。不如元结中兴颂，照见千秋事去来。"国朝潘耒《镜石》诗："阁桨停帆步绿苔，村童野女尽徘徊。纵然不识银钩字，也为摩挲石镜来。"）

（《三长物斋丛书》之《湖南方物志》卷四永州府，黄本骥辑）

### 大唐中兴颂（有序）

尚书水部员外郎兼殿中侍御史、荆南节度判官元结撰，金紫光禄大夫、前行抚州刺史、上柱国鲁郡开国公颜真卿书

（颂未录）

上元二年秋八月撰大历六年夏六月刻。

右中兴颂，正书、大字、左行，在湖南祁阳县磨崖，刻书于大历六年六月，书仙坛记后二月也。其时公已解抚州之任，故题衔云前行抚州刺史。元结是记撰于上元二年，其时结以水部员外郎佐荆南节度使吕諲为判官，题衔与新唐书结传及諲传皆合。公撰结墓碑云："由道州刺史转容府都督。大历四年四月，拜左金吾卫将军兼御史中丞。七年正月，朝京师；四月庚午，薨于京邸。"是颂刻于大历六年，距撰文时已隔十年，其时结已迁容州都督兼御史中丞、本管经略使，其阶非水部郎官及荆南判官矣。盖公用现衔，结则仍用旧衔也。

（《翠琅玕馆丛书》第二集之《颜书编年录》卷二，长沙黄本骥虎痴编）

# 孙鼎臣

## 🌿 人物介绍

孙鼎臣（1819—1859），清湖南善化人，字子余，号芝房，道光二十五年进士，累官翰林院侍读。因反对起用琦善、赛尚阿等人而乞归。好诗文，探求古今学术政教治乱所由。深研经济，有《盐论》等数十篇，汇为《苍莨集》。

## 🏯 浯溪相关作品和事迹

#### 王梦楼游湖南恨未至永州王蓬心作浯溪访碑图寄之梦楼喜题其上今为许滇生大司空所藏

浯溪山水天然画，中兴颂字磨崖大。太守前身老画师，七载烟霞饱肝肺。（蓬心守永七年。）梦楼居士太湖精，颜书梦想山峥嵘。鹅溪写寄鄂城下，宛棹扁舟溪上行。松萝垂阴山狁静，响拓仿佛林中声。快雨堂前一开卷，墨花浇笔诗纵横。法书名画好山水，胜流爱之入骨髓。二王跌宕山水人，书画同时称绝伦。蜼彝觅敦难并致，得一已足球琳珍。吾师书法纯复古，论画时时操画麈。谁如此卷二难并，一片潇湘真翦取。湘雨湘烟杳翠微，乡心迢递白云飞。从师读画晴窗底，家山万里一日归。

（《苍莨初集》卷十，善化孙鼎臣子余撰）

# 王文治

## 🌿 人物介绍

王文治（1730—1802），字禹卿，号梦楼，丹徒（今镇江）人。乾隆二十五年探花，官翰林侍读、云南临安知府。清代著名书法家，与梁同书齐名，与姚鼐交密。平日喜用淡墨，以表现潇疏秀逸之神韵，时称"淡墨探花""淡墨翰林"，与喜用浓墨之刘墉鲜明对照。善画墨梅，韵致卓绝。诗词自成一家，并精音律之学。筑"梦楼"。自滇归，买童度曲，行无远近，必以歌伶自随。有《快雨堂题跋》《梦楼诗集》等。（《词学图录》）

## 🏯 浯溪相关作品和事迹

#### 秋帆制府归自浯溪见示与蓬心太守唱和诗次韵二首一呈制府一呈蓬心

##### 其一

清绝湘波绿可怜，插空衡岳落帆前。云如吏部登峰日，碑认平原勒颂年。
拥节独兼山水福，论文快得友朋缘。归来捡点奚囊句，尚带三吾万顷烟。

##### 其二

痴过长康不自怜，老夸瞿铄胜于前。戏拈秃笔挥风雨，笑把深卮度岁年。
人事几多归昨梦，天涯相聚是前缘。不逢大府真知己，谁信官贫减爨烟。

（制府赠蓬心诗有"但恐归来断爨烟"之句，其怜才如此。）

#### 蓬心自永州写浯溪图见寄且题云梦楼昨在长沙梦想浯溪之胜以未得一游为恨故写此寄赠其殷切之意可感也顷又读其怀张吾山诗清远颓放即次其韵为谢二首

##### 其一

去年曾作洞庭游，望断浯溪一片秋。顾我未能探石室，闻君近已厌糟邱。（闻蓬心摄生节饮，心甚喜之。）

云开岳气如森玉，春尽湘波似泼油。珍重图成千里寄，知余舍此百无求。

其二

数尺鹅溪作卧游，画中荣落即春秋。忘情是处堪三宿，归老终思卧一邱。头白几看花灼灼，官清频致泰油油。颇闻办就双芒屦，大药深山好共求。

（《梦楼诗集》卷十九《后楚游草》，丹徒王文治禹卿撰）

家蓬心退官衲子小像次其自题元韵二首

其一

相逢曾是渥丹颜，回首长安已卅年。残梦似云连又断，行踪如磨去仍旋。身离宦海添清兴，老盍朋簪有夙缘。同爇心香归净业，牟尼百八意珠圆。

其二

浯溪三绝数元颜，重续风流大历年。官里仁声时雨降，毫端生气早春旋。朱轓皂盖成陈迹，砚匣书床总净缘。昨过高斋蔬食罢，蜡梅花外月将圆。

（《梦楼诗集》卷二十二《楚游三草》，丹徒王文治禹卿撰）

# 陈廷庆

## 🏵 人物介绍

陈廷庆（1754—1813），清江苏奉贤人，字兆同，号古华，又号桂堂。乾隆四十六年进士，由编修历官长州知府。性豪宕不羁，爱宾客。有《古华诗钞》《谦受堂全集》。

## 🏯 浯溪相关作品和事迹

和沈少云自题王蓬心太守所画浯溪图韵

我生酷慕石田翁，云间二沈字势雄。画书各各嫮群雅，尺幅奚啻璧与琼。耳孙昆弟泖峰秀，昨秋南楚欣相逢。永州太守抱三绝，麓台烟客传门风。每逢酒酣一捉笔，右丞诗画精能通。供养已逾绛甲算，长城何惮偏师攻。大儿聪明小儿慧，艺文不出家庭中。读书小酉劳点染，（余曾乞蓬心写读书小酉图。）写出鬼斧兼神工。兹来湘上暌旧雨，令我鄙吝填心胸。浯溪有客赆尺素，拳拳之意将毋同。祁阳长官富吟咏，延为上客相折衷。（谓东川李明府。）题襟往往作豪语，独令东野鸣诗穷。

（《谦受堂全集》卷九，奉贤陈廷庆古华撰，《清代诗文集汇编》第 439 册）

# 裕　泰

## 🏵 人物介绍

湖广总督裕泰，满洲镶红旗荫生，道光二十一年任。有传。

（光绪《湖南通志》卷一百二十一职官志）

## 🏯 浯溪相关作品和事迹

裕泰榜书，在东崖区。

太平晴雨。道光丁未秋九月，阅兵至此。长白裕泰书于浯溪石壁。

# 杨恩寿

## 人物介绍

杨恩寿（1835—1891），字鹤俦，号蓬海、朋海，别署蓬道人，湖南长沙人，同治庚午举人。在云南、贵州作幕宾。光绪初，授都转运盐使司运使衔，湖北候补知府。生平著述颇富，汇刻为《坦园丛书》十四种。曾自谓"半生所造，以曲子为最，诗次之，古赋、四六又次之，其余不足观也"。至今仍以戏曲作家、戏曲理论家为人所知。所著传奇《理灵坡》《再来人》《桃花源》《麻滩驿》《姽婳封》《桂枝香》，合称《坦园六种曲》，尚有《鸳鸯带》一种未刊。戏曲理论著作有《词余丛话》《续词余丛话》各三卷，收入《坦园丛书》。

## 浯溪相关作品和事迹

初发长沙（录二句）

路过三浯亭，奇迹不胜数。

舟过浯溪不泊夜泛达旦

有酒不醉将奈何，秋宵明月湘江多。天容入水不可辨，一条匹练无微波。扁舟夜涉敲双桨，纳凉四面篷窗敞。萧萧忽讶风雨声，捎船夹岸菰蒲响。咫尺浯亭烟霭间，林峦几日穷登攀。水程渐远天欲曙，晓日前途何处山。

（《坦园全集》之《坦园诗录》卷一道光二十七年，杨恩寿撰）

泊永州访龚石芙广文适游浯溪未晤口占留赠

不嫌踪迹近蛮荒，吏隐风流接漫郎。春晚最宜呼渡早，官闲转为看山忙。
万竿新雨摇斑竹，一缕残霞系绿杨。料得纪游诗更好，停桡径欲待归航。

浯溪观中兴颂

授受当年意，须知两不真。人伦无父子，大义有君臣。
一颂文章伯，千秋笔墨新。请朝上皇表，读罢更酸辛。

欸乃曲用元次山韵

布帆一叶入云间，逐逐长途殊未闲。如此风波行不得，鹧鸪声里度芝山。

其二

一峰高耸一峰平，路入潇江屈曲行。几度推篷问舟子，乱山无数不知名。

其三

钴铒潭心深复深，碧波无际老龙吟。宵来江上吹横玉，莫作穿云裂石音。

其四

漓水西流湘水东，合江亭子水当中。长年来去纷如织，输与忘机碧继翁。

其五

下滩船轻如坠渊，上滩船重如登天。上滩下滩十八折，九嶷山色青满船。

（《坦园全集》之《坦园诗录》卷八乙丑（1866同治五年），杨恩寿撰）

日记

（同治四年乙丑1865）三月朔日，晴。行六十里，过观音滩，矶石拒波，缆行不易，遂宿于是。

（三月）初二日，阴。日中过祁阳县小泊，登岸入城，独步踽踽于市廛。过兰华寺，陈文肃公第也，自玉亭制府见法后，籍没入官，遂废为寺。仿吴梅村体作《兰华寺行》云：“祁阳市旁有破寺，依稀题有兰华字。残碑断碣尽模糊，难写盛衰无限事。入门恻恻生悲风，佛灯无焰僧寮空。草根虫语无情碧，花顶莺捎有泪红。名臣一代陈文肃，山居曾向此间卜。华堂深邃幂珠帘，相业雍容调玉烛。汾阳不碍喜豪华，丝竹东山谢傅家。歌场南部夸垂手，公子西湖正建牙。中丞家世殊寒陋，赫赫原来宰相胄。九霄紫绶屡承恩，两代黄扉期肯构。天壤王郎亦可哀，有诏教公籍没来。胡椒八百官厨窄，衣笥三千彩色灰。对此有涟流不止，簿录豪赀多染指。千寻铜液灌冰山，一勺贪泉原祸水。天威震怒雷声高，铁锁银铛付法曹。甫戴南冠操楚语，遽从西市饮欧刀。祸福死生判顷刻，自败家声为贪墨。九原痛哭对先臣，百顷园林归佛国。处处亭台冷夕阳，风廊雾阁太荒凉。花拥残枝留锦绣，水流余韵带宫商。我来太息肠先断，凡事须知戒盛满。一枕黄粱好梦长，三秋白草春光短。功名近日推南州，一时风气何轻浮。新贵书衔续貂尾，通侯妙技烂羊头。足穀多牛生计好，菟裘预筑谋娱老。倚天台阁结千层，平地楼台装八宝。迷楼久住几时醒，歌舞丛中酒肉腥。但觉青春多岁月，须防白日走雷霆。双丸盈昃微机寓，山邱华屋嗟何处。不信繁华转眼空，请到兰华寺前去。”舟过浯溪，风利不泊。作《磨崖碑》诗云：“授受当年意，须知两不真。人伦无父子，大义有君臣。一颂文章伯，千秋笔墨新。请朝上皇表，读罢更酸辛。”行三十五里，泊滴水岩。

（《坦园日记》之卷三《北流日记》，杨恩寿撰）

（同治五年丙辰1866）十一月朔日，阴，大风。傍晚过祁阳县，王弼臣适权县尉。因恐稽延行程，故未走谒。行九十里，泊利光河口，去祁阳十五里。

（《坦园日记》之卷四《北流日记》，杨恩寿撰）

# 莫友芝

## ❀ 人物介绍

莫友芝（1811—1871），清贵州独山人，字子偲，号郘亭，晚号眲叟。莫与俦子。道光十一年举人。家世传业，通文字训诂之学，与郑珍俱为西南大师。工诗。尤工真行篆隶书。咸丰间以知县用，弃去，游江南，客曾国藩幕，与学者张文虎、张裕钊等校雠经史。有《郘亭知见传本书目》《郘亭诗钞》《遵义府志》《声韵考略》等。

## ⚜ 浯溪相关作品和事迹

### 巢经巢观李少温篆书元次山浯溪铭拓本用皇甫持正题浯溪石韵（丁未1847）

道州山水篇，刻划固琐碎。疏花透凝寒，落落自真态。名流必好事，矧以生聚外。隐于柳诸记，举帜作先队。少温六书学，醇驳难互盖。平生斯翁后，笔迹负精裁。居然参中兴，千载两无对。斯铭在乾嘉，谭者莫能概。眼明经巢生，剜剔功实大。双胼饱群蛞，万木匃流辈。晴窗检奇踪，幽梦入秋濑。巉巉双石门，向我宁有待。（少温此书就江岸石窞曲刻之，下距中兴摩崖十丈许，半没泥沙，半封苔藓。嘉庆以前皆谓已逸，故金石家悉未著录。道光戊子（1828），子尹（郑珍）在程春海侍郎视学湖南时幕中，经此游观，始搜剔出之，手为群蛞所毒肿，两月余乃愈。）

（《郘亭诗钞》卷四，独山莫友芝子思撰）

# 康发祥

## 人物介绍

康发祥，字瑞伯，清代泰州诗人，岁贡。抱才不遇，晚年为曾国藩所器重。著《三国志补义》、《伯山诗话》一卷、《续集》一卷，有《伯山诗文全集》。

## 浯溪相关作品和事迹

余读黄山谷《书摩崖碑后》诗，窃以为持论刻核，不如张文潜诗称颂得体。山谷诗有云："抚军监国太子事，何乃趣取大物为。"则以元宗不当册立太子，肃宗不当即位灵武，而大物可虚悬乎？及读曹实庵贞吉《浯溪碑》诗云："山谷老人好持论，乃以攘取大物訾。抚军监国有何意，虚文辞让识者嗤。"又云："所惜功成少调护，月明南内终凄其。青史或能议圣德，当时谁道中兴非。不然但守东宫职，龙楼问寝西南陲。"此辟山谷，实不为过。

（《伯山全集》之《伯山诗话后集》卷一，泰州康发祥瑞伯氏编辑）

# 沈道宽

## 人物介绍

沈道宽（1774—1853），清直隶大兴人（《沅湘耆旧集》载：鄞县沈道宽栗仲校订，故知其原籍为鄞县人），字栗仲。嘉庆二十五年进士。官终桃源知县。精字母声音之学，通音律。有《六书糠秕》《话山草堂文集》等。

（《中国历代人名大辞典》）

道光二十八年戊申（1848），官永州知府。

（同治《祁阳县志》）

## 浯溪相关作品和事迹

### 题中兴颂

潼关失守三辅惊，渔阳突骑纷纵横。君王草草西川行，何人济恶召寇兵。艳妻权相交相争，旋乾转坤九庙灵。汾阳临淮挥旆旌，尽埽氛祲消檿枪。奠安宗社除榛荆，灵武嗣位成中兴。濡毫作颂留湘衡，悬崖百尺摩苍青。署曰臣结臣真卿，至今映照浯水清。我读此碑涕泗零，当时列地多干城。回澜力挽银河倾，为李唐世还太平。千秋翰墨遗芳馨，不知中有哀痛声。

（《话山草堂诗钞》卷二）

### 浯溪访碑为张即山作

星斗高文照湘水，云山韶濩无宫徵。细筋入骨鲁公书，勋业中兴纪郭李。皇华驿路得余闲，摩挲古物登屏颜。知君欲撷三浯胜，更访残碑吊次山。

（《话山草堂诗钞》卷三）

### 迈陂塘

易小坪令祁阳时，以班春绘图，题曰《三吾课耕》，盖继次山旧迹也。兹已改注赤紧，以图见示，因谱此阕。

告西畴，土膏脉起，村村催儹农务。长官不恋深宵梦，坐待严城曙鼓。屏部伍，恰好是，青衫蹋遍芳塍路。班春到处，正浅草疏花，鹁鸠声里，唤起馌田妇。

稽前事漫叟，唐之召杜，随车曾需甘雨。一鞭乌辇春陵道，长我芃芃稷黍。君继武。闻说道，三吾治绩今犹古。乌蟾默数。算只有遗民，召棠莱柏，封植故侯树。

## 湘月（王谷生浯溪看月图）

山空人静，是长风吹上，林间孤月。濯魄明蟾寒弄影，照见磨崖荒碣。千古峿台，下临湘水，断岸蛟龙穴。闲窥石镜，一时肝胆澄澈。

默忆当日游踪，浪翁双屐，人境都清绝。帝室重兴狂喜处，放出笔端冰雪。千百年间，古人谁在，凭吊徒悲切。倚阑长啸，且看今夕银阙。

（《话山草堂词钞》）

注：王谷生，《南村草堂诗钞》有《为王谷生题汤浯庵所作浯溪看月图卷子》《王谷生剡溪春泛图》等诗。

## 为王谷生题汤浯庵所作浯溪看月图卷子

浪翁胸潴湘水寒，吐作湘上白玉盘。湘天何处无好月，难得贮此心与肝。我昔浯溪访翁宅，孤舟炎徼忧焚燔。（余昔年自粤西之江右过此有诗。）到此忽变清凉界，滚滚银阙寒涛翻。恍疑翁坐冰窟里，万顷雪浪相吐吞。丹崖退谷在何许，但觉肃肃清心魂。船头坐玩不忍去，是我神骨俱雕剜。舍舟上觅唐亭刻，随地涌出皆玙璠。摩挲上读中兴颂，蝙蟫大笔蛟螭蟠。书生迂论姑置喙，笑指好月当头圆。眼前清景忍错过，结邻溪畔成空言。更无好事作图画，略有佳句留嶙峋。（往与李春湖、程春海两侍郎有卜邻溪上之约，今诗刻溪石上。）至今见月辄神往，卧听溪上声潺湲。王郎磊落名父子，自诩漫吏惭粗官。胸中春陵几呜咽，眼底结辈时追攀。频年问绢征治谱，踪迹漫浪湖湘干。船唇驴背亦已厌，岳云湖月徒等闲。昨来浯溪月下泊，快意便欲终宵看。不知浯月作何态，但道夙昔无此观。直从初昏斗柄正，坐至柄转朝升暾。此景在世讵易得，要使佳话留人间。浯庵词伯今漫士，画壁乃亦侪荆关。为君刻意写此帧，断崖古木围荒墩。炯然石镜光明外，泻此万斛冰轮痕。广寒宫殿咫尺耳，坐久便欲愁飞骞。流传尺幅持示我，前身明月宁非元。为君作歌酬此卷，漫耶浪耶仙乎仙。

## 王谷生剡溪春泛图（有序）

谷生属题剡溪春泛图，吾友汤叔尺笔也。叔尺颇自爱，重其画，独数数为谷生为之。忆去岁谷生以浯溪泛月图属题，亦叔尺笔也。仆老境颓废，懒不作诗久矣，今复破戒赋此。岂非谷生之为人，实有令两人心许者乎？谷生将有用于世，时海滨有警，故诗末及之。

王郎苦爱汤叟笔，岁岁坐我云水窟。浯溪未竟又剡溪，一夜飞渡镜湖月。（用太白句。）越中山水天下无，千岩万壑难形模。朝来示我三尺绢，如读剡录披异书。我闻沃洲好禅院，天姥为眉剡为面。（见乐天沃洲禅院记）连峰蹙黛明婵娟，行尽溪山人不见。是时天气春芳菲，杂花满树莺乱飞。兴来一棹无远近，沿溪往往迷途归。乐哉剡溪之游乃如此，借问何如浯溪水。恼煞思归王子猷，瘦尽吟诗杜子美。我为汤叟重低徊，且语王郎歌莫哀。兰亭陈迹今已矣，天生灵运何为哉。顷闻海国跳蛟蜃，复道时栋多远引。屠鲸驱鳄要有人，承平未可忘磨盾。王郎王郎越国才，往护乡里诛贼魁。东南时势亦孔亟，讵可恋此溪山隈。我老已分甦尘埃，汤叟亦复甘蓬莱。更无好梦通天台，幸不摧眉折腰事权贵，对此犹觉心颜开。

（《南村草堂诗钞》卷二十）

# 黄文琛

## 🌿 人物介绍

黄文琛，字鲁来，号海华，一字南航，行二，年二十一岁，中式第二十五名举人。汉阳府汉阳县学附生，凤楼里，民籍。

（道光乙酉科湖北乡试朱卷）

## 🏯 浯溪相关作品和事迹

### 宿排山驿（戊申 1848）

横岭界岩邑，息徒寄一宵。秋花孤馆艳，瘴雾百蛮消。锄垦居人力，崎岖去路遥。潇南静烽火，谁与话前朝。

### 山路

山路曲复曲，每从尽处通。烟穿茅屋破，水养稻田空。菰叶立残绿，豆花开晚红。关心惟岁事，问讯揖村翁。

### 熊罴岭

山程赴邃险，眠食错昏晓。及兹履峻嶒，使我心神悄。巉绝不可跻，诘屈石级绕。高高千万盘，行人在木杪。侧虚瞰阴壑，缕径远纷褭。霜果密朱殷，涧水明青缥。亦复有耕傺，屋居蔽丛筱。仆夫力事事，勇怯此了了。奔前升猱捷，瞠后旋蚁小。亭午憩危巅，独立群峰表。骇飙薄人衣，白云低去鸟。壮观慰疲茶，恒念触幽眇。古昔慎设防，岂徒域亿兆。天限西南陬，斗凿谁其肇。盛时撤关守，军行戢旌旐。怗尔盘瓠种，不虞性悍慓。比者连郡灾，无食活流殍。患气难自弭，煽结将四扰。颓巇亟撑撑，太息同忧少。讥诘严攸司，送令幸毋藐。

### 过白水市

我归不厌归程长，安得如此山水乡。乱石有声滩见底，秋林著色天已霜。居人因依紫萝峡，过客问讯白泥塘。柔橹一双太促疾，何妨暮雨来潇湘。

### 浯溪

浯溪水石天下奇，是我夙昔心所期。扁舟乘便遂此愿，病足不觉登临疲。一桥跨溪两岩破，夹以老树皴鳞皮。怪石东走尤嶻绝，高六十丈不可梯。藤萝倒覆壁无隙，墨花阴郁蟠蛟螭。是月始霜水已落，下瞰湘碧澄风漪。亭台幽胜顷复旧，祠屋瞻拜神来栖。前贤寄寓常然尔，好名得名亦其宜。溪山使人爱且敬，知非文字能留遗。归鸟噪晚难留客，寺钟已动催寒曦。恨未满贮宬尊酒，狂呼痛饮醽淋漓。有山可买决隐此，云壑莅我非相欺。

（《思贻堂诗集》卷十二，汉阳黄文琛海华撰）

### 大营驿（甲寅 1854）

石桥流水轰春雷，暮雨市散归人催。我郁古怀向宾馆，落眼大字碑无苔。惟王忠孝出所性，平生遇敌靡不摧。茶陵转帐道经此，早决胜策诛其魁。破贼十万蓬头岭，岳爷爷军天上来。往事俄共浮云改，新愁又惹山花开。五年海内厌戎马，束手坐耗官家财。谁知一代偏安局，尚费天生将帅才。

（《思贻堂诗续存》卷二《永州集》）

### 雨过浯溪

十年再驶溪边舟，准拟款款追昔游。微雪消尽冻泥滑，扶筇强脱白氈裘。寒雨喷面减酒力，二客促下难独留。中流回首睨绝壁，倚空蟠攫惊龙虬。江山登临吾辈事，亦有天定非人谋。边烽暂静行且去，清赏未许闲身偷。小儿报我北归计，西陵古县川原幽。将家隐此负夙愿，食言毋乃溪神羞。

### 骆都司元泰、刘训导启辛，候余老树湾，明日同至祁阳，复劳舟送，赋此为别

江空月黑不知处，老树湾头留客住。冻雨作雪天猛寒，明朝同过浯溪去。鼕鼕津鼓喧横塘，小别莫辞

挥急觞。怪鸥猜意腐鼠吓，那识吾曹交义长。

（《思贻堂诗续存》卷三《永州集》）

### 杨永州用前韵寄答因复奉赠时方修葺浯溪亭舍篇末及之

频年坐啸西南郡，儒雅风流想见之。访旧为题穷士画，（觅得杨太学季鸾山水画扇，寄长沙属为记之。）爱闲聊和古僧诗。规模背俗终吾道，变祸需才正此时。肯更读碑问人屋，姓名岂独漫郎知。

（《思贻堂诗续存》卷八《湘东集》）

### 祁阳道中作（戊辰1868）

仆仆官邮望眼中，老疲兀自恋帆篷。傍山桑叶展新绿，临水桃花欹小红。往事不甘中夏耻，愤怀难与上官通。年深尚挂途人口，倔强如今只此翁。（昨过衡州，州人聚观，啧啧说癸亥年教堂事不置。）

### 抵永州

十载重来绾郡符，春风力健水程迂。溪花岩草饶幽赏，雪鬓霜髭感故吾。引咎敢辞陶令傲，贪荣漫学柳侯愚。万人吹鼓劳舟送，情事依稀记得无。

### 浯溪寄杨大弟翰

君构浯溪宅，我规愚溪屋。我屋未有成，君宅亦已筑。驾言过浯溪，隔墙看修竹。土木虽草草，幽胜堪托足。君今谢缰锁，我尚忝章服。行止将如何，书来幸我告。来年我乞闲，计决不待卜。人定天其许，受兹山水福。颓龄寄诗酒，扁舟时娱逐。风流两使君，佳话潇湘续。人海多风涛，绵疆自蛮触。君爱后世名，无使漫郎独。

### 自祁阳回郡城

为爱三吾胜，才稽一日程。未能偿夙约，聊复寄闲情。晚照寒山色，行人落叶声。喜心开倦眼，鼓吹报秋成。

（《后永州集》卷一，汉阳黄文琛瓮叟）

### 抵归阳（己巳1869）

水涸负舟行，艰难又一程。长年谙能事，为我报滩名。石竹山腰丽，霜枫屋角明。老夫顽自适，展眺寄吟情。

（《后永州集》卷二，汉阳黄文琛瓮叟）

### 与杨海琴观察（戊辰1868）

十月杪，护越南贡使赴衡归，经祁阳迂道过浯溪，访息柯别墅。石磴荦确，霜红满地，不及欸门迳造竹所，徘徊者久之。率成一诗，未写寄恐邮递沈失也。比闻已抵长沙，遵调引对数千里，赀粮殊大不易，能成行否。抑迟迟有待耶。兄旧地复临，倏易寒暑，整纷扶敝，昕夕疲苦，转逊十年前，百忙中兴味矣。却有可奉告者。王文叔以铜雀瓦研贻先文节铭词，载公别集中。昔曾见万和圃图说，今竟并研得之，质色古润，与他瓦研迥殊，深可宝爱。又以千钱买得王蓬心乾隆庚戌年画山水一轴，千钱得李复堂雍正九年梧桐一轴，皆绝佳。又自癸亥以后至丁卯诗四卷，程虎溪为我校刊已竣，有此数事，蠢迂自笑。此来亦差不负耳。五古一篇附书尾乞教，人事芬芬，倦而求息，小山招隐，凤共心期。足下然吾言乎？否乎？

（《后永州集》卷四，汉阳黄文琛瓮叟撰）

### 次祁阳值大风雨（辛未1871）

久客切归思，帆篷恨不速。十日七百里，水程年来熟。小舟难禁当，佳辰过百六。好雨东北来，飒飒埽郁燠。所恐滩流深，溜急石棱触。昨得我友书，短墙为我筑。乞得岩桂栽，更补墙阴竹。有此半亩园，须乘一分屋。四山桃李花，红白开相续。及此花未老，欢赏联近局。明当命肩舆，不就浯溪宿。净洗两脚尘，笑踏春草绿。

（《玩云诗集》卷一，汉阳黄文琛瓮叟撰）

### 送杨大弟翰归祁阳二首（乙亥 1875）

#### 其一

江头暂舣米家船，揖别匆匆不肯延。馨膳自饶惊冻笋，办装犹有写碑钱。汲湘烧竹寄高致，闭户箸书消暮年。白发故人尽星散，还期来醉鼠姑天。（约以明岁三月仍来长沙。）

为语重门迟下钥，洁园置酒共留延。心知且住无长策，口惠曾闻助俸钱。桂管云山空胜践，扬州花月概当年。夜来更使情怀恶，细雨昏寒欲雪天。

（《玩云诗集》卷二，汉阳黄文琛瓮叟撰）

#### 其二

十月九日杨大弟翰招同贺刺史祥麟、吴观察锦章、罗教谕汝怀、王孝廉闿运、杨兵部彝珍、朱少尉克敬、张大令巨燕集寓庐，仿香山故事且补重阳也，赋诗纪之。

浯上散人治殽酒，招邀胜侣展重九。秋容煌煌四屋花，花里狂谈开笑口。瞿铄九十镜湖翁，文场骁将闻名久。团栾合坐齿最尊，余亦强半白须叟。主人爱闲尤好古，螭壁登登不停手。高士遗墨如云烟，尚方珍铁敌彝卣。（出元季李祁诗墨、汉弩机示座客。）时方多事寥不闻，但问尖团肥与否。风流白社较何如，城中此会几曾有。野逸却怜官贵劳，夜来簇仗霜靴走。祝厘帐殿报鸡鸣，诘朝圣母无疆寿。

（《玩云诗集》卷三，汉阳黄文琛瓮叟撰）

# 刘希洛

## 🌿 人物介绍

刘希洛，号豫川，邑增生，冠吾之子。性英敏，博学能文，兼工真、草书。道光丁酉，选拔；已亥，挑眷录；庚子，顺天中式副榜；丙午，湖南中式举人。以实录馆誊录议叙分发江西省德安县知县。洛以时事多艰，邀兄希濂诣署助理。咸丰乙卯，会粤匪窜德安，洛因公晋省，濂以诸生督通堵，则乏援被害。兵部照例议恤。明年洛卸德安篆，奉委带通剿贼，在弋阳、广信、都昌、湖口屡获胜仗。调赴瑞州堵剿，因贼众兵单力竭阵亡。奉日加赠知府衔，并入祀昭忠祠，给云骑尉世职，均袭次完。时给予恩骑尉，世袭罔替。子景荣，承袭云骑尉。洛为人豪爽，遇事敢为，当路交推。在德安任，勤求民瘼，悉罢其所不便。曾署仪门联云："道之以德，察其所安。"并亲书文告，晓谕四民，各安本分，勉为良善，缠缠千余言，士民读之，有泣下者。清理民词曲直，务得其情，神明之颂，遍于四境。

（同治《祁阳县志》卷十四）

## 🏛 浯溪相关作品和事迹

### 改元颜祠记

昔读鲁公座位稿，知以仆射与军容并坐，为非伦也。故奋起而争之。若公与次山先生，忠义勋烈，并耀千古，即元先颜后，亦公所弗计者，岂复有坐位之意存其中哉？第元因宅此作颂，颜因过此作书，以主宾之谊揆之，则宜榜以颜元祠为允。初田王老父台既重新而正其名，尤复雅意搜罗，取邓湘皋学博所举历代寓贤，及应从祀诸公，设位以为配享。东西判行，上下分班，朝廷列位，自有次叙，即起鲁公而问之，亦当信坐位为确不可易者。落成时，沈栗仲明府适书刻宛邱诗寄至，剩有馀珉，用陈巅末，附嵌祠壁。真浯溪一韵事也。时道光戊申仲秋。

（乾隆《浯溪新志》卷五）

# 王葆生

## 🎋 人物介绍

王葆生，字初田，凤阳人。由异等生例试浙江盐运判，署绍兴府通判，改官知县，签湖南，历知安福、新宁、浏阳、祁阳、长沙县事，皆有惠政。咸丰元年，调善化知县。适粤匪寇长沙，葆生严内奸，禦外侮，联络士绅，官民一体，巡视城南八十馀日，城得安全，继署除郴桂土匪，升知府。同治六年，任粮储道，继署岳常澧道。著有《晚香堂遗集》。

## 🏯 浯溪相关作品和事迹

道光二十九年，修复颜元二公祠。邓显鹤作《浯溪颜元祠碑》以记其事。

# 彭玉麟

## 🎋 人物介绍

彭玉麟（1816—1890），字雪琴，湖南衡阳人。从湘军水师，历官安徽巡抚、水师提督、兵部侍郎，兼任长江巡阅使、兵部尚书。所撰《彭刚直公诗集》八卷，分《吟香馆愁草》《从征草》《巡江草》《北征草》《续从征草》《退省盦闲草》，俞越编，光绪十七年苏州刻，中国国家图书馆藏。又有《梅雪山房文存》二卷，民国间北京铅印，中国国家图书馆藏。此稿原不署名，玉麟室名梅雪山房，故归于此。其函札散见多种。有《彭宫保函稿》不分卷，《彭大司马手札》一卷，《彭玉麟家书》一卷。别有《彭刚直公奏稿》八卷传世。

（《清人诗文集总目提要》卷四十六）

## 🏯 浯溪相关作品和事迹

### 游浯溪

月榭风亭峙水湄，小桥西去路委迤。烟霞半壁封唐碣，苔藓沿溪蚀汉碑。（颜鲁公大唐中兴颂在焉，而古篆籀尤多。）宝石冷悬千古镜，春云暖护一山诗。（崖上有石如镜，能照对岸数里人家。历代题咏甚多。）梨花细雨幽人宅，青得茶烟出竹篱。

（《彭刚直公诗集》卷一《吟香馆愁草》）

### 过黄罴岭

路劈蚕丛鸟道斜，马蹄躑躅踏山花。三千军士都消渴，汲得清泉喜当茶。

（《彭刚直公诗集》卷二《从征草》）

# 程庭鹭

## 🎋 人物介绍

程庭鹭，清江苏嘉定人，字彦伯，号衡芗，一号箬庵。廪生。工山水、篆刻。后更善人物花卉。有《以恬养志斋诗集》《尊璞堂诗文集》《緼秋词》《虞山诗草》《练水画征录》《小松圆阁印存》。

## 🏯 浯溪相关作品和事迹

### 山谷书浯溪岩壁石刻跋

涪翁之谪宜州也，命下于崇宁三年十二月，始发鄂州。至四年正月过衡山，三月己卯泊浯溪。十四日，到永州，寄家于此，独赴贬所。是刻文载集中，亦无岁月可考，当即泊浯溪时所书。或既至宜州书以寄新公勒石欤？然要在此一年中。盖明年九月而翁卒矣。苕生购得是本，以余喜习翁书，出以见示，记之如此。

（《小松圆阁杂著》卷上，嘉定程庭鹭序伯撰）

# 郭德炯

## 🌿 人物介绍

郭德炯，字璨亭，庐陵麻冈人，监生。性刚直，不避怨。尝游楚，因盐商有不便，直造制府署，娓娓陈利害，商民赖以安。修桐木陂，灌田千馀亩。卒年八十一。

（民国《庐陵县志》卷二十一列传）

## 🏯 浯溪相关作品和事迹

### 浯溪纪游

唐汾阳王郭子仪四十代孙德炯，于道光末岁重游浯溪，因读元次山中兴碑，叙述安史作乱、肃宗克复两京之事，想见我祖当日提军督战，次弟削平，稍著劳绩。洎回纥围泾阳，则又单骑见虏，威服吐蕃，故史称功盖天下，再造唐室。其盛德大业，终纲目一千三百馀年弗可及也。为其后者，奚能勉承于万一？炯也不肖，半生落魄，上不能立业于朝廷，下无以见誉于乡党，悠悠尘寰，有玷先人多矣。既思之，窃又自喜生逢圣明之世，四海无事，得为两间闲人，浪迹潇湘，慕聱叟之遗风，览林泉之幽趣，不觉宠辱皆忘，流连而不能去。较之我祖奔走王事，其劳逸为何如？非夸也，志升平之乐也。至若兹地胜迹，历代硕儒钜卿，具有题咏，予复何赞？

（同治《祁阳县志》卷五）

# 任 瑛

## 🌿 人物介绍

任瑛，字憩棠，江苏宜兴人。生数月而父卒，母汤太夫人守节自励，以长以教，年十六，母卒，依祖父以生，益发愤自砥于学。举甲午（1834）科乡试，又十四年丁未（1847），年四十五成进士。以知县分发湖南即用，值粤东西寇乱，出郴永间，多倚君营办所补缺，皆不及受事。始署祁阳县，调署桂阳州，旋摄嘉禾，移知武冈州，最后署永顺县，兼权知永顺府。巡抚恽公保奏以道府用。凡莅仕湖南二十年。初，任祁阳，值岁饥转米，衡阳平粜，因仿朱子社仓法，导民积谷，立同仁局，治棺具，以赒贫者。三年，吏效其诚，民怀其惠，相与刻石浯溪，纪其政行。著有《缀园诗文集》。事详郭嵩焘所撰《任府君家传》。

## 🏯 浯溪相关作品和事迹

道光二十九年至三十年，任祁阳知县。离任时，祁人立《去思碑》于浯溪。

# 林 鹗

## 🌿 人物介绍

林鹗，字太冲，泰顺岁贡，官兰溪训导，著《望山草堂诗钞》。

## 🏯 浯溪相关作品和事迹

### 过永州（辛亥）

五两南飞催客过，清潇分绿减江波。愚溪山近帆频转，庞岭春深气较和。楚些风流湘水尽，唐贤文字永州多。孱才欲拟中兴颂，深惜颜元迹未摩。

### 二月朔路越永州细雨急流风景殊别回念先师复斋曾夫子官永州日与吾乡董霞樵前辈武陵杨海樵同门相依幕下尝游潇湘溪山犹在都作古人慨然有作

天低帆重霭和云，舟入零陵路乍分。急水清寒阳史节，高崖奇峭柳侯文。千秋师友溪山在，二月潇湘草木薰。此日怀人剩孤客，凄风愁雨对江渍。

（《望山草堂诗钞》卷七《南游草》，泰顺林鹗太冲撰，《清代诗文集汇编》第 575 册；《两浙輶轩续录》卷四十）

注：曾复斋，即曾镛。董霞樵，即董莅。杨海樵，即杨大章。

# 孙义钧

## 🌿 人物介绍

孙义钧，清江苏吴县人，字子和，诸生。入赀为浙江县尉。工书法，尤精隶书。善画山水花草。亦工诗。

## 🏯 浯溪相关作品和事迹

### 浯溪

在祁阳西十里，颜鲁公书唐中兴颂摩崖石刻尚在。又有元次山宬尊遗迹，建亭其上。

清湘何沄沄，一棹划澄碧。祁峰潜眉痕，遥青入篷席。转胜近溪山，嘉荫展林樾。台榭升降间，遥瞻酒隐宅。蝉噪槐阴圆，鹭拳沙草白。烟柳披樱亭，风篝进苔石。四围松筱深，谊暑堪永夕。穷碑掺名翰，宬尊寻遗迹。平原星斗文，漫郎烟霞癖。渺矣景前徽，憺然忘行役。

（《好深湛思室诗存》卷十九，吴孙义钧和伯氏撰，《清代诗文集汇编》第 554 册）

# 谭 溥

## 🌿 人物介绍

谭溥，字仲牧，号荔仙，湘潭人，有《四照堂诗集》。

（《晚晴簃诗汇》卷一百四十八）

## 🏛 浯溪相关作品和事迹

### 游浯溪酬杨霖堂次韵

漫郎栖隐地，怪石郁嵯峨。碑字摩神影，（中兴颂）江声促镜波。（镜石）旧游春梦短，陈句莽尘多。幸接名区宰，临风发浩歌。

（《四照堂诗集》卷七沅湘古今体诗，湘潭谭溥仲牧撰）

### 重游峿溪兼怀杨霖堂

十载湘东清宴地，巴船重作看山游。溪边泉石自今古，镜里烟云感去留。峭壁昼回孤客梦，奇怀间照水亭秋。飞车尚忆杨无敌，馀事行歌补画楼。

（《四照堂诗集》卷十五沅湘古今体诗，湘潭谭溥仲牧撰）

杨鼎勋，字霖堂，山东胶州人，祁阳知县。咸丰元年五月任。（1993年《祁阳县志》）

# 沈濂

## 🌿 人物介绍

沈濂，字景周，号莲溪，秀水人。道光癸未进士，由刑部主事历官江苏淮徐海道。有《莲溪吟稿》。

## 🏛 浯溪相关作品和事迹

### 黄鲁直诗

宋黄彻《碧溪诗话》引黄鲁直《浯溪碑》七古，臣结春秋二三策，臣甫杜宇再拜诗。忠臣衔愤痛切骨，后世但赏琼据辞。案今本作臣结春陵二三策，臣甫杜鹃再拜诗。焉知忠臣痛至骨，世上但赏琼据辞。似较旧本为善。又黄诗南内凄凉几苟活，明瞿佑《归田诗话》作南内凄凉谁得知。

（《怀小编》卷十三，秀水沈濂莲溪著）

# 张金镛

## 🌿 人物介绍

张金镛，原名敦瞿，字良甫，号海门，拔贡生。道光戊子顺天举人，辛丑成进士，改翰林院庶吉士，散馆授编修。丙午暨咸丰壬子，两充顺天乡试同考官。旋充实录馆纂修。乙卯，充山西乡试正考官。寻擢湖南学政。丁巳，升翰林院侍讲。以母忧归，遂卒。金镛早擅文誉，京朝耆硕交口推重。道咸间，王文恪、杜文正皆其座主，而绝不私谒。居馆职十三年不迁，敝车羸马，自得也。为文博俪斧藻，晚益峭宕，而微会于骈散奇偶之通。诗好深湛思，出入国初东南诸老间，而参诸唐宋，尤深于词。姜夔为宗，以博涉于两宋诸家。历持文柄，以风教为先。试沅州日，表黔烈女杨，投水处移牒郡守，为雪其冤。犯者斯得，手为文以纪之，其维持名教也如此。著有《躬厚堂诗文集》《绛跗山馆词》。

（光绪《平湖县志》卷十六人物）

## 🏛 浯溪相关作品和事迹

### 浯溪

浯溪一派分清湘，瀯然簟席流碧光。永州诸山尽回复，到此始觉烟水长。是时六月火伞张，飞鸟戢羽高柳藏。舍舟陟坂览辽夐，层崖无风心自凉。迩来灵府有扃钥，忽若脱锁情洋洋。四山不雨净如沐，螺髻为我开明妆。我昨穷搜冉溪胜，林雾黭郁湍瀑锵。柳侯奇秀得天顾，天与宦境成文章。侧闻次山有题碣，意行踯躅寻朝阳。（朝阳岩距愚溪不一里，有元道州铭石。）白云蓬蓬出岩洞，篆文不辨苔石荒。是间空濛乃殊状，入江返照摇万樯。彼奥此旷各绝特，两美那别姬与姜。漫郎故宅在何处，石镜不照诗人堂。（溪上有石，光明如镜，土人称曰石镜。）我欲倩工作图画，撰句恨少分宁黄。（山谷有题浯溪图诗，在昔漫郎宅，黄句也。）

### 观中兴颂石刻

哭声才止咸阳痛，还我河山息群哄。江曲犹吟杜甫诗，湘濒重刻奚斯颂。诰来传赐七宝鞍，骨肉天家调护难。嗣君伏拜回纥马，老臣泣诵黄台篇。沈沈西内铜龙杳，花柳谁知御楼晓。廓清海岱仰皇威，大笔题年尚天宝。

（《躬厚堂诗录》卷九浮湘录，平湖张金镛海门著）

# 王　鑫

## ❀ 人物介绍

王鑫（1825—1857），清湖南湘乡人，字璞山，诸生，罗泽南弟子。咸丰初募乡勇从曾国藩镇压太平军，后别为一军转战湘赣。用兵精于训练，作战好出奇制胜，屡败太平天国名将杨辅清。官至湖北道员。以病卒于江西军中。谥壮武。所部由其弟开化与张运兰分统。有《练勇刍言》《阵法新编》。

## ❀ 浯溪相关作品和事迹

### 日记一

（咸丰丙辰四月）初九日，晴。船行数十里至浯溪，命停桡与诸友登岸，从容循石壁下，历历观其诗章及读中兴颂。阮云台先生题名有云"木叶未黄，湘波正绿，农田丰获，天下安平"数语，由今溯昔，为之慨然。复觅峿台、唐亭，小憩石磴，兴尽而返。是夜未停舟，行百余里。

（《王壮武公遗集》卷十九，日记一，咸丰丙辰日记，湘乡王鑫撰）

# 潘钟瑞

## ❀ 人物介绍

潘钟瑞，清江苏长洲人，字麟生，号瘦羊，晚号香禅居士，诸生，候选太常寺博士。工书，长于金石考证，擅诗词。有《香禅精舍集》。

## ❀ 浯溪相关作品和事迹

### 跋《唐庼铭》

左《唐庼铭》，与峿台、浯溪二铭皆在永州祁阳县，元次山撰。次山拜道州刺史，距永州不远，时来登眺，爱其山水，因撰铭刻于崖上。其字于溪从水作浯，于台从山作峿，于庼从广作唐。唐、峿字皆不见于说文，次山自出新意为之。文中字体亦多不合六书，相传为江华令瞿令问篆。江华，即隶永州，其为次山索书，可信。王弇州谓次山为文尔雅而爱身后名，到处刻铭，颇类襄阳岘首之碑。然则字之故作别体，亦爱名之心，冀传后世耳。考古家如金石文字记《菽园杂记》皆作唐亭，惟《潜砚堂金石文跋尾》作唐庼，不误。盖此铭刻处随石攲斜，薜厚难拓。误顾为亭久矣。金石萃编但载峿台一铭，亦坐是故。又考道州有左湖、右溪、七泉、五如石、宓樽石诸胜，皆由次山题品作记。余曾得宓樽两大字拓本，高广各六七寸，亦鉴赏家所未及者。

### 又代昌石跋

《唐顾铭》书崖石上，作左行读。凡廿六行，行六字，款字略小，三行，行五字。又一行三字，通一百九十六字。与峿台、浯溪二铭皆元次山撰刻，所谓"三吾"者也。然峿台铭拓本较多，溪铭、顾铭椎拓不易，世所罕见。余曾得顾铭一通，楮墨俱精。今瘦羊博士兼得三铭，先以此铭装背，属余题识。视余所藏，精采亦不多让，吾侪之相与欣赏也固宜。

### 又为昌石跋其所藏拓本

考"三吾"，《峿台铭》最完整，世传拓本多。溪铭、顾铭刻崖石上，随石攲斜，故拓本少，然篆笔特佳。余并得三铭，谛审之，觉顾铭尤胜于溪铭之神味。昔欧阳公之称斯铭曰非好古者不知为可爱也，然来者安知无同好也耶？今昌石与余并藏此本，互出题品，非所谓同好者乎？欧公有知，亦当颔首。

### 又补跋一条

案顾字之首当从广，不当从厂。《说文》，厂，岩下可居也；广，因岩为屋也；唐从厂可也。顾为屋，则从广为宜。说文，顾为亯之或字。亯，小堂也；又，古文从回，亯下即回，扃外闭之关也。从户，回声，字书扃或作肩，然则向来考古家作亭之误，抑亦亯之误耳。

（《香禅精舍集》之卷二十《金石文字跋尾》，长洲潘钟瑞麎生撰）

# 孙衣言

## 🌿 人物介绍

孙衣言（1814—1894），清浙江瑞安人，字劭闻，号琴西，道光三十年进士。授编修。光绪间，官至太仆寺卿。寻以疾乞归。生平努力搜辑乡邦文献，刻《永嘉丛书》，筑玉海楼以藏书。有《逊学斋诗文钞》。

## ⛩ 浯溪相关作品和事迹

**王蓬心浯溪读碑图，其守永州时以寄梦楼者。有梦楼草书自作诗十数首，许尚书索题**

太守恨无山水记，画笔磨崖有文字。快雨堂虚日坐禅，为君行草非无意。西湖丈人今得之，满园风雪索题诗。但为涪翁难下笔，摩挲亦恐鬓成丝。（快雨堂，王禹卿所居堂名。）

（《逊学斋诗钞》卷六，瑞安孙衣言劭闻撰）

# 张岳龄

## 🌿 人物介绍

张岳龄，清湖南平江人，字南瞻，号子衡。以诸生从军，光绪初官至福建按察使。晚年遍历名山，所至有诗。有《铁瓶诗文钞》。

## 浯溪相关作品和事迹

### 寄怀潘桂崖传标广文

古石三峿宅，修篁五月天。清吟诗似水，淡墨画生烟。世事江湖外，吾徒花鸟前。何时一榼酒，把臂问斜川。

（《铁瓶诗钞》卷二，平江张岳龄南瞻撰）

### 覆刘子迎明府

紫气关前，屡觇柱史；清尘道左，乍识荆州。近听鸾凤之音，深慰草茅之望。乃双辕追随未逮，而一纸光宠先颁。奖借过情，悚惶靡措。明府鸣琴溥化，握算宣勤。以子政之文章，为士安之经济。精筹国计，隐恤民生。非特窥意向于循良，抑且表风裁于方面矣。棠阴眺首，蒲伏倾心。岳龄读书十年，尚惭茅塞；从军五载，祗卫梓邦。元次山之忧时，力难制贼；介子推之偕隐，情在奉亲。箝口何言，拊膺徒尔。据报筠州贼自毁城垣数丈，月明如昼，恐乘夜突围而东。敝邑倚赖福星，当得绥靖疆圉一日。狼氛远扫，驴背闲归。辄当陪真长挥麈之谈，领梦得探骊之旨。叩门有待，儒翰难宣。

（《铁瓶杂著》卷一，平江张岳龄南瞻撰）

龙文注：刘达善，字子迎，江苏武进人，咸丰八年至十年任祁阳县知县。

# 张正椿

## 🌸 人物介绍

张正椿，字友榆。四川奉节人。道光二十五年乙巳恩科进士，授翰林院编修、内阁侍读。咸丰八年，调任广西学政。

## 浯溪相关作品和事迹

### 浯溪怀古

放舟过浯溪，隐隐见峿台。独步㟅亭上，乘兴何悠哉！君不见茫茫天地山水窟，不逢高雅遂湮没？又不见浯溪一枕湘江边，竟无人结庐山缘？海琴观察真好事，嗜古先得古人意。前有颜元后山谷，寥落千载敦风谊。招呼谭仲维，开辟琅嬛地；闲搜《欸乃曲》，细检祁阳志。剥蚀重抚大唐碑，编联颂集中兴字。宋人墨刻精且多，玉箸篆书奇且秘。鸠工庀材五阅月，遂使亭台木石一一工位置。我今到此非偶然，于公桐轩令尹贤。殷勤款洽同载酒，浩歌一声飞南天。不愿我领零陵郡，但愿置身九疑巅。朝阳岩，绿天庵，醉中濡墨如张颠。日日摩挲旧碑拓，上观一千五百年。

（同治《祁阳县志》卷五浯溪）

# 刘达善

## 🌸 人物介绍

刘达善，字子迎。父文蔚，字通轩，道光二年进士，官四川温江县。惠政得民，咽匪至，相戒不入其境。平生健于为文。达善其所亲授，性颖悟，年二十中式道光二十四年顺天举人。咸丰五年，以知县拣发湖南。八年，署祁阳。时贼首石达开以众数十万来犯，达善率民兵登陴，炮子由襟袖间飞越，殒二卒，达善神色自若。城东北隅为贼以火药轰陷数丈，达善以巨板杂土石筑之，贼竟不得入。凡守四十八昼夜，而围解。叙功，擢直隶州，并赏戴蓝翎。巡抚毛鸿宾特保堪胜道府，得旨以道员记名。是时，骆秉章密陈天下人才堪胜督抚者十人，达善与焉。同治元年四月，署澧州。会大水溢入城，达善与民露宿城上，书片纸乞籴于属县，水未退而米至，事竟，民无饥色。冬，授岳常澧道，会丁母忧，大吏欲其夺情视事，坚不可。服阕，补盐法道，调山东登莱青道，兼督海关，驻福山之烟台。往岁达善引见入都，与当轴言洋务，洞悉外国人性情伎俩，当轴叹诧为难。越年，遂拜是命。九年夏，天津民教事起，烟台讹言日闻，外国领事官邀达善往会，以觇中国意。达善轻舆赴之，与开诚相语，皆大悦，无复惊扰。旋赏盐运使衔，换花翎。逾二年，乞归，年未五十。归则临流卜筑小榭，与友朋觞咏为乐。未几，撄疾卒。达善博学多能，舟车所至，不去铅椠。尤负经世大略，于天下利病得失，罔不究心。虽官至监司，人多以未竟其用惜之。

（光绪《武进阳湖县志》卷二十二人物宦绩）

刘达善联<br>碑拓片

## 浯溪相关作品和事迹

刘达善三绝堂柱联，原在三绝堂。

彰彰开继事，持护后来心。

咸丰己未长至，署知县刘达善题。

# 蒋善苏

## 人物介绍

蒋善苏，字五楼，邑庠生，附生。力学励行，凡县中利济事，无不竭力。议积谷，他倡议捐助；修考棚，他为首；建育婴堂，撰写《新建育婴堂记》。同儿子启甂、启松及孙继韩，共捐田 50 余亩。石达开围攻祁阳县城，善苏同友人黄维哲、匡邦彦等多出财力，以捍城功保盐运提举。知县陈玉祥主修同治县志，他为分修。善苏曾孙律群，任祁阳县劝学所所长。民国县志成书，律群出钱最多。善苏善诗，其《秋日过云头岭》云："一峰云绕万峰齐，及到峰头四望低。谁辟蚕丛抛捋伞（险绝处名捋伞凹，道光间里人将路改于岭腹，稍为平坦），幸无蚁拥漫抽梯（时太平军据邻境，隘口均已毁断）。夕阳回首梅溪远，寒叶飘空石洞迷（梅溪石洞岭近地名）。自幸年来能健步，登高还不仗人提。"

（《祁阳县教育志》第一册）

## 浯溪相关作品和事迹

蒋善苏三绝堂柱联，原在三绝堂。

溪山留胜迹，文字结奇缘。

咸丰己未嘉平，邑人蒋善苏。

**重建颜元祠，邑侯王初田亲相地址，喜而有作。**

寂寂荒祠废几年，颓垣断碣怅残烟。溪山自剩前朝趣，香火重添大令缘。绕径花迎新雨后，当阶草剪夕阳天。无端絮絮多情燕，不待落成贺已先。

蒋善苏联<br>碑拓片

# 周厚生

## 人物介绍

周厚生（1817—1869），榜名，号梅轩，祁东城关廖家村人。周氏家世业农，自少勤学，15岁应童子试，名列案首；20岁入学，以优异拔贡；咸丰七年丁巳（1857），以21名举于乡；应礼部试落第，援例任吏部主事，改政堂主稿。同治元年壬戌（1862），补授员外郎。同治三年甲子（1864），退居乡里。邑令陈玉祥聘其主纂县志。浯溪此诗当此时作，欲在浯溪刻清中兴碑。（当时提出刻清中兴碑者，有欧阳泽阁，已见上文。）八年，因为人理讼，被仇家毒死于县城。生平著有《咏花轩诗集》，末附《宝砚室联语》，由雪鸿印刷斋版印行世。旧县志有《重修祁阳县城记》。

## 浯溪相关作品和事迹

### 湘中竹枝词（十六首之七）

一片浯溪古水隈，磨崖日日长苍苔。年来也有中兴事，作颂谁如漫叟才？

此诗未上石，旧县志亦未收，周步云供稿。

# 黄淯熙

## 人物介绍

黄淯熙（1817—1861），清，江西鄱阳人，字子春。道光二十七年进士。任湖南绥宁知县，有政声。遭时忌，引疾闲居。咸丰间，从骆秉章入川，领兵镇压石达开军，累擢知府，所部称"果毅军"。后在定远遇伏战死。谥忠壮。

## 浯溪相关作品和事迹

### 赠邓守之傅密

斯冰以后各悬殊，篆籀如君旷代无。独与汉儒相揖让，耻随俗学共咿唔。干戈满地身安往，婚嫁催人岁已徂。灌水浯溪风景好，可能为绘卧游图。

（《黄忠壮公遗集》卷一，鄱阳黄淯熙子春撰）

# 张国纁

## 人物介绍

张国纁，字彤阶，咸丰同治间祁阳人。

## 浯溪相关作品和事迹

### 浯溪避暑

六月酷暑如酷吏，蜗牛庐小难推避。城南名胜说浯溪，触发平生山水思。扁舟径棹湘之湄，满眼波清杂岚翠。我蹑嵝台唐亭间，习习薰风动凉吹。香桥过去访寒泉，一掬洗将尘俗累。危崖十丈手摩挲，星斗文章烟云字。中兴往事姑勿论，灏气凛然贯胸次。拟凭鱼鸟招漫郎，注酒浍尊拚一醉。醉来枕石倚空岩，也抵银帘冰簟睡。上有老树枝参天，下有荒藤叶垂地。婆娑处处绿成阴，赵盾有威不能肆。日暮山灵送客回，携得溪头片云粘葛陂。

（同治《祁阳县志》卷五浯溪下）

# 费泽沛

## 🌿 人物介绍

费泽沛，祁阳人，蓝翎，同知。善书，为朱总兵字学师。学使临郡，沛适有它故，不及与。朱总兵要挟入场，得拔贡生。援例得某部主事。京师人文会集，校书法，沛在前四五名。间部奉不足，每取给于佣书。供职廿余年，出补四川某县知县卒。

（民国《祁阳县志》卷七上科目传）

## 🏯 浯溪相关作品和事迹

### 浯溪览杨公海琴续修诸胜志感

大造钟灵气，结此佳山水。游赏迟漫郎，林泉发粹美。溪上筑瓜庐，亭台一一峙。因心创奇字，意欲私诸己。煌煌中兴颂，远追商周轨。卓哉颜鲁公，蛟龙奔腕底。大书镌磨崖，屹立湘之涘。落落千余年，遗规孰继起。贤守吾师来，辞笔古人拟。搜剔遍幽峭，荒迹重修理。恢廓二公祠，香草荐禋祀。我今恣游眺，恍入桃源里。茗饮坐移时，惬心殊未已。安得双旌临，褰裳陪杖履。

（同治《祁阳县志》卷五浯溪下）

# 于学琴

## 🌿 人物介绍

于学琴，江苏附贡，咸丰十一年正月任。续修城垣，士民感怀。

（同治《祁阳县志》卷九职官）

## ◇ 浯溪相关作品和事迹

于学琴三绝堂柱联。

百代名臣金石宝，一溪明月水天秋。

余宰祁阳之明年春，典郡杨观察命重修元颜祠，次及碑亭，功成，仿集中兴颂为联，得十四字，橅宋拓本刻之。时同治元年秋九月也。曲阿于学琴谨识。

于学琴碑拓片

# 何绍基

## 🌿 人物介绍

何绍基（1799—1873），晚清诗人、画家、书法家，字子贞，号东洲，别号东洲居士，晚号猿叟，湖南道州（今道县）人，道光十六年进士。咸丰初简四川学政，曾典福建等乡试。历主山东泺源、长沙城南书院。通经史，精小学金石碑版，据《大戴记》考证《礼经》。书法初学颜真卿，又融汉魏而自成一家，尤长草书。有《惜道味斋经说》《东洲草堂诗文钞》《说文段注驳正》等著。

《谈中兴碑》拓片

## 🏔 浯溪相关作品和事迹

何绍基诗碑，在摩崖区。

### 同治壬戌正月廿三日于桐轩大令陪游浯溪知杨海琴太守方议重修廿五日至海琴郡斋谈中兴碑作此（同治壬戌1862）

归舟十次经浯溪，两番手拓中兴碑。外观笔势虽壮阔，中有细筋坚若丝。咸丰纪元旧题在，时方失恃悲孤儿。（石柱上有余辛亥年题字。）次年持节使蜀西，剑州刻如饥鹤栖。（剑州有此碑翻本）既无真墨本上石，何事展转钩摹为？唐人书易北碑法，惟有平原吾所师。次山雄文藉不朽，公伟其人笔与挥。当代无人敢同调，宋贤窃效弱且危。涪翁扶藜冻雨里，但感元杜颂与诗。公书固挟忠义出，何乃啬不赞一词？海琴桐轩喜我至，珍墨名楮纷相随。书律深处请详究，拓本成堆吁足悲。

### 题王蓬心先生永州画册（甲辰）

册为同年吴次平郎中所赠。所画浯溪、澹岩、白苹洲、黄叶渡、高风亭、绿天庵、司马塘、愚溪，共八幅，皆永州景也。

两间清气所流峙，水波荡潏山岩峣。吴越秀异吸灵海，秦蜀奥峭藏神皋。奇观艳景岂不好，非可携取左右遭。衡云九面湘九曲，画稿诧是天公描。幽奇古澹不可说，云岚水石清相交。水光石气共一静，尘想道念能全消。纡夷折叠径千里，吾乡溯湘兼溯潇。濂溪月岩在吾户，真儒所出万象包。惜哉早岁别乡邑，屈指几度停归桡。壮游知费几两屐，故山竟少三椽茅。其闲佳处颇知领，如腹中果苏积枵。又如真仙古佛国，经年一造神骨超。同年吴君世兰锜，文章气谊托久要。余事荆关活擎底，善写湖云黾赭潮。知我诗心在湘浦，如其吟诗多雪苕。蓬樵画妙枉持赠，君诚有美无吝骄。半生乡懰厚如雾，一旦得画全融销。寻山蹑寺必掣玩，枕藏袱裹忘疲劳。画中诸境尽曾到，两踔自诩轻猿猱。白苹洲连黄叶渡，高风古亭风最高。塘边藕花笑司马，使愚溪愚徒解嘲。澹山岩湿宋士墨，绿天庵卷唐僧蕉。浯溪苍苍打碑处，冻雨尚自悲前朝。拓成七字不可复，磨崖百丈皆动摇。（昔年冒雨手拓中兴颂，止得匹马北方独立一七字而已。）此景此图匪形似，有骨有韵相和调。渔舟归晚自依树，樵风径绝先有桥。烟村霏霏日隔岭，野寺莽莽云来巢。忽成一片不可辨，我能录曲分秋毫。屏除缣绢谢铅赭，（纸本墨笔。）笔善藏颖黑喜焦。孕含卷轴见毛髓，师友造化从招邀。余力更写帝子竹，斜风直雨垂烟梢。纵横题句尽朴逸，书务守骏诗无妖。（册后画竹并自书诗。）吾生所嗜山水画，昔者思翁后蓬樵。思翁微尚祖迂叟，壮年持节乘楚轺。洞庭以南入屏幛，此后骨润神姿饶。至今华亭旧幡出，半自楚雨官篷敲。二百年后王永州，高士作郡酣逍遥。烟客麓台有家法，古意独接灵均骚。掀髯泼墨状万象，山鬼�獭皆奔逃。董前王后若合契，堂上雅乐球应匏。不辞孤赏哂阿好，（余之酷嗜蓬心，友人或以为偏见。）文沈恽罗皆可桃。忆昔作郡十稔久，先公受知当龀髫。（时先公郡试冠军。）师恩感念贯华皓，遗墨购访珍琼瑶。楹幨积有五六幅，时敬展视容无佻。当时学使钱昆明，（先公补弟子员，出钱南园通参门。）书摩颜垒刚不挠。兼能画马写怀抱，正气凛凛腾烟霄。师乎师乎典型在，先公往矣传儿曹。牙签玉轴谨题识，遗箓传砚同藏韬。谁期此册晚到手，历历恰似图经标。正宜披拭快欣赏，又遭留连成郁陶。先公在官四十载，晚年归思如波涛。主恩难报山岳重，天风遽折松楠乔。即今披图数遗跰，想见负米乘溪舠。艰难孤露万惨澹，溪泉洞树同飘萧。小子生来狃村野，耕穉合置舂陵坳。猥承诵芬点行列，笑同衔羽栖樊笯。邓叟杨侯辱我爱，新诗苦语勤相招。使舟恰从澧浦泊，归路好向西湖钞。顾瞻简书成退缩，日展图画为游遨。（邓湘皋丈、杨紫卿兄皆以必过里门，岂知出使非请假，不得擅归也。）吾乡数典有鸡次，衡疑浯志当重雕。（衡岳、九疑两志久未修补，余藏有宋大令潢重修浯溪志，亦未刻。）元铭柳记止百一，况此隘幅多从抛。

乌乎老毅如可作，尚可揽奇搜遁铺生绡。（先弟子毅画山水入逸品。）

（《东洲草堂诗钞》卷十一，道州何绍基子贞撰，《清代诗文集汇编》第604册）

### 于桐轩大令以吾舟太轻命石工以修城石十二方压载皆采自浯溪者（同治壬戌1862）

浯溪选石护城根，移载扁舟压浪文。九子山巢好安置，待看生出故乡云。

### 山谷浯溪碑诗以誉为毁然则中兴颂三字何解非元颜两公忠爱意也研生和余诗曲徇山谷复草此以砭之（同治壬戌1862）

古来大笔辉山溪，文章在集字在碑。就文论文字论字，未宜牵引同梦丝。况古名臣气磊落，岂有庾语同孅儿。元颜碑照湘东西，恶禽蘗兽不敢栖。双井老人坚苦学，于诗与字无苟为。顾独未解鲁国笔，贞白怀素乃所师。欹斜谓得古人势，醉帖终让坡公挥。其于斯文更苛议，中兴二字非阽危。宗庙再安次山颂，日月双悬太白诗。趣取大物是何语，点污高文成谤词。摩崖大字况如斗，鲁公忠爱岂肯随。梅根效尤虽小误，被古人愚吾所悲。

（《东洲草堂诗钞》卷二十四，道州何绍基子贞撰，《清代诗文集汇编》第604册）

### 杨海琴得蓬心先生浯溪读碑图喜而有作用山谷韵四首即送其回辰沅道任（同治丙寅1866）

杨侯备兵巡五溪，威惠腾浃万口碑。回思昔守永州日，事兼保障与茧丝。我曾一再憩郡阁，醉骑竹马随群儿。自从露冕驰而西，人怀棠荫如失栖。岂知使君爱山水，正拟卜筑浯溪为。当年蓬樵作郡久，实吾先公童试师。绅耆讴颂未歇息，岩岫烟云归染挥。十年政成拂衣去，意在戒得高无危。灵岩尚书瘿楼守，甚重其画张以诗。君来更肆稽古力，采尽宋后镌崖词。篮舆叶艇偶一出，诗仙字鬼疑相随。浯溪句留一事耳，刻划不顾山灵悲。

蓬樵老守游浯溪，手拓元颜三绝碑。兰泉萃编据入录，谓其精审究发丝。后来打本苦率易，政堪易饼供馋儿。迩年巨寇起粤西，洞庭南北无安栖。杨侯守此埽余烬，练军筹饷瘁力为。渐得清夷乃诹古，元文颜笔皆所师。落藓剔除本真露，毡蜡娴静手眼挥。卧观日与石镜狎，登蹬不觉孤亭危。诛茆三间辟翳荟，橐笔群彦纷歌诗。笑岘亭前撷遁景，猗玕子后增瑰词。读碑妙图不胫至，精诚所感奇缘随。蓬樵有灵此托付，陵谷庶免无穷悲。

我生浪漫穷山溪，爱搜古来荒奥碑。爬罗不惜茧吾踵，浸润嗟同墨染丝。杨侯此事有同癖，自云性近由童儿。游鞿早遍川东西，通籍史馆輂下栖。温文侍从岂易出，轮鞅不由人力为。我于游事天所私，乘轺四出人称师。千邮每逐蛇径绕，万怪来瞻猿臂挥。但闻名迹与古刻，不惮临深兼履危。每与君谈气一骋，欲证所见观吾诗。君于东南未身践，但甄志乘多虚词。径宜浯缘暂割舍，会见丛岫相奔随。一邱一壑固自好，眼界局促吾所悲。（余为篆浯缘二字。）

苦热涸尽田间溪，溪头晒裂修桥碑。兵戈未戢水旱至，（今年各省非水即旱。）民命绝续细若丝。半生不解问生计，晚岁未免烦吾儿。薄田琐碎湘东西，乾荒敢望余粮栖。夏至三庚后更酷，老夫百事无可为。病喝惟思井底伏，汗颜尚作城南师。喜君来有几时聚，又闻返旆手怕挥。职镇诸蛮厚自勉，志有千载尤知危。忽听泠风偶到竹，当有好雨来催诗。海华黄兄亦得郡，急思见面为别词。来宵杯盘小饮具，兼出卷册清芬随。暂抛时事少穷究，皓月一洗天人悲。

（《东洲草堂诗钞》卷二十八，道州何绍基子贞撰，《清代诗文集汇编》第604册）

### 读我书斋精选试帖诗草序

诗辅，余畏友也。向任西安，与同舟二年，见其议论直切，任事勇往，知其读古人书，磊落慷慨之气蓄积于中，而流露于言语，行事之间有勃发不可遏者，服之甚，故畏之甚也。岁壬子，诗辅升刺商于，而余适以筹办军需移节至商。偶以其所为试帖若干首示余，余于军书旁午之余，披读一过，每首俱有真气行乎其间，不徒以对偶工丽为试律。吐气茹雅，其能拔帜于吴、王二家外者，在善运空灵夭矫之笔也。以逆取势，以翻布格，以正庀材，以警炼句。题无论大小，必尽其能事而止。此千人共见之技，岂阿好者所能贡其私言哉！诗有六义，而试律之体实兼比赋雅颂，故不能为古今体而但工试律者，不能自成一家者也。能为古今体而不工试律者，其古今体之法律不能入细者也。试律以法为主，而才行之。古今体以才为主，而法范之。读诗辅先生之试律，因以推知其古今体之必为大家也。余尝劝先生刻其文，今复劝刻其诗矣。同治四年桐月子贞何绍基。

（《读我书斋精选试帖诗草》卷首，唐李杜撰）

# 欧阳泽闿

## 🌿 人物介绍

欧阳泽闿，原名杨世铣，字石舫。清宁远县人。道光时举人。历任大桃、德平知县。工诗歌，书画皆精。有《石舫诗抄》。主修光绪《宁远县志》。

## 🏯 浯溪相关作品和事迹

欧阳泽闿诗碑，在峿台北崖区。

北风倒吹浪花堆，云木参差浯溪来。下者为亭高者台，奇岩怪石相依隈。壁间题词几千辈，茫茫宇宙何多才！溪山久为漫郎有，东流一去无复回。我今吊古发幽叹，二千年后仍劫灰。翠华北狩升龙驭，两宫回辇六军哀。东南财赋畀贼手，将星落落光芒摧。冲人践阼翦羽翼，政无巨细皆亲裁。天步艰难会转移，中兴急望皇图恢。淋漓颂笔臣能为，何时大书深刻一扫崖壁开！

大清同治改元，郡人欧阳泽闿题石。

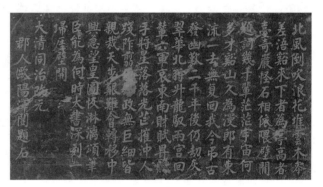

欧阳泽闿诗碑拓片

# 罗汝怀

## 🌿 人物介绍

罗汝怀（1829—1880），清湖南湘潭人，字研生，一作念生。道光间拔贡。官龙山训导，不赴。有《绿漪草堂诗文集》《褒忠录》《湖南文征》等。

## 🏯 浯溪相关作品和事迹

### 蝯叟见示浯溪中兴碑诗索和（壬戌）

列章嶔崟下有溪，悬崖层叠上有碑。时从艰虞得治理，颂语中渍千泪丝。卅载治平忽髦倦，干蛊祇得凭家儿。乘舆出狩万骑西，百官扈从同栖栖。监国从权树国本，南内垂拱称无为。次山监州在南服，直清可作臣僚师。鲁公同志爱伟作，字向绝壁淋漓挥。想见腕含刚劲气，此笔不惧临深危。涪翁异代缅奇迹，春风细雨欣成诗。家藏此碑凡二本，每撷翠墨瞻瑰词。君还故乡纵吟赏，不令野客相追随。盛朝新政轶前古，民无能颂安知悲。

## 嫒叟迭浯溪诗韵见示再赋畲之（壬戌）

世间何处江无溪，只少溪上穹窿碑。大书深刻更雄杰，上视虞褚纤如丝。风霜兵燹历千载，坐阅几许昨暮儿。有唐金石衰关西，此譬深丛孤岛栖。试思一鹗废百鸷，长安何用碑林为。髯苏裹针自颜出，鲁直独不轻相师。君虽旧守鲁国法，欹侧体时从擘（腕）挥。积酒滒池手力堕，此事未废殊堪危。只因少受杜康益，往往大醉方成诗。我如公荣不好饮，意兴不畅艰于词。谓余前作有曲徇，吾道自直宁阿随。嗜痂逐臭亦常事，被古人愚何足悲。

（《绿漪草堂诗集》卷七七言古，湘潭罗汝怀念生撰，《清代诗文集汇编》第 617 册）

## 丁丑十月九日，息柯翁集九老于浯上寄庐，为闰重阳雅集。时出示元代李希蘧先生墨迹，汝怀谓宜镌刻以广其传，息柯既赋诗纪事，谨次原韵并申镌板之约（丁丑 1877）

欲雨不雨天肃霜，半放满放花烂黄。江天十月数至九，意味却似刚重阳。寄浯主人集髦老，欲返西日辉榆桑。乱头粗服别朝市，古情幽趣同岩廊。开眸目眵舌尚在，骚鬓发短心弥长。酒酣拔剑各起舞，忽见大海群龙翔。赫蹏一帧出宝匣，玉散虹气珠腾光。舌骄目瞪心绝骇，谓公此物来何乡。兑戈和弓视三代，法物宜在东西房。惊蛇歪虺廿八字，字向纸上皆轩昂。（旧句）如何岁逾五百稔，（自洪武来入国朝至今岁丁丑实五百零十有一年。）不失分寸存豪芒。是何鬼物暗呵护，是何故家勤弆藏。追维此老在元代，巍科石榜词林望。提举儒学更世变，归匿泉石遁渺茫。避兵永兴被伤毁，儒冠不屈存楚狂。历三朝久墨宝出，转觉时代殊匆忙。余年阅世古稀外，想见骨劲须眉苍。惟其危行心不二，流露笔格皆坚强。鳏生好古肆搜辑，转丸小智嗤蜣螂。云阳一集早征录，轸念节概回中肠。品题旧与叠山并，南士实足光南荒。愿付雕镌拓万本，缘饰缇锦悬斋堂。廉顽起懦固肌理，三德正直归平康。奇觥散出走吴越，（苏句）奚啻逸韵留湖湘。

（茶陵李先正，讳祁，字希蘧，自号危行翁、不二心老人，为文正公东阳五世从祖。其《云阳集》十卷，乃文正重刻本也。初，先生中元统癸酉一甲进士及第，试官启缄，知为南士，乃次左榜，除翰林应奉文字。改婺源州同知，迁江浙儒学副提举。母忧解职。会天下已乱，遂隐居不出。洪武初，诏征旧儒，不起。常以不得乘一障效死为憾。国朝《四库提要》谓其不鬼谢枋得云。）

附：李希蘧先生书诗（纸本立轴长三尺余）

城外青溪出洞门，道人归去日长曛。柳花满地无人埽，隔水遥看是白云。

（《绿漪草堂诗集》卷九七言古，湘潭罗汝怀念生撰，《清代诗文集汇编》第 617 册）

## 九日杨息柯先生招同人为闰重阳之会，坐以齿序而褒然，称首则浏阳贺麓侨翁祥麟，年至八十有七，从来未见，今幸遇之，既而出示茶陵李希蘧先生所书七言绝句一幅，尤为得未曾有，皆禊帖所谓欣于所遇者也，爰述二诗以志盛会（丁丑）

七十何年度，重经十七年。相逢从晚节，得见实良缘。忆向银台牍，微吟宝相篇。何期垂白叟，同醉菊花前。（余以嘉庆末出应童子试，时麓翁已为许莱山学使识拔，试牍中刻有《宝相枝赋》。）

六百年遗墨，高名危行翁。出奇闻见外，致敬髦期同。合起涯翁赏，何缘海客逢。山阴欣所遇，此会不笼东。（希翁不欲仕明，故号危行翁，文正公东阳为其五世从孙，曾为搜刻云阳一集。此幅殆文正所未见也。）

（《绿漪草堂诗集》卷十一五言律，湘潭罗汝怀念生撰，《清代诗文集汇编》第 617 册）

## 十三日偕诸君集杨海琴观察浯上寄庐迭前韵为谢（壬申）

萧寺醉余寻海客，官厨一夕破长斋。盈樽绿蚁色香绝，入簋新鳌风味佳。诗境照人吟益健，浯溪在眼水无涯。只惭野老参宾座，珠履三千一草鞋。

## 镜海席中知息柯翁初度用吴宴诗韵奉呈（壬申）

玉液琼酥次第申，邀头群集浣花人。青苗雨足千畦水，绿叶阴留万树春。节候清和征协气，图书跌宕养天真。北堂日永增欢赏，萱草丛中彩服新。

## 海琴观察惠书联幅归里匆匆未及往谢用申字韵奉柬（壬申）

庭梧露下月更申，下喂归寻获稻人。坐对瑰章销九夏，家藏翠墨焕千春。逸情地寄浯溪迥，寿相天全性海真。高树早凉池暑退，定知吟兴一番新。

（《绿漪草堂诗集》卷十八七言律，湘潭罗汝怀念生撰，《清代诗文集汇编》第 617 册）

# 赵 新

## 🌾 人物介绍

赵新，字又铭，咸丰初进士，选庶常，授检讨。累典江西（己未 1859）、广西（壬戌 1862）乡试。转左春坊赞善。同治四年（乙丑 1865），充册封琉球国王正使。既至其国，历览其山川道路，考其制度礼俗而笔之书，盖有合于古大夫九能之义焉。丁卯（1867），出为陕西督粮道，总理漕务。岁有赢额后，告归。光绪三年（1877）卒，年六十九。生平于书无所不读，贯穿诸子百家，尤熟于六经三史。能文工诗，文步两汉，而诗则出入汉魏六朝。在词垣十余年，以英才硕学为一时推重，每朝廷有大制作，同列争以属新，新辄一挥而就，其张燕公之流亚欤？所著有《周易述》四卷、《易汉学拟旨》一卷、《续琉球国志略》二卷、《杂著》四卷、《诗文集》若干卷。（清光绪《侯官县乡土志》卷三耆旧录内编二）

龙文补：有《还砚斋全集》。

## 🏛 浯溪相关作品和事迹

### 游浯溪观《大唐中兴颂》碑（壬戌 1862）

我年廿四游京师，拓本初窥摩崖碑。文既古雅书尤奇，凌纸怪发光陆离。碑文四百廿字乃有奇，字字铁画盘蛟螭。上溯天宝时事多墟欷，次言今皇神武姿。灵武受册从权宜，父子代嬗无嫌疑。褒中寓贬多微词，春秋责备作者知。但论碑文已足光厘羲，况兼濡染大笔何淋漓。昔曾梦想今见之，坐卧其下当忘疲。神物自有神护持，此山可撼碑难移。

（《还砚斋全集》之《还砚斋古近体诗略》卷全，福州赵新又铭著）

# 蒋超伯

## 🌾 人物介绍

蒋超伯，清江苏江都人，字叔起。道光二十五年进士，授刑部主事，累擢江西道监察御史，有直声。同治间累官潮州知府，摄广州知府，署广东按察使。卒年五十五。有《爽鸠要录》《通斋诗文集》等。

## 🏛 浯溪相关作品和事迹

### 赠杨海琴

永阳奇境得名贤，似与西山有宿缘。宾从岂惟元克己，使君堪配范忠宣。一时裙屐搜青桂，万本芭蕉补绿天。闻道唐亭亦丹腊，磨崖可许姓名镌。

· 清 朝 ·

487

我似来南李习之，溯洄湘沅已多时。（李习之赴岭南，行六月。余今亦然。）棹歌暖酒听虽惯，蛮语娵隅学恐迟。同榜交情如子少，流觞嘉话系人思。饮溪牛马真堪玩，欲就贤侯赁一枝。

### 浯溪有感

俗耳惟闻元道州，浯溪谁更访裴虬。苍崖剥落题名黯，多少涂鸦在上头。

（唐裴虬，字深源，杜工部之友，出知道州。其《怡亭铭》与李阳冰篆、李莒八分，并称"三绝"。浯溪亦有其题字，今驳蚀矣。且俗子题名充仞于上，良可叹也。）

（《通斋集》卷四）

### 日记

（壬戌二月）

二十三日，雨。行三十里，泊归阳市。

二十四日，雨。行四十五里，泊犀角滩。

二十五日，雨。行三十五里，泊水字洲。距祁山尚五十里。

二十六日，行四十五里，抵祁阳码头。

二十七日、二十八日，均泊祁阳。大令于桐轩学琴晤谈数次，每夕辄招小饮。桐轩言祁民好讼，诔斗极多，卖厅角、撞太岁，以鬻县吏者亦复不少，号为难治。

二十九日巳刻，开船。午，至浯溪。易小舟，往谒元道州祠。登峿台及庼亭，窊樽、镜石一一俱在。宋熙宁间，武陵柳应辰押字盈丈，似火非火，似史非史。此外题咏甚多。登眺移时，始返。

（《南行纪程》，江都蒋超伯著）

# 王先谦

## 人物介绍

王先谦（1842—1917），字益吾，学者称葵园先生，长沙人。咸丰进士，曾任国子监祭酒、江苏学政。晚年回长沙曾主讲思贤讲舍，为岳麓书院最后山长。曾投资工商业，但反对变法革命，是清末民初长沙著名劣绅。有《续皇清经解》《汉书补注》《庄子集解》《荀子集解》等。

## 浯溪相关作品和事迹

### 浯溪

地僻清溪迥，天荒片碣遗。两公元气在，一代中兴时。星月光犹映，风霜势若随。应期方秉笔，剔藓忆淋漓。

（《王先谦诗文集》湖湘文库甲编 226 册《虚受堂诗存》卷二壬戌 1862）

### 和吴中丞雨中游浯溪读中兴颂次山谷韵

昔闻漫士耽瀼溪，至今春陵存口碑。磨崖文工余事耳，德政千载式茧丝。当年天子下殿走，四海郭李两健儿。长戈疾挽白日西，南内对月思同栖。厉阶生妇了不省，求魂写貌徒尔为。若非灵武得继体，岂有故物还京师。荒州刺史破愁绝，润饰天宇毫一挥。崩腾湖外尽戎马，官卑地远空忧危。我公访古兴不浅，冒雨读遍前朝诗。作铭亭台示官吏，义重仰止非文辞。山川几阅人代变，独以精气相追随。更求如结十数辈，永靖万国凋残悲。

（《虚受堂诗存》卷十四）

# 杨象绳

## 人物介绍

杨象绳，字正桥，岁贡生，宁远平田人。敦品励学，掌教崇正书院。卒年八十。著有《梦墨斋诗钞》行世。

（光绪《宁远县志》卷七之八）

## 浯溪相关作品和事迹

### 游浯溪

片石出江湄，崚嶒俯无地。漫郎昔游所，泉涧饶古意。人稀藓自青，山幽林逾翠。行行闻疏钟，隔烟问僧寺。遥羡投簪人，萧然此高寄。

（《浯溪尚友录》）

### 题浯溪磨崖碑用山谷韵

吾州名胜推浯溪，维舟来读中兴碑。摩挲重是前朝迹，斜阳冉冉烟丝丝。当年唐室几倾覆，祸根所酿缘禄儿。万乘郎当走蜀道，材官散若乌择栖。恢复雄图赖太子，权奸杨李焉能为！六军不发万马驻，上皇一诏激王师。太真已逝追兵缓，况有大将为指挥。事出凄凉吊南内，两三宫监谈安危。次山作颂真卿书，臣甫更献北征诗。忠臣涕泪见文字，淋漓不系琼据词。千年经此一怀古，空江但有渔舟随……

# 李梦庚

## 人物介绍

李梦庚（1828—1914），字小白，号敬斋，祁东金桥镇银盘村人。道光丁未成邑庠生，入县学，每试则优等。同治三年甲子，补行咸丰十三年辛酉科，成举人。拣选知县。后教学乡里，主讲江华沱江书院以及祁阳文昌书院。同治九年，参修县志。光绪初，授衡阳县教谕兼清泉县训导。著有《墨庄诗草》《墨庄经义》。

## 浯溪相关作品和事迹

### 浯溪观杨公海琴重修胜迹（1862）

山水有精神，非人则不王。胜地亦文章，随时变新样。浯溪湘之滨，奇胜莫名状。自昔元漫郎，寄居怀自放。大展风骚才，遂发山水藏。襟浣溪上云，林流泉间酿。亭台面目新，唐峿名字创。迢迢千载余，人往风斯旷。水怪与山灵，涧谷将谁觊。贤哉太守来，芝城仗保障。簿领既从容，烟月自舒畅。谓邦有先贤，神在溪山上。旧迹半已芜，顾之增悽怆。乃疏碧玉流，乃刷青霞嶂。碑重崖石摹，诗继山谷唱。台崎复依然，亭成固无恙。元与颜公祠，雄扼山之吭。山之色苍苍，水之流瀁瀁。山耐蜡屐游，水耐渔舟荡。古人今又生，山水莫惆怅。请贺山水遭，一盏飞相向。

（同治《祁阳县志》卷五浯溪下）

# 匡明玠

## 人物介绍

匡明玠，字半庵，咸丰同治间祁阳人。

## 🏛 浯溪相关作品和事迹

### 浯溪观中兴颂碑

力透云根三百字，千秋想像笔如椽。天开绝壁供驰骤，义激奔霆入斡旋。铁画何烦山鬼守，湘波喜傍墨痕鲜。灵旗日暮灵风满，毅魄还临最上巅。

（同治《祁阳县志》卷五浯溪下）

# 罗彬彦

## 🌿 人物介绍

罗彬彦，字芝房，咸丰同治间长沙人。

## 🏛 浯溪相关作品和事迹

### 同人游浯溪观磨崖碑

摩崖三绝艳区宇，尝得耳闻未目睹。游踪到此快摩挲，朗读令人叹千古。妖孽当年扰太清，洛阳一陷潼关倾。明皇走马幸西蜀，二十四郡吁无兵。艰危欲济将安放，大权要恃乘时掌。储皇嗣位国威伸，两都克复烟尘荡。欢然西向迎上皇，破悌为笑势滋昌。运会从兹一旋转，乾坤清肃纪纲张。太息当时管弦寂，庙堂燕许无文章。天南元刺史，文学不欲委。慷慨颂中兴，堂皇彰盛轨。词严义正光日星，一代鸿章众归美。向无大笔染云烟，高文犹恐滞流传。作书更得鲁公笔，元精炯炯蟠毫颠。四寸五分结构密，二百六十三字如珠联。岁久风霜不敢蚀，陆离斑驳光烛天。后世尚论唐代事，辄对摩崖生敬志。颜书元颂两千秋，庙堂典重垂山陬。踯躅崖前仰遗迹，神鬼在旁动魂魄。同人感叹欲题名，那识人先镌满一山石。适有贞珉卧草间，漫作长歌补岩隙。

（同治《祁阳县志》卷五浯溪下）

# 袁琼林

## 🌿 人物介绍

袁琼林，字子隽，咸丰同治间祁阳人。同治元年壬戌补咸丰九年己未恩科举人，以拣选知县，改教授。光绪间任湘潭县教谕，卒于任。

## 🏛 浯溪相关作品和事迹

### 游浯溪

溪光浩渺泛轻舟，览胜来登百尺楼。石古已成文字薮，地高先得楚江秋。敧斜台榭孤云护，混沌乾坤一镜收。惆怅元颜无觅处，倚栏空见水悠悠。

### 浯溪怀古

功臣余韵感荒邱，大块文章劲气留。石髓滴残忠孝泪，镜光照尽古今愁。苍凉物色随云散，浩瀚词源付水流。读罢残碑人不见，禅林钟鼓一声秋。

（同治《祁阳县志》卷五浯溪下）

# 周海樵

## 人物介绍

周海樵，周厚生冢子，有《耘心堂诗稿》。

## 浯溪相关作品和事迹

### 游浯溪观杨海琴都转新建亭台并别墅

频来识我溪上树，我与溪山有奇遇。山石荦确溪潆洄，千怪万状立移步。牵萝扪藤上嵚崎，凿险破荒索幽趣。漫郎故址今尚存，历历亭台皆如故。云是何人之所为？旧时太守归休处。忆昔兵燹经几年，荆榛瓦砾余朽蠹。何年一扫槐枪清，山川游宴得所附？颓者复振靡者兴，挽回洪钧几劫数。磨崖插天高入云，镜石临江清宿雾。吁嗟兴废非偶然，丰功亦宜金石铸。浯峿字创次山痴，后来继轨君何妒。山水哪如文字灵，隐逸夙为循良慕。入幕况得贤主人，协力齐心同尊跗。新开别墅傍溪园，驱除猿鸟相调护。功成相共卧云松，人间清福真无斁。有客好古来搜奇，寻碑隐隐云生屦。欲为苍生起斯人，会看阳和满春煦。

注：此诗未上石，旧县志亦未收，周步云供稿。

# 周秉章

## 人物介绍

周秉章（1847—1907），号焕舟，祁东城关廖家村人。21岁入学，受业于湘绮王闿运。王主衡阳东洲船山书院时，擢为斋祭酒。40岁以后设教于本乡玉嘉里，以耕读课子弟，16岁以上丁男年须下地劳动一月，并作《劳歌》以助力："大的去犁田，小的去拉鞭，一齐来用力，呼海！春耕莫迟延！呼海！"如此凡20年。卒时，弟子悼诗有"又向春风哭素玉"句。葬兰芝村小桥组冠子山。长沙郑沅为书墓碑，弟子傅月舫题墓联："湘绮文章探秘笈，濂溪道学衍家传。"遗著有《葛庐啸客集》。

## 浯溪相关作品和事迹

### 书浯溪磨崖中兴颂后（有序）

窃以安史乱平，大业谁为作颂？浯溪石峭，云烟孰为挥毫？今照湘水而走蛟螭，淋漓大笔；磨石崖而插霄汉，落拓鸿文。磨崖中兴颂者，鲁国颜公之所书，次山元子之所作也。

扼当五管，金镜照垂；胜擅三吾，瑰辞丕著。堪笑小儒咋舌，树撼蚍蜉；何尝往事关心，阵争蛮触。粤自玉环肇祸，天宝中微。传置荔枝，忽报渔阳鼙鼓；尘香珠翠，恍闻蜀道淋铃。始则索雅调于清平，沉香亭北；继乃吊玉颜于黄土，金粟堆南。浪传锦褓异儿，逐争驱之五队；痛煞罗衣山鬼，叹不发之六军。将士称臣，鼠辈大都肉眼；夷人先母，羯奴久已祸胎。斯时也，闻歌声于凝碧池头，黄衫舞马；望烽火于延秋门外，红粉啼鹃。巫峡千条，不断羽书日夜；潼关四扇，尽为虏骑纵横。向非戈奋平原，马烦回纥；河北怜无义士，谁提一旅之师？函关纵封泥丸，空铸六州之错。将且比虫沙猿鹤，危甚复巢；行看尽狼虎貙豺，图难滋蔓。双悬日月，那能玉垒天回？永固金汤，讵冀锦江地转？幸也返东行之旆，灵武排銮；旋西狩之骎，咸阳驻跸。迎奉藉万灵之望，匡扶资再造之功。名非正而号自尊，玺传太子；德虽衰而鼎未改，旗竖天皇。流言方息于凤翔，至德宜标乎龙起。望贤宫里，欢呼看夹道黄袍；兴庆楼中，逊避易临宸紫极。扫轻尘于九宇，星日重晖；收余烬于一朝，河北再秀。美哉中兴，可以颂矣！

顾或以殃遗床第，前车不鉴于武、韦；衅起阃庭，后辙复寻于张、李。进温泉之祸水，高筑新台；望剑阁之愁云，趣持大物。翙复花街野鹿，召艾豭以宣淫；荐锉飞龙，听鸥枭之阶厉。猪龙敢作天子，实启西宫；鹦鹉知问上皇："谁迁南内？"倾国专因女宠，齐家岂曰身修！拟吉甫之诗，二子哪曾子细；听舆人之诵，三郎毕竟郎当。是则罗袜犹存，浯水难流其秽恶；墨碑遍拓，贞珉有受其灾殃者矣。

然而补衮何人，贻讥监国；战阵无勇，归咎赞蘦。溯四纪由来，治尚可追贞观；综两朝颠末，政终难掩开元。漫云林甫、国忠，后先倾轧；须识姚崇、宋璟，中外调和。水旱不遗，收京有本；天人皆应，传位非虚。白光玉洁之文，著鸿篇而标盛德；铁画银钩之笔，扬忠烈而诛奸回。志在《春秋》，足掩秦碑汉碣；老于文学，堪追周鼓殷盘。若教闾阖宏开，尚可图陈黼扆；倘可钩铃朗曜，并将颂献丹墀。且夫平而必陂者，阴阳予以有剥复；乱而又治者，邪正自持为消长。履葛屦而冰坚，盖言其慎；画芦灰而月缺，莫识其微。腊丸坚徇国之心，成都传达；鸡树恣中宫之玩，廨舍谁搜；字挟风霜，断制虽当严谨；名垂金石，表章宜有体裁。当夫国步艰难，奚必论人逆亿；就使庙谟颠倒，何容秉笔褒讥？元凶既绝其开端，大义必嘉其悔祸。

兹则标国家之旧朔，正月春王；题臣子之微名，前朝遗老。以人传地，往来之墨客留题；唯口兴戎，今古之骚人凭吊。自有宸尊对月，石壁屃屭；不教铜柱埋烟，山灵呵护。浇漓俗改，僻壤风清。纵令学士深文，后世频来月旦；岂识词臣载笔，当时原讳尊亲。惜闲看醉睡渔翁，心情在否；感事思悲歌杜老，臭味同之。盖忠精炳如日星，煜然之耿光不掩；而道义塞乎天地，浩然之正气不磨也。

嗟乎！障里金鸡不轨，赤心具鉴于曲江；池边彩凤常蹲，蓝面安投于荒裔？瓜慨黄台之尽，萧艾宜分；苔寻碧石之封，琼琚共赏。望九疑而不见，谁瞻片石于韩陵；想重译以终非，莫辨遗文于岣嵝。流传海国，都教三沐三薰；摹刻剑州，愿读万篇万本。莫似韩碑推踣，徒遭逢吉阴谋；那堪元颂讥弹，竟效涪翁私议。

　　注：此诗已佚，此序未上石，旧县志亦未收。由周步云抄寄。

# 李　璲

## 人物介绍

　　李璲（1830—1899），字庸庵，广西苍梧县人。咸丰六年丙辰科解元，同治二年癸亥科进士。出任刑部主事，升刑部郎中。光绪七年，放陕西道监察御史，督理五城街道御史，后历任福建道监察御史、京畿道御史、江南道监察御史。光绪十一年，简放高州府知府，署廉州府。光绪十三年，调惠州府知府。光绪十六年再调广州府知府。光绪十九年称病辞官归里。自幼聪明，性耽吟咏，著有《白鹤山房诗钞》七卷。

## 浯溪相关作品和事迹

### 浯溪

　　春波荡漾浯溪绿，中兴有碑石如玉。三郎郎当雨闻铃，猪龙猖狂思逐鹿。军门神人携双鱼，早翻天瓢安地轴。萧王称帝更始在，沛公分羹上皇复。关中小儿生波澜，事有后耻无前辱。漫曳作颂鲁公书，妄测前贤黄山谷。权衡功罪向空语，一角斜阳射人目。

### 湘江棹歌（其三）

　　漫郎潇洒白云陲，乔木苍烟又几时。摇橹过江访青石，南来人读中兴碑。

（《白鹤山房诗钞》卷四，苍梧李璲撰）

# 杨翰

## ✿ 人物介绍

杨翰（1812—1879），字伯飞，号海琴，直隶河间（今河北河间市）人。清朝大臣，著名学者。在永州时尝筑愚园，自号九愚居士，晚年退居浯溪，筑息柯别墅，故又别号息柯居士。嘉庆十七年生于父亲所在的四川官署。道光二十五年中进士，授官湖南辰沅永靖道台，官至永州知府。著有《褒遗草堂诗钞》《息柯杂著》《息柯白笺》和《归石轩画谈》。

## ✿ 浯溪相关作品和事迹

杨翰三绝堂柱联。

地辟天开，其文独立；山高水大，此石不磨。

杨翰三绝堂柱联
拓片

咸丰戊午来守永州，庚申秋始游浯溪，惜亭台久废，频年军事，不得少休。壬戌春，略就安敉，爰将各故址重葺，以还旧观，并于元颜祠畔增置数椽。落成后，集《中兴颂》字作联，刻之碑亭楹间。时闰月十七日书于郡斋续新堂。督亢杨翰记。

杨翰诗碑，在峿台北崖区。

### 浯溪话别

乌帽黄尘漫七秋，今情古意聚溪头。杜陵感事同声叟，山谷题诗忆少游。独对江山悲往迹，欲镌石壁篆新愁。一痕凉月窥林人，照见劳人汔未休。

同治甲子去郡，与送行人浯溪话别。坐石上看月，依依不忍挥手。因六用绿天庵九日韵纪事，书与桐轩。息柯居士杨翰。

柱联：九旬上寿尊贤母，一代传人显令名。

### 画学心印序

余与谊亭年老道兄交数十年，自乙巳入词馆，同聚春明，搜书画、考金石、赏奇析疑，追随无虚日，致足乐也。嗣谊老司铎吴江，余亦从戎湘水，虽邮筒往复而案牍劳形，非复囊时兴趣矣。岁及时，余以展觐北上，谊亭亦已改官农曹，清兴婆娑，老而弥韵，酒酣耳热，谈六法，亹亹不倦。都人士推为当世正宗，洵非虚誉。近代娄东一派，汪叔明、华篑秋外不少概见，每于足迹所经，留心物色。癸酉春，自湘游粤，道出五管，于同年曾笙巢斋头获睹邻烟画幅，法备气厚，笔墨峻嶒，竟莫与比，询知为谊老从弟，亟思一见，佗台簪合，始订交焉。为余作大小十余幅，皴多擦少，崭然露骨，真娄东虞山法乳。昕夕过从，深谈画理，恨相见晚，觉海内存知己，不数人也。出视画学心印八卷，采择之博，评骘之精，为艺苑独开生面，传世奚疑。时将谋付手民，征序于余。比以返棹，匆匆未遑也。逮归浯溪，尘事纷沓，久迟报命。今春遭失恃之悲，负土衔恤，几废笔砚。秋初接邻烟书，知剞劂将蒇，思践宿诺。回忆珠江萍聚，谈心读画之乐，忽忽已阅五年。自谊亭古后，咸以此事推衰。近见叔明老笔楷模虽古，气韵毫无，篑秋亦老态颓唐，未穷阃奥。绍西庐之传舍，邻烟其谁与归。此书一出，绘事始树正鹄，俾学者知讲求有本，庶不流入歧趋。余老矣，忧戚填膺，意兴都尽，兼以卒岁冗扰，殊乏佳思。然重违邻烟之意，因走笔书此，聊以志相契之深，不足当元晏之序也。时光绪十年戊寅十二月上旬息柯居士杨翰记于浯上草堂。

（《画学心印》卷首序，梁溪秦祖永评辑）

## 记唐卢钧浯溪题名

壬申九日，登峿台，见石上隐隐有字迹，拂之仅见一钧字。爰洗石加墨，始知为唐卢钧题名。案唐书本传，钧字子和，系出范阳，徙京兆蓝田，举进士第，累官至同中书门下平章事。以太仆致仕。卒年八十七。官岭南节度，廉洁有政声，民请立生祠，钧固辞。此题名乃其岭南赴阙，路经浯溪时刻也。郡志虽载近时从无人拓，以为久佚。余乃于退隐来游，登高赋诗时无意获之，可知古人手迹湮于荒烟蔓草中，隐见有时，不经人搜剔则终不出。可喜，亦可叹耳。

（《息柯杂著》卷二，北平杨翰伯飞撰）

## 人日同于桐轩饮碧云庵思范堂五叠东坡腊日游孤山韵

东坡随地营西湖，寄情山薮无时无。此间庄惠有至乐，不待猿鹤相招呼。左餐右粥慰妻孥，昔者龊龊今欢娱。（九年之役碧云庵悉为营垒。）我每临流笑蛤鱼，与尔青紫同萦纡。他年长揖归田庐，裴回难别长松孤。君从三吾来游此，如厌刍豢耽菖蒲。寻碑著屐以老夫，（谓邓守之。）独与古佛共朝晡。酒酣月出清到骨，仿佛狮子林成图。孟陬揆揽庆有馀，（是日于桐轩生辰。）我过知非愧卫蓬。大呼五白客先逋，息影邱壑何人摹。（此日约游息影岩。）

（《褱遗草堂诗钞》卷六，北平杨翰伯飞撰）

## 泊舟浯溪得笠帆诗再用绿天庵韵寄和

几度高吟记九秋，撩人旧梦上心头。空山松寺成陈迹，樽酒荷厅怅昔游。灯影自销风雨夕，江声如泻古今愁。他年定作溪园隐，不待钟鸣我欲休。

## 浯溪上余筑溪园精舍去郡来此与朋侪流连数日孙阆青为作古松箑子再用绿天盦韵

虚堂怪底变凉秋，磅礴争看顾虎头。梦里峰峦黄岳路，夜深风雨碧云游。奔腾涛卷疑龙吼，寂寞山空有鹤愁。忽忆慈仁读书处，草荒塔院怅裴休。（昔年读书京师报国慈仁寺古松下，与戒学师禅悦。今戒公久化去矣。）

（《褱遗草堂诗钞》卷七，北平杨翰伯飞撰）

## 题刘云柯画

云柯刘子（功炜），长沙人。余在永州军中见其画秀有远韵，访之，知学汤峿庵。后于长沙无垢禅林作书画会。秋初别去。旋闻殁于祁阳，深悼之。见此画，率书一诗。

自我来湘中，乃见峿庵迹。继有云柯生，矜严貌水石。闻道学峿庵，秀笔转奇特。小册为余留，岩壑藏咫尺。倘遇栎园翁，录入读画集。无垢小禅林，秋风散裙屐。须眉入梦清，仿佛青山色。曾作军中吟，又赋潇上役。三吾宵且深，烟霞生痼疾。忽传画师亡，委蜕在一夕。生学峿庵画，死作浯溪客。云沙入渺茫，宇宙少遗墨。拟将居士传，泐向溪园壁。拂画欲呼君，山空冷云白。

（《褱遗草堂诗钞》卷八，北平杨翰伯飞撰）

## 寿谭仲维（浯溪元次山旧迹，余为补葺，皆仲维监修）

石鱼凫舫出心裁，小筑溪园近水隈。人与青山同不老，樽开黄菊又重来。半生寄迹依林薮，千载题名傍钓台。君似瞿袁随漫叟，他年有客认苍苔。

（《褱遗草堂诗钞》卷九，北平杨翰伯飞撰）

## 壬申十二月十四日由浯溪赴粤西

廿年箠组返柴关，归隐三吾万虑删。只为荡胸奇气在，天教看尽海门山。

## 将归浯溪陈兰甫作诗留行次韵答之

风雪柴门迥，儿童念远人。亦知恋良友，聊以慰衰亲。交淡意弥笃，天寒心自春。他年携笠子，再共赏花辰。

## 由粤归浯溪重至永州有感

海上风涛汗漫游，飘飘身世感浮沤。重寻水石来居士，如画溪山是永州。烽火全销人去郡，林泉无恙客回舟。摩崖大字苔痕长，照见清湘万古流。

（《褱遗草堂诗钞》卷十，北平杨翰伯飞撰）

## 息园八咏

### 浮青阁

爱水始结庐，倒映青冥境。小阁对濠梁，西风落筝笛。拍浮夕阳沈，疏林淡秋影。

### 留云洞

清虚小洞天，如逢息景深。片云闲亦佳，留连在旧岑。再扩诗境碑，谿研发高吟。（洞有息景岩意，石上再摩放翁诗境二字。）

### 隐月厂

闲园深竹交，明月不到地。爱竹兼爱月，虚厂隐空翠。清光忽穿林，似解幽人意。

### 水镜台

昔登龙洞背，野水青蒙蒙。黄梅有禅旨，镜无台亦空。古人与来者，惟我居其中。（台在留云洞背。昔经蜀栈龙洞背有此景。）

### 无垢池

身本无无垢，适与幽泉汇。堂坳泛芥舟，何愧观沧海。深坐风露凉，野莲香自在。

### 渡鹤桥

老鹤不肯飞，来学高人步。神闲翩尚健，毕竟异凫鹜。前山松云深，任尔早飞渡。

### 老学圃

居士味菜根，不负藜苋腹。莪儿与芥孙，野趣动盈掬。灌园老于陵，学此亦云足。

### 石禅径

深山觅云根，完尔嵌奇相。髯苏怪石供，飞雨作雪浪。坐证石头禅，无言屹相向。

## 息园落成已深秋矣每侵晓倚竹杖凭眺殊得清趣偶见二子画扇即景书一诗

天入清秋石气清，闲携竹杖绕堤行。吟成冷句无人和，惟听空林落叶声。

（《褱遗草堂诗钞》卷十一，北平杨翰伯飞撰）

## 顾持白学使过浯溪见访不遇用阮裴园前辈十绝韵寄怀即用原韵送持白旋馆之行

峿台长啸万山低，声曳诛茅宅水西。贼退多年官吏老，健儿归去事锄犁。（余守永州击贼事隔十九年矣。）

三间老屋笑王微，怀古无言对夕晖。如此溪山题刻遍，真教游子澹忘归。

颂刻中兴蠹石屏，颜书万古照前汀。打碑镇日登登响，惊起空山老鹳听。

三铭凹凸石崖乖，斫古披荒拨宿霾。我爱溪亭同猎碣，较量台上篆尤佳。（唐亭浯溪二铭较峿台铭尤佳，世少拓本。）

绝顶宆尊埶凿成，秋来黄叶石蹊平。凭陵试酌长瓢醉，俯看千帆半灭明。

右堂三字蚀苔痕，老树枝樛怪鸟喧。欲补全文无处觅，岂如雪浪尚留盆。（元次山右堂铭只存三字可读，全文元集所无，东坡雪浪盆铭虽原刻无存，原文尚在。）

老去涪翁藜杖幽，断崖苍藓纪清游。潇湘旧守蓬樵去，烟雨苍茫画永州。（山谷诗刻在中兴颂侧，余得王蓬心画，题诗有永州老守去潇湘之句。）

遁翁探胜到岩椒，采璞搜山玉万条。为访柯亭人不见，诗怀惟逐浪花飘。

短筑敲残韵转长，悲歌燕赵祖筵凉。好将七字镌贞石，他日寻碑问夕阳。

祁山水石饱幽探，胜侣西清无两三。我似猗玕流寓客，摩崖事毕整归骖。

### 丙子消寒第一集后性农以题孤山访梅图诗示读即将言归仍用绿字韵送之

昔从湖上饮山绿，四十年华电流速。老蝯遗世墨痕留，日日摩挲穆之牍。（性农与贞老同游西湖已阅四十余年矣。）南州冠冕采芝翁，兀傲东山谢羁束。腾身君跨汗漫游，拔脚我无沟壑辱。怀人偏在屈贾祠，千古蛾眉共谣诼。苦忆论诗老方干，已去竹西莅巴蜀。（性农昨得方箫翁诗札，念及息柯。）落落雄坛二三子，安得西园同刻烛。洞庭波阔潇湘深，水鸟风帆偶相触。澶迹渔樵幽事多，自爱祁山朴野俗。辟地新栽半亩蔬，引泉已活千竿竹。（新辟息园，有记有诗。）闲园雨过闻野香，石洞云留听丛玉。如此亭林又出游，考献甄文猥相属。丛祠兀坐老秋风，携手故人慰幽独。沅湘心血黯青镫，诗鬼诗人同信宿。（性农时方选沅湘耆旧续集。）披荒斫古贵精严，万卷清光盈尺缩。昨宵满堂聚豪翰，尽抛簪组就林麓。一集文筵耿将别，岂必畏人成小筑。君听田间春水声，九九消寒犹可续。

### 丁丑九月菊花未开兹以十月九日作闰重阳集九老于浯上寄庐赋诗纪事

潭州十月天未霜，老柳尚绿篱花黄。尔雅释天纪阳月，九日天为增重阳。东坡自昔住岭表，是日和诗追柴桑。（东坡在岭南，气候殊异，菊花开时即以十月九日作重阳。是日和陶诗，有谁谓秋冬交，黄花与我期之句。）秋冬之交冷趣足，青松白石环虚廊。寄庐隙地无半亩，闭门但见蓬蒿长。开径忽闻故人至，遭鸿蛰鸟相回翔。昔来二仲今九老，此会山水生清光。当年贺监识李白，移家来就帝尧乡。一别日月忽云迈，山翁行脚如长房。床头有书不知老，坐看天地随低昂。（贺麓侨时年八十七，昔官完州，余携家就焉。完有帝尧村，贺老今尚手不释卷。）满堂峥嵘尽豪翰，五百里外星生芒。主人忽出遗老迹，危行不二觇行藏。（余得元遗老李祁墨迹，真希世之宝，李自号危行翁，不二心老人。）三百馀年见生气，使我诸老遥相望。抱残守阙性所爱，千秋一气接混茫。是时林叶拥柯下，苍云拂岫飘风狂。荒庭万花尚如海，培泥缚瓦携锄忙。位置尊罍气象古，依止巾拂容颜苍。我从朝市作大隐，众中驽骀何由强，世事险巇多噂沓，转丸一视同蜣螂。惟有感旧触怀抱，老宿凋丧伤中肠。曩时坛坫笑言侣，只今白骨青茫荒。（时与罗研老话猿叟旧事。）寥寥吾道二三子，尚得比数香山堂。（香山有九老堂。）狂歌清啸动惊俗，一尊相祝寿且康。既佳光景已弥月，留此轶事传潇湘。

### 息园记

息柯子今真息矣。昔读陶靖节诗，息我庭柯，引以为号，垂三十年。自退居后虽潜形戢影，然搜览山川，勃窣简册，何以为息？盖息者，举得失荣辱机械趋避一埽而空之，如释氏之除妄念，庄子之杜德机，是息之真义也。惟此身必有所寄，余爱元次山之为人，既于浯上复漫郎宅，将终老焉。因母老，欲居城内，乃购李氏一枝宅。一枝善画梅，余守永时旧识也。屋后积水一泓，有秋水时至，两涘涯渚之势，登败垣而望之，喜其空阔，乃建阁曰浮青，见天地间皆浮境，如芥子在大海中，任其所之，吾得息于是，日观濠梁以为乐，固已鱼我两忘矣。废院嫌其平衍，乃叠石为洞。祁固多石，采于三吾与潇湘楼者，多荤致。取其岈嵝，相其向背，穷数月力，成凹凸曲折之势，天极热，入则凉，稍凉入则温。客曰似永州息景岩。息景亦余命名，以配朝阳岩者。有铭有诗，洞名留云，知其不出此山也。方孚若三刻放翁诗境字，余四刻之五礐，今度洞石宜摩此二字扁之，是又得五诗境矣。洞左曰隐月厂。月不宜隐，因竹多而隐之也。主人爱竹，不忍删，夜坐幽篁下，忽微风动明月，穿林入，知清光终不可隐也。厂畔重蕉桐梅柳，各杂卉，又以石之奇崛者置之，如侍者然。坐洞中，左眄丛竹，右睇清漪，极得闲居之乐。洞背垒土筑台，正对池水，空明如镜。忆昔来往蜀栈，登龙洞背，洞中水出风雨呼号，传为龙所憩。今台在洞上，仿佛似之。昨游海南，瞻六祖道场，偶悟镜台之旨，因名为水镜台，云池之小，极矣。维摩径布以七净华浴此无垢人，名曰无垢池，云只可沐浴也。然小园赋地有堂坳，取漆园之义，万物一齐，曾何愧于沧海乎。池小而桥亦小，蓄群鸥渡之，因思余旧有鹤，早翔去矣，名曰渡鹤，聊寄意耳。安得浮邱胎禽来伴丹杨仙尉耶。台池之闲有隙地，余最喜菜圃，人皆嗜种花，余谓菜圃得朴冷之趣，乃使圃人播蔬，名曰老学圃。夏秋瓜豆已繁，豆荚支棚，凉阴筛日，瓜蔓上树，石隙悬一瓜，大如五石之瓠，似人之牢落无所用，但供闲居之赏而已。然有机事，必有机心，吾知汉阴丈人所不为，不如老于一畦寒色中也。下浮青阁，穿隐月厂，一径荒落，尽取石之奇古者列之。落之生如簦草之覆，如髯坡公有怪石之供，米老下石兄之拜，余则呼为禅友。每至空山无人，万绿俱寂，无生之谛，石知之而不以语我，我固知石之于我有深契也，乃名曰石禅径。居士自少壮至老，历览秦蜀燕鲁晋豫楚粤，不知其几万里也，御强寇之变，澹群黎之灾，手了之事，不知其几千百也。今得息于山陬水澨，一亩之宫，亦徜徉而永日。自入园门，众绿幕空，织以篱，支以架，松柏榉柳相掩映，不知中有池阁台洞。侵晨携竹杖，听泉水鸟声，浇花灌竹。及春所种已蓊郁成林，林杪远山露青，野云浮白。日暮寿佛寺钟声已动，月出清空，林坞如画。登台长歌清啸，抚斯心迹，默契古人。暇日乘小舟至浯溪，寻次山旧址，知有先我而息者。次山不知我后，当有如我之知次山者。乃撰《息园记》，并咏诗八章，镌于壁。

（《息柯白笺》卷八，北平杨翰伯飞撰）

# 陆　淹

## 🌿 人物介绍

陆淹，字菁三，江南长洲人，钦取入都，未授官卒，著有《青缃堂诗》。（《清诗别裁集》）

## 🌿 浯溪相关作品和事迹

### 寄许竹隐舅氏于永州署中

五马风流最有声，上游襟带控蛮荆。江形斜绾潇湘水，地势遥分翼轸星。坐领千山销暑雨，驱车万里副澄清。圣朝南顾无穷意，刀剑新来慰耦耕。

庙谟民瘼总仔肩，揽辔西南万里天。七泽晓云环翠壁，九疑春雨湿苍烟。梯航喜集销兵会，杼轴心劳奏最年。独忆胡床清啸罢，抽毫还续楚骚篇。

承恩特简重岩疆，哀雁惊传慰稻粱。东顾百蛮聊指臂，西来五岭总筐箱。铁衣夜净乾坤色，铜鼓春回日月光。辛苦筹边今较切，十年簿领惯风霜。

泽国烟云伴晓岚，江关名胜恣幽探。旧山乍拟熊罴岭，廉水初移钴鉧潭。元度文章应共羡，牢之风调敢云谙。内庭岳伯皆良牧，借寇何须颂楚南。

（《青缃堂诗》，陆淹撰，《清代诗文集汇编》第 188 册）

# 边浴礼

## 🌿 人物介绍

边浴礼，清直隶任丘人，字袭友，一字袖石。道光二十四年进士，官至河南布政使。嗜诗，博闻宏览，于书无所不读。有《袖石诗钞》《东郡趋庭集》《健修堂诗录》等。

## 🏛 浯溪相关作品和事迹

### 史雨汀以《大唐中兴颂》拓本见示作歌

雨汀示我中兴颂，大字雄文相伯仲。唐贤真面忽现前，千年神彩犹飞动。猪龙当日势披猖，鼓鼙震地来渔阳。三郎仓卒下殿走，烟尘颎洞谁勤王。平原太守倡勇敢，十丈红旗半空展。飞章一出士气坚，二十四郡齐守险。贼笑书生未足奇，人惊狂寇连番斩。热血埋藏卢奕头，奇兵震裂舒蒙胆。一朝灵武新君立，净扫欃枪见云日。此时镌石表中兴，端仗颜公挥健笔。朝臣衮衮齐张眸，文彩何人堪与俦。李白杜甫俱陷贼，此事遂让元容州。容州文笔天下奇，生马脱鞚不可羁。寻荒事纪窅方国，选胜韵斗浯溪诗。漫郎聱叟猗玗子，大名早受朝廷知。一朝巨题逢巨手，肯不铢肾镂肝脾。苍崖百尺凌虚插，大书深刻山灵怯。想当两公合作处，真气淋漓剑出匣。擘窠腕力破余地，泻水词源倒三峡。颂词突过燕许作，书体抹倒欧虞法。仙官雷电竞呵护，朔雪炎风敢欺狎。石坚未经野火燎，痕裂非关纤爪掐。韩碑柳雅纵擅场，见此也恐当头压。宋儒昧理肆讥弹，熠火纷纷眼光狭。独有当年董广川，曾偕欧赵表前贤。劝君暗槛精藏弄，好并岐阳石鼓传。

（《晚香倡和集》之《东郡趋庭集》，任邱边浴礼夔友撰）

# 秦祖永

## 🌿 人物介绍

秦祖永，字逸芬，别字邻烟，江苏无锡人，著有《画学心印》八卷、《桐阴论画》三卷、《续论》五卷、《画诀》一卷。

（《清续文献通考》）

## 🏛 浯溪相关作品和事迹

### 杨翰逸品

杨海琴年丈翰，考据金石，讨论书画，文词歌诗，靡不登峰造极。友人携画索题，余于先生有知己之感，乐于从事，仿蓬心小品笔意，恬雅皴染，松秀有出蓝之美，不独书法之足传矣。（息柯居士，直隶人，侨寓浯溪。道光二十五年乙巳翰林，官湖南辰沅永靖道。壬申，罢官。癸酉，奉母来粤，与余相晤于何氏骨董处，即云相见恨晚，从此笔墨投赠，时相过从，谈诗论画之乐，几及一年，可称知己。濒行，为余题卷册数事，索画送行，赠余诗扇。惜别依依，情词恳挚，至今犹如在目前也。嘉庆十七年壬申生，光绪五年己卯卒，年六十有八。）

（《桐阴论画》三编下卷，梁溪秦祖永撰，清光绪八年刻朱墨套印本）

# 孙莹培

## 🌿 人物介绍

孙莹培（1821—1891），女，钱塘人（今浙江杭州），著有《翠薇仙馆词》一卷。昆山赵氏书目，小檀栾室汇刻百家闺秀词，小黛轩论诗诗有著录（《明清妇女著作》数据库）。蒙子，官茶陵知州。善画花卉，间作山水木石，出入沈周、陈复之间。笔致特沈厚，赋色者艳侪饶古法。画墨龙尤工（《粤西先哲书画集序、寒松阁谈艺琐录、杭郡诗三辑》）。孙蒙（？至1856），字荼云，一作荼耘，钱塘（今杭州）人。道光五年（1825）

拔贡，官至广西左江道，驻柳州。工诗文、书、画，兰石超脱（《平湖续志》之《粤西先哲书画集序》）。《广西昭忠录》卷三亦有载：署右江兵备道太平府知府孙蒙。

## 🏯 浯溪相关作品和事迹

### 游浯溪作

读罢碑文心感抑，六朝兴废谁能识。照尽千秋此镜中，崖前屹立寒光逼。（石镜）

崔巍宫观费营成，翠柏参天覆午晴。笔下蛟龙胸次学，太师水部久驰名。（颜元二公祠）

来时曙色尚迷离，游罢归舟日欲西。吟兴未余添酒兴，呼鬟闲试五更鸡。（都中携回铜饭具，名五更鸡，质薄如纸，以酒代薪，顷刻即熟）

（《翠薇仙馆吟稿》卷下，钱塘孙莹培撰）

# 潘乃光

## 🌿 人物介绍

潘乃光（1844—1901），原名志学，字晟初，生于广西荔浦。左目有重瞳之异，资性过人，得父郡庠生元澜庭训。十岁能文，时人谓为神童。年弱冠登前清同治甲子补行，辛酉科贤书第三人。乙丑公交车北上，不第，遂投笔从戎。冀伸大志。先得直督刘长佑一见许为干材，派充各属防营马步军、冀长，而各省督抚，当边防务急，皆奏派办理营务，倚赖成功。虽军务倥偬，不废儒业，喜与士夫诗酒唱酬，历山川名胜多题咏，久积成帙。每遇春闱必请假赴试，壮志不减少年。光绪二十一年，王京卿之春奉使俄唁慰之命，奏充参赞。在俄成礼，俄主赏给正二等宝星，历功奖赏花翎二品顶戴，保至道员。二十四年，适川东教案起，余蛮子等聚众龙水镇，其地四面环山，峰峦陡峻，涧水绕流若埑，然惟一桥可通山口，伊等拆毁桥梁阻险为固，官兵莫能进。王藩司之春檄调公率诸军往设计渡涧，直抵其巢，谕以大义，众皆释兵，惩首宽从，不数日而案结，入奏赏给"敏勇巴图鲁"名号。二十七年，联军之役，德人进逼山西、长城岭等处。秦、晋两省震动，居民迁避。锡良抚山西，官绅束手。值公到晋，锡抚知公有大略，奏派公督办固关洋务兼马步各防军营务处。两次星夜驰往德营与德将蒙日拉等议和，订盟照旧分界，保全祖国山河。事竣回晋，沿途居民香花欢迎颂公之功，各竖碑志之。奏保以遇缺尽，先道员发往山东。补用历当校士馆、课吏馆、抚提部院、随办营务处等差。惜乎缺出，公病，终于公寓。一生性耽吟咏，所著《榕阴草堂》文诗各集、《游粤草文誉》、《荔庄随笔》、《使俄载笔》、《海外竹枝词》等书行世。子蓉郡庠生，亦以诗著。（顾英明《荔浦县志·潘乃光传》，民国十三年刻本）

## 🏯 浯溪相关作品和事迹

### 浯溪杂咏（同治四年乙丑 1865 公车北上）

结得名山胜异缘，（胜异亭名，杨海琴观察所题也。）风流无恙忆前贤。行当行遍残碑读，记取浯溪小洞天。

镜石悬光不碍尘，好将色相溯前身。亭台笼入凌虚甚，闻说年来只照神。

禅翼乌金拓本工，千年碑版未磨砻。中兴一颂浑闲事，剩有书名说鲁公。

浯溪倚遍又唐亭，胜读离骚过洞庭。赢得黄金山便买，袖中常带数峰青。

（《榕阴草堂诗草》卷二壮游草，潘乃光撰）

# 廷　桂

## 🌿 人物介绍

廷桂，字芳宇，清满洲正白旗人，姓辉发那拉氏。道光举人。同治五年丙寅（1866）六月四日题，补任永州知府。有《仿玉局黄楼诗集》。

## 🏯 浯溪相关作品和事迹

### 浯溪行柬杨海琴都守转镇箪兼呈主人仲维

永州山水冠南楚，惜我年馀歌匪纾。淡岩一再扶短筇，浯溪今始停烟橹。岸旁大石镌"寒泉"，渡香桥下流涓涓。古樟百丈荫溪左，异境渐欲趋神仙。一径萦纡百余步，元颜祠宇云深处。衣冠肃拜礼前贤，一瓣心香伸凤慕。祠旁别墅榜"溪园"，漫郎旧宅今广轩。烹茶煮酒此间坐，人间何必无桃源。少选出门登翠巘，石笋千堆绣苍藓。东西高下得三亭，胜异、唐顾兼宝篆。唐顾东去即峿台，壁立百仞何崔巍！凿空宔尊留往迹，径思邀月浮香醑。峿台之下磨崖所，前覆一楼蔽风雨。次山特颂唐中兴，书法平原并千古。碑偏更有小磨崖，涪翁翰墨称两佳。崖跃附刻《欸乃曲》，搜剔幸免泥沙埋（仲维访古之力也）。东崖陡见擘窠字，圣寿万年珠贯四。何年大水竟怀山，有客舣舟书一置。（字在"圣寿万年"之左，笔法端楷，墨迹如新。问系乾隆五十九年大水时所留）石刻纷铺遍四隅，美不胜纪如瑾瑜。以石为笺刀代颖，墨妙毕竟推三吾。黝石一方名石镜，拭以湘波光倍莹。隔江树木与田家，倒影凌空无少剩。嗟我当官久未闲，偈来何幸访溪山。两日置身入图画，意中如见唐元颜。但愧吟眸所见少，敢云一览众山小？永州两绝试评量，浯溪疏朗淡岩窈。导游况有贤主人（仲维寓浯溪），咄嗟鸡黍娴留宾（是日设具），且饮且游会真率，为话当时修复因。息柯居士古儒者，六载潇滨腾五马。扫除狂寇策奇勋，余事困居营秀野。愚园经始次浯溪，点缀邱壑兼招提。聱叟情怀鲁公笔，贞珉处处诗留题。我来幸踵公之后，问政扰民获循守。瓜期火迫一年余，买舟又向星沙走。归途泉石暂登临，良游偿尽生平心。佳期留庵为君咏，异时倘得抽朝簪。

（同治《祁阳县志》卷五浯溪）

# 郭嵩焘

## 🌿 人物介绍

郭嵩焘（1818—1891），清湖南湘阴人，字筠仙，号伯琛，晚号玉池老人。筑室名养知书屋，人称养知先生。道光二十七年进士。丁忧归。咸丰初力赞曾国藩出办团练，献编练水师议。授编修。同治间任广东巡抚，以与总督瑞麟处事每有出入，几得罪。光绪元年以兵部左侍郎任驻英公使，兼使法国，在外力求了解外情。奉使三年，以病辞归。主讲城南书院。力主办铁路，开矿务，整顿内务。对外交涉，能援国际公法，与外人据理直争，而不尚意气。时人不明外情，多指为媚外。有《礼记质疑》《养知书屋集》及日记、奏疏等。日记多载国外见闻，尤足珍贵。

## 🏯 浯溪相关作品和事迹

### 息柯居士山水小幅为任筱棠作

#### 其一

息柯书画妙天下，心折蓬心入品题。谁道寄身山水窟，晴窗春景写浯溪。

### 其二

佳话扬州修禊图，（息柯有诗）絜园胜集愿终虚。（絜园修禊，为图未成。）云林妙迹今无有，冻雨荒邱涪上庐。

（《养知书屋诗集》卷十四，湘阴郭嵩焘筠仙撰）

### 祁阳陈氏清芬录序

祁阳陈文肃公，一代名臣，其由庶吉士授编修，在乾隆元年。历岁戊辰，遂以吏部尚书为协办大学士，总理军机，相距才十有三年，扬历中外，功施烂然。公之才望，所以宣力国家，诚不易儿，而高宗之明圣，于公为有深契，尽一时艰巨之任，畀之而不疑，盖亦极古今遭逢之盛矣。其后子孙之繁衍，科名仕宦百余年相接续，一本文肃公之世泽，流风余韵，延美于奕世。仲英太守奉母丧，营葬祁阳，哀辑其先世序传志铭，推原本枝，始自文肃公，外不旁及，命曰《清芬录》，用陆士衡之文以志世德也。如伯言之干略，幼节之忠贞，史传所纪，世德孰与比隆哉！文肃公其近之矣。明世司马晰著《涑水源流集略》，去司马文正公已十七世，备载其系籍，及诸纪述，然其传固远矣。又益展转异籍，太守亦寄籍顺天，而上距文肃公四世，其家世又皆有行义可纪，是其所述录为近，而历数传以承其休风，又更显而文也。嵩焘为述其略，以表其家世之光荣，昭示无穷。时光绪十有六年，岁在庚寅，冬十有二月。

（《养知书屋文集》卷五，湘阴郭嵩焘筠仙撰）

# 郭崑焘

## 🌱 人物介绍

郭崑焘（？—1882），原名先梓，字仲毅，号意城，晚号樗叟，湘阴人，郭嵩焘之弟。清道光二十四年举人。先后入巡抚张亮基、骆秉章幕，筹划防御太平军，赞襄军务，筹设厘金、盐茶二局，为湘军征集军费。

## 🏛 涪溪相关作品和事迹

### 赠费春海司马

昔岁甲子始识君，相逢一笑和且敦。是时落解不称意，幡然远赴西江军。三年契阔断音问，滔滔岁月风吹云。山林卧久复城市，君恰游倦归乡枌。云霄倏已耀毛羽，官职颇亦酬功勋。仍偕少年踏闱棘，抱璞欲献终无门。天心阁上作重九，仰视霄汉愁攀援。挥洒醉墨涴素壁，狂吟诛荡惊其群。朅来书扇持赠我，有似积雨徯晴曛。嗟予诘曲缚尘网，畏见人面妨吾真。乐天长裘杜陵厦，奢愿在抱无由申。阴霾十日掩关坐，一编兀兀忘朝昏。君诗快可埽雾霭，书法更得平原筋。永州旧是山水窟，元柳遗迹何缤纷。涪溪愚溪遥相望，苔碑苏碣犹堪扪。红莲稻熟香可餐，白堕酒美倾盈尊。细思物理得妙悟，意有独造无遭屯。便安竹榻狎猿鹤，或假棕拂驱蝇蚊。秋塍滞穗亦何有，坐令鸡鹜交争喧。愿君归去种篱菊，会有好事来相存。

（《云卧山庄诗集》卷第四，郭崑焘撰，清光绪十一年郭氏岵瞻堂刻本）

# 符乐嵩

## 🌱 人物介绍

符乐嵩，生平待考。

## 🏯 浯溪相关作品和事迹

符乐嵩诗碑，在石屏区。

### 游浯溪读诸碑题石

洗眼溪头水，来读崖上碑。古人不可作，溪流无尽期。

同治八年六月十八，游浯溪，读诸碑，尘事代谢，不胜浩叹，作此题石。清泉符乐嵩。

# 李跻寿

## 🌿 人物介绍

李跻寿，生平待考。

## 🏯 浯溪相关作品和事迹

岳松"问渔"榜书

问渔。

同治八年十一月与李跻寿游浯溪书石。岳松。

# 孙汝霖

## 🌿 人物介绍

孙汝霖，字少琴，号澍岩。直隶遵化人。道光丙午科举人，历官山右曲沃、凤台等县。现官广西怀集县知县。君与余舍弟绮成解元同年，然向未识面，令子诗樵上舍远托知心，尚驰把臂，尝寄《蜷花吟馆诗》四卷叩其诗法，知受鲤庭。昨专使奉示大箸《养拙斋诗》二卷，豪宕清和，不专一格。五律七古神似青莲，七律格参白、陆，七绝味近鱼洋。昔宋苏叔党《斜川集》与坡公《黄州集》并行于时，即今追古眉山、燕山，旷代风流合称佳话。然君不仅诗人，兼当循吏。有句云：微官惟恐负初心，又云：须培元气寿斯民，悃幅之诚，恺悌之抱，虽未亲炙，想见平生。本杜陵之诗事，争推乔梓文章；继范老以宦游，不负桂林山水。

（《柳堂师友诗录》，南海李长荣子黼辑）

## 🏯 浯溪相关作品和事迹

### 船窗早望

凌晨浓雾逐波流，日出三竿雾未收。两岸霜铺茅草屋，一江风送桂林舟。萍攒浦口波痕落，树拥山腰塔影浮。且喜长途行过半，微官匏系又从头。

### 祁阳道中

湘水绿于染，湘山青欲流。好山复好水，有客乘扁舟。扁舟不向五湖放，扁舟不向四海浮。家贫幸叨升斗禄，片帆直下楚江头。楚江南与桂江接，计程十日到全州。闻说粤西山水好，宦游原本同羁游。惟是平生性迂拙，临民必须忧民忧。自问筋力尚强健，勤慎或可寡愆尤。宦途迁转不可定，或南或北难自由。他时重放湘江棹，定于山水佳处，携樽蹑屐随处小勾留。

（《养拙斋诗钞》卷三，燕山孙汝霖澍岩撰，）

# 赵文在

## 人物介绍

赵文在，字炳其，号绮园，山东宁海人，诸生，历官辰永沅靖兵备道。凡莅事，经理边防，勤劳忘疲。著有《浯溪小草》二册。

## 浯溪相关作品和事迹

《浯溪小草》，庠生，湖南辰元永靖道赵文在著。（同治《宁海州志》卷二十五著述）

# 石　泉

## 人物介绍

石泉（1824—1874），字蒙夫，号渠阁，邑文明铺区人。有《看云轩诗文集》，由弟子集资刊印行世。据"及门云田黄兆龙撰"序，石氏"年逾冠始入庠，三十食饩"成廪生，与李蕊、宋省斋同学，后蕊成进士，省斋举拔贡，"先生则授徒设教，以一明经终老。才五十一岁"。黄序作于光绪二年刊成之时，生卒年即由此推得。

据所作制艺（即八股文），石氏曾参加提学使观风试，超取第一名；科试复试，第一名；岁试二，一等第二名和一等第四名；另县试一次，邑候试一次，皆中式，未记名次，总之是屡列前茅；省试累不售。据所作制艺及其评语，其写作特点多是"魄力雄伟，气体高华"，或是"气充词沛"，尤"能于窄题恢恢乎游刃有余"。县试但取其才华，省试则必须"代圣贤立言，温柔敦厚，合孔孟中庸之道"，故不合试官意，屡试不中。

读其诗，仿李白、韩愈体甚多，亦思路开拓，气势磅礴。其《赠门生邹海南》诗，明赞门生，实夫子自道。如他赞邹生诗曰："气冲牛斗，直欲压倒元、白子；想入非非，怪怪奇奇，所难及者聪明耳！"其所谓"聪明"，就是"言人之所未言"，就是"豪雄盖一世"，甚至就是狂！如此诗结尾曰："君不见湖南七郡潇湘土，只今谁作风骚主？屈平死后二千有余岁，始生两两诗人我与汝！"如此狂人，岂能中举人、进士？但如此狂诗，读之却能"拓几人心胸，益几人智慧，长几人才思"！其浯溪诸诗正如此。

## 浯溪相关作品和事迹

### 峿台

峿台直上扪星斗，藤挂惊蛇窜壁走。健撑腰脚一登临，不信古人能独有。周回不过三百步，气象万千却无数。湘口遥吞远浦帆，渡头俯卷干霄树。一声长啸震苍穹，手勒归鸿万里风；塔尖掩抑层峦下，城角低迷夕照中。磴道腾空势若坠，两足虚悬身插翅；吐气冲开衡岳云，披襟裂缺疑山翠。桑柘人家几点烟，鸥凫影集往来船；宓尊浥露琼浆注，镜石萦波玉鑑悬。下瞰澄潭洞深黑，魄落魂飞惊失色；魍魉潜形魑魅逃，犀角空然窥莫测。君不见，文光直射斗牛间，铭之者谁元次山；若有人兮语山鬼，但闻溪水响潺湲。

### 三月三日同罗葆吾明府、陶植卿少府、尹渐逵职员游浯溪作

三月三日天光剖，潘县新晴媚花柳。永和九年岁癸丑，是日修禊良非偶，况我三吾夸謦欬。追茅昔娱重回首，呼俦啸侣伊谁某，罗含品重湘中久，更有陶潜眇五斗，尹公端人均好友，各各行行小垂手。顷刻浯溪古渡口，磨崖百尺壁峭陡，怪石突怒压培塿，就是始皇鞭不走。千古元颜迹未朽，当日乾坤几解纽，词锷笔锋诛羯狗，丰碑矗霄抗岣嵝；肝胆照人千载后，多少墨客运腕肘，或上或下或左右，或蚓或蛇或蝌蚪，

大书特书书纷纠，奎壁腾光郁奥薮，胜入琅嬛窥二酉。恍恍神兮呵护守，风雨雷霆敢击掊。昆池黑劫幻昏黝，亭台间或成乌有。息柯居士兴抖擞，胸中云梦吞八九；荒榛力洗山灵丑，重振风骚翻窠臼；更营别墅艺菘韭，兰九畹兮蕙百亩。异卉奇葩迭轩楣，咄咄此游真不负！老僧款茶意颇厚，清沁心脾涤浊垢。溪泉怒涌狮子吼，古樟盘空枝蚴蟉，造物安排不稍苟。胜地重来相狎狃，腰脚欲疲终起赳。金石文章岂覆瓿？商周法物如尊卣，问有打碑人否？嗟我四人结琼玖，天涯地角忽比耦，安得年年芳草蹂，长共登临砀户扣，汲取湘波倒入宛樽作春酒。

### 宛尊

天造地设此峿台，神鬼落成尊便开。尊开夜夜邀明月，月有时缺尊不缺。流霞为酒露为浆，泉声鸟语杂笙簧；宛奠金瓯与玉爵，此尊应许高人酌。天宝间，元次山，吟歌醉卧几开颜。我今乘兴一登临，读罢遗铭忽痛心。只恨尊空人永诀，满尊惟饮泪和血。

### 顽石篇

石能言兮非有口，石听法兮却点头；牵牛织女昆明浪，苔鲸鳞甲腥风秋。玉蕴石亦辉，砂飞石亦走；自从五色补天来，真精曾炼娲皇手。千丈之霞炫斑驳，峿溪之石何绰约！含瓦卜忠贞，心肠宋广平；攻错资为友，衣冠拜作兄。坚顽峭直如生铁，呜呼秦皇一鞭夬字流赤血！

### 题王允卿峿溪秋思图（有序）

允卿四兄属题《峿溪秋思图》，徐梅村笔意也。允卿妙年食饩，定叶拔茅之吉，率题以志预贺云耳。

王郎王郎意兴佳，龙蛇四壁盘幽斋；就中峿溪秋思图，尺幅涌出金银台。徐熙墨妙本精绝，惹我模糊老眼揩。谛视其间巧安排，有树有石，有溪有崖；树萧槮而欲落，石磊砢而成堆；溪潺湲而玉矶，崖矶矶而云开。金飚徐吹而暗动，玉蛛横亘而斜偎；喷岸蛟涎净，书空雁影来。一时眺玩不忍去，胜凌仙岛游蓬莱。拟欲飞身竦立宛尊亭畔之绝顶，大声高叫次山、鲁公与追陪，倒取湘江作酒醅。莼鲈风味那足数，古人气节功名安在哉！王郎王郎意兴佳，为我拔剑斫地歌几回，我能拔尔抑塞磊落之奇才。

（《看云轩诗草》）

# 匡邦彦

## 🌿 人物介绍

匡邦彦，字克庵，廪生，咸丰同治间祁阳人。以军功保举知县。同治九年庚午，与修县志。有干济才，惜不得其用。

## 🏔 峿溪相关作品和事迹

### 磨崖中兴颂

范阳旗闪潼关开，乘舆夜出纷喧豗。奸臣伏诛妃子死，传位灵武何疑猜。朔方劲兵甲天下，子仪光弼真将才。九门一战贼胆破，二载两京旋收回。中兴大业足歌颂，老于文学伊谁哉。道州刺史犛牙叟，摛辞琢句悉琼瑰。极意铺张非夸大，神器再奠无倾隤。贼前称臣竟何益，直辞作戒垂将来。文成难得鲁公笔，大书崖石高崔嵬。孤忠浩气赴腕底，想见怒贼歼渠魁。磨镌工巧有神护，万古矗立峿溪隈。山谷老人此凭吊，挥毫绝壁云烟堆。深文苛论吾不取，马嵬依恋如婴孩。西蜀归来南内变，奄奴艳妻为祸胎。从来骨肉不易处，徙倚崖畔增悲哀。

（同治《祁阳县志》卷五峿溪下）

# 张其昌

## 🎋 人物介绍

张其昌，字星樵，咸丰同治间祁阳人。同治九年庚午参与修撰县志，任县志职员。

## 🏯 浯溪相关作品和事迹

### 浯溪怀古

乾坤已老荒亭在，亭外溪流无尽时。故国岂因乔木著，名山却让重臣私。镜中日月双忠魄，台上风云百代思。独倚摩崖频怅望，秋风憔悴杜陵词。

（同治《祁阳县志》卷五浯溪下）

# 袁　昶

## 🎋 人物介绍

袁昶（1846—1900），清浙江桐庐人，字重黎，一字爽秋。光绪二年进士，授户部主事。讲实学，不主故常。官至太常寺卿。以反对用义和团排外，被杀，后追复原职，谥忠节。有《渐西村丛刻》《袁昶日记》。

## 🏯 浯溪相关作品和事迹

### 浯溪颂（壬申 1872）

少习元人书侧媚，眼中未见麻姑坛。欲除结习靡曼气，拓取浯溪崖字看。

（《渐西村人初集》卷四，袁昶撰，《清代诗文集汇编》第 761 册）

# 王　楷

## 🎋 人物介绍

王楷，字雁峰，长沙人。幼承庭训，学作诗，稍长，攻帖括。通籍后西曹事繁，以为有大于诗者，不屑为诗。官滇五载，自知非用世之才，乃退而学诗。著《听园诗钞》十六卷，光绪五年刊于长沙。

## 🏯 浯溪相关作品和事迹

### 赠杨海琴翰前辈四首

#### 其一

远辞蓬岛到潇湘，逐柳追元共一乡。名士例官山水窟，词臣偏试战争场。

功勋几被文章掩，保障难同教泽忘。危转为安叨帝眷，特移熊轼镇蛮方。

#### 其二

犵鸟獞花化雨沾，恩威正好肃闾阎。下机偶被曾参误，倒橐才知马援廉。

只许息肩聊暇豫，那容遁迹老幽潜。朝廷课吏无常格，云日终当切就瞻。

#### 其三

草书称圣馔称仙，（精庖馔时称馔中仙。）孝养家筵胜客筵。潘岳舆轩娱寿母，谢安丝竹遣中年。

俊游题遍羊城石，豪兴挥开象郡烟。岂独大名盈海内，鸡林远贾亦喧传。

其四

结屋浯溪作寓公，全家高卧翠微中。櫼枅字护唐碑古，（覆中兴颂。）梣杌名标楚国雄。（修湖南志。）
落落已嗟前辈少，惺惺况惜覆车同。负君招引殷勤意，野鹤呼来舞未工。

（《听园诗钞》卷十二，长沙王楷雁峰撰）

# 王闿运

## 🌿 人物介绍

　　王闿运（1833—1916），字壬甫，一字壬秋，号湘绮，初名开运，湘潭人，咸丰七年（1857）举人。
肃顺欲延之，不就。佐曾国藩戎幕，不称意，退归讲学。主尊经、船山、两湖书院讲席。光绪三十四年（1908）
赐检讨，加侍读。入民国，受聘为国史馆馆长。治《春秋公羊传》，又精子学史学。诗与邓辅纶并称"王邓"，
为湖湘派领袖，宗汉魏六朝，独步一时。亦工文，散文探贾谊、董仲舒，骈文揖颜延之、庾信，词希踪北宋，
鄙薄浙派。有《湘绮楼全书》《湘绮楼词》。

## ⛩ 浯溪相关作品和事迹

**九日后二夕杨兵备宅集展重九余将发已辞复会留宿张力臣絜园明日舟中作杨寄居浯溪时湖南乡**

**试发策误以浯溪为浯浅因有浯浅之句**（乙亥长沙秋集六首之之三）

　　闲居爱重九，登览贪晴昼。独有离别辰，宜此风雨留。高宴续坠欢，明镫喜重侑。节移景物新，酒静尊橼旧。
微醒散凉雨，余兴妨街漏。虚斋任高枕，秋檐梦泉溜。客散庭菊闲，桂晚山花又。良期在浯浅，冥鸿度衡岫。
木落岩壑清，无令负橘柚。

**十月九日杨息柯招陪四老三俊集寄庐作闰重阳，明日赋诗纪盛，兼补酬见和之作。会者贺翁昔**

**为完令，又武昌频有责言，故诗中言燕歌西尘云**（丁丑）

　　闲居余高兴，萧晨续秋设。云暄庭院阴，时暇尊筵洁。贤主总胜流，处游尽时哲。盈千数良会，历九回深辙。
燕歌今再赓，湘烛当重爇。杂英荣晚华，疏叶传穰烈。依彼青松下，卓然霜后节。余欣陪杖饮，袯志期朝澈。
经始东山舍，将卧袁生雪。三旬忽徂迈，下里仍牵缀。方吟惜秋唱，无患西尘涅。

（《湘绮楼诗集》卷十，湘潭王闿运著，《清代诗文集汇编》第723册）

**自浯溪至滴水岩以岩为胜**（丙午1906）

　　零陵水石多奇秀，别起嵯台在湘右。磨崖深刻颂唐文，从此山川生锦绣。后来论古有微言，不废元颜
妙迹存。谪宦几人伤僻远，题名俗士喜涂痕。贞元司马嘲多石，那识漫郎山水癖。犹嫌卜宅近城隅，未若
丹崖弃官客。云山峰连滴水崖，天然峭拔洗苍苔。岣嵝神碑九疑颂，唯待重华封禅来。

（《湘绮楼诗集》卷十四，湘潭王闿运著，《清代诗文集汇编》第723册）

# 汪　鋆

## 🌿 人物介绍

　　汪鋆（1816—?），清江苏仪征人，字研山。工诗，善画山水花卉人物，潜心金石之学。光绪间，辑扬
州画人为《扬州画苑录》。另有《十二砚斋金石过眼录》《春草堂随笔》。

## 浯溪铭

磨崖高一尺七寸，广七尺。篆书。三十四行，行四五字不等。

《浯溪铭（有序）》，道州刺史河南元结字次山撰。

浯溪在湘水之南，北汇于湘。爱其胜异，遂家溪畔。溪，世无名称者焉，为自爱之故，命曰浯溪。铭曰：

湘水一曲，渊洄傍山。山开石门，溪流潺潺。山开如何，巉巉双石。临渊断崖，隔溪绝壁。山实殊怪，石又尤异。吾欲求退，将老兹地。溪古地荒，芜没盖久。命曰浯溪，旌吾独有。人谁游之，铭在溪口。

右《浯溪铭》，篆书，无年月。前署道州刺史元结字次山撰。《新唐书·元结传》亦曰：道州刺史。按浯溪刻有黄庭坚跋，略曰最后于峿亭东崖，披翦榛秽，得次山铭刻数百字，皆江华瞿令问玉箸篆。深稳优于《峿台铭》也。吴山夫金石存谓黄山谷云为季康书。按元结墓碑，是故吏刘滚。瞿令问所立。此铭为令问所篆，亦事所必然，而以为季康者，当本宋尚书员外郎徐竞行状有云，元次山甥，季康，叔静书。浯溪峿台二铭，颇见秦法。或曰此铭后有季康二字，隐隐可见，特余藏本无之，不敢臆说。

## 峿颜铭（有序）

磨崖高一尺四寸，广六尺六寸。篆书。右读，三十行，行六五字不等。

浯溪之口，有异石焉。高六十余尺。周回四十余步，面在江中，东望峿台，碑傍大渊，南枕浯溪，峿颜当乎石上，异木夹户，疏竹傍帘。瀛洲言无，由此可信。若在颜上，目所厌者远山清川，耳所厌者水声松吹，霜朝厌者寒日，方暑厌者清风。于戏！厌，不厌也。厌，犹爱也。命曰峿颜，旌独有也。铭曰：

功名之侣，贵在茅土。林野之客，所耽水石。年将五十，始有峿亭。惬心自适，与世忘情。亭傍石上，篆刻此铭。

有唐大历三年岁次戊申闰□月九日□云刻。

右《峿颜铭》，大历三年，亦为元结所撰。篆书。铭后有袁滋二字。按《新唐书·袁滋传》，滋，少依道州刺史元结，读书自解其义，工篆隶，有古法。铭为滋书无疑。昔人未见足拓本，故有瞿令问书之说。按元结墓碑"七年春，朝京师。夏四月，薨于旅馆。年五十"，此铭词年将五十，验之甚合。峿，说文玉篇均无其字。王昶谓次山出新意为之，信然。广，说文为屋，对刺高屋之形。次山作峿，盖本此取义。颜，集韵窥营切，屋侧也。今借作亭。序有次山自训曰："厌，犹爱也。"故浯溪十景中有峿颜六厌，盖指此也。玩其篆势，与《浯溪铭》大异，故定为袁滋所书。

（《十二砚斋金石过眼录》卷十二，仪征汪鋆砚山撰）

## 太学上舍题名序

碑高一尺，广三尺六寸。前正书，二十三行，行十一字。后系姓名，六行。再后篆书，十五行，行十字。

崇宁三年太学上舍题名序。

若稽古神考，以聪明渊懿之资，慨然恢复成周之治，以乐育人材为先务。故于熙宁纪元肇新三舍之法，垂三十年于兹矣。于铄皇帝圣学日跻，独冠百王之上，拳拳业业，维继述是念。即国之郊，崇建辟廱，又颁教法于天下，郡县所在学馆一新，纷袍肄业云集响应。崇宁三年十一月四日躬幸太学，取论定之士十有六人官之，堂下诸恩赐有差焉。礼行俄顷之间，风动四海之外，儒生之荣，古未有也。臣等亲逢圣旦，得预兹选，其为幸会，何可胜言。辄镂版刊石，记其姓名，以德上之赐，且为子孙世世之光华，岂不休哉。

郑南、程振、□□、刘嗣明、吴揆、赵熙、崔珬、张绰、方闻、李会、戴顾、叶祖义、江致平、林徽之、乔孝纯、胡尚文，以上正书。

神宗皇帝以经术造士，始于熙宁之初，当时欲遂颁三舍，天下未暇也。

徽宗益新四书季考之法，崇宁三年首命太学上舍生赐第者十六人，盖经术之兴至是三朝矣。而得人此其选也。由是政和翰林学士刘公实在选中。后五十□，公之子襄通□□州，愿刻之石以纪其盛，于是乎书。绍兴廿年三月左太中大夫提举江州太平兴国宫永州居住臣汪藻书。以上篆书

右太学题名碑，孙星衍环宇访碑录标其目，谓在永州。碑前楷书，题名序后列郑南等十六人名姓，内惟程振、刘嗣明，《宋史》有传。嗣明附《刘昺传》《程振传》谓振字伯玉，饶州乐平人，未冠游太学，张商英等皆器之。徽宗幸太学，拔以高第，存至吏部侍郎，以忤王黼左迁，除开封尹。会虏邀天子幸其营，求金不已，振被命督输与梅执礼等同死之。碑为刘嗣明之子所立。按《神宗本纪》，熙宁四年，罢词赋科，以经术取士，又《徽宗本纪》，亦于崇宁三年诏诸路州军事，未置学处并置学养士。十一月，幸太学辟雍，悉与史合。碑前楷后篆，为汪藻所书。藻字彦章，高宗践祚，诏试中书舍人。绍兴中言者以藻尝为蔡京王黼之客夺取居永州。正在其地。碑为谪居时所书也。书势妍妙，宜董史皇宋书录载其名焉。

（《十二砚斋金石过眼录》卷十七，仪征汪鋆砚山撰）

# 兰村居士

## 🌿 人物介绍

兰村居士，光绪时祁阳人。生平待考。

## 🏛 浯溪相关作品和事迹

光绪元年，刻有《吕仙寿屏》碑，碑嵌今东崖区。碑文内容如下：

（印章）碑在浯溪中宫寺。

吕仙纯阳书。上红点为日，下红点为月，三点白圈为星，日月五星为之七政；上作天，中作地，口作人，天地人为之三才；上半亦作金，中亦作木，寸亦作水，移日配口亦作火，工亦作土，金木水土火为之五行；地两边顶上两条白气为之两仪，生四象，生八卦。天亦作永，地亦作世，工亦作公，工至下亦作侯，永世公侯；子子孙孙，世代荣昌。日亦作福，月亦作禄，本身是寿，三点白圈是星，福禄寿三星拱照，永享无疆。

大明正德九年韩雍录。

此字吕仙降于广西梧州城外冰井寺。分而绎之，妙义环生，真笔参造化也。浯溪为我邑胜境，爱钩镌于石，以补溪上之未及。

大清光绪元年伏月，兰村居士。

（印章）兰村居士。

（印章）祁阳之印。

# 裴文禩

## 🌿 人物介绍

裴文禩（1832—？），字殷年，号珠江、海农、逊庵，越南河内里仁府金榜县人，嗣德八年乙卯（1855）科举人，嗣德十八年乙丑（1865）科进士副榜。官至礼部右侍郎。裴氏自嗣德二十九年（1876）至嗣德三十年（1877）以办内阁事务充丁丑贡部正使职务出使清廷，有北使诗文《万里行吟》《燕槎吟草》。

## 🏛 浯溪相关作品和事迹

裴文禩诗碑，在东崖区。

道州心事满江湖，借此岩泉漫自娱。颂有颜书传二绝，亭连溪水记三吾。废兴镜石云光变，醒醉宊尊月影孤。篆壁题诗山欲尽，当年曾识隐忧无？

光绪丙子立春后三日，过浯溪，有怀元次山，感赋。越南裴文禩作，上谷杨翰书。

# 施浴升

## 🌿 人物介绍

施浴升，清浙江安吉人，字旭臣，又字紫明。施文铨子。光绪间举人。纵览典籍，书法古媚可爱。试进士不第，卒于京邸。有《蠖斋谈助》《金钟山房诗文集》。

（《中国历代人名大辞典》）

## 🏛 浯溪相关作品和事迹

元次山《大唐中兴颂》，在湖南永州北二百余里浯溪上，摩崖书之，凡二百余字。书为颜平原，遒劲可喜。唐初文笔靡靡，自韩文公始起八代之衰，而风气始变。文公前，惟次山能自拔流俗。观此碑，自称老于文字，其言非夸也。

（《安吉施氏遗著》之《蠖斋谈助》卷下，安吉施浴升旭臣著）

# 顾云臣

## 🌿 人物介绍

顾云臣，字持白，山阳人，同治乙丑进士，由编修督学湖南。乞养归里，其乡先辈阮公学浩亦以湖南学政告归，居府城内勺湖旁，遗迹湮废，持白于湖侧建屋数楹，祀阮公其中，并筑学舍，招生徒读书，种菊数畦。

## 🏛 浯溪相关作品和事迹

### 过浯溪次阮裴园前辈韵

吾邑阮裴园前辈典学楚南，过浯溪赋十绝句，永阳郡志载之。同治甲戌，予亦持节过此，试程迫促，略一涉展而去。越二年丙子，重经溪口，觉山翠邀人，丰碑卓岩际，有如袍笏巨公，眉宇高寒，使人敛袵欲拜。遂舣舟谒元颜祠，登顿徘徊，移时乃去。同游者楚北龚君宝垓、嵺城诸君维铨、黄浦于君成泰、沈君应星，兼携同堂弟云松。时月临姑洗，风日佳丽，抚江山之胜迹，溯先达之风流，不能忘言，遂次阮先生韵，索同人共赋，兼简杨息柯前辈。

一览群峰万绿低，春畴雨过夕阳西。太平野老真多幸，占得山田自把犁。

遥欹花关入翠微，林梢小阁敞晴晖。山人报道寻山去，怕听鸣驺不肯归。（息老时主浯溪，拟拉同游，过之不遇。）

虚堂黯黯竹为屏，寒水泠泠月满汀。（相传地有寒泉。）有客抱琴多古意，避人弹与老松听。（龚君善琴。）

多少名流迹已乖，雄文终古照烟霾。太空横绝三千尺，如此碑材亦自佳。（崖上旧题识多为后人铲去改刻，鲁公书虽拓损，幸无九江驿碑之阨。）

有如作画妙天成，又似论文喜不平。好是半山亭子坐，高低著眼总分明。（坐唐亭平视，全胜在目。）

一凹斧凿尚留痕，瓢杓当年笑语喧。我道太师应作砚，半空墨雨好倾盆。（峿台后元次山宊樏石踞磨崖碑之巅。）

政美时和风景幽，使君台榭足清游。却怜染水无颜色，孤负诗人柳柳州。（黄筱泉明府时方修葺宝篆、揽翠诸亭。昨过冉溪知八愚之胜仅能仿佛，其处竟不可复矣。）

我携阮屐到单椒，矗矗门前柳万条。桃李满山无觅处，孤花犹有暗香飘。（阮公孤清绝俗，而诱掖后进不倦，湘之人犹能道之。）

回首清风岁月长，楚云湘水总苍茫。苔花绣满浯溪石，何处题名是射阳。

惆怅南池胜未探，（池在永郡城外，子厚遗迹。）此游来补日重三。诸君且洗看山眼，衡岳峰头待并骖。（同人拟归程游衡山。）

（《抱拙斋诗存》卷下，山阳顾云臣持白撰，《清代诗文集汇编》第 709 册）

# 顾云松

## 🌿 人物介绍

顾云松，山阳县举人，顾云臣之弟。与修光绪《淮安府志》。

## 🏛 浯溪相关作品和事迹

### 次阮裴园前辈浯溪十景韵

吟鞋踏遍白云低，万井鳞鳞接水西。野老贪看山上客，不催黄犊但扶犁。

渔市城闉望里微，石门高处倚斜晖。（山有石阙，岩际镌石门二字）茫茫烟水碧天晚，欸乃一声何处归。

苔为琴荐石为屏，苦竹荒祠俯绿汀。夜雨潇湘弹一曲，微波不动老鱼听。

走俗年来面目乖，对君暂觉豁尘霾。三生认我非依旧，惟有青山影亦佳。（岩山有石莹滑，光可以鉴，掬溪水拭之，江山人物都在镜中。）

世间万有总天成，五岳何曾属向平。却笑漫郎思独有，名亭未免太分明。（元道州爱是溪，曾家焉。浯溪、峿台、庼亭，皆所赐名，以谓吾得而有之也。）

瀺瀺寒泉涨碧痕，石床高枕听溪喧。从今不插红尘脚，那用莲花洗足盆。

提壶劝我鸟声幽，水捧樽罍助我游。欲上九天邀月醉，还将余沥洒齐州。（谓次山窊樽石。）

小筑当年此翠椒，更无门馆掩萧条。浯溪山客重来日，已是荒榛暮雨飘。（漫郎故宅圮后，季子友让号浯溪山客者，假道州长史过此，复修，今仍废。）

台榭参差引兴长，雄碑读罢转悲凉。（谓次山中兴颂）使君一去荒苔冷，野水空亭几夕阳。

芳园桃李喜重探，又过春风三月三。惭愧助兄无好句，青云来附凤鸾骖。

（《抱拙斋诗集》卷下，山阳顾云臣持白撰，《清代诗文集汇编》第 709 册）

# 郑业斅

## 🌿 人物介绍

郑业斅（1842—1919），字君觉，号幼惺，湖南长沙人。从左宗棠征西，累迁至知府。又入彭玉麟幕。后以知府分发直隶，入魏光焘幕，迁道员。又入李鸿章幕。生平致力考据之学。

## 浯溪相关作品和事迹

### 修浯溪记

韦词撰，罗洧书。《金石录》作韦询，《金石略》及《萃编》作罗涓，并误。《旧唐书·列传》有韦辞，即词也。《萃编》谓词史无传，失之考。韦之名，当从此刻作词。《唐文粹》有李翱答进士王载言书，云：师于门人则名之，于朋友则字而不名，足下之书曰韦君词、杨君潜，足下之德与二君未知前后也，而足下齿幼而位卑，而皆名之。正词新作，韦书白居易传代韦词判度支，杨于陵传辟韦词李翱等在幕府，又宰相世系表亦有韦词名，则旧史作辞者非。

### 浯溪中兴颂

序词谓非老于文学者其谁宜为，王弇州讥其夸。案隋修梵石室志铭：冯翌吉子，才高学博，请捡其词，式昭籴壤。陆绍闻谓：昔人撰词，每多退让，未有自诩如此者，意铭为吉子所撰，而序吉子之铭者别为一人。愚谓此序当亦如是。盖鲁公秉笔书此颂，因缀数语以为之序。非次山自述之辞也。

《云谷杂记》与元美俱谓此颂仿秦泰山、绎山诸碑。案秦碑三句一押韵，此颂每句用韵，三句一易，不与秦碑同。考此体亦本于三百篇，如《九晟篇》鸿飞、遵诸两章，即如此。又《老子》明道若昧、进道若退、夷道若类，上德若谷、大白若辱、广德若不足，建德若偷、质真若渝、大方无隅，大器晚成、大音希声、大象无形，及《左传》童谣：鹤鹤之羽、公在外野、往馈之马，鹤鸹踄踄、公在干侯、征褰与襦，其皆兹颂之所祖欤？

《金石文字记》云：宋马永卿曰：中兴颂云，复复指期，此两字出《汉书·匡衡传》，所更或不可行，而复复之，注云：下复，扶目反。又何武为九卿时奏言：宜置三公官，又与翟方进共奏罢刺史，更置州牧，后皆复复故。注云：依其旧也，下复扶目反。案上复犹言又也，下复犹言依旧也，二字之义无殊，不过上略虚、下略实耳。即俱音扶目反亦可，似毋庸上下异读。《韦贤传》：河平元年，复复太上皇寝庙园，世世奉祠。此传无音为是。

孙季昭《示儿编》云：林德颂垌赋文精义，云如车攻。宣王复古赋，复本独，音扶又反。俗音伏。熊滔押旧字云：苟根本之谋在我，素讲则统绪之托指期可复。皆本音也。案指期可复，正用此碑复复指期之文，而押作扶又反之音，与颜注异。

《唐文粹》录此颂作"复服指期"，则浅人不解复复之义而妄改之。

（《独笑斋金石文考残稿》，长沙郑业敩著，民国二十四年东莞容氏颂斋校刊）

# 王文韶

## 人物介绍

王文韶（1830—1908），字夔石，号耕娱、庚虞，又号退圃，浙江仁和（今杭州）人，咸丰二年（1852）进士。历任户部主事、湖南巡抚、兵部侍郎、直军机、云贵总督、直隶总督兼北洋大臣、户部尚书协办大学士、政务大臣、武英殿大学士。

## 浯溪相关作品和事迹

王文韶题名碑，在峿台北崖区。

王文韶题名碑拓片

同治十一年壬申十月，兵部侍郎、都察院右副都御史、湖南巡抚仁和王文韶，阅兵衡永，舟过浯溪，登峿台、㡣亭，观中兴颂及唐宋题刻，流览竟日。越六年，丁丑二月，再来巡阅，见阮文达公留题，曾游一次，余则两次来旬，均值山川清肃，民物阜安，为之欣幸。爰摩岩石，以纪岁月。

# 杨彝珍

## 人物介绍

杨彝珍（1806—1898），清湖南武陵人，字性农，又字湘涵。道光末进士，选庶吉士，改兵部主事，旋即辞官不出。与曾国藩、左宗棠交往。有文名，有《移芝室集》。

## 浯溪相关作品和事迹

**息柯叟哀词**

吾与君初不相识兮，忽邂逅于松筠。（与息柯初晤于京师松筠庵。）甫觌面遂心写兮，信谐际之有宿因。惨执祛即判袂兮，值兵甲之纷纭。中离逖逾六霜兮，幸重晤于省门。寻随予造灵源兮，从渔父而问津。适寇难之甫夷兮，悲满目之荒榛。苦伏莽之未靖兮，患辛螫夫齐民。立捕治其戎首兮，奠境壤使耕耘。旋量移于永阳兮，方露冕而班春。倏妖雾之四塞兮，环郭围夫黄巾。竟樵汲之莫通兮，外又断夫援军。躬擐甲而登陴兮，坚守至于逾旬。贼受创遂解去兮，存夷伤而抚循。快烟尘之泛埽兮，喜溪山之重新。悼元柳之遗迹兮，历浩劫而就湮。徐增置夫台榭兮，凿石窦与云根。遇胜日辄游衍兮，惟烟岚之是亲。迄考满而去郡兮，作五筸之分巡。会峒苗之蠢动兮，且遥接夫黔氛。严设防以拒守兮，列战格而连云。猿与鸟悉疑畏兮，却寇骑之纛屯。野帖然其安堵兮，反恩命之莫闻。由积毁能铄骨兮，致郁志而不伸。爰拂衣而长往兮，纵物外之闲身。图潇洒送日月兮，奚嫌资计之不温。宾杂遝而满筵兮，不预愁夫空尊。闻奇胜绝人境兮，屐齿跃而前奔。括林绀与崿翠兮，入囊底而缤纷。攀长萝而篆绝壁兮，足藻饰夫厚坤。闲陶写夫丝竹兮，娱淑夕与暄晨。境匪菀亦匪枯兮，终此生常欣欣。性通怀尝乐善兮，齿不惜为流芬。辱溺爱夫敝帚兮，荷隆视如奇珍。惠简缯其如贯兮，劳执讯而时勤。自倾盖逮白首兮，意缱绻而长殷。胡岁遽遘龙蛇兮，疾竟厄夫斯人。溯音容其已渺兮，徒想象夫虎贲。貌良会其难追兮，感往事而酸辛。悲吾道其益孤兮，莽四顾而无邻。记遗言犹在耳兮，乞铭幽而缀文。当泚笔表有道兮，差无虑夫颜骍。先为词以抒哀兮，若不如其所云。

（《移芝室全集》卷十哀词，武陵杨彝珍著，《清代诗文集汇编》第 627 册）

**息柯老于十月九日集同人作闰重阳赋诗纪事得七古一章爰依韵和之即酬息柯老**

篱菊晚开偏耐霜，欲欲橙橘争丹黄。浑忘时已涉冬序，仍陶嘉日如重阳。脱叶俄惊鸣策策，庭飚意似仇枯桑。尚书花光浩如海，几丛深映迎风廊。饮罢催诗频击钵，涪翁久擅歌行长。（瓮叟首唱七古一首）老去更于诗律细，直与工部参翱翔。铺陈雅集新韵事，点缀老圃真风光。昭谏曾补楚梼杌，征文穷采骚人乡。酒阑取次成短律，偏师难捣刘君房。（砚叟只成五律一首）仲宣越宿酬嘉藻，气格与选无低昂。（王壬秋于次日补成五古一首）霎时刻烛只寸许，却教万丈腾光芒。而我转喉动触讳，有作辄欲深韬藏。君也亟欲快一睹，走使数辈遥相望。（予有作秘不欲示人，息柯叟屡遣使索其稾。）何为遂纵四明去，反令独立吟苍茫。当年曾订抚尘好，与君并驾称诗狂。于今投老穷到骨，携儿犹趁槐花忙。赖君貌彼作靖节，两鬓虽秃颜犹苍。所怪射雕好身手，一旦挽弓惮挽强。（贺麓老与息柯叟为旧交，顷携其子应童子试来长沙，息柯叟特为绘一小照，比之陶靖节，惜麓老未赋一诗即别去。）独君才猛气无敌，畴敢当辙如螳螂。笔阵所扫悉摧靡，知有百怪蟠胸肠。惟冀文筵客常满，不虞杞菊斋厨荒。侧闻季子观乐毕，徐当执钥升鲁堂。（闻云谷亦欲作诗）复有遁世皋兰子，方祝南亩臻年康。（瞑荘亦成诗一首，中有南亩方庆成之句）似此佳篇如林立，流传行见喧三湘。

**十月初九日息柯叟约同人为展重阳之会宴集浯上寄庐越日瓮叟以诗纪其事遂次其韵感赋**

且食蛤蜊且饮酒，事不如心常八九。西风未卷污面尘，空见南箕张乃口。昨夜南山奋殷雷，（初十日夜闻雷声）江天曾苦阴曀久。如何不震虢虢声，立洒甘泽欢童叟。梦梦未信祸金壬，偏使斧柯长在手。痴心犹望秉节旄，异数或蒙赐圭卣。嗟彼只如朝槿荣，亦曾泪堕牛山否。枉将千驷雄临淄，爽鸠之乐终何有。朅来涕出因女吴，邾莒小邦竟奔走。还闻受祉如鲁侯，燕喜且作南山寿。

（《移芝室全集》之《移芝室诗集读本》卷二，武陵杨彝珍著，《清代诗文集汇编》第 627 册）

# 蔡希邠

## 人物介绍

蔡希邠（bān），字仲岐，号稼堂，诸生，江西新建凤仪乡人。咸同间投笔从戎，论功膺荐剡，历阶授郡丞。初仕于皖，旋改粤西。戊寅，莅广东，历官太思顺兵备道。著《寓真轩诗钞》十二卷。

## 浯溪相关作品和事迹

### 永州纪行

扁舟苦濡滞，水涸难遄征。弃之登篮舆，大道如砥平。何期万山中，得此康庄行。行行见岩石，怪异多莫名。始信柳州文，曾无欺世情。言有钴鉧潭，未暇绕问津。浯溪磨岩字，亦复心徒倾。惟望黄沙河，奔取入粤程。（黄沙河为楚粤分界处）犬牙两交错，疆域森纵横。

（《寓真轩诗钞》卷八，新建蔡希邠稼堂撰，《清代诗文集汇编》第 726 册）

# 符 翕

## 人物介绍

符翕（？—1899），字子琴，号蔬叟，湖南清泉人。光绪间任阳山令。工书画，旅潮颇久。有《湖山题壁诗》（阳山丛牍、湖山石刻）（《潮州西湖山志》卷五人物）

## 浯溪相关作品和事迹

### 谢筠士学博司铎祁阳余适客邑幕得与盘桓于三浯之间迄十载矣湘东言迈旧雨缠绵顷出稻香图属题率为长歌

（戊寅 1878）

一别我行三万里，重逢还忆浯溪水。溪上载酒浮短篷，冷官与我冷趣同。寻碑扪萝入荒僻，绿苔坐憩漫郎石。驹隙浮云瞬十秋，溪山登眺变陈迹。公盍濯髪觅归田，一邱闲卧东山偏。诸郎怀材皆挺出，森森兰桂当阶前。依山归水筑别墅，百城坐拥藏书处。送香半沼菡苕风，卷幔一窗稻花雨。春花吹雪花缤纷，秋风稻熟黄如云。田园岁岁得温饱，万事不如畊种好。乘凉夕钓水，伴月春芟蔬，何时我亦遂山居。新怀旧感都怅触，题入稻香之画图，质诸我公一胡卢。

（《蔬笋庐诗畧》，清泉符翕子琴撰，光绪二十六年邱园刻本）

# 邱晋成

## 人物介绍

邱晋成，字芸蕃，亦字云帆。宜宾廪生。有《古苔精室诗存》。

（《晚晴簃诗汇》卷一百八十）

## 浯溪相关作品和事迹

### 读浯溪中兴颂

浯溪之下波如雪，浯溪之上壁如铁。伊谁作颂拟嵩高，万古贞珉扬骏烈。忆昔妖氛逼两京，渔阳铁骑皆纵横。蜀栈銮舆穿雾去，长安烽火傍霄明。两京宫阙成焦土，中兴天特生良辅。布阵堂堂幻鸟蛇，诸将桓桓比熊虎。虹旗鲸鼓从西来，郭公振旅英雄才。整顿乾坤济时乱，洒扫寝庙无尘埃。芟荒夷险穷征讨，拉朽摧枯坚直捣。鹤籥当阳日再重，龙楼晓辟花仍好。漫郎才思涌如泉，巨制鸿裁金石镌，鲁公笔乃破余地，鸾漂凤泊争清妍。我从溪畔寻遗迹，闪灼虹光射天碧。苍苔古晕成瘢胝，黄绢新词动心魄。雨淋日炙几经秋，字青石赤今尚留。淮西断碣讵足拟，岐阳石鼓差与侔。溪水年年自澎湃，世事浮云几成败。丰功伟绩竟何存，惟见游人打碑卖。

（《蜀秀集》九卷卷八，谭宗浚辑）

# 阮 述

## 人物介绍

阮述，号荷亭，为越南嗣德朝（1848—1883）晚期之名宦。出身于越南阮朝广南省的望族。在 1880 年（嗣德三十三年）至 1882 年（嗣德三十五年）担任"如清岁贡使"。

## 浯溪相关作品和事迹

### 和韵答鼎臣罗兄（讳教先，广东合浦人。现文林候补。）

盈盈合浦一波深，剩有明珠可焬心。长价多君空北骥，驰琛愧我匪南金。半春湘浦莺啼树，独夜浯溪雪满林。尚藉新诗慰寂寞，无弦琴外悟情音。

### 游浯溪有怀元次山（浯溪在祁阳县西南，唐元次山所居。崖石刻大唐中兴颂，颜鲁公书。）

瀼溪何处觅遗风，渺渺浯溪一水东。终古亭台名此地，当年邦伯几如公。云开翠壁丰碑在，雪满香桥故宅空。气节宛然原不朽，敢从二绝更求工。

### 题浯溪山石

浯溪乃唐元结卜结之所，山有片石，方形，高一尺五寸，色黑如漆，以水拭之，其光可鉴。有元公凿石为宓尊。

补天架海总多端，争似山头作大观。崖倩余辉光可鉴，花阶剩馥秀堪餐。云章引出浮青带，地影移来炉玉盘。莫谓无心偏徇客，也曾经照古人还。

（《每怀吟草》卷一，荷亭阮述撰，《越南汉文燕行文献集成》第 23 册）

### 阳朔前令颜义宣见和浯溪石刻原韵复次以赠

颜讳嗣徽，山东人，复圣公七十七代后裔，与颜鲁公亦近支派。乡试解元，前令阳朔，兹考满回。

关心世局马牛风，谁障颓波沧海东。未许乘差怀鲁叟，偶寻退谷忆元公。三吾胜迹开寰宇，二绝崇碑灼碧空。忠义知君家学裕，平原名重岂书工。

（《每怀吟草》卷二，荷亭阮述撰，《越南汉文燕行文献集成》第 23 册）

# 颜嗣徽

## 🏵 人物介绍

颜嗣徽，字义宣，贵筑人。同治庚午举人，历官镇安知府。有《望眉草堂诗集》。

（《晚晴簃诗汇》卷一六四）

## 🏛 浯溪相关作品和事迹

### 次韵和越南使臣阮荷亭侍郎游浯溪石刻诗兼简陈明溪鸿胪即送其归国

昨夜梅花送好风，星槎吹落桂城东。名人几辈题浯水，真迹吾家重鲁公。墨气黝然崖石古，酒痕绿在窳樽空。临行赠策无他意，休笑绸缪计未工。

（《望眉草堂诗集》卷四，贵筑颜嗣徽义宣撰，《清代诗文集汇编》第 726 册）

龙文按：此诗为辛巳（1881）春解任阳朔，离粤西北上，道经浯溪所作。

# 张文虎

## 🏵 人物介绍

张文虎（1808—1885），清江苏南汇人，字孟彪，又字啸山，自号天目山樵，又号华谷里民。诸生。同治中入曾国藩幕，保候选训导。曾应金陵书局聘，校《史记》，世称善本。晚讲学于南菁书院。习经史、小学、历算、乐律。尝馆金山钱熙祚家三十年，校《守山阁丛书》、《指海》等数百种。喜读《儒林外史》，有评点本。另有《校刊史记札记》《古今乐律考》《舒艺室随笔》《舒艺室杂著》等。

## 🏛 浯溪相关作品和事迹

### 书艇斋诗话后

曾裒甫艇斋诗话一卷，世罕传本。上元朱述之大令借抄于塘西劳氏，以视予，其言诗每述徐师川、吕居仁之绪论，亦喜征引出处，然于隗，始则不举燕世家，而举韩诗。于远志小草，则不举世说，而举本草，谓老杜"自天题处湿"，本《诗》"自天申之"，不知《易》已云"有陨自天"矣。谓山谷"停杯且试听"，本退之"欲说暂停杯"，不知太白"停杯投箸不能发"已先之矣。又如以荆公葛溪驿诗，疑夜间不应有蝉鸣，后见葛溪驿夜间常有蝉鸣，此正与寒山半夜钟相类，不知李义山已有"五更疏欲断"之语，何必葛溪驿？谓洪庆善注韩退之树鸡诗乖龙事，不取龙城录及云仙散录，（今顾侠君注本正引二书）不知此二书皆王铚伪撰，见墨庄漫录。韩诗固当别有所本，洪氏岂未尝见二书而缺之者，正其慎耳。又谓东坡大江东去词，人道是、三国周郎赤壁，因陈无己言不必道三国，自改为当日。按东坡此句固有语病，然过片云遥想公瑾当年，此不应复改当日，恐传闻不足据。又其评张文潜、潘邠老浯溪诗亦未允，特以居仁爱诵潘作而附和之。然其他臧否颇有可取，以贻钱鼎卿学博，刊入艺海珠尘续集，为谈诗家增一枕中鸿宝云。

（《舒艺室杂著剩稿》，南汇张文虎孟彪撰）

# 杨文莹

## 👤 人物介绍

杨文莹（1838—1908），清浙江钱塘人，字雪渔。光绪三年进士，官编修，记名御史。书宗宋四家，笔姿瘦劲，有铁画银钩之势。亦工诗。有《幸草亭诗集》。

## 🏯 浯溪相关作品和事迹

### 书唐中兴颂后

前功后罪不相掩，灵武堂堂非暗干。可笑涪翁高著眼，中兴颂作谤书看。

（《幸草亭诗钞》卷下，钱塘杨文莹雪渔撰，《清代诗文集汇编》第737册）

# 俞　樾

## 👤 人物介绍

俞樾（1821—1907），清浙江德清人，字荫甫，号曲园。道光三十年进士。授编修。任河南学政。未几罢归。主讲苏州紫阳、上海求志等书院，在杭州诂经精舍最久，达三十一年，寓苏州，所居名春在园。治经学以高邮王氏父子为宗。自云大要在正句读、审字义、通古文假借。成《群经平议》《诸子平议》、《古书疑义举例》三书。其余著述尚多，有《春在堂随笔》《茶香室丛钞》《诂经精舍自课文》《宾萌集》《春在堂诗编》等。为一代大师，声名远及日本。

## 🏯 浯溪相关作品和事迹

### 柳应辰押字

宋洪迈《容斋五笔》云：予顷见鄂州南楼土中磨崖碑，其一刻柳字，下一字不可识。后访其人，名应辰，以国朝宝元元年吕溱榜登甲科。今浯溪石上有大押字，题云：押字起于心，心之所记，人不能知。夫宋熙宁七年甲寅岁刻，尚书都官郎武陵柳应辰，时为永州通判，仍有诗云：浯溪石在大江边，心记闲将此地镌。自有后人来屈指，四千六百甲寅年。有阆中陈思者跋云：右柳都官欲以怪取名，所至留押字，盈丈，莫知其何为。押字古人书名之草者，施于文记闲，以自别识耳。今应辰镌刻，广博如许，已怪矣。好事者从而为之说，谓能祛逐不祥，真大可笑。按予于沈仲复廉访斋中见悬有大押字，未知即此否，当更就观之。

国朝沈涛铜熨斗斋随笔云：宋柳拱辰，字昭昭，柳应辰，字明明，见应辰押字诗，及《火星岩记》。兄弟皆以叠字为字，亦好奇之过也。

（《春在堂全书》之《茶香室续钞》卷十五，德清俞樾）

# 刘　坚

## 👤 人物介绍

刘坚，无锡人。生平待考。

## 🏮 浯溪相关作品和事迹

### 石冤

祁阳浯溪山谷题中兴颂碑后诗刻，世谓之小磨崖，与颜书并重。顺治初，有县令媚其上官，乃磨去一角，刻其诗，过者惊惋。顷观欧阳詹吊九江驿碑材文云：美玉抵禽，高冠藉足。又云：与有道而黜，无罪而剐，投四裔魑魅，何以别耶。石不能言，其岂无冤？先颜后黄，其揆一也。

（《说部京华》评隽下，锡山刘坚类次）

# 周家禄

## 🏮 人物介绍

周家禄（1846—1910），字彦升，号奥簃，海门人。同治庚午优贡，官江浦训导。有《寿恺堂集》。

## 🏮 浯溪相关作品和事迹

### 洪桥早发

溪水无尽流，人事岂有涯。苍茫闻鸡起，强坐复敧邪。出门何所见，山户摘新茶。水田二十里，早稻始生芽。耕牛苦不给，妇子扶犁杷。此邦岁再熟，比户无咨嗟。嗟吾东海上，岂独无室家。安得二顷田，归去事桑麻。

### 夜泊滴水岩

何年乳泉山，幻作滴水岩。岩水不成滴，泉乳有人劖。千山捍湘流，绿云韬镜函。蓬窗坐延赏，迟速任风帆。日没沙水明，照见岩空嵌。空劳秉苣火，恨不履岩巉。

### 浯溪杂咏（光绪丙戌1886）

浯溪

溪南松桂青，溪北沙水白。裴回度香桥，何处漫郎宅。

峿台

东崖俯西崖，方春气若秋。峿台有时泐，湘水无尽流。

痦亭

目厌清湘流，耳厌松吹（歊）声。山中人已厌，游客正关情。

中兴碑

昔闻中兴颂，今读摩崖碑。神武一奋发，犬羊何能为。

窊尊

无分皋夔业，甘心嵇阮狂。假饶尊可饮，便欲吸清湘。

镜石

蓬莱有镜石，只尺鉴三山。兹石鉴湘流，惭见鬓垂斑。

（《寿恺堂集》卷十一《潇湘集》，海门周家禄撰，《近代中国史料丛刊》第九辑）

# 严永华

## 🏮 人物介绍

严永华（1837—1890），女，字少蓝，桐乡人。云南顺宁府知府廷珏女，安徽巡抚归安沈秉成继室。

朱福诜传略，夫人幼有至性，通书史大义。十余龄即闲吟咏。尝刲股疗亲疾。父殁，随兄谨石阡府任。谨御叛夷巷战死。夫人仓卒负母逾垣避，获免。归里，适沈公。自公备兵润州，至尹束，德政多资内助。光绪十六年，畿辅水，夫人制棉衣以施。皖南北久不雨，公方阅兵寿春，夫人躬自祈祷，应时沾足。体素羸，以劳剧遽卒。年五十五。著有纫兰室、鲽砚庐诗存六卷，诗余一卷，鲽砚庐联吟集二卷，古文词若干卷。

## 🏯 浯溪相关作品和事迹

### 浯溪行祁阳道中作

昔读磨崖碑，已耳浯溪名。今向岭西游，快作浯溪行。浯溪之水清千尺，浯溪之石更奇特。次山文字平原书，万古光芒烛奎璧。嗣皇灵武成中兴，元戎两京显殊绩。惜哉张李乱纪纲，我览斯文增叹息。当时不识颜真卿，天生汾阳为社稷。壮士解衣吁可危，槛车就逮寒无色。若非仙李识奇才，那得冲风起云翼。纵令厮养皆英雄，要仗词臣大识力。苍茫怀古意无限，老枫五言山自碧。更将揽胜登峿台，遗址荒凉不可得。记委符节归江湖，剩有宼鐏涵月魄。振衣四顾浩悲歌，行人指点漫郎宅。

### 游浯溪和马船西

文士追随意自闲，（山谷浯溪诗亦有文士相追随，谓曾空青也。）此中小憩隔尘寰。摩挲怪石镜留影，（山有石，以水沃之能照人影。）踏破苍苔屐印斑。莫见名山动乡思，好凭健笔化民顽。上书若许除勾漏，古井丹砂为驻颜。

### 再和熊金仲舍人浯溪诗

一棹三湘次第巡，更探胜迹到郊闉。断垣残碣孤清兴，峭石澄流绝点尘。从古溪山无主客，中兴事业有君臣。故园何日偕归隐，可识林泉大有人。（杨海琴太守隐此。）

（《鲽砚庐诗钞》卷二，桐乡严永华少蓝撰，《清代闺秀集丛刊》第 52 册）

### 随宦桂林，未遂揽胜之愿，匆匆将去。阻雨愆期，鼓兴挈马甥瑞熙、女侄寿慈两儿瑞琳、瑞麟 登迭彩山，盘桓竟日，赋此留题

桂林山水窟，名甲寰宇中。天教廓诗境，宦迹留泥鸿。未遑事幽讨，尘俗空填胸。携雏欲先去，归棹寻吴淞。仆马已在御，歌骊行匆匆。（秋闱伊迩，余先挈两儿归试，外子俟高中丞至，行期尚有待也。）阳侯若有知，恍惚来相逢。为言名胜地，自古无异同。胡为浯溪游，长歌诗兴浓。（丁亥冬，道出祁阳，游浯溪，赋七古一章。）兹竟不一顾，毋乃情不锺。因之小作虐，澎湃横流冲。舟舆两难渡，挈榼访灵踪。山城无百里，诀荡多奇峰。层峦叠锦彩，佳气郁葱茏。飞阁出岭表，清赏溯元公。古堞隐崇雉，深涧饮长虹。坐久心颜开，瑟瑟来清风。雨余空翠滴，洞古白云封。豁然忽开朗，异境探不穷。老佛坐岩际，天半闻清钟。青山寿太古，底事首尽童。俯仰忽有悟，山性与人通。斯人多质直，山亦无修容。参差如束笋，夭矫若游龙。山下多沃土，漾涧水一弓。种荷能迢暑，种桑倍农功。民瘠久必乱，民裕国乃丰。愿民登纻席，蚕织毋疏慵。漓江波似镜，倒影青芙蓉。小艇自来去，荡漾双桨红。清景俨图画，拙笔摹难工。凭眺不忍去，夕照辉长空。何当携绿绮，一鼓风入松。

（《两浙輏轩续录》卷五十四，督学使者潘衍桐订；《鲽砚庐诗钞》卷二，桐乡严永华少蓝撰）

# 邓星槎

## 🌿 人物介绍

邓星槎，字济川，祁阳龙口源人，有《重修梅花洞记》及《文昌塔歌》。

## 🏯 浯溪相关作品和事迹

### 谒元颜祠

　　楚南多名区，浯溪居其首。当年辟者谁？河南元漫叟。其境曲且幽，其水峭而瘦。石上多镌铭，文章灿星斗。卓哉鲁公书，笔下龙蛇走。严词惊鬼神，铁画高蝌蚪。落落两贤心，遂成千古友。世界貌三千，云梦吞八九。三绝称独奇，三吾旌独有。地同愚溪愚，人似柳州柳。风高千载前，名留千载后。我来觐古祠，瓣香并斗酒。风雨尚迷离，峦壑夹左右。精灵如在焉，忠义谁与偶？与日月争光，与山河并寿。地实以文传，人以文不朽。我怜水部才，我爱太师守。归来薄暮时，斜阳横渡口。

（《邓氏族谱》）

# 黄 雯

## 🌿 人物介绍

　　黄雯，女，字五素，祁阳人，黄裔之妹。九岁能诗，未嫁而卒。著有《缭衡阁诗钞》。

## 🏯 浯溪相关作品和事迹

### 游浯溪读中兴颂

　　漫郎邱壑主，水石相藉重。天生此溪台，留作清幽供。复恐岩不文，为起渔阳哄。若谓安史宁，且乏元颜颂。纵有《浯溪铭》，仍缺《中兴颂》。玉环马嵬轻，此石人间重。磨壁书何雄，殉难尤堪痛。感此三叹息，抚碣泪如涷！

（《沅湘耆旧集》）

# 瞿鸿禨

## 🌿 人物介绍

　　瞿鸿禨，字子玖，号止庵，善化人。同治辛未进士，改庶吉士，授编修。官至外务部尚书，协办大学士。益文慎。有《瞿文慎公诗选》。

## 🏯 浯溪相关作品和事迹

### 题刘君浯溪钓隐图

　　浯溪岸曲迥明漪，古木蔽崖阴倒垂。风吹钓船自来去，幽意独写无人知。白鸥与我同浪迹，手持钓竿坐盘石。日暮空归亦自佳，本不取鱼惟取适。

（《晚晴簃诗汇》卷一百六十五，徐世昌编）

# 周声洋

## 🌿 人物介绍

　　周声洋，善化人。光绪戊子科会覆优生第一名。

## 🛕 浯溪相关作品和事迹

### 浯溪摩崖碑歌（用李义山韩碑韵）

骊宫不入芙蓉姿，开元圣德侔轩羲。人间治乱一反掌，六飞仓卒投荒夷。长安宫阙弃如屣，九庙夜宿豺狼黑。储皇匹马起灵武，父老日望天戈麾。存亡之机不容发，天人视听相维持。一朝中外戴新主，万里奔走驹牙旗。河西诸镇事观望，感激忠义犹追随。潼关百万等儿戏，今日孤军成虎貔。事有至难贵权变，趣取大物奚容訾。若教温峤徇小节，马嵬有命终坚辞。彼髦而荒作西帝，群情不属何能为。飞龙小儿独何事，兴庆启闭渠敢司。凄凉西内无人问，暮年辟谷虚养颐。外制李父内张后，天性渐尔成浇漓。乔陵功罪不相掩，我愿节取涪翁诗。漫郎故宅傍溪水，游人再拜升阶墀。何年凿此幽秀窟，天然位置中兴碑。天开地辟耀文藻，想当下笔翔鸾螭。鲁公法书兹第一，何幸独畀湘江私。西台旧拓不可得，各本晚出空潢治。碑亭久立不忍去，对此感动惊心脾。忠臣循吏两无匹，一碑双绝垂宏辞。云烟苍茫湘水远，石镜照耀朝阳熙。森钩错画见筋骨，径欲心手同摹追。毡椎响拓无时歇，缺月隐雾纷瘢胝。山灵护此万万古，殷鉴永奠升平基。

（《沅湘揽秀集》卷六，清陆宝忠编）

# 释敬安

## 🌿 人物介绍

释敬安（1852—1913），诗僧，字寄禅，号八指头陀，湘潭人，本姓黄。湘阴法华寺僧。后居京师法源寺。有《八指头陀诗集》。

## 🛕 浯溪相关作品和事迹

### 赠陈六笙观察并序（其五己亥 1899）

公官浙久，历任杭台诸郡。由杭嘉湖道迁湖南岳常澧道，旋权衡永道。己亥夏，权盐巡道。署侧万福禅林为公供养香火处，延余主席。感赋六绝以赠。

欲将妙笔比羲之，铁画银钩老益奇。北海无人鲁公死，浯溪岳麓要新碑。（公曾书画山二字，方广丈余，刻于浯溪崖壁。）

（《八指头陀诗续集》卷一，释敬安寄禅撰，《清代诗文集汇编》第 775 册）

# 虞景璜

## 🌿 人物介绍

虞景璜，字澹初。（海晏）祖瑞龙，由札马迁芦江，业贾能诗，尝客淳安遇水灾，葬杨姓一家五棺，以义行旌。父鋆，字葵伯，能画芦雁。景璜早孤，有隽才，读书过目不忘，诗文书法皆超出伦辈。弱冠由廪膳生举光绪壬午乡试，一试礼部不第，遂不复出。家贫，聚徒教授，与同里梅鼎恩、胡振濂等以古学相切劘。尝上书定海黄以周，有志于三礼之学。论乡邦利弊，慷慨奋发。甲午年卒，年三十二。著有《澹园诗文集》行于世。

（《民国镇海悬志》卷二十七人物传）

## 🏯 浯溪相关作品和事迹

醒研自湖南幕归（庚寅 1890）

把别两经秋，长江独夜舟。归帆千里迅，乡梦一灯收。人怨湘灵瑟，风寒季子裘。压囊无长物，碑拓霍山邱。（携有岣嵝碑、大唐中兴碑拓本。）

（《澹园诗集》卷下，镇海虞景璜撰，民国三年镇海虞氏刊本）

醒研，生平待考，诗《月夜忆醒研在湖南》云："凉月半庭白，故人千里遥。乡心与秋思，水写共烟描。书远峰回雁，交新语带苗。何堪洞庭阔，落木夜萧萧。"《澹园文集》卷上有《跋岣嵝碑》，卷下有《书醒研长沙札子后》。

# 翁同龢

## 🌿 人物介绍

翁同龢（1830—1904），字叔平，号松禅，晚号瓶庵居士，清常熟人。咸丰进士第一，官至户部尚书协办大学士、军机大臣，先后为穆宗、德宗师傅，宏奖士类，屡掌文衡，戊戌政变前罢官，卒于家。后追谥文恭。其诗文简重，书法沉雄，晚岁以绘画自娱，山水有古致。

## 🏯 浯溪相关作品和事迹

题张子冈印谱

寸铜郁龙虎，笔势故苍然。直溯卅五举，挽回三百年。心情哀郢减，诗梦过江圆。谁著浯溪颂，踌躇未忍镌。

（《瓶庐诗稿》卷一，翁同龢撰，民国八年邵松年等刻本）

迟盦和诗再来，而驾航以京尹内召，闻尚在天津也，喜而有作

郙亭行矣朝湘灵，钧天广乐疑可聆。春风吹船不著岸，胜游竟负峿台铭。峨峨京兆开省庭，宜晴快雨辙屡停。一从沈郎转官后，海棠闲馆门常扃。神京浩穰拱八陉，千途万辙来展轾。使君坐衙日决事，岂暇更画蛾眉青。迟盦手注海外经，欧逻亚墨飞火舲。雷霆满腹暗不吐，往往语带蛟龙腥。瓶生持橐侍禁廷，耳聋手战非昔形。醉中狂谈醒自诧，欲以屯牧收先零。江流滔滔嗟覆瓶，且持门户严堂厅。神锋静敛莫轻试，与君含笑看青萍。秋荷枯尽瘦菊馨，琵琶哀怨难为听。三人一夕诗百首，明日喧传聚德星。

（《瓶庐诗稿》卷五，翁同龢撰，民国八年邵松年等刻本）

# 吴大澂

## 🌿 人物介绍

吴大澂（1835—1902），清江苏吴县人，字清卿，号恒轩，又号愙斋。同治七年进士。授编修，以请裁减"大婚"经费，直声震朝中。光绪十一年，以左副都御史赴吉林，与俄使勘界，争回被侵之珲春黑顶子地。后为湖南巡抚，甲午战争中，自请率湘军出山海关拒敌，旋以兵败革职。善篆籀，亦能画，精金石、文字等学，收藏书画、古铜器甚富。有《愙斋诗文集》《愙斋集古录》《古籀补》《权衡度量考》等。

## 🏯 浯溪相关作品和事迹

1. 吴大澂浯溪铭碑，在东崖区。

## 浯溪铭（有叙）

浯溪发源于双井，至祁阳县南五里入湘，本无名也，名之自次山始。余阅武至永州，过潇水之上，访柳子厚所居之愚溪，无一愒息之所。亭、池、邱、岛，眇不可追。独浯溪石刻，至今无恙，有亭有台，可登可眺。顾而乐之，乃为铭曰：

永州名迹，愚溪浯溪。浯溪之石，元公所题。石有时泐，台有时圮。万古常流，涓涓此水。涓涓不竭，汇湘入江。导源双井，绝壁飞淙。行者惊奇，游者心爱。爱公篆铭，一铭而再。

抚湘使者吴大澂，光绪十有九年夏四月。

2.吴大澂峿台铭碑，在曲屏区。

《峿台铭有叙》拓片

## 峿台铭（有叙）

抚湘使者吴大澂（字窓斋）撰书。

湘江之水自南而北流，衡山之脉自北而南迤。奇峰怪石错立于湘濒。若熊罴，若虎豹，若麈，若师，若古柏之皮裂而莽缠；可惊，可愕，可图，可咏。舟行三百里，不可殚述，峿台其最著也。远而望之，巉崖陵巇，如斧削成；右江左溪，隐相回抱。古木阴森，松竹相间，环翠耸青，幔岩塞窦，峦壑清幽之致，或为所掩。台据其颠，乃次山之旧址也。地以人传，兹山之幸矣。鲁公书中兴颂，刻于崖壁；后有山谷诗刻。次山之铭去台后百余步，字多完好，无风雨剥蚀之难。余抚是邦，有愧前贤。惟于篆籀古文，习之有年，铭而刻之，以志向往。铭曰：

园林之美，豪富所私；山川之胜，天下公之。公者千古，私者一时。大贤已往，民有去思，思其居处，思其文辞。次山私之，谁曰不宜？

光绪癸巳夏五月，乐炳元刻。

3.吴大澂唐亭铭碑，在曲屏区。

## 唐亭铭（有叙）

湖南巡抚吴县吴大澂撰书。

峿唐二字，唐以前字书所无。次山以浯溪为独有，乃皆以吾名之，唐亦吾之挚益字也。余勉属寮，勤政爱民，以次山为师，并其游览之文字而亦师之。次山有知，当亦幸吾道之不孤也。

仓颉造字，本无部居。吾名吾亭，吾创吾书。亭址犹新，篆铭可读。下有鸣湍，上有古木。继公刻辞，毋使公独。

4.吴大澂诗碑，在摩崖区。

### 癸巳三月三十日，雨中游浯溪，读中兴颂，次山谷诗韵。

潇湘奇气钟浯溪，次山文字鲁公碑。我喜涪翁诗律劲，石栏坐对雨丝丝。唐祚中衰寇患起，太息朔方无健儿。六龙远去蜀江西，鸾凤纷纷枳棘栖。灵武即位上皇复，歌功勒石臣能为。作者文雄书者健，忠清亮直皆吾师。若以墨本工摩刻，徒资文士霜毫挥。古今循吏为君国，身与盘石关安危。杜老书名吾未睹，千秋犹诵春陵诗。元祐残碑未磨灭，吁嗟党祸起文词。宜州谪所去不远，清游时有高僧随。两碑读罢一慨叹，苍崖日暮啼猿悲！

抚湘使者吴大澂。

# 曹广权

## 🌿 人物介绍

曹广权，字东寅，湖南长沙人。光绪癸巳举人，现官礼部右参议。

## 🏛 浯溪相关作品和事迹

### 浯溪摩崖碑歌（用李义山韩碑韵）

金章玉策鸾凰姿，琱缋日月摹炎羲。山高水深状鸿烈，罔斁拱护朝冯夷。忆昨孽臣睨唐纪，如厩纵虎圈纵黑。征鼙四塞两京失，天戈逆指旄倒麾。大驾仓皇欻西幸，六军哄讼谁支持。铃声呜咽不可听，电芒倒烛虬尤旗。剑阁嵯峨蜀山碧，天梯袤络相争随。琱戈玉骑委烟塺，谓虎匪虎貔匪貔。帝星一夕耀灵武，抚戎荡寇功弗訾。辅臣曰李将曰郭，维揩二圣无艰辞。周室攻同骋雄俊，诹申策甫风百为。磨礲金石嗣前载，燕许不作无攸讥。俗儒藻绘世所瘤，累牍莫解匡生颐。臣结载拜颂且喜，导扬盛美前浇漓。春陵遗策付良史，大唐殊烈编新诗。一官匏系菰黄微，宏文指顾凌天墀。湘江东西水清沚，撑天片石摩丰碑。刺史扪胸郁星斗，尚书奋臂挐蛟螭。震古烁今三百字，麟经义法天无私。忠肝义悃靡时尽，魟魟巨制畴铸治。涪翁好古生苦晚，停桡上读摅心脾。溪流汩汩皓无滓，倚杖激赏琼胼辞。祇今阅世更千载，霜饕雪虐重阳熙。断岩苍藓漏剜迹，题名自昔争相追。溪边野人拓碑卖，竭来手足双胼胝。愿留墨本示后伐，以为敷天再造中兴基。

（《沅湘揽秀集》卷六，清陆宝忠编）

# 康有为

## 🌿 人物介绍

康有为（1858—1927），字长素，改字更生，晚年又字更牲，清学者及政治家，南海人。治经以今文为宗，旁采当时流行的西洋学术思想，自成一家言。光绪二十四年，以工部主事赞德宗行新政，失败后亡命日本，组织保皇党；民国成立后，谋复辟，迄无成。著有《孔子改制考》《新学伪经考》《大同书》《春秋董氏学》《春秋笔削大义微言考》《孟子微》等。

## 🏛 浯溪相关作品和事迹

吾邱衍曰：篆法扁者最好，谓之融扁。徐铉谓非老手不能到《石鼓文》字。唐篆《美原神泉铭》结体方匾，大有石鼓遗意。李枢、王宥《谒岳祠题记》，吾宁取之。《峿台铭》《浯溪铭》参用籀笔，戈戟相向，亦自可人。《碧落碑》笔法亦奇，不独托体之古，阳冰见之，寝卧数日不去，则过阳冰远矣。近世吴山子作西汉分，体态朴逸，骎骎欲度骅骝前矣。若加奇思新意，虽笔力稍弱，亦当与顽伯争一席地。

（《广艺舟双楫》卷二说分第六，南海康有为撰）

# 潘飞声

## 🌿 人物介绍

潘飞声（1858—1934），字剑士，号兰史。番禺（今广州）人。清贡生。早年随洪钧出使德国，入柏林大学讲授中国语言文学。归国，保举知县，改授国子监典籍，荐举经济特科，皆不就。寓居香港，为报刊撰稿。

· 清 朝 ·                                                                            523

入民国，寓居沪上。诗文词并工，为南社社员，与高旭、俞锷、傅专并称"南社四剑"。其诗清响可听，雄秀并具。词极婀娜之致。有《说剑堂集》《在山泉诗话》。

## 🛶 浯溪相关作品和事迹

### 观浯溪中兴颂拓本书黄鲁直张文潜二诗后

鲁公笔锋可杀贼，大书中兴颂圣德。磨崖十丈拓淋漓，一纸蛟螭向空掷。墨光照出天南陲，凡三百字潜神夔。何人斯世老文学，水部胸有琼琚词。洛阳守险贼披靡，十五城存迁御史。平原太守独誓师，气摄渔阳鼓声死。两臣忠烈贯日虹，重欢二圣非臣功。玉环妖血笔可扫，天开地辟光熊熊。褚欧以来成习气，俗士但识蝇头字。文体凋敝二百年，山苍水泠见纯粹。此书此颂天与齐，金石刻作谁能追。鲁直文潜后作者，百世相感知兴衰。卓识臣忠痛至骨，再拜杜鹃为赋诗。惜哉少游已下世，不得妙墨相劘椎。浯溪山水致清绝，览胜直欲家同移。凿锤灵壁剔苍藓，补写张句镌诸碑。

（《说剑堂集》之《游樵漫草》，潘飞声撰，清光绪间仙城乐洲刻本）

### 王蓬心三吾胜异图长卷

浯溪水入湘江流，山川胜异推永州。次山自诩老文学，直为岩壑张高秋。天地无私待万物，锤幽凿险随搜求。风月可作吾家有，一椽况占名山陬。清溪曰浯在其下，峿台上啸鸾凤俦。唐亭构屋幽邃处，江山千里几席收。叠叠松云立屏障，寸寸秋碧霑衣篝。有唐有此大手笔，燕许韩柳差可侔。係之以吾俨吾有，快然自足如虚舟。蓬心来领山水郡，画稿流入山翠稠。六丁夜永走相告，真虚位业曾图不。要看深心托豪素，缩取方寸蟠蛟虬。上溯痴翁追董巨，岂恃家法为独优。峨峨平原中兴颂，元铭隽语镌山邱。今得此图貌岷崿，亦三胜异相绸缪。恨余未作潇湘游，身不奋飞嗟诗因。假君图画看十日，便有吟兴凌沧洲。此卷当如富春图，定与天地称长留。

（《说剑堂诗集》卷三，番禺潘飞声兰史撰，民国二十三年谭敬铅印本）

# 江　标

## 🌿 人物介绍

江标，字建霞。光绪己丑进士，改庶吉士，授编修。甲午，授湖南学政，以实学励多士。会与日本失和战败，割地偿金，愤甚，力求富强实学，即长沙旧有之校经堂，改订章程，分史学、舆地、算学、方言诸门以课士，讲求五洲形势、中外政教之异同，以正心术、敦品行，学求实用，为诸生勉。湘人士之启闭塞而进开通，日趋新学途径，皆标提携诱掖之功。任满，以四品京堂擢用。戊戌政变为言官劾罢，未几卒。

（民国《吴县志》卷六十八下列传七）

## 🛶 浯溪相关作品和事迹

江标题名，在峿亭区。

三浯者，浯溪、浯台、浯顾也。顾字本高字，后世不察，转写为亭，有宋以来，皆未正读，独钱潜研能知其误。兹采元刻，循诵遗文，台顾并峙，未有亭字，千载之谬，至当辨正。刻石记之，用告后人。

有清光绪二十二年丙申十一月，湖南督学使者元和江标题记。

题名碑拓片

·浯溪历代人物志·

# 孙宗弼

### 人物介绍

孙宗弼，字伯南，清末民初吴县人。参与分纂《民国吴县志》。

### 浯溪相关作品和事迹

孙宗弼题名，在三绝堂柱联之上。

古吴孙宗弼来访碑。

丙申（1896）十一月，来拓唐、宋、元各石刻，题记。

# 王凤藻

### 人物介绍

王凤藻，字雨时，号咏梅。行一。咸丰丁巳年二月十四日吉时生。江苏苏州府元和县优附生，民籍。本省乡试中式第一百七十五名。（光绪甲午江南乡试朱卷）

### 浯溪相关作品和事迹

题名，在三绝堂柱联之上。

元和王凤藻来打碑。

# 刘翊忠

### 人物介绍

刘翊忠，安化人，光绪丁酉举人，历任陕西知县。

### 浯溪相关作品和事迹

#### 读唐碑

磨崖试读中兴颂，更见真卿字体奇。添入世间黄绢障，纵经摩打亦多姿。

（《浯溪尚友录》）

# 周善培

### 人物介绍

周善培（1875—1958），字致祥，号孝怀，浙江诸暨人，随父宦游来川，遂定居。1899 年东渡日本，考察学校、警校、实业等，居四月返川。1901 年奉命带学生 20 名赴日本留学，并聘回日本教习来成都开设私立东文学堂。后历任川南经纬学堂学监、警察传习所总办、督署副总文案兼广东将弁学堂监督、警察局总办、四川巡警道（四川首位）、川省劝业道总办等职；在成都建幼孩教育厂、乞丐工厂、老弱废疾院，并力戒鸦片烟、改造监狱、预防火灾、破除封建迷信；大力资助民族工商业发展，参与讨袁护国运动。国民政府成立后，潜心治学，不问政事，抗战初期在天津设电台，代表四川省主席刘湘对外联络。解放初任民生公司董事长、华东军政委员会委员、全国政协委员，曾力主将国号由"中华民国"更改为"中华人民共和国"。著有《周易杂卦正解》及回忆录《辛亥四川争路记》等。

## 梧溪相关作品和事迹

周善培等题名，在唐亭区。

光绪戊戌闰月二十有六日，徐仁铸、华祖绶、宋绍曾、陈祺寿、江善述、许北魁、郭祖葆、徐仁华、王鸿铣、徐思允、周善培自永州之桂阳，经梧溪，来游。周善培题。

# 陈　璚

## 人物介绍

陈璚，字鹿笙，又字六笙，济钧子。咸丰辛酉拔贡，少为诸生，文采特著。咸丰初，洪杨发难，金田县城沦陷，既奉母避地柳山村，只身乞师南宁、桂林，转战郡县，获陈开旋。佐蒋益澧、曾国荃诸军，掌奏记，文精事当，常在股肱，积阶至记名道。金陵既破，特简浙江杭嘉湖道，以事左迁知府，累知处州、台州、嘉兴、杭州诸府事。擢湖南岳常澧道，署衡永郴桂道，长宝盐法道、湖南陕西四川按察使、四川布政使，权总督兼巡抚事，赐桂料佩带。璚长于吏治，治台尤著政绩。官四川按察日，甫至会盗发，将迫成都，长吏属以军事，二旬而贼平，事闻，赏威勇巴图鲁勇号，迁布政使。光绪壬寅秋，贼猝入南门，璚遇贼于道，率亲军衣冠杀贼，余众惊溃，城赖得全。俄以原官致仕，家杭州。卒年八十。璚廉明厚重，虽以军功致位，通显政事之暇，不废文翰。工书法，自钟、王下讫董、赵，莫不摹拟酷似，于宋四家尤得神髓，人争宝之。著有《随所遇斋诗集》及《模古斋法帖》诸石刻。子六人，寿椿、芝浩、香祖、蕃诰、大浩、宗诰。（道光七年生，光绪三十二年卒。）

（民国《贵县志》卷十六人物列传）

## 梧溪相关作品和事迹

1. 陈璚诗碑，在曲屏区。

### 上巳重游梧溪集兰亭序字

人间日朗畅游天，老大情怀感少年。（道光癸卯年十六，侍先大夫北上来游，距光绪戊戌五十六年矣。抚今追昔，怅然久之。）虚室春兰曾合契，抱亭风竹自生弦。静观流水悲今世，仰揽崇文会古贤。（次山中兴颂、鲁公书，世称二绝。）禊事已修觞未引，山林暂坐亦欣然。

畅游心事固同然，不尽人观室内天。春放万山长修竹，水流九曲激幽弦。悟将大化无今古，信是群贤有左迁。坐咏风兰列殊品，寄怀当作永和年。

光绪戊戌三月三日，衡湘观察使者郁平陈璚题并书。同游者上舍阳湖刘兆棨、祁阳令侯官林鉴中并上石。

2. 画山榜书，在峿台北崖区。

画山。光绪戊戌上巳，衡湘观察使者陈璚书。同游者上舍刘兆棨、祁阳令林鉴中。

"画山"榜书拓片

# 林鉴中

## 🍀 人物介绍

　　林鉴中，字保三。光绪丙戌进士，改翰林院庶吉士，散馆改知县，选粤之灵山，到任九阅月，丁母忧回籍。乙未，选得湖南祁阳，视事后，详察民情，劝民兴水利，种土宜，息争弭讼，以及育婴造士，保甲团练，积谷，事必尽心。调署桂东，缺虽简，不敢视为易治，如戒洋烟，理滞狱，实积储，兴宣讲等，事必欲民受其益。庚子，调永兴，临行，绅耆醵金相赠，鉴中拨付五都公局，嘱置书籍藏之书院。六月至永，盗案迭见，因谕煤矿各缴工人姓名册一面清查户口，以防奸匪，各盗以渐获办。旱歉，预商采运民食，筹款建仓积谷。其年，有教民土匪之案，鉴中力守约章，解散胁从，不久了结。著有《濯泉初二三四编》，皆自述官中事。子心和，丁酉举人。

（民国《闽侯县志》卷八十四循吏五下）

## ◇ 浯溪相关作品和事迹

　　1. 小憩榜书，在曲屏区。

　　小憩。

　　光绪戊戌九月，邑侯林鉴中书。

　　2. 画山榜书，在峿台北崖区。

　　画山。

　　光绪戊戌上巳，衡湘观察使者陈璚书。同游者，上舍刘兆启、祁阳令林鉴中。

"小憩"榜书拓片

# 金武祥

## 🍀 人物介绍

　　金武祥，原名则仁，号溎生，名宿金一士之孙。清末民初人，先应邀兖州县官幕友，后以捐班至广东候补，得署赤溪直隶厅同知。五十岁后，因丁忧而依例解任归里，从事地方文献收集，整理出版，享年八十三岁。著有《芙蓉江上草堂诗稿》及《江阴丛书》《粟香室丛书》等。

## ◇ 浯溪相关作品和事迹

华应榴明经和冰泉韵并以旧在永州所拓三吾铭见贻因二十三叠前韵

　　漫叟不可作，与君思昔游。湘漓寻故迹，两地各千秋。（永州浯溪在湘水之南。梧州冰井在漓水之南。）石墨三吾證，铭词一例收。斯泉俱胜异，同向画图搜。（哲昆溪翁出示王蓬心太守所绘三吾胜异图，余曾倩陈象九大令绘冰泉揽胜图。）

（《粟香室丛书》之《冰泉唱和闰集》，金匮华祖绥应榴撰）

# 华祖绥

## 🍀 人物介绍

　　华祖绥，字应榴，金匮人。

## 🏛 浯溪相关作品和事迹

戊戌闰三月三日，招同华若溪院长、恽次远侍郎、刘葆真编修、张筱圃、沈友卿两吉士、恽叔誉、吕幼舲两孝廉、陶兰泉太守、李经畦刺史，集读雪山房，用昔年冰泉修禊原韵

### 和金武祥冰泉原韵

漫叟遗风雅，名山饷客游。江光明入画，树色饱经秋。曲磴引泉咽，飞烟挟雨收。访碑谭往事，崿石拨云搜。（次山三浯铭在湖南永州浯溪上。乙未丙申间屡经其地，得其拓本。）

# 徐仁铸

## 🌿 人物介绍

徐仁铸，号研甫，字缦愔，宛平籍宜兴人。光绪己丑进士，改庶吉士，授编修。有《涵斋遗稿》。（《晚晴簃诗汇》卷一七六）

## 🏛 浯溪相关作品和事迹

光绪戊戌（1898），徐仁铸同周善培等人共游浯溪，刻有题名碑，并赋诗二首。

### 游浯溪（二首）

路转云深处，荒台枕碧湘。江山开百粤，文字属中唐。影落斜阳紫，名题卧石苍。风流呼漱玉，提笔妙能狂。流涕中兴业，艰难一遇之。纪游聊有托，作颂更何时。鼙鼓家山梦，苏荃泽国思。镜崖今照客，犹未鬓成丝。

（《涵斋遗稿》不分卷，宛平徐仁铸缦愔著，民国八年排印本）

# 武□法僧

## 🌿 人物介绍

武□法僧，生平待考。

## 🏛 浯溪相关作品和事迹

武□法僧诗碑，在石屏区。

### 浯溪观磨崖碑即用黄山谷韵

泉陵西上探浯溪，浯溪之侧磨崖碑。白波青障杲晴日，落花乳燕捎游丝。行穿云路不知远，两脚健欲追童儿。奇哉削铁一千丈，攀缘无藉雕鹘栖。苟非鬼斧所成就，人间讵有良工为？鲁公浩气贯今古，慷慨独誓平原师。临池亦如其本色，妥帖排奡千钧挥。次山作颂请公写，留赠万古掺心危。吁嗟家国与骨肉，举世但赏春陵诗。峨峨大书深刻处，粲粲灵武南内词。三闾魂魄在湘水，枫丹橘绿相攀随。即今颜元祁并祀，不祠三忠吾所悲！

浯溪观磨崖碑即用黄山谷韵。戊戌嵩山武□法僧。

# 赵炳麟

## 🌿 人物介绍

赵炳麟（1876—1932），字竺垣，号清空居士，广西全州人。光绪二十年（1894）进士，授翰林院编修，升记名御史。1906年授福建京畿道御史。1910年，因开罪皇族被革职，以四品京官回籍，督办桂全铁路。民国元年当选为民国国会议员。1917年任民国山西实业厅厅长，晚年乡居。著有《赵伯岩全集》卅二卷。

## 🏛 浯溪相关作品和事迹

### 永州道中四首（壬寅1902）

#### 其一

五月清湘水涨时，江干风景耐寻思。淡烟微雨浯溪道，手剥苍苔拓断碑。

#### 其二

偶行纤道过江滨，每遇农家问答频。为告今年风雨顺，水田禾稼已怀新。

#### 其三

铁索系舟江岸泊，石崖高处有泉鸣。夜凉月色明如昼，移酒船头听瀑声。

#### 其四

草色芊芊树影稠，酒旌摇曳水边楼。买鱼沽酒吾常乐，一路看山到上头。

附永州太守许介侯前辈晋祁和诗四首

#### 其一

云水潇湘采艾时，（时当五月。）尺书珍重慰相思。郴江宦辙如萍梗，（祁守郴数月移永。）又读蕉黄荔子碑。（永州柳子庙有东坡先生荔子碑。）

#### 其二

豸冠云拥凤池滨，骨鲠封章论事频。四万万人齐注目，旧邦何以与维新。

#### 其三

萱寿欣将难老祝，（时公奉太夫人旋里，同出永州。）楚休惯作不平鸣。（因铁路收回事湘人谣风颇大。）辀轩愿采民劳什，谱出茅檐愁叹声。

#### 其四

身在蓬壶雨露稠，月明休上仲宣楼。（闻公近有思归之意。）临歧一语君须记，公辅于今属黑头。

（《赵柏岩集》之《柏岩诗存》卷三，全州赵炳麟竺垣撰，《近代中国史料丛刊》第一编第33辑）

注：许晋祁，广西桂林人，庚午翰林，署永顺知府，永州知府。赵炳麟《潜并庐杂存》卷二有《许介侯先生传》。

# 黄建笏

## 🌿 人物介绍

黄建笏，字花农。由直隶通判办天津招商局轮船事务，会办电政事，以劳绩保道员。光绪癸巳、甲午三署津海关道。李鸿章督直办新政，倚如左右手。戊戌，补江苏苏松太道，未赴，调天津津海关道。庚子，拳匪祸起，美储数十万密运某使署，间关达行在，遂有督办德州粮台之命。旋奉召入都，办善后。又赴沪办理各国商约，擢湖南按察使。平反冤狱，倡办警察，上游倚重。癸卯，命祭南岳、炎帝、舜陵，故事陵差有陋规逾万，建笎一无所取。辛丑，升江宁布政使。甲辰，调山东，未赴，仍留原任。乙巳，以足疾乞休。卒年五十七。著有《电学新编》《寄榆盦书画稿》行世。

（民国《顺德县志》卷十七列传）

## 🏯 浯溪相关作品和事迹

黄建笎诗碑，在峿台北崖区。

扁舟一夜到浯溪，满壁诗编妙咏题。都为鲁公留翰墨，同瞻胜景仰天齐。

光绪二十九年岁次癸卯四月奉命致祭帝舜有虞氏陵，礼成差旋同祁阳知县余屏垣，随员张□效、方积铨、任焕枝、彭播馨、梁殿钧到此。湖南按察使司黄建笎题。

### 由四塘启程至排山驿（二十八日）

午后山多不觉高，园林秀茂听松涛。（午后所过之山甚矮。）
更看陇上耕犁处，误把桐花认作桃。（桐油子之花似桃花。）

### 由排山驿行馆黎明启程（二十九日）

橙花开放满庭香，（排山行馆院中有橙子树，一百余年，正当花开。）
白鸟啼明对画堂。（行馆在山坳中，松多鸟多。）微雨何能留客住，晓行不觉路添长。

### 往大营寺道中

山水清奇是有神，（画谱云：写山水有一种神品，此真山水，更有神。）
三王翰墨绝如真。此帧长幅看无尽，我等云游画里人。（乃终日行山渡水，即如画内之人也。）

《扁舟一夜到浯溪》
拓片

### 由大营驿行馆启程道经熊飞岭（四月初一日）

遥见山坡有古营，（上刻岳武穆公在此扎营之碑。）乡人指是旧西征。
（武穆公奉旨讨贼曹成，自桂林凯旋，在此扎营。后人立庙祀之。）今朝带雨催程去，（冒雨启程。）一过熊飞扫径迎。（祁阳县饬人将路收拾。）

### 过熊飞岭即景

熊飞岭上也穿云，（此岭亦名上七里下八里，惟险崖峭壁尚少。）路坦无艰共慰欣。枫树参天高百尺，出关花气更幽芬。（岭顶有石关，重门坚固。土人为便城，未知何时所建。）

### 抵祁阳县行馆

湘南山树竟多奇，看到绣球满放时。（将至祁阳县行馆，有绣球花，树大如松柏，并满树开花，可谓奇绝。）高可齐松团锦簇，应添卉谱记新诗。（忆昔在榆关最大之绣球花亦不过数尺，今见乃有数丈高也。）

### 由祁阳县启程渡江（初二日）

鸡鸣破晓渡长江，（由祁阳所渡之江，即通长江。）山谷玲珑瀑布双。（登岸时见山石及瀑布甚奇。）
看罢登程循曲径，（循石路而行。）舆夫口号别高腔。（至祁阳之舆夫，行至长路，每呼唱口号，别有一腔。）

<h3 style="text-align:center">抵孟公庙行馆</h3>

铺名画锦接姑山，十里遥遥始到关。（画锦铺至黄姑岭相距十里，山顶有一关，祁阳与零陵分界处也。）下岭还将纬后挽，（此岭虽不甚高，上时有纬夫背纬，下岭时有斗崖较甚，后面必须纬挽也。）清风送我入云间。（下岭时适起大风，直至入行馆后始息。行馆在山之上，其山气连云。）

<h3 style="text-align:center">游浯溪观颜鲁公书中兴颂碑（十六日）</h3>

扁舟一夜到浯溪，（由永州府登船，次日即到。）满壁诗编妙咏题。（石壁尚有黄山谷等古今名人题咏。）都为鲁公留翰墨，（鲁公所书大唐中兴颂刻于摩崖之前。）同瞻胜景仰天齐。（中兴颂之首有崖石天齐可磨可镌句。）

（《寄榆盦诗钞续集》第二册，顺德黄建笎花农撰，清光绪二十九年湖南刊本）

# 张敬效

## 🌿 人物介绍

张敬效，字茂藻，浙江慈溪人。光绪时署束鹿县知县，候补直隶州知州。光绪二十八年随黄建笎致祭南岳、炎帝陵、舜帝陵。

## 🏛 浯溪相关作品和事迹

<h3 style="text-align:center">和由四塘铺启程至排山驿</h3>

癖爱游山不厌高，松林风助起清涛。好花开遍嫣红色，灿烂霞光似锦桃，

<h3 style="text-align:center">和由排山驿行黎明启程</h3>

闲拨金貌爇妙香，开帘花气满虚堂。（行馆庭中有橙树一株，花开甚香。）夜阑觉得禅机起，伽坐围屏数漏长。

<h3 style="text-align:center">由往大营寺道中作</h3>

图绘天开品自神，凭谁妙笔写来真。此行醉煞佳山水，日作辋川画里人。

<h3 style="text-align:center">和由大营驿启程道经熊飞岭</h3>

读罢残碑识旧营，桂湘底定纪专征。精忠题石留千古，耿耿常怀二帝迎。

<h3 style="text-align:center">和过熊飞岭途中作</h3>

共上高山入白云，昂头天际意欣欣。幽香何事生衣袂，一路奇花斗异芬。

<h3 style="text-align:center">和抵祁阳县行馆</h3>

山水清幽石瘦奇，群花正值盛开时。风光似此长相忆，故把辎轩采入诗。

<h3 style="text-align:center">和由祁阳启程渡江</h3>

烟雨溟濛过楚江，青旍摇曳影双双。舆夫口号翻新调，咿哑相为自在腔。

<h3 style="text-align:center">和抵孟公庙行馆</h3>

齐名应说小姑山，绝顶盘旋置重关。畛域攸分资控卫，（山顶一关为零陵祁阳分界之处。）俯观村落渺茫间。

### 和游浯溪观颜鲁公中兴颂碑

胜境摩崖著浯溪，元公撰颂鲁公题。（有元次山撰大唐中兴颂，颜鲁公所书，镌于崖上。）凭临触动中兴感，远眺云山一色齐。

（《寄榆盦诗钞续集》第三册）

# 方积铨

## 🌿 人物介绍

方积铨，字少揆，光绪二十八年随黄建笎致祭南岳、炎帝陵、舜帝陵。

## 🏛 浯溪相关作品和事迹

### 和由四塘铺启程至排山驿

记登南岳仰崇高，飞瀑群归万壑涛。行到平山咸蕴藉，仙源尚有武陵桃。

### 和由排山驿行黎明启程

满地松针步履香，好延青色到书堂。（以松毛铺地，香而有趣。）庭前香满橙花放，惜此山居未得长。（翌晨即行。）

### 和往大营寺道中

从来山水足怡神，妙入丹青不失真。如此风光开眼界，不妨长作楚南人。

### 和由营驿行馆启程道经熊飞岭

宋时遗趾旧时营，碑撰鸿文记远征。两字精忠留万古，山灵呵护百神迎。

### 和过熊飞岭即景

晓来四望宿阴云，忽露晴光意倍欣。好向熊飞山上去，路多平坦草含芬。

### 和抵祁阳县行馆

好花满岭斗芳奇，开到清和得意时。绝大绣球推异种，骚人采取入新诗。

### 和由祁阳启程渡江

祁城不远渡湘江，顺遇鸿风桨划双。争迓使旌人塞路，驺从喝道彻高腔。

### 和抵孟公庙行馆

溪外清溪山外山，山中犹峙古雄关。行行似见长虹卧，绝妙桥亭十数间。

### 和游浯溪观颜鲁公中兴颂碑

三浯胜地属名溪，崖石犹留唐宋题。地以人传千古重，妙称碑口颂声齐。

（《寄榆盦诗钞续集》第三册）

# 吴德襄

## 🌿 人物介绍

吴德襄（1829—1910），字称三，号笋樵，东乡塘冲人。性恬澹，喜治朴学。既选城步教谕，地连岭峤，苗猺杂居，风气闭塞，德襄转移士气，文风大振。学政张燮钧以大雅宏达、德望优崇题，擢宝庆府学教授，署永州府学教授，再移宝庆。德襄任学官凡四十年，恭俭礼让，人服盛德。其为学，长于考证，穿贯百氏，疏比异同。擅诗文，兼工行楷。俸入一以置书，皮藏近五万卷，校勘笺释，朱墨粲然，有最录百余帙。所藏金石墨拓亦数百种，唐李少温小篆圣手也，所书营阳、浯溪铭，向不著。郑子尹剔去，莫邵亭纪以诗，德襄皆能举诵之。晚主渌江书院，学风为之一变，如宁调元以革命显，傅熊湘、卜世藩以文词著，皆诱迪之力也。年八十二卒，傅熊湘为志墓。所著《石笋山房诗》六卷。（民国《醴陵县志》人物志·人物传五）

## 🏯 浯溪相关作品和事迹

### 花朝自永旋里，次晨雨，过浯溪（甲辰1904）

百花生日别高山，明泊浯溪雨意潜。开宝安危凭李郭，湖湘碑碣重元颜。亭台几处留遗迹，瀛海于今际世艰。太息息柯空订约，低徊旧宅枉瞻攀。（杨海琴方伯函约三吾之游，未能践也。）

（《石笋山房诗钞》卷六《芝城草》癸卯至甲辰，醴陵吴德襄称三撰，光绪间刻本）

# 刘师培

## 🌿 人物介绍

刘师培（1884—1919），字申叔，号左盦，江苏仪征人。刘贵曾之子，刘文淇曾孙。1902年中举，1903年在上海结识章太炎、蔡元培等人，并改名光汉，参入反清宣传。1917年被蔡元培聘为北京大学教授，讲授中古文学、"三礼"、《尚书》和训诂学，兼职北京大学附设国史编纂处。1919年1月，与黄侃、朱希祖、马叙伦、梁漱溟等成立"国故月刊社"，成为国粹派。1919年11月20日因肺结核病逝于北京，年仅36岁。其主要著作由南桂馨、钱玄同等搜集整理，计74种，称《刘申叔先生遗书》。

## 🏯 浯溪相关作品和事迹

### 中兴颂

在昔天宝失其纲，一朝鼙鼓兴范阳。山东大半为贼守，翠华迢迢辞未央。青螺西幸来蜀道，千乘万骑下陈仓。当时伪燕僭帝号，太子匹马赴朔方。二十四郡忠臣少，平原太守知勤王。此地独阨贼形势，入秋士马精且强。长安天子素不识，乃能忠义奋戎行。两京收复赖李郭，吐番回纥来西疆。天下复见中兴日，周宣汉光喜再昌。道州刺史元次山，振笔作颂何煌煌。鲁公书碑三百字，此物长峙天南方。故人作铭颂功烈，此碑无乃关兴亡。北宋诗人黄鲁直，抚碑吊古赋诗章。太子即位上幸蜀，乃以乾元例建康。谓此碑文兼讽刺，肃宗何为君凤翔。不知大驾既南巡，群凶之势颇猖狂。使非肃宗权即位，天命那得再兴唐。况乎帝玺自蜀来，复闻遣使迎上皇。忠臣既赠巡与远，相才复用房与张。夫子启衅由辅国，是以南内嗟凄凉。乃知肃宗本贤主，诗意无乃太渺茫。丰碑迄今数百载，浩劫不复随星霜。新诗尚忆王司理，继其咏者江都黄。我访残碑得诸市，字体数幅足珍藏。元公高文鲁公笔，足令斗室生辉光。我欲访碑遍环宇，此地其奈隔潇湘。安得扁舟下楚越，此碑重访浯溪旁。

（《左盦诗录》卷一，仪征刘师培申叔撰）

# 黄 霭

## 🌿 人物介绍

黄霭（1873—1951），字麓生（一作麓僧、麓舜、麓村），晚号尖父，自署尖道人，祁阳城关镇人。年未冠就学岳麓书院，二十三岁受知于学使徐学铸，以时务学经义拔第一，补博士弟子员。后成邑孝廉李馥门下。著作有《浯溪尚友录》《潇湘楼志》《瓷史》《禹贡疏证》《寥天一阁诗文集》《劫灰馀草》《道烟庐诗话》《山居随笔》《存吾春杂论》《红豆渔翁日记》等。

## 🌿 浯溪相关作品和事迹

1. 黄霭《石冢铭并序》，在曲屏区。

《石冢铭并序》拓片

石幸文传，文期石永。摩崖纪功，周秦尚矣。浯溪以唐中兴颂名，后之游者，辄争题焉。然石有时泐，前者剥，后者削。文固匚以石存，石转因文而厄矣。甲辰春，与能道人游溪上，见崖壁为镌字者凿落寻丈，残珉塞磴，不胜怆然。命童子以卮酒拾瘗溪濒，聚沙成冢。能道人为文吊之，属予铭，以示后。

铭曰：

石乎，石乎！尔之生兮，钟楚南灵；尔之旌兮，名创畸人。羌漫郎兮不再，何伧父兮争临。剥尔肤兮失尔真，折尔角兮残尔形。予不忍尔骸碎露兮，以卮酒瘗尔溪濒。尔固能言兮，曷不向来者告以斯文！

尖道人题石。

2. 黄霭《溪园铭》，在石屏区。

溪园两字，漫叟所识。引溪灌园，山居乐事。饮水饭蔬，枕肱肆志。富贵浮云，敢告作士。尖父题。

3. 黄霭补《东崖铭有序》，在摩崖区。

大历元结撰。

嵝台西面，皎敧高迥，在唐顾为东崖。下可行坐八九人。其为形胜，与石门、石屏亦犹宫羽之相资也。

铭曰：嵝台苍苍，西崖云端。亭午崖下，清阴更寒。可容枕席，何事不安？

尖父书。

4. 黄霭补《右堂铭》，在右堂区。

铭曰：阳崖之巅，松竹苍然。筑堂其上，幽异毕瞻。奇峰当户，怪石临轩。高吟远眺，心目皆鲜。闲处于此，无羁无牵。

《右堂铭》有题无辞，为摹《嵝台铭》字补之，以篆法同也。尖道人黄霭志。

5. 黄霭补《臧辛伯诗》，在摩崖区。

四山凝碧一江横，读尽唐碑万感生。却想老仙明月夜，渡香桥上听溪声。

右宋臧辛伯诗，颇饶逸兴。其原刻久佚，为补于此。老尖。

# 刘心源

## 🌿 人物介绍

刘心源（1848—1915），湖北武昌府嘉鱼县人，清光绪二年（1876）恩科进士，钦点翰林院庶吉士。

后历任江南道监察御史，江西道掌广东道御史，京畿道御史，四川夔州知府、成都知府，江西督粮道、按察使，广西按察使等职。辛亥革命后出任湖北民政长（省长）、湖南巡察使等。毕生以金石研究为乐事，亲采精拓，校录博研。书法以新体魏碑见长，风格俊逸典雅。刊行著作有《古文审》《乐石文述》《吉金文述》《凡诲书》等。

## ✿ 浯溪相关作品和事迹

刘心源题名

乙巳六月十八，来览次山遗迹，溪涸为田，顾台褫落。石间三铭无恙。日衰岩阴，胡床风坐，余淳而去。嘉鱼刘心源篆记。

# 罗振玉

## ✿ 人物介绍

罗振玉（1866—1940），字叔蕴，又字叔言，号雪堂，又号贞松老人。浙江上虞人。光绪六年考取秀才。宣统元年任学部参事。辛亥革命后，逃亡日本，勾结日本帝国主义，图谋恢复清朝，溥仪在长春就任满洲国执政，任其为参议府参议，后改任监察院院长、满日文化协会常任理事。伪满洲国改行帝制，邀其为大典筹备委员会委员，受到"叙勋一位"的封赏。曾搜集和整理甲骨、铜器、简牍、明器、佚书等考古资料，均有专集刊行。另著有《贞松老人外集》等。

## ✿ 浯溪相关作品和事迹

### 旧拓中兴颂残本跋

中兴颂善本至难得，此残本乙巳春得之虞山史氏，絜以近拓，不但残泐处无损，且鲁公用笔之意，了然可睹，为国初濡挩无疑。予于鲁公书碑，多得善本。今后得此，欢喜无量，四月下浣。

（《贞松老人外集》卷二，民国三十一年铅印本）

唐书元结传不载结几子。据墓表云：二子，以方、以明。次山集则长子友直，次子友正。唐韦词修浯溪记又偶：结季子友让。（友让，又见新史顾少连传。）诸说不通，著之俟考。

元结碑，祖仁基，又云能世其业，基字皆不讳，未详何故。

（《读碑小笺》，罗振玉撰）

# 林绍年

## ✿ 人物介绍

林绍年（1845—1916），字赞虞，福建闽县人。清同治十三年（1874）进士，授翰林院编修，历任御史、云南布政使、巡抚、云贵总督、军机大臣、度支部侍郎、中央任学部侍郎、河南巡抚、弼德院顾问大臣。

## ✿ 浯溪相关作品和事迹

林绍年题名碑，在石屏区。

丙午十月，使桂还京，道繇于此。福州林绍年。

林绍年题名碑拓片

# 王祖荫

## 🌿 人物介绍

王祖荫，湖北汉阳人。光绪三十二年任祁阳县知县。

## 🏛 浯溪相关作品和事迹

王祖荫词碑，在石屏区。

### 浪淘沙·春游浯溪

胜境好遨游，镇日风流。公馀一叶驾扁舟。怕的柳丝牵挂帽，打著科头。

波浪不须愁，半幅帆收。汉唐碑迹石中求。他日乘槎飞渡去，谁为勾留。

丙午春游浯溪，调寄《浪淘沙》，沌阳王祖荫。

# 何维朴

## 🌿 人物介绍

何维朴（1844—1925），字诗孙，晚号盘叟，又号秋华居士，晚遂老人。何绍基之孙。湖南道县人。以山水画著称，宗娄东派，书摹其祖何绍基，亦得其形似。著有《何诗孙先生手书诗稿》《颐素斋印存》六卷传世。

## 🏛 浯溪相关作品和事迹

光绪丁未，绘有《浯溪揽胜图》。

款识：浯溪揽胜图。光绪丁未七月晦夜随意点默，略似吾乡浯溪风景，因以名图。山巅一亭其峿亭乎？诗孙何维朴。

# 文嵩儒

## 🌿 人物介绍

文嵩儒，清末民初祁阳人，号"木公山人""三吾居士""浯溪文俊""湘南松仙"。

## 🏛 浯溪相关作品和事迹

文嵩儒诗碑，在浯洞。文嵩儒"福""禄""寿""喜"字榜书，在峿台北崖。

### 寻乐先生吾洞

雅是溪园主，同人乐处寻。孔颜延道脉，山水晤知音。

劝孝风徽远，思亲岁月深。先生名不朽，吾洞见丹心。

宣统元年木公山人题。

# 杨济时

## 人物介绍

杨济时，字省吾，号寻乐子，晚号退省老人。潘市镇下七渡中家院人。清光绪二十七年（1901）庚子辛丑并科举人，光绪三十年（1904）甲辰科进士。是祁阳历史上最后一名进士。历官河南知县。济时自小聪颖，十四五岁，就精读论、孟、易、书、诗等经书，又读医书三年。家贫辍业，柴米蔬水，无事不做，过着半医半读的生活。心中孤愤，26岁只身走粤东，赤脚行数百里不觉苦。秋天回家，为盗贼窥伺，身中枪弹，差点死去。过后以教读糊口。31岁成为邑庠生，次年食饩。负笈游苹洲、两湖等书院，昼夜攻读，视读书为心身性命。43岁成举人，45岁成进士。签分河南为知县。他书生气十足，不求座师信客，在京羁绊四年。待福建林绍年巡抚河南，朝廷整顿河南吏治，奏补济时为汝阳知县。宣统元年（1909）实任鲁山知县。当地强盗很多，天天与匪人相追逐。宣统二年调任汝阳知县，凡治河赈饥，竭尽心力。遇商民哄闹罢市，济时讲得口干舌枯，始得终结。汝阳与湖北相邻，辛亥革命后，济时一日数惊。为防土匪，防溃兵，汝阳城乡都置守望社，另招马步兵300名为游击队，称为保汝营。日间与官绅筹兵、筹饷，夜则巡视四城及东关，深夜一二点钟方回署就寝。一晚出巡未回时，府署讹传革命党进城，合署官吏，徒外躲避。汝阳与府相邻，闻信也惊惶无措。项城缉私队在东关叫门，守者不知是知县到，询明真相，开门放入。待回到县署，家人持枪守着宅门，其妻李氏带女仆正在收包裹。听了济时的话，才放心。湖北宣布独立后，绅学界也谋求独立，并劝济时为都督。济时认为全省静而一府独动，铁路逼近，北兵朝发夕至，守土之官应以人民财产为重，功业为轻，多方劝解，众议方息。湖南老家家人都不在县署，济时携弱小，誓与城共存亡。扰攘屡月，精疲力倦。中华民国成立后，济时便想辞官，归家奉母，虽兼摄府篆，也不顾。数次上奏，均未邀准，待到八月，方回老家。永州知府朱其懿，好交士子，屡次使人招他，却于情面，只去府衙赴宴一次。曾寓漫郎宅，自号寻乐子，筑劝孝祠于浯池之上。又与黄霜、黄蒿、唐茂栽、杨光庭、文松如等在浯溪结三九寒松社，诗酒唱酬，有《浯上十老唱酬集》上下卷。在下七渡筑景陶楼，集陶诗"结庐在人境，所乐非穷通"为联，朝夕歌啸其间。著有《退省草庐存稿》4编，《民国建设意见书》14篇，《留影丛志》2篇，《建设刍言》《古今词抄》等书。他为三门口茶亭撰联云："天下事，变幻烟云中，听足底滩声，长流不返；看堤边柳色，煞属宜人；水浪翻腾，江沈铁锁；红颜挝鼓，青领叩猿，值前国事方殷。唉！孰可担天下事、天下事。世间人，奔走风波里，望山头明月，圆缺无常；闻亭畔蝉声，聊堪破寂；星光闪烁，草卧铜驼；乘借长风，愁消短雨，无奈昼阴过隙。噫！谁能手挽世间人、世间人！"可谓感慨遥深。80余岁病逝。其所筑两层木楼至今完好犹存。

（《祁阳县教育志》第二编）

## 浯溪相关作品和事迹

1.杨济时"吾洞"碑，在吾洞。

大清宣统元年。吾洞。寻乐子题。

2.杨济时"天下太平"碑，在峿台北崖。

天下太平。退省老人祝。

3.杨济时题名，在峿台北崖。

民国庚申，退省老人杨济时结"三九寒松社"于浯上，诗酒唱酬，为十老会，十年于兹，亦幸事也。

"天下太平"碑拓片

# 程颂万

## 🌿 人物介绍

程颂万（1865—1932），字子大，号鹿川田父，又号十发居士。湖南宁乡人。早年入湖北总督张之洞幕。擢候补知府。曾创设广艺兴公司，又督建造船厂。入民国，长为寓公。少即工诗，在里结湘社，与易顺鼎等唱酬。亦工词，清而不枯，艳而有骨。有《宁乡程氏全书》《美人长寿庵词》《定巢词》等。

## 🏯 浯溪相关作品和事迹

### 画石一百二十首（选三）

#### 其一

记从连峡还英峡，曾说峿溪与五溪。秀特轮囷人迹绝，此中宁有上天梯。

#### 其二

君子亭前石有情，窗间拱揖听书声。不知一品何方石，却为元章浪得名。

#### 其三

两竿画竹一拳石，聊为我郎诗写愁。何似浯溪诗句好，雁声龙气挟行舟。

（《石巢诗集》卷八，程颂万撰）

注：豪生，《石巢诗集》卷五有《寄豪生令宁远》，卷八备注有二首《寄陈郎豪生卸任宁远》，卷九有《题豪生尊我集时自都还湘二首》小注豪生知宁远县大旱祈雨龙神祠自责不职逾日得降岁熟刻碑祠中，卷十二有《戊申人日奉和十发庵梅芝连句五首，附录诸以仁季迟、陈宝书豪生》、《同豪生作》。

# 陈宝书

## 🌿 人物介绍

陈宝书（？—1937），字豪生。湖北武昌人。官至宁远县令。工草隶，好游览，每值名胜古迹，辄为磨崖刻字，或撰书联语，以纪游踪。1937年逝世。著有《尊我集》。

（《工馀谈艺》）

## 🏯 浯溪相关作品和事迹

《过浯溪》诗云：渐看奇石腾龙气，已觉寒风变雁声。

民国

# 潘学洲

## 🌿 人物介绍

潘学洲，生平待考。

## 🏛 浯溪相关作品和事迹

潘学洲诗碑，在曲屏区。

天然胜迹昭千古，历代名贤墨宝传。得此登临真有幸，勉书数语志前缘。

浯溪胜迹，古今中外皆知。予久仰胜名，每以未得登临为憾。今因国事来祁，得瞻幽胜，不觉娱目兴怀，故勉书数语，以志游踪。大中华民国九年春三月，潘学洲题。

# 唐维国

## 🌿 人物介绍

唐维国，生平待考。

## 🏛 浯溪相关作品和事迹

唐维国榜书，在浯洞区。

浯洞。

民国十年辛酉，唐维国题。

# 李承阳

## 🌿 人物介绍

李承阳，清进士李蕊次子，法学教授李祖荫的父亲。邑文明铺龚家坪人生于清同治二年癸亥（1863），卒于民国廿七年（1938）戊寅，76岁。22岁县试第七；37岁与兄同入邑库。以后九入棘闱，皆报罢，遂绝意仕进。"文章兼擅宏醇；诗法眉山苏氏"，多关心民间疾苦之作，有《避难竹枝词》154首。浯溪七古亦正如此。晚筑竹石山房，联曰："门以内皆君子；我之外尽他山"。因自号竹石老人。有《竹石山房全集》行世。书法初习平原，真行得其神似；晚耽篆隶，均臻佳境。子五，祖荫字麋寿。

（桂多荪《浯溪志》）

## 🏛 浯溪相关作品和事迹

### 浯溪感怀

壬戌之秋游浯溪，时方多难我心悲。荆棘满地人烟稀，登高四望风凄凄。峿台庼亭颓荒溪，元颜二公祠倾危。息柯精庐嗟式微，荒烟蔓草曾几时。惟有磨崖中兴碑，凛凛大节犹淋漓。千余年峙溪水湄，风飘雨泊不改移。摩挲几遍费猜疑，是岂鬼神能护持。吁嗟噫嘻我知之，忠义之气百代垂。前人固为后人师，此心耿耿相肩随。挽回世局将赖谁，独坐危崖动遐思。

## 《石镜》

（《东皋杂录》：中兴颂刻南崖，石镜在其旁，拭以溪水，照见江之南北数里，草木人物，纤悉靡遗。僧云：昔有人凿取去，行数驿，梦山神追取，即送还龛置岩上。方二尺许。）

莹然一石挂溪滨，鬼怪妖魔怕见身。若照孤臣颜色苦，那堪心黑面蓝人。

### 镜石含晖

片石孤悬湘水湄，从来贤佞不能欺。且看义胆忠肝结，照彻尘寰妍与媸。

### 峿台晴旭

峿台风景古今传，晓色空明一窅然。但愿虚无开面面，人民化日丽光天。

### 宔尊夜月

谪仙原是酒中仙，春夜游园别有天。何以不来浯水上，醉呼明月落尊前。

### 书院秋声

道州心事满怀萦，赋罢春陵无限情。正是予怀沉寂处，书声恰恰作秋声。

### 天马骧云

腾空天马势昂藏，万里风云得意骧。到此弥形生活相，好收水口镇祁阳。

### 潇湘楼题壁

振衣直上潇湘楼，历乱云山一望收。僧磬惊醒高士梦，渔歌荡破楚天秋。不知帝子今何去，惟见潇湘自在流。休论当年兴废事，且于江上数寒鸥。

### 文庙有感（二首）

#### 其一

斯文未丧喜无边，庙貌重新势必然。闻说春秋隆祀事，宰牲致敬表诚虔。

#### 其二

秦火烧残尚有灰，巍然水曲与山隈。咸瞻夫子宫墙在，师表何分才不才。

### 永昌书院

初号文昌继永昌，看看今日更堂皇。巍然独有文昌塔，阅尽沧桑不改装。

### 书岩霁月

祁城东下水成潭，万卷书岩石壁嵌。一叶扁舟仍从与，光风霁月觉发缄。

### 濂阁书声

我所思兮在道州，濂溪阁外水悠悠。每于月白风微后，午夜书声人倚楼。

### 浯溪漱玉

一水莹然昼夜流，任它予取复予求。白云深处闻清响，若有人兮洗玉瓯。

（《竹石山房全集》）

# 朱祖谋

## 🌿 人物介绍

朱祖谋（1857—1931），原名朱孝臧，字藿生，一字古微，一作古薇，号沤尹，又号强村，浙江吴兴人。光绪九年（1883）进士，官至礼部右侍郎，因病假归作上海寓公。工倚声，为晚清四大词家之一，著作丰富。书法合颜、柳于一炉；写人物、梅花多饶逸趣。卒年七十五。著有《强村词》。

## 🏯 浯溪相关作品和事迹

### 水调歌头

白发永州守，开口说潇湘。一官十年不调，丘壑满诗肠。百折浯溪清驶，百尺峿台突起，亭子与轩昂。发兴簿书底，协趣水云乡。

莞然笑，师北苑，仿香光。就中家法，不失烟麓故相望。窈窕次山铭句，兀傲柳州游记，画笔足攀翔。心折到蝯叟，一幅倒千觞。

（《强村语业》）


# 李　江

## 🌿 人物介绍

李江，生平待考。

## 🏯 浯溪相关作品和事迹

李江"孝"榜书及铭、跋，在浯洞区。

孝。

幼寅庐州唐公先生均政。

公固贤良，庐慈墓旁；旌表孝义，劝世文章。

公昔庐墓三载，名高山斗，望重圭璋。旌表孝义，宜也。旋籸贤良劝孝祠于浯池之上。愚兹题古孝字于浯岩之中，容有青及此。因孝劝孝，不几乎天下为唐虞之天下也乎？乙卯秋，石丁弟李江书并识。


# 唐幼寅

## 🌿 人物介绍

唐幼寅，生平待考。

## 🏯 浯溪相关作品和事迹

跋李江"孝"榜书。

# 黄 霁

黄霁，字泠然，晚号浯上拾叶人。黄裔之兄。生于清同治元年壬戌（1862），卒于民国十九年（1930）。清光绪二十四年戊戌进士。晚退居浯溪拾叶而炊。所著有《郑注周易笺》《郑注易纬笺》《七种群经疑义笺》《易馀论》《史论》《石谱》《割圆通术》等。弟子袁振辑印其诗文集《浯上拾叶人诗文录》。

## 浯溪相关作品和事迹

### 客至

漫郎遗故宅，息柯结庐栖。黄氏有老守，退居此山溪。岂曰贤避世，遗逸阨穷悲。过客不停轨，亲友罕见之。故人远相访，皤然古须眉。山妻具鸡黍，拾叶为薪炊。瓶罍出宿酒，鲁薄旧醅醴。盘中兼素味，阳桥与黎祁。老夫六十八，君年逾古稀。劝君尽一醉，后会难为期。

### 答杨省吾浯上招隐

闻君在浯上，诗酒多娱情。酿作寒松社，以文会诸生。上巳与重九，一岁两班荆。踏青且登高，十老相遨迎。兰艭随流泛，菊酒和霜倾。欣君游山乐，得趁风日清。齐东野人语，要汤以割烹。伊尹圣之任，诬为盗跖行。我来溪山栖，常恐坠其声。敢追高蹈士，避世而逃名。幽谷采兰绿，倾筐何时盈。终古此溪水，濙濙穴隙鸣。终古此山石，硈硈磨不平。雅怕北山客，利禄心或萦。松萝挥之去，君子宜居城。淮阴天下士，举足有重轻。居城何所美，揽辔易首程。

### 酬火弟浯溪息柯别墅见赠步原韵

我染烟霞癖，君来萝薜亲。补修金石志，尚友宋元人。（时火弟续修浯溪志，特来浯上手拓宋元诸碑，以备采录。）薜积碑为蚀，云深径欲埋。首阳还绮里，乌角一双巾。

### 浯上日暮遣兴

日落㟏亭暝，沙回倦鸟飞。独来拂矶藓，闲坐看云归。

### 踏雪诣元颜祠观梅

没石埋松不见根，平铺一径到山门。是谁先我寻香至，树下蹒跚有屐痕。

### 㟏亭雪望

何日不攀陟，今殊失旧游。云连山一色，洲破水双流。天地分难辨，元颜归应愁。三年栖隐处，始解此清幽。

### 浯上杂咏（三十首选六）

#### 其一

元颜祠壁画双狮，（壁上旧画水墨古梅二株，出息柯某幕手。吴大澂过此时，邑令洗宝干剔去另画双狮。胜地最怕俗子。）壁下攲梅瘦石支。（壁下绿萼梅二株，息柯手植。其一近被风雪所摧，老干横出，去地尺五。其长孙少白以瘦陋石支之。）安得天遣缚狮手，壁间重见墨梅时？

#### 其二

何处元家访旧坊？寺僧幸刻石双行。（元家坊三字在今宝篆亭下，不知何人所书，尚依稀可辨，末署"住持僧□□刻石"。）路标诚与游人便，掌故何人说短长？

其三

吊古频来溪水滨，溪园原上草如茵。可怜陈郡夫人墓，（次山之母。）久被豪强占作茔。（明陈荐父陈良能夫妇墓。）

其四

悬崖一阕满江红，绝妙题词姓氏空。天遣溪山增福寿，骚人遂得削名凶。（不知何人铲去款识，篆福寿二大字于后。纂者按：此词作者已查出系南宋宰相吴潜；福寿二字则邑人文松如刻。）

其五

三年一见安南使，行过浯溪必有诗。太息甲申征战后，越裳无复赋来思。

其六

睡莫成眠觉夜长，石楼月上室生凉。山钟不为寒溪隔，渡水穿林到草堂。（息柯别墅之贞曜草堂，谖叟所题。予寄居此笺易三年矣。）

# 李 祁

## 🌿 人物介绍

李祁（1902—1989），字稚愚，湖南祁阳潘家埠人。肄业于金陵女子大学。1933年应庚款招考，为首批留英学子，入牛津大学攻读英国文学。1937年归国，先后任教于湖南大学、国立师范学院（今湖南师范大学）、江苏学院、浙江大学、岭南大学。嗣应傅斯年邀请，讲学台湾。1951年由港赴美，在加州大学、密西根大学工作。1964年赴加拿大温哥华，任教授。1971年退休，1972年申请得研究金，入密执安大学，专研朱熹。撰述、译著丰硕，有《李祁诗词全集》。

## 🏯 浯溪相关作品和事迹

**贺新凉·一九三五年夏，客德国亚兴，答石声汉寄词**

忆京华清绝。尽年年、看尽花时，红酣碧洁。看到马樱无限好，十里长街开彻。便归去、幽情自别。绿叠重门帘影暗，更廊长、院静灯如月。簪鬓底，有香雪。

而今倦向天涯说。对人家、河山美满，阵容胜铁。待展翻江腾海手，万木噤声候发。但听得、莱茵呜咽。极目神州天渺渺，望云霄、有泪空抛泻。何以处，丹心烈。

**眼病中遣闷**（选一）

湘江曲折九疑深，中有诗人（王夫之）往复心。我亦祖居浯水畔，愧无好句继长吟。

**虞美人·观文徵明画展**

青山好是年年绿，曾驻幽人躅。晴窗作画雨烹茶，还把虚名留与后人夸。

而今四百馀年也，后继谁能者？浮云蔽日月生尘，为问乾坤何处著闲人？

（《海潮诗魂·李祁诗词全集》，李祁撰，中国民间艺术出版社1989年7月初版）

# 陈逸云

## 🌿 人物介绍

陈逸云（1908—1969），字山椒，女，东莞茶山陈屋村人。自幼喜男装。初中毕业后，仅读一年师范，即越级考上广东大学（中山大学前身）。1927年，毕业于法科系，任国民党广州党部干事兼《国民日报》记者。曾参与组织女权运动大同盟，随北伐军抵武汉，任国民革命军前敌总指挥部政治部党务科长。1928年辞军职，任上海市妇运会主席、国民党南京市党部执行委员会委员兼妇女部长。1929年11月，任国民政府司法院秘书。l932年，考取官费留学美国密西根大学，1936年取得市政管理硕士学位。学成归国，任铁道部专员，主编《铁道月刊》。同年，日军犯绥远，傅作义率部抗击，得到全国人民声援，她被推为妇女代表，随慰问团到塞外劳军。1938年后，任妇女慰劳抗战将士总会委员、战时儿童保育会常务委员。后应宋美龄之聘，任妇女指导委员会战地服务组组长。1940年12月后，连任第二、三、四届国民参政会参政员。1941年11月，被选为三民主义青年团中央干事会候补干事，1943年为三民主义青年团第一届中央干事会干事。1944年秋，她报名参加女青年军，次年，受命为女青年军总队长，领少将衔。同年5月出席国民党第六次全国代表大会，当选为中央执委会候补执委。1946年，任中央文化运动委员会委员兼广州市文化特派委员。1948年5月，被选为立法院立法委员。去台湾后任"联合中国同志会妇女委员会"主任委员。1952、1957年分别当选为国民党第七届中央委员和第八届候补中央委员。1957年后移居美国西雅图市，经营饮食业。1969年6月29日凌晨，被暴徒劫财毙命。陈能诗能画，其夫李钦若将其遗作整理成《逸云诗词遗稿》，印赠亲友。

## 浯溪相关作品和事迹

### 苏幕遮·过浯溪有感

地在湖南祁阳。时长沙会战后，率女青年队服务前方，总队部驻祁。

秋风深，枫叶舞。南北繁华，战后成焦土。满目凄凉谁共语。遥望岭南，烽火迷归路。

远山明，帆影聚。无恙湘江，知否离人绪。浪卷惊涛声似诉。怒吼浯溪，莫教胡儿渡。

（《逸云诗词遗稿》）

# 独孤煊

## 人物介绍

独孤煊，生平待考。

## 浯溪相关作品和事迹

独孤煊题名碑，在峿台北崖区。

同胞独来到。公元一九四九年十二月廿日。韩国人，名独孤煊，平壤。

# 现代

# 陶　铸

## 🌿 人物介绍

陶铸（1908—1969），原名陶际华，号剑寒，1908年1月16日出生于湖南省祁阳县石洞源陶家湾村。1926年进入黄埔军官学校。从1929年至1933年，陶铸先后担任中共福建省委秘书长、书记，漳州特委书记，省委组织部部长，福州中心市委书记等职务。在1937年经党组织营救出狱后，被派往湖北担任省委常委兼宣传部长，创建了鄂中游击区。在平津战役中，陶铸化装进入北平同傅作义将军谈判，实现了著名的北平和平解放。中华人民共和国成立后，先后担任中南军区政治部副主任、主任，中共广西省委代理书记，中共中央华南分局书记，中共广东省委第一书记，中共中央中南局第一书记。在中国共产党第八次全国代表大会上当选为中央委员，并在党的八届十一中全会上当选为中央政治局委员、中央政治局常委，兼任中央书记处常务书记，并任国务院副总理、中共中央宣传部部长。在特殊的历史时期，1969年11月30日，因遭受林彪、"四人帮"的残酷迫害，含冤去世，终年62岁。

《东风》

## 🏯 涝溪相关作品和事迹

### 东风

东风吹暖碧潇湘，闻道涝溪水亦香。最忆故园秋色里，满山枫叶艳惊霜。

### 赠曾志（选一）

重上疆场我亦难，感君情厚逼云端。无情白发催寒暑，蒙垢余生抑苦酸。病马也知嘶枥晚，枯葵更觉怯霜残。如烟往事俱忘却，心底无私天地宽。

（《陶铸诗词选》，人民文学出版社1979年版）

龙文按：首句原作"重上战场我亦难"，依陶铸陈列馆原稿"疆场"二字酌改。

# 王任重

## 🌿 人物介绍

王任重，（1917—1992），早年加入中国共产主义青年团和中国共产党，历任多个重要职务。在抗日战争和解放战争中，他为我党立下了许多功劳。新中国成立后，他出任了中共武汉市委第一书记，湖北省委第一书记，武汉军区第一政委，中共中央中南局第二书记、第一书记，中南局三线建设委员会主任，华中协作区主任等重要职位，对湖北省的经济发展作出了显著贡献。1992年3月16日，王任重病逝，享年76岁。

陶铸革命事迹陈列室

## 🏯 涝溪相关作品和事迹

1988年元月16日，陶铸同志诞辰80周年，王任重挥毫题写"陶铸革命事迹陈列室"。

·涝溪历代人物志·

# 王首道

## 人物介绍

王首道（1906—1996），湖南浏阳人，新中国交通运输事业的开拓者和奠基人之一。他早年加入中国共产主义青年团和中国共产党，积极参与农民革命运动，并担任了多个重要职务。在土地革命时期，他是湘鄂赣根据地的创始人和主要领导人之一。抗战后期，他与王震一同率领八路军南下支队挺进华南，被毛泽东称为"第二次长征"。解放战争时期，他担任了东北行政委员会财经委员会主任，对保护和发展东北的国民经济基础起到了积极作用。中华人民共和国成立后，他先后担任了湖南省人民政府主席、中共广东省委书记、交通部部长、中共中央顾问委员会常委等职务，为新中国的交通战线作出了重要贡献。

心底无私天地宽

## 浯溪相关作品和事迹

1988 年 1 月 16 日，陶铸同志诞辰 80 周年时，为陶铸同志铜像题写"心底无私天地宽"。

# 启 功

## 人物介绍

启功（1912—2005），中国书法家，书画鉴定家。字元伯，一作元白。满族。姓爱新觉罗，雍正皇帝九世孙。长于古典文学、古文字学的研究，曾在辅仁大学任教。1949 年后任北京师范大学教授、故宫博物院顾问、国家文物鉴定委员会主任委员、中国书法家协会主席、中国佛教协会常务理事等职。著《古代字体论稿》《诗文声律论稿》《启功丛稿》《论书绝句百首》等，出版《启功书画留影集》以及多种书法选集。

启功题字

## 浯溪相关作品和事迹

1998 年，为陶铸铜像题字"陶铸同志"。

# 沈 鹏

## 人物介绍

沈鹏（1931—2023），江苏省江阴人，中国著名书法家、美术评论家、诗人。曾任人民美术出版社编辑室副主任、总编室主任、副总编辑等职务，享受国务院政府特殊津贴，并当选为第八届全国政协委员。他是中国书法家协会的重要成员，历任常务理事、副主席、主席等职务。沈鹏的书法作品广受赞誉，多次参加国内外重要展览，并出版了多部书法作品集。他还是一位多产的诗人和散文家，发表了近百万字的论文和约 500 首诗词，展现了其深厚的文学功底和艺术修养。

沈鹏题字

为涴溪书写"涴溪碑林"四字。

# 桂多荪

## 人物介绍

桂多荪(1915—2004),原名桂多生,字承芳,湖南祁阳黎家坪镇枫树岭村人。1942年毕业于国立师范学院(今湖南师范大学)。毕业后,先后在省立二师(今常德市第一中学)、衡阳船山中学、祁阳联中、永州蘋洲中学任教。抗战胜利后任祁阳刘氏私立崇汉中学教务主任。新中国成立后至1964年任祁阳二中教导主任。1982至1986年,任湖南省五届政协委员。

他学识渊博,担任中学教导主任20余年,被称为"全才"教导主任。其间曾被抽调参加省王船山思想研究,参与涴溪文物管理所重建并被聘为该所顾问,对涴溪所有碑刻进行拓印、辨识、誊录。被祁阳县委、县政府聘为《祁阳县志》副总编。他一生著作颇丰,先后发表各类学术论文30多篇。

## 涴溪相关作品和事迹

华中师大石声淮、湘潭大学羊春秋、湖南师大马积高等国内知名学者都称其为"涴溪研究权威"。

历经10年,编著40万字的《涴溪志》,2004年由湖南人民出版社出版。另著有《涴溪丛考》《涴溪碑林》。

# 张 海

## 人物介绍

张海,河南偃师人。曾为中国书法家协会主席,中国书法家协会学术委员会主任,第八、九、十届全国人大代表。其书法五体皆能,以隶书、行草为最著。出版有《张海隶书两种》《张海书法》《张海新作选》《张海书法精选》等。

## 涴溪相关作品和事迹

2010年,应邀为首届涴溪摩崖石刻文化旅游节挥毫亲题赞美涴溪历史文化的诗一首,"祁阳山水古来精,胜迹琳琅照眼明。岗岭葱茏初有路,清溪潋滟始无名。天教巨匠留三绝,人仰仙风起五更。今日涴溪重刻石,喜朝华夏又中兴"。并将诗刻成石碑(碑的尺寸:9×4.5米)立于渡香桥西。

张海题诗

# 徐双喜

## 人物介绍

徐双喜,1959年出生,浙江省绍兴人。中国书画艺术研究院常务副院长,被誉为"中国榜书第一人""世界榜书新冠军"。主修行书、草书和榜书,师法王羲之、怀素等,曾发表《中国榜书的艺术特点与实践理论略述》论文,出版《北京大学文化书法——徐双喜卷》作品集。有巨型榜书创作的单体"龙"和"艺"等字。

### 🏯 浯溪相关作品和事迹

2012年9月,应邀为中国著名的摩崖石刻碑林风景区——湖南祁阳浯溪碑林风景名胜区题写的"龙腾盛世"四个大字,被刻成石碑(碑的尺寸:9×4.5米)立于渡香桥西。

"龙腾盛世"榜书

# 何满宗

### 🌸 人物介绍

何满宗,1956年出生,湖南常宁人。国家一级美术师。现任中国书法家协会国际交流委员会副主任、中国书法家协会理事、湖南省文联副主席。

### 🏯 浯溪相关作品和事迹

2012年挥毫书丹陶铸同志名文《松树的风格》,全文勒石刻碑立于浯溪碑林景区陶铸生平事迹陈列馆对面,高4.8米,长9米。

《松树的风格》

# 杨仕衡

### 🌸 人物介绍

杨仕衡,号三吾一丁,1935年12月生,湖南祁阳人。1951年1月参加教育工作,1979年9月任祁阳县文化馆副馆长,1981年1月主抓筹建浯溪文物管理机构,从事文物工作。为湖南省考古学会、省书法家协会会员,正科级干部,副研究馆员。在浯溪工作近30年,多次爬高崖辨认整理不同朝代的作者石刻,清洗碑面青苔及污垢,为守护千年文脉,传承历史文化呕心沥血。

### 🏯 浯溪相关作品和事迹

清理发掘浯溪唐至民国历代摩崖石刻505方,发表文章120多篇。出版《浯溪导游》《三吾一丁》《浯溪解读》专著,参与撰写《祁阳县志》,《祁阳县文化志》,《祁阳县城建志》中的《浯溪篇》以及《湖湘文库》乙编《湖湘碑刻(浯溪卷)》。

# 黄承先

### 🌸 人物介绍

黄承先(1943—2022),号玉冲山人、白头翁,祁阳市羊角塘镇城山村人。1968年毕业于湖南师范学院历史系，曾任中共祁阳县委副书记、顾问、调研员和零陵地区体委党组书记、广播电视局局长。爱好文史，喜欢书法，尤擅左书，曾兼任永州诗社理事、浯溪诗社社长、书法协会名誉主席。先后出版《祁阳地名韵语》《祁阳诗词联文选（一）》《祁阳之最》《陶铸的故事》等著作，负责主编《祁阳县志》。2022 年 4 月病逝，享年 80 岁。

"奠基"二字

### 🔼 浯溪相关作品和事迹

1987 年为陶铸铜像座基题写"奠基"。

2004 年为浯溪撰写《虚怀阁利见碑廊记》。

#### 虚怀阁利见碑廊记

浯溪胜迹，遐迩闻名。石奇水秀，摩崖天成。三峰岿然，各富神韵。东峰之上，清乾隆三十四年（1769）县令宋溶始建一亭，外旷而中虚，故以虚怀名之。清同治元年（1862）加以修葺。日寇侵祁炸毁，一九六一年重建。因岁月推移，柱朽檐倾，岌岌可危；清同治皇帝敕制褒勉邑人，浙江提督、振威将军、一品大员欧阳利见的四方名碑，世所罕见，亟需建廊保护。邑人退休干部陈昌世伉俪及子寿生、冰、金山慷慨捐资二十五万元改造虚怀亭，新建利见碑廊，旋即精心设计，完美施工，为异于园内诸亭，改亭为阁，二层正方形混合梁架结构，重檐歇山顶，利见碑廊呈扇形，木质穿斗式单檐歇山顶，旨在仿古胜古，精益求精，阁廊新成，浯溪焕彩。登阁揽胜，江风入怀，但见长桥飞卧，车水马龙，高楼鳞次栉比，市貌欣欣向荣；东望江堤，染紫浯洲，凝碧文昌塔，遥相照应，太白峰隐约可寻；西眺江连远空，水天一色。忆及舜帝巡祁，漓湘结邻，会当胸襟一展，心神振奋。小憩碑廊，缅怀先贤，当年法军进犯镇海，全赖欧阳将军督率有方，同仇敌忾，众志成城，击溃强虏，如此奇勋，中外震惊。后人莫不为之鼓舞，致力中华振兴。阁廊于本年二月兴工，五月告竣，爰撰兹文，用以记之。

# 孙霁岷

### 🌿 人物介绍

孙霁岷，1938 年生，陕西华阴人。中国当代著名雕塑家、油画家，国家一级美术师。曾任湖南省城市雕塑规划领导小组成员兼办公室副主任、湖南美术家协会理事。中国美术家协会会员、中国雕塑学会会员、中国艺术研究院创作委员等。创作了《华夏之碑》《东方欲晓》《诗人》《昆仑敢当》《屈原》等一系列歌颂民族精神、人民领袖、革命先烈的作品。

孙霁岷雕塑作品

### 🔼 浯溪相关作品和事迹

1990 年为浯溪雕塑颜真卿与元结的石像。

# 罗 勇

### 🌿 人物介绍

罗勇，1942 年生，湖南祁阳人。高级经济师。得任政先生、黄云先生，帅立德等指导。书法作品章法严谨，结构优美。作品多次入选国内外重要书法展览及在报刊发表，并被博物馆及周恩来、彭德怀、吉鸿昌、彭湃纪念馆收藏。书法勒石于开封碑林，黄河碑林。书写赞桂林山水古今名人诗词百首，勒石200余块。

## 浯溪相关作品和事迹

1996年将"百福臻寿"及"有利于字"两块碑捐赠浯溪碑林景区，立于龟碑上方。

# 曾凡夫

## 人物介绍

曾凡夫（1926—2009），原名繁虎，字南山，湖南祁阳下马渡镇雅园村人。以当一名好教师为职志，在祁阳简易师范附小任教师，后任主事。中华人民共和国成立后，历任东北军区干校文化教员、湘潭师范学院教师、湘潭师范学院中文系副教授。喜爱古典诗词，感时感事每有所作。曾辑成咏史、感时和杂咏数卷。退休后，锐意研究乡土文化，对祁阳及浯溪的山和水、人和事、文和字考查辨正，力求明是非，订讹误，补缺漏，先后出版《浯溪研究集》和《祁阳研究集》。

## 浯溪相关作品和事迹

1999年4月，出版《浯溪研究集》，对浯溪碑刻及其历史进行阐释和考辨，溯源求实，索隐拾遗。

### 旧祁城八咏·浯溪

大唐帝业几成墟，歌颂中兴旷代无。溪石有缘留胜迹，次山文字鲁公书。

### 致谢《浯溪研究集》读者（四首选二）

#### 其一

峥嵘崖壁历千年，毓秀钟灵古已然。地以人传地更美，浯溪有幸遇元颜。

#### 其二

浯溪文物世间稀，一石一诗好护持。三豕渡河逞臆说，后人何以辨妍媸？

### 祁阳浯溪咏（三首选二）

#### 其一

浯溪泉石自清华，南国磨崖第一家。留得中兴真迹在，艺林种子发新芽。

#### 其二

元文颜字伴陶公，辉映苍崖碧水中。莫道名贤千载隔，丹心一片古今同。

浯溪研究集

（《南山诗词集》）

# 蒋　炼

## 人物介绍

蒋炼，1924年生，湖南祁阳人。祁阳县第一中学高级教师。为研究浯溪诗文这一祁阳宝贵文化遗产，1991年开始，致力搜集整理浯溪诗词。他为向青年一代普及浯溪诗文知识作出了较大贡献。撰有关于浯溪的论文《特有的内涵、永恒的价值——浯溪胜迹探秘》《浯溪文化的形成、内涵与影响》等。蒋炼还与蒋民主著有《短篇文言自学读本》《三吾文化精粹》《陶铸诗词注释》等书。

## 🏯 浯溪相关作品和事迹

2001 年出版《浯溪诗文选 ( 注译 )》，2015 年出版《浯溪摩崖诗文选注》，2024 年出版《元结诗文译注》等。

# 蒋民主

## 🌿 人物介绍

蒋民主，1954 年生，湖南省祁阳县人。湖南省中学特级教师，在各级报纸、杂志发表论文近二十篇。

## 🏯 浯溪相关作品和事迹

与其父亲蒋炼合编《陶铸诗词注释》《浯溪诗文选 ( 注译 )》《短篇文言自学读本》《三吾文化精粹》《浯溪摩崖诗文选注》《元结诗文译注》等书。

# 钟上元

## 🌿 人物介绍

钟上元， 1948 年生，湖南祁阳人。1970 年 8 月入党，先后出任原下马渡区团委书记、祁阳县交通局局长、祁阳县人民政府副县长、原祁阳县政协主席、祁阳县（市）关心下一代工作委员会主任。

## 🏯 浯溪相关作品和事迹

2004 年政协来浯溪工作调研，视景区虚怀亭濒临倒塌，无经费修缮，他迅速与广东陈冰联系，捐资 25 万元，将虚怀亭建成了虚怀阁。在清朝同治皇帝敕封抗法英雄欧阳利见三代人的四块御碑散落民间近百年后，他从污泥地、墙体中等不同地方寻找到四块御碑，并将其收归安置于浯溪，新建利见碑廊，加以保护，重塑英雄形象。还将全国书协主席张海撰写的一首赞美浯溪的诗词与中国榜书第一人徐双喜书丹的"龙腾盛世"勒石刻碑立于浯溪渡香桥以西，碑高 4.5 米，宽 9 米，耗资 40 余万元，由他劝说观福园申振钦捐资。为使浯溪历史文化与现代文化相互辉映，又将陶铸的名文《松树的风格》勒石刻碑，碑高 4.5 米，宽 9 米，由湖南省书法主席何满宗书写，选址在陶铸生平事迹陈列馆对面，使陈列馆内容与碑文内容相得益彰。其经费由他联系楚天科技总裁唐岳捐资，共 20 万元。每年湘江洪水泛滥，波浪丈余高冲击浯溪石刻，他主动联系浯溪水电站，在浯溪设计洪水挡水墙，在湘江沿岸筑堤护坡防洪水土流失，其项目经费由电站承担。

2015 年浯溪峿台亭、唐亭的修葺，他联系楚天科技总裁唐岳出资 150 万元，因项目资金超出预算，他又帮忙从县财政解决了 50 万，两座旧亭得以新姿焕地发耸立在景区。浯溪文化研究院为传承和弘扬历史文化，2019 年编辑完稿元次山诗文集，奈何出版经费困难，一直被搁置，直至 2022 年浯溪文化研究院周三好在众多领导的指点下在县工委找到他，他仔细地听完介绍此书的意义及正在编纂浯溪历代人物志的想法后，被周三好研究浯溪文化的行为和精神所感动，当场承诺，想尽一切办法筹措经费出版这两本书，并与周三好当日签订了书籍编辑合同。后来由于历史人物资料搜集难度大，他联系湖南科技大学原工会主席陈仲庚教授寻求帮助，后又联系到伍锡学的女婿高求志先生，使《浯溪历代人物志》的编辑工作有了一个完满的结局。

# 欧阳友徽

## 人物介绍

欧阳友徽(1935—2013)，祁阳县城关人。毕业于湖南师范大学中文系，中国戏剧家协会会员，副研究员。先后任教于祁阳大村甸中学、祁阳大忠桥、祁阳师范。1977年调进祁阳县文化馆任创作员。后调祁阳县祁剧团任编剧。20世纪50年代，欧阳友徽开始创作剧本，先后创作了大大小小剧本50余个，代表作是1956年上演的《骗婚记》。1980年又创作祁剧连台本《孟丽君》，湖南电视台将其拍成舞台纪录片12集，多次播放。此外还创作和演出了《龙女恨》《太君辞朝》《火云洞》《慧梅出嫁》《芙蓉剑》等大型剧目及连台本《封神榜》，创作和演出了小品数十个。他对"戏曲之祖"《目连救母》研究10余年，写出30余万字的论文，在《戏曲研究》《中华戏曲》《戏剧》等大型刊物上发表20多万字，为戏曲产生于祭祀、宗教、娱乐之说，提供了大量有力的新证据。出版有《戏曲意识流初探》，论文《目连戏中舞蹈艺术》一文获湖南省首届田汉戏剧理论优秀论文奖。

## 浯溪相关作品和事迹

1998年，出版纪实文学《陶铸和他哥哥的故事》。

2000年，出版散文集《浯溪雨潇潇》。

2004年后，出版《祁阳祁剧》《永州祁剧》《中国祁剧》。

2012年，出版《浯溪摩崖石刻大揭密》《目连戏研究》《戏曲卷上、下》《故园随笔》。

1995年退休，开创祁阳县作家协会，主编《浯溪纪实》《浯溪文学》《初绽的蓓蕾》。

# 陈　冰

## 人物介绍

陈冰，1988年生，湖南祁阳狭江人，毕业于华中师范大学生物系，1994年创办展辰集团，是我国最大的民族涂料企业之一。现任展辰新材料集团股份有限公司董事长、珠海展辰新材料股份有限公司董事长，兼任中国涂料工业协会常务理事、广东省涂料工业协会副会长。

## 浯溪相关作品和事迹

2004年捐资25万元将浯溪虚怀亭改建为虚怀阁，新建利见碑廊。

# 唐　岳

## 人物介绍

唐岳，1963年生，湖南东安人。历任湖南省浯溪机器总厂副厂长，长沙楚天包装机械有限公司董事长；长沙楚天科技有限公司董事长，现任楚天科技股份有限公司董事长兼总裁。第十三届全国人大代表，第十二届全国工商联执委，中国制药装备行业协会副理事长，湖南省工商联副主席。曾历任第十一、十二届湖南省人大代表，中共湖南省第九次代表大会代表。还担任了湖南农业大学、中南大学、中国药科大学等多所国内著名高校的客座教授。著有《管理实践与思考》等系列企业管理实践文章，广受企业家和其他社会各界的好评。

### 🏛 浯溪相关作品和事迹

2011年捐款20万元修建陶铸同志"松树的风格"碑，2015年捐款150万元修缮峿台亭、唐亭。

唐亭

# 伍锡学

### 🌿 人物介绍

伍锡学（1948—2023），字习之，号抛书倦客，乳名石头。湖南省祁阳市下马渡镇营盘町村书家铺人。1982年，成为湖南省曲艺家协会会员。1985年9月成为永州诗社副社长、永州市诗词协会副会长。先后成为中华诗词学会会员、中国作家协会会员。2021年6月，其作品入选《当代诗词史》。2021年7月，其作品入选《当代诗坛百家文库》第二辑。为当代中国著名田园诗人，中国历史上填隐括词最多者，微型小说词首创者。

峿台亭

一生创作甚丰，出版《田畴草》《甘泉草》《南园草》《微型草》《隐括草》《含饴草》《寄生草》《石罅草》《龙山草》九部诗词集，《山涧花》（新诗诗集），《画眉鸟》（小说集）。平生创作诗词多达5755首。曾主编《祁阳当代诗赋集成》《浯溪月—祁阳当代百家诗词选》《浯溪水亦香—当代诗人咏浯溪》等20部著作，并参与《祁阳县志》《祁阳县文化志》《祁阳县教育志》等的编辑。

### 🏛 浯溪相关作品和事迹

1992年11月，发起组建祁阳县浯溪诗社，担任秘书长、副社长。编撰《浯溪诗词》，闻名省内外。

2005年1月，编辑出版《浯溪月—祁阳当代百家诗词选》，囊括祁阳当代诗坛最有影响的诗家，成为祁阳当代诗词最权威的选本，传承了浯溪文化的精髓。

2018年12月，编辑出版《浯溪水亦香—当代诗人咏浯溪》，汇编了300多位当代诗人的诗词、辞赋900多首(篇)，是当代浯溪文化的一份珍贵的历史资料。

#### 西江月·休学在家忆黄昏浯溪

夕照悬崖油画，风吹电线瑶琴。桂梢雀掠落黄金，少女桥头写景。鸢去亭檐展翅，船来尾水澄莹。携书江畔学行吟，又是一天将尽。

#### 水调歌头·浯溪米拜石

宇宙一瑰宝，陈列大江边。天然空窍奇异，四向任君观。恍若貔蟾拜月，又似麻姑献寿，菩萨坐金莲。可是补天女，留下赠人寰？气豪宕，神飘逸，韵萧闲。当年米芾来此，膜拜久流连。是夜崖高月白，一叶扁舟离岸，回首望仙山。且到浯溪去，也学一回颠！

#### 水调歌头·浯溪读黄庭坚《书磨崖碑后》

流放凄凉路，扶杖读丰碑。徘徊崖次三日，健笔写长诗。慨叹明皇昏聩，斥责肃宗懦弱，王事问妖姬。谁解忠臣痛，但赏琼琚词。诗沉郁，调高朗，字清奇。江山有幸，浯溪添得小磨崖。点铁成金圣手，何故投荒万死？水里有蛟螭！暴雨当头泼，难洗内心悲。

### 雨中游浯溪（集吴大澂勒石诗文字）

石栏坐对雨丝丝，犹诵千秋元鲁词。读罢磨崖一慨叹，潇湘奇气钟浯溪。

### 观浯溪利见碑廊

嵝台有幸立碑廊，褒奖忠良姓字香。想见当年东海上，炮轰法寇凯歌扬。

### 读《大唐中兴颂》碑

元子鲁公眉眼横，忍看妖孽陷神京。投身烽火率民众，联手城池抗贼兵。忠义塞天歌大业，真诚贯日写中兴。期望瑞庆祆灾尽，刊此鸿文寰宇惊。

（《龙山草》）

# 黄建华

## 🌺 人物介绍

黄建华，1951年生，湖南祁阳市潘市镇黄家歧人。曾任祁阳县委办公室第一副主任兼县委政策研究室主任。从1981年至1994年，先后为祁阳县委6任书记提纲主撰和首笔，为县委书记起草大小会报告和县委文件。1995年调祁阳县委宣传部第一副部长直至退休。酷爱文艺，醉心于小说、散文、诗歌、曲艺、戏剧等文艺形式创作，出版过《闲暇戏墨》《闲暇遣兴》《闲暇文草》三本文艺集。尤好诗词曲赋，作品达2500余首（篇），其中有150首诗词是歌颂浯溪山水的。

## 🏛 浯溪相关作品和事迹

2016年，浯溪碑林风景区嵝台亭重修时，创作《嵝台亭重修记》，勒石亭旁。

### 嵝台亭重修记

亭处石巅高处，屹立千寻摩崖。钟潇湘之神秀，汇楚南之精灵，为名园之冠首。有亭翘然，沐风栉雨，迎雪斗霜，渡唐宋，越明清，跨民国，迤逦于今。下临泂潭，危崖峋嶙，错落各异。上可擎天，携岚流丹，日月垂肩。登临望远，极目江天，嵝台晴旭，捧日而出。攀援仡台，生津有慰，石涌酒泉，宓尊夜月。声名遐迩，碑石成林；元文颜墨，尤为臻辉。

嵝台亭重修记

嵝亭若金，史迹悠长。亭位浯溪中峰，焕彩一千余年。系唐代元结躬筑，经后代八次重建。恩颐百世苍生，永存人文精华。然而风雨剥蚀，沧桑侵袭，古貌生变，急待再次修葺。

今者，霞帔华夏，政通人和，煦风达意，祁邑巨变。民思中华之梦，地开时代之新。三吾蒸蒸向日，文教兴县空前，顶层主导，民间襄然。楚天科技股份，当仁捷足领先。嵝台亭唐亭双修，景点旧容换新颜。鸠工庀料，历时半载，丙申猴年，大功告成。

古亭重光，依岩就势，俪缀而立。其容更佳。览八面六角，轩窗琉瓦，飞檐斗拱，好似明珠璀璨；观阁柱巍峨，昂首瑶宫，凌霄翼张，有如天马凌空。相伴浮翠飞绿，胜盖蓬莱；眸收城楼林立，霓虹辉煌。更有两桥横卧烟波，一江潋滟溅玉，车来帆往，岂不美哉，何不乐乎？

纪念嵝台亭和唐亭重修，特勒石刻碑，以飨盛世。

# 刘新平

### 🌾 人物介绍

刘新平，1959 年生。退伍军人。现系中国书法家协会会员。前祁阳书法协会主席。作品入展全国第九届、十届书法篆刻展，多次荣获湖南省艺术节优秀奖。

### 🏛 浯溪相关作品和事迹

黄承先撰、刘新平书《重修虚怀阁记》

# 倪　渊

### 🌾 人物介绍

倪渊，1963 年生，湖南祁阳城关镇人。曾用名唐晓锋。1980 年毕业于祁阳一中，考入武汉水利电力学院（现属武汉大学），1984 年毕业，获工学学士学位，2000 年获中南财经政法大学法学硕士学位。系资深律师，企业管理人。武汉华夏理工学院、武汉设计工程学院创办人之一。先后为祁阳一中，捐赠罗丹的"思想者"青铜像、5 米高汉白玉"万世师表"孔子像。

### 🏛 浯溪相关作品和事迹

2024 年 4 月，为浯溪碑林捐赠元结、颜真卿青铜塑像。

# 主要参考书目

（清）王士禛撰，《浯溪考》，清康熙四十年刻本

（清）宋溶撰，《浯溪新志》，清乾隆三十五年刻本

（清）王颐修、王霭纂，康熙《祁阳县志》，清康熙十九年刻本

（清）李蒔修、旷敏本纂，乾隆《祁阳县志》，清乾隆三十年刻本

（清）万在衡修、甘庆增纂，嘉庆《祁阳县志》，清嘉庆十七年刻本

（清）陈玉祥修、刘希关纂，同治《祁阳县志》，清同治九年刻本

（民国）李馥纂修，民国《祁阳县志》，民国二十年刻本

（明）虞自铭修、胡琏等纂，洪武《永州府志》，明洪武十六年刻本

（明）姚昺修、林华校正，弘治《永州府志》，明弘治八年刻本

（明）史朝富修、陈良珍纂，隆庆《永州府志》，明隆庆五年刻本

（清）刘道著修、钱邦芑纂，康熙《永州府志》，清康熙九年刻本

（清）姜承基修、靳治梁等纂，康熙《续修永州府志》，清康熙三十三年增修刻本

（清）吕恩湛 修、宗绩辰纂，道光《永州府志》，清道光八年刻本

桂多荪著，《浯溪志》，湖南人民出版社，2004

浯溪文物管理处编，《湖湘碑刻》之二《浯溪卷》，湖南美术出版社，2009

政协祁阳县委员会组编，《浯溪摩崖石刻》，湖南大学出版社，2021

（清）彭定求等编，《全唐诗》，中华书局，1960

（清）彭定求等编，《全唐诗》增订本，中华书局，1999

（清）董浩等编，《全唐文》，中华书局，1983

（清）董浩等编，《全唐文》，中华书局，1983

陈尚君撰，《全唐文补编》，中华书局，2005

全宋诗编纂委员会编，《全宋诗》，北京大学出版社，1998

唐圭璋编，《全宋词》，中华书局，1965

曾枣庄、刘琳主编，《全宋文》，上海辞书出版社，2006

杨镰主编，《全元诗》，中华书局，2013

李修生主编，《全元文》，凤凰出版社，2004

章培恒等主编，《全明诗》，上海古籍出版社，1990

沈乃文主编，《明别集丛刊》全五辑，黄山书社，2013—2016

《清代诗文集汇编》编纂委员会编，《清代诗文集汇编》，上海古籍出版社，2010

马积高主编，《历代辞赋总汇》，湖南文艺出版社，2014

许结主编，《历代赋汇》校订本，凤凰出版社，2018

徐世昌辑，《清诗汇》，北京出版社，1996

（清）邓显鹤辑，《沅湘耆旧集》，清道光二十三年新化邓氏南村草堂刻本

（清）陆宝忠编，《沅湘揽秀集》，清光绪十四年湖南学院刻本

（清）罗汝怀编，《湖南文徵》，清同治八年长沙刻本

（清）永瑢、纪昀邓纂修，《景印文渊阁《四库全书》》，台湾商务印书馆，1986

续修《四库全书》编纂委员会编，《续修《四库全书》》，上海古籍出版社，2002

《四库全书存目丛书》编纂委员会编，《四库全书存目丛书》，齐鲁书社，1997

《四库全书存目丛书补编》编纂委员会编纂，《四库全书存目丛书补编》，齐鲁书社，2001

四库禁毁书丛刊编纂委员会编，《四库禁毁书丛刊》，北京出版社，1997

四库禁毁书丛刊编纂委员会编，《四库禁毁书丛刊补编》，北京出版社，2005

四库未收书辑刊编纂委员会编，《四库未收书辑刊》，北京出版社，1997

湖湘文库编辑出版委员会编，《湖湘文库》，岳麓书社，2012

中国地方志集成编辑工作委员会编，《中国地方志集成》，江苏古籍出版社、上海书店、巴蜀书社，1991—2006

黄彰键主编，《明实录》，台北中研院历史语言研究所校印本，1966

清实录编委会编，《清实录》，中华书局影印，1986—1987

# 后 记

  2020 年 9 月，国家博物馆在北京举办了"摩崖上的中兴颂——永州摩崖石刻拓片展"，轰动北京城。它展示的不仅是一幅幅摩崖碑刻的拓片，而且是千载文脉的脊梁、历史文化的砥柱；不仅是一首首诗词歌赋，而且是中华历史文化的明珠、稀世瑰宝；不仅是摩崖上的中兴，而且是民族振兴、华夏复兴的梦想：可谓"石刻无言留千古，翰墨溢香传万年。"

  我生于兹地，长于兹地，也曾护守石刻达 26 个春秋。受展览活动的启发，如今暮年闲静，也应继续为挖掘浯溪历史文化奉献余晖。怎奈自己怀里还有《元结诗文注译》急待筹资出版，四处奔波，毫无进展，虽有锦上添花动听之词，却无雪中送炭助力之举。山重水复疑无路，柳暗花明又一村。2021 年 6 月，在浯溪一次外事接待中，一位县级领导给我出了一个主意，建议我去找政协原主席钟上元同志，他德高望重，非常重视历史文化。经过一段时间考虑，2022 年春节刚过，我怀着忐忑不安的心情，抱着试一试的心态走进了市关工委办公室，碰巧钟主席也在办公室。我叙说了来意，将《元结诗文注译》呈交给老领导审阅，并把自己还想编辑《浯溪历代人物志》的想法作了如实汇报。钟主席听后，欣然赞同，认为这是件大好事，表示全力支持，要求我抓紧时间将《浯溪历代人物志》编辑完稿，两本书一同出版。为了让我安心投入编辑工作，相关部门与我签订了书籍编辑合同。我如释重负，暗下决心不辜负老领导的殷切期望。

  自此，我每日沉浸在资料搜集中，祁阳搜集不了就去外地。先后去过洛阳、西安、北京、上海等城市的图书馆，还去过数十家旧书籍店，但资料搜集难度太大，收效甚微。钟主席鼓励我不要灰心，要有信心，办法总比困难多。他又特地与湖南科技大学原工会主席陈仲庚教授联系，热心的陈教授给我发来了永州《洪武府志》电子版。我如获至宝，在永州《洪武府志》中获得了 37 人的人物资料。既然大学图书馆有资料可查，我坚持每天早上去、下午回。将近一个月，我把永州所有府志搜寻了一遍，可搜集的人物资料远不够原定计划和目标。我又购买了《全唐诗》《全宋词》《全元曲》《中国历史人物图谱》《中国书画全书》《文渊阁四库全书》《中华楹联集》等书籍，虽有收获，但还是不尽如人意。

  烦乱之时，偶然想起祁阳二中周礼华老师，他曾经对我说过一位学者叫高求志先生，在上海工作，他对浯溪文化也很有研究。我当即向周礼华老师讨要了高求志先生的联系方法，仔细一想，自己人微言轻，难以让人信服，于是我将此事向钟主席作了汇报。时值 2023 年五一劳动节，高求志先生回祁阳为已故岳父伍锡学举行《龙山草》《石罅草》首发式，邀请钟主席参加。会后钟主席与高先生谈及帮助提供资料之事，高先生满口应允。他回上海后，陆续给我发送了 600 余人的人物资料。目前的人物资料已经突破了浯溪 400 余人石刻人物的记录。

综合资料显示，本书总计人物数量达 1003 人，为浯溪写过诗词的人物中不仅有到过浯溪的，还有不少未到浯溪的。其中包含了 2 位皇帝，5 位宰相，状元、武状元、探花、榜眼16 人，著名诗人陆游、欧阳修等数十人，题诗者达 690 余人，累计诗作（含词作）达 1280 余首。纠错人名 30 人。增补了《大宋中兴颂》的内容。

在资料收集及相关考证中，备尝艰辛，高求志先生付出了巨大的努力，居功至伟。略举数例，与读者诸君共勉。

比如关于均在浯溪有碑刻的周铦勋与周在廉的关系上，桂多苏前辈《浯溪志》中，根据碑刻内容中"门人王东及兄子在廉在麓在宸"十三字，断定为周铦勋哥哥的儿子，本书根据考证，认为其实不然。这里面最核心的是如何断句。桂先生的断句是：门人王东，及兄子在廉、在麓、在宸。他把在廉、在麓、在宸三人都当成了哥哥的儿子了。而本书碑刻内容的断句为：门人王东，及兄，子在廉、在麓、在宸游浯谿作。本书的理解是，哥哥，以及自己的三个儿子。事实上，高先生查阅了《泝宁周氏八修族谱·四房添祐公派下》，查到周铦勋之下"子三，在廉，在麓，在晨"，与碑刻内容完全吻合，唯一区别是碑刻上"在宸"，族谱上作"在晨"。原来周在廉是周铦勋的儿子，不是哥哥的儿子！真相终于大白。

又比如，《浯溪志》第 436 页有"仙苹戴梦熊"诗碑。对于戴梦熊的具体情况，无从知晓。以前在参与编写《浯溪摩崖石刻》时，已经辨认出"仙苹"乃"仙华"之误认。当时推测仙华可能是一个小地方的名称，或者作者家乡的一座山名，一直拿不准，心里忐忑。这次整理时，再次进行研究。后来发现康熙《阳曲县志》的序言中有一篇是戴梦熊所写的，其中署名是：文林郎知阳曲县事加三级仙华戴梦熊。而且其后的两枚印章，一个是"戴梦熊印"，另一枚是"汝兆"，与浯溪碑刻上的印章完全一致，终于可以确切地断定为同一人。后来又查询到戴梦熊的族谱，于是对戴梦熊的其他资料完全破解了。

再比如，《浯溪志》第 491 页有唐周慈《秋日偕姚君游浯溪》诗，其中四句"谁作石镜诗？端溪谭青莲。生动复洗练，允是一名篇。"桂多苏前辈在文后提出旧时有"谭青莲"《石镜》。高先生对此十分感兴趣，于是进行了深入的研究。他认为"青莲"，未必是《石镜》诗的作者名字。因为李白号青莲，所以古人对别人进行赞美，也许会称呼其为"谭青莲"。端溪，显然是诗作者的籍贯所在。于是我对广东端溪一带的县志进行了翻阅，发现《康熙罗定州志》卷八中一首《石镜》诗，且作者恰好姓谭！也就是谭寿海，明朝比较有名的御史。罗定，旧时恰好是端州所在。通过查核其仕宦履历，发现其 1500 年出任桂林府学教授，因此其从京城往广西桂林上任就需要经我们祁阳浯溪。最后经过仔细的考证，终于可以认定谭青莲，即为谭寿海。

俗话说，成如容易实艰辛。文史资料的考证，往往由于年代久远，或者文献不足征，从浩如烟海的历史中去用力爬梳，确实是艰辛而费力的事情，有时候付出了辛苦，也未必有成果。但一旦有所突破，得到的快乐，又是难以言状的。恨不得想与朋友分享。

浯溪历经唐、宋、元、明、清及民国历代文人墨客的精心塑造，文化在这里汇聚，文明在这里交流，思想在这里交融，情感在这里洋溢，篆、隶、楷、行、草诸体皆全，诗、词、歌、赋、铭、颂、题、记、楹联俱备，群星灿烂、熠熠生辉。书法有钟鼎篆、悬针篆、玉箸篆。唐代颜真卿书《大唐中兴颂》可谓"鲁公遗墨此第一""冠冕百代书家师"；宋代有黄庭坚、米芾；明代有董其昌；清代有何绍基、吴大澂等各擅其美。诗词历代各有其代表，唐有中唐的"五言长城"刘长卿、古文运动的推动者皇甫湜、神童诗人郑谷；宋有"永嘉四灵"之首的徐玑，"江湖派"诗人戴复古，"豪放派"诗人张孝祥，"婉约派"词人李清照、秦观，

"田园派"的范成大、杨万里；元有郝经、杨维桢；明有唐珤、解缙；清有"神韵派"王士祯、"摹古派"许虬、"性灵派"袁枚、"格调派"朱绮、"浙西词派"汤右曾等。诗派如云，大将如林，真是"百代名臣金石宝，一溪明月水天秋"，凝聚潇湘、惠及华夏，香飘全球。

这些充满灵气和光焰的石刻与诗词，让我备感先贤点石为金的意义所致，备感浯溪这方厚土的秀美与钟灵，备感身为浯溪人的激情与豪迈。

"大抵江山之胜，必托诸伟人。然后名显而人乐之，盖江山虽人所乐，而所乐非江山也，祁阳浯溪……有颜、元遗址在焉，士大夫过之，未有不游，游而未尝不得所乐者以此。"这是许永在《颜元祠堂记》的感悟。

本书在编写过程中，得到了中共祁阳市委、市政府领导的高度重视，得到了市财政局、市关工委、浯溪碑林风景名胜区（陶铸故居）管理处等部门的鼎力相助和大力支持，尤其是县政协原主席钟上元老同志事无巨细的指导和支持，并做了大量的协调工作，市关工委主任文英雄同志为筹措书籍出版经费而四处奔走，湖南科技学院原教授陈仲庚提供了大量人文资料。在此，一并表示由衷的感谢。

本书的出版过程中，得到了湖南大学出版社梁芝英老师的悉心指导，她的细心和专业，给编者留下了深刻的印象，使编者受益匪浅，在此由衷感谢梁芝英老师以及出版社编校团队的辛勤付出！

我们深知浯溪历史文化的厚重，也深知知识的浩瀚，更深知由于自身功力的欠缺和学识的浅薄，虽使尽全力，几易其稿，但其中的瑕疵、讹误和纰漏一定是在所难免，也未必能满足广大读者的需求，在此，恳请读者诸君给予及时的指教和斧正。

附上高求志先生的两首诗作，愿与读者诸君共勉！

《浯溪历代人物志》二稿告竣咏怀

楼高偶亦对残星，浯志编修力不停。
独避喧嚣谁作伴，非关忧乐自惭形。
镜中顾影怜头白，灯下交心愧汗青。
双眼频揉真欲倦，且抛书卷梦沧溟。

《浯溪历代人物志》二校完成感赋

雠校如清纸上尘，灯窗日与古为邻。
高崖曾拜元颜颂，盛世谁知屈宋心。
千古彰彰开继事，百年坛坫涌新人。
扩园且喜先登眺，不老浯溪又好春。

周三好